btb

Buch

Am Abend des 8. Oktober 1904 geht eine junge, gutaussehende Frau in Dublin an Bord der Englandfähre, um mit einem unbekannten, erfolglosen Schriftsteller durchzubrennen. Sie ist zwanzig Jahre alt und völlig mittellos. Es ist Nora, die Frau, ohne die James Joyce seinen »Ulysses« nicht geschrieben hätte. Nora verkörperte für Joyce das, was ihm fehlte: Stärke, Sicherheit, Wärme, Leichtigkeit. Sie war stolz darauf, daß Joyce, ein von sich selbst besessenes, jedem mißtrauendes Genie, sie brauchte. Für ihn setzte sie sich über Tabus hinweg. Obwohl gläubige Katholikin, lebte sie 27 Jahre in »wilder Ehe« und ließ ihre zwei Kinder nicht taufen. Sie heiterte Joyce auf, wenn Depressionen und Krankheit den zuletzt halb Erblindeten quälten. Sie teilte seine sexuellen Vorlieben.

Lange Zeit galt Nora Barnacle, 1884 in Galway geboren und 1951 in Zürich gestorben, als bloßes Anhängsel des berühmten irischen Schriftstellers James Joyce. Brenda Maddox widerlegt in ihrer Biographie die Legende vom ungebildeten Dummerchen an der Seite des genialen Künstlers. Sie schildert den gemeinsamen Lebensweg von Nora Barnacle und James Joyce, der am 16. Juni 1904 begann (dem Tag, an dem »Ulysses« spielt), durch unzählige heruntergekommene Pensionszimmer in Triest, Rom, Paris und Zürich führte und mit James Joyce' Tod im Jahre 1941 endete.

Autorin

Brenda Maddox, geboren in Massachusetts, studierte in Harvard und an der London School of Economics. Sie war mehrere Jahre Leiterin des Ressorts für Innenpolitik beim *Economist.* Für die amerikanische Ausgabe von »Nora« wurde sie mit dem Los Angeles Times Book Award for Biography ausgezeichnet. Brenda Maddox lebt in London.

Brenda Maddox

Nora

Das Leben der Nora Joyce

Aus dem Englischen
von Karin Kersten

btb

Titel der Originalausgabe: NORA. A Biography of Nora Joyce.

Die deutsche Ausgabe berücksichtigt, wie üblich, bei Zitaten bereits vorhandene deutsche Übersetzungen. Das gilt für literaturhistorische bzw. -kritische Texte ebenso wie für literarische, wobei sich im Fall von Joyce' im ganzen noch unübersetzten Roman *Finnegans Wake* als einzig sinnvolle Lösung anzubieten schien, die – wenigen – Zitate im Original zu belassen. Im übrigen ist zu bemerken, daß die benutzten Übersetzungen nach Qualität und Vollständigkeit sehr unterschiedlich zu bewerten sind, was zum Teil auch auf die komplizierte Textgeschichte der Joyceschen Werk- und Briefausgaben zurückzuführen ist (vgl. hierzu die Erläuterungen der Autorin im Anhang). Der Leser möge dies, wo ihm eine gewisse stilistische Uneinheitlichkeit auffallen mag, berücksichtigen.

Umwelthinweis:
Alle bedruckten Materialien dieses Taschenbuches sind chlorfrei und umweltschonend.

btb Taschenbücher erscheinen im Goldmann Verlag, einem Unternehmen der Verlagsgruppe Bertelsmann.

1. Auflage
Neuausgabe 9/2000

Umschlaggestaltung: Design Team München
Umschlagfoto: Advanced Film
BH · Herstellung: Augustin Wiesbeck
Made in Germany
ISBN 3-442-72682-4

In Erinnerung an Norman Zinberg, MD

Inhalt

IV Anna Livia

Anhang

Ihr Bild war für immer
in seine Seele eingegangen …

James Joyce
Porträt des Künstlers als junger Mann

Danksagung

Viele Menschen haben zu diesem Buch beigetragen, vor allem aber meine Tochter Bronwen, die mich dazu ermutigt hat, es zu schreiben, und Bernard McGinley, der mir mit seiner Großzügigkeit und seinem enzyklopädischen Wissen über Joyce, Joyceana, bibliographisches Material und Bibliotheken eine ständige Quelle des Rats und der Anregung war. Niemand hat mir mehr geholfen.

Zu Dank verpflichtet bin ich auch Canon Padraic O Laoi, Noras Biographen in Galway, und Miss Jane Lidderdale, OBE (Officer of the Order of the British Empire), der Patentochter Harriet Weavers und Vormund von Lucia Joyce, die mir wertvolle Erkenntnisse über die beiden wichtigsten Frauen in Nora Joyce' Erwachsenenleben vermittelten. Ein glücklicher Zufall führte mich darüber hinaus zu der Modeforscherin Miss Jane Mulvagh, die die Fotos von Noras Kleidung mit dem Auge des Archäologen untersuchte. Es ist reiner Zufall, daß Miss Mulvagh, Autorin von *Vogue History of Twentieth Century Fashion,* gleichzeitig eine Verwandte des verstorbenen Willie Mulvagh aus Galway ist, des Freundes von Nora Barnacle, auf den James Joyce am eifersüchtigsten war.

Ständige Unterstützung und Ermutigung habe ich erfahren durch meine literarischen Agenten Hilary Rubinstein bei A. P. Watt in London und Georges und Anne Borchardt bei Georges Borchardt, Inc., New York; durch meine Lektoren Christopher Sinclair-Stevenson und James Woodall bei Hamish Hamilton und Robie Macauley und Sara Flynn bei Houghton Mifflin; und durch meinen Mann John Maddox. Ihre Begeisterung für Nora blieb ungebrochen.

Für wertvolle Gespräche und Gastfreundschaft habe ich vielen Menschen zu danken, darunter auch dem verstorbenen Richard Ellmann und Mrs. Ellmann, Mr. und Mrs. Ken Monaghank, Mrs. Patricia Barnacle Hutton, Ira B. Nadel, Mr. und Mrs. John J. Slocum, Mr. und Mrs. Daithi O Ceallaigh, Stelio Crise, Fritz Senn und A. Walton Litz. Besonderen Dank schulde ich Stan Gébler Davies und Bernard McGinley dafür, daß sie mir ihre private Sammlung von Büchern über Joyce geliehen haben, und Vivien Igoe, die mich großzügigerweise an ihrem großen Wissen über Joyce-Fotografien teilhaben ließ.

Fahnenabzüge von Teilen des Manuskripts wurden gelesen von Shari und Bernard Benstock, Ruth Bauerle, Eilís Dillon, James Card, Noel Riley Fitch, Ira Nadel, Arnold Goldmann, Dr. J. B. Lyons und Bernard McGinley. Von ihnen kamen viele nützliche kritische Einwände und Vorschläge zu Darstellung, Stil und Interpretationen. Eventuelle Irrtümer gehen auf mein Konto.

Dank schulde ich außerdem den Nachlaßverwaltern Harriet Shaw Weavers für die Erlaubnis, aus unveröffentlichten Briefen, und Frederick Dennis für die Erlaubnis, aus Sylvia Beachs Papieren zu zitieren.

Für die freundliche Einwilligung, aus unveröffentlichtem Material zu zitieren, danke ich außerdem Bozena Schaurek Delimata, Moune A. Gilbert, Patricia Barnacle Hutton, Frederick Joyce, Mrs. Nelly Joyce, Ken Monaghan, Betsy und Tina Jolas, Oliver D. Gogarty, Roderick Power, Enid Kastor Rubin, John Slocum und Arthur J. Wall.

Ich habe alles Erdenkliche unternommen, um die Inhaber von Urheberrechten aufzuspüren, und wäre sehr dankbar, von jenen zu hören, die meiner Aufmerksamkeit entgangen sein sollten.

Das Joyce-Archiv ist weit verstreut. Ich möchte den Bibliotheksleitern und dem übrigen Personal folgender Bibliotheken und Museen dafür danken, daß sie mir ihre Sammlungen und ihr Fotomaterial zugänglich gemacht und mir, in einigen Fällen, Reproduktionen erlaubt haben: Poetry/Rare Books Collection der Universitätsbibliotheken der State University of New York in Buffalo; Manuscript Room der British Library (Harriet Shaw Weaver Nachlaß); Butler Library der Columbia University (Bennett Cerf Nachlaß); Department of Rare Books, Cornell University (Joyce Collection); Houghton Library, Harvard University; National Library of Ireland; Berg Collection und Jewish Division der New York Public Library; Public Library am Camillus, New York; Joyce Museum; Special Collections Department der Northwestern University Library (Helen Nutting Tagebücher und Nora-Joyce-Korrespondenz); Firestone Collection and Manuscript Division der Princeton University Library (Sylvia-Beach-Nachlaß); Special Collections Room der Morris Library an der Southern Illinois University (Dr. Harley K. Croessmann Collection und Charles A. Feinberg Collection und Herbert-Gorman-Nachlaß); Special Collections der Stanford University Libraries; Civici Musei di Storia ed Arte, Trieste; Beinecke Rare Book and Manuscript Library an der Yale University (John and Eileen Slocum Collection); Manuscript Room der Trinity College Library, University of Dublin (Nachlässe von Patricia Hutchins und Thomas McGreevy); Humanities Research Center der University of Texas, Austin (Nachlässe von Helen Kastor Joyce, Lucia Joyce und J. F. Byrne); University College, Dublin (Nachlaß von Constantine Curran); James Hardiman Library, University College, Galway; Manuscript Room des University College, London (Nachlaß Lucia Joyce und James Joyce Collection); Department of Special Collections, University Research Library, University of California, Los Angeles (Myron Nutting Oral History) und Zentralbibliothek Zürich (Paul-Ruggiero-Nachlaß).

Ich möchte Joyce' Verlegern für die Genehmigung danken, aus seinem veröffentlichten Werk zu zitieren, und zwar insbesondere dem Verlag Jonathan Cape Ltd. für die Auszüge aus *Dubliners, Exiles,* und *A Portrait of the Artist as a Young Man;* Faber and Faber Ltd. für die Auszüge aus *Finnegans Wake, The Critical Writings of James Joyce* und die *Letters of James Joyce,* herausgegeben von Richard Ellmann; und dem Verlag Bodley Head für die Auszüge aus *Ulysses: The Corrected Text.*

Vielen Menschen möchte ich für Interviews, Briefe oder andere persönliche Mithilfe bei diesem Buch danken. In Großbritannien: Diana Athill, Derek Attridge, Brian Behan, Mary Breasted, Richard Brown, Mrs. M. Burbidge, Mrs. Henry Carr, Dr. Anthony Clare,

Ronald Dworkin, Moira Gaster, Patricia Barnacle Hutton, Nelly Joyce, Colin MacCabe, Dermot B. Mulvagh, Richard Ryan, Graham Smith, Ted Smyth, Susan Swift und Thérèse Wright.

In Frankreich: Georges Belmont, Iphrène Benoîst-Méchin, Odette Bernard, M. und Mme. Marcel Bouboule, Evelyne Shapero Chardonnet und Leo Chardonnet, Nino Frank, Moune A. Gilbert, der verstorbenen Maria Jolas, Kathy Knorr, Jean Lambert, der/dem verstorbenen Dominique Gillet Maroger und Anne-Marie Pacquet.

In Irland: Maureen Charlton, Mr. und Mrs. Patrick Collins, Peter Costello, Noreen Craughwell, Bozena Delimata, der Mutter Oberin Mary Doyle, Mr. und Mrs. Desmond Fisher, Patrick Friel, Oliver D. Gogarty, Dr. Patrick Henchy, Patrick Hennessy, Norma R. Jessop, John Kelleher, Mary Rose Kelly, Jim Kemmy, Exzellenz Eamon Kennedy, Maureen und Thomas Kenny, Nancy McCarthy, Christopher Murphy, K. A. Murray, Robert Nicholson, Senator David Norris, Ulick O'Connor, Riana O'Dwyer, Sean O'Faolain, Joe O'Halleran, Donal O Luanaigh, Sean O Mordha, D. B. O'Neill, dem verstorbenen Arthur Power, Roderick Power, E. G. Quin, John Ryan, Nuala Silk, Gerard Treanor und Arthur J. Wall.

In Italien: Aldo Bernardini, Dr. Grazia Brava, Stelio Crise, Evelyn Mulvagh Odierna und Lorenzo Quaglietti.

In der Schweiz: Pfarrer Hans Canoni, Rainer Diedrichs, Thomas Fleiner, Dr. Senta Frauchiger, Klara Heyland, Rita Jotterand, Jacques Mercanton, Mrs. Paul Ruggiero, Fritz Senn, Dr. Heinrich Straumann, Fr. Johann von Rotz, Maria Zöbeli-Gerhardt, der verstorbenen Hulda Zumsteg und Gustav Zumsteg.

In den Vereinigten Staaten: Berenice Abbott, Floyd Abrams, Deirdre Bair, dem verstorbenen Maurice Beebe, Ellen Bentley, David Binder, Alan M. Cohn, Robert A. Day, Wilson Dizard, Walter Engel, Noel Riley Fitch, Mrs. Grete Hartley, Judith Hayes, Cathy Henderson, Eleanor Herrick, Maureen Howard, Jean Kimball, David Koch, Nita Krevans, A. Walton Litz, James Longenbach, Jane Marcus, Jonathan Miller, Sigrid P. Perry, Mrs. Raymond Porter, Mary T. Reynolds, Edda Ritson, Enid

Kastor Rubin, Elizabeth Curran Solterer, Bonnie Kime Scott und John und Eileen Slocum.

In anderen Ländern: Elfi Bettinger, Francis Evers, Hans Walter Gabler und Ira B. Nadel.

Außerdem möchte ich folgenden Einrichtungen für ihre Hilfe danken: Kennys Bookshops and Art Galleries, Galway; Gotham Book Mart, New York City; den Tonarchiven der BBC; dem Superintendent Registrar's Office of the Western Health Board of Ireland; der Consular Section der britischen Botschaft in Paris; dem Diocesan Office of the Cathedral, Galway; dem Pressebüro der irischen Botschaft in London; dem Verkehrsamt von Locarno; der Galway Familiy History Society; dem Bürgermeisteramt des VI. Arrondissement in Paris; der Union Française des Arts du Costume; dem Amt des Stadtpräsidenten, Zürich; H. M. Customs and Excise Office Archives; dem Office of the Revenue Commissioners, Ireland; dem Irish Railway Record Office; dem Public Record Office of Ireland; dem Irish Tourist Board; dem Public Record Office of England and Wales und dem St. Bridget's Hospital, Ballinasloe, Galway.

Vorwort

Bücher haben verworrene Wurzeln. Ich fing vor Jahren an, auf Nora neugierig zu werden, als John Kelleher in seinem Seminar über anglo-irische Literatur erwähnte, daß die Joyce' zu Hause Italienisch sprachen. Meine eigenen Großeltern waren aus Irland und Italien nach Amerika ausgewandert, und diese irische Familie, die nach Osten gegangen war statt nach Westen, machte mich neugierig.

Die revidierte Ausgabe von Richard Ellmanns monumentaler Joyce-Biographie, die 1982 herauskam, weckte meine Neugier erneut. Als ich das Buch weglegte, sehnte ich mich danach, mehr über Nora zu erfahren. Wie hatte sie den Wechsel von Galway nach Triest, Zürich und Paris bewältigt? Wie hatte sie Joyce überlebt, dessen Monomanie viele seiner Freundschaften und, wenn nicht alles täuscht, seine Kinder zerstört hatte? Was hatte es mit ihrem Witz auf sich?

Die Ehe der Joyce' ließ zudem eine Menge Fragen offen. Woher nahm ein im Kloster erzogenes Mädchen im Jahr 1904 den Mut, mit einem Mann davonzulaufen, der sich weigerte, sie zu heiraten? Warum machten die Joyce', nachdem sie siebenundzwanzig Jahre zusammengelebt hatten, sich 1931 die Mühe, standesamtlich zu heiraten? Was empfand Nora wohl, als ihr junger Sohn sich mit einer jüdisch-amerikanischen, geschiedenen Frau zusammentat, die elf Jahre älter war als er? Und was, wenn man bedenkt, daß ihr das gedruckte Wort absolut gleichgültig war, sah sie eigentlich in Joyce?

Noch andere Interessen gaben den Anstoß zu diesem Buch. Als Redakteurin für Innenpolitik beim *Economist* schrieb ich mehrere Jahre lang über Nordirland und Irland. Fasziniert verfolgte ich die andauernde irische Auseinandersetzung über Empfängnisverhütung, Abtreibung, Scheidung und außereheliche Beziehungen. Ich unternahm Reisen nach Irland; der Besuch von Papst Johannes Paul II. war ein weiterer Stimulus für dieses Buch. Was immer für Probleme die Frauen haben mögen, die irischen haben sie in stärkerem Maße. Ich begann, Nora Barnacle als typisch für eine bestimmte Art von irischem Mädchen zu betrachten – getrieben von dem verzweifelten Verlangen, ihrer Lage zu entkommen, mit nichts gerüstet als Charakterstärke und Charme.

Die Joyce-Saga berührte auch persönlichere Aspekte – das Durchbrennen meiner Großeltern 1908, dann die Tatsache, daß ein Mitglied meiner Familie plötzlich Schizophrenie bekommen hatte –, doch brauchte ich diese Motive nicht, um mich an die Arbeit zu machen. Nora Barnacle ist ein Reporter-Traum: eine unerforschte Nische der Joyce-Story. Sie hat, wie ich rasch herausfand, ungezählte Verehrer, Menschen, die, wie ich, schon immer gern mehr gewußt hätten.

Als ich zum erstenmal mit Richard Ellmann, Joyce' Biographen, über eine Nora-Biographie sprach, war er skeptisch. Es gebe nur wenige Briefe, sagte er, da Joyce und Nora so selten getrennt gewesen seien, und ihre Freunde seien tot; es gebe nicht einmal genug Material für eine feministische Abhandlung.

Ellmann änderte seine Ansicht vor seinem Tod im Jahr 1987 jedoch gründlich und ließ mich das großzügigerweise wissen. Er sei unterdessen selbst davon überzeugt, daß eine Arbeit über Nora wünschenswert sei; freundlicherweise bot er Ratschläge, Namen und Adressen an und beantwortete die Fragen, die ich ihm stellte. Als er mich im Dezember 1986 anrief und mir mitteilte, daß er an Nervenlähmung leide, wollte er, obwohl ihm das Sprechen zunehmend schwerer fiel, doch wissen, ob es mir gelungen sei, eine noch lebende Tochter von Mrs. William Murray, Joyce' Tante Josephine, aufzuspüren.

Ellmann starb im Mai 1987. Ich hatte keine Gelegenheit mehr, die vielen Punkte mit ihm zu erörtern, in denen wir unterschiedlicher Ansicht waren. Außer einem. Als ich die Ellmanns 1985 zu Hause in Oxford besuchte, gab ich ihm die Kopie eines Artikels von mir, der demnächst in der *New York Times Book Review* erscheinen sollte. »Er heißt ›Konnte Nora kochen?‹« sagte ich, als ich ihn ihm gab. »Konnte sie nicht«, sagte er lächelnd, doch seine Frau Mary widersprach ihm prompt. »Nora konnte sehr wohl kochen«, sagte Mary Ellmann, die Verfasserin von *Thinking About Women,* »sie konnte *Huhn* kochen. Und sie war witzig.« Mit der letzten Behauptung war Ellmann einverstanden. Er hatte sich immer wieder über Noras Bericht über eine neue Wohnung, die sie besichtigt hatte, amüsiert: »Die Wohnung war nicht mal geeignet, um eine Ratte darin zu waschen.«

Ich habe aus vielen Quellen neue Informationen für dies Buch geschöpft. Die hauptsächliche war die gewaltige Menge unveröffentlichter Briefe innerhalb der Joyce-Sammlung an der Cornell University und im Harriet Shaw Weaver Nachlaß in der British Library. Viel Aufschlußreiches über Nora fand ich auch in den Briefen ihrer Tochter Lucia und den Briefen und Lebenserinnerungen ihrer Schwiegertochter Helen Kastor Joyce.

Die Erinnerungen an das Paris der 20er und 30er Jahre waren eine weitere Quelle; viele dieser Erinnerungen waren geschrieben worden, nachdem Ellmann in den 50er Jahren seine Joyce-Biographie entworfen hatte. Nora kam darin häufig vor und bisweilen auch in dem Material, das die Autoren und Herausgeber unberücksichtigt gelassen hatten, die sich (und warum auch nicht?) ganz auf ihren Gatten konzentrierten. Joyce war außergewöhnlich, Nora war gewöhnlich. Einige der Aussparungen würden allerdings dennoch gut in eine feministische Abhandlung passen. Um nur ein Beispiel zu nennen: Da schildert der Kunstkritiker und Schriftsteller Arthur Power, ein Freund der Joyce', der gerade dabei ist, sein Buch *Gespräche mit James Joyce* vorzubereiten, wie die Joyce' ihre Abende in Paris verbrachten: »Nach dem Theaterbesuch gehen sie auf dem Nachhauseweg oft auf einen Sprung ins Café (Café Francis).« Sein Verleger setzte den Satz in den Singular: »Nach seinem Theaterbesuch geht Joyce oft auf einen Sprung ins Café« – eine Änderung, die den ungebundenen Künstler zeigt, wie er sich auf eigene Faust in der Stadt amüsiert, während sein Heimchen von Ehefrau darauf wartet, ihn piesacken zu können, wenn er nach Hause kommt.

James Joyce unternahm kaum je einen Schritt ohne Nora. Seine

Abhängigkeit wird von einigen ihrer alten Freunde hervorgehoben, die noch lebten, als ich dies Buch begann: Arthur Power, Marias Jolas und Moune (Mrs. Stuart) Gilbert. Dann gab es noch die Gespräche mit der nächsten Generation, Menschen in den Siebzigern, die die Joyce-Familie gut gekannt hatten und mir ihre Erinnerungen mitteilten. Besonders informativ im Hinblick auf Nora war die Tochter Constantine Currans, Elizabeth Solterer, die häufig in Paris bei den Joyce' zu Gast gewesen war; ebenso Evelyne Shapero Chardonnet, die Nichte von Noras bester Freundin, Kathleen Bailly, und Iris Wise, die Stieftochter von James Stephens.

Dann waren da Noras Briefe. Joyce hat gute Gründe gehabt für seine Behauptung, sie schriebe nie welche. Er wußte es jedoch besser. »Ich habe *dreizehn* Briefe von dir«, verkündete er stolz sechs Wochen, nachdem sie sich im Sommer 1904 kennengelernt hatten. Nora schrieb durchaus Briefe. Das Problem ist nur, daß sie, von Joyce abgesehen, nur wenige Menschen aufbewahrt haben. Glücklicherweise sind immerhin so viele erhalten geblieben, daß Noras ungeheurer Einfluß auf Joyce' Stil erkennbar wird. Sie schrieb, wie sie sprach; sie war spontan, direkt, humorvoll und, wenn sie wollte, vulgär. Sie hatte keine Hemmungen, einen Penis einen Schwanz zu nennen. Sie war außerdem eine gute Berichterstatterin.

Als Reporterin hatte ich die Genugtuung festzustellen, wieviel neues und oft unerwartetes informatives Material in öffentlichen Dokumenten steckt. Ich bin den Behörden in Triest, Zürich, Paris, London, in vielen Teilen der USA, in Dublin und vor allem in Galway zu Dank verpflichtet, weil sie meine Bitten um Dokumente erfüllt haben.

Das ist also Ausgrabungsarbeit gewesen. Ergebnis ist, daß ich weit mehr Anmerkungen gemacht habe, als mir lieb ist, um die Quelle der jeweiligen biographischen Tatsache anzugeben. Solche Selbstverleugnung war allerdings strapaziös, wo es um einen Autor ging, der einmal gesagt hat: »Phantasie ist Erinnerung.« Joyce benutzte, vielleicht in stärkerem Maße als irgendein anderer Autor, sein Leben als Rohmaterial für seine Kunst. Von der Zeit an, als er Nora kennenlernte, waren ihre Erinnerungen ebenso nützlich wie seine eigenen. Wo die Parallelen zwischen Leben und Kunst klar auf der Hand liegen, habe ich sie hervorgehoben. Wo Joyce die Verbindung selbst explizit hergestellt hat, wie in seinen Notizen zu den *Verbannten*, habe ich die Informationen freizügiger benutzt.

Ich habe keinerlei Zitate für Nora erfunden. Ich habe nur dann geschrieben »Nora dachte« oder »sie fragte sich«, wenn ich Belege dafür hatte, daß sie das tat. Wo ich Spekulationen über ihre Gedanken und Empfindungen angestellt habe, habe ich versucht, dem Leser das deutlich zu machen.

Ich habe dies Buch begonnen, als ich Nora bereits mochte. Ich habe es voller Verehrung für sie beendet. Noras Leben wurde erschüttert von den großen politischen und sozialen Erschütterungen der ersten Hälfte des 20. Jahrhunderts – den zwei Weltkriegen, den Kämpfen der irischen und italienischen nationalistischen Bewegungen, der Frauenemanzipation, ja selbst dem Antisemitismus der New Yorker Gesellschaft. Mit ihrer Kraft, ihrem Witz und ihrer Gelassenheit überlebte sie sie alle, wie sie auch 37 Jahre mit James Joyce überlebt hat.

Nora war ein ungewöhnlicher Mensch. Niemand, der Joyce liebt, wird unterschätzen, was das bedeutet. Sie war amüsant, leidenschaftlich, mutig, spontan und verstand es, sich auszudrücken; sie redete und redete. Joyce lauschte und lauschte und verlieh all seinen weiblichen Hauptfiguren ihre Stimme.

Ich hoffe, ich habe ihr Gerechtigkeit widerfahren lassen.

Brenda Maddox
London 1988

I

Lily

Männer heute haben nur Palavern im Kopf
und wozu sie einen rumkriegen.
Die Toten

1. Kapitel

Weg vom Finn's

Bis zum heutigen Tage ist das Ablegen eines Passagierschiffs von Irland eine laute, hektische Angelegenheit. Die Luft ist erfüllt vom Geplärr der Kinder, denen es nicht gefällt, zusammen mit Einkaufstüten und Koffern vorwärts geschubst zu werden. Die erschöpften und gereizten Eltern fragen sich nervös, ob sie wohl einen Sitzplatz bekommen, ja, ob sie überhaupt mitkommen werden (Fährschiffe, die die Irische See befahren, können überfüllt sein), wissen jedoch, daß sie sich keinen Flug leisten können. Der Flug nach England dauert zwar nur eine Stunde, kostet jedoch mehr als doppelt soviel. Die lange Reise per Schiff und Zubringerzug ist am Ende des 20. Jahrhunderts noch kaum schneller als am Anfang; die nächtliche Überfahrt durch Holyhead endet immer noch damit, daß morgens übernächtigte Passagiere in die Euston Station hinausstolpern.

Die reisenden Familien sind immer noch groß (Gruppen von sieben oder acht Personen sind nichts Ungewöhnliches), die Geschlechter bleiben immer noch auffällig unter sich. Sobald sie an Bord sind, kämpfen die Männer sich mit ihren halbwüchsigen Söhnen zielstrebig zur Bar, den Videospielen oder dem Duty-free-Shop durch, während sich die Ehefrauen, das Baby und ein, zwei Kleinkinder festumklammernd, auf die Jagd nach Sitzplätzen begeben und dabei nach den größeren Kindern schreien, sobald die umherzustreifen beginnen. Lange schon, bevor das Schiff ablegt, sind alle Sitzplätze belegt, in den Gängen türmt sich das Gepäck, und einige Passagiere sind bereits eingeschlafen oder betrunken.

Ein flüchtiger Blick genügt, um die Menge zu unterteilen in Ferienreisende, Angestellte, die auf der einen oder der anderen Seite der Irischen See zu Hause sind, und junge Arbeiter vom Lande, die nach England wollen, um sich Arbeit auf Baustellen zu suchen. Auf jedem Schiff wird es wahrscheinlich Frauen auf der Suche nach einer Arbeit geben, die in Irland nicht zu bekommen ist, und außerdem junge Leute, die Irland für immer verlassen.

Jedem jungen Iren stellt sich unausweichlich die Frage der Emigration, daran hat sich seit der Großen Hungersnot in den vierziger Jahren des 19. Jahrhunderts nichts geändert. Und warum nicht? Die Jungen gehen ja nicht nur wegen der Arbeit und besserer Bezahlung weg. Irland ist, selbst wenn heute dort auch Menschen gerne leben, die sich durchaus über seine Konventionen hinwegsetzen, immer noch ein von Priestern beherrschtes Land: keine Scheidung, wenig nichtkonfessionelle Bildungseinrichtungen, spionierende Blicke auf Schritt und Tritt, Klatsch. Außerhalb Dublins wird die Toleranz, die britische und andere ausländische Einwohner genießen, kaum je auf einheimische Unangepaßte ausgedehnt.

In früherer Zeit wurde jedem Schiff, das Irland verließ, ein tränenreicher Abschied zuteil. Wenn einer die Reise über den Atlantik antrat, fand in seinem Hause eine »amerikanische Nachtwache« statt, und am nächsten Tag spielten sich auf dem Kai schmerzliche Szenen ab, wenn Familien auseinandergerissen wurden, wenn Mütter in Gesichter blickten, die sie nicht wiedersehen würden, und wenn Brüder und Schwestern voneinander Abschied nahmen und diejenigen mit bitteren Gefühlen kämpften, die zurückblieben, um sich um die alten Eltern zu kümmern, und sich verargten, daß sie nicht den Mut hatten, selbst wegzugehen.

Am Abend des 8. Oktober 1904, einem Samstag, um kurz vor neun ging eine große, junge Frau in auffallend gerader Haltung die Gangway der Nachtfähre von Dublin hinauf. Sie hatte dichtes rotbraunes Haar, hohe Backenknochen und dunkelblaue Augen, die von schwarzen Wimpern und dichten schwarzen Brauen eingefaßt waren. Ihr üppiges Haar war über die Ohren gezogen und mit langen Nadeln festgesteckt, damit es besser unter ihren breitkrempigen Hut paßte. Ein geliehener brauner Mantel schützte sie gegen den kühlen Oktoberwind.[1]

Ihr Schiff legte von der North Wall ab, einem der Dubliner Kais am Ufer des Liffey, und es herrschte ein großes Gedränge, das vom Licht der Bullaugen erleuchtet wurde, als die Menschen, die gekommen waren, um den Abreisenden alles Gute zu wünschen, und die trauernd Zurückbleibenden sich mit den Passagieren mischten. Wer nicht weinte, scherzte und hielt sich an den Alkohol, der herumgereicht wurde.

Es war niemand da, um Nora Barnacles Abreise zu beweinen, doch das machte ihr nichts aus. Sie hatte ihrer Familie in Galway ebensowenig mitgeteilt, daß sie Irland verlassen würde, wie ihren Arbeitgebern in Finn's Hotel in Dublin. Hätte irgend jemand geahnt, was sie vorhatte, man hätte versucht, sie daran zu hindern, und es wäre womöglich geglückt, denn mit ihren zwanzig Jahren war sie noch minderjährig, und sie lief mit Jim Joyce davon.[2]

Nora selbst hatte keinen Grund, sich zu grämen, denn sie fuhr nicht nach Amerika, von wo nur wenige zurückkehrten und diese Wenigen erst dann, wenn sie reich oder alt waren, sondern nur nach London und Paris und dann weiter nach Zürich – wo immer das sein mochte. Geographie war auf der Schule in Galway nicht ihre Stärke gewesen. Sie war in diesem Fach dreimal hintereinander durchgefallen.[3]

Durch die Menge hindurch konnte sie Jim sehen, umringt von den Verwandten und Freunden, die zum Abschied gekommen waren. Jim stellte sich gern als jemanden hin, der keine Freunde hatte und ganz allein war,[4] doch wie Nora jetzt erkannte, war das weit von der Wahrheit entfernt. Da stand er nun, und bei ihm waren sein weinender Vater John Joyce, seine Tante Josephine, die sich mit um die vielköpfige Kinderschar gekümmert hatte, seit deren Mutter gestorben war; seine älteste Schwester Poppie und sein jüngerer Bruder Stanislaus. Stanislaus, so hatte Jim Nora erzählt, war der einzige in der Familie, der ihn verstand.[5]

Alle außer John Joyce wußten zwar, daß Nora und Jim miteinander durchbrannten, doch ließ sich keiner von ihnen anmerken, daß er sie kannte. Sie und Jim hatten ausgemacht, daß sie sich einander nicht nähern wollten, ehe das Schiff nicht abgelegt hatte. John Joyce sollte glauben, daß sein Sohn allein reiste. Jim hatte gegen Ende des Jahres 1902 und Anfang 1903 vier Monate in Paris gelebt, war jedoch dann nach Hause zurückgerufen worden, weil seine Mutter im Sterben lag. Jetzt kehrte er – jedenfalls soweit sein Vater Bescheid wußte – einfach nur auf den Kontinent zurück, um dort weiterzumachen, wo er damals aufgehört hatte. John Joyce, der todtraurig war, als er sich von seinem ältesten und Lieblingssohn verabschiedete, erhob keine Einwände dagegen. Wie Jim stand er auf dem Standpunkt: »Keiner, der etwas Selbstachtung hat, bleibt in Irland.«[6]

Nora hatte Selbstachtung und obendrein Mut. Es war das zweitemal innerhalb eines Jahres, daß sie weglief, und es war viel einfacher als beim erstenmal. Als sie von Galway weggegangen war, war sie völlig allein gewesen. Sie hatte heimlich das Haus ihres Onkels Tommy verlassen und sich nach Dublin aufgemacht, ohne dort eine Menschenseele zu kennen.[7]

Jetzt brach sie in das größte Abenteuer ihres Lebens auf. Was sie wohl im Finn's sagen würden, wenn ihnen klar wurde, daß sie weg war? Sie würden wütend sein, weil es ihnen deshalb am Wochenende an Personal fehlen würde, und sie würden vielleicht ihrer Familie in Galway telegrafieren.[8] Die Besitzerin war übellaunig genug, um ihre Familie womöglich sogar wissen zu lassen, daß sie mit einem stellenlosen Schriftsteller auf und davon war, der vor allem in dem Ruf stand, daß er ebensogern trank, wie er unfähig war, das Getrunkene bei sich zu behalten.

Nora wäre froh gewesen, wenn Jim bei seinen Besuchern im Hotel einen besseren Eindruck gemacht hätte. Gewöhnlich kam er mit einem Strohhut und schmutzigen Segeltuchschuhen in die Bar. Als sie ihn jetzt beobachtete und seine armselige Kleidung musterte, fragte sie sich, ob es klug von ihr war, ihm ihr Leben anzuvertrauen.[9] Wenn sie hätte wählen können, hätte sie ihr Leben lieber mit einem Ladenbesitzer, einem Arzt, einem Lehrer, nahezu mit jedem anderen verbracht als mit einem Schriftsteller, doch sie liebte ihn von ganzem Herzen.[10] Sie war überzeugt, er würde bald Arbeit für sie beide finden, wo er sich doch mit dem Leben auf dem Kontinent auskannte und mehrere Sprachen beherrschte.

Nora weigerte sich, Angst vor der Zukunft zu haben. Jim hatte ihr vorgeworfen, sie mache sich keine rechte Vorstellung von der Schwierigkeit ihres Vorhabens, hatte jedoch auch ihre Ungeduld verstehen können. Wenn überhaupt jemand, so war sie es gewesen, die ihn gedrängt hatte, mit ihr davonzulaufen. Sie hatte nichts zu verlieren. Sie konnte nicht nach Galway zurückkehren. In Dublin hielt sie nichts.

Illusionen machte sie sich freilich nicht. Jim würde sie nicht heiraten. Er hatte noch nicht einmal gesagt, daß er sie liebte, obwohl sie ihm ihre Liebe oft gestanden hatte.[11] Was er gesagt hatte, war allerdings, jedenfalls wie sie es interpretierte, fast genausogut: Er habe sich niemals einem anderen Menschen so nah gefühlt, und daß sie sich dafür entschieden habe, ihr Leben mit ihm zu teilen, erfülle ihn mit großer Freude.[12] Er war davon überzeugt, einer der größten Schriftsteller seiner Zeit zu werden – ein Ziel, das Nora weniger bedeutete als die Zuversicht, mit der es für sich in Anspruch nahm. Sie hatte in bezug auf Männer ein gutes Urteil, und seine Worte hörten sich glaubwürdig an.

Da sie ein heißblütiges Mädchen war, brannte sie darauf, mit Jim allein zu sein. Sie war neugierig, was es mit der Liebe auf sich hatte. Es gab zwar Dinge in ihrer Vergangenheit, von denen Jim nichts wußte,[13] aber wie es war, die Nacht mit einem Mann im Bett zu verbringen, diese Erfahrung fehlte ihr noch.

Vor vier Samstagen, gerade als sie ihren Entschluß faßten, miteinander wegzugehen, war Jims zweite Kurzgeschichte in einer irischen Zeitung veröffentlicht worden. Er hatte sie erst in der Woche davor geschrieben, und darin war die Rede von Eveline, einem neunzehnjährigen Dubliner Mädchen – es war also fast genauso alt wie Nora –, das an einem dunklen, nebligen Abend zur North Wall geht, um mit einem Seemann namens Frank durchzubrennen. In der Geschichte nahm Frank ihre Hand, und das Schiff ließ seinen warnenden Ruf ertönen. Eveline erstarrte. Sie erinnerte sich an das Versprechen, das sie ihrer sterbenden Mutter gegeben hatte – daß sie sich um ihren Vater kümmern würde.

– Komm!

Alle Wasser der Welt brandeten um ihr Herz. Er zog sie in sie hinein: er würde sie ertrinken lassen. Sie klammerte sich mit beiden Händen an das Eisengitter.

Eveline blieb, außerstande, die Bande der Vergangenheit zu zerreißen. Nora ging ohne einen Blick zurück.

2. Kapitel

Die Männermörderin

…Sie stammt doch aus Connacht, nicht wahr?
– Ihre Familie, ja, sagte Gabriel knapp.

Die Toten

An einem warmen Nachmittag in den frühen zwanziger Jahren ging Nora Joyce in Paris mit ihrer Tochter Lucia und einer jungen irischen Freundin in den Tuilerien spazieren, als die Mädchen einen Eisverkäufer entdeckten. Sie rannten zu ihm und kauften sich unter Gekicher ein Eis. Sie wußten, sie waren zu alt, um in der Öffentlichkeit zu essen und sich womöglich die Kleider schmutzig zu machen. Um ihre Verlegenheit zu überspielen, sagte Phyllis Moss, Lucias Freundin: »Was soll Mrs. Joyce bloß von uns denken?«

Mit der tiefen Stimme ihrer Heimatstadt Galway antwortete Nora: »Wenn du wüßtest, aus was für einer einfachen Familie ich stamme!«[1]

Nora war im März 1884 im Westen Irlands geboren worden, über den die Dubliner anglo-irischen Literaten romantische Vorstellungen zu hegen begannen, dem die Einheimischen jedoch um jeden Preis zu entfliehen suchten. Eine Folge von Hungersnöten hatte die Bevölkerung Irlands von 8 Millionen im Jahr 1840 auf 4½ Millionen im Jahr 1920 schrumpfen lassen, und nirgendwo vollzog sich dieser Schwund rascher als in der Gaeltacht – den irischsprachigen Grafschaften im Westen und Nordwesten. Connaught (oder Connacht, wie es manchmal geschrieben wird), die westliche Provinz, zu der die Grafschaften Galway, Mayo, Sligo, Leitrim und Roscommon gehörten, verlor dabei mehr Menschen an die Auswanderungsschiffe als an den Friedhof; sie hatte außerdem die niedrigste Geburtenrate Irlands.

Das Städtchen Galway war, im Unterschied zu seinem Hinterland, ein lebhafter, geschäftiger Ort. Er hatte 15 000 Einwohner und war Hafen, Marktplatz und Verwaltungszentrum für das ganze ausgedehnte Gebiet Connaught. Galway City hatte seit 1837 Gasbeleuchtung; unter seinen Straßen führten Wasserleitungen in die Häuser und die Gemeinschaftstoiletten in den Hinterhöfen der überfüllten Wohnhäuser.

Die Stadt träumte davon, sich die beherrschende Stellung wiederzuerobern, die sie im 17. Jahrhundert als zweitbedeutendster Hafen Irlands innegehabt hatte, doch die flache Galway Bay, deren Sonnenuntergänge die Ausgewanderten besangen und beweinten, vereitelte die Verwirklichung dieses Traums, indem sie immer wieder versandete. Im Jahr 1860, als das Schiff *Indian Empire* einzulaufen versuchte, lief es auf den Marguerite Rock am Eingang des Hafens.[2] Trotzdem wurde weiter ausgebaggert. Da Galway derjenige Hafen der britischen Inseln war, der Nordamerika am nächsten lag, nährte man die Hoffnung, zum »Posthafen« ernannt zu werden, über den schnelle Dampfschiffe, für die es täglich fünf Zubringerzüge gab, Briefe und Pakete zwischen Kanada und London befördern konnten.

In den Straßen der Stadt wimmelte es von Soldaten. Die Renmore Kaserne eine Meile außerhalb der Stadt beherbergte die in Galway stationierte Miliz der Connaught Rangers. Die Rangers mit ihren grünabgesetzten, leuchtendroten Uniformen waren sehr beliebt, und viele Familien in Galway hatten ein Bild von ihnen an der Wand hängen.

Militär und Schiffahrt brachten der Stadt beträchtlichen Reichtum. An den Ufern des Corrib standen vornehme Häuser, und die eleganten Geschäfte konnten sich rühmen, genauso modische Kleidung anzubieten, wie man sie in Dublin oder London fand.

Eben diese Umstände zogen scharenweise Prostituierte an, und Galways Hauptstraße, die Shop Street, hatte eine Sixpenny-Seite und eine Three-halfpence-Seite. Galway war zugleich eine Stadt der Bettler, der Witwen und Waisen. Die Wohnhäuser gehörten zu den schlimmsten in Europa. Da der Großen Hungersnot eine Reihe kleinerer folgte, wurden die Menschen vom Land vertrieben und ergossen sich halbverhungert in die Stadt, wo sie jedoch nichts anderes erwartete als das Arbeitshaus oder die Auswanderungsschiffe. Von Dublin aus gesehen, war Galway City finster und unkultiviert.

Galway sah sich selbst jedoch anders, es war »vom Gesamtbild her eher spanisch als irisch«, wie es im *Galway Year Book* von 1902 heißt.[3] Seine langen Handelsbeziehungen mit Spanien spiegelten sich in Häusern mit maurischer Architektur. Die Stadt konnte sich außerdem eines Spanish Arch rühmen und einer Spanish Parade, die einst spanische Kaufmannsfamilien entlangpromeniert waren. Sie nannte sich zudem »Stadt der Stämme«, jenen vierzehn Familien in Galway zu Ehren, die unmittelbar von den Clans abstammten, die im Jahr 1651 Oliver Cromwell und seinen Truppen erbitterten Widerstand geleistet hatten. Diese Stammesnamen verbindet man, von zweien abgesehen, im allgemeinen nicht mit irischer Abstammung: Athus, Blake, Bodkin, Browne, D'Arcy, Deane, Ffont, Ffrench, Kirwan, Martin, Morris und Skerrett. Die Ausnahmen sind Joyce und Lynch.

Galway City ist das Tor zum Joyce Country – eine menschenleere, wilde Gegend aus Weideland, Moor und Bergen, die sich bis an den rollenden Atlantik nach Westen erstreckt. James Joyce hatte, als er Nora kennenlernte, noch nie den Fuß in diese Gegend Irlands gesetzt; seine eigene Joyce-Linie stammte aus Cork im Südwesten. Der Name Lynch hingegen weckte urbanere Assoziationen, Lynch's Castle, ein vornehmes altes Stadthaus in der Shop Street, gehörte dem Bürgermeister James Lynch-Fitzstephan, der, im Jahr, nachdem Columbus Amerika entdeckt hatte (das Gedächtnis reicht in Irland weit), den eigenen Sohn hinrichtete, indem er ihn aus einem Fenster des Old Jail hängte. Die hohen moralischen Grundsätze des Bürgermeisters ließen ihm keine andere Wahl, weil sein Sohn den heißblütigen Spanier ermordet hatte, der sein Nebenbuhler war. Das Verb »lynchen« gewann im amerikanischen Süden dann eine eigenständige Bedeutung, doch in Galway blieb dem Namen die Bedeutung »jemanden im Stich lassen« anhaften.

***

Nora Barnacle wurde am 21. oder 22. März 1884 geboren (kirchliches und standesamtliches Register weichen, was den Tag angeht, voneinander ab).[4] Ihre Geburt fand im Galway City Workhouse statt, und zwar nicht deshalb, weil ihre Familie mittellos war – das war sie nicht –, sondern weil das schmucke Kalksteingebäude, das während der Großen Hungersnot 1847/48 mehr als tausend Menschen beherbergt hatte, später als städtisches Krankenhaus diente. Ihre Eltern waren Thomas Barnacle, ein Bäcker, und Annie (eine Abkürzung für Honoraria) Healy, eine Näherin und Schneiderin. Annie, eine große, gutaussehende Frau von sechsundzwanzig Jahren, war die Tochter des Ladenbesitzers Patrick Healy und Catherine Mortimer Healys; die Mortimers konnten adlige Vorfahren für sich beanspruchen.

Im Jahr 1884 waren Tom und Annie Barnacle seit drei Jahren verheiratet und hatten bereits eine Tochter, Mary. Nach Nora sollten sie noch drei weitere Töchter bekommen, ehe der langerwartete Sohn Thomas eintraf, auf den 1896 noch ein weiteres Mädchen, Kathleen, folgte. Ein weiterer Junge starb im Säuglingsalter. Alle Kinder bis auf Nora und Kathleen kamen zu Hause zur Welt. Die Tatsache, daß Annie Barnacle zur Geburt ihres zweiten Kindes ins Krankenhaus ging, läßt auf Schwierigkeiten vor der Geburt schließen, ebenso der Zeitpunkt von Noras Taufe – sie fand unmittelbar nach der Geburt statt.[5] Ihr Name wurde als »Norah« registriert. Mrs. Barnacle behielt diese Schreibweise ihr ganzes Leben lang bei, und Nora schrieb ihn so, bis sie James Joyce kennenlernte.

Tom Barnacle, der dreizehn Jahre älter war als seine Frau, stammte aus einer Galwayer Bäckersfamilie und verstand sich zu dem Zeitpunkt, als er heiratete, bereits bestens auf sein Handwerk. Obwohl er ein paar Jahre die Schule besucht hatte, war er Analphabet. Bei seiner Trauung mit Annie Healy im Jahr 1881 mußte er im Register mit einem »X« unterschreiben. Daß er nicht lesen und schreiben konnte, hatte er allerdings mit einem Drittel der Bevölkerung gemein, und er verdiente genug, um dem Priester die ansehnliche Gebühr zu zahlen (1 Pfund 10 Schilling), die die meisten Mittelstandsfamilien für eine Trauung zu entrichten bereit waren.

Im Jahr 1904, als John Joyce den Nachnamen des Mädchens erfuhr, mit dem sein Sohn durchgebrannt war, rief er, ebensowenig wie jener imstande, einem Wortwitz zu widerstehen: »Barnacle? Die wird ihn nie verlassen.« (Anm. d. Ü.: »barnacle« ist die engl. Bezeichnung für den Rankenfußkrebs, der den Miesmuscheln anhaftet, und bedeutet im übertragenen Sinne auch »lästiger Mensch, Klette«.) In Galway hingegen dürfte der Name nur wenige Menschen zu diesem Scherz veranlaßt haben.

Im Westen Irlands war Barnacle nämlich ein ziemlich verbreiteter Nachname. Er leitete sich von der »barnacle goose« (dt. Bernikelgans oder Ringelgans) her, einem großen Seevogel, der in der arktischen Eiswüste lebt und im Winter britische und irische Gefilde aufsucht. In der Art, wie die Leute in Galway ihn heute noch aussprechen – »Bearnacle« – schwingt ein Anklang an die Ursprünge des Vogelnamens mit: *bernekke* im Mittelenglischen und *bernaca* im mittelalterlichen Latein. Die Gans war ein Legenden umrankter Vogel, den man lange mit Argwohn betrachtete, weil man glaubte, er käme aus einer Muschel, die wie eine Frucht auf dem Baum wuchs, und fiele dann ins Meer hinab, um sich dort Nahrung zu suchen.

Im 12. Jahrhundert sah der walisische Geistliche Giraldus Cambrensis (oder jedenfalls behauptete er das) bei einem Besuch in Irland mehr als tausend Bernikelgänse, die, von Muscheln umschlossen, an ihren Schnäbeln von Bäumen herabhingen. Außerdem merkte er an, die Iren nutzten diese Eigentümlichkeit, um den Vogel als Fisch statt als Fleisch zu klassifizieren und es sich damit zu ermöglichen, ihn während der Fastenzeit zu essen, wenn Fleisch verboten war. In seiner *Topographia Hiberniae* stellt Giraldus dies als ein Symbol der Scheinheiligkeit hin – nicht des Vogels, sondern der Iren.[6]

Der Name ist jedoch bekannter in der englischen Übersetzung seiner ursprünglichen irischen Form: *cadhan* (oder *O cadhain*). Daraus wurde O Cadhain, dann Kane, dann O Kane und Coyne. Es gab Kanes und Coynes in Hülle und Fülle in Noras Galway, wie es auch weitere Barnacles gab. Im Westen Irlands lebt der Name heute als Barnicle weiter.[7]

James Joyce beging nicht denselben Irrtum wie sein Vater. Er hatte ein Jahr lang Irisch studiert, wenn auch ohne sonderliche Begeisterung – er war anderer Meinung als sein Lehrer, der fanatische Nationalist Patrick Pearse, der fand, daß irische Schriftsteller nicht auf Englisch schreiben sollten –, die Barnacle-Cadhain-Seevogel-Verbindung hätte er jedoch bestimmt hergestellt.[8] Zu den vielen Ehrungen Noras in seinem Werk gehören auch die vielen, oft versteckten Bezugnahmen auf Seevögel und Gänse, die er in den Text eingearbeitet hat, ganz ähnlich wie mittelalterliche Mönche ihre Lieblingsblumen und -tiere in ihre illuminierten Anfangsbuchstaben verwoben. Unter den Notizen zu *Finnegans Wake* kritzelte er auch ein »ruhmreicher irischer Gänsename«.[9]

An Noras Herkunft war jedoch nicht die Tatsache wichtig, wessen Tochter, sondern wessen Nichte sie war. Ihr Onkel Michael Healy war eine prominente Figur in Galway. Der jüngere und gescheitere der zwei Brüder von Noras Mutter war ein guter Schüler der Patrician Brothers' Mittelschule und errang 1883 einen Platz im Staatsdienst Ihrer Majestät. Der britische Staatsdienst war vor kurzem dazu übergegangen, seine Ämter durch Wettbewerbe zu vergeben statt durch Patronage, ein Schritt, der der Aufnahme von Katholiken ebenso zugute kam wie der von Juden, Methodisten und anderen.

Michael Healy stieg rasch auf. Nachdem er als Unterbootsführer beim Zollamt in Galway begonnen hatte, wurde er als nächstes für fünf Jahre nach Liverpool geschickt. Als Nora ein junges Mädchen war, war er zurückgekehrt und erfreute sich als Steuereinnehmer eines bescheidenen Einflusses, einer absolut sicheren Position und eines gediegenen Einkommens.[10] Er war unter den prominenten Bürgern von Galway in den vielbenutzten lokalen Adreßbüchern wie Kelly's und MacDonald's aufgeführt. Er blieb zeitlebens unverheiratet.

Noras anderer Onkel mütterlicherseits war Thomas Healy, Onkel Tommy, wie Nora ihn nannte.[11] Er war ein großer, muskulöser Mann, arbeitete zunächst als Faktotum und wurde dann wie Noras Vater Bäcker. Tom Healy heiratete spät, wie es in Irland Sitte war (im Jahr 1898, als er neununddreißig war), und tat bis zu seinem Tod im Jahr 1926 wenig, um sich auszuzeichnen – wenn man einmal absieht von einem dramatischen Eingriff in Noras Leben im Jahr 1904, der der modernen Literatur eine neue Richtung gab.

Beide Healys und die Barnacles und ihre sämtlichen bekannten Vorfahren verbrachten ihr gesamtes Leben in Galway City und wagten sich kaum je einmal weiter aufs Land hinaus als – zu den jährlichen Wettspielen an den vier Maisonntagen – vor die Tore der Stadt nach Menlo Castle oder zu dem netten Seebad Salthill, das eine Zwei-Meilen-Tramfahrt von der Stadt entfernt lag.

Nora Barnacle war folglich durch und durch städtisch – kein barfüßiges Bauernmädchen aus dem Moor wie J. M. Synges Pegeen Mike, die sich nichts sehnlicher wünschte, als mit einem Fremden zu reden, sondern ein Stadtkind, pfiffig, mit einem Band im Haar, frechem Mundwerk und einem Onkel im Staatsdienst. Sämtliche Häuser, in denen sie wohnte, ihre Schulen, ihre Arbeitsstellen, alle Schauplätze der Ereignisse ihres jungen Lebens, ihrer jugendlichen Anbandeleien und Kümmernisse lagen innerhalb der Grenzen des Zentrums von Galway mit seinen starken Gerüchen von Fischmarkt und Pferdeställen, von Torffeuerrauch, kochenden Kartoffeln und Kohl. Sämtliche markanten Punkte Galways – Lynch's Castle, Old Jail, der Dom, der Bahnhof, die Docks, O'Brien's Bridge und Nun's Island, waren Orte, an denen sie jeden Tag vorbeikam.

Es war ein Vorgeschmack des Lebens, das sie mit James Joyce teilen sollte. Das Letzte, was beide gewollt hätten, als sie ihn in Westeuropa von Stadt zu Stadt und an die feinsten Kurorte begleitete, war, sich von den Menschen zu entfernen.

Noras Mutter hat unter ihrem Stand geheiratet. Wie Joyce' Vater im Hinblick auf seine eigene Ehe vergaß sie das nie. Doch was für gesellschaftliche Unterschiede zwischen den Barnacles und den Healys auch immer bestanden haben mögen, Immobilienbesitz gehörte nicht dazu. Im Irland der Jahrhundertwende hatten die

Katholiken es als Hausbesitzer noch nicht sehr weit gebracht. Weder die Barnacles noch die Healys hatten ein dauerhaftes Zuhause.

Ehe Nora Galway 1904 verließ, hatten ihre Eltern siebenmal die Adresse gewechselt – ein weiteres Merkmal auch ihres späteren Lebens. Entsprechend der wachsenden Zahl ihrer Sprößlinge, pilgerten Annie und Thomas Barnacle durch einen enggesteckten Kreis von Wohnungen und Häuschen mit schäbigen Anschriften im Herzen Galways: Abbeygate Street, Raleigh Row, Newtownsmyth. Bald nach 1896 kamen sie dann in einem zweigeschossigen Zweiraumhaus, einer Werkstatt, in einer L-förmigen Sackgasse nahe Lynch's Castle, die Bowling Green genannt wurde, zur Ruhe. Das Häuschen war ein Reihenhaus und enthielt einen Hauptraum mit Kamin, und an dessen Außenwand führte eine Treppe hinauf zum einzigen Schlafzimmer. Derartige Häuser, worin Familien von acht, neun, zehn und mehr Personen lebten, kann man heute im Volkskundemuseum von Ulster oder Wales in Belfast bzw. Cardiff besichtigen. In der keltischen Welt des 19. Jahrhunderts war die Einrichtung der Schlafplätze etwas so Beiläufiges wie die Mahlzeit, und über Platzmangel oder Behelfsmäßigkeit regte sich niemand auf.

Dies kleine Reihenhaus Bowling Green Nummer 8 (früher Nummer 4) starren nun die Literaturtouristen als »die Wohnung von Nora Barnacle« an. Doch war es hauptsächlich das Zuhause von Noras Mutter, die dort von 1899 bis zu ihrem Tod im Jahr 1939 lebte. Nora verbrachte ihre Kindheit großenteils anderswo.

Als Nora zwei war, wurde ihre Schwester Bridget (auch Delia oder Dilly genannt) geboren, auf die 1899 Zwillingsschwestern folgten. Gelegentlich der einen oder der anderen dieser Geburten (die Berichte darüber gehen auseinander und ein schriftliches Zeugnis gibt es nicht) wurde Nora zu ihrer Großmutter mütterlicherseits, zu Catherine Mortimer Healy geschickt. Dies war Noras erstes Exil und zugleich dasjenige, das ihre Persönlichkeit am stärksten prägte.

Dadurch, daß sie das überfüllte Nest verließ, kam Nora in den Genuß vieler materieller Vorteile. Sie bekam wahrscheinlich besseres Essen, als es am Tisch ihrer Mutter gab, wo so viele Mäuler zu stopfen waren. Im Haus ihrer Großmutter Healy kam sie in den

Genuß von Limonade und Rosinenkuchen, eines Klaviers und von Bildern an den Wänden, die zu Weihnachten mit Stechpalmen- und Efeuzweigen geschmückt waren. Ihre Großmutter war nett zu ihr. Als ihre beste Freundin Emily Lyons nach Amerika ging und Nora untröstlich weinte, hatte Mrs. Healy ihr eine neue Schleife geschenkt und sie mit Butterbroten an den Kamin gesetzt. Michael Healy versuchte, sie mit einem neuen Paar Knöpfstiefel aufzuheitern. Ihre Großmutter brachte Nora außerdem (wie zuvor Noras Mutter) gute Tischmanieren und eine höfliche Ausdrucksweise bei. Nora verzieh ihrer Mutter jedoch nie, daß sie sie weggeschickt hatte.[12]

Mrs. Healys Haus lag in Whitehall, einer sackgassenartigen Erweiterung der St. Augustine Street in der Nähe der Docks. Es war ein lautes Haus, das vorn an der Straße lag und hinten auf den Hintereingang der Castle Military Barracks hinausging, wo die Kavallerie stationiert war. Nora war damit nur wenige Minuten von ihrer Mutter am Bowling Green entfernt und sah sie häufig, fand sich wahrscheinlich an vielen Tagen zum Tee bei ihr ein, einer aus Butterbroten bestehende Mahlzeit, die mit ungezählten Tassen Tee hinuntergespült wurde – eine weitere Gewohnheit, an der sie durch ganz Europa hindurch festhielt.

Daß man sie in Pflege gab, zerstörte, so üblich diese Praktik auch war, Noras Verhältnis zu ihrer Mutter. Sie war von dem Zeitpunkt an auf sich gestellt, unabhängig, nicht frei von bitteren Empfindungen, aber ohne Selbstmitleid, und schon in zartem Alter war sie sich der Eigenschaften bewußt, mit deren Hilfe sie ihr Leben meistern sollte: Liebenswürdigkeit und Gleichmut. Ironischerweise waren es wohl Noras besonders einnehmendes Wesen und ihr Humor (Züge, die zweiten Kindern ganz allgemein eigen sind), die sie für die Rolle des Pflegekindes bestimmten. Eine Großmutter mag durchaus bereit sein zu helfen, indem sie ein Enkelkind zu sich ins Haus nimmt, doch wird sie stets eins vorziehen, das leicht zu lenken und ein angenehmer Hausgenosse ist.

Alles deutet darauf hin, daß Nora im Alter von fünf Jahren auf dem besten Weg war, zu einer der typischen Galwayer Frauen des 19. Jahrhunderts zu werden, wie sie die aus Galway stammende Autorin Eilís Dillon geschildert hat: »groß, muskulös und kraftvoll, (weil) von Krankheit und Auswanderung verschont, (...) mit einem ausgeprägteren Sinn für Humor ausgestattet als die Männer« ..., doch auch mit »einem depressiven Zug (...), der bewirkt, daß sie sich mit schlimmen Situationen abzufinden wissen«.[13]

***

Es gehört zum Mythos von Zimmermädchen, das mit dem Künstler davonläuft, daß Nora unwissend war und keine Schulbildung hatte. »Stell dir mal vor!« kann man Touristen im Joyce-Museum in Martello-Turm von Sandycove sagen hören, »sie war Analphabetin!« Diese Annahme vermehrt zwar den Schauder angesichts der Verbindung zwischen Genie und dummem Ding, sie ist jedoch unzutreffend. Nora ging zur Schule, bis sie zwölf war – das damals übliche Schulabgangsalter. Sie hatte das Höchstmaß an Schulbildung, das in der damaligen Zeit ohne Schulgeld für Mädchen erhältlich war. Viele jungen Menschen beiderlei Geschlechts bekamen weniger.

Galway, so erklärt das *Galway Year Book* in nachdrücklichem, protestantischem Ton, hatte vier »Klöster..., die der Bildung der weiblichen Kinder der Armen, der Bildung der höheren Stände und der Unterstützung der Bedürftigen gewidmet waren«.

In einem davon, dem Convent of Mercy, begann 1889 Noras Schulbesuch, als sie fünf war. Das Kloster, das aus grauem Kalkstein gebaut war, hatte in der Gegend von Galway den Namen Newtonsmyth und lag unmittelbar hinter dem Bowling Green. Noras Mutter war vor ihr dort zur Schule gegangen. Im Oktober 1892 trat Nora in die Unterstufe der Klosterschule, die »nationale« Schule ein, wo sie in Religion, Lesen und Schreiben ebenso unterrichtet wurde wie in Grammatik, Geographie, Handarbeiten, Musik und Zeichnen. Diejenigen, die Nora mit der Molly Bloom des *Ulysses* gleichsetzen, sollten dabei bedenken, daß Nora gute Noten in Orthographie und Schreiben hatte.

Die Mädchen dort waren vielleicht nicht die gescheitesten. Alle, Nora eingeschlossen, blieben sitzen (Nora wiederholte die vierte Klasse), doch das geschah ebensooft aus ökonomischen Gründen wie aufgrund der schulischen Leistungen; viele blieben nämlich auf der Schule, bis ihre Familien darauf angewiesen waren, daß sie arbeiten gingen, oder Arbeit für sie gefunden werden konnte. Doch selbst wenn sie begabt gewesen wären, wären sie nicht anders behandelt worden. Ziel der Schule war es, die Mädchen auf die Welt vorzubereiten, die sie erwartete und die immer die gleiche war, ob sie nun auswanderten oder in Irland blieben: die Welt der Hausarbeit. Für Mädchen gab es keine unentgeltliche höhere Schulbildung, vergleichbar derjenigen, wie sie aufgeweckte Jungen wie Noras Onkel Michael Healy erhalten konnten. Darauf bestand keinerlei Aussicht, und der Gedanke lag Nora völlig fern.

Junge Frauen ihrer Generation brachten es gelegentlich zwar bis zum akademischen Grad, doch die kamen aus wohlhabenden Familien, die es sich leisten konnten, sie auf höhere Schulen der Kirche zu schicken. Selbst innerhalb der verarmten katholischen Gesellschaftsschicht von Galway, zu der Nora gehörte, gab es feine Abstufungen. Ladenbesitzer und Händler fühlten sich denen überlegen, die Handarbeit verrichteten oder von der Wohlfahrt lebten. Nora Barnacle mit einem Bäcker als Vater und ihren Healy-Verbindungen stand damit eine Schicht über solchen Klassenkameradinnen an der Mercy School wie Cissy Casey, deren Vater Pförtner war, oder der Waise Bridget Fahy.[14]

Nora verließ die Schule mit zwölf Jahren im April 1896. Die Barmherzigen Schwestern fanden eine gute Stelle für sie: als Pförtnerin des Presentation Convent, das sogar noch näher bei den Häusern ihrer Mutter und ihrer Großmutter lag. Der Presentation-Orden wurde sozial höher eingestuft als die Barmherzigen Schwestern, und es ist ein handfester Beleg für Noras gefälliges Äußeres und ihre Liebenswürdigkeit, daß man sie dazu ausersah, die Tür des Presentation-Ordens zu öffnen. Daß sie zwischen der stillen Welt des Klosters und der rauhen Welt draußen hin und her pendelte, war keine schlechte Schulung für das, was die Zukunft für Nora bereithielt.

Um die Zeit, als Nora die Schule verließ, lieferte Mrs. Barnacle einen Beweis für die Stärke ihrer Sippe, indem sie ihren Mann hinauswarf. Tom Barnacle hatte einen häufig anzutreffenden Makel. Er trank. Diese Angewohnheit hatte ihn zwar die eigene Bäckerei gekostet, doch als Bäckergeselle ohne feste Anstellung war er in den Bäckereien zwischen Galway und dem 14 Meilen entfernten Outerard ein sehr gefragter selbständiger Mitarbeiter.

James Joyce hob später immer wieder gern die Verantwortungslosigkeit des Schwiegervaters hervor, den er nie gesehen hatte. »Papa (...) vertrank all die Brötchen und Brote wie ein rechter Mann«, schrieb er an seinen Bruder Stanislaus (als habe er selbst die Angewohnheit, jeden Freitagabend eine volle Lohntüte nach Hause zu bringen). Barnacle der Bäcker, ein vierschrötiger Mann von fast 1 Meter 80, war jedoch in Galway wegen seiner Wohlgelauntheit, der Geschichten, die er erzählte, und wegen seines freundlichen Wesens wohlgelitten. Wie Canon Padraic O Laoi seinen Ruf in Galway zusammenfaßte: »Es stimmt zwar, daß er trank. Doch bereitete er seiner Familie niemals Schande.«[15]

Nora erklärte, als sie sich viele Jahre später ihrer jüngeren Schwester gegenüber einmal über die Schwierigkeiten ausließ, die die Ehe mit einem Schriftsteller mit sich brachte: »Er ist ein Schwächling, Kathleen. Ich muß ihm immer auf den Fersen sein. Ich wünschte, ich wäre mit einem Mann wie meinem Vater verheiratet.«[16]

Nora hatte ihren Vater offensichtlich lieber, als Joyce zuzugeben bereit war. Er konnte den Gedanken an einen Rivalen, wo es um Noras Gunst ging, nicht ertragen. Als ihn Noras wehmütige Erinnerung an die Männer, die sie vor langer Zeit gekannt hatte, beunruhigte, hätte er Tom Barnacle ganz oben auf die Liste setzen sollen.

Barnacle war nett zu Kindern. Jim Byrne, der Bäcker, bei dem er in Outerard wohnte, erlaubte ihm, sich um seine Töchter zu kümmern, und sie erinnern sich, wie er ihnen am Feuer Gespenstergeschichten erzählte. Nora mag durchaus ebenfalls in den Genuß desselben Wesenszuges gekommen sein. Joyce' Eveline in *Dubliner* ist zwar ein Mädchen, dessen Vater trinkt, doch:

> Manchmal konnte er sehr nett sein. Vor noch nicht so langer Zeit, als sie einen Tag lang das Bett hüten mußte, hatte er ihr eine Gespenstergeschichte vorgelesen und am Feuer für sie Toast gemacht.

Als ihr Vater weg war, erlebte Nora, wie ihr Onkel Michael zum männlichen Familienoberhaupt wurde. Joyce berichtete Stanislaus, die Familie der Mutter sei »fein«.[17] Die Healys trugen in der Tat die Nase hoch. Sie hatten eine Schwäche dafür, sich von R. W. Simmons, Galways begehrtestem Fotografen, aufnehmen zu lassen, einem Mann, der seine hohen Preise mit dem Slogan rechtfertigte: »Eine schlechte Aufnahme ist sowieso immer zu teuer.« Simmons, dessen Kundschaft aus den allerbesten Kreisen stammte, allen voran der Herzog von Connaught, fotografierte Michael Healy mehrere Male.[18]

Simmons hat auch die Aufnahme gemacht, die die deutlichste Vorstellung davon vermittelt, wie Nora aussah, als sie vom Kind zum jungen Mädchen heranwuchs. Es zeigt ein großes junges Mädchen – so groß wie die ältere Frau neben ihr – mit kräftigen schwarzen Brauen, einem üppigen, aber ausgeprägten Mund und betont zurückgenommenen Schultern. Sie trägt eine große Schleife im herabwallenden Haar, das sie mädchenhaft offen trägt, und hat einen häßlichen, schlechtsitzenden Mantel, aber auch elegante, offensichtlich neue, spitze Stiefel an.[19] Das Foto, das unter den Joyceschen Papieren in Triest gefunden wurde, trägt zwar keinerlei Kennzeichnung, doch weisen mehrere Eigenarten das Mädchen als Nora aus: die großen Hände mit den starken Knöcheln eines Mannes, die Form der Brauen, die Linie des Mundes und vor allem der Strabismus oder das leichte Herabhängen des linken Lides, das Joyce dazu veranlaßte, sie seine »schlafäugige Nora« zu nennen. Die große grauhaarige Frau, die neben ihr steht, könnte, nach ihrer beschützerischen Haltung und ihrer vornehmen Kleidung, zu der auch eine Ansteckuhr und ein Armband gehören, zu schließen, Noras Großmutter Catherine Healy sein.

Daß die Healys Simmons' Kunden waren, gibt auch Aufschluß über ihre Politik. Simmons war allgemein als Unionist bekannt. Kein wahrer irischer Nationalist wäre zu ihm gegangen, ist Eilís Dillons Meinung.[20] Die Healy-Familie, insbesondere Michael mit seiner Beamtenstellung, war hingegen zu allen Zeiten Anhänger der britischen Krone. Es war eine Loyalität, an der Nora festhielt.

***

Nora war ein sehr hübsches Mädchen. Es gibt, wie Norman Mailer in bezug auf Marilyn Monroe schrieb, in jeder Kleinstadt ein halbes Dutzend wie sie – Mädchen, deren Aussehen und Auftreten bewirkt, daß die Köpfe sich nach ihnen umdrehen und die Zungen schnalzen. Ihr auffälligstes Merkmal war ihr Haar. Sie hatte einen frischen Teint, eine rosige Haut, und der Schnitt ihrer Augen, die sich an den äußeren Winkeln nach unten senkten, verlieh ihr einen spöttischen Ausdruck, in den sich, durch das hängende linke Lid, eine Spur von Frivolität mischte. Und wie ihre Mutter hatte sie eine großartige Haltung. Nora ging mit hocherhobenem Kopf, schwingenden Armen und langem, zuversichtlichem Schritt. »Wir sind alle Iren, lauter Königssöhne«, sagte Mr. Deasy in *Ulysses.*[21] Nora schritt königlich einher (»wie eine Königin«, sagte Joyce später), sie strahlte eine klassenunabhängige irische Selbstsicherheit aus und blickte jedem in die Augen.

Ihr Stolz verdeckte jedoch ein Gefühl der Zurücksetzung und wahrscheinlich irgendein Schuldgefühl. Wie viele Kinder, die aus dem Haus gegeben worden sind, mag sie das Gefühl gehabt haben, daß dies die verdiente Strafe für irgend etwas war, das sie getan hatte; sie mag sich die Schuld daran gegeben haben, daß ihr Vater wegging. Als hübsches Mädchen suchte sie Trost in einem altehrwürdigen Mittel: indem sie früh schon scharenweise Verehrer anlockte.

Das fiel ihr angesichts ihrer Reize nicht schwer. Dazu gehörte auch ihre Stimme. Sie fiel fast jedem auf, der sie im späteren Leben kennenlernte: sie war tief, wohltönend, kräftig und besaß eindeutig die Klangfärbung des irischen Westens.[22]

Nora hatte in ihrer Jugend viele Bewunderer, darunter zwei, die jung starben. Ihre erste ernsthafte Verliebheit, als sie noch nicht ganz dreizehn war, galt einem Jungen namens Michael Feeney.[23] Er war sechzehneinhalb und Lehrer. (Trotz gegenteiliger Beteuerungen mochte Nora gescheite Männer.) Sie hatte ihn ihr ganzes Leben lang gekannt, denn er wohnte in der Nähe, William Street West. Im Februar 1897 erkrankte er an Typhus, der eine Lungenentzündung nach sich zog, und wurde ins Galway Workhouse eingeliefert, wo er nach sieben Tagen starb. Er wurde auf dem Rahoon Cemetery zwei Meilen außerhalb Galways begraben.[24]

Nora war außer sich vor Schmerz. Nur sechs Wochen früher, am Neujahrstag, war ihre geliebte Großmutter im Alter von 67 Jahren ebenfalls gestorben – an Bronchitis im gemeinsam bewohnten Haus in Whitehall.[25] Damit gab es das einzige richtige Zuhause, das Nora gekannt hatte, nicht mehr, und da Emily Lyons ja nach Amerika gegangen war, hatte sie alle Menschen verloren, die sie wirklich liebte.

Was danach aus ihr wurde, ist unklar. Im Jahr 1901, als die Volkszählung des Jahrzehnts stattfand, lebte sie im Haus ihrer Mutter am Bowling Green 8. Ihr Beruf (der später Nachhall in James Joyce' Werk finden sollte) war mit »Wäscherin«[26] angegeben. Ab 1904 lebte sie angeblich bei ihrem Onkel Tommy, doch ihre Anschrift ist nicht bekannt. Im Jahr 1897, als Mrs. Healy starb, war Tom Healy immer noch unverheiratet und wohnte in einem Zimmer in der New Docks Street, was zwar in der Nähe, doch höchstwahrscheinlich keine Behausung war, in der man eine Nichte unterbringen konnte. Nora selbst lieferte den einzigen Hinweis auf ihren Aufenthaltsort um die Jahrhundertwende, als sie in Paris einer Freundin erzählte, in ihrer Mädchenzeit habe sie vier Jahre im Kloster gelebt.[27]

Wenn Nora wirklich aus dem Haus ihrer verstorbenen Großmutter direkt ins Presentation Convent überwechselte, dann bedeutet das, daß die Ereignisse, auf die Joyce den Hintergrund seiner berühmtesten Erzählung, ›Die Toten‹, aufbaute, gerade vor ihrem dreizehnten Geburtstag stattfanden. Die Einzelheiten ihres Lebens in jenem Jahr passen gut zu der Geschichte.

Auf den letzten Seiten von ›Die Toten‹, die von vielen als die vollkommenste Erzählung in englischer Sprache angesehen wird, bricht Gretta Conroy, eine rothaarige Irin aus dem Westen, in Tränen aus, als sie an einen Jungen denkt, den sie vor langer Zeit gekannt hat. Ihr wichtigtuerischer Gatte Gabriel, ein in Intellektuellenkreisen bestens bekannter Dubliner, ist verletzt. Er hätte jetzt gern mit seiner Frau geschlafen. Herablassend fragt er, wer der junge Mann gewesen sei:

– Es war jemand, mit dem ich in Galway bekannt war, als ich bei Großmutter wohnte, sagte sie.

Gabriel fragte Gretta kalt, ob sie diesen ehemaligen Liebhaber vielleicht besuchen wolle, wenn sie nach Galway führe.

– Er ist tot, sagte sie schließlich. Er starb, als er erst siebzehn war. Ist es nicht furchtbar, so jung zu sterben?

Gabriel fragt, weshalb der Junge denn so früh gestorben sei, wohl an der Schwindsucht?

– Ich glaube, er ist meinetwegen gestorben, antwortete sie. Ein unbestimmter Schrecken überkam Gabriel bei dieser Antwort, als träte in dieser Stunde, in der er zu triumphieren gehofft hatte, ein ungreifbares und rachsüchtiges Wesen gegen ihn auf und sammelte in seiner unbestimmten Welt Kräfte gegen ihn.

Gretta spricht ungefragt weiter. Der Name des Jungen war Michael Furey.

– Es war im Winter, sagte sie, etwa am Anfang des Winters, in dem ich von meiner Großmutter wegging und hierher ins Kloster kam. Und zu der Zeit war er krank in seinem Mietszimmer in Galway und durfte nicht hinaus, und seine Angehörigen in Oughterard wurden benachrichtigt.

Furey, sagt Gretta, sei ein sanfter Junge gewesen, mit dem sie oft spazierengegangen sei. Er habe eine sehr gute Stimme gehabt, sei jedoch kränklich gewesen. Sie versucht, sich wieder in die Gewalt zu bekommen, und schildert, wie sie gehört habe, daß jemand Kies gegen ihr Fenster warf, und in den Garten hinuntergerannt sei,

... und da stand der arme Kerl hinten im Garten und zitterte vor Kälte.

– Und du hast ihn nicht nach Hause geschickt? fragte Gabriel.

– Ich flehte ihn an, sofort nach Hause zu gehen, und sagte ihm, er würde sich im Regen den Tod holen. Aber er sagte, er wolle gar nicht leben. Ich sehe seine Augen ganz, ganz deutlich vor mir! Er stand am Ende der Mauer, wo ein Baum war.

– Und ist er nach Hause gegangen? fragte Gabriel.

– Ja, er ist nach Hause gegangen. Und als ich grade eine Woche im Kloster war, starb er und wurde in Oughterard begraben, wo seine Familie herkam. Ach, der Tag, an dem ich das hörte, daß er tot war!

Der kurze Abstand zwischen Michael Feeneys Tod im Februar zu dem von Noras Großmutter am Neujahrstag, dem Anlaß dafür, daß sie das Haus ihrer Großmutter verließ, machen aus Feeney ein näher liegendes Modell für den fiktiven Michael Furey als Noras späteren Verehrer Michael Bodkin, dem man die Rolle allgemein zuspricht. Feeneys Alter – er war sechzehn Jahre und sieben Monate alt, als er starb – verdient Grettas »Ist es nicht furchtbar, so jung zu sterben?« eher als das Alter Bodkins. Bodkin starb mit zwanzig.[28] Darüber hinaus ähneln die Namen einander und klingen ähnlich. Die Verschiebung von »Feeney« zu »Furey« ist die Art von Klangassoziation, die Joyce gefiel – was die Psychologen ein *Klanglink* nennen.

Außerdem hätte das Presentation Convent den Schauplatz für die berühmte Szene liefern können. Das Haus von Noras Großmutter hatte keinen Garten, doch der Garten der Nonnen hinter dem Kloster ist weitläufig und zugänglich, denn der Corrib fließt hindurch, und die Mauern lassen sich übersteigen. Auch heute noch steigen die Jungen ein und stehlen Äpfel.[29] (In der Geschichte verlegte Joyce das Haus von Grettas Großmutter nach Nuns' Island, in einen Teil des Innern von Galway, der vom Fluß und dem Kanal umgeben war.)

Das Leben verfuhr grausam mit den Menschen jener Zeit, und das galt auch für Nora. Es steht außer Zweifel, daß sie sehr angetan war von dem dunklen, gutaussehenden Michael Bodkin, der ebenfalls starb. Bodkin, dessen Vater am Prospect Hill ein Süßwarengeschäft hatte, arbeitete beim Gaswerk, nachdem er die örtliche Universität aufgegeben hatte. Auch er bekam Tuberkulose, erlag, wie Michael Feeney, dem rauhen Februarwinter und starb am 11. 2. 1900. Auch er wurde in Rahoon beigesetzt. Nora war damals fast sechzehn.

Aller Wahrscheinlichkeit nach verschmolz Joyce Noras Erinnerungen an die beiden Freunde, die sie verloren hatte. Es ist jedoch kaum von Belang, woher er die Tatsachen für ›Die Toten‹ bezog. Joyce arrangierte und ordnete sein Material um, wie es seiner Kunst diente und seinem Ohr gefiel. Für das Verständnis Noras ist es hingegen wichtig zu wissen, daß sie schon mit zwölf Jahren ohne nennenswerte mütterliche Fürsorge auskommen mußte und sich gleichzeitig als Frau von bedrohlicher sexualer Macht zu begreifen begann. Tatsächlich mag Joyce die beiden Liebhaber nicht nur der dramaturgischen Wirksamkeit, sondern auch der Glaubwürdigkeit zuliebe zu einem verschmolzen haben. Nur wenige Leser hätten geglaubt, daß ein Mädchen zwei Liebhaber haben konnte, die beide starben, und einer davon, als sie eben erst zwölf war.

Zu dem Zeitpunkt, als Joyce sich Notizen für das in hohem Maße autobiographische Stück *Verbannte* machte, berücksichtigte er, daß Nora zwei Verehrer gehabt hatte, die jung gestorben waren, wenn er ihnen auch veränderte Namen gab. Die weibliche Hauptfigur, Bertha, ist Nora nachgebildet. Der Eintrag unter »N.(B.)« in Joyce' Notizen lautet: »Bodkin starb. Kearns starb. Im Kloster nannten sie sie die Männermörderin ...«[30]

Das Wort von der Männermörderin muß seine Wirkung getan haben. Nora hatte wenigstens noch eine weitere Eroberung auf dem Gewissen, von der das Kloster nichts wußte. Als sie sechzehn war, hatte ein junger Priester ein Auge auf sie geworfen und lud sie zum Tee ins Pfarrhaus ein. Während des Besuchs zog er sie auf seinen Schoß und begann, ihr unter das Kleid zu fassen. Nora entzog sich ihm und mußte sich von ihm sagen lassen, daß sie es sei, die gesündigt habe. Als sie im Beichtstuhl davon berichtete, erwiderte der Priester, daß sie nicht sagen solle, derjenige, der ihr das angetan habe, sei ein Priester gewesen, sondern besser nur »ein Mann«.[31]

Nora war nicht auf den Kopf gefallen. Sie hatte keinen Hang zu Selbstvorwürfen. Ihre Mutter konnte sie nicht kirre machen. Mrs. Barnacles Verhältnis zur Disziplin war eher sprunghaft. Sie hatte ihren Töchtern zwar gute Manieren und Reinlichkeit angewöhnt und verwehrte ihnen unnachgiebig den Gebrauch von Schminke.

Doch sie hatte selbst ihre Schwächen (sie war eine starke Tabakschnupferin) und, daran erinnert man sich in Galway noch deutlich, schaffte es nicht, Kathleen zur Raison zu bringen, die ortsweit berühmt war für ihre derbe Sprache und ihren ausgeprägten Hang zur Flasche.[32] Annie Barnarcle stützte sich weitgehend auf ihre Brüder, insbesondere Michael, der ihre große Kinderschar ernährte, nachdem sie ihren Mann vor die Tür gesetzt hatte.

Tom Healy, dem Neuvermählten, fiel, vielleicht auf das Drängen seiner Frau Bedelia hin, die Aufgabe zu, seine unternehmungslustige Nichte auf den rechten Weg zurückzuführen. Er fing an, spätabends in Galway herumzuspazieren, seinen Schwarzdornstock zu schwenken und nach Nora Ausschau zu halten. Während er umherspähte, pfiff er die irische Weise »My Mountain Maid, Arise«. Nora erstarrte vor Entsetzen, wenn sie die Melodie durch die Nacht klingen hörte.[33]

Nora ließ sich nicht im Haus halten. Mit ihrer besten Freundin Mary O'Holleran fand sie Mittel und Wege zu entwischen. Mit Mary kleidete sie sich als Mann, stopfte das Haar unter eine Männermütze und erkundete die Straßen von Galway und Eyre Square. Nora hatte die Größe, den ausgreifenden Schritt, das Selbstvertrauen und die dichten Brauen, um im Dunkeln für einen gutgebauten Jungen durchzugehen. Einmal trafen sie sogar auf den gefürchteten Onkel Tommy. Mary sagte mit tiefer verstellter Stimme »Guten Abend«, und die Täuschung glückte.

Das Tragen von Kleidern des anderen Geschlechts war um die Jahrhundertwende keine Kleinigkeit. In Paris war es den Frauen durch einen strikt angewendeten Erlaß verboten, Männerkleidung zu tragen. In Irland verabschiedete die nationalistische Fianna-Organisation, weil sie die schöne Gräfin Markiewicz (geborene Constance Gore-Booth Lissadell) daran hindern wollte, mit ihr zu marschieren, eine Resolution, die besagte, daß es eine Beleidigung sei, wenn jemand an öffentlichen Veranstaltungen anders als in der Fianna-Uniform teilnähme. Die unbeirrbare Gräfin überlistete sie, indem sie einen Schneider dazu brachte, ihr eine Uniform zu machen. Ihr Wagemut erstreckte sich allerdings nur bis zur Taille. Unterhalb der Soldatenjacke trug sie einen Rock.[34] Daß Nora Hosen anzog und eine Mütze aufsetzte, erforderte einigen Schneid und verriet zudem, daß sie die männlichen Anteile ihrer Persönlichkeit bereitwillig akzeptierte.

***

Daß sie mitansahen, wie rasch eine Ehe in Enttäuschung und Alkohol enden konnte, hinderte die Mädchen von Galway nicht im mindesten daran, von ihrer großen Liebe zu träumen. Sie spielten alle möglichen abergläubischen Spiele, deren Ziel es war, die Identität dieser großen Liebe aufzudecken. Mary O'Holleran schilderte sie in einem Gespräch mit Richard Ellmann, dem Joyce-Biographen. Die Spiele, klassische Beispiele uralter Ehepartner-Ratespiel-Rituale, hatten im ursprünglicheren Westen mehr Bedeutung als in Dublin – kein Wunder, denn die Rohstoffe waren leichter verfügbar.

So nahmen Nora und ihre Freundinnen etwa den Mund voll Weizen, liefen in der Nachbarschaft umher und lauschten an den Türen. Wenn ein Jungenname erwähnt wurde, dann war das der zukünftige Ehemann.[35] Oder sie kauften sich für einen Penny Nadeln, steckten neun davon in einen Apfel, warfen die zehnte weg und steckten den Apfel in ihren linken Strumpf. Sie banden den Strumpf mit ihrem rechten Strumpfband zu und gingen schlafen, in der Hoffnung, von ihrem zukünftigen Gatten zu träumen.

Die Spiele erreichten ihren Höhepunkt an Allerheiligen. Nora und Mary gingen am Abend in einen fremden Garten und stahlen einen Kohlkopf. Dann trugen sie den Kohlkopf auf einen Acker, suchten sich einen Misthaufen, stellten sich oben drauf, aßen den Kohl und blickten dabei in einen Spiegel. Sie hofften auch hier wieder, einen flüchtigen Blick auf den Mann zu erhaschen, den sie heiraten würden.

Über kurz oder lang wurden die Mädchen dann mit dem belohnt, was Joyce Nora gegenüber verächtlich als die »rothaarigen Rüpel« von Galway bezeichnete.[36] Nora muß, als sie in ihren Spiegel blickte, gehofft haben, darin eine Erscheinung zu sehen, die ihrem dunklen, gutaussehenden verlorenen Liebhaber Michael Bodkin ähnelte, nicht das lange, humorvolle, knochige Antlitz von James Joyce. Das Ritual bereitete sie jedoch darauf vor, daß eines bedeutsamen Tages aus heiterem Himmel eine einschneidende Veränderung in ihrem Leben eintreten würde. Kein Ehehandbuch hätte instruktiver sein können. Es ist bezeichnend für Noras Charakter, daß sie, während sie diese Schicksalsspiele spielte, immer wieder den Kopf in den Nacken warf und schallend lachte.

Nora war ein frommes Mädchen und ging regelmäßig zur Messe. Während ihrer Schulzeit gehörte sie zur Schwesternschaft der League of the Cross, und als sie abging, schloß sie sich der Schwesternschaft des Sacred Heart an. Sie ging regelmäßig zu deren Treffen, ging wenigstens einmal im Monat zur Beichte und am Sodality Sunday im Dom zum Abendmahl.[37] Sie lebte jedoch nicht in Furcht vor dem Beichtstuhl. Sie war widerspenstig, so widerspenstig ein anständiges Mädchen sein konnte. Sie fluchte gern, machte reichlichen Gebrauch von »Gott« und »verdammt« und übte sich mit ihren Freundinnen im Dunkeln kichernd im Gebrauch von unanständigen Wörtern.[38] Sie hatte keine Hemmungen gegenüber dem eigenen Körper; als der üppige Wuchs ihres Schamhaars sie ärgerte, schnitt sie es kürzer.[39]

Nora hatte etwas übrig für Streiche und scheute auch vor Ladendiebstahl nicht zurück. Am Prospect Hill gab es einen Süßigkeitenladen, in dem eine Mrs. Francis bediente, die fast blind war. Nora ging mit Mary dorthin, verlangte für einen halben Penny Bonbons, und während die alte Frau beschäftigt war, stellte sie ein Pfundgewicht auf die Waage. Manchmal klauten sie die Bonbons einfach nur, wenn die alte Dame ihnen den Rücken zuwandte. Bei dem Streich, der ihnen am meisten Freude bereitete, war Jim Connell, ein junger Nachbar, ihr Opfer. Jim, der nicht lesen konnte, hatte überall herumerzählt, daß er einen Brief mit den Unterlagen für die Überfahrt nach Amerika erwartete. Nora und Mary zogen los und kauften den größten Briefumschlag, den sie finden konnten, steckten ein großes Stück gefaltete Pappe hinein, das Lakritzbonbons enthielt, und schickten ihn an Jim Connell. Als Connell diesen amtlich aussehenden Umschlag erhielt, war er so aufgeregt, daß er zu den O'Hollerans hinüberlief, um sich die Unterlagen vorlesen zu lassen. Als er sah, daß man ihn hereingelegt hatte, war er so wütend, daß er seiner Verlobten die Schuld daran gab und die Verlobung löste. Nora und Mary, die sich mit Mühe das Lachen verbissen, mußten weglaufen und sich verstecken. Eine Woche lang, erinnert sich Mary, »trauten sie sich niemandem unter die Augen«.[40]

***

Darüber, wie Nora die Jahre zwischen dem Schulabgang und ihrem Weggang von Galway verbrachte, weiß man wenig. Aufzeichnungen über die Arbeitsstellen existieren nicht. Sie scheint jedoch nicht die ganze Zeit im Kloster zugebracht zu haben (weshalb sonst hätte Joyce O'Gorman ein signiertes Exemplar der ersten Ausgabe des *Ulysses* senden sollen?). Vielleicht hat sie als Hausmädchen bei einer Arztfamilie gearbeitet, doch gab es so viele Barnacle-Schwestern, daß das niemand mit Bestimmtheit sagen kann. Daß sie gewaschen und gebügelt haben könnte, wie der Volkszählungsbericht behauptet, ist wahrscheinlich. Sie hatte immer schon eine Hand für Kleidung und Weißwäsche, eine Fähigkeit, die sie vielleicht von ihrer Mutter geerbt hat, die ja Schneiderin war. Viele ihrer Fotos lassen darauf schließen, daß sie sich auf den Umgang mit Stoffen, Bändern und gestärkten Spitzen verstand. Als Mädchen schon hatte sie etwas für gute Kleidung übrig und bewunderte sie an anderen. Sie war stets gepflegt.[41] Als sie zur jungen Frau heranwuchs, lernte sie, wie sie mit ihrem üppigen Haar zurechtkam, indem sie es zu einem Knoten steckte; sie verstand sich darauf, Spitzen zu bügeln und Schleifen zu binden. Sie steckte sich gern parfümierte Taschentücher an die Kleidung, so daß sie beim Gehen den Duft von Balsaminen oder Rosen verströmte.

***

Eines Tages, als Nora die O'Brien's Bridge überquerte, trat ihr auf einmal ein adretter junger Buchhalter mit unverschämtem Blick in den Weg. Nora wußte, wer er war. Sein Name war William Mulvagh (»Mulvey« ausgesprochen, fast wie eine einzige Silbe, wobei die Betonung auf dem Anfang lag.[42]) Er hatte die höhere Schule der Grafschaft besucht. Die Mulvaghs waren die einzigen Protestanten, die in der Mary Street wohnten. Seine Schwester war verheiratet und lebte in Oughterard. Ob Nora wohl mal mit ihm ausgehen würde?

Nora wußte nicht, was sie sagen sollte. Sie fühlte sich nicht übermäßig zu ihm hingezogen, oder jedenfalls behauptete sie das Mary gegenüber, doch in Galway brauchten die Mädchen einen Freund, wenn sie abends ausgehen oder zum Tanzen wollten. Nora tanzte sehr gern, besonders auf den Veranstaltungen, die an Kreuzungen außerhalb der Stadt abgehalten wurden.[43] Nachdem sie Mary zu Rate gezogen hatte, beschloß sie, Mulvaghs Einladung anzunehmen. Er war ein brauchbarer Begleiter. Drei Jahre älter als sie, hatte er eine Stellung als Buchhalter in Joe Youngs Mineralwasserfabrik. (Nora wählte niemals Begleiter, die sozial unter ihr standen.)

Daß sie mit Mulvagh ausging, bedeutete, daß sie Onkel Tommy hintergehen mußte. Er hatte ihr wegen Mulvaghs Religionszugehörigkeit verboten, mit ihm auszugehen. Nora fand einen Ausweg. Sie spannte Mary als Mitwisserin ein. Abends erklärte sie, sie gehe in die Kirche. Sie und Mary bummelten immer gemeinsam zur Abbey Church in der Francis Street, und dann stahl Nora sich davon und traf sich mit Willie. Mary wartete unterdessen allein (und fragte sich zweifellos, was die beiden wohl anstellten). Wenn Nora zurückkam, gingen sie zu Mary nach Hause, und Nora schüttete lachend die Ausbeute auf dem Tisch der O'Hollerans aus – Pralinen und Sahnebonbons, die Willie ihr geschenkt hatte. Willi war sehr verliebt in Nora.

Was Nora und Willie im Dunkeln machten, werden wir nie erfahren. Immerhin ist den Lesern von Molly Blooms Monolog in *Ulysses* der Satz vertraut: »Mulvey seiner war der erste«,[44] wenn auch unklar bleibt, was Mulvey erreichte. Nora war sich wie jedes andere irische Mädchen der Gefahr der vorehelichen Schwangerschaft bewußt. Ein uneheliches Kind zu bekommen, war das Ende; daß einem nachgesagt wurde, es riskiert zu haben, war fast genauso skandalös. Wie Stanislaus Joyce später über das Irland seiner Kindheit schreiben sollte: »Wenn man von einem Paar weiß, daß es vor der Ehe Geschlechtsverkehr gehabt hat, dann wird ihm das das ganze Leben anhängen.«[45] Galway war nicht so sittenstreng wie Dublin, und seine Priester trauten viele Paare, die ein

Kind erwarteten. Mit welchen Mitteln man die außereheliche Schwangerschaft auch zu verhindern suchte – Auswanderung, Kindsmord und Selbstmord waren die einzigen Auswege für die Verzweifelten; Verhütung oder Abtreibung gab es nicht –, sie waren jedenfalls wirksam: die Rate unehelicher Geburten war in Galway nahe Null. Im Jahr 1901 waren in Galway unter 859 Geburten nur 11 uneheliche registriert.[46]

Alles in allem hat es den Anschein, als habe Willie Mulvagh Nora als erster in der Kunst unterwiesen, einem Mann Lust zu bereiten, ohne ihre Unschuld zu verlieren. Im *Ulysses* berichtet Molly Bloom selbst über ihre Initiation durch Mulvey, den ersten Mann, der ihr die Zunge in den Mund gesteckt hatte: »... wie haben wir dann eigentlich zuletzt alles ... oh ja ich habs ihm runtergeholt in mein Taschentuch ...«[47]

Nichts interessierte Joyce mehr als Noras Erfahrungen auf dem Gebiet der Liebe, wie »Die Toten« beweisen. Im Fall Willie Mulvaghs, dessen Namen Joyce fast unverändert Molly Blooms ersten Geliebten gab (er veränderte ihn nur insofern, als er die Schreibweise der Aussprache anglich), argwöhnt die Nachwelt mit einigem Recht, daß der junge Mann von der Mineralwasserfabrik und Nora Barnacle bei ihren Umarmungen weiter gingen, als Nora ihrer Freundin anvertraute, die in der Kirchenbank der Abbey Church auf sie wartete.

Was immer sich abspielen mochte, Noras Onkel Tommy war es leid. Er erfuhr, daß sie Mulvagh entgegen seiner Anordnung häufiger gesehen hatte, und erwischte sie eines Abends auf dem Nachhauseweg. »Na, mein Kind«, sagte er, »warst wieder mit deinem Protestanten aus.«[48] Annie Barnacle war zu Hause, und als Tom ihr befahl, das Zimmer zu verlassen, ließ Annie ihre Tochter im Stich und zog es vor, ihrem Bruder zu gehorchen, statt dazubleiben und ihre Tochter zu beschützen. Als Annie aus dem Weg war, schlug Tom Nora mit seinem Knotenstock, bis sie zu Boden sank, seine Knie umklammerte und ihn anflehte aufzuhören.

Dies ist jedenfalls die Geschichte, die Nora James Joyce erzählte. Es gibt Gründe für die Annahme, daß das nicht die ganze Wahrheit war.

Es war zwar in Familien um die Jahrhundertwende üblich, daß

junge Leute geschlagen wurden, aber nicht, weil sie mit jemandem zusammengewesen waren, der einer anderen Religion angehörte. Das Galway von 1904 war nicht das Belfast von heute. Die Beziehungen zwischen Protestanten und Katholiken im Galway jener Zeit waren ausgezeichnet. Familien beider Religionen lebten Seite an Seite und besuchten einander zu Hause. Zu dem feierlichen Anlaß der Aufnahme neuer Nonnen in den Orden der Barmherzigen Schwestern lud das Kloster immer auch Protestanten ein, die der Zeremonie beiwohnen sollten.

Daß Noras Familie herumerzählt haben soll, Nora habe die Stadt deshalb verlassen, weil sie dafür bestraft worden sei, daß sie mit einem Protestanten ausgegangen war, beweist, nach Meinung von Willie Mulvaghs Tochter, lediglich, »was für ein ungehobelter Haufen sie waren«.[49] Wenn Nora Willie hätte bekehren wollen, hätte sie es nur zu versuchen brauchen. Er wurde Katholik, als er drei Jahre später heiratete, genau wie in der Folgezeit seine Brüder.

Es scheint wahrscheinlicher, daß Nora deshalb bestraft wurde, weil ihre aufreizenden Blicke und ihre Eigensinnigkeit ihrer Familie beschwerlich wurden. Im Jahr 1904 hatte Michael Healy die hervorragende Stellung eines Steuereintreibers erreicht und damit das ansehnliche Gehalt von vielleicht 150 Pfund jährlich.[50] Er war ein Mann, der einen Ruf zu wahren hatte. Es ist durchaus denkbar, daß er seinen Bruder dazu bewogen hat, disziplinarische Maßnahmen zu ergreifen. (Obwohl Michael Healy James Joyce in späteren Jahren großzügig unterstützte, erinnert man sich in Galway doch daran, daß er sehr streng mit Nora gewesen sei.[51]) Tom Healy wiederum mag Protestantismus mit Libertinismus gleichgesetzt haben; seine Nichte ging mit einem jungen Mann aus, der nicht zur Beichte zu gehen brauchte.

In der Geschichte, wie Nora sie Joyce erzählte, läßt sie überhaupt nichts von den Sorgen durchblicken, die ihre Onkel sich wegen ihrer sexuellen Anziehungskraft machten. Dabei mag sie selbst wegen dieser Macht, über die sie verfügte, beunruhigt gewesen sein. Der Tod von Feeney und der von Bodkin belasteten sie. Die Sünde, einen Priester in Versuchung geführt zu haben, bis er schwach wurde, ebenfalls. Sie mag auch ein inzestuöses Begehren hinter der Wut Tom Healys gespürt haben.[52]

Eine Woche nach der Prügelszene hatte Tom Healy keine Nichte mehr zum Verdreschen. In Galway gab es mehrere Agenturen zur Vermittlung von Hauspersonal; eine davon, die von einer Mrs. Finn in der Lower Dominick Street geführt wurde, lag unmittelbar auf Noras täglichem Weg. Jede dieser Agenturen hätte sie über Arbeitsmöglichkeiten in Dublin unterrichten können. Nora riskierte es. Nach allem, was sie vom Leben gesehen hatte, waren die Worte des Gebets an die Hl. Jungfrau am Ende der Messe wahr: Das Leben war ein Tränental. In Dublin konnte es auch nicht schlimmer sein. Heimlich verließ sie das Haus und Galway. Sie machte sich nicht die Mühe, »ihrem Protestanten« oder ihrer Mutter auf Wiedersehen zu sagen.

3. Kapitel

Der Sommer 1904

»Das Glück«, hat James Joyce einmal gesagt, »verschafft mir, was ich brauche. Ich bin wie ein Mann, der vor sich hin stolpert; mein Fuß stößt gegen irgend etwas, ich bücke mich, und es ist genau das, was ich möchte.«[1]

Auf der Nassau Street in Dublin am 10. Juni 1904 verschaffte das Glück ihm Nora Barnacle. Joyce, damals zweiundzwanzig, erblickte Nora und sprach sie an, ganz ähnlich wie im Jahr zuvor Willie Mulvagh auf einer Brücke in Galway.

Die Liebe auf den ersten Blick wird gewaltig unterschätzt; ein einziger Blick kann die ganze Person erfassen. Nicht, daß Joyce viel hätte sehen können. Im Jahr 1904 trug er, obwohl er zeitlebens Probleme mit den Augen hatte, keine Brille, denn ein Arzt hatte ihm geraten, darauf zu verzichten, weil das eventuell seine Sehkraft stärken würde. Er kann also, als er die große junge Frau kurzsichtig beäugte, nicht mehr gesehen haben als ihre Figur, ihr Haar und ihren Gang. Ihre Art, sich zu bewegen, mit schwingenden Armen, genügte, um ihn für sie einzunehmen. »Schlendernd« war später eins seiner Lieblingswörter dafür; »stolz« war ein anderes, worunter er eine selbstsichere Frau verstand, eine Frau, deren Hüftbewegungen unter dem Rock erkennbar waren.[2]

Es gehört zum Genie von James Joyce, daß er sich, kurzsichtig, wie er war, aus einer Menschenmenge die Frau herauspickte, die wesentlich für seine Kunst werden sollte. Mit derselben Entschiedenheit, mit der er sich sein ganzes Leben lang nahm, was er brauchte, stellte er sich vor. Ihre Stimme und ihr breites, offenes

Gesicht verrieten ihm, daß sie aus dem Westen stammte, und man stelle sich sein Entzücken vor, als er hörte, daß sie einen Ibsenschen Namen hatte. Ibsen war, wegen der Aufrichtigkeit und des Realismus seiner Stücke, vor allem aber wegen seines Verständnisses für Frauen, Joyce' Idol. (Das ganze literarische Dublin wußte, daß Joyce mit nur achtzehn Jahren in der angesehenen Londoner *Fortnightly Review* einen Artikel über Ibsen veröffentlicht hatte. Als der Herausgeber der Zeitschrift aus dem dunklen Norden einen dankbaren Brief des Meisters selbst erhalten hatte, begannen Joyce' Freunde und Lehrer zu begreifen, daß James Joyce womöglich mehr war als ein arroganter Prophet seiner eigenen künstlerischen Zukunft.)[3]

Auch der bloße Klang von Noras Namen übte einigen Reiz auf Joyce aus. Als geschulter Sänger mit einer schönen hellen Tenorstimme hatte er eine besondere Vorliebe für die Vokale »u« und »o«. (Er machte später von ihnen Gebrauch, als er die Namen für seine Kinder, Giorgio und Lucia, und für zwei seiner wichtigsten literarischen Schöpfungen, Molly und Leopold Bloom, auswählte.) Ob Nora mit solcher Leichtigkeit in sein Herz geschlendert wäre, wenn ihr Name Bridget oder Mabel gelautet hätte?

Auch Nora gefiel, was sie sah: einen schlanken jungen Mann mit weichem dunkelbraunem Haar, einem langen, schmalen Gesicht, vorspringendem Kinn und eindringlichen, blassen, fast durchscheinenden blauen Augen.[4] Sein vorspringendes Kinn bewirkte, daß sich sein ganzes Gesicht emporreckte; er blickte sie mit einem frechen Charme erwartungsvoll an. Seine Schlankheit und seine aufrechte Haltung ließen Joyce größer erscheinen, als er war. Mit seinen ca. 1 Meter 77 war er etwa genauso groß wie Noras Vater und nicht viel größer als Nora selbst. Sein Name hörte sich in ihren Ohren ebenfalls vielversprechend an: zwei alliterierende Einsilber, und der zweite (wie der Bodkins) zudem der einer feinen Galwayer Familie. Sie erklärte sich bereit, sich mit ihm am nächsten Donnerstagabend um halb neun neben Sir William Wildes Haus an der Ecke des Merrion Square zu treffen, einem der lokalen Orientierungspunkte und nah genug bei ihrer Arbeitsstelle, dabei zugleich so weit davon entfernt, daß sie unbeobachtet bleiben würde.

Nora war bei ihrem Sprung nach Dublin auf den Füßen gelandet. Sie hatte eine Anstellung in Finn's Hotel in der Leinster Street gefunden, der östlichen Verlängerung der Nassau Street. Klein und schäbig (mit nur zwölf Zimmern), dabei jedoch respektabel und zentral gelegen, nahm das Finn's die ersten beiden in der Reihe roter Backsteinhäuser aus dem 18. Jahrhundert ein, die einen Teil der Mauer um das Trinity College bildet. Von ihrem Zimmer hoch oben in Finn's Hotel konnte Nora mitten in das hineinschauen, was Joyce' wohlhabender Freund Oliver St. Gogarty (einer der wenigen Katholiken in der damaligen Zeit, die am Trinity einen akademischen Grad erworben hatten) das »Trinity Geprotze« nannte.

Dublins eleganteste Einkaufsstraßen – Kildare, Dawson und Grafton Street – waren in der Nähe. In wenigen Minuten gelangte Nora dorthin, wo sie die neuste Mode in den Schaufenstern von Brown Thomas oder die hochgetürmten Kuchen im Bewley Café betrachten konnte, und sie spürte die Nähe des Kontinents, wenn die Reisenden die Schiffszubringer an der Westland Row Station gleich um die Ecke bestiegen oder verließen.

Finn's Hotel grenzte an den Rasen an, den Joyce und seine Freunde als ihren betrachteten. Sie waren Studenten oder Graduierte des University College von Dublin, der jesuitischen Lehranstalt am nah gelegenen Stephen's Green, und sie lagerten um die National Library an der Kildare Street, debattierten und beobachteten das Straßengeschehen.

Joyce wußte nicht recht, wie es weitergehen sollte. Er hatte 1902 am University College in Fächern, die als Frauenfächer galten, in Italienisch und Französisch, ein »Bestanden«-Examen abgelegt. Während seiner Universitätsjahre war es ihm nicht gelungen, die überwältigende Brillanz unter Beweis zu stellen, die er an seiner Dubliner Tagesschule, dem Belvedere, an den Tag gelegt hatte, wo er als Fünfzehnjähriger im Aufsatz Bester von Irland gewesen war. Nachdem er das Examen abgelegt hatte, hatte er einige Monate in Frankreich verbracht und versuchsweise erst Medizin, dann Jura zu studieren begonnen; als nächstes hatte er es mit dem literarischen Journalismus probiert. Es war eine unglückliche Zeit, und er litt an Hunger und schrecklichen Zahnschmerzen. Seit er jedoch nach Dublin zurückgekehrt war und insbesondere seit dem Tod seiner Mutter im August 1903, hatte er sich der Ausschweifung ergeben, unterrichtete und schrieb nur noch anfallweise und tat nichts, um seinem Vater die Bürde zu erleichtern, für seine neun jüngeren Kinder sorgen zu müssen.[5]

Joyce' Freunde behandelten ihn jedoch mit Vorsicht und Respekt. Sie fürchteten seine Feder und seinen unerschütterlichen Glauben an die eigene Größe.

Es ist möglich, daß Joyce und seine Kumpanen Nora vom Sehen kannten. Er hatte 1904 drei enge Freunde: Gogarty, damals Medizinstudent; Vincent Cosgrave, ebenfalls Medizinstudent, und John Francis Byrne, das Modell für Cranley in *Porträt des Künstlers als junger Mann.* Es ist durchaus denkbar, daß das Auftauchen einer statuesken, sexuell anziehenden Rothaarigen ohne sichtbaren Begleiter bereits die Aufmerksamkeit derart geübter Frauenbeobachter erregt hatte. In späteren Jahren behauptete Byrne dann, ihr gemeinsamer Freund Cosgrave habe Nora Joyce vorgestellt.[6]

Nora hat die Geschichte, wie sie Joyce kennenlernte, oft erzählt, und sie tat das nicht immer auf dieselbe Weise. Manchmal ließ sie ihn eine Matrosenmütze tragen und wie einen schwedischen Seemann aussehen, dann wieder trug er in ihrer Erinnerung einen großen weißen Sombrero und einen langen Umhang, der ihm bis auf die Füße hinabhing. Da Joyce in jenem Sommer von beiden Aufzügen Gebrauch machte – der Bohemienkluft, runder, breitkrempiger Hut und Künstlerschleife, die er sich aus Paris mitgebracht hatte, und der Seglerkleidung – hat sie ihn wahrscheinlich in beiden oft gesehen. Ihrer Schwester gegenüber erklärte sie, er habe seltsam ausgesehen, streng, sehr wie ein kleiner Junge mit einer Spur von Michael Bodkin. Und sie vergaß niemals seine schäbigen Schuhe.[7]

Im Finn's kann Nora nur einen oder zwei Shilling die Woche verdient haben, doch das Geld war weniger wichtig als Kost und Logis. Die Besitzerin des Finn's wußte, daß sie eine Alternative zu den Auswanderungsschiffen bot und daß die Mädchen in Dublin von Glück sagen konnten, wenn sie überhaupt irgendwelche Arbeit fanden. Joyce' zahlreiche Schwestern bewarben sich unaufhörlich um irgendwelche Stellen, und seine Schwester May, die

1907 als Sechzehnjährige immer noch bei ihrem Vater wohnte, war beglückt, sich einen Platz in der »Geschäftswelt« mit drei Shilling Wochenlohn erobert zu haben:

Die Stelle ist nicht sehr gut, doch das Beste daran ist, daß ich hier sämtliche Mahlzeiten bekomme, Frühstück, Mittagessen und Tee, und bei jeder Mahlzeit bekommen wir vom Besten.[8]

Nora machte sich keine Illusionen darüber, welchen Gefahren schutzlose, mittellose Frauen ausgesetzt waren. Allein schon die Namen der Wohltätigkeitseinrichtungen in ihrer Umgebung waren ihr Warnung genug: das National Hospital for Consumption for Ireland befand sich, nur einen Sprung vom Finn's entfernt in der Leinster Street, gleich nach dem Eisenwarenhändler und der Reinigung. Dann waren da das Asylum for the Female Blind of Ireland, das Altersheim für die Respectable Protestant Poor, St. Patrick's Hospital for Idiots and Lunatics, das Female Orphan House und die Protestant Association for the Education and Support of the Destitute Orphans of Mixed Marriages.

Ihre Arbeitszeit im Finn's war lang, doch hatte Nora, zumindest theoretisch, jeden zweiten Abend frei. Manchmal hatte sie zwei oder drei freie Abende hintereinander. Wenn es jedoch viel zu tun gab, mußte sie ihren freien Abend opfern und manchmal bis zwei Uhr morgens arbeiten, obwohl schon wenige Stunden später das Frühstück serviert werden mußte.[9]

Es ist zwar zutreffend, wenn man sagt, Nora sei Zimmermädchen gewesen. Doch mußte sie nicht nur Betten machen, sondern sie bediente auch bei Tisch und arbeitete, weil sie von angenehmem Äußeren war, in der Bar. (Diese Arbeit wurde höher eingestuft, weil der Umgang mit Geld damit verbunden war; der Ausdruck »Barfrau« wurde allerdings in späterer Zeit häufig gegen sie gewendet.) Jedenfalls erfreute sie sich im Finn's größerer Unabhängigkeit und war weniger allein, als es in einem Privathaus der Fall gewesen wäre.

Nora war in Dublin trotzdem einsam, und sie war an Einsamkeit nicht gewöhnt. Die Stadt mit ihren Trams, Theatern, Pendlern und ihrer ständig in Bewegung befindlichen Bevölkerung war, verglichen mit dem freundlichen Galway, wo sie jeden zu kennen schien, eine Weltstadt. Oft wich ihre naturwüchsige gute Laune Anfällen von Trübsal und seltsamen Beschwerden und Schmerzen.[11] Ihre Freizeit verging nur schleppend. Außerhalb des Hotels mußte sie schon mit Fremden reden, denn außer den Mädchen im Hotel hatte sie keinerlei Freunde.

In Dublin war Nora, weit mehr als in Galway, unerwünschten männlichen Avancen ausgesetzt. Einer der Gäste im Finn's, ein Mr. Holohan, hatte ein lüsternes Auge auf sie geworfen und machte ihr einen Antrag, wobei er ermunternd ein Kondom vorzeigte.[12] Nora blieb unbeeindruckt. Joyce' Erzählung ›Die Toten‹ wird von einer scharfzüngigen Kellnerin namens Lily eröffnet. Lilys bittere Worte – »Männer heute haben nur Palavern im Kopf und wie sie einen rumkriegen« – klingen wie die Worte Noras. Wenn sie ihr nicht wortwörtlich über die Lippen kamen, so gingen sie ihr doch zweifellos durch den Kopf. Vorsicht vor dem männlichen Geschlecht war Noras Überlebensstrategie.

Als ihr also eines Tages in Dublin ein wohlerzogener, wortgewandter, unterhaltsamer und gar nicht bedrohlicher junger Mann in den Weg trat, nahm Nora seine Einladung, sich abends mit ihm zu treffen, mit Freuden an.

Sie kam jedoch nicht zum Treffpunkt. Joyce fand sich zur vereinbarten Zeit am vereinbarten Ort ein, wartete und gab es schließlich auf. Ein Mann, der Frauen gegenüber mehr Selbstvertrauen besitzt, wäre beim Hotel vorbeigegangen, um herauszufinden, was dazwischengekommen war. Joyce schrieb Nora statt dessen einen Brief. Seine ersten Worte, die sich ironischerweise als prophetisch erweisen sollten, machen verständlich, durch welchen Dunstschleier er selbst schon im Alter von zweiundzwanzig Jahren die Welt beäugte:

15. Juni 1904
60 Shelbourne
Road

Ich bin vielleicht blind. Ich betrachtete lange Zeit einen Kopf mit rötlich-braunem Haar und stellte fest, daß es der Ihre nicht war. Ich ging recht niedergeschlagen nach Hause. Ich würde gern ein neues Treffen vorschlagen, aber vielleicht paßt es Ihnen nicht. Ich hoffe, Sie sind so freundlich, mir eines vorzuschlagen – falls Sie mich nicht vergessen haben!

James A. JOYCE[13]

Nora hatte ihn nicht vergessen. Höchstwahrscheinlich konnte sie das Rendezvous deshalb nicht einhalten, weil sie nicht frei bekam und keine Möglichkeit hatte, ihm das mitzuteilen. Sobald sie jedoch seinen Brief mit seiner Anschrift erhalten hatte, konnte sie seine zweite Einladung annehmen, und diesmal enttäuschte sie ihn nicht.

War der Tag ihres ersten Rendezvous' der 16. Juni 1904? Wahrscheinlich. Für diese Annahme spricht immerhin einiges. Belege in Briefen oder Tagebüchern, daß der 16. Juni der Tag war, der das Leben von Nora Barnacle wie von James Joyce in Vorher und Nachher schied, gibt es freilich nicht – bis auf das Datum des Handlungsbeginns in *Ulysses*.

Für Richard Ellmann war dies der literarische Beleg dafür, daß Nora und Joyce am 16. Juni zum erstenmal miteinander ausgingen. »Den *Ulysses* an diesem Datum spielen zu lassen, war Joyces beredsamster, wenn auch indirekter Tribut an Nora«, sagt Ellmann. »An diesem 16. Juni trat er mit seiner Umwelt in Beziehung und ließ die Einsamkeit, die er seit dem Tod seiner Mutter verspürt hatte, hinter sich zurück.«[14]

Herbert Gorman, ein ernst zu nehmender amerikanischer Schriftsteller, der in den späten 20er und den 30er Jahren ständig um Joyce herum war, da er eine autorisierte Biographie vorbereitete, versuchte, von Joyce selbst Auskunft zu erhalten. Als Gorman dem nunmehr berühmten Autor schüchtern einen biographischen Fragebogen vorlegte, erhielt er, allem Anschein nach in Noras Handschrift, Antwort auf sämtliche Fragen, bis auf eine:

Frage:	Warum sind Sie auf den 16. Juni als Bloomsday verfallen? War das der Tag, an dem Sie sich mit Nora getroffen haben?
Antwort:	Antwort später.[15]

Gorman bekam seine Antwort nie. In seinem Buch, das 1941 erschien, schloß er, es sei »nicht bezeugt, daß Joyce am sechsten Tage nach seiner ersten Begegnung mit Nora Barnacle irgend etwas Ungewöhnliches erlebte...«[16]

Der Ursprung des Datums war offensichtlich etwas, das Joyce nicht bekanntgeben wollte – vielleicht weil die Verknüpfung zu persönlich und zu schockierend war.

Als Nora ihn am Abend ihres ersten Rendezvous an der Ecke des Merrion Square traf, führte Joyce sie nicht in eins der Theater oder Cafés im Zentrum von Dublin, sondern eher in den Ostteil der Stadt, vorbei an den Docks und in Richtung Hafen, in das Stadtgebiet, das abends menschenleer ist und als Ringsend bezeichnet wird. Die Anziehung zwischen beiden war unmittelbar spürbar, und Nora, die um halb elf wieder im Finn's sein mußte, verschwendete keine Zeit. Zu Joyce' dankbarer Verwunderung knöpfte sie ihm die Hose auf, steckte die Hand hinein, schob sein Hemd beiseite und machte ihn (seinem späteren Bericht zufolge) mit einiger Geschicklichkeit zum Mann.[17]

Ein anderer Mann hätte sich vielleicht beglückwünscht und die rasche Verführung gesucht. Statt dessen war es Joyce, der verführt wurde. Nichts in seinem bisherigen Leben, von seiner frommen Mutter bis zu den Jesuiten, hatte ihn auf die Freimütigkeit und Unumwundenheit von Noras sexueller Annäherung vorbereitet. Statt die Achtung vor ihr zu verlieren, verliebte er sich für das ganze Leben in sie.

Insgeheim wußte Joyce allerdings, daß junge Mädchen nicht schon beim erstenmal auf so etwas verfallen, wenn sie nicht von einem Mann darin unterwiesen worden sind. Im Jahr zuvor hatte er bei der Besprechung einiger romantischer Romane den Ausdruck »ein lockeres Mädchen« gebraucht, d.h. ihm war durchaus bewußt, daß es eine Kategorie von Mädchen zwischen seinen züchtigen Schwestern und den unverfrorenen Huren der Kips, des Dubliner Bordellviertels, gab, wo er sexuelle Befriedigung zu finden gewöhnt war.[18]

Fünf Jahre später brach sein Argwohn dann durch, und er erinnerte sie anklagend daran, wie schamlos sie ihn umarmt habe, wie sie ihn zuerst berührt und ihre Hände an seinem Körper habe entlangwandern lassen. Ob sie denn nie zuvor, wollte er mit einiger Verspätung wissen, den Schwanz eines Mannes oder eines Jungen in den Händen gehalten habe, ehe sie ihm die Hose aufknöpfte?[19]

Daß Nora beim ersten Treffen mit einem Fremden so kühn vorgegangen sein soll, legt die Möglichkeit einer milden Form von Prostitution nahe. Das ist nicht auszuschließen; Prostituierte betrieben ihr Geschäft auch in der Nassau Street.[20] Nora war sehr knapp mit Geld, und Ringsend war keine Gegend, die ein nettes Mädchen sich vorstellte, wenn es zu einem gepflegten Abendvergnügen ausgeführt wurde. In Galway, wo Noras Ruf sich gerade erst von der Schande zu erholen beginnt, daß sie viele Jahre unverheiratet mit dem berüchtigten Autor eines schmutzigen Buches zusammenlebte, wird immer noch über die legendäre Begegnung auf der Straße spekuliert. »Sie machte eine leichte Beute aus sich«, sagt man dort, »indem sie auf diese Weise einen Mann auflas.«[21]

Falls Nora beabsichtigt haben sollte, ihre Gunst gegen Geld einzutauschen, so war sie an den Falschen geraten. Joyce war ein genialer Schnorrer. Es war wahrscheinlicher, daß er Geld von ihr nahm. Eine andere Erzählung in *Dubliner*, die im folgenden Jahr geschriebene »Zwei Kavaliere«, porträtiert einen selbstgefälligen jungen Dubliner Draufgänger, der ein Dienstmädchen als Freundin hat. Das Mädchen, das glaubt, er sei »aus besseren Kreisen«, gibt ihm schon bei der ersten Verabredung nach und schenkt ihm später eine Goldmünze. Er hatte zwar Angst gehabt, daß es »bei ihr eingeschlagen (habe)«, doch versichert er seinem Freund dann, »die (sei) mit allen Wassern gewaschen«.

Nora wußte von ihren Bekanntschaften in Galway her, wie man Schwangerschaften vermeidet. Sie tat das, was sie tat, aller Wahrscheinlichkeit nach, weil sie nach Gesellschaft hungerte und sich beliebt machen wollte. Ihre eigenen geheimen Empfindungen an jenem ersten Abend in Ringsend werden in einer Passage am Anfang von *Ulysses* angedeutet, wo sich die Stimme und die Gedanken von Stephan Dedalus, Joyce' alter ego, mit der Stimme eines Mädchens mischen, das er sich in der Phantasie aufgabelt:

> Faß mich an. So sanfte Augen. Sanftesanfte Hand. Ich bin so einsam hier. Ah, faß mich bald an, jetzt. Wie heißt das Wort, das alle Männer

kennen? Ich bin ganz friedlich hier allein. Und traurig auch. Faß, faß mich an.[22]

Das Wort war »Liebe«.[23] Nora war verliebt. Innerhalb einer Woche schrieb sie an Joyce:

23. Juni 1904
2 Leinster Street

Mein teuerster Liebster,
Nur eine Zeile um Dir mitzuteilen daß ich heute abend unmöglich kommen kann da wir zu tun haben aber wenn es dir am Samstagabend 8.30 paßt am selben Ort in Liebe

N BARNACLE

entschuldige daß ich in Eile schreibe[24]

Es ist ihr erster Brief an Joyce, der erhalten geblieben ist. In ein paar eilig hingeschriebenen Worten enthüllt er die Gegensätzlichkeit ihrer Temperamente. Während sein erster Brief an sie formell, sorgfältig formuliert, bittend, von der Angst vor Zurückweisung erfüllt war, war Noras Brief unbekümmert, voller Selbstvertrauen und ungeniert leidenschaftlich.

Ihr Liebeswerben machte rasche Fortschritte. Sie sahen einander, wann immer Nora frei hatte. Gogarty, Cosgrave und Stanislaus begannen übel zu vermerken, daß Joyce soviel Zeit mit »Miss Barnacle« verbrachte. Als er und Nora ein festes Paar wurden, holte Joyce mit seinem komischen Hut und seinen schmuddeligen Kleidern sie häufig auch vom Hotel ab.

Später im selben Sommer begann Nora zu fürchten, daß sie wegen ihres Verhaltens Joyce' Achtung verloren haben könnte, und, wie er ihr eines Abends schrieb, nachdem er sie im Hotel abgeliefert hatte, ihm fiel eine gewisse Scheu an ihrem Benehmen auf, als sei sie bedrückt wegen der Dinge, zu denen sie ihn verleitet hatte. Sie hatte noch nicht begriffen, mit wem sie es zu tun hatte:

Für mich jedoch war er [der Abend, Anm. d. Ü.] eine Art Sakrament, und die Erinnerung daran erfüllt mich mit freudigem Erstaunen. Du wirst vielleicht nicht sofort verstehen, warum es kommt, daß ich Dich deswegen so sehr verehre, da Du nicht viel von meinem Denken weißt.

Aber gleichzeitig war es ein Sakrament, das in mir ein bestimmtes Gefühl des Schmerzes und der Erniedrigung hinterließ – des Schmerzes, weil ich Dich in einer außergewöhnlichen, zarten Schwermut sah, die dieses Sakrament als Kompromiß gewählt hatte, und der Erniedrigung, weil ich begriff, daß ich in Deinen Augen einer Konvention unserer gegenwärtigen Gesellschaft nicht entsprach.[25]

Den ganzen Sommer 1904 hindurch bis zu dem Oktoberabend, als sie an Bord ihres Schiffes gingen, widerstand Nora Joyce' Versuchen, bei ihren Umarmungen weiter zu gehen als bisher. Sie gab ihm geräuschvolle Küsse, und er drückte ihr (zumindest brieflich) einen »fünf-und-zwanzig-Minuten-Kuß« auf den Nacken. Wenn seine Hand sich jedoch zu weit vorwagte, stieß sie sie weg. (Sie teilte seine Überzeugung, daß es sündiger sei, wenn er sie berührte, als umgekehrt.) Kein Wunder, daß Joyce, wie sein Bruder sich erinnerte, in jenem Sommer von Sünde und Jungfräulichkeit besessen war.[26]

Nora hatte Joyce nicht so unmittelbar erobert, wie er selbst später glauben machen wollte. Eine Woche nach ihrem ersten Treffen ging Joyce eines Abends mit Vincent Cosgrave im St. Stephen's Green spazieren und sprach dabei ein anderes attraktives Mädchen an. Seine schlechten Augen ließen ihn bei dieser Gelegenheit jedoch im Stich, denn er übersah völlig ihren Begleiter, der in der Nähe stand. Der junge Mann tauchte aus dem Schatten auf und schlug Joyce zu Boden, und der trug Verstauchungen, Schnittwunden, Prellungen und ein blaues Auge davon. Joyce, dem vor jeder Art von Gewalttätigkeit graute – er fürchtete sich sogar vor Donner –, versuchte nicht zurückzuschlagen. Statt dessen machte er Cosgrave Vorwürfe, weil der es versäumt hatte, ihm beizustehen. In seinen Augen hatte man ihn im Stich gelassen. Dies neue Empfinden mag es ihm plötzlich ermöglicht haben, es Nora gleichzutun und sich zu verlieben.

Es gab eine Menge Gründe dafür, daß sie so rasch zueinander fanden. Beide hatten die Mutter verloren. (Wenn Nora auch noch einmal einen Besuch in Galway gemacht hatte, so wußte sie doch nicht, wann sie ihre Mutter wiedersehen würde.) Der restlichen Familie waren beide entfremdet. Joyce konnte mit seinen Brüdern und Schwestern, mit Ausnahme von Stanislaus, nichts anfangen, so erzählte er Nora.[27] Zugleich waren beide kühle Zeitgenossen, spott- und lachlustig. Nora mit ihrem scharfen Gespür für Menschen und ihrer losen, witzigen Zunge amüsierte Joyce fast ebensosehr, wie sie ihn anzog. Nachdem sie etwas über Cosgraves Kopfhaltung gesagt hatte, gab Joyce ihr lachend das Versprechen, es ihm nicht weiterzuerzählen.

In wenigen kurzen Wochen verscheuchte Nora Joyce' Phantasiefrauen. Er veröffentlichte in jenem Monat ein Gedicht mit dem hübschen Titel ›Mein Liebchen seh ich in leichtem Kleid‹. Nora ging nicht leicht bekleidet. Der Sommer des Jahres 1904 war kühl und oftmals grau, und sie hielten ihre Stelldicheins im Freien ab. Nora brauchte ihren Mantel. (Später, nachdem sie zehn Jahre lang wie Italiener gelebt hatten, beschwerten die Joyce' sich ständig bitter über Regen und grauen Himmel, als wären die eine spezielle Strafe, die das Schicksal ihnen sandte, doch in dem Sommer, als sie sich verliebten, störte das Wetter sie nicht.) Als sie darauf beharrte, ihn zu tragen, begann Joyce aufzugehen, wie störrisch sie war. Er versuchte erneut, sie dazu zu bewegen, den Mantel abzulegen.

> Hast Du je die Männer gesehen, die mit mächtigen Fries-Mänteln bekleidet in den Guinness-Wagen herumfahren? Hast Du vor, Dich wie einer von denen aufzumachen?[28]

Noch mehr haßte er die steifen Korsagen, die sie trug. (»Warum trägst du diese verfluchten Dinger?«) Als er ihr eines Abends schrieb, beschwor er sie:

> *Bitte* leg diesen Brustharnisch nicht mehr an, da ich nicht gerne einen Briefkasten umarme. Hörst du jetzt? (Sie beginnt zu lachen.)[29]

Sie möge den Schnürleib zu Hause lassen, bat er ein anderes Mal. Joyce verschwendete seinen Atem. Noras Korsage war notwendig, damit ihre Kleider richtig saßen.

Die rasche Entwicklung ihrer Liebesgeschichte beruhte auf einem großartigen Postsystem. Es gab fünf Zustellungen am Tag, und die erste Leerung war um viertel nach eins in der Nacht. Joyce, der gern in den frühen Morgenstunden schrieb, nutzte diese Dienstleistungen voll aus. Wenn er von seiner Verabredung mit Nora nach Haus gekommen war, blieb er auf und schrieb lange, schmerzliche, selbstentblößende Briefe (»[...] bestimmt ist es gut, daß Du erfährst, was ich über die meisten Dinge denke?«) und brachte sie zum Briefkasten, in der Gewißheit, daß sie sie am nächsten Morgen bekommen würde. Beide verließen sich, wenn sie ein Treffen für denselben Abend vereinbaren oder absagen wollten, darauf, daß sie nur bis mittags einen Brief einzuwerfen brauchten, wie Nora es auch bei ihrem ersten, eilig geschriebenen Brief vom 23. Juni tat, als sie ihm Bescheid geben wollte, daß sie ihn nicht sehen konnte.[30]

Ihr Briefwechsel aus jenem Sommer widerlegt jegliche Behauptung, daß Nora Analphabetin gewesen sei. Die langen, selbstanalytischen Briefe, die Joyce ihr in jenem Sommer schrieb, enthüllen viel unmittelbarer als selbst das *Porträt des Künstlers als junger Mann* den Seelenzustand des jungen Mannes; es sind nicht die Art Briefe, die man einem geistig unterlegenen Menschen schreibt. Joyce umwarb Nora mit Worten, und er wollte die ihren. Am 12. Juli bat er sie, ihm zu schreiben. Nora tat ihm den Gefallen. Anfang September konnte er stolz verkünden, daß er dreizehn Briefe von ihr gesammelt habe.[31]

Nora brauchte nicht lange, um zu begreifen, daß Joyce mit seiner lebhaften Phantasie viele gewöhnliche Dinge ungewöhnich fand. Weibliche Kleidungsstücke beispielsweise schien er so aufregend zu finden wie den weiblichen Körper. Eines Abends stahl er einen ihrer Handschuhe und nahm ihn mit ins Bett. Er schrieb ihr scheu: »Dein Handschuh lag die ganze Nacht neben mir – aufgeknöpft –, aber benahm sich sonst sehr anständig – wie Nora.«[32] Er wußte, der Doppelsinn von ›aufgeknöpft‹ würde ihr nicht entgehen. Gleichzeitig ließ er Nora seine erste Unterweisung in bezug auf Briefe als erotische Objekte zuteil werden, als er sie bat, seinen Brief mit ins Bett zu nehmen.

Am 21. Juli gab er ihr ein Paar Handschuhe als Entschädigung für den Handschuh, den er gestohlen hatte. Er wußte, was neue kosteten; er wußte von seinen Schwestern, wie teuer solche kleinen Luxusartikel waren.

Als der Sommer fortschritt und sein Verhältnis zu Nora immer enger wurde, ließ Joyce erste Anzeichen des Argwohns erkennen. Sie hatte drei freie Abende hintereinander, über die er nicht Bescheid wußte. Wo sie denn sein würde, wollte er wissen, so daß sie sich weder Samstag noch Sonntag noch Montag treffen konnten?[33] Über ihre Antwort ist nichts bekannt.

Trotz ihres engen Verhältnisses waren Joyce und Nora bei ihren schriftlichen Anredeformen von konventioneller Förmlichkeit. Joyce, für den sämtliche Worte eine nahezu magische Kraft besaßen, belegte den Gebrauch seines Vornamens mit speziellen Tabus. Selbst als er sie am 8. Juli beispielsweise als »Kleine Schmollende Nora« ansprach, unterschrieb er als J. A. J. Selbst als er ihr mitteilte, daß er ihr näherzustehen beginne als irgend jemandem sonst, den er kannte, da er, wenn er mit ihr zusammen sei, seinen üblichen Zynismus aufgebe, konnte er sich nicht entscheiden, wie er unterschreiben sollte, und so unterschrieb er überhaupt nicht.[34] Manchmal versteckte er sich hinter übermütigen Pseudonymen wie W. B. Yeats oder Vincenzo Varnutelli. Es wurde September, bis er es über sich brachte, »Jim« zu schreiben – ein Eingeständnis der Vertraulichkeit, das in besonderem Maße seine Bindung an Nora besiegelt. Nora akzeptierte das Privileg stolzerfüllt und nannte ihn ostentativ »Jim« vor seinen Freunden, die ihn (wie es Brauch war) nur beim Nachnamen nannten. Doch wenn sie in ihren Briefen unterschrieb, erlegte auch sie sich konventionelle Beschränkungen auf. Ihr Brief, der mit »Mein teuerster Liebster« begann, endete mit »N Barnacle«, ein anderer, der mit »Mein Liebster« anfing, schloß mit »mit Küssen, Norah Barnacle«.

***

Viel Aufhebens ist um den gesellschaftlichen Unterschied zwischen James Joyce und Nora Barnacle gemacht worden, doch war er, wenn man einmal absieht von dem ungeheuren Bildungsunterschied, eigentlich wirklich so groß? Joyce hatte die beiden großen Ängste des irischen Lebens – die vor dem Hunger und die vor der Zwangsräumung – kennengelernt, und Nora hatte in Galway ein Leben geführt, das alles andere als behaglich gewesen war. Beide stammten von trunksüchtigen Vätern, die enttäuscht darüber waren, daß sie allzu viele Töchter hatten (John Joyce hatte bei insgesamt zehn Kindern sechs hervorgebracht, Tom Barnacle sechs von acht) von Vätern, die sich nicht übermäßig den Kopf deshalb zerbrachen, wie sie die große Kinderschar ernähren sollten, die sie gezeugt hatten. Für John Joyce ebenso wie für Tom Barnacle bestand der Broterwerb darin, daß sie die Familie in immer billigere Unterkünfte bugsierten. Die Joyce' waren sogar noch nomadenhafter als die Barnacles; in den Jahren zwischen James Joyce' Geburt und der Begegnung mit Nora war seine Familie dreizehnmal umgezogen.

Beide hatten die Härte eines lieblosen Zuhauses erlebt. Joyce' Mutter war, selbst eine Getretene, durchaus nicht zimperlich, wo es um die Züchtigung der Kinder ging. (Eine ihrer Strafen, brüstete der junge Joyce sich einem Freund gegenüber, bestand darin, daß sie den Kopf der Kinder in die Toilettenschüssel steckte und die Spülkette zog.[35]) Beide hatten in unmittelbarer Nähe zu eifrigen Mitgliedern religiöser Orden gelebt. Beide hatten frommen Schwestern- bzw. Bruderschaften angehört. Beide hatten einen ausgeprägten Sinn für das Rituelle und für Feiertage. Am wichtigsten war jedoch, daß beide schon früh aus dem Nest gestoßen worden waren. Joyce war mit sechs ins Internat geschickt worden; die Anfangsseiten von *Porträt des Künstlers als junger Mann* verraten das kindliche Verlangen nach der Mutter, die Angst vor dem Bettnässen und das sehnsüchtige Warten auf die Ferien, wie es ein Kind tut, das weit weg von zu Hause ist.

Auch in sexueller Hinsicht ähnelten sie einander, waren doch beide Rebellen, gemessen an den Vorstellungen ihrer Familien. Joyce' erste sexuelle Begegnung war die mit einer Prostituierten gewesen, als er vierzehn war. Bis zu dem Zeitpunkt, als er Nora kennenlernte, hatte er sich bereits einmal eine Geschlechtskrankheit geholt und, seinem Briefwechsel mit Gogarty nach zu urteilen, im Februar 1904 dann ein weiteres Mal.[36] Selbst seine Schwester Poppie wußte, wie Stanislaus seinem privaten Tagebuch anvertraute, daß »Jim herumhurte«.

Joyce war reif für die Errettung. Während seiner vier Monate in Paris war er von homosexuellen und sadomasochistischen Phantasien gequält worden, und er wußte nicht, wo seine Triebe ihn, einmal entfesselt, noch hinführen würden.

Er wußte, daß sie seine Kunst bedrohten. In Nora witterte er die Retterin – eine Frau, die ihn retten, ihn befriedigen und ihm verzeihen würde. »Du bist für mich als jungen Mann gewesen«, erklärte er ihr später, »was die Vorstellung der Heiligen Jungfrau für mich als Knaben war.« (In *Stephen der Held,* Joyce' autobiographischem Roman, aus dem dann *Porträt des Künstlers als junger Mann* wurde, betete Stephen zu »Maria (...) als einem schwächeren und attraktiveren Gefäß des Heils«.[37]

Ein Jahrzehnt früher wären Joyce und Nora vielleicht durch einen ökonomischen Abgrund voneinander getrennt gewesen. John Joyce hatte als wohlhabender Mann begonnen; seine eigene Mutter war früh verwitwet, hatte niemals wieder geheiratet und hinterließ John, ihrem einzigen Kind, ein unabhängiges Einkommen aus dem Familienbesitz in Cork.

John Joyce wurde niemals müde, sein Einheiraten in eine sozial niedriger stehende Familie, die der verachteten Murrays, für seinen raschen Abstieg verantwortlich zu machen. Für jeden anderen war es jedoch offensichtlich, daß seine eigene Verschwendungssucht schuld an seinem Ruin war. Im Jahr 1894 war er gezwungen, den Grundbesitz in Cork (für 1875 Pfund) zu verkaufen, um seine Schulden zu bezahlen. Von da an verschuldete er sich noch rascher und tiefer und führte seine Familie in immer schäbigere Behausungen, bis dann im Jahr 1904 das Häuschen, in dem er und neun Kinder zusammengepfercht waren, kaum mehr geräumiger war als das vollgestopfte Cottage der Barnacles am Bowling Green in Galway. Joyce liefert im *Porträt* eine Skizze des Vaters von Stephen Dedalus:

»– Medizinstudent, Ruderer, Tenor, Amateur – Schauspieler, brüllender Politiker, kleiner Hausbesitzer, kleiner Aktionär, Trinker, guter Kerl, Geschichtenerzähler, Sekretär von jemand, irgendwas in einer Brennerei, Steuereinnehmer, Bankrotteur und augenblicklich Verherrlicher seiner eigenen Vergangenheit.«[38]

Im Jahr 1904 betrug das jährliche Einkommen von Noras Onkel Michael, dem sozialen Aufsteiger, tatsächlich mehr als das Doppelte des Einkommens von Joyce' Vater. 1904 bekam John Joyce, nachdem er sich seine Pension zum Teil bar hatte auszahlen lassen, um ein Haus zu kaufen, und das Haus dann wieder eingebüßt hatte, nur noch siebzig Pfund Pension jährlich.

Am meisten unterschieden sich Noras Erfahrungen von denen Joyce' noch im Hinblick auf die Haltung, mit der ihre Mutter ihrem Schicksal begegnete. Annie Barnacle und May Joyce waren sich nicht ähnlich. Mrs. Joyce brachte, bevor sie im Alter von vierundvierzig Jahren an Krebs starb, fast jedes Jahr ein Kind zur Welt. Wenn man berücksichtigt, daß sie mehrere Fehlgeburten hatte, dann gab es in ihrem ganzen Erwachsenenleben nur selten eine Zeit, in der sie nicht schwanger war. Sie hielt sich ohne jede Einschränkung an die Vorschriften ihrer Kirche. Sie weigerte sich nicht, ihrer ehelichen Pflicht zu genügen, in welcher Verfassung sie auch sein mochte. Stanislaus, der weit anti-katholischer und anti-irischer wurde, als sein älterer Bruder es jemals gewesen ist, empörte sich über die Passivität seiner Mutter. »Sie hätte sich auflehnen müssen«, schrieb er später, »doch in dem hassenswerten Land und in der hassenswerten Zeit, in denen sie lebte, hätte das beträchtliche Charakterstärke verlangt, und die besaß sie nicht.«[39] Einmal hatte May Joyce mit dem Gedanken gespielt, ihren Mann zu verlassen; sie erzählte das ihrem Priester, den das erzürnte und der sie zu ihm zurückschickte.

Annie Barnacle warf im Gegensatz dazu ihren Mann nicht nur hinaus, als sie ihn nicht mehr ertragen konnte, sie erlangte auch eine gesetzliche Trennung, die ihr, über die Unterstützung hinaus, die sie von ihrem Bruder Michael erhielt, wöchentlich 11 Shilling und Sixpence vom Staat eintrug.[40]

Allerdings steht fest, daß Mrs. Barnacle niemals Angst vor körperlicher Mißhandlung haben mußte, wie May Joyce sie zu erdulden hatte. Stanislaus erinnert sich, wie sein Vater (den er verabscheute) sich auf seine Mutter gestürzt und dabei gebrüllt hatte: »Bei Gott, jetzt oder nie wird ein Ende gemacht!« Die jüngeren Kinder rannten schreiend durcheinander, doch James sprang seinem Vater geistesgegenwärtig »auf den Rücken, und brachte ihn aus dem Gleichgewicht, so daß sie umfielen«.[41] Als ein paar Tage später ein Polizeibeamter bei ihnen anklopfte, um den Streit zu erörtern, dessen Lärm bis zu den Nachbarn gedrungen war, deutete Stanislaus das als den endgültigen Abstieg in die untersten sozialen Schichten: »...endlich waren wir ganz auf demselben Niveau angelangt wie die Schipper und Landarbeiter um uns.«

Empfindlich, wie Joyce war, was den Niedergang seiner eigenen Familie betraf, war er sehr hellhörig, wenn es um gegen Nora gerichtete Beleidigungen ging. So mag sie jemand als »Plietsche vom Land« bezeichnet haben (eine abfällige Bezeichnung Grettas in ›Die Toten‹). Joyce schonte Noras Gefühle nicht. »Gewisse Leute, die wissen, daß wir viel zusammen sind, beleidigen mich oft deinetwegen«,[42] erklärte er ihr, als sei das für sie nicht weiter verletzend. Nora mag, angesichts der Feindseligkeit, die Joyce Lady Gregory und ihrem Kreis gegenüber an den Tag legte, geahnt haben, wie viele seiner angeblichen Bewunderer auf ihn hinabblickten.

Die anglo-irische Dubliner literarische Gesellschaft war sehr exklusiv; W. B. Yeats ekelte einen Mann hinaus, der uneingeladen in seinem Salon erschienen war. Auf Leute aus protestantischen Honoratioren- oder Grundbesitzerkreisen wirkte Joyce, der aus der städtischen katholischen unteren Mittelschicht kam, auffällig schäbig. George Moore, der Romancier und Dramatiker, sagte später über Joyce, er sei nichts als ein Bettler gewesen.[43] Als Joyce' Werke später wegen ihrer Vulgarität Anstoß erregten, zuckten viele wie Moore die Achseln, als habe man nichts anderes erwarten können.

Auch unter den irischen Katholiken herrschte ein gewisser Snobismus. Joyce hatte zwei berühmte Schulen besucht, Clongowes Wood College und später, in Dublin, Belvedere College, weil sein Vater, der ungeheuer stolz auf die geistigen Fähigkeiten seines Sohnes war, darauf bestand, daß er das Beste haben sollte. Beide Schulen wurden von Jesuiten geleitet. Zwischendurch zwang die Armut Joyce, eine Schule unter der Leitung der weniger eleganten Christian Brothers zu besuchen, doch sein Vater nahm ihn wieder herunter, weil er es nicht mit ansehen konnte, daß sein Sohn mit »stinkende(n) Paddies« und »verdreckte(n) Mickeys« auf der Schulbank saß. Auf den besseren Schulen gehörte Joyce jedoch zu den ärmeren Jungen, und in späteren Jahren sollte der Rektor von Belvedere über Joyce sagen: »Es war falsch, einen Jungen auf diese Schule zu schicken, dessen soziale Herkunft sich so wenig mit den Maßstäben der Schule vertrug.« Sein Vater, sagte der Rektor, sei »ein Lump«.[44]

Joyce' Mediziner-Freund Oliver Gogarty war eine Seltenheit unter den Katholiken, weil er aus einer Familie kam, die bereits drei Generationen lang Mediziner hervorgebracht hatte. Gogarty war, so behauptet sein Biograph Ulick O'Connor, »frei von jenem Unterlegenheitsgefühl und der Unsicherheit, die den Katholiken seiner Generation anhafteten«.[45] Sein Trinity-Abschluß und sein Aufenthalt in Oxford bewirkten bei Gogarty eine Arroganz, durch die er derlei Empfindungen überkompensierte. Er behandelte Joyce, als sie Freunde waren, herablassend und später geradezu mit vernichtender Überheblichkeit. Joyce war nicht »aus erstklassigem Stall«, sagte Gogarty, »er war aus überhaupt keinem Stall«.[46] Joyce tue ihm leid, sagte Gogarty, wenn er ihn so zwischen »einer erbärmlichen Herkunft und aufwendiger Schulbildung« hin und her gerissen sehe, Sohn eines Vaters, der Trinker und einer Mutter, die »ein einziger bloßliegender Nerv« sei. Gogarty erblickte außerdem (wie später noch viele andere Menschen) etwas Kleinbürgerliches in Joyce' übertriebener Höflichkeit: »Er hatte das formelle und zaghafte Gehabe eines Laienbruders in einem der niederen Orden der Kirche.«[47]

Angesichts seiner Herkunft kann es denn auch nicht überraschen, daß Joyce die Dubliner Mittelstandsmädchen affektiert, unnahbar und herablassend fand. Joyce fühlte sich mit solchen Mädchen niemals wohl, erzählte er Nora. Er fand sie gekünstelt und unaufrichtig.[48] Der Salon, den er am besten kannte, war der von den Sheehys. David Sheehy war Galways Vertreter im Parlament, und er hatte zwei Söhne und vier Töchter; in Mary, die hübscheste, war Joyce eine Zeitlang verliebt. Er verbrachte viele Abende in ihrem Salon am Belvedere Place, gleich beim Mountjoy Square, wo man sang und Scharaden spielte. Das war die höchste Stufe, die er innerhalb der feinen Dubliner Gesellschaft erreichte. Dabei hielten die vier Sheehy-Schwestern ihn für ungehobelt, wenn auch gleichzeitig für unterhaltend und begabt. *Farouche* war das Wort, mit dem Hanna Sheehy ihn später charakterisierte – das heißt, wild und ungezügelt. Ihre Mutter mußte ihm ein sauberes Hemd geben, wenn er zu ihren »Abenden« kam. Doch hatte er, so erinnerte Hanna sich, zugleich etwas »schrecklich Ernsthaftes an sich«.[49]

Stanislaus, der selten Einladungen der Dubliner Gesellschaft erhielt, nicht einmal von den Sheehys, glaubte, daß Mary Sheehy das einzige andere Mädchen gewesen sei, das in seinem Bruder James wenigstens den Funken einer Empfindung hervorgerufen habe, daß man dies, gemessen an der »wilden, glühenden«, anhaltenden Leidenschaft, deren er sich später fähig zeigte, jedoch nicht Liebe nennen könne.[50]

Stanislaus wußte, wann er es mit Herablassung zu tun hatte. Er hatte den Eindruck, daß die Sheehy-Mädchen, die »klugen Jungfrauen« der Gesellschaft, das Genie und die Ungezügeltheit seines Bruders aufregend fanden. Die Art, wie die Mädchen Jim schmeichelten, machten den »Einfältigen« (wie Stanislaus sich selbst bezeichnete) zwar neidisch, doch »nachts, auf der Landstraße, möchten sie ihm mitnichten allein begegnen; und von Heiraten ist gleich gar keine Rede«.[51]

Nachdem er von sanftmütigen, wohlerzogenen Mädchen mit kühlen Händen geträumt hatte, wählte Joyce folglich ohne Zögern ein lebenstüchtiges, gar nicht vornehmes, wurzelloses Provinzmädchen zur Lebensgefährtin, das frei von Familienbürden war, ein katholisches Mädchen mit einem katholischen Gewissen.

***

Nun jedoch so zu tun, als sei Joyce gegen Dienstmädchenerotik immun gewesen, wäre unangebracht. Seine Familie beschäftigte, als Joyce etwa dreizehn war und sie noch wohlhabend waren, ein kesses Dienstmädchen von vielleicht dreiundzwanzig Jahren. Eines Tages legte Joyce sie zum Spaß übers Knie und versohlte sie. Der Vorfall wäre in Vergessenheit geraten, wenn nicht Stanislaus vom jesuitischen Rektor des Belvedere einem Verhör unterzogen worden wäre. Der Rektor forschte nach Beweisen für unmoralische Neigungen in Stanislaus' glänzend begabtem, aber ungebärdigem Bruder, und Stanislaus platzte mit der Geschichte aus der Vergangenheit heraus. Der Rektor trug die Sache natürlich umgehend zu Joyce' Mutter und erklärte ihr, ihr Sohn habe eine Neigung zu sündigen Handlungen. Es versteht sich von selbst, daß sie die Schuld dem Mädchen zuschob, das schon lange nicht mehr in ihren Diensten stand. Joyce' Vater suchte den Rektor auf, der ihm warnend erklärte: »Dieser Junge wird ihnen noch Ärger machen.« »Nein, das wird er nicht«, sagte John Joyce, und seine Worte sollten ihm später höhnisch vorgehalten werden, »weil ich das nicht zulassen werden.« (James lachte jedoch nur und nannte Stanislaus einen Schafskopf.[52])

Joyce wurde zweifellos von Noras Schlichtheit angezogen. »Mein Glaube an die Macht einer einfachen, redlichen Seele ist *ungeheuer*«[53], sagte er einmal zu ihr. Gleichzeitig empfand er jedoch die Verletzlichkeit und Bereitwilligkeit des Dienstmädchens als aufregend – ein Thema, von dem er in *Dubliner* ausgiebig Gebrauch machte. Die scharfzüngige Lily in ›Die Toten‹ beweist, daß er sie nicht alle als dumm ansah. Doch teilte Joyce Mary Colum, einer befreundeten irischen Schriftstellerin, mit: »Ich hasse intellektuelle Frauen.«[54] Insofern er Nora an eine Reihe ihr unvertrauter Orte mitnahm und die Verfügungsgewalt über den Geldbeutel innehatte, hielt er sie in gewissem Sinne in Knechtschaft.

Joyce gefiel sich in der Vorstellung, alle Frauen seien triebhafte, hirnlose Geschöpfe. »Ist dir schon aufgefallen«, fragte er Stanislaus einmal, »wie die Frauen sich beim Schreiben über Satzzeichen und Großschreibung hinwegsetzen?«[55] Es war die reine Schutzbehauptung. Am University College lernte er viele junge Frauen kennen, die zu dessen, den Frauen vorbehaltenen Ableger, dem St. Mary's University College, gehörten und sich auf die Bewandtnisse der Zeichensetzung und noch vieles mehr verstanden. Hanna Sheehy und Mary Colum (damals Mary Maguire) zählten dazu, doch im allgemeinen mied er, was er »weibliche Studienkameraden« nannte. Als eine Studentin des Colleges eine Postkarte mit einer rüden Botschaft erhielt und annahm, James Joyce habe sie ihr geschickt, schrieb sie ihm und beschwerte sich darüber. Joyce antwortete eisig, es sei ganz undenkbar, daß er, James A. Joyce, eine derartige Postkarte geschrieben haben könne, da er niemals mit Studentinnen verkehre, es sei denn, es handele sich um Freundinnen der Familie. In Wahrheit war seine Familie zu der Zeit, als er auf die Universität kam, bereits so tief gesunken, daß sie keine Studentinnen zu ihren Freunden zählen konnte.

***

Nora wußte jedoch, daß sie einen gebildeten Mann erwischt hatte, der ihre Worte ebensosehr liebte wie ihren Körper und (wie er immer wieder versicherte) ihre Seele. »Schreib mir, Nora«, bat er. Er versuchte zwar nicht, ihr zu deuten, was er schrieb, sorgte aber dafür, daß sie von der Anerkennung erfuhr, die er zu finden begann. Er veröffentlichte zwei Liebesgedichte, die beide von ihr inspiriert waren. Sie lernte sie auswendig. Am 13. August, dem Todestag seiner Mutter, sandte er ihr ein Exemplar von *The Irish Homestead*, das seine erste veröffentlichte Erzählung enthielt, »Die Schwestern«, eine Erzählung über einen verrückten Priester. Er versuchte nicht, sie ihr zu interpretieren (woran er auch guttat: ihre Symbolik gibt den Gelehrten immer noch Rätsel auf); er erklärte lediglich, sie sei »von mir (Stephen Daedalus)«.

Drei Tage später jedoch ging Nora, als sei ihr klargeworden, daß sie sich auf sein Niveau erheben müsse, und kaufte geblümtes Briefpapier mit violetten Veilchen und leuchtendgrünen Blättern, die Art, die ihrer Mutter gefiel, und schrieb ihm, in ihrer schönsten Handschrift, bemüht, sich äußerst würdevoll auszudrücken, einen förmlichen Liebesbrief:

16. August 1904
Leinster Street

Mein Liebster,
Die Einsamkeit, die ich so tief empfand, seit wir uns gestern trennten, schien sich wie durch einen Zauber zu verflüchtigen, aber, ach, nur für kurze Zeit, und dann wurde sie schlimmer denn je. Als ich Deinen Brief las, von dem Augenblick an, da ich meine Augen schließe, bis ich sie wieder öffne am Morgen. Mir ist, als sei ich immer und unter allen nur möglichen Umständen in Deiner Gesellschaft, spräche mit Dir, ginge mit Dir, träfe Dich plötzlich an verschiedenen Orten, bis ich mich zu fragen beginne, ob mein Geist meinen Körper im Schlaf verläßt, um Dich zu suchen, und was mehr ist, Dich zu finden, oder vielleicht ist dies alles nur Phantasie. Gelegentlich versinke ich in Melancho-

lie, die den Tag über anhält und die zu vertreiben mir fast unmöglich ist. Es ist jetzt an der Zeit glaube ich, daß ich diesen Brief beende, da ich mich nur um so einsamer fühle, je mehr ich schreibe als Folge davon, daß Du so weit entfernt bist, und der Gedanke schreiben zu müssen, was ich sagen möchte, wenn Du neben mir wärst macht mich ganz elend, ich schließe also jetzt in Liebe und mit besten Wünschen, glaube mir ich bin immer die Deine

NORAH BARNACLE[56]

Dieser liebevolle, wenn auch gestelzte Brief trug in späterer Zeit viel dazu bei, Noras Ruf zu trüben. Joyce zeigte ihn Stanislaus mit der Behauptung, J. F. Byrne, dem er ihn ebenfalls gezeigt hatte, habe gesagt, Nora müsse ihn aus einem Briefsteller abgeschrieben haben. (Byrne, ein entschiedener Anhänger Noras, bestritt später, etwas derart Grausames gesagt haben zu können.[57]) Es ist der einzige Brief Noras, der unter Joyce' gesammelten Briefen in Faksimile und in Ellmanns Biographie abgedruckt ist. Ellmann bediente sich des Briefes als Schlüssel zu Noras Charakter. Er meinte, der Gedanke, »wie erschütternd viel List sie aufgewendet hatte angesichts seines eigenen Strebens nach vollkommener Ehrlichkeit, gab (..) Joyce einen Hinweis auf die Amoralität des Weibes ...«[58]

Doch Joyce, der so viele andere Briefe von Nora erhalten hatte, wußte ja, inwiefern sie sich von ihrem eigenen authentischen Prosastil entfernte. Die Art, wie sie ihm in ihren spätabends verfaßten Briefen schrieb, in diesen die Seite hinunterhastenden Worten, muß ihm eine erste Ahnung davon vermittelt haben, wie sich der warme, interpunktionslose Wortschwall einer leidenschaftlich liebenden Frau am Rande des Schlafs verwenden ließe:

Lieber Jim ich bin so sehr müde heute abend daß ich Dir nicht vielen großen Dank sagen kann für deinen freundlichen Brief den ich unerwartet heute abend erhielt ich hatte sehr viel zu tun als der Postbote kam und ich lief fort in eins der Schlafzimmer um Deinen Brief zu lesen ich wurde fünfmal gerufen aber tat so als hörte ich nicht es ist jetzt halb zwölf und ich brauch dir nicht sagen daß ich die Augen kaum offenhalten kann und ich freue mich die ganze Nacht durchzuschlafen wo ich nicht so viel an Dich denken kann wenn ich morgen früh aufwache werde ich an nichts anderes denken als an Dich Gute Nacht bis 7 Uhr morgen abend

NORA[59]

Solche Zeilen zeigen, weshalb der Joyce-Forscher Phillip Herring die Ansicht vertritt, Nora müsse als hauptsächliche stilistische Quelle für den langen inneren Monolog von Molly Bloom betrachtet werden, mit dem Joyce den *Ulysses* abschloß.[60]

Um den Brief vom 16. August abgeschrieben haben zu können, hätte Nora ein Modell finden müssen, das genau das ausdrückte, was sie sagen wollte, denn in ihrem gestelzten Brief sagte sie genau dasselbe, was sie in ihren spontaneren Briefen sagte und was sie Joyce jedesmal sagte, wenn sie ihn sah: daß sie jede Minute an ihn denke, im Wachen wie im Schlafen, und ohne ihn trübselig sei. Die ersten Worte des Briefs vom 16. August sind besonders bezeichnend: »Die Einsamkeit, die ich so tief empfand ...«

Nora fühlte sich nicht nur deshalb einsam, weil sie verliebt war, sondern auch deshalb, weil sie keine Alternative zu dieser Liebe hatte. Sie war allein auf der Welt. Joyce war ihr ganzes Leben und ihre einzige Hoffnung für die Zukunft. Während Joyce sich damit vergnügte, ihre Liebesbriefe seinen Freunden zu zeigen, zeigte sie seine niemandem, las sie wieder und wieder in ihrem Kämmerchen und versuchte, sie zu begreifen.

Im Spätsommer dann führte er sie stolz in aller Öffentlichkeit aus. Er legte großen Wert darauf, daß sie ihn am 27. August in einem Konzert singen hörte, bei dem er in einem Programm mit dem gefeierten John McCormack in Dublins feinstem Konzertsaal, den Antient Concert Rooms, auftreten sollte. Da er die ganze Woche geprobt hatte und nervös war, sah er davon ab, Nora selbst zum Konzertsaal zu begleiten, und entsandte statt dessen Vincent Cosgrave als Stellvertreter.

Cosgrave erfüllte diesen Auftrag nur allzu bereitwillig. Etwa einsfünfundneunzig groß, kräftig und lebhaft, fast immer in grauen Tweed und Mütze gekleidet, war er, vier Jahre älter als Joyce, in äußerlicherer Weise an Frauen interessiert als Joyce und ein Schürzenjäger wie alle in dieser Schar junger Männer – mit Ausnahme Gogartys, dessen Hauptinteresse eher grob anatomischer Natur war. Cosgrave war ein ewiger Medizinstudent – Gogarty nannte ihn einen »chronischen Mediziner« –, jemand, der gern in Krankenhäusern lebte.[61] In jenem Sommer arbeitete Cosgrave als »dresser« (Assistent) von Sir Thomas Myles, einem ebenso glänzenden wie berühmten Chirurgen. Cosgrave hatte Nora bereits heftig den Hof gemacht. (Gogarty erinnerte sich später, daß Cosgrave »Eifersucht dadurch auslöste, daß er mit Miss Barnacle ausging, die schönes rotbraunes Haar hatte«.[62]) Nora versicherte Joyce jedoch, daß er sie nicht interessiert habe.

Wenn Cosgrave vorgehabt hatte, ihr weiterhin den Hof zu machen, dann war die Gelegenheit gekommen. In dem Augenblick jedoch, als Joyce auf das Podium stieg und zu singen begann, hatte Cosgrave nicht die geringste Chance mehr. Die Schönheit von Joyce' Gesang berührte Nora zutiefst. Einige der Lieder, die er auswählte, »In Her Simplicity« und »My Love is from a Far Countree«, schienen unmittelbar an sie gerichtet.[63] Nora stimmte dem Kritiker vom *Freeman's Journal* aus vollem Herzen zu, der schrieb, Mr. Joyce besitze eine wohlklingende Tenorstimme (wenn er auch befand, bei den hohen Tönen neige seine Stimme zum Forcieren) und wisse davon mit »künstlerischer Emotionalität« Gebrauch zu machen. Viele Jahre später, wenn Nora ihren kontinentaleuropäischen Freunden gegenüber erklärte: »Jim hätte beim Singen bleiben sollen«, dann zeigte sie damit nicht nur, daß sie das Handwerk des Schriftstellers geringschätzte – was sie tat –, sondern dachte auch an Joyce' musikalischen Triumph an jenem Abend in den ersten Wochen ihrer Liebe zurück.

Joyce sprach anfallweise immer noch davon, daß er Irland verlassen wolle, vielleicht, um nach England zu gehen. Nora übernahm einmal mehr die Initiative und fing an, ihn zu bedrängen, daß er sie doch mitnehmen solle. Sie stritt sich ständig mit der Hotelbesitzerin und konnte sonst nirgendwohin. Ohne Jim hätte ihr Leben in Dublin in der Tat düster ausgesehen. Er versuchte, sie zu bremsen, indem er sie »meine liebe, arglose, reizbar, schläfrige, ungeduldige Nora mit der dunklen Stimme«[64] nannte.

Die Vorstellung, daß sie Irland gemeinsam verlassen könnten, nahm in seinem Hirn langsam Umrisse an. Joyce fühlte sich verlockt, fürchtete sich jedoch zugleich. Er konnte es sich ganz und gar nicht leisten, sich mit einem abhängigen Menschen zu behaften, und schon gar nicht mit einer Person, die, wenn die alte Eva durchkäme, womöglich versuchen würde, ihn durch ständiges

Gequengel zu einem herkömmlichen Eheleben zu bewegen. Mit grausamer Aufrichtigkeit, so als wolle er erst gar keine Erwartungen der Art aufkommen lassen, wie sie seine Lieder suggeriert hatten, erklärte er Nora am 29. August ganz genau, wie er war und wie er sein würde. Nora war ernsthaft erschüttert. Sie hatte jedoch wenig Gelegenheit, sich zu erholen, denn als nächstes schrieb er ihr einen Brief, der zwar allem Anschein nach als Entschuldigung für den Schmerz gedacht war, den er in ihre Augen hatte treten sehen, im Grunde jedoch alles noch einmal klarstellten sollte.

> Ich habe Dich heute abend vielleicht gequält mit dem, was ich sagte, aber bestimmt ist es gut, daß Du erfährst, was ich über die meisten Dinge denke? Mein Denken lehnt die ganze gegenwärtige soziale Ordnung und das Christentum ab – das Elternhaus, die anerkannten Tugenden, Klassenunterschiede und religiöse Doktrinen. Wie sollte mir der Gedanke ans Elternhaus Freude machen? Meins war nichts als eine Mittelstands-Geschichte, heruntergewirtschaftet durch einen Hang zur Verschwendung, den ich geerbt habe. Meine Mutter wurde, wie ich glaube, durch Mißhandlung von meinem Vater, durch Jahre der Sorgen und durch die zynische Offenheit meines Betragens langsam umgebracht. (...) ich verfluchte das System, das sie zu einem Opfer gemacht hatte.

Was er als nächstes sagte, verletzte sie mehr. Noras Religion war ein Teil ihres Lebens. Joyce hatte sie wegen ihrer Frömmigkeit zwar aufgezogen. Doch jetzt griff er die Kirche an. Er habe sie verlassen, erklärte er, als er sechzehn war, »aufgrund der Regungen meiner Natur«, und er hasse sie.

> Jetzt führe ich einen offenen Krieg gegen sie, durch das, was ich schreibe und sage und tue. Der Gesellschaftsordnung kann ich mich nicht einordnen – außer als Vagabund. Ich habe dreimal begonnen, Medizin zu studieren, einmal Jura, einmal Musik. Vor einer Woche traf ich noch Anstalten, als Wanderschauspieler von hier fortzugehen. Ich konnte den Plan nicht energisch betreiben, weil Du mich am Arm festhieltest. Die gegenwärtigen Schwierigkeiten meines Lebens sind unglaublich, aber ich verachte sie.[65]

Nora hörte sich sein Bekenntnis über seine Schlechtigkeiten an und kehrte mit einem Achselzucken schmerzlicher Indifferenz ins Finn's zurück. Sie verstand sehr wohl, was er da sagte. Er wollte ihren Körper. (»Ich weiß, was da jetzt spricht«, erklärte sie ihm.) Er würde niemals ihr Gatte werden. Ihre Träume vom geordneten Familienleben mit einem netten Zuhause und Gardinen und Möbeln und Nachbarn würde er ihr niemals erfüllen. Er lehnte die ganze Vorstellung ab.

Sie hatte sich jedoch alles angehört, was er gesagt hatte – »Kein Mensch hat meiner Seele je so nahegestanden wie Du« – und vermochte noch eine andere Botschaft herauszuhören. Er brauchte sie, Nora Barnacle. Keine andere Frau kam in Frage. Er brauchte nicht nur ihre Liebe, sondern auch ihre Kraft und ihre Spöttelei. Darin, daß er sie brauchte, lag ihre Sicherheit. Bat er sie, mit ihm davonzulaufen und mit ihm zusammenzuleben? Sie war sich immer noch nicht sicher.

Hochgefühle wechselten ab mit Niedergeschlagenheit. Joyce teilte seiner Schwester Poppie die Neuigkeit mit, daß er in Nora verliebt sei. Er erzählte es auch Stanislaus. Stanislaus räumte ein, daß er seinen Bruder verstehe, doch gefiel ihm nicht so ganz, was er verstand. Auch wenn er sich damit abgefunden hatte, im Schatten seines Bruders zu stehen, so kämpfte Stanislaus doch ständig darum, sich selbst zu schützen. Joyce war Interessen gegenüber, die nicht seine eigenen waren, empörend gleichgültig. Stanislaus' Aussichten waren durch den Abstieg seiner Familie zunichte gemacht worden; er erhielt eine Schulbildung, die der seines Bruder unterlegen war, obwohl er eindeutig selbst beträchtliche intellektuelle Fähigkeiten besaß. Für ihn gab es kein Clongowes Wood Internat, obwohl Stanislaus wußte, daß diese Schule, wie er später sagte, die beste Ausbildung ermöglichte, »die das Land einem Jungen von (Joyce') gesellschaftlicher Herkunft und Religion zu bieten hatte«.[66] Auch die Universität blieb ihm verwehrt.

Es gab noch einen weiteren Joyce-Bruder, Charles (ein vierter, George, war gestorben). Charles konnte, wie Stanislaus, das Belvedere besuchen, als John Joyce den Rektor überredet hatte, seine Söhne ohne Schulgeld aufzunehmen. Mit neunzehn machte Stanislaus eine Buchhalterausbildung und erlernte damit einen nüchternen, abgesicherten Beruf, dem seine Persönlichkeit sich anpaßte.

Was nun die erste feste Freundin seines Bruders angeht, so war Stanislaus' Haltung zwiespältig. Nora war Jims nicht würdig, fand er. Sie hatte zwar prächtiges Haar, räumte Stanislaus ein, doch den Ausdruck ihres Gesichts und besonders ihrer Lippen empfand er als »gewöhnlich«. Er erschauderte, wenn er sie Joyce in der Öffentlichkeit »mein Schatz« nennen hörte.[67] Als Gefährtin für Jim war sie jedoch Gogarty vorzuziehen. Stanislaus verabscheute den redegewandten Mediziner, und aus triftigem Grund: Gogarty hatte ihn einen Handlanger und Trottel genannt.

***

Wenn Joyce das »System« verfluchte, das seine Mutter zerstört hatte, dann meinte er damit nicht nur die katholische Kirche, sondern auch den schlimmen Zustand der Geschlechterbeziehung in Irland. Im Normalfall gab es lange Verlobungszeiten (für diejenigen, die überhaupt heirateten), denen finanzielle Absprachen vorausgingen. Sowie sie verheiratet waren, suchten die Männer die Gesellschaft ihrer Kumpane, während die Frauen zu Haus blieben, bei der immer größer werdenden Kinderschar, und das erstgeborene männliche Kind verhätschelten, dem sie die stärksten Dosen sowohl an Liebe als auch an sexuellen Schuldgefühlen verabfolgten. (Die schwere Bürde sexueller Schuldgefühle soll angeblich einer der möglichen Gründe für die hohe Schizophrenierate in Irland sein.[68])

Die Angehörigen des vermeintlich schwächeren Geschlechts genossen immerhin einige Vorteile. Die irischen Frauen wurden nicht dazu gedrängt, ihre Mutter zu idealisieren oder im selben Ausmaß wie ihre Brüder ihre natürlichen Triebregungen zu unterdrücken. Logischerweise neideten die irischen Männer ihnen die Freiheit, ihrer Sinnlichkeit nachzugeben. Dieser Neid kommt deutlich in den Worten einer irischen Ballade zum Ausdruck: »Gewiß ist die Frau weit schlimmer als der Mann/ Man schickt sie in die Hölle, die sie nicht brauchen kann.«[69] Nora, die ihrer Mutter selbst für eine Irin bemerkenswert fern stand, besaß eine Persönlichkeit, die außergewöhnlich konfliktfrei war. Solche Menschen sind umwerfend attraktiv für jene, die sich (wie Joyce) mit sexuellen Schuldgefühlen herumschlagen. Was Nora tat, tat sie ohne große Reuegefühle.

Mit dem fortschreitenden Sommer wurde Joyce unsteter denn je zuvor und wechselte mehrfach die Wohnung – er zog in ein möbliertes Zimmer, das Haus von Verwandten, dann wieder in das schäbige Haus seines Vaters. Anfang September zog er in den Martello Tower an der Küste südlich von Dublin, den Gogarty gemietet hatte. Der Turm gehörte zu einer Kette von Festungsanlagen, die im frühen 19. Jahrhundert rund um Irland als Bollwerk gegen die napoleonische Invasion errichtet worden waren.

Nora kann über diesen Umzug nicht glücklich gewesen sein. Joyce hatte sie mit seinem vornehmsten Freund nie bekannt gemacht.[70] Doch wußte sie, daß Gogarty reich war und daß er ein Haus in Dublin und eine Villa auf dem Land mit der furchteinflößenden verwitweten Verwandten teilte, die er Die Mutter nannte. Über Die Mutter wußte Nora ebenfalls Bescheid. Mrs. Gogarty stammte aus Galway; ihre Familie, die Olivers, waren wohlhabende Müller, die ein Haus am Eyre Square hatten und eine Bäckerei besaßen, in der Tom Barnacle einmal gearbeitet hatte.[71] Gogarty hatte seit dem 22. Juli darauf gewartet, daß Joyce einziehen würde. Daß Joyce Nora umwarb, mag der Grund für die Verzögerung gewesen sein, denn der Turm lag acht Meilen südwestlich von Dublin.

Zu Beginn seines Aufenthalts im Turm mit seinem großartigen Ausblick auf die graugrüne Dublin Bay war Joyce zufrieden, ja, er fühlte sich dort ausgesprochen wohl. Am 12. September schrieb er an Nora:

The Tower, Sandycove

Liebe Nora,
Es ist ein so gräßlicher Morgen, daß wir uns vermutlich heute abend nicht treffen können. Es regnet hier in Strömen, und die See brandet sprühend gegen die Felsen. Ich würde mich gern hier ans Feuer setzen, aber ich muß in Kürze in die Stadt, um mich mit Mr. Cosgrave zu treffen. Es ist möglich, daß es vielleicht gegen Abend schön wird, und

wenn ja, werde ich Dich erwarten, aber komm *nur* heraus, wenn es schön ist. Ich hoffe, daß es Dir täglich besser geht. Hast Du den Ort auf der Karte gefunden? Wenn wir uns heute abend nicht sehen – morgen um 8.

JIM[72]

Die Erwähnung einer Landkarte mag darauf hindeuten, daß sie, vielleicht nur zum Vergnügen, davon gesprochen hatten, aus Irland wegzugehen, doch er hatte Nora wegen ihrer Ungeduld getadelt und ließ es Jahre später sogar zu, daß sein vielzensierter Biograph Gorman behauptete, Nora Barnacle sei »eine Kraft (gewesen), die ihn heftig zur Flucht drängte«.[73]

Nora, die an jenem Abend sich selbst überlassen blieb, schrieb Jim:

Lieber Jim,
(...) ich hoffe du bist nicht naß geworden falls du heute in der Stadt warst wir treffen uns also morgen abend 8.15 hoffentlich ist es dann schön ich fühle mich seit gestern abend viel besser aber fühle mich heute abend ein bißchen einsam ich habe den ganzen Tag Deine Briefe gelesen da ich nichts anderes zu tun hatte ich las diesen langen Brief [über die Ablehnung der Kirche und der Gesellschaftsordnung, Anm. d. Verf.] wieder und wieder aber konnte ihn nicht verstehen ich glaube ich werde ihn dir morgen abend mitbringen – und vielleicht kannst du mir helfen ihn zu verstehen

Das war für den Augenblick alles von deinem Dich liebenden Mädchen

NORA xxxx

entschuldige daß ich in Eile schreibe

Ich nehme an Du machst gerade das Feuer an, wenn du diese Zeilen erhältst.[74]

Soweit bekannt, hat Nora Joyce wegen seines Austritts aus der Kirche niemals Vorwürfe gemacht. Sie behielt ihre Meinung für sich. Schwerer fiel es ihr zu verstehen, weshalb er, wenn er ihr sagen konnte, daß ihm mehr an ihr lag als an irgend jemandem sonst zuvor, nicht sagen konnte, daß er sie liebte. Sie hatte ihm viele, viele Male ihre Liebe bekannt. Er redete sich damit heraus, daß er im Lauf des Lebens in dem, was er sage, sehr zurückhaltend geworden sei. Sie dürfe sich dadurch jedoch nicht entmutigen lassen. Am nächsten kam der Erklärung, nach der sie sich sehnte, noch die Abwandlung eines Aquino-Wortes: »(...) wenn der Wunsch, einen Menschen ganz zu besitzen, diesen Menschen aus tiefstem Herzen zu bewundern und zu verehren und danach zu trachten, das Glück dieses Menschen in jeder Weise zu sichern, ›Liebe‹ ist, dann ist vielleicht meine Neigung zu Dir eine Art Liebe.«[75]

Ihre Beziehung belastete sein Verhältnis zu Gogarty. Joyce gehörte zu den Menschen, die immer nur einen engen Freund haben können. Auf Byrne war Cosgrave gefolgt, auf Cosgrave Gogarty und auf Gogarty Nora, und Gogarty ließ sich nicht gern von jemandem ersetzen. Joyce' sämtliche Kumpane hatten seine veröffentlichten Gedichte gelesen, und manche sprachen von Nora, indem sie eine Wendung aus einem dieser Gedichte zitierten – sie nannten sie »den Genossen« (»Ein solcher Mann, gefährtenlos/ Hat doch die Liebe zum Genoß«).[76]

Gogarty nahm Joyce noch etwas anderes übel. Joyce hatte ein ätzend satirisches Gedicht mit dem Titel »The Holy Office« (dt. »Das heilige Offizium«) geschrieben, das er zirkulieren ließ. Darin verspottete er eine ganze Anzahl der einflußreichen Leute, die seine Begabung anerkannten und ihm zu helfen versucht hatten. Joyce bezichtigte Lady Gregory, J. M. Synge, George Moore und andere Literaten der Heuchelei, und er zog Gogartys Snobismus ins Lächerliche. Joyce hatte für den Irish Literary Revival nichts als Verachtung übrig. Indem er sich mit Luzifer verglich, bezeichnete er sich selbst als »Selbstbestrafte(n), frei, furchtlos, freundlos und allein«, wie er da über die rauhe Wirklichkeit des irischen Lebens schrieb, während sie, die anderen, im keltischen Zwielicht herumtollten: »Damit träumen sie können im sicheren Port/ Schaff ich ihnen die dreckigen Abwässer fort...«[77]

Zum endgültigen Bruch zwischen den beiden jungen Männern kam es mitten in der Nacht des 14. September. Sie teilten den Turm mit einem eigenartigen Engländer aus Oxford namens Chenevix Trench. In jener Nacht träumte er, er würde von einem schwarzen Panther angegriffen, wachte auf, griff nach dem Revolver, den er neben dem Bett bereitliegen hatte, und schoß ins Dunkel. Gogarty, der sich nicht lumpen lassen wollte, griff wiederum nach seinem Gewehr und schoß sämtliche Töpfe und Pfannen herunter, die in der Nähe von Joyce' Kopf hingen. Joyce hatte, wie Gogarty sehr wohl wußte, solche Angst vor Donner, daß er sich während eines Gewitters unter dem Tisch versteckte.

Völlig aus der Fassung, zog Joyce sich hastig an und flüchtete aus dem Turm, obwohl es mitten in der Nacht war und er im Dunkeln neun Meilen bis zum Haus seines Vetters laufen mußte, wo er Zuflucht suchte. Er kehrte nie mehr zurück, nicht einmal, um seine Sachen abzuholen (das ließ er durch einen Freund besorgen), machte jedoch seine wenigen Tage dort durch die Anfangsszene des *Ulysses* unsterblich.

Zufälliges Zusammentreffen oder nicht, am Abend jenes langen Tages scheint Joyce Nora in aller Form aufgefordert zu haben, mit ihm wegzulaufen. Es war nicht ganz das, was sie als Heiratsantrag hätte bezeichnen können. Sehr umständlich fragte er: »Gibt es hier jemanden, der mich versteht?« Nora verstand ihn und hatte ihre Antwort parat. Er fragte sie, ob sie mit ihm weggehen wollte. Er bat sie nicht, ihn zu heiraten. Sie sagte ja.

Der Brief, mit dem Joyce ihre Verbindung am nächsten Abend bekräftigte, ist im Ton eines Mannes geschrieben, der seinem Land den Rücken zugekehrt hat:

> Als ich gestern auf Dich wartete, war ich sogar noch unruhiger. Mir schien es, als führte ich Krieg für Dich gegen alle religiösen und sozialen Kräfte in Irland und wäre dabei ganz auf mich allein gestellt. Hier ist kein Leben – keine Natürlichkeit oder Aufrichtigkeit. Die Leute wohnen ihr Leben lang in denselben Häusern zusammen und am Ende sind sie so weit voneinander entfernt wie je. Bist Du sicher, daß Du Dir keine falschen Vorstellungen von mir machst? Denke daran, daß ich Dir auf jede Frage, die Du mir stellst, offen und ehrlich antworten werde. Aber auch wenn Du nichts zu fragen hast, werde ich Dich verstehen. Daß Du Dich dazu entscheiden kannst, in dieser Weise in meinem Leben, das vom Hazard bestimmt ist, neben mir zu stehen, erfüllt mich wirklich mit Stolz und Freude.[78]

Es war nicht die Liebeserklärung, nach der Nora sich so sehr sehnte, sondern die Wahrheit. Er fuhr zwar fort, ihr seine Untugenden aufzuzählen, sagte aber auch, er hoffe, ihrer Liebe würdig zu sein und sie ihr zu vergelten. Falls ihm je irgendwelches Glück zuteil werden sollte, so wünsche er, daß es auch das ihre sein möge.

Nachdem sie sich aneinander gebunden hatten, wurden sie stumm und befangen in ihrem Umgang. Außerdem begann Joyce, Nora auszufragen. Er war neugierig, wie es sich mit der Healy-Verbindung verhielt. »Sind deine Verwandten wohlhabend?« fragte er. Nora reagierte zurückhaltend – vielleicht war er ja auf Geld aus –, aber Joyce entschuldigte sich lahm, indem er behauptete, er versuche bloß herauszufinden, ob »sie im Zusammenleben mit (ihm) Annehmlichkeiten (würde) entbehren (müssen), an die (sie) von Zuhause gewöhnt (sei)«. Nora erhielt die Hoffnung aufrecht (vielleicht, um Joyce davon abzuhalten, daß er seinen Entschluß änderte), daß ihre Großmutter ihr möglicherweise in ihrem Testament etwas hinterlassen habe.

Joyce vertraute den Plan, mit Nora davonzulaufen, J. F. Byrne an. Byrne, der sich selbst nicht um Eheformalitäten scherte, fragte Joyce über die Tiefe seiner Empfindungen für Nora aus und erklärte dann, offensichtlich beruhigt: »Warte nicht und zögere nicht. Frag Nora, und wenn sie sich bereiterklärt, mit dir wegzugehen, dann nimm sie.«[79]

Joyce brachte seiner Tante Mrs. Josephine Murray die Neuigkeit. Mit seinem Onkel mütterlicherseits verheiratet, hatte die herzensgute Tante Josephine getan, was sie konnte, um den neun Joyce-Kindern nach dem Tod von May Joyce die Mutter zu ersetzen, obwohl sie selbst sechs Kinder hatte. Sie versuchte, ihm das Vorhaben auszureden, da er Nora nicht unterhalten konnte, doch als er hinzusetzte, daß er nicht die Absicht habe, sie zu heiraten – daß er, da er seinen Glauben verloren habe, nicht wolle, daß irgend jemand bedeutungsleere Worte über seinem Haupt herbetete, daß Nora und er jedoch ohne Zeremonie nicht weniger verheiratet sein würden –, hatte Mrs. Murray nichts dagegen einzuwenden. Sie war zwar eine fromme Katholikin, dabei aber auch eine verständnisvolle Frau, und außerdem hoffte sie, wie Joyce' Schwestern, Nora würde bewirken, daß er ein geordneteres Leben führte. »Wenn du an etwas nicht glaubst, dann hat es auch keinen Sinn, es zu tun«, erklärte sie und versprach, ihm zu helfen, soweit sie es vermochte.[80]

Es war die Art Entschluß, der eine monatelange Planung hätte erfordern können. Joyce versuchte, ihn in wenigen Wochen in die Tat umzusetzen. Einmal mehr spielte der beeindruckende Postzustelldienst der damaligen Zeit eine wichtige Rolle. Joyce kämmte die Zeitungen durch, schrieb für sich und Nora auf Stellenangebote und wartete auf Antwort. Um jede Möglichkeit zu nutzen, schrieb er unter anderem auf die Anzeige der Midland Scholastic Agency in der kleinen Stadt Market Rasen in Lincolnshire. Obwohl die Agentur sehr wahrscheinlich nicht gerade eine Schaltstelle bei der Vergabe von Arbeitsplätzen auf dem europäischen Kontinent war, suchte sie doch Englischlehrer, die auf dem Festland arbeiten wollten – genau das, was Joyce vorschwebte.

Am 17. September antwortete die Agentur in Form eines Schreibens von einer E. Gilford. Miss Gilford erklärte, sie habe ihm eine Anstellung als Englischlehrer an einer »Berlitz School Continent« reserviert, werde ihm die Einzelheiten jedoch erst mitteilen, wenn er ihr zwei Guineen zugesandt habe.

Nachdem Joyce sich bei amtlichen Stellen in Market Rasen telegrafisch erkundigt und die Versicherung erhalten hatte, daß sie von untadeligem Charakter sei, schickte er ihr vertrauensvoll die beträchtliche Summe, die sie verlangt hatte.

Für Nora war das Warten eine Qual. Jeder Tag brachte neue Möglichkeiten. Einen Tag glaubte sie, sie würde wohl nach Paris gehen, den nächsten, es gehe nach Amsterdam. Einmal erhielt Joyce als Antwort auf einen seiner Briefe eine Stelle für sie in London, aber keine für sich selbst. In ihren Briefen wechselten praktische Details mit den Äußerungen einer wachsenden Anspannung ab. Sie wußten nicht, was sie einander sagen sollten. Er mußte feststellen, daß er selbst in seinen Briefen hilflos stammelte:

> Und doch, warum sollte ich mich vor Worten schämen? Warum sollte ich Dich nicht so nennen, wie ich Dich in meinem Herzen fortwährend nenne? Was hindert mich denn daran, außer daß kein Wort zärtlich genug ist, Dein Name zu sein?
> Schreib, wenn Du Zeit dazu findest.[81] JIM

Nora konnte kaum Zeit finden. Sie mußte auch weiterhin ihre Pflichten im Hotel erfüllen, ohne dabei irgendwelche Unruhe zu verraten, und ihr ganzes Vorhaben für sich behalten. Am 27. September schrieb sie:

> Liebster Jim,
> ich hoffe deine Erkältung ist besser ich merke daß Du in letzter Zeit sehr still geworden bist ich hatte gestern abend das Gefühl als ob ich dich überhaupt nicht gesehen hätte in Folge dessen daß du mich so früh verlassen mußtest als ich heim kam dachte ich ich könnte mich zurückziehen und nicht soviel an Dich denken aber hier war großes Gaudi und ich brauch dir nicht zu sagen daß ich nicht gern unter Leute gegangen bin die mir gleichgültig sind es war zwei Uhr als ich ins Bett kam und ich saß die ganze Zeit wie ein Idiot da und dachte an Dich ich sehnte die Zeit herbei wo ich dich nicht mehr verlassen müßte
>
> Lieber Jim ich fühle mich heute abend so einsam ich weiß nicht was ich sagen soll es ist sinnlos mich hinzusetzen um zu schreiben wenn ich lieber mit Dir zusammen wäre ich hoffe Du hast gute Nachrichten wenn wir uns morgen abend treffen ich will versuchen 8.15 hier wegzukommen Alle meine Gedanken gehören dir bis dann
>
> NORA[82]

Am 4. Oktober konnte Joyce ihr endlich die Neuigkeit bringen, die sie hören wollte. Miss Gilford hatte schließlich den Namen des Landes (Schweiz) herausgerückt, wo er seine Stelle antreten sollte, und sogar den der Stadt (Zürich). Erhobener Stimmung schob Joyce den Gedanken an einen zweiten Brief beiseite, den er erhalten hatte, einen Brief von der Berlitz School in London, worin man ihm warnend mitteilte, daß die Berlitz School im Vereinigten Königreich keine Agenten habe und er sich davor hüten solle, mit fremden Personen zu verhandeln.

Die Schiffssirene fange also wirklich für sie zu tönen an, schrieb er Nora. Seine einzige echte Sorge war, daß Noras Mutter oder ihre Onkel in Galway Wind von ihrem Plan bekommen und sie aufzuhalten versuchen könnten. Er eröffnete seinem Vater, daß er Irland demnächst verlassen würde, erwähnte Nora jedoch nicht.

Nora war sich über die Ungeheuerlichkeit ihres Vorhabens durchaus im klaren, auch wenn Joyce das Gegenteil befürchtete.

Indem sie unverheiratet davonlief, brach auch sie mit der Gesellschaftsordnung und beging einen offenen Akt der Rebellion. Sie verbrannte die Brücken hinter sich, und sie würde keine Möglichkeit haben, sich im Ausland am Leben zu erhalten, falls Joyce sie verließ. In einem nicht englischsprachigen Land würde sie wahrscheinlich nicht einmal als Dienstmädchen Arbeit finden. Ihr Mut wurde, wie der seine, durch die bitteren Gefühle denen gegenüber gestärkt, die sie im Stich gelassen hatten.

Die Fahrt bis Zürich kostete 3 Pfund 15 Shilling, 7 Pfund 10 Shilling für zwei und zusätzlich ein Pfund Frachtkosten für ihren Überseekoffer. Joyce genierte sich nicht, von denen Geld zu leihen, über die er sich lustig gemacht hatte. Lady Gregory gab 5 Pfund, George Russell, sein Verleger, 10 Shilling. Sein Vater gab etwas – sieben Pfund, behauptete er später. Joyce war zwar noch nicht für seine drei veröffentlichten Gedichte bezahlt worden, strich aber doch eine Guinee für eine neue Erzählung mit dem Titel »Nach dem Rennen« ein, und sie konnten aufbrechen. In ihrem Rücken machten sich erhebliche Gerüchte und eine Verächtlichkeit breit, die seinen späteren Ruhm nur vergrößerten. George Russell sagte, ihm tue das arme Mädchen leid, da Joyce es bestimmt verlassen werde. Francis Skeffington, ein anderer früherer Freund, hielt Noras Zukunft sogar noch für ungewisser als Joyce' eigene. Cosgrave erklärte ihm, er werde nie etwas aus ihr machen. Die Frauen hegten ihre eigenen argwöhnischen Vermutungen, wie Nora Joyce wohl dazu bewegt habe, sie mitzunehmen. Mrs. Kathleen Behan, die Mutter von Brendan und Dominic, schrieb viele Jahre später:

> Das ganze Gerede über unser Bewußtsein! Er wollte nur seine Familie verlassen, rannte jedoch stracks in die nächste hinein. Sie befand sich angeblich in besonderen Umständen, ehe er mit ihr aus Irland wegging. Ich wüßte gern, ob das stimmt, oder ob sie das einfach nur erfunden hat?[83]

Als sie im Alter von zweiundzwanzig Jahren Irland den Rücken kehrten, bewiesen Joyce und Nora ungeheuren Mut. Doch dasselbe taten noch 37413 andere Menschen in jenem Jahr.[84] Einmal davon abgesehen, daß er »das noch unerschaffene Bewußtsein seiner Nation schmieden« sollte und Nora eine lebenslange religiöse Erziehung abgestreift hatte, um als unvermählte Braut mit ihm zu gehen, waren sie absolut typische irische Emigranten. Wenn Nora sich selbst als Dienstbotin im weitesten Sinne bezeichnete, gehörte sie damit zur zahlenstärksten Kategorie der Emigranten: weibliches Hauspersonal aus Connaught. Der Hauptunterschied war ihr Zielort. Sie würden als »die Joyce'« ihren Unterhalt in Ländern verdienen, in denen – »Yoice?« »Tscheuss?« »Zois?« – kaum jemand ihren Namen aussprechen konnte.[85] Ihre Briefe blieben zurück, doch zur gegebenen Zeit würden auch sie Irland verlassen.

II

Bertha

Da ich in dem Ruf schon stehe,
kann ich davon auch profitieren.
Verbannte

4. Kapitel
Signora Joyce

Am Morgen des dritten Tages nach der Abfahrt aus Dublin, sobald sie in Zürich in der Nähe des Bahnhofs ein Gasthaus (dt. i. O.) gefunden hatten, gab Nora sich Joyce hin. Es war die erste Gelegenheit, da sie die ersten Nächte ihrer Freiheit reisend verbracht hatten. Joyce konnte es gar nicht abwarten, es Stanislaus nach Dublin zu melden. Obwohl er um vier Uhr eine Verabredung in der Berlitz School hatte, wo er Genaueres über seine Stelle erfahren sollte, jagte er einen Brief mit der Neuigkeit nach Dublin: »Elle n'est encore vierge, elle est touchée.«[1] Im selben Atemzug bat er seinen Bruder, ihre gemeinsamen Freunde um so viele Shilling anzuhauen, daß daraus ein Pfund würde, und es ihm zu schicken.

Sie hatten wohl daran getan, gleich zu feiern, da der Direktor der Berlitz School, wie sich herausstellte, noch nie von James Joyce oder E. Gilford aus Market Rasen, Lincolnshire, gehört hatte, was aber insofern nicht weiter ins Gewicht fiel, als ohnehin keine Stelle frei war. Dank Joyce' Charme und seiner Hartnäckigkeit war der Direktor schon nach kurzem bereit, das gesamte Netz der Berlitz School in Südeuropa anzuzapfen, und er versprach ihm, binnen acht bis zehn Tagen eine Anstellung in der Schweiz oder Italien für ihn zu finden. Er würde ihnen die Fahrtkosten bezahlen.

Es blieb ihnen nichts anderes übrig, als abzuwarten und ihr geliehenes Kapital so gut es ging zu strecken. Nora bekam einen ersten Geschmack davon, was es bedeutete, mit einem Schriftsteller in einem Hotel zu wohnen. Joyce versenkte sich in die Arbeit an seinem autobiographischen Roman, während Nora durch die

Geschäfte streifte, sich fragte, ob ihre Mutter ihr Verschwinden wohl in der Zeitung bekanntgeben würde, und sich ausgiebig Gedanken über ihr neues Leben machte.

War sie wirklich noch Jungfrau gewesen? Joyce war auch weiterhin von Zweifeln geplagt. Er suchte nach Blutflecken auf dem Laken und fand zu seiner Genugtuung welche, doch das hätte Menstruationsblut sein können.[2] Nora hatte am Vortag ihre Periode gehabt, als sie ihre Reise in Paris unterbrochen hatten und Joyce sie, während er seine Runden machte, in einem Park, dem Parc Monceau nahe der Gare Saint-Lazare, wo ihr Anschlußzug von der Kanalfähre eingetroffen war, zurückgelassen hatte. Für ihn war die Tatsache, daß »(...) sie der Schuh (drückte)«, seine Umschreibung für die Menstruation, eine willkommene Ausrede, um sie allein zu lassen. Ihre Gegenwart wäre ihm nur lästig gefallen, da er versuchen mußte, weiteres Geld aufzutreiben. Er suchte einen französischen Psychotherapeuten auf, den er aus seiner Studienzeit kannte und der ihm sechzig Francs gab, und traf zwei katholische Freunde vom University College, Constantine Curran und James Murnaghan, bei denen er allerdings vor einer solchen Dreistigkeit zurückschreckte.

Später, als Joyce obsessiv nach Beweisen für Noras mögliche Untreue suchte, hielt er ihr anklagend vor, daß nur wenig Blut zu sehen gewesen sei, als sie ihre Unschuld verlor. Ihm war mittlerweile klargeworden, was Nora immer schon gewußt hatte: daß Männer zwischen Menstruationsblut, dem Blut des Hymens oder sonst irgendwelchem Blut nicht zu unterscheiden vermochten. Wie Molly Bloom im *Ulysses* sagt:

> »... und die wollen immer einen Fleck auf dem Bett sehen um genau zu wissen daß man noch Jungfrau war bei ihnen was die für Sorgen haben die sind ja solche Narren man könnte Witwe sein oder 40mal geschieden schon ein Klecks roter Tinte wäre genug oder Brombeersaft ...«[3]

Es gab für ihn keine Möglichkeit, das herauszufinden, es sei denn, Nora hätte sich entschlossen, ihm zu verraten, ob sie sich bereits zuvor auf den vollständigen Geschlechtsakt eingelassen hatte.

Falls Noras Periode tatsächlich angedauert haben sollte, bis sie in Zürich waren, hätten sie ihre Vereinigung unter Bedingungen vollzogen, die nicht gerade ideal waren, und Joyce' Bemerkung, mit der er sie Jahre später aufzog: »Wie *kalt* du zuerst warst, Nora...«,[4] erklärte sich aus Noras Gehemmtheit. Ein Zimmermädchen weiß eben, was anderen Zimmermädchen auffällt.

Viele Jahre später behauptete John F. Byrne, der einzige Freund, mit dem Joyce seine Zweifel im Hinblick auf Noras Unschuld erörtert zu haben scheint, Vincent Cosgrave könne intime Kontakte mit Nora unterhalten haben, ehe sie Joyce kennenlernte, nicht jedoch danach. »Joyce hatte keine Berechtigung, Jungfräulichkeit von seiner Frau zu verlangen, da er selbst nicht mehr jungfräulich war«, sagte Byrne.[5]

***

Der Berlitz-Mann in Zürich war jemand, der Wort hielt. Acht Tage später fanden sich Nora und Joyce in der von Lärm widerhallenden neoklassizistischen Bahnhofshalle von Triest wieder, das damals eine österreichische Stadt war. Erneut ließ Joyce Nora in einem öffentlichen Park sitzen – dem staubigen Park gegenüber dem Bahnhof –, nur kam er diesmal nicht wieder. Stunden vergingen, und sie saß immer noch dort wie bestellt und nicht abgeholt, den lüsternen Blicken der Seeleute und Arbeiter aus dem nahen Hafen ausgesetzt. Falls es ihr bis dahin noch nicht klargeworden war, so wußte sie nun, daß sie in jeder Hinsicht, von jedem Bissen Nahrung bis hin zu jedem Wort der Verständigung mit der fremden Welt um sie herum, auf den jungen Mann angewiesen war, der sie aufgefordert hatte, an ihn statt an Gott zu glauben. Es scheint undenkbar, daß sie nicht gebetet haben soll.

Auf einmal war Joyce wieder da, und er hatte eine sehr plausible Entschuldigung: er war verhaftet worden. Als er über die Piazza Grande spaziert war, war er zufällig Zeuge eines Streits zwischen ein paar betrunkenen englischen Matrosen und der Triestiner Polizei geworden. Da er Italienisch sprach, bot er seine Hilfe an, mit dem Ergebnis, daß er zusammen mit den Matrosen ins Gefängnis verfrachtet wurde. Er hatte es nur den unwilligen Bemühungen des britischen Konsuls zu verdanken, daß er wieder freigelassen worden war. (Als Iren waren Nora und Joyce britische Staatsangehörige.) Joyce entschädigte Nora jedoch im Handumdrehen. Er fand ein Zimmer für sie beide an der hübschen Piazza Ponterosso, einem Platz, der von Häusern mit rosa Fassaden gebildet wurde; sie blickte über den blaugrünen Kanal und über Marktstände voller bunter Gemüse und Blumen – ein wundervolles Bild, dieser erste Eindruck Noras vom Europa südlich der Alpen. Joyce fühlte sich obendrein offensichtlich völlig zu Haus in dieser Stadt. Er entlockte gänzlich fremden Menschen mit Hilfe seines Charmes »Darlehen« und schaffte es sogar, ein wenig Geld damit dazuzuverdienen, daß er zwei Schülern Privatstunden in Englisch gab. Das Berlitz-Netz ließ sie jedoch abermals im Stich. Eine weitere Stelle erwies sich als Chimäre, und da ihnen das Geld ausging, konnten sie gar nicht billig genug wohnen. Sie zogen in zwei Wochen viermal um.

Wie schon zuvor, kam ihnen die Berlitz School, nachdem sie ihre Hoffnungen zunächst vereitelt hatte, auch diesmal zu Hilfe. Es gäbe da eine Stelle, falls sie bereit wären, an Bord eines Dampfers zu gehen und ein Stück weiter ins Unbekannte zu fahren, die Küste entlang, die heute zu Jugoslawien gehört. Genauso unerwartet wendete ihr Schicksal sich zum Guten. Ende Oktober 1904 hatten Nora und Joyce endlich ihren ersten eigenen Haushalt, ein möbliertes Zimmer mit Töpfen, Tiegeln und Pfannen, und zwar in Pula, einhundertfünfzig Meilen südlich von Triest, wo Berlitz eine neue Schule eröffnete.

Pula, der größte Stützpunkt des österreichisch-ungarischen Kaiserreichs an der Adria, war mehrsprachig, wobei ein entstelltes Italienisch die Oberhand über Kroatisch und Deutsch (die offizielle Sprache) hatte. Auf Italienisch kündigte Berlitz in der Lokalzeitung denn auch die Ankunft von James A. Joyce, B. A., des zweiten englischen Lehrers innerhalb seines Lehrkörpers an. Joyce' erste Schüler waren österreichische Marineoffiziere, die Italienisch zu lernen versuchten. Joyce wurde nicht schlecht bezahlt – zwei Pfund wöchentlich für sechzehn Unterrichtsstunden –, und er hatte reichlich Zeit zum Schreiben und für Nora.

Ihr häusliches Leben begann, wie es auch künftig verlaufen sollte: reihenweise schlechte Zimmer unter guten Adressen. Obwohl sie oft am Hungertuch nagten, lebten die Joyce' doch nie in einem Slum, ja nicht einmal in Arbeitervierteln, die ihrer Nachbarschaft in Irland vergleichbar gewesen wären. Es ist wahrlich ein Segen für die heutigen Joyce-Forscher, daß die Joyce' sich stets um eine Unterkunft in den zentral gelegenen Teilen europäischer Städte bemühten, die von Ausländern bevorzugt werden – nahe der Piazza, dem Bahnhof, den Banken und den Cafés, die sich der Gunst einer internationalen Kundschaft erfreuten.

Für Nora und Joyce war die Alltagsroutine Flitterwochenglück. Es machte ihm Vergnügen, Stanislaus die Einzelheiten mitzuteilen:

> Wir stehen um neun auf und Nora macht Schokolade. Mittags haben wir Lunch, das wir (oder besser sie) einkauft, kocht (Suppe, Fleisch, Kartoffeln und irgendwas dazu) in einer locanda gegenüber. Um vier Uhr trinken wir Schokolade und um acht Uhr haben wir Abendessen, das Nora kocht. Dann gehen wir ins Caffé Miramar, wo wir den Pariser ›Figaro‹ lesen, und kommen etwa um Mitternacht nach Hause.[6]

Joyce konnte natürlich die französischen und italienischen Zeitungen lesen, doch Nora griff nach der *Daily Mail*, die sie liebte und ihr ganzes Leben lang überall in Europa las.

Nora spielte gern die Gastgeberin. Das Zögern der Kontinentaleuropäer, wenn es darum geht, Freunde nach Hause einzuladen, war den Joyce' fremd. Sie luden diejenigen zu sich ein, die sie an der Schule kennenlernten: die Francini-Brunis*, ein gutaussehendes italienisches Paar in den Zwanzigern, das gern sang und ebenfalls durchgebrannt war; Eyers, den anderen englischen Lehrer; und die Sekretärin der Schule, eine unverheiratete Jugoslawin namens Amalija Globocnik. Nora machte für alle englischen Pudding.

Auch an Joyce fing Nora an zu arbeiten. Mit ihrer Brennschere frisierte sie ihm das Haar *en brosse*, so daß es voller und europäischer wirkte. Sie liebte sein Aussehen. Er habe »das Gesicht eines Heiligen«, erklärte sie ihm. Sie sparte für ihn Geld, indem sie ihm die Zigaretten rollte und dabei türkischen Tabak verwendete, und

* Alessandro Francini fügte seinem Namen den seiner Frau hinzu und machte daraus Francini-Bruni, doch Nora, James und Stanislaus Joyce sprachen von dem Paar immer als von den Francinis.

rauchte sie selbst (beide waren starke Raucher).[7] Wenn sie Joyce auch drängte, er solle sein Buch beenden und berühmt werden, so daß sie nach Paris zurückkehren konnten, so war Nora doch entzückt von ihrem neuen Leben und fragte Joyce, wie Stanislaus es nur ertragen könne, in Irland zu leben. Warum half Jim denn seinem Bruder nicht, wollte sie wissen, damit er ins Ausland gehen konnte? Joyce teilte seinem Vater diesen Wunsch mit, tat aber weiterhin so, als reise er allein.

Der toleranten Tante Josephine gegenüber brauchte Joyce hingegen nicht so zu tun. Er bat seine Tante, wenn es nicht gegen ihr Feingefühl verstoße, ihre Briefe an Nora doch an ›Signora Joyce‹ zu richten.[8] Diese Anrede war ihren neuen Bekannten geläufig. Der Inhaber der Berlitz School in Pula, ein freundlicher Sozialist und angeblicher Freidenker, dem Joyce anvertraut hatte, daß Nora und er keinen Trauschein besaßen, hatte ihm den vernünftigen Rat gegeben, stets alle Unterschriften zu leisten, als besäßen sie einen. Das Verfahren war ebenso einfach wie wirkungsvoll. Name der Ehefrau: Nora, Mädchenname: Barnacle. Geburtsort: Galway. In jener Zeit, die ohne Papiere auskam, brauchte man keine Pässe, und wenn sie behaupteten, verheiratet zu sein, dann genügte ihr Wort.

Ob sie ihrer äußeren Erscheinung nach respektierlich wirkten, war eine andere Sache. Ihr Überseekoffer war noch nicht eingetroffen, und sie hatten keine Kleidung zum Wechseln mitgebracht. Tagaus tagein trug Nora das Kleid, in dem sie aus dem Finn's getreten war. Ihr schäbiges Äußeres kreidete man ihnen an. Als sie, von Triest kommend, den Pier von Pula betraten, war der zu ihrem Empfang erschienene Vertreter der Berlitz School so entsetzt, daß er »mit dem Gedanken an Selbstmord oder Mord gespielt« habe, so erzählte er später. Ihr Freund Francini erinnerte sich später, wie sie bei der Ankunft ausgesehen hatten. Francinis Erinnerung mag von italienischer Übertreibungslust und dem Neid gefärbt sein, der Joyce' alte Freunde beschlich, sobald er berühmt wurde, sie dürfte der Wahrheit jedoch wahrscheinlich ziemlich nahekommen:

> Abgerissen und zerlumpt wie ein Bettler, schleppte er (Joyce) unbekümmert eine Hyäne von einem Koffer, die ihr Fell verloren hatte...

> Aus jedem Kofferspalt baumelten Sachen heraus, die in der Brise wehten, doch er machte sich nicht die Mühe, sie wieder hineinzustopfen. Mrs. Joyce, die in geringem Abstand neben ihm herging und sich fast verlor unter einem breitkrempigen Hut und einem Männerüberzieher, der ihr bis unters Knie hing, sah aus wie ein Haufen Lumpen. In aufrechter Haltung und unbewegt ließ sie den Blick von einem zum anderen wandern, und ihre Miene blieb dabei völlig ausdruckslos.[9]

In aufrechter Haltung und unbewegt. So also überstand Nora jenen Tag und alle künftigen Schwierigkeiten. Sie reckte sich zwar empor, zog sich aber auch in sich selbst zurück. Das sollte sich als ihr bestes Verteidigungsmittel gegen Joyce erweisen.

Sie konnte es jedoch nicht häufig einsetzen. Sie verbrachten die meiste Zeit gemeinsam. Nora war gewiß keine intellektuelle Gefährtin, doch war sie alles andere als langweilig. Sie hatte eine scharfe Zunge, ein Talent für lästerliche Bemerkungen und einen Fundus von Schnurren aus dem Westen Irlands, die Joyce nie gehört hatte. Sie sang ihm alte irische Lieder vor, »Old Tom Gregory, Had a Big Menagerie«, dessen sexuelle Anzüglichkeit ihm gefiel, und »The Lass of Aughrim«; jenes melancholische Lied vom Dienstmädchen, das mit ihrem Baby von ihrem Geliebten im Stich gelassen wird, hatte für sie beide eine doppelte Bedeutung. Sie brachte Jim den Text bei, und wenn sie ganz allein mit ihm war, dann redete und redete sie.

Sie hätte genausogut auf ein Tonband sprechen können. Ihr Jim interessierte sich für jedes Fetzchen ihrer Vergangenheit, wollte alles wissen über Galway, ihre Geschwister, ihre Nonnen, ihre Verehrer, das Essen, ja selbst über ihre Phantasievorstellungen, und wenig später waren diese Details auf dem Weg nach Dublin. Stanislaus erfuhr alles über Barnacle den Bäcker, der »alle die Brötchen und Brote (vertrank) wie ein rechter Mann«, über den Hilfspfarrer mit den schweifenden Händen und Onkel Tommy mit seinem Schwarzdornstock. Während sie so fortschwatzte, wäre es Nora im Traum nicht eingefallen, daß Joyce Stanislaus *alles* weitererzählte:

> Onkel Michael sorgt für Mrs. und die Kinder, während Papa in einer abgelegenen Gegend von Connacht bäckt und trinkt. Onkel M. ist sehr reich. Papa wird von der Familie mit großer Verachtung behandelt. Nora sagt, ihre Mutter wollte nicht mit ihm ins Bett. Nora hat nicht zu Hause gelebt, sondern bei ihrer Großmutter, die ihr etwas Geld hinterlassen hat. Sie hat mir einiges aus ihrer Jugend erzählt und gibt zu, der edlen Kunst der Selbstbefriedigung gefrönt zu haben. Sie hat viele Liebesgeschichten erlebt, eine, als sie ziemlich jung war, mit einem Jungen, der starb. Sie mußte das Bett hüten bei der Nachricht von seinem Tod.[10]

Wenn Joyce von der »edlen Kunst« spricht, gelingt es ihm gleichzeitig anzudeuten, daß die Masturbation eine geringfügigere Sünde sei, wenn sie von Frauen, als wenn sie von Männern begangen wird. Er und sein Bruder hatten deshalb Schuldgefühle, und Stanislaus sollte die Masturbation später, zusammen mit der Trunksucht, als eine der Geißeln der Iren einstufen.[11]

Überdies peinigte Joyce seinen zölibatären Bruder mit der Schilderung von ehelichen Szenen. »Ich kann wirklich nicht schreiben«, schloß er einen Brief, »Nora probiert am Kleiderschrank eine Hose an. Entschuldige...« In einem anderen zählte er alles auf, womit er gerade beschäftigt war – er habe Englisch zu unterrichten, Deutsch zu lernen, einen Roman zu schreiben, einen Gedichtband (der *Chambermusic*, dt. *Kammermusik*, heißen sollte), Erzählungen...: »Jaysus. Ich glaube, ich bin neuerdings ein wahrer Ausbund an Fleiß. Und dann Nora!«[12]

Noras Erfahrungen, die in mancher Hinsicht so sehr viel irischer – im traditionellen Sinne – waren als seine eigenen, fanden rasch Eingang in die Geschichten, die er am Tisch in ihrem kleinen Zimmer schrieb. Sie sollten Bestandteil einer Sammlung von Erzählungen werden, die er *Dubliners* (dt. *Dubliner*) nennen wird. Joyce überarbeitete ›Eveline‹, um mehr von Evelines Perspektive mitzuteilen; seine fiktive Neunzehnjährige wußte jetzt, daß die Gewalttätigkeit ihres Vaters ihr »Herzklopfen verursacht« hatte. Die Wände von Evelines Zimmer wurden dahingehend verbessert, daß daran nun ein Farbdruck der Seligen Margareta Maria prangte. (Sie war die Gründerin der Devotion of the Sacred Heart, zu deren Sodalität Nora in Galway gehört hatte.) Ein Detail der Geschichte, das noch immer rätselhaft erscheint, eine westirische Wendung, die von Evelines sterbender Mutter gemurmelt wird – »Derevaun Seraun! Deveraun Seraun!« – mag Joyce von Nora gehört haben.[13] Die Umgangssprache der Leute in Galway war voller irischer Ausdrücke, und die alte Catherine Healey, in deren Haus Nora gelebt hatte, könnte, als sie im Sterben lag, derartige Worte gemurmelt haben. Joyce, dem es um Realismus zu tun war, widerstrebte es, Details für seine Prosa zu erfinden, er zog es vor, aus realitätsgetreuen Zeugnissen zu schöpfen, und es steht fest, daß diese seltsame Wendung nicht aus seiner Erfahrungswelt stammt.

Im November 1904, gleich nachdem sie sich in ihrem Zimmer ohne Kochstelle eingerichtet hatte (was der Grund dafür war, daß Nora ihr Essen in einem Gasthaus kochen ließ), fing Joyce eine Geschichte mit dem Titel ›Hallow Eve‹ an (die in ›Clay‹, dt. ›Erde‹, umbenannt wurde, als sie als Teil von *Dubliners* veröffentlicht wurde). Darin schrieb er über Maria, eine winzig kleine, alternde unverheiratete Frau, die in Dublin in einer Wäscherei arbeitete. Maria verläßt ihre Arbeitsstelle in der Erwartung eines angenehmen Abends bei einem Freund, den sie als jungen Mann kannte und der inzwischen Familie und Kinder hat. Der Abend ist für sie jedoch verdorben, als sie in die Wahrsagespiele der Kinder mit einbezogen wird. Mit verbundenen Augen tastet Maria nach dem Ring (ein Zeichen für eine bevorstehende Heirat), doch legen die Kinder sie herein, so daß sie die Hand in eine irdene Schale steckt (ein Symbol für den Tod – mehr hat sie nicht zu erwarten).

Joyce war als Schriftsteller zu originell, um diese Geschichte einfach nur deshalb begonnen zu haben, weil Nora, die Heimweh hatte, am 31. Oktober in ihrem Zimmer in Pula hockte und sich seufzend fragte, was sie wohl an jenem Abend in Galway machten. Doch war er wiederum klug genug, um das, was ihm auf engstem Raum mit Nora an üppig entwickelter Folklore zu Ohren kam, nicht einfach ungenutzt zu lassen. Die Spiele in ›Erde‹ sind genau die Rituale, die dazu dienen, den künftigen Ehepartner zu erraten, wie sie Nora und Mary O'Holleran am Allerheiligenabend in Galway durchgespielt hatten. Die beiden »netten« Mädchen, die der armen Maria mit den verbundenen Augen den Streich spielen, sind nicht grausamer, als Nora und Mary gegen die unglückliche blinde Dame gewesen waren, die den Süßwarenladen am Prospect Hill hatte. (Die Geschichte enthält außerdem mehr als nur eine Spur von Betrübnis über das Los von James Joyce' vielen Schwestern, von denen einige gewiß niemals Ehemänner finden und die folglich dazu verdammt sein würden, in trostlosen Stellungen in Dublin ihr einsames Leben zu fristen.)

Nora mußte sich erst einmal auf die Tatsache einstellen, daß sie einen Mann gewählt hatte (sie betrachtete sich als »verheiratet«), der sich seinen Lebensunterhalt damit verdiente, daß er Tinte aufs Papier brachte. Es war nicht leicht. Er zeigte ihr eine Zeitschrift aus London *(The Speaker)*, die eines seiner Gedichte veröffentlicht hatte, und schimpfte sie aus, als es ihr gelang, sie zu verbummeln.

Sie versuchte, dem zu folgen, was er gerade las, und ihm ihre Meinung dazu kundzutun. Sie las George Moores Erzählung ›Mildred Lawson‹ und legte das Buch empört beiseite. »Der Mann weiß nicht, wie man eine Geschichte beendet«, erklärte sie. Sie las die Londoner Zeitschrift *T. P.'s Weekly*, und der Name Ibsen fiel ihr ins Auge. »Ist das der Ibsen, den du kennst?« fragte sie Jim. Sie interessierte sich erstmals für theologische Fragen. »Ist Jesus und Gott dasselbe?« fragte sie ihn. Sie nahm sein Schreiben hin, weil sie sich davon versprach, daß es ihnen irgendwann ein üppiges Leben in Paris gestatten würde. (Sie hatte damit völlig recht, doch hätte es wohl keiner von beiden zu glauben vermocht, wenn man ihnen gesagt hätte, wie lange sie darauf würden warten müssen.)

In seinen Briefen an Stanislaus stellte Joyce Nora als eine naive kleine Primitive dar. »›Sag Stannie, ich hau ihm auf die Rübe!‹« zitierte er sie. Herablassend schilderte er, wie sehr Nora das Kino genossen habe (ein technisches Wunder, das in jenem Teil der Welt bereits sehr weit entwickelt war) und wie sie nicht habe an sich halten können, als ein grausamer Lothario seine betrogene Freundin in einen Fluß warf. »O Schutzmann, fang ihn«, habe sie laut gerufen. Und sie drückte sich in jener invertierten irischen Redeweise aus, die Joyce wiederholt in *Ulysses* gebrauchen sollte: »Divil up I'll get till you come back (›einen Dreck auf werd ich stehn, bis du wieder da bist.‹)« Als er Magenkrämpfe hatte, betete sie zu Gott, er möge »Jim von seinen Schmerzen (befreien)«. (Sie riskierte es jedoch nicht, seinen Zorn dadurch heraufzubeschwören, daß sie in der Kirche betete oder sich mit der einzigen Sitte tröstete, die Galway und Pula gemeinsam hatten, dem Gang zur Messe.)

Noras mangelndes Raffinement war jedoch nicht die ganze Wahrheit. Joyce fürchtete sich vor so vielen Dingen – Schlägereien, Alleinsein, Hunden ebenso wie Donner –, daß Nora ihn für kindisch hielt. Sie nannten ihn den »einfältigen Jim». Sie lernte rasch, seine Abhängigkeit zu manipulieren. Eines Abends beschloß sie, ihn zu bestrafen, offensichtlich dafür, daß er den ganzen Abend weggeblieben war, ohne ihr Bescheid zu sagen. Als sie ins Caffé Miramar gingen, mied sie seinen Blick und starrte mit steinerner Miene vor sich hin. Joyce kritzelte ein verzweifeltes Briefchen an sie:

> Liebe Nora,
> Laß uns doch heute abend um Gotteswillen nicht irgendwie unglücklich sein. Wenn irgend etwas ist, bitte sag's mir. Ich fange schon an zu zittern, und wenn Du mich nicht bald wie sonst ansiehst, werde ich im Café auf- und abrennen müssen. (...) Wenn wir nach Hause gehen, will ich Dich hundertfach küssen. Hat dieser Bursche dich geärgert oder habe ich Dich geärgert, dadurch, daß ich mich herausgehalten habe?[14]

»Dieser Bursche« mag Eyers gewesen sein, der andere englische Lehrer an der Schule. Er hatte gesagt, Nora sei Joyce' nicht wert, und Nora einmal zum Weinen gebracht. Joyce hatte ihn hinausgeworfen. In jener fremdländischen Umgebung konnte die Ungleichheit zwischen Joyce und Nora nur einem britischen Landsmann auffallen. Für alle übrigen waren Nora und Joyce ein Paar, das zusammenpaßte, »das irische Paar«.

Sie lebten von ihrem Charme. Ihr Sinn für Spaß und Feste gewann ihnen viele ihrer Freunde; sie gaben gute Parties, gewöhnlich mit Musik. Selbst für ihr erstes Weihnachtsfest in einem kalten, kleinen Zimmer mieteten sie ein Klavier, so daß bei ihnen gesungen werden konnte. (Von Dublin aus steuerte Stanislaus einen Plumpudding bei.)

Ihr Charme zog die Francinis an, die sie Anfang 1905 einluden, ein Haus mit ihnen zu teilen. Nora und Joyce zogen mit Freuden in eine sonnige Wohnung mit Fensterläden, einem warmen Ofen und einem Schreibtisch. Selbst unter diesen Umständen aßen sie jedoch weiter jeden Abend außer Haus, und die Francinis, die von demselben Einkommen lebten, waren der Meinung, sie könnten es sich nicht leisten, es ihnen gleichzutun.

Damals wie später besaß die Armut der Joyce' Stil. Einer der vielen Gründe, weshalb Nora Joyce niemals verließ, obwohl sie häufig damit drohte, war, daß sie das Leben genoß, das er ihr bot. Wenn es um die Wirtschaftsführung ging, waren Nora und Joyce sich völlig einig in der Überzeugung, daß Geld zum Ausgeben da sei und ein gutes Leben die beste Vergeltung für eine schlechte Vergangenheit.

Daß sie zeitlebens ständig außer Haus zu Abend aßen, gab Anlaß zu dem Märchen, Nora könne nicht kochen. Sie konnte. Sie kochte die schlichte irische Küche, die sie beide bevorzugten, insbesondere Süßes, Puddings und Kuchen, begleitete Joyce jedoch abends mit Vergnügen, weil das für sie weniger Arbeit bedeutete und Joyce, nach einem Tag des einsamen Schreibens, gern ausging, um zu sehen und gesehen zu werden.

Joyce beschwerte sich zwar Stanislaus gegenüber, daß Nora keine Freunde habe, doch sie stand bald schon auf vertrautem Fuß mit Clotilde Francini. Clotilde, die durch ein Kleinkind ans Haus gefesselt war, war froh über Noras Gesellschaft und fand sie ausgesprochen witzig.[15] Als Florentinerin sprach sie ein reines Italienisch und begann, Nora Unterricht zu geben, die den ehrgeizigen Traum hegte, die Sprache ebensogut zu sprechen wie ihr Mann. Clotilde kümmerte sich auch um Noras Erziehung auf dem Gebiet der italienischen Küche und in Modefragen. Nora, die sich ihrer Unterlegenheit auf dem Gebiet der Bildung bewußt geworden war, bat sie, sie in Erdkunde zu unterrichten, dem Fach, in dem sie auf der Klosterschule versagt hatte, und ihr außerdem Französischunterricht zu geben, als Vorbereitung auf den Tag, wo sie nach Paris würden zurückkehren können.

Auf einem Gebiet ihres gemeinsamen Lebens brauchte sie jedoch keinen Nachhilfeunterricht. Auf sexuellem Gebiet betätigte Nora sich mit Begeisterung und Phantasie. Oft übernahm sie die Führung, wie sie es während der Zeit der Werbung getan hatte.

Selbst in der Nacht jenes ersten Tages in Pula, an dem sie dem zu ihrem Empfang entsandten Mitglied der Berlitz School so ramponiert und verschlossen vorgekommen war, war sie im Bett von ungezügelter Leidenschaftlichkeit. Joyce war zwar entzückt, zugleich aber auch ein wenig fassungslos. Eines Nachts riß sie sich das Nachthemd vom Leib, bestieg ihn wie ein Pferd und spornte ihn mit den Worten an: »Ficken, Schatz, feste!«[16] Ihr Verhalten entsprach genau dem, was er sich immer erträumt hatte: von einer rasenden Frau beherrscht zu werden, und daß Nora nur drei Wochen nach der Initiation zu einer derartigen Glut imstande war, flößte ihm auf alle Zeiten Ehrfurcht vor den nur oberflächlich gezähmten Flammen der weiblichen Begierde ein.

Der wahre Fluch der edwardianischen Frauen, die Menstruationsbinden, die ausgespült und ausgekocht und getrocknet werden mußten, traf Nora nicht. Sie wurde bei der ersten Gelegenheit schwanger – Ende Oktober 1904. Joyce sehnte sich nach einer Familie oder zumindest danach, ein Mann mit Familie zu sein. Es gibt keinerlei Aufzeichnung, aus der hervorginge, daß Joyce und Nora diesbezüglich irgendwelche Auseinandersetzungen gehabt hätten. In ihrer Erfahrung war die Gleichung Mann plus Frau gleich Baby etwas Unumstößliches. An diesem Punkt begannen sie, ihre Isolierung zu spüren. Nora hatte immer noch keinen Kontakt mit ihrer Mutter. Um ihre Mutter wissen zu lassen, daß sie Irland verlassen habe, um mit einem Mann ein neues Leben anzufangen, hatte sie ihr lediglich aus Paris eine Postkarte geschickt – eine »entzückend unverbindliche«, schrieb Joyce Stanislaus. Allein mit Nora und von seinen Freunden abgeschnitten, schrieb er sich alles, was er mit Nora nicht teilen konnte, in privaten Briefen an seinen Bruder von der Seele. Stanislaus las sie gründlich und legte sie zu seiner Sammlung.

Nora, so teilte Joyce Stanislaus mit, sei, was die Umstände des Kinderkriegens anging, »bewundernswert unwissend«, doch das galt auch für ihn. Er bat Stanislaus, sich mit Cosgrave zusammenzusetzen und etwas Geburtshilfe und Embryologie zu studieren, und er wandte sich mit der Bitte an seine Tante Josephine, Nora einen Brief mit Verhaltensmaßregeln zu schicken. Rührenderweise vertraute er Mrs. Murray in demselben Brief an, daß er, obwohl er -

Illusionen doch oft rasch abtue, »keine Falschheit in diesem Menschenkind (habe entdecken können), das den Mut hatte mir zu vertrauen.« Er wies seine Tante ausdrücklich darauf hin, daß er sie noch nicht auf der Straße stehenlassen habe, wie viele vorausgesagt hätten.

Am 2. Februar 1905 feierte Nora zum erstenmal Joyce' (es war der dreiundzwanzigste) Geburtstag. Mit dem Engländer Eyers und Fräulein Globocnik, der Sekretärin der Berlitz School, unternahmen sie eine Dampferfahrt zur Insel Brioni. Bei dieser Gelegenheit machte Nora mit der Feierlichkeit Bekanntschaft, mit der Joyce jedem Geburtstag begegnete. Er hatte den Umgang mit dem Ritual bei den Jesuiten gelernt. Heilige Tage verlangten in seinen Augen eine angemessene Zeremonie, und sein eigener Geburtstag war der allerhöchste Feiertag in seinem persönlichen liturgischen Kalender.

Nach diesem Ausflug bemerkte Joyce Stanislaus gegenüber, daß Fräulein Globocnik eine Schwäche für ihn habe. Geschmeichelt zog er das Fazit, daß er für Frauen irgend etwas Anziehendes an sich haben müsse. Er lag damit jedoch richtiger, als er wußte, denn bei seiner Beschreibung der Sekretärin der Berlitz School, die er seinem Bruder gab, sprach er von einer »melancholische(n) kleine(n) Androgyne(n)« und traf damit den Typ Frau, für den er besonders anziehend war. Nora mit ihrem ausgeprägten Gang, ihren männlichen Brauen und den Händen mit den starken Knöcheln besaß selbst eine ganze Reihe androgyner Merkmale.

Joyce gefiel die Vorstellung, daß Nora ungebildet sei: sie erschien dadurch um so mehr als sein Geschöpf, und erst als, ein Jahrzehnt später, die langen Jahre seiner Beinah-Blindheit begannen, gestand er seine Abhängigkeit von ihr freimütig ein. In den Anfangsmonaten ihres Zusammenlebens entschuldigte er sich für ihre scheinbaren Unzulänglichkeiten. Stanislaus gegenüber äußerte er, er bewundere ihren Charakter, der seinem eigenen in mancher Hinsicht überlegen sei. Er erzählte ihm von Cosgraves spitzer Bemerkung, er werde nie etwas aus ihr machen können, bemerkte dazu jedoch: »... mir scheint, daß es in vielen Dingen, an denen es Cosgrave und mir mangelt, gar nicht nötig ist, daß man etwas aus ihr macht.«

Als Joyce' literarischer Mittelsmann in Dublin hatte Stanislaus viele Aufträge zu erfüllen. Einer davon bestand darin, Cosgrave mit der Tatsache vertraut zu machen, daß sein Name in Joyce' Roman der unangenehm in den Ohren klingende Name »Lynch« der Galwayer Legende sei. Doch der wichtigste Dienst, den der Bruder ihm erwies, war der, sein Briefpartner zu sein.

Joyce war, wie der Briefwechsel mit Nora im vorangegangenen Sommer zeigte, darauf angewiesen, sich täglich auf Papier auszudrücken. Es war für ihn fast wie ein tägliches Purgativ, und wenn seine emotionalen Bedürfnisse befriedigt waren, dann war es ihm doch ein Bedürfnis, über seine Arbeit zu sprechen. Was dies Thema betraf, war Nora nicht zu gebrauchen. Sie schere sich, schrieb Joyce seinem Bruder, »den Teufel« um Kunst; für die eine Seite seines Wesens habe sie »überhaupt kein Verständnis« und werde es auch nie haben.

Der Vorwurf war nicht gänzlich berechtigt, denn als er Nora ein Kapitel seines Romans vorlas, fand sie es bemerkenswert. Und mehr noch, sie kannte seine Gedichte auswendig. Dennoch reizte sie Joyce' Anblick, wenn der etwas aus seinem Notizbuch in das Romanmanuskript übertrug. »Wird das ganze Papier vergeudet sein?« wollte sie wissen. Joyce verglich sich im Innern mit Heine – ein Künstler mit einer ungebildeten Geliebten.

Als die Monate vergingen, wurden Nora und Joyce trübsinnig und heimwehkrank und gingen einander auf die Nerven. Joyce trank immer mehr. Es gab viele Auseinandersetzungen. Nora versuchte, sie als die Streitereien eines Liebespaars abzutun, begann jedoch zu begreifen, daß sie ihr Geschick in die Hände eines Mannes gelegt hatte, der dieselbe Schwäche hatte wie ihr Vater, und daß sie zu langen Stunden, ja selbst Jahren der Einsamkeit verdammt war. Wären sie nach Boston oder Melbourne emigriert, hätte sie sich innerhalb einer irischen Enklave oder zumindest unter Menschen befunden, die englisch sprachen. Statt dessen war sie in einer eigenartigen fremdländischen Ecke Europas gelandet, von der noch nie jemand gehört hatte, die voller Mücken und Männer in Reithosen war, und wo es ein öliges Essen gab, das sie in den heiklen Anfangsmonaten der Schwangerschaft kaum herunterbringen konnte.

Selbst Joyce wollte nicht, daß seine Freunde erfuhren, in welch gottverlassener Gegend »irgendwo unten bei der Türkei«, so seine Worte, sie sich aufhielten. Gogarty bekam es jedoch heraus und verbreitete die Neuigkeit: »Der Barde ist nach Pula an der Adria geflüchtet, und eine kleine Sklavin teilte seine Flucht.«[17]

Die ganze Zeit waren sie mit halbem Herzen in Dublin – Joyce, indem er Sorge trug, daß sein ›Heiliges Offizium‹ unter die verteilt wurde, die zu beleidigen seine Absicht war, Nora, indem sie sich fragte, was sie im Hotel wohl gesagt hatten. Als Stanislaus meldete, im Finn's hätten sie lediglich gesagt: »›Miss Barnacle ist nicht mehr bei uns‹«, war sie bitter enttäuscht. Ihr großartiger Akt der Auflehnung war vergessen worden.

In einem seiner Briefe gab Stanislaus Joyce zu verstehen, daß er sich vor Cosgrave in acht nehmen solle, und äußerte sich auch kritisch über Nora, doch Joyce wollte davon nichts hören:

> Cosgrave (...) hat sich, soweit ich mich erinnere, mir gegenüber keiner Doppelzüngigkeit schuldig gemacht (...) Du bist hart mit Nora, weil sie einen unausgebildeten Verstand hat. Sie lernt augenblicklich Französisch – sehr langsam. Sie ist von Natur aus, wie ich es sehe, viel nobler als ich, auch ist ihre Liebe größer als meine zu ihr. Ich bewundere sie und ich liebe sie und ich vertraue ihr – ich kann nicht sagen, wie sehr. (...)[18]

In dem Maße, wie Noras Schwangerschaft fortschritt, begann Joyce Veränderungen an sich vorzunehmen. Er kaufte sich einen neuen braunen Anzug, einen scharlachroten Schlips und (da ihm klar war, daß er sowieso eine Brille brauchte), ein *pince-nez*. Der schlampige Dubliner Bohémien wich dem leicht dandyhaft angehauchten italienischen Familienvater, jemandem, der wie er selbst sich in verschiedenen Briefen nach Hause sah, »kräftig und männlich« und »ein sehr hübscher Mann« war. Auch der Fortschritt der *Dubliner* ahmte die Schwangerschaft nach; die Themen der Erzählungen bewegten sich von der Kindheit zur Jugend bis hin zum politischen, religiösen und ehelichen Leben. Ihre Krönung erhielt die *couvade* dadurch, daß Joyce Stanislaus ankündigte, er sei dabei, »ein Pavianbaby zu produzieren, indem (er) sechs Stunden auf einem Krug Sodawasser sitze«. Das derbe Bild läßt auf die infantile und männliche Unsicherheit schließen, welche denn nun genau die weibliche Öffnung ist, aus der die Babys kommen.

***

Zu Ostern wurden sie an die Berlitz School nach Triest versetzt. Joyce haßte zwar das strenge Regime der Schule, deren Direktor sein Bachelor-of-Arts-Zeugnis wegschloß, um ihn daran zu hindern, sich anderswo zu bewerben, doch er wie Nora liebten die ebenso weitläufige wie schöne Stadt mit ihren bewaldeten Hügeln, die sich bis zur Adria hinunterzogen, ihrer kosmopolitischen Lebendigkeit, ihren Brunnen, ihren eleganten Plätzen, die sich zum Meer hin öffneten, und ihrem Opernhaus, dem Verdi-Theater. Da dies das erste Denkmal war, das dem Komponisten errichtet wurde, zog das Verdi die erlesensten internationalen Sänger an, für die Triest eine bequeme Zwischenstation zwischen Mailand und Wien war.

Auch als sie ihr Baby erwartete, wollte Nora immer noch nichts mit ihrer Familie in Galway zu tun haben. Ihre Mutter hatte jedoch herausgefunden, wo sie war und mit wem. Da ihre Tochter ihr, anders als Nora glaubte, keineswegs gleichgültig war, war sie auf den schlauen Gedanken gekommen, an die einzige Frau in Dublin zu schreiben, von der sie wußte, daß sie mit James Joyce bekannt war, und sie um Hilfe zu bitten, Gogartys Mutter (eine geborene Oliver aus Galway). Doch konnte die furchteinflößende Mutter in dieser Sache auch nicht viel ausrichten. Gogarty kam voll auf seine Kosten und scherzte Joyce' Bruder Charlie gegenüber: »Wahrscheinlich lassen sie jetzt Messen für Noras Seelenheil lesen.«[19]

Nora war bei blühender Gesundheit und, fürs erste, zufrieden. Sie feierte ihren einundzwanzigsten Geburtstag im März; im fünften Monat schwanger, war sie nun endlich erwachsen. Sie sang beim Anziehen, und Joyce vergnügte sich damit, seinem Bruder ihr ungeniertes, mädchenhaftes Gebaren zu schildern:

> Im Moment leckt sie Marmelade von einem Stück Papier ab. Es geht ihr sehr gut, sie trägt jetzt einen Schleier und sieht sehr hübsch aus. Eben

kam sie herein und sagte: ›Die Wirtin hat ihr Huhn draußen zum Eierlegen. O, was *der* für'n schönes Ei gelegt hat!‹ Jaysus! O Jaysus![20]

Sie kehrten an die Piazza Ponterosso zurück und fanden ein Zimmer in Haus-Nr. 3. Nora faulenzte und las die eine oder andere Zeitschrift oder eins der Bücher, die Joyce herumliegen lassen hatte. Als Joyce zu schreiben versuchte, betupfte sie ihn mit tintenbekleckstem Papier. Joyce amüsierte sich. Ihre Wirtin, als sie Noras wachsenden Taillenumfang bemerkte, hingegen nicht. Sie ließ ihnen einen Monat Zeit zum Ausziehen. Die Schulleiter waren angesichts Noras Zustand ebenfalls entsetzt und erklärten Joyce, er müsse wahnsinnig sein. Nur ein paar Häuser von der Schule entfernt, die in der dunklen, engen via San Nicolò, aber fast gleich nah zum Hafen, der Oper und den eleganten griechischen Kirchen mit den blauen Kuppeln lag, die Joyce faszinierten, fanden sie eine Wirtin, die bereit war, sie ins Haus zu nehmen. Eine freundliche Jüdin mit großem Respekt vor der Bildung, war Signora Canarutto hocherfreut, einem Mitglied des Kollegiums der angesehenen Bildungseinrichtung Unterkunft gewähren zu dürfen.

Joyce rechnete es sich immer noch hoch an, daß er den Mut hatte, die Institution der Ehe abzulehnen. Er rechtfertigte diese Haltung erneut in einem Brief an Stanislaus:

(...) warum hätte ich Nora zu einem Priester oder Anwalt bringen sollen, um sie durch einen Eid an mich zu binden? Und warum soll ich meinem Kind die sehr mühselige Bürde des Glaubens auferlegen, die mir mein Vater und meine Mutter auferlegt haben?[21]

Er sah sich als Sozialisten, und seine Philosophie erstreckte sich nicht nur auf die Frage der Ehe, sondern auch auf das Geld. Er habe ein unsozialistisches Interesse am Geldverdienen, gestand er mit seiner entwaffnenden Unschuld, doch falls er welches verdienen sollte, sei keineswegs sicher, daß er es auch behalten würde.

Die Francinis waren ebenfalls nach Triest versetzt worden. Nora war dafür sehr dankbar. Sie waren alle ziemlich häufig hungrig, und so hatten sie doch wenigstens den Trost, gemeinsam Hunger leiden zu können. Das wöchentliche Gehalt von der Berlitz

School war zwar nach Dubliner Maßstäben anständig (etwa ein Pfund fünfzehn Shilling; in Dublin hielt Stanislaus nach einer Stelle Ausschau, deren Gehalt fünfzehn Shilling wöchentlich betrug), doch die Preise für Zimmer und Verpflegung waren gleichfalls hoch. Joyce ließ sich oft Vorschuß auf sein Wochengehalt geben, und stand am Samstagmorgen als erster in der Reihe, um das abzuholen, was Berlitz ihm für die Woche noch schuldete. Joyce nahm eine große Münze mit dem Kopf der Kaiserin Maria Theresia in Empfang, so behauptet Francini, »drehte sie dann – erst Kopf, dann Zahl – auf der Handfläche seiner dünnen, starren Hand und führte sie dann an sein boshaft funkelndes Auge; verachtungsvoll steckte er sie darauf in die Tasche und sprang ins Unbekannte davon«.[22]

Nora rang die Hände, weil Joyce nicht alles in seinen Kräften Stehende tat, um mehr Geld nach Hause zu bringen. Er vergeudete seine Zeit mit Albernheiten wie der Teilnahme an einem Zeitungswettbewerb, verbrachte jedoch andererseits jeden freien Augenblick mit Schreiben. Zu ihrer Genugtuung waren die Francinis wie sie der Meinung, Joyce habe eine so prächtige Stimme, daß er ihre finanziellen Probleme lösen könnte, wenn er nur professionell sänge.

Nora befand, daß es an der Zeit sei zu versuchen, an das heranzukommen, was ihre Großmutter Catherine Healy ihr hinterlassen hatte. Es ist keine Überraschung, daß die Aufgabe an Stanislaus fiel. Joyce trug seinem Bruder auf, er solle das Testament von Catherine Mortimer Healy einsehen, die zwischen 1895 und 1897 gestorben sei. Diese Anfrage zeigt, daß Nora sich zwar nicht erinnern konnte, in welchem Jahr ihre Großmutter gestorben war, ihrer Mutter aber noch zu sehr entfremdet war, um ihr zu schreiben und sie danach zu fragen. Sie macht außerdem deutlich, daß Joyce sich durchaus darüber im Klaren war, wie ungeheuer jung Nora gewesen war, als sie das Haus ihrer Großmutter verlassen hatte. Die Daten, die er Stanislaus angab, legten fest, daß Nora zum Zeitpunkt des Todes ihrer Großmutter neun, zehn oder elf gewesen sein mußte.

Es wartete jedoch kein Geld auf Nora. Falls sie Joyce dazu verleitet haben sollte, sich, wie der eine seiner »Zwei Kavaliere«, dem

Traum hinzugeben, er habe sich mit »ein(em) gute(n), anspruchslose(n) Mädchen mit einer kleinen Barschaft« zur Ruhe gesetzt, enttäuschte sie ihn nun. Mrs. Healy war gestorben, ohne ein Testament zu machen, und Stanislaus' Nachforschungen waren zum Scheitern verurteilt. Nora erklärte Joyce, sie könne es nicht glauben. Stanislaus stellte sich auf den Standpunkt, sie müsse sich geirrt haben.

Ihr Lebensstandard war in sich so widersprüchlich, wie er immer sein sollte. Sie gingen regelmäßig in die Oper, die sie beide gleichermaßen schätzten, und wenigstens was diese eine Kunst anging, waren sie kein ungleiches Paar. Joyce ließ es sich nicht nehmen, die Gewohnheiten eines Gentleman aufrechtzuerhalten, soweit er irgend konnte, und es erbitterte sie beide, von ihren billigen Plätzen auf dem Rang auf die Köpfe einiger reicher Schüler von Joyce hinabblicken zu müssen.[23] An der Berlitz School erwarb sich Joyce mit seiner natürlichen Eleganz und seinem geschliffenen Witz bald schon eine Gefolgschaft von Adligen, Redakteuren, Kaufleuten und jungen Frauen aus guter Familie, die sämtlich Zeit hatten und Englisch lernen wollten, so daß er mit dem Gedanken spielte, sich als Privatlehrer niederzulassen. Die Berlitz School untersagte ihren Lehrern jedoch den Privatunterricht. Er war so beliebt und wagte es doch nicht, seine Stelle aufzugeben. Ihre wirtschaftliche Situation war zu unsicher.

Nora war, wie er in Pula erkannt hatte, nicht gewillt, als treusorgende Hausfrau mit einem verschwenderischen Gatten Pfennig auf Pfennig zu legen. Sie aßen immer noch häufiger außer Haus. Sie weigerte sich, in einer Gemeinschaftsküche zu kochen, und vor dem Einkaufen graute ihr – aus gutem Grund. Triest sei, so äußerte Joyce sich Stanislaus gegenüber, die ungehobeltste Stadt, die er kenne:

> Es ist kaum möglich zu übertreiben, wollte man die Unhöflichkeit der Leute schildern. Die Mädchen und Frauen sind so grob zu Nora, daß sie Angst hat, auf die Straße zu gehen. Nora kennt ungefähr dreißig Wörter vom Triestiner Dialekt (ich habe vergeblich versucht, ihr Französisch beizubringen), und so muß ich sie immer, wenn sie ausgeht, begleiten, und ich muß oft einen ganzen Nachmittag herumlaufen, um etwas ganz simples zu einem erschwinglichen Preis zu bekommen.[24]

Rasch hatte er begriffen, daß sie im Land von *la bella figura* gelandet waren. Joyce klagte:

> Die Triestiner legen großen Wert darauf, ›modisch‹ auf der Höhe zu sein, oft hungern sie, um in guten Kleidern auf dem Pier prunken zu können, und sie mit ihrem entstellten Körper (Eheu! peccatum?) und ihrem kurzen Vier-Kronen-Rock und ihrem über die Ohren gekämmten Haar wird ständig gehänselt und ausgelacht.[25]

Sein eigener neuer brauner Anzug kam nicht gut an. Eyers, der lästige englische Kollege, der ebenfalls von Pula nach Triest versetzt worden war, sagte zu Joyce: »Ich habe oft bemerkt, daß exzentrische Menschen sehr wenig Geschmack haben: sie tragen einfach alles. Ich gebe Ihnen einen Tip. Wenn Sie keinen Geschmack haben, halten Sie sich an Grau – sieht immer vornehm aus.«[26]

Angesichts seiner neuen Pflichten und Fehlschläge fing Joyce wieder stark zu trinken an. Nora war verzweifelt. Sie konnte ja wohl kaum losgehen und nach ihm suchen. Eines Abends schickte sie Francini los, der Joyce in einem Rinnstein der Altstadt fand. Joyce beschwerte sich ständig, daß er für Nora nicht anders war als andere Männer auch. Für sie war er es eben nicht. Unförmig von der Schwangerschaft, in einem fremden Klima, einer fremden Kultur, fand sie sich mit einem Mann, der auch nicht besser war als der ihrer Mutter, und konnte sich zudem nicht einmal auf eine legale Verbindung berufen, um Unterstützung für sich und ihr Kind zu erhalten, falls er sie verließ.

Das Baby sollte im August kommen; in den Monaten, als Nora hochschwanger war, erlebte sie zum erstenmal eine ungeheure Hitze. Sie lag den ganzen Tag auf dem Bett und weinte. Sie könne keine Babykleidung nähen, behauptete sie, obwohl Joyce losging und ihr Schnittmuster kaufte. Nein, sie wolle nicht nach Galway zurückkehren, erklärte sie beharrlich; ja, sie wolle das Baby haben.

Joyce gestand Stanislaus jedoch, er habe den Verdacht, sie sei »eine jener Pflanzen, die man nicht ohne Schaden verpflanzen (könne)«. Er wußte, daß sie weibliche Gesellschaft brauchte, vor allem deshalb, weil es ihre erste Schwangerschaft war; sie hatte, von den Italienisch sprechenden Francinis abgesehen, niemanden, mit dem sie sprechen konnte, außer ihm und dem anderen Englischlehrer, der sie beleidigt hatte. Manchmal, wenn sie mit den beiden Männern im Café saß, sagte sie den ganzen Abend kein einziges Wort. Joyce fragte sich, was für »ein seltsam verdrossenes Geschöpf« sie nach all den Tränen zur Welt bringen würde. Er liebte sie immer noch; vielleicht war es ja das einzig Richtige, sie wieder in eine Umgebung zu bringen, die ihrem Temperament angemessen war – mit anderen Worten, nach Irland. Beide wurden sie von Visionen irischen Essens heimgesucht; Nora sehnte sich danach, einen Kessel an einem Feuer zu sehen. Sie konnten nicht so weiterleben wie bisher. Während Joyce sich Stanislaus gegenüber all seine Kümmernisse von der Seele schrieb, erinnerte er sich wieder, wie tapfer sie gewesen war, als sie mit ihm von der North Wall abgelegt hatte, und wieviel liebevolles Verständnis für seinen Charakter sie aufgebracht hatte:

> Ich habe mich ihr gewiß mehr als je irgendeinem unterworfen, und ich glaube, ich hätte diesen Brief nie angefangen, wenn sie mich nicht dazu ermutigt hätte.[27]

Joyce hatte sich einen ausgefallenen Plan ausgedacht, den er nun vortrug. Er und Nora würden nach Dublin zurückkehren und zusammen mit Stanislaus ein Cottage in der Vorstadt nehmen. Sie würden es mit Hilfe seiner Ersparnisse von der Berlitz School, des Geldes, das er sich von der Veröffentlichung der *Dubliner* versprach und Stanislaus' eigenen Einkünften finanzieren. Das einzige, dessen er sich nicht sicher sei, sagte Joyce, sei die Einstellung seines Bruders zu ihm und seiner »Gefährtin«.

Es ist schwer zu sagen, wer von den beiden, Joyce oder Nora, im Hinblick auf die Gegebenheiten der Schwangerschaft der Unwissendere war. Nora bekam nichts anderes herunter als Bier. Joyce bemängelte, daß sie die »wäßrigen italienischen Gerichte« nicht essen konnte. Er begann zu erkennen, wie zutiefst fremd ihre Persönlichkeiten einander waren; sie gab keinen Heller auf seine Kunst, und doch, so schrieb er seinem fernen Bruder nachdenklich:

> ... einmal, als wir einen Abend grauenhafter Melancholie miteinander verbrachten, zitierte sie (allerdings falsch) eins meiner Gedichte, das anfängt: ›O, sweetheart, hear you your lover's tale.‹ Daraufhin hatte ich zum ersten Mal seit neun Monaten das Gefühl, daß ich ein wahrer Dichter sei.[28]

Vielleicht, so schloß Joyce mit wiedererwachter Hoffnung, könnten sie ja glücklich miteinander leben, »wenn wir auf unsere Eigenheiten gegenseitig Rücksicht nehmen«. Dennoch entfernte er die Worte »Für Nora«, die dem ersten Gedicht in *Kammermusik* beigefügt waren (Die Reihenfolge wurde später geändert). Die Worte »neun Monate« kommen in Joyce' Briefen wieder und wieder vor – ein weiterer Hinweis darauf, wie die Zeitdauer ihres Exils exakt mit Noras Schwangerschaft zusammenfiel.

Jeden Tag nahm Nora ihr Mittagessen mit den Canaruttos ein, während Joyce in einem Café aß. Am 26. Juli begann Nora, während sie beim Essen saß, Schmerzen zu bekommen. Sie sagte nichts, bis Joyce zurückkehrte. Gemeinsam versuchten sie, die Symptome zu diagnostizieren, doch es gelang ihnen nicht. Schließlich holte Joyce die Canarutto, die weniger Zweifel bezüglich dessen hatte, was da vor sich ging. Sie rief die Hebamme und verrückte die Möbel so, daß sie ans Bett herankamen. Joyce ging einen seiner Schüler holen, der Arzt war, und nahm dann dankbar die Einladung der männlichen Mitglieder des Canarutto-Haushalts an, mit ihnen zu Abend zu essen. Kein Wunder, daß Joyce stets lobend die jüdische Gastfreundlichkeit hervorhob.

Um neun Uhr, neun Monate und sechzehn Tage, nachdem sie in Zürich zum erstenmal miteinander geschlafen hatten, hatte Nora ihr Kind bekommen. *»Un bel maschio«* (ein prächtiger Junge)«, verkündete die alte jüdische Tante im Triestiner Dialekt. Gewiß war das ein Weg, die Sprache zu lernen, und Nora lernte. Die Frauen priesen ihre Tapferkeit. Während der Wehen hatte Nora kaum einen Ton von sich gegeben; erst als sie hörte, daß es ein Junge war, ging sie aus sich heraus und klatschte vor Freude in die Hände. Von der Hebamme angeleitet, legte sie das Baby an die Brust, stellte fest, daß sie reichlich Milch hatte, und daß er ihr keine Schwierigkeiten bereiten würde.

Joyce war gleichermaßen entzückt. Er nahm das Baby auf den Arm und sang ihm Opernarien vor. Als das Kind aufmerksam zuhörte, schloß Joyce, und er lag damit richtig, daß das Kind die Stimme seines Vaters geerbt habe. Sie nannten ihn Giorgio – George nach Joyce' Bruder, der gestorben war. Nora selbst nannte ihn in einer handfesten Mischung aus Italienisch und Englisch Georgie.

Joyce schickte ein Telegramm nach Hause. »Sohn geboren Jim.« Falls er auch eins zum Bowling Green in Galway geschickt haben sollte, so ist es nicht erhalten. Nora wartete gespannt auf die Reaktikon aus Dublin, und Stanislaus lieferte sie getreulich: »Tante Josephine sagt, ich solle sagen: ›Bravo, Nora!‹ und Cosgrave sagt, das sei mal eine gute Nachricht und er wolle sie persönlich Skeffington überbringen«, doch dann ging er dazu über, lang und breit Joyce' Roman zu erörtern. Nora war empört. In Stannies Brief, sagte sie, gehe alles nur um Bücher.

Nora selbst teilte Cosgrave die Neuigkeit von der Geburt mit, und zwar auf einer Postkarte mit ihrem Foto. Er antwortete, indem er an Joyce schrieb:

Lieber Joyce,
Nora hat mich eben daran erinnert, wie unhöflich es von mir war, daß ich Deine letzte Karte unbeantwortet ließ; aber du kennst meine Trägheit. Ich hatte nach Empfang Deines Romans einen Brief zur Hälfte geschrieben, war aber nicht imstande, weiterzuschreiben, also überantworte ich ihn häuslicher Verwendung. (...) Ich bedaure, nicht der erste gewesen zu sein, der die freudige Nachricht von Noras Entbindung Skeffington überbrachte. Nimm indes meine Glückwünsche entgegen und gib sie in meinem Namen an Nora weiter. Hoffe, dem B. geht es gut. Ich bin außerstande, etwas über Deinen Roman zu sagen, da ich den Faden verloren habe. Bitte, schick bald mehr an Charlie, und ich will mein Bestes tun, Dir mit kritischen Bemerkungen zu helfen. Vorläufig nur, warum denn in J.s Namen – Lynch. Alles andere als ausgerechnet das.

(...) An Nora schreibe ich morgen. Ist das eine kolorierte Photographie von ihr auf der Karte? Wenn ja, sag ihr mein Kompliment. Sie sieht viel wohler aus als im Braunen Dublin.[29]

In der Beengtheit ihres kleinen Zimmers an der via San Nicolò versuchte Nora, mit ihrem Kind und ihrem Geldmangel zurechtzukommen. Sie tat das einzig Hilfreiche, das sie tun konnte: sie besann sich auf ihren alten Beruf als Wäscherin. Eines Tages griff sie, als sie rasch ein Stück Schmierpapier haben wollte, um die Kleidungsstücke aufzuschreiben, die sie gerade wusch, nach der ersten Seite einer neuen Erzählung, an der Jim gerade arbeitete. Sie hieß ›Ein betrüblicher Fall‹ und begann: »Mr. Famer Duffy wohnte in Chapelizod, da er möglichst weit weg von der Stadt zu leben wünschte, deren Bürger er war…« Nora drehte es um und schrieb auf die Rückseite, was sie zu schreiben hatte:

> 10 Lappen, 2 Hemden, 1 Bluse, 3 Handtücher, 3 Paar Schlüpfer, 3 Unterjacken, 4 Unterröcke, 1 Leibbinde, 1 Oberhemd, 3 Schleifen, 1 Paar Hosen, 1 Kissen, 2 Kissenbezüge, 2 Paar Socken…

Noch anderes stand dort. Joyce rettete die Seite. Er brauchte sie, um sie Stanislaus zu schicken, der die Geschichte las und sie seinem Bruder »mit Beiwerk«[30] zurückschickte.

Joyce brüstete sich später damit, daß Nora sich in den Jahren ihrer krassesten Armut als Wäscherin betätigt habe, sagte jedoch nicht, daß sie das drei Wochen nach ihrer ersten Entbindung tat.

***

Wenn ihn das Baby auch freute, so reagierte Joyce doch mit Eifersucht, was die Vaterschaft betraf. Tatsächlich mag seine Angst, Nora könnte ihn betrogen haben, von Giorgios Geburt datieren. Als ältester Sohn war Joyce der Liebling seiner Mutter gewesen, und er hatte Nora weniger als ein Jahr nach dem Tod seiner Mutter gefunden. Nun hatte Nora ihn binnen eines Jahres ersetzt. Joyce distanzierte sich von dem Kind, indem er nach Hause schrieb: »Seine (…) dunkelblauen Augen hat er nicht von mir.« Er verstärkte seine Bemühungen, Stanislaus dazu zu überreden, ebenfalls an die Berlitz School zu kommen. Und er überließ sich mehr denn je Verfolgungsgefühlen. Er wolle nichts weiter vom Leben, erklärte er, als eine Feder und ein Tintenfaß und etwas Seelenfrieden:

»... und wenn ich dann (...) diese kleine Feder nicht spitze und in fermentierte Tinte tauche und winzig-kleine Sätze über die Leute schreibe, die mich verraten haben, schick mich zur Hölle.«

Wie mancher frischgebackene Vater fühlte er sich zu anderen Frauen hingezogen, und wie viele Lehrer hatte er ein reiches Reservoir an bereitwilligen Bewunderern. Einer von ihnen war der Baron Ambrogio Ralli, der in der via di Scorola lebte, und eine andere, die zwei Häuser weiter wohnte, war Anny Schleimer, die junge Tochter eines österreichischen Bankiers. Anny war ein Jahr älter als Joyce und nahm im Herbst 1905 Unterricht bei ihm. Von der Seite ihrer Mutter Emilia Baumeister war sie Halbjüdin, und sie war zurückhaltend, kultiviert und musikalisch gebildet. Eines Tages küßte Joyce sie und schlug vor, sie solle ihn doch heiraten. Ob er es nun ernst meinte oder nicht (er war schließlich vor dem Gesetz frei, eine Ehe zu schließen), Anny war hingerissen und erzählte es ihrem Vater. Ihr Englischunterricht fand ein jähes Ende. Signor Schleimer standen bei der Vorstellung, seine Tochter könne sich mit einem elenden Wicht von einem Sprachlehrer einlassen, die Haare zu Berge. Joyce schrieb Anny jedoch weiter und schickte ihr in späteren Jahren seine Bücher, die sie eifersüchtig hütete und Besuchern ihres Hauses in Triest zeigte. Sie blieb unverheiratet.[31]

Es besteht kein Zweifel, daß Joyce mit dem Gedanken spielte, Nora zu verlassen. Im Dezember 1905, Giorgio war fünf Monate alt, schrieb er an Tante Josephine, sobald er mit dem Schreiben etwas Geld verdiene, was spätestens in zwei Jahren der Fall sein werde, wolle er sein Leben ändern:

> Ich habe lange gezögert, Dir zu sagen, daß sich vermutlich in der augenblicklichen Beziehung zwischen Nora und mir etwas ändern wird. Ich sage es jetzt auch nur deswegen, weil ich mir überlegt habe, daß Du jemand bist, der das Thema wohl kaum mit anderen besprechen wird. Es ist möglich, daß ich selbst zum Teil schuld bin, wenn eine solche Veränderung, wie ich sie vorauszusehen glaube, stattfindet, aber sie wird kaum durch mein Verschulden allein stattfinden. Ich muß sagen, es ist für eine Frau schwer, mit jemandem wie mir fertigzuwerden, aber andererseits habe ich nicht die Absicht, mich zu ändern. Nora scheint zwischen mir und den anderen Männern, die sie gekannt hat, keinen

großen Unterschied zu machen, und ich glaube kaum, daß sie dazu ein Recht hat. Ich bin nicht gerade ein Haustier – schließlich bin ich, wie ich meine, Künstler – und manchmal, wenn ich an das freie und glückliche Leben denke, das zu führen ich alles Talent habe (oder hatte) gerate ich in Verzweiflung. Gleichzeitig beabsichtige ich nicht, mit den Scheußlichkeiten des durchschnittlichen Ehemannes zu rivalisieren, und darum werde ich warten, bis ich meinen Weg deutlicher vor mir sehe.[32]

Joyce hatte *Dubliner* Grant Richards geschickt, dem Londoner Verleger. »Ich glaube, bisher hat noch kein Schriftsteller Dublin der Welt dargestellt«, schrieb er an Richards, »Es ist seit Jahrtausenden eine europäische Hauptstadt, man spricht von der Stadt als der zweiten des britischen Imperiums, und sie ist fast dreimal so groß wie Venedig.« Joyce hoffte, es gebe einen Markt für »den besonderen Hauch des Verderbens, der, wie ich hoffe, über meinen Erzählungen liegt (...).«

Während er auf Richards Antwort wartete, erweiterte er die Sammlung. Im Frühjahr 1906 schloß er ›Eine kleine Wolke‹ ab, die Geschichte von Little Chandler, der sich durch die Ehe eingesperrt fühlt und seine Arbeit haßt. Als er nach einem schlechten Tag nach Haus kommt versucht er, ein bißchen Byron zu lesen:

Es war zwecklos. Er konnte nicht lesen. Er konnte überhaupt nichts machen. Das Geplärr des Kindes zerriß ihm das Trommelfell. Es war zwecklos, zwecklos! Er war lebenslänglich gefangen.

Little Chandlers Verzweiflung ist auf dem Höhepunkt, als seine junge Frau nach Hause kommt, das Kind, ohne ihn zu beachten, in die Arme nimmt und mit ihm auf und ab geht, während sie die Worte murmelt: »Mein Kleiner! Mein Kleinchen!«[33]

***

Giorgios Geburt konfrontierte Nora und Joyce erstmals mit den Problemen einer außerehelichen Verbindung. Joyce sagte zwar gern, es spiele keine Rolle, ob ein Kind den Namen des Vaters oder den der Mutter annahm, daß die Vaterschaft eine rechtliche Fiktion sei. Trotzdem überredete er, als er die Geburt ein Jahr später registrieren ließ, den österreichischen kaiserlichen Standesbeamten von Triest, doch lieber die Spalte *›legittimi‹* auf der Geburtsurkunde auszufüllen statt der Spalte *›illegittimi‹*.[34]

Er besorgte Stanislaus eine Anstellung an der Berlitz School und ein Zimmer bei den Canaruttos. Stanislaus könne Schlechteres widerfahren als »der Winter in Triest«, schrieb er lässig und erging sich in Visionen von Opernaufführungen, Karneval, gerösteten Kastanien und jungem Wein.

Im Oktober traf die ersehnte Nachricht ein. Stanislaus nahm die Einladung an. Das einzig Bedauerliche an der Emigration, so schrieb er, sei für ihn, daß er seine Schwestern allein dem Leben mit ihrem trunksüchtigen Vater überließ. »Was kannst du denn (...) tun?« widersprach Joyce. Er schickte Stanislaus hundert Kronen (etwa vier Pfund) für die Reise. (Joyce war im Umgang mit Geld nie knausrig, er war immer bloß verschwenderisch.) Er forderte seinen Bruder auf, seine Manuskripte, ihre einzige Hoffnung für die Zukunft, mitzubringen und sich gut anzuziehen – wegen der »verfluchten dämlichen Wichtigtuer, die diese Schulen unterhalten«.

In Dublin heuchelte John Joyce Gleichgültigkeit gegenüber dem drohenden Verlust seines zweiten Sohnes. Als Stanislaus ihn um etwas Reisegeld bat, forderte sein Vater ihn auf, sich in der Hölle welches zu besorgen. Als jedoch die Stunde heranrückte, wo Stanislaus an Bord mußte, genau ein Jahr, nachdem Nora und Joyce davongefahren waren, wurde auch ihm der traditionelle Abschied nicht verwehrt. Charlie, der letzte Bruder, der zurückblieb, setzte Stanislaus in Triest über die Szene nach seiner Abreise ins Bild:

> Am Tag Deiner Abfahrt gab es viele Tränen und nasse Augen. Als wir vom Schiff zurückkehrten, nahm Tante Josephine sinnvollerweise Poppie mit zum North Strand (Tante Jos Haus), wo sie sich zweifellos eine tränenreiche Gala gönnten. Cosgrave blieb den ganzen Tag mit mir zusammen.[35]

Als nächstes beschrieb Charlie dann, wie er Stanislaus' Anweisung, seine umfangreiche Korrespondenz und seine anderen Papiere nach Triest zu verschiffen, in die Tat umgesetzt habe:

> Ich habe sämtliche Bücher eingepackt. Ich habe so viele, wie hineingingen, in den Schrankkoffer gepackt, außerdem sämtliche Briefe. Die Noten, die habe ich auch in mein Zimmer hinaufgebracht. Tante Josephine will wissen: Darf ich ihr ihre Briefe runterbringen und kann sie sie verbrennen? Ich sehe, Du hast Jims Epiphanien hiergelassen – war das ein Versehen?[3](...)

Von mir aus, schloß Charles kläglich, »sag Jim, ich lebe noch.«

Stanislaus, der so sorgfältig mit allen schriftlichen Äußerungen seines Bruders umging, traf Vorkehrungen ganz anderer Art, was die persönlichen Briefe seiner Eltern betraf. Als er eines Tages die Liebesbriefe seines Vaters an seine Mutter fand, verbrannte er sie alle ungelesen. Er brach tatsächlich die Brücken hinter sich ab. Anders als Joyce, der nach seinem Aufbruch ins Exil Irland noch dreimal besuchte, kehrte Stanislaus (obwohl er länger lebte) niemals dorthin zurück und sah das Gesicht des verachteten Vaters niemals wieder.

***

Zwei Brüder, eine Frau – ein verbreitetes ländliches Familienmodell und überdies das psychologische Dreieck, das Joyce in Beziehungen stets herzustellen schien; keins von beiden war ein Rezept für häuslichen Frieden. Als Stanislaus nach seiner langen Reise auf dem Triester Hauptbahnhof ankam, war er entsetzt. Joyce bereitete ihm einen sehr kühlen Empfang. Über Stanislaus' neue Kleidung sagte Joyce bloß, sein Bruder sei so verändert, daß er ihn auf der Straße gar nicht erkannt hätte. Dann erklärte er Stanislaus, daß er und Nora pleite seien. Ob noch Geld von der Reise übrig sei?

Noras Empfang fiel auch nicht herzlicher aus. Sie stillte Giorgio immer noch und sprach hauptsächlich mit Jim, häufig auf Italienisch. »Wenn Nora vergessen hat, wie man Englisch spricht, welche Sprache spricht sie denn dann?« fragte Tante Josephine auf

Stanislaus' Brief nach Hause hin, worin er sich beklagte.[37] Nora kannte Stanislaus kaum außer vom Sehen, doch war ihr klar, daß die Eweiterung des Haushalts in der via San Nicolò um seine Person kein ungeteilter Segen war. Stanislaus, etwa sieben Zentimeter kleiner als Joyce, untersetzt, mit kantigem Gesicht und von feierlichem Ernst, war ein gesetzter Zwanzigjähriger, ein Mann, der unsicher im Umgang mit Frauen und auf pünktliche Mahlzeiten erpicht war. Wenn sie auch froh darüber war, eine Stimme aus Dublin zu hören, so war sich Nora doch darüber im klaren, daß Stannie sie einige Anstrengungen kosten, ihre Intimität beeinträchtigen – er hatte sein Schlafzimmer neben dem ihren – und fleißig Klatschbriefe nach Irland schicken würde.

Nora war nicht der Typ, der irgend etwas nur deshalb herunterschluckte, weil eine dritte Person anwesend war. Kurz nach Stanislaus' Ankunft hatten sie und Joyce eine schreckliche Auseinandersetzung wegen eines neuen Huts. Stanislaus erstattete darüber getreulich Bericht; Tante Josephine war entsetzt:

> Um nur das Mindeste über den Hut-Zwischenfall zu sagen – er hätte auch jeden anderen Mann dazu getrieben, zum Glas zu greifen es muß sehr schwierig für Jim sein. Ich hätte nie gedacht daß Nora so sonderbar wäre doch vielleicht ist die österreichische Putzmacherin häßlich in jedem Fall hätte sie etwas nehmen sollen das Jim gefällt. Das hat bestimmt ausgereicht um ihn für den ganzen Tag zu verstimmen doch was ich nicht verstehe ist warum du dafür den Kopf hinhalten sollst. Jim sagt in seinem Brief an mich er sei nie allein. Ich denke es muß sehr schwierig für euch alle sein in einem Zimmer zu leben hat doch schließlich jeder Augenblicke wo ihm ein bißchen Einsamkeit recht käme ...[38]

Tante Josephine kannte Nora nicht sehr gut. Selbst in Galway hatte sie schon Sinn für Mode, Stoffe, Schnitte und Entwürfe gehabt, insbesondere im Hinblick auf Hüte, und sie sah sich nun in der Lage, diese Vorliebe praktisch umzusetzen.

Joyce hatte eine schwache Stelle, wenn es um ihre sehnlichen Wünsche ging. Nora war die einzige, die ihm Geld aus der Tasche ziehen konnte. Manchmal tat sie das in ruhiger, höflicher Form: »Bitte laß mir noch fünf Kronen da ich muß ein bißchen Samt für mein Kleid kaufen«, schrieb sie einmal auf einen Zettel.[39] Dann wieder bediente sie sich aus Jims Taschen. Eines Tages beschwerte Joyce sich wütend bei seinem Bruder darüber, daß sie Geld genommen habe, um den Schuhmacher zu bezahlen. »Warum nimmst du ihr denn das Geld nicht wieder weg?« fragte Stanislaus. »Weil ich nicht stark genug bin«, lautete die freimütige Antwort.[40]

Es beunruhigte Stanislaus auch, mit ansehen zu müssen, wie Nora Jim herumkommandierte; sie ließ ihn sogar Gemüse putzen, schrieb er nach Hause. »Was für eine Kunst soll denn das sein?« fragte Tante Jo ärgerlich.[41] Ein noch schlimmerer Schock war Joyce' Trinkerei. Schon Joyce' Gezeche in Dublin hatte Stanislaus entsetzt, und nun erkannte er, daß sein Bruder es sogar noch ärger trieb, indem er Geld hinausschmiß, das für Nora und das Baby benötigt wurde. Joyce schien völlig vergessen zu haben, daß Stanislaus ihm vor allem ein intellektueller Gefährte hatte sein wollen; ihm schien nur an seinem Gehalt gelegen zu sein.

Tante Josephine tat als Eheberaterin, was sie über die lange Entfernung tun konnte, und schrieb getrennt an Nora und Jim. »Das Eheleben hat seine kleinen Nachteile«, sagte sie und ging damit auf ihre Fiktion ein, daß sie Mann und Frau seien.[42]

Und in jeder wichtigen Hinsicht waren sie es in der Tat. Zu ihrem ersten Weihnachtsfest als vierköpfige Familie machte Nora, wie sie es jedes Jahr danach tat, mit großem rituellem Aufwand einen Plumpudding. Ihr Silvester war jedoch schrecklich, weil sich alle drei darüber grämten, welche Wende ihr Leben genommen hatte. Im neuen Jahr schrieb Tante Josephine, die befürchtete, Nora könne wieder schwanger werden, den lange versprochenen Brief voller mütterlicher Ratschläge:

4 Northbrook Villas
8. Januar 1906

Meine liebe Nora,
danke für Deinen Brief ich weiß, es muß jetzt schwierig sein zu schreiben. Dein Sohn zahnt wahrscheinlich & fühlt sich folglich sehr unwohl das ist für das Baby so schlimm wie Zahnschmerzen für einen Erwachsenen. Also (?) muß der arme kleine Kerl wohl selbst einiges auszustehen haben Ich hoffe Du sorgst dafür daß Jim & Stannie sich an der Arbeit mit dem Baby beteiligen. Er muß jetzt eine Menge Arbeit ma-

chen. Ich freue mich zu hören daß es dir gesundheitlich gutgeht. Sieh zu daß das so bleibt Denk dran, obwohl Deine Periode ausbleibt (?), kannst Du wieder schwanger werden & falls das passiert, mußt Du Georgie sofort entwöhnen Aber keine unnötige Aufregung ich will nur daß Du wachsam bist...Es freut mich sehr daß Ihr einen Pudding hattet das muß ja für die Jungs herrlich gewesen sein Ich weiß sobald Du kannst berichtest Du mir wie das Baby sich herausmacht mit (?) Wünschen zum Neuen Jahr Hoffentlich wird es glücklich und erfolgreich für Dich & Jim

Mit herzlichen Grüßen
Deine Tante Josephine[43]

Stanislaus und Joyce gegenüber schlug sie andere Töne an. Sie hatte von beiden Neffen gehört, wie übellaunig Nora sein konnte.

Noras Lage verbesserte sich, als die Francinis sie im Februar erneut aufforderten, ein Haus (oder ein »Quartier«, wie es genannt wurde, einen Teil eines Mietshauses) in der via Giovanni Boccaccio mit ihnen zu teilen. Es lag zwar in einem unattraktiven Viertel auf dem Hügel hinter dem Bahnhof, doch bot das neue Quartier den vier Mitgliedern des Haushalts mehr Raum, und Tante Josephine freute sich zu hören, daß Nora nun wieder mit so netten Leuten zusammen war. Nora hatte die Vorzüge von Stanislaus' Anwesenheit zu schätzen begonnen. Er gab den größten Teil der vierzig Kronen, die er wöchentlich an der Berlitz School verdiente, zu Hause ab. Er konnte auch unmittelbar eingreifen, wenn es um Jims Trinkerei ging. Stanislaus lud sich seinen Bruder auf den Rükken und brachte ihn aus den Cafés am Hafen oder in der Altstadt nach Hause. (Joyce war zu keiner Zeit seines Lebens ein streitsüchtiger Betrunkener, sondern eher ein lenkbarer, umgänglicher. Da er so wenig wog, wurde er oft von Freunden nach Hause getragen und ins Bett gepackt. Am nächsten Tag, wenn er aufwachte, klagte er zwar – seine Augen täten ihm weh etc. –, doch war er, nach allem, was wir wissen, nicht griesgrämig.)

In einem Monolog, mit dem er seine Schüler unterhielt, verknüpfte er seine Trinkerei mit Noras Fruchtbarkeit:

Wenn auf irgend etwas, dann versteht meine Frau sich aufs Kinderkriegen und Seifenblasenpusten... Wir haben George the First. Wenn ich

> nicht aufpasse, kann man sich darauf verlassen, daß sie mir noch den zweiten Erben der Dynastie aufhalst. Nein, nein, Nora, Mädchen. Diesem Spiel kann ich so gar nichts abgewinnen. Folglich denke ich mir, solange es in Triest Kneipen gibt, ist es besser, wenn dein Ehemann die Nächte außer Haus verbringt, so daß er ordentlich weiche Knie kriegt.[44]

Diese Metapher vom Schlappmachen suggeriert, daß Joyce die Trunkenheit als eine Form der Geburtenkontrolle betrachtete. Er mißbilligte die Empfängnisverhütung (wie es Stephen Dedalus in *Ulysses* tut). Bei allem Haß auf die Kirche kritisierte er doch nie ihren Standpunkt hinsichtlich der künstlich vorgenommenen Geburtenkontrolle (die ganz zu Anfang des 20. Jahrhunderts noch nicht das soziale oder auch theologische Thema war, das sie später wurde). Er lastete die vielen Schwangerschaften seiner Mutter dem Priester an, der sich geweigert hatte, ihr die Trennung von ihrem Mann zu erlauben.

Nora und er wollten gewiß zu dem Zeitpunkt nicht noch ein Kind. Die einzigen Verhütungsmaßnahmen, die ihnen zur Verfügung standen, waren Spülungen (die in ihren beengten Wohnverhältnissen allerdings schwer durchzuführen waren) und der *Koitus interruptus*. Vielleicht versprach Nora sich vom Stillen, daß es eine Schwangerschaft verhinderte. Sie stillte Giorgio selbst, bis er neunzehn Monate alt war. Worin ihre Technik auch immer bestanden haben mag, sie war jedenfalls für einige Zeit wirksam, denn 1906 wurde sie nicht schwanger.

Mit Stanislaus' Eintreffen wurde die Verbindung zu den in Dublin zurückgebliebenen Joyce' enger. Der kleine Haushalt in der via Boccaccio stand in so intensivem Kontakt zum tausend Meilen entfernten Dublin, daß man den Eindruck hat, es handelte sich um eine Familie, die durch einen Straßenzug voneinander getrennt war und nicht durch halb Europa. Stanislaus mag sich eine noch größere Entfernung gewünscht haben, da er aus Dublin ununterbrochen mit Bitten um Geld bombardiert wurde.

Die Schwestern in Dublin standen Stannie viel näher als Jim. Jim war als der Älteste so viel fortgewesen – an der Universität, in Paris und dann in Triest –, daß er für die Jüngeren eine ferne Figur war. Die Schwester Poppie kannte Jim natürlich besser als die anderen und war sehr gekränkt, daß er ihr, seit sie ihm und Nora bei ihrem Ausbruch geholfen hatte, nicht ein einziges Mal geschrieben hatte. »Er behandelt mich wie jemanden, den man überhaupt nicht zur Kenntnis zu nehmen braucht«, beschwerte sie sich bei Stanislaus, der nur zu gut verstand, was sie damit sagen wollte.[46]

Die Mädchen und Charlie wollten jedoch nicht nur Geld. Schuhe, Kleidung und Zähne waren in der Joyceschen Familienkorrespondenz ein ständiges Thema. Wie May Joyce Stannie erklärte:

> Uns allen hier geht es sehr gut, bis auf Charlie, dessen Gesundheit zu wünschen übrig läßt Charlie bekommt wenig oder gar keine frische Luft, da er weder Stiefel noch Kleidung hat. Falls Du irgendwelche Kleidungsstücke hast, die die Portokosten lohnen – sie wären ein Segen des Himmels. Charlie würde sich ärgern, wenn (er) mitbekäme, daß ich das sage, also erwähne das niemals in Deinen Briefen an ihn ... Poppie spart, um sich Kleider zu kaufen und die Zähne machen zu lassen. Ich lasse meine Zähne auch nachsehen, ehe sie allzu schlecht werden ...
>
> Mit lieben Grüßen,
> Deine Schwester May[47]

Stanislaus schickte, was er nur konnte, und bald fragte Charlie in entschuldigendem Ton nach einem abgelegten Anzug. (Die Problemlosigkeit und die geringen Kosten, mit denen beide Seiten der Joyce-Familie alte Kleidung, Schuhe und Bücher quer durch Europa verfrachteten, ist ein weiterer Beleg für die bewundernswürdige Leistungsfähigkeit der Post von anno dazumal.)

Derartige Briefe von zu Hause machten Nora klar, daß sie sich auch weiter an Jim halten mußte. In Irland gab es nichts, das die Rückkehr gelohnt hätte. Charlie selbst wäre froh gewesen, wenn er das Geld gehabt hätte, um zu emigrieren. Stanislaus wiederum begann zu glauben, er habe einen Fehler begangen. Er war nach Triest gezogen, nur um zum Gefangenen zur werden, einem Mann, der zwischen zwei verschwenderischen Familien hin und her gerissen wurde. Er konnte noch gar nicht daran denken, selbst zu heiraten (und tatsächlich blieb er noch zwei Jahrzehnte unverheiratet).

Nora kann es nicht gefreut haben, Geld nach Dublin zurückfließen zu sehen. Während all dieser Monate, wo sie am Hungertuch nagten, hatte sie geglaubt, was Joyce ihr erzählt hatte: daß das Geld hereinzurollen beginnen würde, sowie *Dubliner* publiziert wäre.

Grant Richards in London hatte sich endlich bereit erklärt, *Dubliner* herauszubringen, und Joyce war wütend, als Richards ihm einen Vorschuß auf die Tantiemen verwehrte. Richards blieb hart; das Ärgerliche sei, erklärte er, daß *Dubliner* von Irland handelte, und Bücher über Irland verkauften sich nicht. (Joyce schrieb daraufhin zurück, da dies sein »erstes Vergehen« sei, könne er die finanziellen Aussichten seines Buches nicht beurteilen, doch falls es in England überhaupt Käufer fände, könne es danach ja vielleicht in Amerika herauskommen, »wo etwa fünfzehn Millionen meiner Landsleute leben«.)[48]

Anfang 1906 hatte Joyce' Traum vom Reichtum zu verblassen begonnen. Im Februar verkündete Richards, er könne *Kammermusik* nicht herausbringen, wenn Joyce nicht für die Kosten aufkäme. Und im März, nachdem ein Vertrag für *Dubliner* unterzeichnet worden war, ließ Richards eine Bombe platzen: der englische Drucker wolle das Buch nicht setzen. Dem englischen Gesetz nach waren Drucker für Obszönitäten und üble Nachrede in den Büchern, die sie produzierten, genauso verantwortlich wie die Verleger. Der Drucker wollte das Risiko nicht eingehen, die sexuellen Anspielungen in einer der Geschichten zu drucken und auch nicht das Wort »bloody« in einer anderen, insbesondere als dort von der Königin Victoria als »that bloody old bitch«, dem »verdammten alten Miststück« die Rede war.

Joyce blieb fest. Wenn er alles ausstrich in seinem Buch, das anstößig war, was bliebe denn dann über? Der Titel vielleicht. Er hätte das Buch zwar gern gedruckt gesehen und das Geld gehabt, aber nicht, wenn das bedeutete, daß er seine Kunst prostituieren mußte. Eine verhängnisvolle Wirkung, die dieser Briefwechsel mit dem Verlag gehabt habe, schrieb Joyce, »besteht darin, daß er meine eigenen Arbeiten bei mir selbst in Mißkredit gebracht hat«.

In Wahrheit war die verhängnisvollste Wirkung jedoch die, daß er dadurch noch mehr trank. Außerdem steigerte Nora sich in immer wüstere verbale Attacken. Tante Josephine, die einmal mehr eingeweiht wurde, verteidigte Jim loyal – ihre Seite der Familie – und gab Nora die Schuld. Joyce' Gereiztheit sei verständlich, habe er doch »in letzter Zeit so viele Nackenschläge des Schicksals einstecken müssen«, schrieb Tante Jo,

> doch, ehrlich gesagt, Stannie, ich kann Nora nicht begreifen. Es ist doch wohl eine Ungeheuerlichkeit, daß sie von Jim erwartet, er solle kochen oder sich um das Baby kümmern, wenn er doch alles in seiner Macht Stehende tut, um beide zu ernähren sie kann sich doch nun wirklich genauso bemühen wie Jim es erscheint mir reichlich verfrüht daß sie so enttäuscht ist ich frage mich ob sie weiß was das bedeutet mit einem Menschen zusammenzusein der eine so unflätige Zunge hat vor der man niemals sicher ist ein bißchen entschuldigt das auch Jims Trinkerei es ist die Geschichte daß einer trinkt um Vergessen zu finden. Vielleicht läßt sich auch eine Entschuldigung dafür finden daß Nora so reizbar ist doch sie konnte nicht erwarten auf Rosen gebettet zu werden und du kannst ganz sicher sein daß sie niemals einen von diesen Briefen nach Hause schicken wird dies ständige Gedrohe muß für Euch beide sehr schwer zu ertragen sein. Wenn sie ihr jetziges Leben schon unglücklich findet was glaubt sie wohl wie das erst bei ihren eigenen Leuten verlaufen würde ...[49]

Tante Jo hoffte, daß keine Chance bestehe, «daß Georgie gegenwärtig Konkurrenz bekommt«. Das, so sagte sie, »wäre dann der Gipfel«. Nora hatte sich, wie aus den Briefen Tante Josephines hervorgeht, durch die Bitten ihrer Mutter erweichen lassen und zumindest begonnen, Briefe zu entwerfen, die sie nach Hause schicken wollte. Als sie einen davon aufsetzte, worin sie erklärte, sie kehre nach Hause, nach Galway zurück, weil sie mit einem Mann zusammenlebe, der sie nicht ernähren könne, sagte Joyce, der ihr über die Schulter blickte: »Wenn du schon nach Hause gehst, dann schreibe wenigstens ›I‹ (ich) mit Großbuchstaben.« Noras Erwiderung war unschlagbar: »Was macht das schon aus?«[50]

Nora kannte ihre Mutter. Wie die wenigen noch erhaltenen Briefe von Annie Barnacle zeigen, war das Pronomen der ersten Person eines der wenigen Worte, die Noras Mutter nicht durch einen großen Anfangsbuchstaben auszeichnete.

Joyce und Stanislaus hätten vielleicht davon Abstand genommen, ihre Klagebriefe nach Dublin zu schicken, wenn ihnen klar gewesen wäre, welchen Gebrauch ihr Vater davon machte. John Joyce las sie vergnügt in den Kneipen vor, »damit die Leute mal sehen, als was für ein Lumpenpack die Jesuiten sich ›entpuppen‹ (können)«. Er erzählte überall herum, er habe nicht einen Penny von den Jungs in Triest erhalten.

Da Charlie Joyce wußte, daß Stanislaus selbst am Hungertuch nagte und in alten Sachen herumlief, um Geld nach Hause schikken zu können, kochte er vor Empörung, als er von der Undankbarkeit seines Vaters erfuhr. Charlie, der Stanislaus' abgelegte Kleidung trug, empfand sich »weder als Genie noch als Künstler, sondern als Bruder von beiden oder mindestens einem davon«, und erklärte, er sei ihnen beiden dankbar, da sie ihn vieles gelehrt und ihm »manche Unart ausgetrieben«[51] hätten. (Charlie gehörte ebenfalls zu den starken Trinkern der Familie.) Das Mindeste, was er für Stanislaus tun konnte, befand Charlie, war ihm mitzuteilen, welches Ende das Geschenk von zehn Shilling genommen hatte, das von Stannie aus Triest gekommen war:

> Pappie kam gestern abend betrunken nach Hause. Ich weiß, wie Dich das trifft, sowas zu hören; doch es fällt mir auch nicht leicht, es zu erzählen. Immerhin erfährst Du auf die Weise, daß die Huren, die es sich herausnehmen, Dich herabzusetzen und Dir in den Arsch zu treten, es sich ebenfalls herausnehmen, Dein knappes Geld zu vertrinken. Ich hoffe von Herzen, daß ich einmal in der Nähe bin, wenn diese Herren sich auf Deine oder Jims Kosten amüsieren.[52]

Charles, der so arm war, daß er nicht einmal Hosenträger besaß (»Ich trage einen Schlips als Gürtel – damit mir die Hosen nicht runterrutschen«), hatte Verständnis für die Notlage seiner Brüder in Triest. Für alle Probleme waren sie nun wirklich nicht verantwortlich zu machen.

Die Berlitz School befand sich in einer kritischen Situation. Der Geschäftsführer hatte sich abgesetzt, und wenigstens eine der beiden Stellen der Joyce-Brüder stand auf dem Spiel, da es nicht genügend Arbeit für zwei Englischlehrer zu geben schien. An einem bestimmten Punkt der Entwicklung erwog die Leitung, Stanislaus nach Pula zu schicken. »Es tut einem wirklich weh, sich vorzustellen, daß Du oder Jim oder Ihr beiden in einem fremden Land so weit weg von zu Hause hungern oder doch beinah hungern sollt«, schrieb Charles. »Es hat den Anschein, daß die Joyce' dazu verurteilt sind, in unsicheren Verhältnissen zu leben und zu sterben.«[53]

Die Kunde von Joyce' Notlage kam seinem alten Freund Gogarty zu Ohren, der 1906 bereits ein erfolgreicher Chirurg war und aus dem Waldorf Astoria in New York schrieb und anregte, Joyce solle nach Amerika kommen, wo er, so versicherte ihm Gogarty, garantiert schnell Geld machen würde. Joyce lehnte es ab (wie er es sein ganzes Leben lang tun sollte), Amerika auch nur zu erwägen. Statt dessen fand er eine kleine Anzeige in einer römischen Zeitung, in der eine Bank junge Männer suchte, die mehrere Fremdsprachen beherrschten.

In dem verzweifelten Wunsch, seinen Roman zu beenden, entschloß Joyce sich zu einem radikalen Schritt. Er würde mit Nora und dem Baby nach Rom gehen. Dort würde er, da er für eine kürzere Arbeitszeit die doppelte Bezahlung erhielt, sein Buch über den Werdegang eines Künstlers (seinen eigenen) beenden. Er machte sich nicht die Mühe festzustellen, wie lang die römischen Arbeitszeiten waren.

So packten Nora und Joyce die Koffer und ließen Stanislaus, sieben Monate, nachdem Joyce ihn beschworen hatte, bei ihm zu leben, allein in einer fremden, ausländischen Stadt zurück. Was sie außerdem zurückließen, waren unbezahlte Rechnungen beim Bäkker, dem Schneider und selbst bei Francini, ihrem Wirt. Joyce erteilte Stanislaus ausgeklügelte Anweisungen, wie er all diesen Gläubigern gegenübertreten sollte, und versprach, daß er ihn, wenn in Rom alles gutginge, nachholen würde.

5. Kapitel

Madonna und Kind

Sein ganzes Leben lang lieferte Joyce Begründungen dafür, daß er seinen Haushalt immer wieder entwurzelte – einander überschneidende, häufig wiedersprüchliche Begründungen und kaum je die wahren. Nora lernte, sich achselzuckend mit jedem neuen Abbruch ihrer Zelte abzufinden. Sowie er sich einmal entschlossen hatte, konnte nichts ihn aufhalten.

Rückblickend ist offensichtlich, daß Joyce nach Rom gehen mußte, um seine Gedanken zu ordnen. Sein autobiographischer Roman *Stephen der Held* war bei einem Umfang von 1000 Seiten außer Kontrolle geraten. *Dubliner* war nicht veröffentlicht worden, und er hatte bestimmte Vorstellungen, was daran verbesserungswürdig war; mit seinen bezaubernden Gedichten war er unzufrieden, und er wußte, daß er eigentlich kein Lyriker war. Der Romaufenthalt war eine Inkubationszeit, aus der sein großes Werk der nächsten sieben Jahre hervorging und die ihm auch dazu verhalf, Nora einige ihrer stärksten Beiträge zu entlocken. Es war überdies die Periode, innerhalb derer ihre Verbindung sich festigte. Zweiundzwanzig und vierundzwanzig Jahre alt und ausschließlich aufeinander angewiesen, lernten sie, das, was ihnen am Temperament des anderen fremd war, zu tolerieren, sich an ihrem Kind zu erfreuen und wie Italiener zu leben. Das hinderte sie allerdings nicht daran, jede einzelne Minute dieser Periode zu hassen.

In Rom schlossen sie keine engen Freundschaften. Die Monumente langweilten sie; Joyce sagte, Rom erinnere ihn an einen Mann, der davon lebt, daß er den Leichnam seiner Großmutter zur

Schau stellt. Sie mochten noch nicht einmal den Wein dort. Joyce' Arbeitsstunden bei der Bank, die weit länger dauerten, als sie erwartet hatten – von 8 Uhr 30 bis 19 Uhr 30 – vereitelten völlig, was der eigentliche Zweck dieser Übersiedlung nach Rom gewesen war, und sie hatten immer noch kein Geld. Da Joyce monatlich bezahlt wurde, hatten sie von Anfang an Schulden und bekamen nie wieder herein, was sie an Extraausgaben für Fahrt und Umzug gehabt hatten.

Niemals seit Finn's Hotel war Nora so einsam gewesen. Joyce verließ das Haus um sieben Uhr, um in einem Café zu lesen, ehe die Bank öffnete. Sie blieb, da sie Giorgio immer noch stillte, praktisch auf die Einsamkeit der Wohnung beschränkt. Die einzigen Unterbrechungen ihres Tageslaufs waren anfangs die römische zweistündige Mittagspause, zu der sie Giorgio in ein Café mitnahm, wo sie sich mit Joyce trafen, und dann um fünf Uhr nachmittags, wenn sie nach Giorgios Mittagsschlaf mit ihm in ein Café ging, um dort Kaffee zu trinken.

Die Hauptstadt hatte jedoch ein paar versöhnliche angenehme Eigenschaften. Die Römer lieben Kinder. Giorgio wurde überschüttet mit Keksen und Obst, wenn er in Restaurants in seinem hohen Kinderstuhl saß und bei jedem neuen Gericht, das aufgetragen wurde, vor Freude in die Hände klatschte. Außerdem bot Rom viel Musik. Giorgio besuchte, auf Joyce' Schultern reitend, Platzkonzerte auf der Piazza Colonna und begleitete die Eltern sogar in die Oper. (Die Joyce' waren wütend, als die Zuschauer den Jungen aufforderten, still zu sein.) Dann gab es auch noch das neue Vergnügen, das Kino.

Der Baedeker empfahl den Reisenden, sich im »Ausländerviertel« zwischen der via del Corso und der via del Tritone eine Unterkunft zu suchen, und Joyce hatte für sie ein Zimmer in der kleinen, anspruchslosen via Frattina nahe der Spanischen Treppe gefunden.[1] Seine Arbeitsstelle bei der Bank, die sich an der Ecke der Piazza Colonna befand, war von dort ebenso zu Fuß zu erreichen wie neun Lichtspielhäuser.

Nora nahm die Gewohnheit an, sich während ihrer langen, unausgefüllten Stunden mit Giorgio ins Dunkle zu setzen und sich die flackernden Filme anzuschauen, die damals in Italien und

Frankreich der letzte Schrei waren. Ihre Themen waren so recht nach Noras Geschmack – Ausreißer, Heiratsvermittler, Harems, rachsüchtige Liebende; der Schlager des Jahres war *Cavalleria Infernale*, ein Drama, das die Römische Reitschule zum Thema hatte.[2] Für zwanzig *centesimi* gab Nora sich den Tagträumen der einsamen Ehefrau hin.

Außerdem grübelte sie über ihre Erinnerungen an Galway nach. Als Joyce mit ihr Shelleys Grab besuchte, reagierte Nora darauf mit einer ganzen Reihe morbider, romantischer Assoziationen, die ihn tief berührten. Später hielt er sie innerhalb seiner Notizen zu seinem stark autobiographischen Stück *Verbannte* fest (worin er selbst den Namen Richard trägt; Rahoon ist der Friedhof außerhalb Galways):

> Rom ist die fremde Welt und das fremde Leben, zu denen Richard sie bringt. Rahoon ihre Leute. Sie weint auch über Rahoon, über ihn, den ihre Liebe gemordet hat, den dunkelhaarigen Jungen, den sie, als die Erde, in Tod und Zerfall umarmt. Er ist ihr begrabenes Leben, ihre Vergangenheit ...[3]

Daß Joyce, als er sich entschloß, das Stück zu schreiben, als Ort, der die vielen Orte ihres Exils repräsentieren sollte, gerade Rom auswählte, zeigt, daß sie sich in der Ewigen Stadt fremder gefühlt hatten als in jeder anderen.

Joyce selbst plagten Visionen Irlands. Er sehnte sich nach einem Frühstück mit Eiern und Speck. Er träumte davon, Zeit- und Raumgesetze außer Kraft setzen zu können, so daß er imstande wäre, sich, nur für eine Stunde, ins Zentrum von Dublin zu versetzen. Er wünschte sich sogar, es gäbe einen Klub der Iren, wo Nora und er hingehen und sich mit ihren Landsleuten treffen könnten, von denen es, davon waren sie überzeugt, eine ganze Menge in Rom gab.

***

Das Hauptereignis von Noras Vormittag war das Eintreffen der Post. Da kamen Briefe aus Triest, Briefe aus Irland und, ungeduldig erwartet, die irischen Zeitungen. Eines Tages fand Nora auch eine gute Klatschmeldung, die sie Joyce während der Mittagszeit bringen konnte, und als sie zu ihrem Treffpunkt eilte, traf sie Joyce auf der Straße. »Rate mal, was es Neues gibt, rat mal, wer geheiratet hat!« rief sie und hielt ihm die Zeitung entgegen. Es war Gogarty; er hatte Martha Duane geheiratet, ein wohlhabendes Mädchen aus einer katholischen Großgrundbesitzerfamilie in Galway. Die Neuigkeit machte ihnen erneut ihren irregulären Status bewußt und ließ die Kluft zwischen Joyce und Gogarty unüberbrückbar erscheinen. »Ich nehme an, er würde es nicht wagen, mich seiner Frau vorzustellen«, schrieb Joyce an seinen Bruder. Als Joyce später erfuhr, daß Gogarty zwei Beiträge in der Zeitung veröffentlicht hatte, die während seiner Flitterwochen entstanden waren, bemerkte er scherzhaft, die frischgebackene Mrs. Gogarty könne ja wohl keine sehr angenehme Gesellschaft sein – da er doch schließlich in der vergleichbaren Situation Nora die Sehenswürdigkeiten von Zürich gezeigt habe, statt an seinem Roman zu arbeiten.

Nora und er verschuldeten sich tiefer und tiefer. Sie wandten sich der naheliegenden Hilfsquelle zu. Nora beteiligte sich an der unangenehmen Aufgabe, Bittbriefe an Stannie zu schicken.[4] Es war eine bizarre Form der Unterstützung, da Stanislaus das Geld telegrafisch überweisen mußte, und vierzig Lire zu schicken, kostete acht. Stanislaus, der sich immer noch damit abplagte, die Schulden zu bezahlen, die Joyce hinterlassen hatte, bekam neue Instruktionen, was die Behandlung von Joyce' Gläubigern betraf: er solle ihnen sagen, er sei nach Schottland gegangen. Stanislaus hatte Giorgio sehr gern (einer der Gründe, weshalb er seinen verschwendungssüchtigen Bruder unterstützte), und Nora hielt ihn über die Fortschritte seines Neffen auf dem laufenden:

> ... er kann sehr gut alleine herumlaufen er kann schon viel sagen er hat guten Appetit er hat acht Zähne und singt auch wenn wir ihn fragen wo ist Stannie schlägt er sich gegen die Brust und sagt non c'è piu.[5]

Dieser Einschub in einen langen Brief von Joyce war es, der ihn zu der berühmten abfälligen Bemerkung veranlaßte, die die Gleichgültigkeit des weiblichen Geschlechts gegen die Interpunktion betraf.

Giorgio lernte, wie aus Noras Bemerkung hervorgeht, Italienisch als erste Sprache. Er konnte ›*Addio*‹ und ›*Appetito*‹ sagen; er befahl ›*Abba*‹ für ›*A braccia*‹ (Auf den Arm) und ›*Ata!*‹ für ›*A terra!*‹ (Runtersetzen), zwei Ausdrücke, die er, wie Joyce, bemerkte, in rascher Folge abwechselnd gebrauchte. Auch ›*O Gesù Mio*‹ und ›*Brutto, brutto*‹ gingen ihm leicht von der Zunge und entschädigten seine amüsierten Eltern bis zum gewissen Grade für den Ärger, den er ihnen dadurch bereitete, daß er ihre sämtlichen Papiere verschleppte und ihre Schuhe und Haarbürsten versteckte.

Ein Grund dafür, daß sie stets knapp bei Kasse waren, war ihr enormer Appetit. Sie waren ständig hungrig. Giorgio aß wie ein Erwachsener. Joyce selbst dachte, ganz untypisch für ihn, an nichts anderes als an Essen. Und Nora als stillende Mutter, die von ihrem Mann ständig wegen ihres allzu mädchenhaften Körpers geneckt wurde, hielt sich auch nicht gerade zurück. Noras Abendessen, so prahlte Joyce seinem Bruder gegenüber, bestand gewöhnlich aus zwei Scheiben Roastbeef, zwei italienischen Hackfleischbällchen, einer mit Reis gefüllten Tomate, Salat und einem halben Liter Wein. Manchmal, behauptete Joyce, teilten sie sich zu zweit ein ganzes Brathuhn und dazu noch einen Teller Schinken und gingen immer noch hungrig zu Bett. Am Ende dieser Aufzählung bat er Stanislaus, ihm fünfzig Lire zu schicken, weil ihm das Geld erneut auszugehen drohte.[6]

Am 8. Oktober fuhr die kleine Familie hinaus aufs Land, um das zu feiern, was Joyce, in seinem Entzücken über Nora und ihr Kind, den Jahrestag »meiner Vermählung und (...) der Freude und Lust meines Herzens« nannte. Für Stanislaus stellte er eine »vollständige und genaue Liste, von dem, was wir gestern aßen« auf:

10.30 vorm. Schinken, Brot und Butter, Kaffee
1.30 nachm. Suppe, Lammbraten und Kartoffeln, Brot und Wein
4.00 nachm. Rinder-Stew, Brot und Wein
6.00 nachm. Kalbsbraten, Brot, Gorgonzola-Käse und Wein
8.30 abds. Kalbsbraten, Brot und Weintrauben und Wermut
9.30 abds. Kalbskotelett, Brot, Salat, Weintrauben und Wein[7]

Mit seinem Gehalt, so fürchtete er, würden sie nicht über den Winter kommen. Da er sich immer noch nach irischem Essen sehnte, lehrte er die Frau, die für sie kochte, Kutteln und Zwiebeln mit weißer Sauce nach englischer Art zu machen.

Sie brauchten außerdem Geld für Kleidung, insbesondere für Nora. Joyce, der ihr Einkommen dadurch vermehrt hatte, daß er für eine Lira die Stunde Sprachunterricht erteilte (und auf diese Weise freie Zeit drangab, die er zum Schreiben hätte nutzen sollen), gab achtundzwanzig Lire dafür aus, Nora einen Rock, zwei Blusen und zwei Kämme zu kaufen. Obwohl seine Hose am Boden so sehr durchgesessen war, daß er in der Bank den ganzen Tag sein langes Jackett anbehalten mußte, kaufte er für sich selbst nur ein Hemd und einen Hut.

Nach zwei Monaten kamen sie zu dem Schluß, daß sie sparen mußten. Sie würden zu Hause essen. Joyce gab Nora fünfzig Lire und erklärte, damit müsse sie zwei Wochen auskommen. Innerhalb von zwei Tagen hatte sie jedoch bereits die Hälfte ausgegeben, einfach indem sie größere Vorräte etwa an Öl, Kerzen, Kohle, Kaffee und Zucker anlegte. Joyce schalt sie deshalb nicht; er erkannte die Logik der Investition:

> So haben wir schließlich einen Anfang gemacht, denk ich. Der Plan ist nur insofern gewagt, als man uns, falls ich vor Ende des Monats keinen Schüler bekomme, nirgendwo Kredit gibt. Aber selbst dieses Risiko nehme ich in Kauf, da ich entschlossen bin, Geld zu sparen.[8]

Schließlich stellte er sich Stanislaus gegenüber als einen Menschen hin, der von nichts als Suppe lebte, um zu sparen, setzte jedoch (als wisse er, daß er dem Verantwortungsgefühl seines Bruders allzu viel zumutete) hinzu, Nora und Giorgio würden ernährt, wie es sich gehörte. Stanislaus hätte Joyce jedoch keinesfalls Müßiggang vorwerfen können. In einem Briefchen bat Nora Stannie, er solle »Jim auffordern, nicht soviel zu tun, da er keine Minute für sich selbst hat.«[9]

Am 2. Dezember machten sie eine vertraute Erfahrung: sie wurden aus der Wohnung hinausgesetzt. Die Wirtin, die ihnen drei Wochen zuvor gekündigt hatte, erklärte, sie würde sie nicht eine einzige Nacht länger in der via Frattina behalten. Da Joyce nach Ende seiner Arbeitszeit bei der Bank noch drei Unterrichtsstunden zu geben hatte, setzte Nora ihren Hut auf, nahm Giorgio auf den Arm und verbrachte mit ihm zwei Stunden im Kino; danach begab sie sich in ein Restaurant, wo sie wartete, bis Joyce mit dem Unterricht fertig war. Dann machten sie sich gemeinsam auf den Weg, um sich einen Platz zum Übernachten zu suchen – »wie die heilige Familie«, sagte Joyce. Anders als die heilige Familie aßen sie zunächst einmal ausgiebig zu Abend und machten sich dann in der Droschke auf die Suche. (Die Droschke war notwendig, um Noras Hut zu schützen.) Im dritten Hotel, in dem sie es versuchten, kamen sie unter, und sie blieben dort vier Nächte und gaben in der Zeit mehr als die Hälfte einer Monatsmiete aus.

Tagsüber ging Nora, das schwere, sich sträubende Kind auf dem Arm, von Haus zu Haus, treppauf treppab, und tat sich nach einer neuen Unterkunft um. Sie mußte erfahren, daß die Römer, die doch in Restaurants so nett zu den Kindern anderer waren, als Vermieter keine wollten. Nach einer Zurückweisung war sie so wütend, daß sie Joyce einen beißenden, grammatikalisch unzureichenden Brief in die Bank schickte. Joyce hatte etwas zu lachen und schickte ihn an Stannie weiter.

Ihre Suche endete in der via Monte Brianzo, die parallel zum Tiber verläuft und wo sie im obersten Stockwerk ein Zimmer mit Küchenbenutzung nahmen. (Was ihre Anstrengungen zu sparen betraf, hatten sie sich auf einen Kompromiß geeinigt: das Mittagessen nahmen sie zu Hause ein und tranken auch keinen Wein dazu, aber abends gingen sie aus in eine *trattoria* und ließen es sich gut gehen.) Das Zimmer war spartanisch eingerichtet: Steinfußboden, Kommode, Tischchen und Bett. In dem Bett schliefen sie, wie Joyce Stanislaus melden zu müssen glaubte, »in entgegengesetzten Richtungen liegend, der Kopf des einen am Fußende des anderen«. Molly Bloom in *Ulysses*, deren Gatte ebenfalls auf dieser unorthodoxen Schlafposition besteht, hat zu diesem Punkt eine Menge zu sagen.

Im Dezember machten sie sich auf ein trübseliges Weihnachtsfest ohne Freunde, ohne Klavier und ohne Bargeld gefaßt. In Erwartung irgendwelcher Zahlungen, die dann ausblieben, hatte

Nora nach bewährter Manier vorschnell ein paar Rechnungen bezahlt. »Morgen werden wir von Nudelzeug leben«, schrieb Joyce seinem Bruder am Abend vor Weihnachten auf einer Postkarte, »vermutlich hast Du keine Möglichkeit, die Qual zu beenden?«

***

Aus ihrem Hunger und ihrem Heimweh geboren wurde die reichgedeckte Weihnachtstafel von ›Die Toten‹. Die Idee zu der Geschichte kam Joyce während ihres Romaufenthalts, und er ließ sich dabei teils von Noras Tagträumen, teils von der Friedhofsatmosphäre der Stadt und teils von ihrem Gefühl inspirieren, aus dem römischen Leben ausgeschlossen zu sein. Nachdem er *Dubliner* abgeschlossen hatte, sein Porträt der Häßlichkeit des Lebens in seiner Geburtsstadt, hatte er das Gefühl, Dublins traditionell großzügiger Gastfreundlichkeit nicht gerecht geworden zu sein. Als er folglich einige Monate später beschloß, das Buch um ›Die Toten‹, die letzte, längste und wichtigste Geschichte zu erweitern, geriet ihm seine rein genießerische Schilderung des Dubliner Weihnachtsbüffets nahezu pornographisch:

> Eine fette braune Gans lag am einen Ende des Tisches, und am anderen Ende lag auf einer Lagerstatt aus geknittertem, mit Petersilienzweigen übersätem Papier ein mit Brotkrumen bestreuter großer Schinken, dessen Außenhaut entfernt und um dessen Knochen eine gefällige Papierkrause gewickelt war, um die herum gewürztes Rindfleisch lag. Zwischen diesen rivalisierenden Tischenden verliefen parallele Reihen von Nebengerichten: zwei kleine Dome aus Gelee, rot und gelb; eine flache Schale mit Blancmanger-Würfeln und roter Konfitüre, eine große grüne blattförmige Schale mit stengelförmigem Griff, auf der rote Weintrauben und geschälte Mandeln lagen, eine dazu passende Schale, auf der ein kompaktes Rechteck aus Smyrnafeigen lag, eine Schale mit Custard und geriebener Muskatnuß obendrauf, eine kleine Schüssel mit Pralinen und anderen Süßigkeiten in goldenem und silbernem Papier sowie eine Glasvase, in der einige lange Selleriestengel staken.

Joyce war nicht das einzige Mitglied seiner Familie, das ein Weihnachtsessen schildern oder sich, mit schmerzlichen Anklängen an die Große Hungersnot, das Grauen eines verdorbenen Weihnachtsfestmals vorstellen konnte. Der gute John Joyce verstand sich meisterlich auf dies Thema. In jenem selben Dezember 1906 fragte er jeden seiner im Exil lebenden Söhne, ob sie wohl ein Pfund erübrigen könnten. Sie kamen der Bitte nach – Joyce, indem er sich das Pfund zwar von Stanislaus lieh, aber darauf bestand, daß das Geld über Rom nach Dublin geleitet wurde, so daß ihm das Verdienst dafür zukäme. Der alte Mann drückte seine unterwürfige Dankbarkeit in beredten Worten aus. Dank seinen Jungs, schrieb er in überströmender Dankbarkeit, »wurden aus den für Samstag zu erwartenden Bratheringen Truthahn und Schinken, Gans und Speck, Plum Pudding etc. und Punsch«.[11]

Am Ende wurden die Joyceschen römischen Feiertage dann doch nicht ganz so schlimm, wie sie befürchtet hatten. Zu Silvester luden sie einen walisischen Lehrer und seine Freundin zum Essen zu sich ein (Joyce wollte den Silvesterabend immer lieber unter Leuten verbringen), und die junge Frau, eine Maniküre, revanchierte sich mit einer Einladung zum Mittagessen am Neujahrstag in ihrer eleganten Wohnung und unterhielt sie obendrein mit der Geschichte, wie sie Edward VII. die Nägel gemacht habe.[12]

Nora, die sehr gern schenkte, kratzte genug Geld zusammen, um ein Geschenk für das alte Dienstmädchen aus dem Stockwerk unter ihnen zu kaufen. Die beiden hatten sich angefreundet, da Nora sich die Geschichten über die Streitigkeiten der anderen mit ihrer Herrin anhörte.

***

Falls Joyce sich von dem Schlafarrangement Kopf an Fuß eine empfängnisverhütende Wirkung versprochen haben sollte, war es dafür zu spät. Im Neuen Jahr entdeckte Nora, daß sie wieder schwanger war. Ihre Stimmung war sehr gedrückt. Sie hatte Giorgio entwöhnt; Joyce schien sich nur für seine Schreiberei und die Neuigkeiten aus Dublin zu interessieren. Er war die meiste Zeit nicht zu Hause; seine Abende verbrachte er damit zu unterrichten, in der Biblioteca Vittorio Emmanuele zu studieren oder zu trinken. Sie machte sich seinetwegen Sorgen:

Lieber Stannie Jim hat heute einen Brief abgeschickt er hatte keine Zeit ihn zu Ende zu schreiben. Er ist bis halb acht in der Bank er hat nur eine halbe Stunde Zeit zum Abendessen Unterricht ab acht er hat niemals Zeit richtig zu essen er stopft es sich nur hastig hinein er sollte den Unterricht aufgeben der Zeitaufwand lohnt sich nicht. Georgie hat Jim so schrecklich gern...

Nora[13]

In ihrer Einsamkeit klammerte sie sich an Giorgio. In *Verbannte* gibt es eine Stelle, die vermuten läßt, daß sie mit Giorgio aufs Dach ihres Hauses in der via Monte Brianzo stieg und zum Petersdom hinüber- und über die Ziegeldächer und Dachterrassen des römischen Weichbilds hinwegblickte.[14] Sie entwickelte eine Nähe zu Giorgio und eine Abhängigkeit von ihm, von der weder sie noch der Junge sich je wieder befreien konnten.

Joyce gestand niemals ein, daß er seinem Sohn gegenüber irgendwelche Rivalitätsgefühle hegte. Er idealisierte seinen eigenen Vater, und er idealisierte Giorgio. Als der alte John Joyce 1931 starb, schrieb Joyce: »Ich habe ihn immer sehr gern gemocht, da ich selbst ein Sünder bin, und sogar seine Fehler geliebt. Hunderte von Seiten und Dutzende von Personen in meinen Büchern verdanke ich ihm.«[15] Joyce war Richard Ellmann zufolge nicht einverstanden mit Freuds Konzept des Ödipuskomplexes, »wahrscheinlich, weil er von sich darin fast gar nichts wiederzufinden vermochte«.[16]

Joyce erkannte aber immerhin, daß er dem Jungen ferner stand als Nora, und fühlte sich aus ihrer Intimität ausgeschlossen. Er stellte fest, daß Giorgio ihn und Nora nicht miteinander reden lassen wollte. Für Stanislaus entwarf er eine Familienszene: »An dem kleinen Tisch sitzt ein junger Mann mit schniefender Nase: auf dem Bett sitzt eine Madonna mit jammerndem Kind.«[17] Außerdem schrieb er:

Sicher ist Georgie das Erfolgreichste, was ich bislang hervorgebracht habe. Aber er ist nur zu einem kleinen Teil mein. Ich glaube allerdings, daß er mich ziemlich gern hat. Wenn ich zum Essen komme, zieht er den Stuhl heran und sagt: ›Se‹ (sede).[18]

Leichter fiel es Joyce, die Auswirkung der Isolierung auf Nora zu erkennen. In *Verbannte* sagt Bertha, die die Nora verkörpert (das heißt, die junge rothaarige standesamtlich angetraute Gattin Richards, eines arroganten irischen Schriftstellers):

> Himmel, was hab ich da gelitten, als wir in Rom waren (...) Da hab ich immer gesessen, mit dem armen Kind mit seinem Spielzeug, gewartet, bis es müde wurde. Ich konnte alle Dächer der Stadt sehen und den Fluß, den Tevere. (...) Es war wundervoll, Dick, nur ich war so traurig. Ich war allein, Dick, vergessen von dir und von allen.[19]

Joyce befürchtete, daß die gewaltsame Verpflanzung Noras im Alter von nur zweiundzwanzig Jahren in eine fremde Umgebung ihr die Orientierung geraubt und ihre Spontanität zerstört haben könnte. Sie war sein mitnehmbares Irland, doch hatte er ihr Irischsein den Erfordernissen seiner Kunst geopfert. In *Verbannte* wird Richard nach seiner Rückkehr nach Irland von seinem Freund Robert dazu beglückwünscht, Wunder an Bertha bewirkt zu haben:

Robert	Du hast aus ihr das gemacht, was sie ist. Eine merkwürdige und wundervolle Person (...)
Richard	*düster* Oder ich habe sie gemordet.
Robert	Sie gemordet?
Richard	Die Jungfräulichkeit ihrer Seele.[20]

Joyce schien, im Leben ebensowenig wie in dem Stück, zu begreifen, daß die Mutterschaft Noras Seele gleichfalls verwandelt hatte. In einer Hinsicht hatte er Nora auf alle Zeiten verloren, nicht an die Toten, sondern an die Lebenden: der Rivale, den er nicht zu bezwingen vermochte, war sein Sohn.

In dem Bemühen, Joyce zurückzuerobern, strengte Nora sich mehr an, mit seinen intellektuellen Interessen Schritt zu halten. Sie las zweimal *Hedda Gabler* (und vergaß es sofort, nachdem sie es gelesen hatte, wie Joyce seinem Bruder mitteilte). Mit größerem Wohlgefallen nahm er die Verachtung auf, mit der sie ein neues Dubliner Buch über ein romantisches ländliches Irland bedachte, das von einem seiner Bekannten am University College stammte.

Nora hielt diese Erzählungen für langweiligen Quatsch.[21] Ihr Bild von der unliebenswürdigen Realität des irischen Lebens deckte sich mit Jims.

In einem leidenschaftlichen Brief an Stanislaus formulierte Joyce sein künstlerisches Credo, eine warnende Ankündigung, daß er, wenn er je über die Liebe zwischen Mann und Frau schreiben sollte, schreiben werde, was wirklich der Fall sei.

> Mich ekelt (...) verlogenes Gesäbere über reine Männer und reine Frauen und geistige Liebe und Liebe auf ewig an: der Wahrheit ins Gesicht geschriene Lügen, ›Witzenschaftlich‹ verstehe ich von der Sache nicht viel, aber ich vermute, daß es in Europa nur sehr wenige Sterbliche gibt, denen die Gefahr nicht droht, eines Morgens aufzuwachen und zu finden, daß sie Syphilis haben.[22]

Mitte Februar machte Nora, die ihr Zimmer satt hatte, sich auf und suchte ihnen ein besseres auf dem Corso. Sie konnte ihre Interessen mittlerweile auf Italienisch vertreten. Eines Tages, als Joyce ihr eine Goldmünze gab, die sie einwechseln sollte, wollte sie sich schon zum Postamt aufmachen, als die Zimmerwirtin sie aufhielt und ihr erklärte, die Münze sei nicht echt. Es kostete sie zwei Gänge zum Postamt, doch Nora brachte sie dazu, die Münze anzunehmen.

Da ihm einleuchtete, daß das Zimmer am Corso Nora vielleicht wenigstens für eine Zeitlang zufriedener machen würde, kündigte Joyce bei ihrer Wirtin in der via Monte Brianzo. Dann besann er sich jedoch anders und kündigte statt dessen bei der Bank. Er wollte Rom ganz verlassen. Unglücklicherweise spürte die Wirtin vom Corso, die ihre Miete wollte, das Paar in einem Restaurant auf und machte ihnen eine Szene, die man sich leicht ausmalen kann. Joyce mußte am Ende beide Frauen bezahlen. (Später, als er erklärte, jede Nation lasse sich mit einer der sieben Todsünden identifizieren, bestimmte er Italien für die Habgier.) Er spielte mit der Idee, daß sie alle drei nach Marseille ziehen sollten. Er wisse, so sagte er, Stanislaus wolle, daß er sich festsetzen und eine Karriere machen solle, so daß er in zwanzig Jahren Wohnung, Dienstmädchen, Kinder in der Schule und ein Bankkonto habe – »und eine große Angst vor allem, was in mir ist«. Statt dessen werde er Rom mit unbekanntem Ziel verlassen. Stanislaus dürfte wohl erraten haben, um welches es sich handeln würde. Die nächste Meldung kam per Telegramm: »Ankommen um acht, besorg Zimmer.«

Sie kamen an. Als Stanislaus Nora, Joyce und Giorgio auf dem Bahnsteig in Triest erblickte, mit gerade nur einer Lira in den Händen, ging ihm der Sinn einer Zeile in einem Bittbrief auf, den er wenige Wochen zuvor erhalten hatte: »Vergiß nicht, daß wir jetzt drei sind. Und es wird vermutlich noch schlimmer werden, wenn wir zu viert sind ...«

***

Genau wie zwei Jahre zuvor mußte Nora die letzten Monate ihrer Schwangerschaft in der Hitze des Triestiner Sommers durchmachen. Im Sommer 1907 mußte sie, während sie die Geburt des Babys für Juli erwartete und ständig hinter Giorgio herrannte, erleben, daß Joyce erkrankte und mit rheumatischem Fieber ins städtische Krankenhaus eingeliefert wurde.

Seit ihrer Rückkehr hatten sie einiges Erfreuliche zu verzeichnen gehabt. Joyce hatte der Berlitz School ein paar Unterrichtsstunden wöchentlich abluchsen können. Er hatte zudem sein Ansehen in Triest durch eine Reihe öffentlicher Vorträge über Irland gefestigt; sein Publikum hatte keine Mühe, die Parallelen zwischen Irlands Kampf um seine Unabhängigkeit von England und dem Kampf Italiens um die von Österreich zu erkennen. Seine Vorträge wurden in der ausgezeichneten Zeitung der Stadt, *Il Piccolo della Sera*, als Artikel publiziert. Und was noch besser war, *Kammermusik*, seine Sammlung von sechsunddreißig Gedichten, war veröffentlicht worden. Sie hatte ihnen zwar überhaupt kein Geld eingebracht, bekam aber gute Kritiken und war ein richtiges Buch. Auch wenn *Dubliner* der Veröffentlichung keinen Schritt nähergekommen war, so war Joyce doch endlich ein veröffentlichter Autor.

Nora schrieb Tante Josephine über Jims Krankheit, und Tante Josephine schrieb direkt an Jim in seinem Krankenhausbett.

4. Juni 1904

Mein armer Jim

Noras Brief hat meine schlimmsten Befürchtungen bestätigt solch eine schreckliche Krankheit... wie gern würde ich Dich nicht pflegen (nichts gegen Nora) armes Ding das muß schlimm für sie sein Dich leiden zu sehen... Es ist schon großartig, daß Dein kleiner Sohn so kräftig und tüchtig ist er wird sehr Dich sehr vermissen Wer weiß wie er auf seinen Rivalen reagieren (?) wird? Ich hoffe daß Noras Augenblick bald gekommen ist (?) aber diesmal wird sie großartig sein...[23]

Jims Mission im Leben, davon war Tante Jo in loyaler Unerschütterlichkeit überzeugt, bestand im Schreiben, und sie grämte sich wegen all der Hindernisse in seinem Weg.

Wie Nora am 26. Juli ins Ospedale Civico di Trieste gelangte – sie wohnten wieder in der via San Nicolò, direkt über der Schule –, ist nicht bekannt. Wahrscheinlich begleitete Stanislaus sie. Sie erzählte den Francinis später, ihr kleines Mädchen sei »fast auf der Straße« geboren worden. Die Geburt fand gerade nur einen Tag vor Giorgios Geburtstag statt; die letzten Julitage sollten viele Jahre lang Anlaß für eine doppelte Feier sein. Joyce hörte die Neuigkeit auf einer anderen Station des Krankenhauses und war glücklich, nun den Namen verwenden zu können, den er seit zwei Jahren bereithielt: Lucia, Name der Schutzheiligen des Lichts. Dem wurde Anna hinzugefügt, eine Form von Annie Healys Namen, und die Namen wurden als Anna Lucia eingetragen, eine Umkehrung der beabsichtigten Reihenfolge, die viele Jahre so bestehen blieb. Als Nora ihr Kind nach Hause mitnahm (in ein Zimmer, das man durch Stanislaus' Zimmer erreichte), gab das Krankenhaus ihr zwanzig Kronen, die normale Zahlung für alle Frauen, die auf einer städtischen Entbindungsstation entbunden hatten. Aus Dublin schrieb Tante Josephine jubelnd:

Ein tausendfaches Willkommen der kleinen Dame, die das Licht der Welt in Triest erblickt hat. Ich bin sicher, sie wird Dir und Nora hundertfach Glück bringen (das... Euch in letzter Zeit ein bißchen aus dem Weg gegangen ist).[24]

Als Nora ihre Tochter zum erstenmal zu Gesicht bekam, muß ihr Herz einen Augenblick ausgesetzt haben. Das Kind, das sonst in jeder Hinsicht wohlgeraten war, schielte auf einem Auge wie Noras Schwester Peg. Peg (eine der Zwillingsschwestern, die Annie 1889 bekommen hatte), war dadurch so gehemmt, daß sie ständig weglief und sich versteckte, damit die Leute sie nicht sahen.[25] Lucias Schielen war zwar nur ein geringer Makel, doch war er immerhin wesentlich ausgeprägter als Noras eigenes schläfriges linkes Auge. Nora und Joyce glaubten, daß ein Schönheitsfehler dieser Art bei einem Mädchen besorgniserregender sei – eine mögliche Beeinträchtigung ihrer Chancen in der Liebe –, und Lucia Joyce wurde der Makel ihrer äußeren Erscheinung in späteren Jahren immer mehr zur Zwangsvorstellung.[26]

Die restliche Familie in Dublin war nicht eben glücklich über den Namen des Neugeborenen. Sie waren sich nicht sicher, wie man ihn aussprach. (Die Joyce benutzten immer die italienische Aussprache – Lu- ci -a). Poppie fragte: »Wie seid ihr denn bloß auf einen solchen Namen gekommen? Pappie meinte, ihr seid wohl völlig wahnsinnig gewesen, als ihr den ausgewählt habt.«[27] Wie ältere Schwestern das so tun, übernahm Poppie es auch, Joyce zu mahnen, daß er doch aufhören solle, ständig die Behausung zu wechseln.

Die Nachricht von Joyce' schwerer Krankheit hatte auch Wien erreicht, wo Gogarty arbeitete. Gogarty schickte Joyce einen herablassenden Mediziner-Brief, worin er sagte: »Es ist bedauerlich, daß Du so wenig Zeit hattest, um das rheumatische Fieber im Bett auszukurieren; wenigstens sechs Monate sind notwendig, um sicherzugehen, daß den Herzklappen nichts geschieht.« Er fügte eine Pfundnote zu ihrer Unterstützung hinzu (der heute etwa fünfzig Pfund entsprächen) und gleichzeitig eine Einladung, ihn auf seine Kosten in Wien zu besuchen.

Da Gogartys Frau gerade ein zehn Pfund schweres Kind geboren hatte, war sie in Irland geblieben, und Gogarty hätte die Gesellschaft eines alten literaturbewanderten Freundes zu schätzen gewußt.

Trotz seines neugeborenen Kindes kündigte Joyce der Berlitz School wegen eines Wechsels in der Leitung und des Verbots von

Privatstunden im Herbst 1907 abrupt den Dienst auf. Er spielte mit verschiedenen abenteuerlichen Vorhaben: in Triest irische Tweedstoffe zu verkaufen, nach Südafrika zu emigrieren, in Florenz zu unterrichten, sich in Irland an seiner einstigen Universität eine Professur zu erobern (Gegenstand der Handlung von *Verbannte*), Sänger zu werden – am Ende versuchte er jedoch sein Glück damit, daß er sich auf eine Laufbahn als Privatlehrer ebenso höflicher wie hochmütiger Triestiner verlegte, die gern bereit schienen, ihm mit ihrem Einfluß und gelegentlichen Darlehen zu helfen. Er war sehr beliebt, und die weiblichen Schüler waren nach wie vor anfällig für sein wohlerzogenes Geflirte, das so ganz anders war als der lokale *machismo*, obwohl sie ihn zuweilen auch garstig und unverschämt fanden. Eines Tages schloß Joyce sich nach dem Unterricht ein paar Schülern an und zog mit ihnen durch die Cafés. Er fordert eins der Mädchen zum Tanz auf. Während er mit ihr tanzte – »leichtfüßig und ritterlich«, erinnerte sie sich –, fiel eine Rose von ihrem Kleid zu Boden. Joyce holte sie ihr wieder und gab sie ihr mit den Worten zurück: »Ich scheine Sie defloriert zu haben.«[28]

Er war jedoch nicht überall willkommen, denn er erwarb sich zunehmend den abschreckenden Ruf, ein *umbriaccio* (nordit. Trunkenbold) zu sein.

Eine junge Frau aus guter Familie wollte bei Joyce Englischstunden nehmen, doch ihr Vater lehnte es ab, sie zu »diesem Säufer«[29] in den Unterricht gehen zu lassen. Eine andere erinnerte sich, daß Joyce einmal betrunken zum Unterricht erschien, den er im Haus einer Freundin abhielt, und plötzlich auf dem Marmorfußboden zusammenbrach. Die Freundin, die in ihren ›*professore inglese*‹ verliebt war, wollte ihm das Gesicht abwischen, doch ihre entsetzte Mutter riß sie zurück. Joyce war so erfreut über sich selbst, als er wieder zu sich kam, daß alle annahmen, er habe es absichtlich gemacht.[30]

Viele Leute fanden Joyce' Trunkenheit amüsant, allein schon deshalb, weil sie sich auf die geselligen Abendstunden beschränkte.

Stanislaus hingegen fand Joyce' Benehmen nicht amüsant. Nora ebensowenig, unter keinen Umständen. »Ja, geh nur und besauf dich. Das ist alles, wozu du taugst. Cosgrave sagte mir ja, du seist verrückt. Ich gebe dir mein Wort«, tobte sie und stieß ihre allerschlimmste Drohung aus, »daß ich morgen die Kinder taufen lasse.«[31] Sie tat es jedoch nicht. Die Joyce-Kinder wurden nicht getauft und wurden in amtlichen Formularen wie ihr Vater als *»senza confessione«* geführt.

***

Die Moral in Triest erhielt durch die Neuigkeiten aus Irland auch keinen Auftrieb. Die Briefe aus Dublin waren ein ständiges Trommeln der Verzweiflung. Eileen hatte eine Aufnahmeprüfung für das Telefonamt nicht bestanden; Charlie suchte nach einem Weg, irgendwie nach Amerika zu kommen und wollte immer noch Stanislaus' alten Anzug. Die Welt von Dublin war genauso, wie Joyce ihn in *Dubliner* porträtiert hatte. Die Reichen wurden noch reicher; Gogarty sauste in seinem Automobil durch die Straßen. Für alle anderen gab es wenig Arbeitsstellen und unnachsichtige Arbeitgeber, der sexuelle Fehltritt war ruinös, und die Väter waren immer noch verantwortungslos, insbesondere der Vater der Familie Joyce. John Joyce war mit der Miete für ihr neues Haus im Rückstand. Er bat die Brüder, Charlie nach Triest zu schaffen. May, die für fünf Shilling pro Woche an der Kasse stand, fragte: »Sollen wir für immer die armen Schlucker bleiben, die wir sind? Es ist wirklich ein Elend, dieser ewige Geldmangel.« Später erklärte sie: »Ein schrecklicher kleiner Nichtsnutz ist er, mein Pappie.«[32]

Als Weihnachten erneut näher rückte, war John Joyce in keiner besseren Lage als in den Jahren zuvor, leitete jedoch seine Geldbeschaffungskampagne früher ein, nämlich am 14. Dezember: »So sind wir also jetzt für die nächsten vierzehn Tage ohne einen Penny, und könntet Ihr ein oder zwei Pfund schicken? Ich brauche Euch wohl nicht daran zu erinnern, daß ich es keinem von Euch *jemals* verweigert hatte, *wenn ich Geld hatte.*« Es wäre das letzte Weihnachtsfest, versicherte er ihnen, an dem er sie belästigen würde, weil er ins Krankenhaus müsse und sicher sei, »mit den Füßen zuerst« wieder herauszukommen. Er unterschrieb »Ein glückliches Weihnachtsfest wünscht Euch Euer herzlich zugetaner Vater« und lebte noch vierundzwanzig Jahre.[33]

Stanislaus gelang es, wie es aussieht, nüchtern und pflichtbewußt und, allem Anschein nach, keusch zu bleiben. Charlie war nicht so erfolgreich. Bald schon traf eine weitere schlechte Nachricht aus Dublin in Triest ein: Charlie hatte ein Mädchen in Schwierigkeiten gebracht. Was tun? Tante Josephine nahm es, verläßlich, wie sie in diesen Dingen war, mit Fassung. Worauf es ankam, äußerte sie Nora, Jim und Stannie gegenüber vertraulich, war, »die Wahrheit vor denen zu verbergen, die nichts davon wissen.«[34] Charlie stimmte zu und erzählte es niemanden bis auf Vincent Cosgrave. Cosgraves Rat war handfest. Vor die Wahl gestellt, sagte er, entweder ins Gefängnis zu gehen oder zu heiraten, müsse man eben heiraten.[35]

Charlie traf diese Wahl mit Freuden. Er bewunderte seine frisch angetraute Frau. Groß, blond und zwanzig, habe sie nicht versucht, ihm eine Falle zu stellen, so glaubte er. »Sie hat gesagt, es sei ihr egal, wie lange sie sich abplagen müsse, solange ich nur ihr Mann sei«, schrieb er seinen Brüdern stolz. Charlie fand eine Anstellung in Brookline, Massachusetts, als Plakatkleber, und noch in der Woche nach der Hochzeit fuhren er und seine schwangere Braut ab. John Joyce schilderte seinen älteren Söhnen die vertraute Szene mit offensichtlichem Vergnügen:

> Der »übliche Pöbel« kam, um ihn zu verabschieden. Das übliche Geweine fand statt, echtes und vorgetäuschtes... Und Jim hört bestimmt gern, daß Dein Freund Cosgrave immer noch auf seine glattzüngige, dabei aber unmißverständliche Weise eine Pinte zu schätzen weiß, und selbst beim Abschied fiel mir auf, daß er mit vorgeschobener Unterlippe nach mehr verlangte.[36]

John Joyce stand nun mit sechs unverheirateten Töchtern allein da. Von der Ältesten abwärts waren das: Poppie (Margaret), Eileen, May, Eva, Florrie und Baby (Mabel). Er fand Poppie (die bislang den Haushalt geführt hatte) unverschämt, und drängte sie, ihr Vorhaben doch wahrzunehmen, in ein Kloster in Neuseeland zu gehen.

Nora hatte jedoch ihren eigenen Kummer. Im Sommer 1908 stellte sie fest, daß sie erneut schwanger war. Am 4. August 1908 (das Datum ist bekannt, weil es präzise in Stanislaus' Tagebuch festgehalten worden ist) hatte sie eine Fehlgeburt. Joyce behauptete später, er sei der einzige gewesen, dem es leid um das »verkürzte Leben« des Fötus gewesen sei. Noras Reaktion ist nicht bekannt. Sie und Joyce konnten sich gewiß kein weiteres Kind leisten. Im selben Monat hatte Stanislaus seinem Tagebuch anvertraut, daß er seinen Bruder und seine Familie sechsmal vor dem Verhungern bewahrt und sie dann nach einem Streit um vierhundert Kronen verlassen habe. (Er nahm zwar immer noch seine Mahlzeiten an Noras Tisch ein, doch von ein paar Monaten nach dem Ersten Weltkrieg abgesehen, wohnte Stanislaus nie wieder mit ihnen zusammen.) Jim und Nora konnten es sich nicht einmal leisten, in eine neue Wohnung zu ziehen, weil ihre Wirtin ihre Möbel nicht herausgeben wollte. Tante Josephine tat ihren Standpunkt unumwunden kund, als sie Nora schrieb. Es war ihr zu Ohren gekommen, daß Lucia kein einfaches Baby sei.

> Es tat mir wirklich leid von Deiner gefährlichen Krankheit zu hören doch halte mich nicht für sehr unmenschlich wenn ich sage daß ich froh bin daß es jetzt ausgestanden ist weil Du doch unmöglich kräftig genug sein kannst um noch ein weiteres Kind auszutragen mal abgesehen davon daß ich mir vorstelle Du hast alle Hände voll mit den 2 zu tun die Du schon hast & und mein armer Jim was hat er nicht alles für Probleme (...) Du wirst auch sehr vorsichtig sein müssen und insbesondere (jedesmal wenn Du wieder schwanger bist) nachdem Du einmal eine Fehlgeburt hattest mußt Du immer mit einer Wiederholung rechnen. Giorgio muß mittlerweile ein hübscher Junge sein und eine wirkliche Quelle der Freude für seinen Vater nach einer Weile wirst Du schon sehen daß das Mädelchen ganz brav sein wird ...[37]

Ihr Rat war vergeudet. Nora wurde niemals wieder schwanger.

***

Über Armut und Unglück ließ sich leicht in Briefen nach Hause schreiben, über eine haltbare Liebe und sexuelles Verstehen hingegen fast gar nichts. Die dürren Jahre in Triest waren jedoch nicht nur Elend oder Häßlichkeit. Nora erhielt sich ihren vom gesunden

Menschenverstand geprägten Witz, wie sich auch an dem Abend zeigte, als Joyce sie fragte: »Wo treffen wir uns denn?«

»Wir treffen uns im Bett, würde ich denken«, erwiderte sie.

Und ihre Armut war, wie immer, relativ. Ein Foto von Nora mit Giorgio als Kleinkind und einer nicht identifizierten, kleinen, gedrungenen älteren Frau beispielsweise zeigt sie schön gekleidet, voller im Gesicht als in späteren Jahren, aber auch Gelassenheit und Freude über ihr Kind ausstrahlend.[38] Ihr Haar ist zum Knoten frisiert. Sie trägt ein elegant geschnittenes, helles Kostüm mit weitem Kragen und spitz zulaufenden Aufschlägen und eine Bluse mit Stehbündchen, das eine Anstecknadel ziert. Giorgio trägt ebenfalls Kleidung, die nach der allerneusten Mode aussieht – hohe Lederstiefel (vielleicht in Rom gekauft) und einen zweireihigen Mantel mit einem ungewöhnlichen abgesetzten Kragen. Ihre Armut scheint sich in einem Mangel an Bargeld ausgedrückt zu haben, nicht aber, dank Joyce' Talenten, in der Unfähigkeit, Kredite lockerzumachen.

Dasselbe Foto zeigt, daß Nora sehr gut zu Roberts Beschreibung Berthas in *Verbannte* paßt: »Eine merkwürdige, schöne Dame«, anmutig, herzlich, zurückhaltend, mit weichen Zügen und einem Gespür für Eleganz. (Bertha trägt ihre cremefarbenen Handschuhe um den Knauf ihres Sonnenschirms geknotet.) Auch Gretta in ›Die Toten‹ ist elegant, und ihr Gatte bewundert sie für die äußerliche Schönheit ihrer Kleidung und ihre Haarfarbe:

> Wäre er Maler, so würde er sie in dieser Haltung malen. Ihr blauer Filzhut würde die Bronze ihres Haars von der Dunkelheit abheben, und die dunklen Applikationen auf ihrem Rock würden die hellen hervorheben.

Joyce hielt seine Frau für schön und freute sich darüber, daß andere Männer sich zu ihr hingezogen fühlten.

Zu diesen Männern gehörte auch Stanislaus. Er fühlte sich zu Nora hingezogen und empfand ihre Gleichgültigkeit als schmerzlich. Er behielt seine Gedanken jedoch für sich und vertraute sie lediglich seinem Tagebuch an.[39]

Joyce' andere Sorgen wuchsen. *Dubliner* wurde erneut abgewiesen; er bekam eine Augenentzündung. Briefe aus London machten deutlich, daß die Veröffentlichung von *Dubliner* in weitere Ferne gerückt war als je zuvor. Es verdeutlicht das Ausmaß seines Selbstvertrauens und seine Zielstrebigkeit, daß er während jener zornerfüllten, anarchischen Monate, als sein »Zuhause« – das er mit zwei Kleinkindern, einer wütenden Ehefrau und einem grollenden Bruder teilte – in Aufruhr war, *Stephen der Held* in *Porträt des Künstlers als junger Mann* umarbeitete, *Ulysses* und *Verbannte* konzipierte und ›Die Toten‹ beendete.

Soviel Anteilnahme die Schwestern für ihre erste kleine Nichte und ihren Neffen aufbrachten, sie konnten sich, drei Jahre nach dem, was John Joyce den »unglückseligen Irrtum« seines Sohnes nannte, immer noch nicht dazu durchringen, Nora beim Namen zu nennen. May dankte Joyce für »Mrs. Joyce' Foto & Georgies«, sie fand, Georgie sei »ein feiner kleiner Junge der gar nicht nach Jim kam sondern eher nach seiner Mutter finde ich«. John Joyce war ein paar Monate später entzückt, ein Foto von ›Lucia und Mutter‹ zu erhalten. Charlie schrieb aus Brookline: »Wem sieht Lucy denn ähnlich – Dir oder Mrs. Joyce?«

Die arme Tante Josephine war gekränkt, daß sie nach all ihren Bemühungen überhaupt kein Foto bekam.

***

Es war an der Zeit, den Bruch zwischen Irland und Triest zu kitten. Im Winter 1908 faßte Joyce einen Plan. Da Nora mit den beiden Kindern alle Hände voll zu tun hatte, beschloß er, im Sommer Stanislaus mit Giorgio nach Dublin zu schicken, und baute darauf, daß das hübsche Kind die Familie für sich erobern würde. John Joyce wußte sich vor Freude über die Neuigkeit nicht zu lassen und bat Joyce, er möge das Kind doch etwas Englisch lehren, »denn ich möchte mich dem Kind auf intelligente Weise verständlich machen, und ich möchte auch nicht, daß es mit der Vorstellung zu Dir zurückkehrt, daß sein oller Großvater ein verdammter oller Stockfisch ist«. John Joyce versuchte außerdem, seinen Sohn nach Irland zurückzulocken. »Hast Du die Absicht, Dein ganzes Leben in Triest in die Waagschale zu werfen?... Meinst Du nicht,

Du solltest nach Höherem streben?« (Er schlug den Dolmetscherberuf vor.)

Im Frühling 1909 gerieten Joyce' paranoide Anwandlungen, die durch das ständige Gestreite über die Sprache von *Dubliner* noch gesteigert wurden, nahezu außer Kontrolle. Er bildete sich ein, daß seine Familie in Dublin seinen kleinen Sohn nicht bei sich haben wolle. Er schrieb seinem Vater einen wütenden Brief; seine Unbegründetheit läßt sich an der fassungslosen Antwort seiner Schwester May ablesen

44 Fontenoy Street
3. Juni 1909

Lieber Jim,
Pappie hat uns den Inhalt Deines Briefes teilweise erzählt. Was willst Du denn damit sagen daß niemand über die Aussicht auf Stannies und Georgies Besuch erfreut zu sein scheint? Um es milde auszudrücken das stimmt nicht. Als Poppie ganz zu Anfang von dem Besuch gehört hat hat sie Dir geschrieben und gesagt wie entzückt wir alle über die Aussicht wären Stannie & Klein-Georgie zu sehen. Pappie hat Dir, meines Wissens, drei Briefe zu dem Thema geschrieben. Tante Josephine & Eileen und ich haben ebenfalls mehrmals geschrieben, aber vielleicht zählen wir ja nicht Ich verstehe das nicht daß Du sagst der Besuch wär nicht willkommen. Warum um Himmels willen gibst Du denn irgendwas auf Pappies Gerede daß er ins Krankenhaus geht? Ich dachte Du kenntest ihn besser. Er ist noch ganz genau derselbe der er war als Du ihn zuletzt gesehen hast er hat sich kein bißchen verändert außer vielleicht daß er öfter nüchtern ist... Meinst Du daß wir alle hier nicht imstande sein könnten uns um Klein-Georgie zu kümmern und dafür zu sorgen daß er es schön hat? Wenn Du das glaubst dann irrst Du Dich. Er wird viel zu viel Gehätschel und Aufmerksamkeit kriegen wenn ich das richtig einschätze. Pappie war ziemlich aus dem Häuschen wegen des kleinen Fotos von ihm so daß ich mir nicht denken kann wie er sich beherrschen soll wenn er das Kind selber sieht. Es wäre für uns alle eine schreckliche Enttäuschung wenn sie nicht herüberkämen. Die Kinder würden das nie verzeihen Ich habe mir den Kopf zerbrochen was Dich bloß dazu bewegt haben kann den Brief zu schreiben... *Geht es Nora besser?* Was beim Henker ist denn mit Stannie los daß er einfach keinem schreibt? Eileen hat das Geld bekommen & es war sehr gut von ihm es zu schicken, es war ein ungeheurer Segen für

alle zu Hause aber warum hat er denn Tante J. nicht geschrieben als er erfahren hat daß sie so krank war? Ihr Jungs wart immer schon seltsame Vögel.

Herzlich Deine Schwester

May[40]

Als der Zug am 29. Juli 1909 in Westland Row einfuhr, stand die gesamte Joyce-Familie aufgereiht. Und da stieg nun der langerwartete Giorgio aus, begleitet nicht von seinem Onkel sondern von seinem Vater. »Wo ist denn Stannie?« fragte die Familie. Joyce nahm, völlig zu Recht, an, daß sein Vater ihn sogar noch lieber sah.[41]

Rasch kritzelte Joyce eine Postkarte an Nora, worauf er sie bat, seinen Schwestern Anweisungen in bezug auf Giorgio zu erteilen, und er beschloß, zunächst ihre Antwort abzuwarten. Anläßlich dieser Reise waren sie zum erstenmal innerhalb von fünf Jahren voneinander getrennt, und er begann alsbald unter Entzugssymptomen zu leiden.

6. Kapitel

Allein unterwegs

Von dem Abend an, als sie Dublin verließen, bis zu Joyce' Tod im Jahr 1941 waren Nora und er fast niemals getrennt. Eine Ausnahme war das Jahr 1909, als Nora in Triest blieb, während Joyce zweimal nach Irland zurückkehrte. Die Briefe, die er und Nora einander damals schrieben, gewähren einen unmittelbaren Einblick in die geheimnisvolle Verbindung zwischen beiden.

Nora schrieb ungern Briefe. Sie schrieb nur dann, wenn irgendeine Notwendigkeit, die Höflichkeit oder, wie damals, als sie sich verliebt hatte, eine starke Empfindung das geboten. Ende Juli, als Joyce mit Giorgio nach Dublin gefahren war, schrieb sie nicht sofort. Sie war vollauf damit beschäftigt, sich um Lucia zu kümmern, die zu dem Zeitpunkt eine schwierige Zweijährige war, und das Essen für Stanislaus zu kochen. (Mit dem Auswärtsessen war Schluß, als Joyce fort war.)

Nora war froh, daß Jim die Reise gemacht hatte und nicht Stannie. Jim konnte in Dublin eine Menge erledigen. Der Londoner Verleger Grant Richards hatte Joyce im Stich gelassen, indem er nach dreijährigen Verhandlungen wegen der Wortwahl der Erzählungen Abstand von der Veröffentlichung von *Dubliner* nahm. In Dublin wollte Joyce einen andern Verleger aufsuchen, George Roberts vom Maunsel Verlag, der interessiert schien. Außerdem wollte Jim ergründen, ob Möglichkeiten für eine Anstellung – an einer Universität oder im Staatsdienst – bestanden, die es ihnen allen – auch Stannie – erlauben würde, nach Irland zurückzukehren. Und was das Beste überhaupt war, Jim wollte Giorgio nach

Galway mitnehmen, um ihre Mutter zu besuchen und kennenzulernen. Noras lang anhaltendes Zerwürfnis mit ihrer Familie wäre damit beendet.

Sie wartete gespannt darauf zu hören, wie Giorgio ihren Familien gefallen würde. Er war zu einem hübschen, gutgewachsenen Kind mit dunkelblauen Augen, hoher Stirn und ernster Miene herangewachsen. Ohne die beiden würde sie sich zwar ein paar Wochen lang einsam fühlen, doch nach ihrer Rückkehr würde das Leben leichter für sie werden, denn Nora hatte Jim dazu überredet, eine seiner Schwestern mit nach Triest zu bringen, die ihr einen Teil der Arbeit mit den Kindern abnehmen sollte. Sie würde dann abends viel ungehinderter in die Oper und ins Café gehen können. Seit Lucias Geburt waren sie zweimal umgezogen. Ihre neueste Wohnung lag im zweiten Stock eines Mietshauses in der via Scussa, in einem angenehmen Wohnviertel nahe dem Stadtpark, der Städtischen Oper und eleganten Einkaufsstraßen. Giorgio hatte ein Zimmer für sich, in das noch jemand hineinpaßte.

Innerhalb weniger Tage trafen zwei Lebenszeichen aus Dublin ein: eine Postkarte für Nora, aus der hervorging, daß Joyce und Giorgio wohlbehalten angekommen waren, und dann ein Brief für Stanislaus, der reich an Neuigkeiten war. Joyce war nach fünfjähriger Abwesenheit mit jener kritischen Herablassung empfangen worden, mit der jene bedacht werden, die aus einer großen Welt in eine kleine zurückkehren. Familie wie Freunde äußerten sich reihum über sein Aussehen und gelangten zu ganz unterschiedlichen Urteilen. Man fand, er sei dünner geworden, wirkte melancholisch, älter, ausländisch, sehr viel reifer, wie ein Geistlicher oder auch blasiert. Nur Vincent Cosgrave sparte nicht mit Lob; er fand, Joyce sei »kerngesund«.

Joyce nutzte die Gelegenheit, um Stanislaus einiges von dem skurrilen Dubliner Klatsch zuzutragen, den er aufgeschnappt hatte – der Art, daß Synge bei seinem Tod angeblich die Syphilis gehabt habe.[1] Der Brief schloß mit der für Nora bestimmten Bitte, sie möge ihm schreiben. Er schrieb ihn am 4. August.

Ein paar Tage später erhielt Nora einen Brief von Jim, der auf den 6. August datiert war. Seine einleitenden Worte müssen wie ein Schlag ins Gesicht gewirkt haben: »Nora, ich fahre nicht nach Galway, Georgie auch nicht.«

In knappen, brutalen Sätzen erhob er Anklage gegen sie. Er glaubte alles, was man ihm erzählt hatte, und erklärte, er könne ihr nie wieder vertrauen. Er hatte vor nur einer Stunde erfahren, daß sie ihn in ihrem geheiligten Sommer 1904 betrogen hatte: »...damals, als ich mich mit Dir immer traf, hattest Du, *an jedem zweiten Abend*, eine Verabredung mit einem Freund von mir (...) Du standst mit ihm: er legte den Arm um Dich und Du hobst Dein Gesicht zu ihm auf und küßtest ihn.« Wie weit waren die Umarmungen gegangen?[2] Joyce weinte kummervolle Tränen, so sagte er, während er schrieb. Er sah nur noch Noras Gesicht, das sich dem eines »anderen« zum Kuß entgegenhob. War ihr gemeinsames Leben beendet? Sie, der einzige Mensch, dem er je vertraut hatte, hatte ihn betrogen. Seine Liebe war tot. Dennoch bat er sie dreimal: »Schreib mir, Nora.«

Joyce machte sich nicht die Mühe, Nora über die Identität des Anklägers aufzuklären. Wenn er davon sprach, er habe die Geschichte »aus seinem Mund« gehört, war ihm klar, daß sie wissen würde, er meinte Cosgrave. Von seinen Freunden kannte Cosgave sie am besten. Cosgrave war der einzige, der Nora persönlich geschrieben und die Kühnheit besessen hatte, sie Joyce gegenüber beim Vornamen zu nennen – eine Vertraulichkeit, die nach Joyce' Maßstäben nicht geringer war, als hätte er ihr unter den Rock gefaßt. Rückblickend konnte Joyce sich an Cosgraves Versuch erinnern, Nora ihr Vorhaben wegzulaufen, auszureden, und auch an Cosgraves Ruf als redegewandter Mediziner, der sich mit Frauen auskannte. Als Cosgrave ihn am Nachmittag des 6. August 1909 beiseite genommen und sich damit gebrüstet hatte, daß auch er fünf Jahre zuvor Noras Gunst genossen habe, hatte Joyce ihm ohne Zögern geglaubt.

Nora blieb nicht viel Zeit, um sich zu erholen. Ein zweiter Brief traf ein, der morgens um halb sechs geschrieben worden und dem ersten hinterhergesandt worden war. Joyce hatte kaum geschlafen. Mit mühsam kontrollierter Hysterie und in einer untypisch groben Sprache bombardierte er sie mit Fragen. Ob Giorgio wirklich sein Kind sei? (Während jener langen Nacht hatte er sich erinnert, wie wenig Blut auf dem Laken gewesen war, als er und Nora zum erstenmal miteinander geschlafen hatten, und seinen Berechnungen zufolge, die er im Nachhinein anstellte, ließ Giorgios Geburt neun Monate und sechzehn Tage später die Möglichkeit zu, daß Nora zu dem Zeitpunkt bereits schwanger gewesen sein könnte.) Das Verhör ging weiter: Hatte irgend jemand sie gevögelt, ehe sie zu ihm kam? Hatten sie und »diese(r) andere« sich hingelegt, als sie sich küßten? (Joyce' Weigerung »Cosgrave« zu schreiben, zeigt, welche magischen Kräfte er Namen zuschrieb.) Hatte sie Cosgrave auf dieselbe kundige Weise berührt, wie sie ihn berührt hatte?[3]

Sämtliche unterdrückten Zweifel aus fünf Jahren brachen durch. Noras Selbstsicherheit in sexuellen Dingen war, so ging Joyce im Nachhinein auf, nicht vom Himmel gefallen; allzu bereitwillig war sie im Juni 1904 zu ihm hinübergeschlendert. Als letzter von allen hatte er erkannt, daß die Leute in Dublin über ihn lachten, weil er ein Mädchen genommen hatte, an dem sich schon andere Männer erfreut hatten.[4]

Noras Antwort war totales Schweigen. Was immer ihre Gründe gewesen sein mögen – Gekränktsein, Wut, die Unfähigkeit, sich schreibend zu verteidigen oder Schuldgefühle –, sie schrieb Joyce jedenfalls nicht ein einziges Wort, um seine Qualen zu erleichtern. Statt dessen zeigte sie Stanislaus die anklagenden Briefe, der es übernahm, sie auf seine Weise zu beantworten.

Joyce war am Boden zerstört. Er brauchte jemanden, dem er sich anvertrauen konnte; der Mensch, der naturgemäß dafür in Frage kam, war J. F. Byrne, der sein bester Freund gewesen war, bis Cosgrave ihn abgelöst hatte. Joyce' Freundschaft mit Byrne war am University College entstanden, als Joyce, der Jüngere von beiden, Byrnes Gelassenheit, seine Sportlichkeit und seine Reife bewundert hatte. (Byrne war das Modell für Stephens Freund Cranly in *Porträt des Künstlers*.)

In jenem Sommer wohnte Byrne in einem Backsteinreihenhaus in der 7, Eccles Street auf der Nordseite von Dublin, und da Joyce und der kleine Giogio ihm bereits einen Besuch gemacht hatten, erwartete er nicht, ihn so bald wiederzusehen. Byrne war folglich erstaunt, als Joyce unangemeldet bei ihm aufkreuzte:

Ich hatte zwar immer schon gewußt, daß Joyce ein ungeheuer gefühlsbetonter Mensch war, doch hatte ich ihn bis zu diesem Nachmittag niemals auch nur annähernd in jenem erschreckenden Zustand gesehen, in den er geraten war. Er weinte und stöhnte und gestikulierte in vergeblicher Auflehnung gegen seine Ohnmacht, während er mir schluchzend erzählte, was passiert war. Nie im Leben hatte ich einen Menschen so außer Fassung gesehen, und er tat mir damals dermaßen leid, und ich konnte seinen Kummer so gut verstehen, daß alles, was es an unersprießlichen Erinnerungen gab, auf alle Zeiten ausgelöscht wurde. Ich redete ihm gut zu, und es gelang mir, ihn zu beruhigen; und nach und nach tauchte er de profundis auf. Er blieb zum Abendessen und zum Nachtessen und verbrachte die Nacht in meinem Haus. Am nächsten Morgen war er schon früh auf, sein Trübsinn war wie weggeblasen, und als er nach dem Frühstück wegging, summte er sogar vor sich hin.[5]

Was hatte Bryrne wohl gesagt, das eine derartige wohltätige Wirkung hatte? In späteren Jahren konnte er sich nicht mehr daran erinnern. Joyce zufolge hatte Byrne ihm jedoch erklärt, daß Cosgraves Geschichte eine ›verdammte Lüge‹ sei, wahrscheinlich ein Komplott von Cosgrave und Gogarty, um Joyce' Glück mit Nora zu zerstören. Joyce' akezeptierte Byrnes Theorie begierig und mit Freuden. Als er das Haus verließ, hatte er, so berichtet Byrne, seinen Seelenfrieden wiedergefunden. Noch beruhigter war Joyce ein paar Tage später, als er von Stanislaus hörte. Stanislaus lüftete ein Geheimnis, das er fünf Jahre lang gehütet hatte: daß Cosgrave ihm 1904 gestanden habe, er habe versucht, Joyce Nora auszuspannen, es sei ihm jedoch nicht gelungen. Cosgrave hatte Stanislaus schwören lassen, daß er es seinem Bruder nicht erzählen würde, und Stanislaus hatte Wort gehalten – davon abgesehen, daß er einmal in einem Brief an Jim in verschleierter Form durchblicken ließ, Cosgrave sei ein falscher Freund. Für Joyce bekräftigte Stanislaus' Brief Byrnes Theorie.[6]

Doch was hatte Byrne denn nun wirklich zu Joyce gesagt? Der Vorfall vom 6. August 1909 verdient eine eingehende Betrachtung, da er für das Verständnis der Beziehung zwischen Nora und Joyce ebenso wichtig ist wie für die Anfänge des *Ulysses*. (Aus Erleichterung und Dankbarkeit machte Joyce den Ort, wo seine Ehe »wiedergeboren« wurde, Byrnes Adresse, 7, Eccles Street, zum Dubliner Heim seines modernen Odysseus Leopold Bloom.)

Klar ist, daß Byrne Joyce eher durch Spekulationen als durch Informationen beruhigte. Byrne wußte nicht, ob Cosgraves Geschichte wahr war oder nicht; er selbst kannte noch nicht einmal Oliver Gogarty persönlich. Seine Worte waren seelische erste Hilfe und zielten darauf ab, einen Freund zu beruhigen, wie man einem Kind eine weniger schmerzliche Erklärung für eine eingebildete Kränkung geben mag. Auch war Byrne in der Angelegenheit selbst nicht objektiv. Er hatte Joyce 1904 dazu ermutigt, Nora mitzunehmen, und ihm lag daran, die Trübung ihres Verhältnisses so rasch wie möglich aus der Welt zu schaffen.

Was nun Cosgraves Motive angeht, so muß man sagen: Falls er die ganze Geschichte tatsächlich erfunden haben sollte, sind sie so schwierig auszuloten wie die Jagos. Joyce war aber 1909 kein Othello, kein Koloß, sondern nur ein junger Schriftsteller, der verzweifelt die Veröffentlichung suchte. Nora war keine Desdemona, sondern eine irische Emigrantin, die sich in Triest als Wäscherin betätigte. Joyce gelangte zu der Überzeugung, daß Cosgrave und Gogarty aus Neid und aus Angst vor dem, was er eines Tages vielleicht über sie schreiben könnte, sein häusliches Glück zerstören wollten – dabei hatten sie doch von seinem Leben mit Nora gar nichts mitbekommen, und die Bücher, in denen sie vorkommen sollten, waren (abgesehen von *Stephen der Held,* worin Cosgrave als Lynch auftrat) bis dahin noch ungeschrieben.

Joyce hätschelte die Vorstellung von »diesen schäbigen Figuren«, die gegen ihn und Nora konspirierten, doch war er dieser Vorstellung zuliebe genötigt, über eine Menge Dinge hinwegzusehen. Er war genötigt zu glauben, daß Gogarty, ein erfolgreicher Chirurg mit einer gutgehenden Praxis, Cosgrave nach Joyce' unerwarteter Rückkehr getroffen und mit ihm den Plan ausgeheckt habe, Joyce' Vertrauen in Nora zu zerstören. Er war genötigt zu glauben, daß beide Männer sich an ihm rächen wollten – Gogarty wegen der Geschichte im Turm, deretwegen sie sich überworfen hatten, und Cosgrave wegen des Pseudonyms Lynch. Und Joyce mußte notwendigerweise folgern, Gogarty habe gelogen, als er ihm beim Abschied nach ihrer Begegnung in der Woche zuvor die

Hand geschüttelt und gesagt hatte: »Es ist mir verdammt gleichgültig, was Du über mich erzählst, solange es Literatur ist.«[7]

Rückblickend und in Kenntnis der Familienbriefe der Joyce' kann man eindeutig feststellen, daß Joyce sich in jenem Sommer in einem hochgradig paranoiden Zustand befand. Er war überreizt nach Dublin zurückgekommen, nur allzu bereit, sich kränken zu lassen. *Dubliner*, das Buch, in das er die Hoffnung gesetzt hatte, daß es ihm einen Namen machen und seinen Landsleuten klarmachen würde, was er von ihnen hielt, würde in absehbarer Zeit nirgendwo veröffentlicht werden. Von seinem kleinen Sohn, auf den er so stolz war, war allgemein bekannt, daß er unehelich war. (Joyce' Empfindlichkeit in diesem Punkt hatte sich bereits gezeigt, als er seinen Vater und seine Schwester zu Unrecht beschuldigt hatte, sie wollten Giorgio nicht sehen.) Joyce' Paranoia steigerte sich noch, als er in Dublins Gerüchteküche zurückkehrte. Er witterte auf allen Seiten Zurückweisung. Wo er sie nicht fand, stellte er sie her.

Die Trennung von Nora hatte ihm den Halt in der Wirklichkeit genommen; außerdem hatten seine Freunde sich sehr verändert. Die Lebensspanne zwischen zweiundzwanzig und siebenundzwanzig Jahren ist lang, und viele aus seinem einstigen Kreis, die in Irland geblieben waren, waren gesellschaftlich aufgestiegen, hatten geheiratet und lebten im Wohlstand. Constantine Curran war Anwalt geworden; Joyce fand ihn »zu Unfreundlichkeiten aufgelegt«. Thomas Kettle, ein anderer Studienfeund, war Parlamentsmitglied und stand kurz davor, Mary Sheehy zu heiraten, das Mädchen, das Joyce so sehr bewundert hatte. Gogarty war als Chirurg etabliert und hatte ein schönes Haus in der Stadt, ein weiteres auf dem Land und eine Praxis am Ely Place.

Es stimmte nicht, daß Joyce' alte Freunde seine Rückkehr ignorierten. Gogarty hatte den Bruch zu kitten versucht. Er lud Joyce zum Mittagessen zu sich ein, mußte ihm dann jedoch die Art beruflich begründeter Absage schicken, die einen Freund zwar nicht kränken sollte, es aber unweigerlich tut:

> Ich sehe gerade, daß um eins ein Patient kommt, der zu keiner anderen Uhrzeit kommen kann. Du nimmst mir hoffentlich nicht übel, daß wir

deshalb das Mittagessen ein wenig verschieben müssen. Ich lasse von mir hören. Dein,

O. G.[8]

Als Joyce auf einen Sprung mit zu Gogarty ging und von dessen Zimmer aus auf einen prächtigen Rosengarten blickte, lehnte er (wie er in einem Brief an Stanislaus stolz berichtete) »Grog, Wein, Kaffee, Tee« ab. Er wies auch die Art von Einladung zurück, die einen zurückgekehrten Exilierten hätte erfreuen können – das Angebot, mit dem Wagen nach Enniskerry hinunterzufahren, einem hübschen Dorf zwölf Meilen von Dublin entfernt, um Gogartys Frau kennenzulernen (die Frau, von der Joyce überzeugt gewesen war, daß Gogarty sie ihm niemals vorstellen würde).

Joyce wurde von einem anderen Sheehy-Mädchen, Hanna, die gerade seinen Freund Francis Skeffington geheiratet hatte, zum Abendessen eingeladen. Er lehnte ab. Als jedoch Hannas Eltern, die Sheehys senior, deren Haus am Belverdere Place er als junger Mann so oft besucht hatte, keinen Kontakt mit ihm aufnahmen, litt er unter der Kränkung. Er wußte, er befand sich in einem Land von Verrätern; er wurde nur so behandelt, wie er es erwartete. In einem seiner öffentlichen Vorträge über Irland, die er zwei Jahre zuvor in Triest gehalten hatte, hatte er seinen Zuhörern erklärt, die Fenier-Bewegung, deren Ziel die Einheit der irischen Nation war, werde »einfach schon deshalb niemals Erfolg haben, weil in Irland stets genau im richtigen Augenblick ein Informant auftaucht«.[9]

In seinem eigenen Leben war zwei Jahre später nahezu wie auf ein Stichwort der Informant aufgetaucht – nur daß nicht Irland das Opfer war, sondern Nora.

Mit hoher Wahrscheinlichkeit war an dem, was Cosgrave Joyce ins Ohr raunte, etwas Wahres dran – an diesen Worten voller Anzüglichkeiten, leise zur Mittagszeit über den Tisch gesprochen, möglicherweise in einem überfüllten Pub –, und Joyce verarbeitete sie dann zu der Geschichte, die zu hören er sich ersehnte. Nora hatte, während sie im Finn's arbeitete, in der Tat freie Abende gehabt, über die Joyce nicht Bescheid wußte.[10] Joyce wußte außerdem, daß er übertrieb, wenn er Nora vorwarf, sie habe Cosgrave »jeden zweiten Abend« getroffen; er selbst hatte sie zuweilen mehrere Abende hintereinander gesehen, und manchmal fiel ihr freier Abend auch aus, und sie konnte nicht weg, wie sie vorgehabt hatte. Daß Cosgrave und Gogarty rein aus boshaftem Vergnügen Lügen über Nora erzählt haben, ist möglich. Es hätte sich jedenfalls durchaus mit ihrem irischen Sinn für grausame Scherze vertragen. Doch Joyce scheute seinerseits nicht vor Halbwahrheiten zurück, wenn er eine alte Rechnung begleichen wollte. Als er, während seines Aufenthalts in Dublin in jenem Sommer, erfuhr, daß Gogartys Chauffeur bei einem Unfall ein Kind überfahren hatte, meldete er nach Triest: »Gogarty (...) hat diese Woche ein Kind getötet.«[1]

Eine realistischere Interpretation der bekannten Fakten im Zusammenhang mit seiner Werbung um Nora wäre, daß Cosgrave Nora tatsächlich im Jahr 1904 an ein paar Abenden ausgeführt hatte (einen hatte Joyce selber arrangiert) und daß sie Cosgrave bei einer oder mehreren dieser Gelegenheiten, ehe sie sich ernsthaft an Joyce band, Zärtlichkeiten gestattet und ihn dabei wenigstens so weit hatte gehen lassen wie Willie Mulvagh in Galway.

Byrne ging in späteren Jahren in seinen Spekulationen noch weiter und konnte sich weit mehr vorstellen – nämlich daß Nora sich Cosgrave hingegeben habe –, meinte jedoch, daß ihre Beziehung zu Ende gewesen sei, als sie sich in Joyce verliebte:

> Meines Wissens kann Joyce sich gar nicht als »Hahnrei« empfunden haben. Es war schließlich Cosgrave, der Joyce mit Nora bekannt gemacht hatte, und als Joyce mich 1909 in der Eccles Street besuchte, hatte Cosgrave ihm eröffnet, er habe fleischliche Kenntnis von Nora gehabt, *ehe* er Joyce mit ihr bekannt machte – *nicht* hinterher. Aus diesem Grund hätte Joyce sich nicht als »Hahnrei« empfinden sollen. Schließlich war Joyce ja selbst nicht mehr unschuldig, als er mit Nora von Dublin wegging. Genaugenommen hätte Joyce Cosgrave nichts als dankbar sein müssen, wo er doch der Mensch war, der ihn und Nora zusammengebracht hatte – denn eben jene Nora war ja die junge Frau, die sich, wie Jim mir selbst erzählt hat, während Joyce' Krankheit in Triest als Wäscherin betätigte, um mitzuhelfen, das Geld für sich selbst und die Familie heranzuschaffen. Nora war eine prachtvolle, hervorragende Stütze für James Joyce. Sie war ein großartiges Mädchen und eine großartige Frau. Es ist an der Zeit, daß das alle erfahren; und mehr brauchen sie auch gar nicht zu wissen.[12]

Byrne war rückblickend nicht von Stanislaus' Geschichte überzeugt, daß Cosgrave ihm gestanden habe, er sei von Nora abgewiesen worden. Seiner Meinung nach war der Altersunterschied zwischen den Männern dafür zu groß. Cosgrave, damals ein lebenskundiger Sechsundzwanzigjähriger, hätte dem Zwanzigjährigen, der Stanislaus damals war, keinen sexuellen Fehlschlag anvertraut.

Die einzige eindeutige Tatsache an der ganzen undurchschaubaren Episode ist, daß Joyce den *Ulysses* ohne die maßlose Furcht und die entsprechende Erleichterung, die mit ihr verbunden waren, nicht hätte schreiben können. Etwas in ihm verlangte danach, betrogen zu werden (der Kritiker Leon Edel nannte ihn den »Unrechtssammler«), und dieser Zug hat die Weltliteratur reicher gemacht.[13] Er verstärkte sich noch durch die bittere Enttäuschung, daß man ihn nicht veröffentlichen wollte, und machte den Joyce von 1909 blind für die Motive der Menschen, die ihn umgaben. Er witterte überall Verrat und das vielleicht schon seit der Kindheit. (Einige Joyce-Forscher sind auf den ersten Seiten des *Porträt* auf das Thema Verrat gestoßen; sie sind in der entstellten Sprache des Kleinkindes geschrieben, und Stephen Dedalus bezeichnet sich dort als »baby tuckoo« (dt. Tuckuck-Baby) – mit anderen Worten, als »baby cuckoo« oder »baby cuckold«, einen netten kleinen Jungen, der dazu geboren ist, betrogen zu werden.)[14]

Um seinen paranoiden Vorstellungen gerecht zu werden, mußte Joyce nicht nur das Gefühl haben, daß Nora ihm den Verlust ihrer Jungfräulichkeit *vor* ihrer Bekanntschaft verschwieg, er mußte darüber hinaus glauben können, daß sie ihn *während* der Zeit betrog, als er um sie warb. Die beiden Liebesgeschichten von 1904 mußten sich, wie er sie sich im Kopf zurechtlegte, gleichzeitig, nicht nacheinander ereignet haben.

Es ist aufschlußreich, Joyce' Beharren darauf, daß Nora ihn *»jeden zweiten Abend«* betrogen habe und nicht so sehr, *ehe* sie ihn kennenlernte, im Zusammenhang mit einem langen Selbstgespräch von Stephen Dedalus in der »Proteus«-Episode des *Ulysses* zu sehen. Stephen sinnt, während er den Sandymount Strand entlangspaziert, über den Unterschied zwischen der akustischen Erfahrung, bei der ein Symbol auf das andere folgt, und der visuellen nach, bei der alle gleichzeitig erscheinen. Stephen fragt sich, warum akustische Kunstformen wie Musik oder Literatur, in denen die Zeit fließt, nicht wie die visuellen Künste, Malerei oder auch Skulptur, sein können, die im Raum existieren und in denen die Zeit nicht existiert. Stephen unterscheidet die beiden als *Nacheinander* (dt. i. O., das Akustische) und *Nebeneinander* (dt. i. O., das Visuelle).[15]

Innerhalb seiner eigenen Kunst überwand Joyce das Dilemma dadurch, daß er *Finnegans Wake* schrieb, ein Buch, das außerhalb der Zeit und außerhalb der Geschichte angesiedelt ist, keinen Anfang und kein Ende hat, doch seine persönliche Ungewißheit bezüglich des Ablaufs der Ereignisse in Noras sexueller Vergangenheit überwand er nie. Es gibt keinen Beleg dafür, daß sie ihn jemals darüber aufgeklärt hat.

***

Obwohl Byrne Joyce seinen Seelenfrieden schon bald, nachdem er von Cosgrave am 6. August zerstört worden war, wiedergegeben hatte, ließ der sich grausamerweise fast zwei Wochen Zeit, bis er dasselbe für Nora tat. Erst am 19. August schrieb er ihr, um sich dafür zu entschuldigen, daß er sie zu Unrecht beschuldigt hatte. Er tat das auf die Weise, daß er sie scheinheilig fragte, weshalb sie nicht geschrieben habe: »Bist Du krank?«

Als nächstes ließ er sie wissen, Byrne habe ihn davon überzeugt, daß Cosgraves Geschichte erfunden sei. Dann folgte eine ganze Reihe von abgehackten, jeweils aus einem Satz bestehenden Absätzen, die einmal nicht seinem übliche Briefstil entsprachen. Er sei nichtswürdig. Von nun an wolle er versuchen, ihrer Liebe würdig zu sein. Er habe ihr gerade große Beutel ungeschälten Kakao geschickt. Seine Schwester Poppie verlasse Irland und gehe in ein Kloster in Neuseeland. Er habe gerade einen Vertrag über die Veröffentlichung von *Dubliner* unterschrieben. Kein Mann sei je der Liebe einer Frau würdig. Sie solle nur die grauenhaften Briefe nicht wieder lesen, die er ihr geschrieben habe. Eines Tages werde er berühmt sein, und dann wäre sie an seiner Seite. Er schloß mit einem Zitat aus einem seiner Gedichte: »Mein Kuß geb dir Frieden ...«[16]) Dieser Brief voller Liebe, Reue und Sehnsucht nach

Versöhnung enthält nur einen Mißton: die verzweifelte Bitte, ihm doch wenigstens mit einem Wort zu schreiben, daß Cosgraves Behauptung unwahr sei. Offenkundig war er immer noch nicht völlig von ihrer Unschuld übrzeugt.

Erst als ihr »vergeben« worden war, fing Nora an, Joyce zu schreiben, und sie tat das auf sehr gewitzte Weise. Nicht mit einem Wort stritt sie alles ab oder verteidigte sich. Statt dessen teilte sie ihm mit, sie habe *Kammermusik* gelesen. Sie setzte hinzu und rührte damit an den empfindlichsten Nerv eines eifersüchtigen Mannes, daß Stanislaus während des Durcheinanders der letzten Wochen sehr nett zu ihr gewesen sei.

Joyce antwortete mit einer leidenschaftlichen Erneuerung seiner Liebeserklärung. Sie sei zwar keineswegs die seltsame schwermütige Schönheit gewesen, von der er in der Jugend geträumt habe, doch dann habe sich ihm ihre tiefere Schönheit enthüllt, sie sei die Erfüllung seiner Sehnsucht und die Quelle seiner Inspiration geworden. Und aus diesem Grunde sei das Gedichtbuch für sie bestimmt.[17]
Wenn er auch grausam gewesen sei, so habe er doch wenigstens nicht ihre »warme, impulsive, lebenspendende (...) Liebe« getötet. Er beglückwünschte sich dazu, daß er sie vieles gelehrt habe und sie nun tieferer, zarterer Gefühle fähig sei als damals. Er wolle zwar sein Versprechen halten und eine seiner Schwestern mitbringen und nach Galway fahren, um ihre Mutter und ihre Familie zu besuchen, doch graue ihm vor dem Besuch. Jede Anspielung auf ihre Vergangenheit könne seine quälende Eifersucht erneut wekken. Er wisse, er sei kindisch, doch könne er gegen seine Furcht nichts ausrichten. Er sei, erklärte er, in absurdem Maße eifersüchtig auf die Vergangenheit.[18]

Joyce wußte, daß Willie Mulvagh immer noch in Galway lauerte – und wer weiß wie viele andere Freunde Noras außerdem. Joyce' panische Angst, die sich zwei Jahre nach der Vollendung von ›Die Toten‹ einstellte, zeigt, daß die Erzählung, soweit sie die Gespenster der Vergangenheit vertreiben sollte, ihre Wirkung verfehlt hatte. Joyce konnte seine Furcht vor Noras einstigen Liebhabern niemals überwinden.

Anklage, Reue, Wiedergutmachung. Am 22. August änderte

sich Joyce' Tonfall. Er erinnerte Nora daran, daß er ihren Körper in ›Die Toten‹ mit den Worten »wie Musik und sonderbar und duftend« beschrieben habe. (Diese Äußerung ist ein Zeichen dafür, daß Nora die Erzählung gelesen hatte und wußte, daß sie das Modell für Gretta Conroy war.) Dann sagte er etwas Seltsames – *sie* schulde *ihm* in irgendeiner Form eine Entschädigung dafür, daß sie ihm die Eifersucht eingeflößt habe, die immer noch in seinem Herzen schwele: »Deine Liebe zu mir muß stürmisch und gewalttätig sein, um mich *völlig* vergessen zu machen.«[19]

Es war, als sei er der gekränkte Teil und die Wiedergutmachung läge bei ihr. Die Erleichterung löste in Joyce eine Flut von erotischen Phantasien aus. Er sehe sie, schrieb er, in allen erdenklichen Posen, »bizarr, verschämt, jungfräulich, schmachtend«. Sie dürfe keine Geheimnisse vor ihm haben – weder des Körpers noch der Seele –, er wolle Herr ihres Körpers und ihrer Seele sein. Und, so setzte er hinzu, er bringe ihr ein besonderes Geschenk mit.

Dann machte er explizit eine Anspielung auf die Art der Entschädigung, die er von ihr verlangte, etwas, das sie noch vor seiner Rückkehr für ihn tun konnte: Er wünschte sich einen Brief von der Art, die er ihr selbst nicht zu schicken wagte.[20]

Nach den Briefen zu schließen, die Joyce ihr in der Folgezeit sandte, erfüllte Nora ihm seinen Wunsch. Sie verstand ihn. Etwa um dieselbe Zeit, als Joyce in Galway eintraf, am Bowling Green am Küchentisch saß, mit ihrer Mutter redete und sich das Haus in Whitehall anschauen ging, in dem sie mit ihrer Großmutter gewohnt hatte, setzte Nora sich in Triest, vermutlich, nachdem sie ihre kleine Tochter ins Bett gebracht hatte, an den Tisch, griff nach dem Federhalter und schrieb ihm einen obszönen Brief.[21]

Während der verbleibenden Zeit in Dublin hatte Joyce wenig anderes im Kopf als seine Wiedervereinigung mit Nora. Es gelang ihm immerhin, sich um seine geschäftlichen Angelegenheiten zu kümmern und Stanislaus um Geld für ihn und Eva anzugehen, seine vierte Schwester, die dazu auserwählt worden war, mit ihm nach Triest zurückzukehren.[22] Er malte Stanislaus rosige Zeiten aus, die greifbar nahe seien: im nächsten Jahr (1910), wenn sie beide Privatstunden geben würden und sein Buch veröffentlicht werde, würden sie tausende von Kronen sparen, und er und Nora würden eine Hochzeitsreise machen.

Seine Briefe an Nora waren von anderer Art. Sie schrieb ihm nun fast täglich, Briefe, die ihm bei der Masturbation halfen. Er sei in einem elenden Zustand, schrieb er ihr am 2. September, »weil ich das getan habe, wovon ich Dir erzählte«. In einem späteren Brief erinnerte er sie daran, wie sehr eine gemeine Sprache ihn verletze. Doch fragte er sich, ob nicht selbst seine eigenen Briefe vielleicht zu weit gegangen seien. Als er sich am Morgen daran erinnerte, was er in der Nacht zuvor nach Triest geschickt hatte, ekelte er sich vor sich selbst. Immerhin, so tröstete er sich, kannte Nora jetzt selbst seine schlimmsten Seiten und das Geheimnis, wie sie ihn für immer würde halten können.[23] Und auch wie sie ihn strafen konnte. Ein neues masochistisches Verlangen begann sich zu melden. Warum, wollte er wissen, sie ihn nicht früher gezüchtigt habe? In dieser Nacht, sagte er, hege er eine neue irre Phantasievorstellung – daß sie ihn peitschte und ihre Augen dabei vor Zorn flammten.[24]

Er fragte sich, ob das nicht so etwas wie Irrsinn sei, daß er sie eben noch als Jungfrau oder Madonna sah, im nächsten Augenblick schon als freche Hure. Er hatte Angst, sie könne ihn verabscheuen, doch dann erinnerte er sie daran, daß sie schließlich immer den Ton angebe. Er erinnerte sich an die Nacht in Pula, als sie ihn bestiegen und ihn angetrieben hatte. Er wollte, daß sie seine schlimmsten Züge kannte und ihn für den schwachen triebhaften Mann hielt, den sie liebte und der sie brauchte, um stark sein zu können. »Ich gab anderen meinen Stolz und meine Freude«, schloß er, »Dir aber gebe ich meine Sünde, meine Torheit, meine Schwachheit und Traurigkeit.«

Joyce erwartete von Nora, daß sie gleichzeitig die Jungfrau und die Hure spielte. Doch Nora hatte selbst mit Widersprüchen fertig zu werden. Sie hielt Joyce für kindisch, doch war er Herr über ihr Geschick; sie liebte ihn und begehrte ihn, verachtete ihn jedoch dafür, daß er nicht für seine Familie sorgte. Jeder von beiden war folglich Gefangener des anderen. Das Geschenk, das Joyce für Nora gekauft hatte, faßte seine Abhängigkeit zusammen: eine Kette aus Elfenbeinwürfeln, in die er eine Zeile aus dem neunten

Gedicht in *Kammermusik* hatte eingravieren lassen: »Liebe muß weinen, wenn der Liebste nicht nah.« Joyce meinte es wörtlich, wenn er sie beschwor, ihn »vor der Schlechtigkeit der Welt und (seines) eigenen Herzens« zu retten. Nora errettete ihn aus der Isolation seiner vermeintlichen Verderbtheit, indem sie sich ihr gemeinsam mit ihm überließ – so etwa, wenn er gestand, er würde sie jetzt gern küssen, aber nicht auf den Mund, und sie müsse raten wohin.[25]

Eine der Vorstellungen, deretwegen er sich schämte, war seine Eifersucht auf seine eigenen Kinder. Es gefiel ihm gar nicht, daß er Nora mit Giorgio und Lucia teilen mußte. Er brauchte sie ganz für sich selbst, und aus dem ganzen Gewirr sadomasochistischer und gottteslästerlicher Bilder, die er ihr sandte, erhob sich ein Aufschrei (der fast wörtlich aus Ibsens *Klein Eyolf* stammte): »Unsere Kinder, so sehr ich sie liebe, *dürfen* nicht zwischen uns kommen!« Er ging sogar so weit, daß er selbst eins von ihnen werden wollte. Wenn er sich in ihren Schoß schmiegen könnte wie ein Kind, wenn sie ihn ins Innerste ihrer Seele aufnähme, dann, so schreibt er, »(werde er) wahrlich der Dichter (s)eines Volkes werden«.[26]

Joyce wurde, während er in Dublin unterwegs war, keineswegs in dem Maße mit Verachtung gestraft, wie er behauptete, *Dubliner* sollte laut Vertrag im folgenden März erscheinen. Bei einem Empfang im Gresham Hotal wurde er als der große Autor der Zukunft Irlands vorgestellt. Er war jedoch in Gedanken mit Nora im Bett. Er drängte sie, doch jeden Tag von dem Kakao zu trinken, den er ihr geschickt hatte:

> Ich hoffe, Du trinkst jeden Tag von dem Kakao, und ich hoffe, daß Dein kleiner Körper (oder wenigstens *gewisse* Teile von ihm) ein wenig voller werden. Ich muß gerade lachen, weil ich mir Deine kleinen Mädchenbrüste vorstelle. Du bist eine komische Person, Nora! Vergiß nicht, Du bist jetzt vierundzwanzig, und Dein ältestes Kind ist vier. Verdammt, Nora, du mußt versuchen, Deiner Stellung gerecht zu werden, und aufhören, das kleine neugierige Mädchen aus Galway zu sein, das Du bist, und eine ganze glücklich liebende Frau zu werden.[27]

Er wollte, daß sie schwarze Unterwäsche trüge und zu ergründen versuchte, wie sie ihm gefiel. Sein sinnliches Verlangen dehnte sich auch auf die Vorstellung seiner Rückreise aus: wie der Zug sich von Venedig aus an der schönen Küstenlinie der Adria entlangschlängeln, an dem Felsvorsprung, auf dem Schloß Miramare steht, vorbeifahren würde und dann an »la nostra bella Trieste«, der Stadt, die sie gemeinsam entdeckt hatten und die ihr wirkliches Zuhause war.

Aus August wurde September, und der Augenblick rückte näher, wo der Traum in die Tat umgesetzt werden wollte. Eva packte bereits, umringt von hilfreichen Schwestern, und nun, da Joyce mit all den praktischen Einzelheiten seiner Rückreise beschäftigt war, wurde er nicht länger von wüsten erotischen Phantasien geplagt und wandte sich statt dessen praktischen Aspekten zu. Er schrieb Nora ständig, bisweilen zweimal täglich. Er begann, sich zu sorgen, daß sie ihm wegen der Rechnungen zusetzen würde, wenn er zurückkam. Er hoffte, ihr Haar werde ordentlich sein und es werde keine Asche vom Feuerschüren darin hängen. Sie sollte nicht weinen, wenn er sie erblickte; er wolle ihre Augen schön und glühend. Und der Gedanke an die Freuden des Bettes wich dem Gedanken an Tafelfreuden. »Machst Du mir wohl eine schöne Tasse schwarzen Kaffee in einer schönen kleinen Tasse? Frag dies schniefende Mädchen Globocnik, wie man das macht. Mach einen guten Salat, ja?« schrieb er, »nur eins, schlepp keine Zwiebeln oder Knoblauch ins Haus...«[28]

Er habe ihr soviel von Dublin zu erzählen, versprach er ihr, daß sie jede Minute zu reden haben würden, die sie nicht anderweitig beschäftigt wären. (Diese Botschaft an Nora war einem Brief an Stanislaus beigelegt; Joyce baute darauf, daß er sie nicht öffnen würde.)

Der lang erwartete Tag kam. Joyce traf, zusammen mit Eva, am 13. September in Triest ein. Nora hatte ein gutes graues Kleid mit blauem Einsatz an und kam auf sie zugestürzt, um sie zu begrüßen. »Jim!« rief sie mit ihrer rauhen Stimme. Ihre überschäumende Wiedersehensfreude verstimmte Stanislaus. Da er seine Empfindungen für sie unterdrücken mußte und es ihn kränkte, daß sie ihm so wenig Beachtung schenkte, fand er den Anblick ihrer Halskette abstoßend: «Liebe muß weinen, wenn der Liebste nicht nah«, murmelte Stannie, »Der Liebe Bruder auch.«[29]

Falls sie erwartet hatte, daß die Briefszenen gleich in die Tat umgesetzt werden würden, so wurde Nora enttäuscht. Als es Nacht geworden war und sie sich Joyce in ihrem weißen Nachthemd mit den blauen Bändern und ihrem herabfließenden roten Haar näherte, mußte sie ihn aufwecken. Ihr eigenwilliger, irregeleiteter, eifersüchtiger Liebhaber war eingeschlafen.[30]

***

Fünf Wochen später war Nora abermals allein. Joyce war nach Dublin zurückgekehrt. Er war außerordentlich unternehmungslustig. Vier wohlhabende Triestiner hatten ihm ihre Unterstützung bei einem neuartigen Geschäft zugesagt, das er sich, inspiriert von seiner Schwester Eva anläßlich ihrer Ankunft in Triest, ausgedacht hatte. Wie war das nur möglich, daß Dublin – eine Stadt von einer halben Million Einwohner, die Theater und Konzerte liebten – noch ohne die neue Form der Unterhaltung auskam, die das übrige städtische Europa im Sturm erobert hatte? In seinem Projekt, das erste Filmtheater Dublins zu eröffnen, sah Joyce seine Chance, endlich zu einem handfesten, raschen Profit zu kommen.

Bei allem Bemühen verstand Joyce jedoch immer noch nicht, was in Noras Innern vorging. Er argwöhnte unablässig, daß sie ihm irgend etwas vorenthielt und ihm nicht sagte, wie sie in Wahrheit zur Religion stand. Eines Tages, als sie zum Einkaufen unterwegs waren, begegnete ihnen ein Priester. Joyce fragte Nora, um sie zu prüfen, ob nicht der bloße Anblick schon Empörung in ihr auslöse. »Nein«, antwortete sie – ein wenig zu knapp und trocken für Joyce' Geschmack. Er wurde verdrießlich. »Bist du auf meiner Seite, Nora«, fragte er nach einer Weile, »oder bist du insgeheim gegen mich?« Es geschah sehr häufig, daß sie ihn enttäuschte. So war sie grob zu ihm während einer *Madame Butterfly*-Aufführung, als er nichts anderes wollte, als in ihrer Gesellschaft die Musik genießen. An einem anderen Abend, als er aus dem Café heimkehrte und darauf brannte, ihr zu sagen, welch große Hoffnungen er in sein Schreiben setzte, wollte sie davon nichts hören. Sie war müde und wollte schlafen gehen.[31]

Als der Augenblick gekommen war, da er wieder nach Dublin

aufbrechen mußte, fiel ihr Abschied gar nicht freundlich aus. Als Nora aus der Wohnungstür trat, um Jim zum Bahnhof zu begleiten, war sie so wütend darüber, daß er so spät nach Haus gekommen war, daß sie ihn einen Schwachkopf nannte und diese Beleidigung wahrscheinlich in ihrer eindrücklichen viersilbigen italienischen Form (imbecille) ausstieß. Sie sah einer langen Trennung entgegen. Jim würde nicht einmal zu Weihnachten zu Hause sein. Doch mußte sie, als sie auf dem Bahnsteig stand und sein Zug abfuhr, den Kopf abwenden, damit er sie nicht weinen sah.

Diesmal war es Nora, die sich als erste getrieben fühlte zu schreiben. Aus Dublin kam keine Zeile; Jim bestrafte sie für ihre Übellaunigkeit beim Abschied. Sie schlug ihre demütigsten Töne an. Ob er ihrer überdrüssig sei? Warum er sich bloß jemals für ein unwissendes kleines Mädchen aus Galway interessiert habe?

Ihre Taktik wirkte, und Joyce antwortete ausführlich. Er würde ihrer niemals überdrüssig werden; er wünsche sich einfach nur, daß sie höflicher zu ihm sei. Sie solle bedenken, daß er angesichts der vielen Arbeit, die der Aufbau eines Kinos bedeute, sehr beschäftigt sein würde. Dennoch:

> Du bist meine einzige Liebe. Du hat mich vollkommen in Deiner Macht. Ich *weiß* und ich *fühle* es, daß ich nur dann in Zukunft etwas Gutes oder Edles schreiben kann, wenn ich an den Türen Deines Herzens lausche.[32]

Zwei Tage später schrieb er ihr, daß er sich so sehr als Teil von ihr fühle, daß er hoffe, sie würden zu einem einzigen Wesen zusammenwachsen und beide gemeinsam sterben.

Es hätte einer hartherzigeren Frau als Nora bedurft, um sich von solchen Beteuerungen nicht rühren zu lassen. Nora mag Joyce' spätere Bücher zwar nicht geschätzt haben, innerhalb ihrer persönlichen Beziehung erwärmte sie sich jedoch stets für die Schönheit seiner Worte.

Auch die Art und Weise, wie er sie mit Geschenken umwarb und sich um ihr Äußeres kümmerte, gefiel ihr. Er schrieb ihr, sie solle brav ihren dickmachenden Kakao trinken und auch ihrem Schneider einen Teil der Rechnung bezahlen, im Hinblick darauf, daß sie sich von den endlosen Ellen Donegal Tweed, die er ihr schicke, ein neues Kleid machen lassen solle. (Wahrscheinlich hatte er den gesamten Stoff im Großhandel bekommen. Eine seiner kommerziellen Nebentätigkeiten in Dublin bestand darin, eine Agentur aufzutun, die den Export irischer Tweedstoffe an Händler in Triest abwickeln sollte.) Sie sollte ein Ensemble genau nach seinen Wünschen gemacht bekommen: die Jacke sollte fast bis zum Rocksaum reichen und (eine Nachschöpfung der Farben, die er mit Gretta Conroy in ›Die Toten‹ assoziiert hatte) mit dunkelblauem oder bronzefarbenem Satin gefüttert werden, während ihr Kragen, der Gürtel und die Manschetten aus blauem Leder sein sollten.

Nora, die sich in Joyce' Interesse an ihrer Garderobe sonnte, teilte mit ihm die Liebe zum Pelz (Joyce schien an dessen heilende Eigenschaften ebenso zu glauben wie an seine erotischen). Wenn er zurückkäme, würde sie außerdem, so schilderte er mit wahrer Wonne, einen Hut, eine Stola und einen Muff aus grauem Eichhörnchenfell bekommen. Er habe sie selbst ausgesucht: der Hut sei an der Seite mit Veilchen dekoriert, die Stola und der Muff seien mit violettem Satin gefüttert. Sie würde noch mehr bekommen, versprach er. Wenn das Volta ein Erfolg würde, werde sie mit eleganterer Kleidung überhäuft werden, als sie sie sich je habe träumen lassen.

Fürs erste schenkte er Nora mehrere Paar Handschuhe und kündigte im Voraus an, was sein Weihnachtsgeschenk für sie sein würde: ihr persönliches Exemplar von *Kammermusik*, von ihm selbst von Hand auf Pergament kopiert.

Noras Sinn für Humor war ihr erhalten geblieben. Sie schrieb einen hintersinnigen Dankesbrief in dem Stil, dessen sie sich als Zimmermädchen in Finn's Hotel bedient hatte:

> lieber Mr. Joyce, wie soll ich Ihnen für Ihre Freundlichkeit danken die Schachtel mit den Handschuhen die Sie mir geschickt haben sind hübsch und passen herrlich es war eine große Überraschung ein so nettes Geschenk zu bekommen ich hoffe es geht Ihnen sehr gut, und freue ich mich sehr Sie zu sehen ich hoffe Sie werden mir schreiben und mich wissen lassen wann ich Sie wieder treffen kann im Augenblick habe ich

ziemlich viel zu tun und kann einige Zeit nicht fort ich hoffe Sie werden mir verzeihen und meinen Dank entgegennehmen

Nora Barnacle[32]

Ein paar Wochen lang, bis in den November hinein, nahm die Korrespondenz zwischen Dublin und Triest routinemäßig ihren Fortgang. Es gab eine Fülle von Neuigkeiten zu melden. Von Triest nach Dublin schrieb Stannie von Evas Heimweh, seiner eigenen und Giorgios Gesundheit, der Oper und den Arrangements bezüglich der Sprachschüler Joyce', die er während dessen Abwesenheit unterrichten sollte. Joyce sandte aus Dublin den Kostenvoranschlag des Elektrikers für das neue Kino, leitete literarischen Klatsch weiter und lieferte die übliche Litanei schlechter Nachrichten über die Familie: ihr Vater sei im Krankenhaus, Charlie sitze mittellos in Boston, ihre Schwestern (fünf waren noch im Haus) hätten die Räumung zu gewärtigen.

Derlei lebensnaher Gedankenaustausch wurde durch zwei abrupte Verlautbarungen an Joyce aus Triest jäh unterbrochen. Die erste war ein Telegramm von Stanislaus: »Telegraphiere 4 Pfund Verfügung Hauswirt.« Die zweite war ein Brief von Nora.

***

Sie werde ihn verlassen. Sie werde die Kinder nehmen und nach Galway zurückkehren. Seine falschen Versprechungen und seine totale Unfähigkeit, seine Familie wie ein Mann zu beschützen, widere sie an. *Er* widere sie an. Es war, als habe die Androhung des Rausschmisses ihre Übereinkunft gegenstandslos gemacht; sie konnte sich mit seinen seltsamen sexuellen Neigungen nur so lange abfinden, wie er sich um sie und die Kinder kümmerte.

So gern Joyce Nora aufzog, ihre Drohungen, ihn zu verlassen, nahm er niemals auf die leichte Schulter. Diesmal kroch er am Boden. In flehentlichem Ton schrieb er ihr, bezeichnete sich als ekliges Vieh, als gemeinen Hund; er stimmte Nora darin zu, daß sie und die Kinder nicht mit dem Fluch seiner Gegenwart leben sollten. Sie schreibe wie eine Königin. Ihre Worte hätten ihn getroffen wie einen Pinscher, dem man eins über die Augen zieht. Er habe ihre Liebe zerschlissen. Sie solle ihn wieder dem Sumpf überlassen, aus dem er gekommen sei. Er werde ihr zwei Drittel seines Einkommens überlassen.

Konkreter gesagt, er bezahlte die Miete. Er kabelte 1 Pfund 7 Shilling – fast 57 österreichische Kronen – nach Triest, genug für eine der überfälligen Monatsmieten, wenn nicht für zwei, und darüber hinaus herrschte er Stanislaus über die lange Entfernung hinweg im Befehlston an, er solle alles nur Erdenkliche tun, selbst die Möbel verkaufen, um Nora, Giorgio und Lucia davor zu bewahren, auf die Straße gesetzt zu werden.

Im Nu zeigte sie ihm eine andere Nora, das »ungebildete Mädchen aus Galway«. Nun war es an ihr, sich zu entschuldigen. Sie sandte ihm zwei Briefe, die Joyce so tief berührten, daß er seine Geldgeber aus Triest, die in Dublin eintrafen, um das Volta-Projekt zu überwachen, in Finn's Hotel unterbrachte, das sie, so erklärte er, sehr beeindruckte (obwohl es schwerlich das feinste Hotel Dublins war).

Das Finn's war unverändert. »Es ist dort sehr irisch«, schrieb Joyce Nora. »Die Unordnung auf dem Tisch war irisch, die Verwunderung auf ihren Gesichtern ebenfalls, die neugierig herüberschauenden Augen der Frau selbst und ihrer Kellnerin.« Später überredete er die Kellnerin, ihn hinaufgehen und sich das Zimmer anschauen zu lassen, in dem Nora 1904 gewohnt hatte. Dort schwelgte er beim Anblick der kleinen Dienstmädchenkammer, in der Nora seine Briefe gelesen und mit ihm wegzugehen beschlossen hatte, in Phantasien.[34]

Nora tat noch einen weiteren Schritt; sie schien ihm stets um eine Nasenlänge voraus zu sein. Der unterwürfige Ton ihrer Briefe machte erotischer Aggressivität Platz. Sie nahm ihren unanständigen Briefstil wieder auf und drohte ihm, ihn zu bestrafen, falls er ihren Befehlen nicht nachkommen sollte.

Während der kurzen Zeit, die Joyce zwischen beiden Reisen in Triest verbracht hatte, vom 13. September bis zum 18. Oktober 1909, hatten er und Nora ihre sexuelle Beziehung wieder aufgenommen, und er hatte mehr denn je zuvor darauf beharrt, daß es zwischen ihnen keinerlei Schleier der Scham geben dürfe. Er begann, Nora zu einigen der Exerzitien zu bewegen, von denen er während ihrer Trennung im Sommer geträumt hatte. Er lehrte sie, das zu machen, was er »schmutzige Zeichen« und »hurenhafte Gesten« nannte, um ihn zu erregen. Damit nicht genug, er überredete sie sogar, zu defäkieren, während er unter ihr lag und zuschaute. Nora war danach so verlegen, daß sie ihn noch nicht einmal ansehen konnte. Selbst ihre Verlegenheit gefiel ihm.[35]

Joyce litt unter einer Kloakenobsession, wie H. G. Wells es später ausdrückte. *Cloaca* bedeutet auf Lateinisch Abwasserkanal. Irgendwo zwischen der Reinlichkeitserziehung seiner Mutter und seinen Erlebnissen in Clongowes, wo er Angst vor dem Bettnässen hatte und Schikaneure Jungen in die »viereckige Grube« (die Latrine) werfen konnten, begann Joyce alles, was mit der Exkretion zu tun hatte, als außergewöhnlich lustvoll zu empfinden. Berücksichtigt man darüber hinaus den Freudschen Standpunkt – daß das Unbewußte die Defäkation mit dem Geldausgeben oder aber der Entbindung assoziiert –, dann war Joyce in seinem Elternhaus in dieser Hinsicht außerordentlich starken Einflüssen ausgesetzt gewesen. Die ungezügelte Verschwendungssucht seines Vaters war das ganze Gegenteil von analer Verhaltung; Joyce selbst verband die »verschwenderischen Angewohnheiten« seines Vaters mit seinen eigenen und mit »jeglicher Kreativität, die (ihm) gegeben sein (mochte)«. Was seine fruchtbare Mutter anging, so plumpsten dicke braune Dinge mit einer Regelmäßigkeit aus ihr heraus, die ihren leicht zu beeindruckenden Ältesten mit ehrfürchtiger Scheu erfüllt haben muß.

Wie Jim zu seiner Obsession gekommen war, mußte Nora nicht kümmern. Diese Eigenart seiner Persönlichkeit war, wie sein fetischistischer Hang zu Damenunterwäsche und Pelzen, Teil der Realität des Mannes, den sie gewählt hatte. Sie fand sich mit Joyce' Seltsamkeit ab und manipulierte sie zu ihrem eigenen Schutz und ihrer eigenen Befriedigung. Joyce' eigenartige sexuelle Vorliebe gaben ihr ein Mittel an die Hand, das sie gewissermaßen für die Macht entschädigte, die er über sie hatte.

Sie ließ sich auch aus dem Grund auf ihren obszönen Briefwechsel ein, daß sie ihn von den Prostituierten fernhalten wollte. Joyce hatte bereits eine Geschlechtskrankheit gehabt, als sie ihn kennenlernte. Sie befürchtete, daß er sich womöglich wieder mit Dubliner

Huren einlassen würde, wenn er von ihr getrennt war; vielleicht würde er sich erneut anstecken und die Krankheit an sie weitergeben.[36]

Er seinerseits war besorgt wegen ihres sexuellen Appetits. Er konnte sich durchaus vorstellen, daß sie »so heiß« wurde, daß sie sich einem anderen Mann zuwenden würde.

Beide waren also gewillt, ihren Briefwechsel zum Zweck der Selbstbefriedigung wieder aufzunehmen, als die zweite Trennung so rasch auf die erste folgte. Nach Dublin zurückgekehrt, scheint Joyce zehn Tage lange durchgehalten zu haben, bis die sexuelle Frustration ihn dazu trieb, Nora warnend mitzuteilen, daß »das alte Liebesfieber wieder in (ihm) erwacht (sei)«.[37]

Nora brachte ihre alte Sorge wegen der Prostituierten direkt zur Sprache, doch er versicherte ihr, sie biete »alles und mehr«, als jene ihm bieten könnten, und er hoffe, seine Briefe seien in gleicher Weise präventiv, was sie betraf.

Noras eigentliche Briefe an Joyce aus jenen äußerst spannungsgeladenen Wochen sind niemals wieder aufgetaucht. Joyce' eigene Briefe, die veröffentlicht worden sind*, waren jedoch ein so getreuliches Echo ihrer Worte, daß es möglich ist, die Noras zu rekonstruieren. Sie begannen, im späten November 1909, mit der freimütigen Erklärung, sie sehne sich danach, von ihm gefickt zu werden.[38]

Joyce legte ihren Brief vor sich auf den Tisch und hielt den Blick starr auf das Wort gerichtet, das, wie er in seinem Brief vom 2. Dezember sagte, »wie der Akt selbst (sei), kurz, brutal, unwiderstehlich und teuflisch«. Er antwortete mit fieberhafter Obszönität und erinnerte sie dann später daran (obwohl Nora das sehr wohl wußte), daß er niemals obszöne Ausdrücke beim Sprechen gebrauchte und schmutzige Witze zutiefst verabscheute. Doch, so ließ er sie wissen, sie habe ihn in eine Bestie verwandelt.

Ihr Briefwechsel trat dann in eine denkwürdige Phase. Er schien sie ständig aufzufordern, die Führung zu übernehmen, so etwa, wenn er sagte, er stelle sich Dinge vor, die so schmutzig seien, daß er sie nicht schreiben würde, ehe sie sie nicht als erste geschrieben

* Vgl. Anhang

habe. Er ließ sie außerdem wissen, daß ihn Vorstellungen von ihrem geröteten Gesicht, ihren irren Augen und ihrer wollüstigen Phantasie überwältigten. Er schilderte ihre sexuellen Praktiken: ihre Art, die Finger zu benutzen, wenn sie seine Hoden streichelte oder kitzelte oder sie in seinen Anus steckte.[39]

Falls Nora an seinen Obszönitäten irgend etwas Kränkendes gefunden haben sollte, so wurde sie doch durch andere Briefpassagen wieder besänftigt, in denen er in erlesener lyrischer Sprache seiner Liebe zu ihrem Charakter und ihrer Schönheit Ausdruck verlieh. Sie dankte ihm für den schönen Namen, mit dem er sie anredete: »(m)eine schöne wilde Heckenblume! Meine dunkelblaue, regendurchnäßte Blume!«

Er war jetzt nicht mehr zu bremsen. Der Mann, der davon überzeugt war, daß er der größte Schriftsteller seines Landes werden würde, nutzte seine Chance, gehobene Pornographie zu schreiben. Außerdem ergriff Joyce die Gelegenheit, die Techniken zu erproben, die er bei seiner künftigen schriftstellerischen Arbeit benutzen wollte. Er wollte die Wahrheit sagen. Er verlangte von sich – und von Nora genau das, was Freud innerhalb der neuen Kunst der Psychoanalyse verlangte: jede Vorstellung, und sei sie noch so peinlich, ohne mit der Wimper zu zucken, in Worte zu fassen.

Das Verwunderliche daran ist nicht, daß James Joyce dazu imstande war, sondern daß Nora Barnacle, die lediglich auf die Schule des Convent of Mercy gegangen war, es darin selbstgewiß mit ihm aufnahm und ihn, seiner eigenen Einschätzung zufolge, zuweilen darin übertraf.

In seinen Briefen zählte er all die Dinge auf, die sie als erste getan hatte – als erste ein obszönes Wort benutzt, ihn im Dunkeln intim berührt. Dabei schürte sein Gedankengang einmal mehr seine nagenden Zweifel, was Noras frühere Erlebnisse betraf.

Erstaunlicherweise begann er drei Monate nach dem Cosgrave-Trauma, das dies Problem angeblich auf alle Zeiten für ihn erledigt hatte, wieder ganz von vorn, sie über ihre Vergangenheit auszufragen, und dies in Worten, die vermuten lassen, daß Nora ihm irgend etwas gestanden hatte. Hatte »jene Person« ihre Hände in Noras Körper gehabt? Wie weit drinnen?[40] War sie »gekommen«? War der andere gekommen? War sie ihm dabei behilflich gewesen?

Durfte er, Joyce, glauben, daß sein Penis der erste war, den sie je berührt hatte?

Kein Verhör hätte penibler sein können. Die Präzision und Hartnäckigkeit, mit der Joyce nun erneut seine Fragen stellte, legen die Vermutung nahe, daß Nora, möglicherweise bei seiner Rückkehr nach Triest im September, eingeräumt hatte, zugelassen zu haben, daß Cosgraves Hände sich 1904 auf verbotenes Territorium wagten. Doch Joyce beharrte weiterhin darauf, daß er alles erfahren müsse. Sie dürfe keine Angst davor haben, ihm alles zu erzählen: sein Verlangen nach ihr würde selbst dann nicht schwächer werden, wenn er erführe, daß die Hälfte sämtlicher junger Männer von Galway sich an ihr erfreut hatten.[41]

Er werde sie immer lieben, erklärte Joyce mit Nachdruck, da er niemals imstande sein würde, die Dinge, die er ihr geschrieben und gesagt hatte, einer anderen Frau zu sagen. Nora wußte, wann einer die Wahrheit sagte. Enger als alle Ehegelöbnisse band ihr obszöner Austausch sie aneinander. Nora wußte zwar auch, daß sie Joyce treu gewesen war, doch war sie zugleich eine praktisch denkende Frau. Sie ließ ihn zappeln. Man kann sich vorstellen, daß sie sich sagte: »Es besteht kein Anlaß, dem Mann alles zu erzählen.«

Nora begann, zu ihrem eigenen Vorteil zu manövrieren. Statt seiner neuerlichen Inquisition Rede und Antwort zu stehen, provozierte sie ihn mit einem Bild, dem er nicht widerstehen konnte. Sie habe so wenig Geld, erklärte sie, daß sie ohne Unterwäsche gehe.

Als habe sie eine Taste betätigt, kam sie so zu einer weiteren Flut von Phantasien und zu Geld. Joyce schickte ihr einen Geldschein, von dem sie sich Unterhosen kaufen sollte, und beschrieb die langbeinigen, rüschenbesetzten Unterhosen, die er liebte. Die Unterhosen, so erklärte er, würden dadurch noch gewinnen, wenn sie sie mit einem braunen Fleck verzierte. Er träumte davon, seinen Samen in ihr Gesicht zu verspritzen, Analverkehr mit ihr zu treiben.[42]

Nora ließ nicht locker. Sie forderte ihn auf, zweimal zu masturbieren, nachdem er ihren Brief gelesen habe. Sie sagte, wenn er zurückkomme, werde sie ihm einen blasen und daß sie sich gern von ihm die Fotze lecken lassen würde. Sie erklärte, sie ließe sich gern »in den Arsch ficken«. Ob er sich noch an die Nacht erinnern könne, fragte sie, wo sie es so lange »von hinten« gemacht hatten?[43]

Joyce erinnerte sich in der Tat. Der Strom seiner Assoziationen – in seinem Brief vom 12. Dezember ist von Fürzen die Rede, die aus ihrem Hinterteil knatterten – ist dank seiner rauschhaften Begeisterung für Gestank fast nicht mehr lesbar.

Die Briefe waren als Hilfe bei der Selbststimulation gedacht, doch Joyce konnte sich ihr nicht vor zwei oder drei Uhr nachts hingeben, nachdem er einen anstrengenden Tag hinter sich gebracht hatte, der mit der Organisationsarbeit für das Kino ausgefüllt war. Er schrieb sie in dem Zimmer in dem Häuschen in der 44, Fontenoy Street, das er mit seiner Familie teilte, und an ihrer äußeren Aufmachung ist nichts Erotisches. Es sind säuberlich geschriebene Briefe. Der erste stand auf einem kleinen blauen, wie eine Klappkarte gefalteten Blatt, die übrigen auf cremefarbenem Papier, und sie waren alle in einer zierlichen, sorgfältigen Handschrift geschrieben. Es war kaum einmal ein Wort ausgestrichen. Nichts an ihnen läßt darauf schließen, daß sie während des Akts der Masturbation geschrieben sein könnten. Tatsächlich läßt die Deutlichkeit der Schrift noch bei den schmutzigsten Abschnitten verglichen mit den alltagsbezogenen eher annehmen, daß Joyce sie vielmehr von Konzeptzetteln abgeschrieben haben könnte, die er während des Tages schrieb. Allerdings ist ihr Inhalt immer wieder durch Ausrufe der Erleichterung markiert. In einem Brief gestand Joyce, die Notwendigkeit, die Hosen zu wechseln, habe ihn daran gehindert, die letzte Briefkastenleerung zu erwischen.

Noras eigene sexuelle Vorlieben scheinen nicht analer Art gewesen zu sein, doch sie wollte ihren Mann halten, sie wollte Geld aus ihm herausholen, und sie liebte sexuelle Spiele. Einmal beklagte er sich, als ihr Brief unerwartet kühl war; er schickte einen weiteren Geldschein. Er war selig, als sie ihm mitteilte, »sie möchte, daß (er) sie in den Arsch vögle und ihr in den Mund ficke und möchte (ihm) die Hose aufknöpfen und seinen Pimmel herausholen und ihn lutschen wie eine Brustwarze«. Er war verblüfft über die schmutzigen Wörter, die sie benutzte, und hätte zu gern gesehen, wie ihre Lippen obszöne Wörter »hervorsprudelten« (ein

Wort, das er im Zusammenhang mit Nora fast so gern gebrauchte wie »schlendern«). Auch ihre Begabung für die Pornographie, wie sie sie insbesondere in einem Brief unter Beweis stellte, wo sie schilderte, wie sie in aller Ruhe aufs »Klosett« ging, erfüllte ihn mit ehrfürchtiger Bewunderung. »Du sagst, du wirst Dir die Unterhose vollscheißen, Schatz«, echote er voller Bewunderung, »und mich Dich dann ficken lassen...«[44] Das Klosett – der Abtritt im kontinentalen Stil mit seinem in den Boden eingelassenen Becken – war wahrscheinlich der einzige Platz innerhalb der Wohnung der Familie, wo Nora ungestört sein konnte. Außerdem verwunderte er sich über ihre Fähigkeit, genau das zu sagen, was er hören wollte.

Nora brüstete sich damit, daß sie ihn bei seinem Schreibspiel übertreffen könne, und er gestand ihr diese Überlegenheit zu, insbesondere dann, wenn sie beschrieb, was sie mit ihrer Zunge alles anfangen könne (und, so sagte er ausdrücklich, er wisse, daß sie dabei nicht von Fellatio spreche). »Schreib mehr und noch schmutziger, Liebling.« Wie schon fünf Jahre zuvor, unterwies er sie außerdem darin, die Briefe selbst als erotische Objekte zu benutzen. Sie sollte sie unter sich halten, einen Wind über sie lassen oder vielleicht noch Schlimmeres tun und sie ihm dann schicken, »meine geliebte braunärschige Fickmaus«.

Wie schon im August, so verschob sich das Zentrum des erotischen Briefwechsels in dem Maße, wie das Tempo sich beschleunigte. Mitte Dezember 1909 regredierte Joyce, nachdem er etwa ein halbes Dutzend solcher Briefe geschrieben hatte, zu infantilen und masochistischen Bildern. Der Wunsch, gepeitscht zu werden, wurde wieder lebendig; wenn seine dreckigen Briefe sie beleidigten, dann solle sie ihn mit »der Peitsche wieder zur Vernunft bringen, wie (sie) es schon früher getan (habe)«. Er wünschte sich, Nora, oder eine kräftigere Ausgabe ihrer Person mit vollem Busen und großen dicken Schenkeln, würde ihm die Hosen herunterreißen und ihn schlagen, wie ein zorniges Kindermädchen es mit einem ungezogenen Kind tut.

Er ging zwar auf die Unschuld ihrer Wollust ein, hörte jedoch nicht auf, selbst Möglichkeiten vorzuschlagen, wie sie es mit ihm treiben sollte – auf der Treppe, auf dem Küchentisch, auf der Toilette; nur mit Hut und Strümpfen bekleidet; mit einer Blume, die aus ihrem Hintern herausschaute; oder wie ein Mann, wie eine Krankenschwester mit ihrem Soldaten ... Immer sollte sie die dominierende Partnerin sein, er das passive Gefäß.[45]

Er fuhr fort, die gemeinsten Vorstellungen – Nora oben auf ihm, grunzend wie eine Sau, die ihren Kot fallen läßt – mit den lyrischsten zu kombinieren – »mein(e) Geliebte (...), mein (...) Leben, mein (...) Stern, mein (...) kleine(s) seltsamäugige(s) Irland«.[46]

In seinem Brief vom 20. Dezember gab sich Joyce seiner üppigsten analen Phantasie hin: da war ein Mädchen mit auseinandergezogenen weißen Unterhosen, und »und ein dickes braunes Ding sah zur Hälfte aus ihrem Loch heraus«. Dieser selbe Brief, der seinen Orgasmus festhielt, markierte zugleich den Wendepunkt in ihrem Briefwechsel. Von da an stieg er in seinen Briefen zur Oberfläche empor und ließ sich von seligen Gedanken an Heim und Herd tragen. Er malte sich aus, wie er die Küchenwände mit Plakaten verschönern, neue rote Vorhänge aufhängen und in einem bequemen Lehnstuhl sitzen würde. Kindliche Visionen seiner Lieblingsgerichte, irischer wie italienischer, tanzten ihm durch den Kopf. Er wünschte sich *polenta*, gedünsteten Aal, Kartoffelbrei, Roastbeef, Makkaroni, Schmorbraten, *torrone* ... Das einzige warme, braune Bild, das sich in seine Tagträumereien drängte, war die Vorstellung von einem bestimmten Linoleum, das er sich für die Küche wünschte. Seine Sehnsucht hatte ihn im Zeitraum von nur einem Monat von der Vagina über den Anus zum Mutterleib geführt.

***

Mit den schmutzigen Briefen war es vorbei. Joyce und Nora korrespondierten nie wieder auf diese Weise miteinander. Während der restlichen Zeit seines Aufenthalts in Dublin beschränkte Joyce sich bei seinen Briefen auf knabenhafte, poetische Liebesergüsse (»eine Million Küsse an meine liebste tauschwere Blume des Westens, eine Million Küsse an meine liebe Nora mit den Locken. Er ist vor allem mit der Eröffnung des Volta am 20. Dezember und mit Plänen für Weihnachten beschäftigt. Mrs. Barnacle hatte ihm einen Truthahn gesandt. Trotz der vorweihnachtlichen Hektik fand er die Zeit, Nora ein paar Noten und das versprochene Exemplar von *Kammermusik* zu schicken, in dessen Umschlag das Joyce'sche Familienwappen eingearbeitet war. Er bat sie, ein paar von den speziellen italienischen Weihnachtsbonbons aufzuheben, so daß Eileen sie probieren konnte, wenn sie beide im Januar in Triest einträfen.

Die Flammen der Eifersucht waren noch nicht gänzlich erloschen. Joyce erlitt einen schlimmen Angstanfall, als er eines Tages in Dublin einen Polizisten aus Galway kennenlernte, dessen Schwestern Nora im Presentation Convent gekannt hatten. Was würde der Fremde womöglich nicht alles über Noras Vergangenheit ausplaudern? Glücklicherweise erinnerte der Polizist sich an Nora lediglich als an das »Barnacle-Mädchen mit den roten Lokken und dem stolzen Gang«.

Auch für Nora waren die schmutzigen Schwelgereien beendet. Sie war wieder dort, wo sie angefangen hatte: sie war ohne Geld, und Weihnachten stand vor der Tür. Noch einmal schickte sie Joyce die andere Art von Brief, auf die sie sich zunehmend verstand: Sie habe genug; sie nehme die Kinder und kehre nach Galway zurück; diesmal sei es ihr ernst damit.

Einmal mehr verfehlte diese Taktik ihre Wirkung nicht. Am Weihnachtsabend trafen telegrafisch vierzehn Kronen ein, der verworfenere, schwülstigere Prosa folgte: »Meine kleine Mutter, nimm mich in das dunkle Heiligtum Deines Schoßes.« Nora schickte als Antwort Weihnachtsgrüße und fügte ihnen, ohne ein Wort der Erklärung, eine Glückwunschkarte zur Hochzeit hinzu. Jetzt, wo sie seine geheimen Sehnsüchte gestillt hatte, schien die Karte zu sagen, konnte er sich vielleicht auch um ihre kümmern.

***

Die »schmutzigen Briefe«, wie sie unter Joyce-Forschern bezeichnet werden, sind trotz der sexuellen Revolution auch heute noch schmutzig. Exkremente stinken immer noch; flüssige Körperausscheidungen suggerieren immer noch Verschmutzung und Ansteckungen. Größtenteils sind die Briefe nicht erotisch; ihre

Vorstellungen sind den infantilen Abortphantasien allzu ähnlich und ebenso repetitiv. Diejenigen, die sie unter den *Selected Letters of James Joyce* gelesen haben, neigen dazu, mit Molly Bloom in *Ulysses* zu denken: »...ach herrjemine laß mich doch bloß da raus.« Doch die Briefe sind wichtig für das Verständnis nicht nur Joyce', sondern auch Noras – ihrer Persönlichkeit und auch ihres Beitrags zu *Ulysses*. Als Joyce Molly Bloom sagen ließ:

> ...dann ziehe ich meine Schlüpfer aus und platsch es ihm direkt ins Gesicht in Lebensgröße und dann kann er mir seine Zunge 7 Meilen weit ins Loch stecken so wie er da ist mein Scheidegruß haha und dann werd ich ihm auch einfach sagen ich brauch £ 1 oder vielleicht 3/ – ich sag ich muß mir dringend Unterwäsche kaufen,[48]

hatte er Noras Briefe als Anleitung. Dieser Absatz zeigte, wie vieles andere, daß Joyce, wie er Nora versprochen hatte, an der »Türe (ihres) Herzens gelauscht hatte«.

Die schmutzigen Briefe werfen viele Fragen auf, die unbeantwortet bleiben müssen. Sahen Nora und Joyce den Analverkehr als eine Form der Geburtenkontrolle an? Obwohl Joyce beanspruchte, daß sie keinerlei körperliche Geheimnisse voreinander haben sollten, bei aller Ungeschminktheit ihrer Briefe über Sex finde sich in ihnen mit keinem Wort die Möglichkeit der Schwangerschaft erwähnt. Und wo bewahrte Nora die Briefe in Triest auf? Joyce hatte ihr eingeschärft, sie niemanden sehen zu lassen. doch wenn in der via Scussa Post eintraf, dann müssen Eva und Stannie doch wohl gefragt haben: »Ein Brief von Jim, Nora? Was schreibt er denn?«

Wenn Nora in späterer Zeit ihre berühmten Klagen über die schmutzige Phantasie ihres Mannes hören ließ, dann waren sich nur wenige darüber im Klaren, daß ihre Meinung sich auf stärkere Beweise als die Seiten des *Ulysses* stützte.

Als Form der Kommunikation zwischen Ehemann und Ehefrau mit dem Ziel, der sexuellen Frustration auf die am wenigsten unersprießliche Weise abzuhelfen, war die Korrespondenz der Joyce' von 1909 keineswegs einzigartig. Peter Gays Arbeiten über die Sinnlichkeit des 19. Jahrhunderts zeigen, daß die viktorianische

Prüderie nur oberflächlich war. Vorlieben, die mit den Ausscheidungen zu tun hatten, waren durchaus verbreitet, wie der folgende Abschnitt aus einem Brief zeigt, der im Mai 1904 in den Vereinigten Staaten geschrieben wurde:

> Ich war ganz wild vor Verlangen, als ich heute im Zug hierherkam. (...) Ich wollte, daß Deine Blase mit Harn bis zum Platzen gefüllt würde und du könntest dich, um dein Leben zu retten, nur auf der Weise erledigen [sic! dt. im O.!] dass du in meinen Mund hinein harnen solltest bis du dich gänzlich entleert und ich mit deinem Harne ganz zum Platzen gefüllt würde.[49]

Der Verfasser war der wohlangesehene Bostoner Godfrey Lowell Cabot, der den Brief am 4. 12. morgens während einer Geschäftsreise nach West Virginia an seine Frau Minnie schrieb.

Für Nora waren die schmutzigen Briefe eine Geläufigkeitsübung im Schreiben und eine Probe auf ihre Macht. Sie bewies Jim, daß sie es auf dem Papier mit ihm aufnehmen konnte, und sie bewies sich selbst, daß sie ihren merkwürdigen Mann fest an der Kandare hatte. Für sie mag die erinnernswerteste Zeile des ganzen Briefwechsels die Erklärung seiner totalen Unterwerfung am oder um den 13. Dezember gewesen sein: »Ich werde Dich *nie* wieder verlassen.« (*nie* viermal unterstrichen)

7. Kapitel

Ein Haus voll Joyce'

Binnen drei Monaten fand Nora, die in fünf Jahren kaum einmal ein Wort Englisch mit einer Frau gesprochen hatte, sich in einem gemeinsamen Haushalt mit zwei Mädchen aus Irland wieder. In Dublin hatte man Joyce davon abgeraten, eine Schwägerin ins Haus zu holen, doch Evas Eintreffen im Oktober 1909, auf das das Eileens im Januar 1910 folgte, verschaffte Nora genau das, was sie sich wünschte – Gesellschaft und Beistand. Die Joyce-Schwestern brachten einen kräftigen Hauch des katholischen Irland ins Haus. Sie gingen regelmäßig zur Messe und hielten die Fastentage ein. »Betet für mich!« rief Nora dann, wenn Eva und Eileen sich auf den Weg zur Kirche machten, während sie mit Jim im Bett blieb.[1] Jim nahm ihr praktizierendes Christentum weniger leicht und wollte nicht zulassen, daß die *cattolicissime*, wie er sie nannte, Giorgio und Lucia mitnahmen.

Die achtzehnjährige Eva, die Frommere von beiden, war von ihrer ältesten Schwester im August 1909 dazu auserwählt worden, mit Jim nach Triest zurückzukehren, weil Poppie sich erhoffte, daß Eva sich als guter Einfluß erweisen würde. Evas eiserne moralische Grundsätze standen jedoch ihrer Anpassung im Wege. Joyce und Nora genossen die reichhaltige Mischung der Kulturen, die sie in Triest antrafen, wo es viele Griechen (die Joyce seiner Meinung nach Glück brachten), Juden, Serben, Österreicher und Italiener gab; Eva hingegen tat das nicht. Heimwehkrank von der ersten Minute ihres Aufenthalts in Triest an, konnte sie außerdem nicht vergessen, daß Nora und Jim nicht verheiratet waren. Sie war zudem davon überzeugt, daß ihr Bruder sich in eine unglückliche Lage gebracht hatte, aus der er sich nicht zu befreien vermochte. Noras Derbheit schockierte sie. Im August 1910 zogen sie in eine größere Wohnung um, die näher zur Stadtmitte lag. Eines Tages ließen sie sich, nachdem sie an der Möblierung gearbeitet hatten, alle in die Sessel sinken, um ihr Werk zu bewundern. Plötzlich nahm Nora einen Nachttopf und stellte ihn triumphierend auf das höchste Möbelstück im Zimmer. Eva war peinlich berührt. Keins der Joyce-Mädchen, da war sie sich sicher, hätte je etwas so Ordinäres getan.[2]

Eileen war schon eher vom Schlage Noras. Scharfzüngig und mit einigem Nachahmungstalent begabt, schlank, staksig, gutaussehend, mit durchdringendem Blick von Joyceschem Eisblau, fand sie an ihrem neuen Zuhause nichts auszusetzen. Sie war stolz auf ihre Stimme und hatte den Ehrgeiz, Opernsängerin zu werden. Triest war für sie einfach nur ein Schritt in Richtung auf ihren eigentlichen Bestimmungsort, Mailand.[3] Sie hatte Joyce eifrig bei den Reisevorbereitungen geholfen, war ihm bei der Eröffnung des Volta-Kinos zur Hand gegangen und hatte beglückt den warmen Mantel und die Handschuhe entgegengenommen, die er ihr für die Reise gekauft hatte. Joyce, der zwar leichtfertig, aber eben auch großzügig war, war entsetzt über die Art, wie seine Schwestern in Dublin lebten, und hätte sie alle nach Triest geholt, wenn er gekonnt hätte. Er versprach Nora, daß sie in etwa einem Jahr auch eine ihrer Schwestern, wahrscheinlich Delia, zu sich holen würden.[4]

Nora hat von der Galway-Seite womöglich unter demselben Druck gestanden, wenn uns auch keine Briefe erhalten geblieben sind. Das Leben in Irland bot ihrem Bruder Tom und ihren fünf Schwestern genauso trübe Aussichten wie dem Joyce-Clan, und sie sollten sämtlich emigrieren, die meisten von ihnen für immer. Doch holte Nora niemals einen von ihnen in ihren Joyce-Haushalt, es sei denn als Gast, und auch das niemals während ihrer Zeit in Triest.

Joyce und Stanislaus für ihren Teil hatten jedenfalls so etwas wie eine Joyce-Kommune in Triest eingerichtet. Die zu Hause gebliebenen Schwestern träumten sehnsüchtig davon, sich ihr anzuschließen. Es war in vieler Hinsicht ein lebendiges Haus. Giorgio und Lucia brachten alle zum Lachen. Häufig scharte man sich zum Singen um das Mietklavier. St. Patrick's Day war eine großartige Gelegenheit, und er wurde mit fast soviel zeremoniellem Aufwand gefeiert wie Weihnachten und Joyce' Geburtstag. Nora, Eileen und Eva übernahmen gemeinsam das Kochen. Nora briet Hühnchen, die mit Kartoffelbrei, gebratenen Zwiebeln und einer Prise Zimt gefüllt waren, ihre Spezialität.[5] Außerdem bereitete sie alljährlich den Weihnachtspudding zu, nach dessen Zutaten sie alle, Joyce eingeschlossen, ganz Triest durchkämmten. Inmitten des ganzen Treibens in der Küche saß Joyce. Er arbeitete gern dort, wo das Licht am besten war, und saß dann lesend, die Füße auf die Tischkante gestützt, oder schreibend, die Blätter auf der Tischplatte ausgebreitet. Ihr Geplauder störte ihn nicht im geringsten.

Es war echtes Familienleben, was bedeutete, daß es viel Streit gab, gewöhnlich über Geld. Stanislaus war der Sündenbock, das fünfte Rad am Wagen. Er lebte zwar für sich in einem Zimmer in der via Nuova, nahm jedoch die Mahlzeiten mit den anderen ein und bezahlte Kostgeld über seinen Anteil hinaus, um seine Schwestern zu unterstützen. Oft mußte er jedoch, wenn er abends kam, feststellen, daß die anderen bereits gegessen hatten und mitsamt den Kindern ausgegangen waren, so daß er allein essen mußte. Er fühlte sich abgelehnt und ausgebeutet, insofern er zwei Familien unterstützte; er wurde gelegentlich sogar aufgefordert, sich an der Bezahlung von Noras Schneiderrechnungen zu beteiligen. Stanislaus wußte, daß Nora, Jim und seine Schwestern sich hinter seinem Rücken über ihn lustig machten, doch immer wenn ihnen das Geld ausging, kamen sie zu ihm gelaufen. Selbst der kleine Giorgio betrachtete Stanislaus als die Milchkuh der Familie. »Wir hatten heute nichts zu essen«, schalt das Kind seinen Onkel eines Tages, als es ihn auf der Straße traf, »daran bist du schuld.« Schlimmer für Stanislaus war allerdings die Art, wie sich alle gegen ihn verschworen. Eileen haute ihn einmal übers Ohr, als sie ihn erst dazu brachte, ihr Geld für eine Bluse zu geben, und es dann, wie vorher verabredet, an Jim weiterreichte, der davon Haushaltsrechnungen bezahlte.[6]

Stanislaus vertraute seine bitteren Empfindungen und seine sexuellen Fehlschläge seinem Tagebuch an.[7] Er war davon überzeugt, daß sein Bruder ein Genie war und seine eigene Rolle im Leben darin bestand, ihn vor dem Verhungern und dem Alkoholismus zu bewahren. Tausend Meilen weit entfernt witterte Tante Josephine mit ihrem üblichen Gespür die Spannungen und schalt Stanislaus dafür, daß er eine niedrige Meinung von sich selbst habe. »Nur gut, daß es viele andere Menschen gibt, die anderer Ansicht sind«, erklärte sie mit mehr Herzlichkeit als Überzeugung.[8]

Es erübrigt sich wohl zu sagen, daß Joyce' Ausflüge in die Geschäftswelt Nora nicht etwa Berge von Mänteln, Kleidern und Pelzen eingetragen hatten. »Wie ist es denn mit dem Volta für dich ausgegangen?« fragte sein Vater, »bist wohl reingelegt worden?«[9] Joyce hatte tatsächlich das Gefühl, hereingelegt worden zu sein, denn man hatte ihm zehn Prozent vom Profit versprochen. Da es jedoch keinen Profit gab und das Geschäft in jenem Sommer mit Verlust verkauft wurde, hielten seine Geldgeber es für gerechtfertigt, ihm nichts zu geben.

Der vertraute Geldmangel hielt Nora ebensowenig wie Joyce davon ab, sich so gut zu kleiden, wie ihr Kredit bei Schneidern und Putzmachern es zuließ. Die in Triest aufgenommenen Familienfotos strafen die Mär von der bitteren Not, die man der Familie in Dublin erzählte, Lügen. Auf einem Studioporträt von Eva und Lucia beispielsweise prunken sowohl das dreijährige Mädchen als auch ihre Tante mit riesigen Hüten, deren vielschichtige Rüschen auf eine kostspielige Anfertigung schließen lassen. Man hat den Eindruck, die Joyce' hätten das Bedürfnis gehabt, den Snobs gegenüber, die Joyce unterrichtete, durch ihre Kleidung ihre Gleichrangigkeit unter Beweis zu stellen.

Die *hauteur* der Triestiner Kaufmannsgesellschaft wurmte Joyce. Er erfreute sich zwar der Patronage von Grafen, Baronen, Kaufleuten und Akademikern und machte nach Kräften Gebrauch davon. Aber wenn er auch anregend war, so hielt ihn doch niemand für ein Genie; in ihren Augen blieb er ein Mitglied einer niedrigeren Gesellschaftsschicht. Ein Zeichen dafür war, daß seine Frau arbeiten mußte. Ein anderes die Bescheidenheit seiner Wohnungen. Was noch schwerer wog, war, daß Joyce an vielen Orten ohne Nora auftauchte. Eine Triesterin führte dies Fernbleiben Noras auf den Mangel an geeigneter Garderobe zurück. »Man mußte die richtige Kleidung haben«, sagte sie.[10]

Joyce hatte zwar Zugang zu vornehmen Häusern wie etwa der eleganten Villa Veneziani mit ihren gefliesten Fußböden und porträtbehängten Wänden – doch nur als Lehrer. Es war das Zuhause von Ettore Schmitz und seiner ebenso stolzen wie schönen Gattin Livia. Die Schmitz' empfingen Joyce niemals bei gesellschaftlichen Anlässen. Livia Schmitz beschäftigte Nora als Büglerin (Nora machte die Arbeit zu Hause und gab die Bügelwäsche fertig zurück). Die Schmitz-Familie hielt Eileen für kultivierter als Nora, und sie stellten sie, um Joyce finanziell zu unterstützen, als Gouvernante für ihre Tochter ein. Doch machte die gesellschaftliche Distanz sich stark bemerkbar. Joyce, der in Livia Schmitz das Modell einer schönen Adligen sah, vergaß niemals, daß er ihre Schwelle ausschließlich als ihr Arbeitnehmer überschritt und daß Livia Schmitz Nora übersah, wenn sie ihr auf der Straße begegnete.[11]

Die Joyce' waren nicht so arm, daß sie nicht selbst Personal einstellen konnten. »Wir sind nicht nach Triest gekommen, um für dich zu kochen«, erklärten Eva und Eileen Stanislaus. Im Herbst 1910 heuerte Joyce Mary Kirn, ein junges Mädchen vom Land, als Haus- und Kindermädchen an, und er lockte sie eigens von einer anderen Stelle weg, indem er ihr eine höhere Bezahlung anbot. Mary Kirn arbeitete mit Vergnügen für die Joyce'. Sie wurde nicht nur regelmäßig bezahlt (ein weiteres Zeichen dafür, daß Joyce kein Knauser war), sondern erhielt zudem Trinkgelder von den wohlhabenden Triestinern, die zum Unterricht kamen, an der Haustür empfangen und die drei Treppen zur Joyceschen Wohnung hinaufgeleitet werden mußten.[12]

Mary mochte Nora, die sie stets lachend und zu Scherzen aufgelegt erlebte. Sie bewunderte Noras Art, wie sie Joyce durch Nekkereien aus düsteren Stimmungen herauszulocken versuchte. Sie lernte von Nora, das Mittagessen zuzubereiten. Obwohl Nora viele italienische Gerichte zu kochen gelernt hatte, zogen sie und Joyce immer noch die irische Küche vor, und mittags aßen sie eine sehr traditionelle Kombination aus Speck, Kohl und Kartoffeln, die mit Tee hinuntergespült wurden. Nora verbrachte den Nachmittag am Klavier, an dem sie sehr fleißig übte. Sie versuchte außerdem, ihr Italienisch zu verbessern, und Jim gab ihr Unterricht.[13] Während sie ihre Bügelarbeit verrichtete, sprach sie von daheim, und dann sagte sie: »Oh, du solltest mal sehen, wie in Irland die Wäsche trocknet, Mary.«

Nora hatte alle Hände voll mit Lucia zu tun. Das Kind war schwierig und oft krank. Sie litt an Furunkeln am Hals, und Nora war entsetzt. »Daß du ja niemandem davon erzählst«, schärfte sie Mary ein. Nora kannte sich mit Hausmitteln jedoch einigermaßen aus; als Lucia Mumps hatte, machte sie einen Wickel aus Brot und Milch und machte ihn dem Kind am Hals fest. (Als sie älter war, war Lucia davon überzeugt, daß diese Behandlung die kleine Narbe an ihrem Kinn verursacht habe, derer sie sich peinlich bewußt war.)

Nora liebte Lucia zwar, doch wie viele irische oder auch italienische Mütter zog sie ihren Sohn vor. Joyce wiederum bevorzugte seine Tochter und pflegte sie mit einem Wiegenlied in den Schlaf zu schaukeln: »C'era una volta una bella bambina che si chiamava Lucia...« Nora hatte Lucia nicht gestillt, wie sie es mit Giorgio getan hatte, was Joyce ewig bedauerte.[14] Sie fühlte sich ihrer Tochter nie so nahe wie ihrem Sohn und das teilweise schon deshalb, weil Nora 1907, als Lucia geboren wurde, mit einem kränkelnden Mann, einem zweijährigen Sohn und ohne Geld weit erschöpfter war als in den Wochen nach Giorgios Geburt.

Giorgio konnte für Nora immer noch nichts falsch machen, während sie Lucia oft ausschimpfte. So auch, als das Mädchen seine Puppe auf einen Stuhl setzte und diese herunterfiel und zerbrach. »Tolpatsch«, fuhr sie sie an. Joyce versuchte, die Puppe reparieren zu lassen.[15]

Dennoch überließ Nora es zum größten Teil Mary, sich um Giorgio zu kümmern, und war dann gekränkt, als sie feststellen mußte, daß er das Lager gewechselt hatte. Im Sommer 1911 nahm Mary Giorgio und Eileen zu einem Besuch bei ihren Eltern aufs Land mit und erlebte, daß Giorgio sich weigerte, nach Hause zurückzukehren. Nora und Joyce waren beide sehr aufgebracht, und Joyce ging mindestens achtmal vergeblich zum Bahnhof. In strengem Ton schrieb er Mary und befahl ihr, den Jungen gleich am nächsten Tag nach Hause zurückzubringen und »Giorgino« mitzuteilen, sein Vater sei sehr ungehalten, weil er nicht mehr nach Hause zurückkehren wolle. Falls Giorgio Theater machen sollte, instruierte Joyce Mary, dann solle sie einen Polizisten rufen, damit er gehorchte.[16]

Im Zuge ihres ungezwungenen Geplauders mit Mary Kirn erwähnte Nora, daß sie eine Fehlgeburt gehabt habe, und behauptete, sie könne keine Kinder mehr bekommen. Sie sagte nicht, ob sie damit meinte, daß sie kein Kind mehr austragen könne oder daß man ihr angeraten habe, Schwangerschaften künftig zu vermeiden. Sie und Joyce berührten dies Thema innerhalb ihres Briefwechsel über Sex nie. Seine flehende Bitte, ihre Kinder dürften niemals zwischen sie kommen, legt die Vermutung nahe, daß er sich ebensosehr vor neuen Ansprüchen an Noras Aufmerksamkeit fürchtete wie vor Ansprüchen an seine Börse, doch war seine Haltung, was diese Frage betraf, ambivalent: in späteren Jahren sprach er, insbesondere wenn er betrunken war, immer wieder sehnsüchtig von seinem Wunsch nach einer größeren Familie. (Der lebenslange Schmerz über den Verlust eines toten Kindes – es handelt sich um Leopold und Molly Blooms kleinen Rudy – zieht sich als Motiv durch den ganzen *Ulysses*.) Es ist sogar denkbar, daß sich in Joyce' Bemerkung über das »verkürzte Leben« von Noras drittem Kind der Verdacht äußerte, daß sie es, mit Hilfe ihrer Triestiner Freundinnen, abgetrieben hatte.

Man weiß, daß Nora unter gynäkologischen Schwierigkeiten litt. Als Giorgio und Lucia noch sehr klein waren, fuhr sie mit ihnen nach Visinada, in ein Bergdorf, das für sein gesundes Klima bekannt war, doch die Reise war ein Fehlschlag. Die Kinder waren krank, und es gab dort nichts zu kaufen, wie sie in einem Brief an Jim klagte:

> Lieber Jim ich habe mich überhaupt nicht amüsiert seit ich hier bin Lucy war die ganze Zeit krank und als es ihr besser ging wurde Georgie gestern abend krank er hat sich die ganze Nacht übergeben und hat heute Temperatur ich habe noch keine Nacht geschlafen seit ich hier bin Lucy fing jedesmal wenn sie einen Blick auf die wilde Gegend

geworfen hat zu weinen an sie will nicht zu Gina gehen so daß ich sie den ganzen Tag herumtragen muß das Essen ist sehr schwer so daß das wahrscheinlich Georgies Magen durcheinandergebracht hat Du brauchst Dir nicht die Mühe machen mir mein Taschengeld zu schicken und ich habe nicht vor länger als bis Montag zu bleiben ich hoffe also Du bist so nett und kümmerst Dich drum ich habe vor mit dem Dampfer zurückzufahren Ich hoffe Deinen Augen geht es besser hier gibt es keine Läden ich kann überhaupt nichts kaufen genug für heute ich hoffe Stannie geht es gut

schreib mir bald

hält immer noch an[17]

Die letzten vier Worte lesen sich wie eine verschlüsselte Mitteilung zwischen Ehegatten über irgendeine Art von vaginalem Ausfluß, und daß Nora umsichtigerweise davon Gebrauch macht, zeigt, daß sie der Möglichkeit, jemand anderer als der beabsichtigte Empfänger könne in ihrem beengten Haushalt private Briefe lesen, mit größerer Wachsamkeit begegnete als ihr Mann.

Nora und Joyce selbst stritten sich viel. Eines Tages griff Joyce in einem Wutanfall nach dem Manuskript von *Stephen der Held,* warf es ins Feuer und stürmte aus dem Zimmer. Nora, Mary und Eileen stürzten zu seiner Rettung. »Dies Buch wird ihn berühmt machen«, erklärte Nora Mary gegenüber, »ich verstecke es jetzt, damit er es nicht zerstört.«[18] Joyce war zu schlau, um ein Werk in die Flammen zu werfen, das er für bedeutend hielt. Er war längst dabei, *Stephen der Held* in *Porträt des Künstlers als junger Mann* umzuarbeiten. Trotzdem war er seiner Heimfeuerwehr dankbar und erklärte seiner Schwester Eileen, es gebe darin Passagen, die er nicht noch einmal hätte schreiben können.

Nora erkannte, wie zynisch und mißmutig die ständige Ablehnung durch die Verleger Jim machte. Sie versuchte, ihn durch ihre Neckereien aus dieser Stimmung zu befreien, aber er war davon überzeugt, daß er das *Porträt* nicht beenden konnte, ehe *Dubliner* nicht das Licht der Welt erblickt hatte. Doch zwei Jahre, nachdem der Dubliner Verleger George Roberts mit ihm den Vertrag über die Veröffentlichung des Buches geschlossen hatte, war es immer noch nicht in Sicht. Die Joyce-Familie in Dublin musterte jeden Monat erwartungsvoll die Auslagen der Buchhändler und wurde immer wieder enttäuscht.

Joyce erwarb sich unterdessen in Triest einen beachtlichen Ruf als Erklärer der englischen Literatur und der irischen Politik. Der Herausgeber des Triestiner *Piccolo della Sera*, Roberto Prezioso, einer der ersten Schüler von Joyce, bat ihn um Artikel für das Blatt, und 1912 wurde Joyce aufgefordert, zwei öffentliche Vorträge über »Realismus und Idealismus in der englischen Literatur« zu halten.

In einem dieser Vorträge vermittelte Joyce den nichtsahnenden Triestinern ein flüchtiges Bild von Ideal und Wirklichkeit seiner Beziehung zu Nora. Er sprach über William Blake, einen Autor, dem er sich sehr verwandt fühlte, und schilderte die ungeheure Anziehung zwischen Blake und seiner Frau Catherine, »einer völlig ungebildeten Frau«. Joyce erzählte die Einzelheiten auf schlichte Weise, wie ein Erwachsener, der einem Kind eine Geschichte mit doppelter Bedeutung erzählt:

> Wie viele andere Männer von großer Genialität zog es Blake nicht zu gebildeten und eleganten Frauen. Entweder zog er dem Saloncharme und einer leichten und großzügigen Kultur (wenn Sie mir erlauben, einen Gemeinplatz aus dem Theaterjargon zu entlehnen) die einfache Frau von dumpfem und schlichtem Gemüt vor, oder er wollte in seinem unbegrenzten Egoismus die Seele seiner Geliebten in einem langsamen und schmerzlichen Prozeß zu einer vollkommenen eigenen Schöpfung machen, unmittelbar unter seinen Augen den Dämon (wie er sagt), der in der Wolke verborgen ist, täglich befreien und läutern. Wie immer dem sei, Tatsache ist, daß Mrs. Blake weder besonders hübsch noch besonders intelligent war. Sie war sogar Analphabetin, und der Dichter gab sich Mühe, ihr das Lesen und Schreiben beizubringen. Es gelang ihm so gut, daß seine Frau ihm nach wenigen Jahren bei seinen Stichen half, seine Zeichnungen retuschierte und die visionäre Fähigkeit in sich kultivierte.[19]

In den ersten Jahren ihres gemeinsamen Lebens, so fuhr Joyce fort, als sei das von großer Bedeutung für das Verständnis Blakes, »gab es Mißklänge, Mißverständnisse, die leicht erklärlich sind, wenn wir den großen Unterschied an Bildung und Temperament bedenken, die das junge Paar trennte.«

Nora wurde, zu Joyce' Entsetzen, niemals Catherine Blake. Sie hielt sich von seinem Werk fern, aus Selbsterhaltungstrieb ebenso wie aus angeborener Trägheit. Sie half ihm, wenn es sein mußte; wenn sonst niemand zur Verfügung stand, ließ sie sich diktieren, schrieb sie an Verleger und Gönner und las ihm langweilige Bücher vor, doch sie ließ sich auf keines der von ihm vorgeschlagenen Programme ein, die zu ihrer Vervollkommnung führen sollten. Sie teilte die Liebe zur Musik mit ihm und einen wachsenden Vorrat an Kenntnissen über die Oper. Im übrigen sah Nora, wenn man einmal davon absieht, daß sie Sprachen zu erlernen versuchte, ebensowenig die Notwendigkeit ein, ihre intellektuellen Fähigkeiten unter Beweis zu stellen, wie sie ihre sexuelle Treue zu beweisen suchte.

***

Nora war, mit zunehmender Reife und Erfahrung, eleganter geworden. Sie trug, wie Joyce, Abendkleidung, wenn sie in die Oper gingen, und sie richtete sich das dunkelrote Haar mit Bändern her.[20] Joyce genoß es sehr, zu beobachten, wie andere Männer sie bewunderten. Nachdem er 1912 dreißig geworden war und sich immer tiefer in sein Schreiben versenkt hatte, begann er, den Kitzel zu genießen, sich Nora in den Armen eines anderen Mannes vorzustellen. Er ging so weit, sie zu ermutigen, die Avancen anderer Männer herauszufordern. Die redselige, freimütige Nora, das wußte er, würde ihm genau erzählen, was vorfiel.

Nora war, wie zuvor, zum sexuellen Abenteuer bereit, wenn sie die Erkenntnis, daß Joyce sie nun zu eben dem Betrug drängte, den er angeblich am meisten fürchtete, auch zutiefst verblüffte. Sie befürchtete, verständlicherweise, daß er ihrer lediglich überdrüssig wurde. Doch wie manche *femme fatale*, die sich ihrem vierten Lebensjahrzehnt nähert, fragte sie sich besorgt, ob sie wohl an Reiz einbüßte, und ergriff erfreut die Gelegenheit zur Selbstbestätigung.

Ihre unausgesprochene Verschwörung forderte alsbald ihr erstes

Opfer. Prezioso, der gutaussehende, weltgewandte Herausgeber des *Piccolo*, war von Nora sehr angetan. Prezioso besaß jenen Charme und jene übermäßige Selbstsicherheit, die davon herrührten, daß er einer venezianischen Adelsfamilie angehörte; der einstige Marineoffizier war eine ebenso wichtige wie strahlende Leitfigur in Triest. Es mag den Joyce' nicht klar gewesen sein, daß Prezioso, der ebenso gefühlsbetont wie gutaussehend war, bisexuelle Neigungen und eine romantische Bindung an Aldo Mayer, den Sohn des Gründers des *Piccolo*,[21] nachgesagt wurden. Er war jedoch auch ein Frauenfreund und sah in Nora mit ihrer kräftigen Hautfarbe und ihrer irischen Lebhaftigkeit eine exotische Blume an seinem adriatischen Küstenstrich. Prezioso, der Joyce seit 1905 nahestand, als er ihm zum Zeitpunkt ihres Umzugs nach Rom Empfehlungen verschafft hatte, begann, in der Wohnung in der via della Barriera Vecchia vorbeizuschauen, um Nora zu besuchen. Joyce war gewöhnlich damit beschäftigt, entweder hinter der geschlossenen Tür des Wohnzimmers oder aber im Haus eines Schülers in einem anderen Teil der Stadt Unterricht zu geben.

Die Tatsache, daß Nora zu Joyce gehörte, machte für Prezioso gewiß einen Teil ihrer Attraktivität aus. Joyce war die Triolismus genannte psychologische Absonderlichkeit, bei der sich ein homosexuelles Begehren darin ausdrückt, daß man einen Partner teilt oder doch davon träumt, nicht unbekannt. Starke Hinweise darauf lassen sich in *Ulysses* und sogar noch unverhüllter in Joyce' Stück *Die Verbannten* finden, für das er Ende 1913 Notizen zu machen begann.

Die Faszination, die Joyce auf Prezioso ausübte, rührte zum Teil daher, daß ihn, wegen der nationalen Frage, alles Irische faszinierte. Für Prezioso war Nora »Irlandina« oder Klein-Irland, und Mitte 1913 schrieb er seinem »Klein-Irland« Briefchen und von unterwegs eine Postkarte.[22] Zu diesem Zeitpunkt schien Prezioso trotz seiner Verpflichtungen bei der Zeitung, einer Frau und zwei Kindern alle Zeit der Welt zu haben, um in der Wohnung herumzulungern, Nora anzustarren und zum Abendessen zu bleiben. Der urbane Südländer erlebte eine vertraute häusliche Szenerie: eine heißblütige Frau mit einem schwachen Gatten, der zudem in sein Werk vertieft war. Eines Tages beschloß er, sein Glück zu versuchen. »Il sole s'è levato per Lei (Die Sonne scheint nur für Sie)«, erklärte er lockend.[23] Er mag sie geküßt haben.

Was immer zwischen ihnen vorgegangen ist, es blieb ihr Geheimnis. Allerdings erzählte Nora Joyce, daß Prezioso sie zu verführen versuche. Joyce schlüpfte daraufhin wie ein Schauspieler auf sein Stichwort in seine Lieblingsrolle: der betrogene Mann. Als er Prezioso eines Tages auf der Straße begegnete, machte er ihm eine wütende Szene. Ihr gemeinsamer Freund, der Maler Tullio Silvestri, der gerade vorbeikam, bemerkte erstaunt, daß Prezioso weinte. Die Besuche bei Nora hörten auf, und die Freundschaft zwischen Joyce und einem seiner zuverlässigsten Bewunderer in Triest war beendet.

Preziosos Werben berührte Nora zutiefst. Sie war geschmeichelt. Ein weiterer hochintelligenter Mann hatte sie unwiderstehlich gefunden, und sie erzählte einem Freund von Preziosos ausgefallenem südländischen Kompliment, das sie in Zusammenhang mit der aufgehenden Sonne brachte.[24] Doch der Nerv der einstigen Männermörderin war getroffen worden. Drei Jahre später träumte sie immer noch davon, wie Prezioso auf der Straße weinte, am Boden zerstört, weil er aus Liebe zu ihr eine Freundschaft zerbrochen hatte.[25]

***

Sosehr er auch in Verdächtigungen schwelgen mochte, was Noras Untreue betraf, Joyce gab sich auch weiter seinen eigenen Träumen vom Ehebruch hin. Irgendwann zwischen 1911 und 1914 verliebte er sich bis zur Obsession in wieder eine andere seiner reichen Schülerinnen, in Amalia Popper, die Tochter eines jüdischen Triestiner Kaufmanns. Joyce war in Triest, wohin viele Juden vor der russischen Verfolgung geflüchtet waren, zu dem Schluß gelangt, jüdische Frauen seien außergewöhnlich sinnlich. Joyce verschlang Signorina Popper mit den Augen, hingerissen von ihrer olivfarbenen Haut, ihren feingeschnittenen Lidern, ihren langen, dunklen Ringellocken, ihren klickenden hohen Absätzen und ihren üppigen, warmen Pelzen.

Die Tatsache, daß seine Schwärmerei wahrscheinlich sogar begann, noch ehe Joyce Nora im Sommer 1912 nach Galway folgte, läßt vermuten, daß sie nicht mehr war als das Wunschdenken eines gesetzten verheirateten Mannes und daß auch Joyce, während Noras Gedanken im Jahr 1913 zu Prezioso schweiften, mit seinen Gedanken woanders war. Joyce empfand jedoch alles mit außerordentlicher Intensität und benutzte seine gesamten Empfindungen als Rohmaterial für seine Kunst.

Elemente der verquälten *affaire manquée* gingen in ein Prosaliebesgedicht mit dem Titel *Giacomo Joyce* ein. Dies kurze Werk, das erst nach seinem Tod veröffentlicht wurde und der einzige in Triest verfaßte Text ist, zeigt einen Joyce von Anfang dreißig, der zwischen dem Verlangen nach einer verbotenen Schönheit und seiner Furcht davor, den gefährlichen erotischen Phantasien nachzugeben, hin und her gerissen ist. Bestimmte Elemente sind ein Nachhall seiner früheren Neigung zu Anny Schleimer, die sich, anders als Amalia Popper, einer Blinddarmoperation hatte unterziehen müssen, wie sie in dem Text ausdrücklich ausgemalt wird:

> Das Messer des Chirurgen hat in ihren Eingeweiden sondiert und sich wieder eingezogen, die derben klaffenden Zacken seines Wegs ließ es auf ihrem Bauch zurück.[26]

Giacomo Joyce endet mit einem surrealistischen Alptraum, aus dem der Erzähler sich mit zwei verzweifelten Schreien herausreißt. Einer ist das Eingeständnis der Impotenz: »Schreib's auf, verdammt, du, schreib's auf. Wozu taugst du denn sonst?«

Der andere ist ein verzweifelter Aufschrei, ein Stoßgebet an seine Frau um seine Rettung: »Eine gestirnte Schlange hat mich geküßt: eine kalte Nachtschlange. Ich bin verloren! – Nora! –«[27]

Joyce' Frustration war ebensosehr gesellschaftlicher wie sexueller Art. Signorina Popper war typisch für Joyce' Schülerinnen, wohlhabende Müßiggängerinnen, und wie diese attraktiven jungen Mädchen ihn, genau wie ihre Eltern, als Dienstboten behandelten, wurmte ihn. Manchmal erinnerten sie ihn auf unsubtile Weise an seinen Status. Einmal, als Joyce eine seiner Schülerinnen in deren Haus unterrichtete und seine Bücher zusammenpackte, um zu gehen, wies das Mädchen auf die Wanduhr über seinem Kopf: die

Stunde, für die sie bezahlt hatte, war erst in fünf Minuten abgelaufen.[28]

***

Im Juli 1911 gab Eva auf. Sie kehrte nach Dublin zurück und begründete das vor sich selbst damit, daß sie in Triest nicht weiterkäme. Es ist allerdings wahrscheinlicher, daß das freiere sexuelle Klima von Triest zuviel für sie wurde, denn als sie sich in Dublin in Sicherheit befand, schwärmte sie ihren Schwestern von den hinreißenden, gutaussehenden Männern von Triest vor.[29]

Stanislaus erklärte sich bereit, ihr eine Berufsschule in Dublin zu bezahlen, wo sie abends nach der Arbeit Maschineschreiben und Buchführung lernen konnte. Es war schmerzlich für sie, sich von Nora, Jim und den Kindern loszureißen. Am schlimmsten war für sie der Abschied von Lucia. »Ich habe niemals eine solche Schwäche für irgendein Kind gehabt wie für sie«, schrieb sie Stannie, der es Nora weitersagen sollte.[30]

Die Briefe aus Dublin führten Nora alsbald vor Augen, wie irrig es war, von »daheim« zu träumen. In der ersten Nacht nach ihrer Rückkehr hatte Eva nicht einmal einen Schlafplatz. Ihre Schwestern suchten ihr zwar fürs erste eine Bleibe, doch saß sie schon am Ende der Woche wieder auf der Straße, weil ihr Vater die Miete nicht bezahlt hatte. Er war wütend über das Wiederauftauchen einer weiteren Kostgängerin. Ihre Schwestern waren ebenfalls verblüfft über ihre Rückkehr. Wann immer sie etwas brauchten, wandten sie sich schließlich nach Triest, und es war gewöhnlich Stanislaus, der ihre Bitten erfüllte. Er schickte seiner jüngsten Schwester Baby sogar Geld, damit sie sich ein neues Kostüm kaufen konnte.

Baby trug es jedoch nicht lange. Kurz nach Evas Rückkehr erkrankte sie an Typhus und starb binnen einer Woche. Der traurige Bericht, den May Joyce nach Triest schickte und der Babys letzte Stunden schilderte, zeigt, daß James Joyce nicht der einzige Schriftsteller in der Familie war.* May gab ihrem Vater die Schuld:

* »Von Anfang an war sie während ihrer Krankheit sehr still & und es war nicht leicht herauszufinden, ob sie überhaupt wußte daß es so schlimm um sie stand

»Pappie ist der reine Nichtsnutz und je eher wir ohne ihn auskommen müssen desto besser für uns alle. Er tut nichts anderes als trinken und streiten und stöhnen.« May meinte, es wäre genügend Geld dagewesen, um sie alle angemessen zu ernähren, wenn er es nicht vergeudet hätte, und sie bat Stanislaus, ihr welches zu schikken.[31]

Die tragische Geschichte aus Dublin vergrößerte die Kluft zwischen Joyce und Stanislaus nur noch. Stanislaus, der seinen Vater leidenschaftlich haßte, teilte Mays Standpunkt und fühlte sich mehr denn je gedrängt, einen Teil seiner Einkünfte nach Hause zu schicken. Joyce, der für die Leiden der Mädchen nicht weniger Verständnis aufbrachte, war sich stärker denn je bewußt, wie wichtig es war, daß er sein Geld für Nora, Giorgio und Lucia zusammenhielt. Außerdem liebte er als einziger von allen seinen Vater, bewunderte seine Verschwendungssucht und hütete jede kleine witzige Äußerung des alten Mannes, an die er sich erinnern konnte, wie ein Kleinod.

***

Im September 1911 kam Giorgio in die Schule, und Nora konnte sich freier bewegen. Sie und Jim waren sehr stolz auf ihr hübsches Kind, das schon im zarten Alter erkennen ließ, welch herrliche Stimme es besaß. Der elterliche Stolz wurde jedoch durch Giorgios erstes Zeugnis gedämpft, das er aus der Schule in der via Parini nach Hause brachte: ungenügend in jedem Fach.[32] (Nicht, weil er sich schlecht betrug – in Betragen hatte er erstklassige Noten.) Der

oder nicht... Ihr Hals war entzündet und es war fast unmöglich zu verstehen was sie sagte und das Reden schien sie aufzuregen. Am nächsten Sonntag (am Sonntag bevor sie starb)... schlief sie als wir ins Krankenhaus kamen... Pappie stand und schaute auf sie nieder und plötzlich fuhr sie aus dem Schlaf hoch und starrte uns eine Minute lang an Dann nach einer Minute setzte sie zum Sprechen an doch das einzige was wir verstehen konnten war: »May, ich werde sterben, ich werde sterben, das steht fest...« Stannie, hast Du je ein Tier gesehen, das Qualen leidet, kennst Du den Ausdruck seiner Augen? Ja, genau mit diesem Blick sah unsere kleine Schwester uns nach, als wir uns von ihr verabschiedet hatten und hinausgingen. Ich werde sie niemals vergessen und wenn ich an sie denke, sehe ich sie immer dort im Bett liegen...«

Junge litt an verschiedenen Handikaps. Da er aus einer Emigrantenfamilie stammte, konnte Giorgio es, was die Beherrschung des Italienischen anging, nicht mit seinen Schulkameraden aufnehmen. Außerdem war er wie sein Vater schon als ganz kleiner Junge extrem kurzsichtig. Mit sieben begann Giorgio, ständig eine Brille zu tragen, sehr zum Entsetzen seiner ihn vergötternden Tanten, die fanden, daß die Brille sein Aussehen verderbe. Joyce selbst, der wachsende Probleme mit seiner Iritis hatte, trug mittlerweile so dicke Gläser, daß seine blauen Augen, dem irischen Schriftsteller James Stephens zufolge, der ihn 1912 in Dublin kennenlernte, fast so groß wie Kuhaugen wirkten.[33] Doch mit Augen und Stimme schien die Ähnlichkeit zwischen Vater und Sohn zu enden. Giorgios eigentliche Schwierigkeit war, daß er, wie seine in ihn vernarrte Mutter, mit dem zufrieden war, was das Leben gerade bot. Joyce machte Nora dafür niemals direkt verantwortlich. Einem Freund gegenüber machte er sich jedoch über Giorgios Ehrgeiz lustig, im Pferdestall zu arbeiten. »Das ist schon komisch«, sagte er, »der Vater ein Intellektueller, der Sohn ein Stalljunge.«[34]

Im Frühjahr 1912 beschloß Joyce, der mit Stanislaus kaum mehr sprach, mit Nora und den Kindern von Triest weg- und nach Italien zu ziehen. Seine Geduld war erschöpft, sowohl was die lange Arbeitszeit und das ungewisse Einkommen eines Privatlehrers als auch was die endlosen Familienstreitigkeiten betraf. Eine Anstellung innerhalb des staatlichen italienischen Schulsystems, fand er, würde ihm die nötige Sicherheit geben, während sie ihm gleichzeitig erlaubte, sich stärker seiner schriftstellerischen Arbeit zuzuwenden. Für eine solche Stelle benötigte man jedoch ein Zeugnis, das sich nur durch die Teilnahme an einer Prüfung mit Wettbewerbscharakter an der Universität Padua erwerben ließ. Um sie hinter sich zu bringen, würde er, mit anderen Worten, etwa eine Woche von Nora getrennt sein müssen. Seit seiner Erfahrung in Dublin im Jahr 1909 war sich Joyce sehr wohl darüber im Klaren, welche Strapaze das für sein nervöses Temperament bedeutete. Er umging sie, indem er nur die eine Nacht in Padua blieb, die zwischen den beiden schriftlichen Prüfungen lag, und dann für so lange nach Triest zurückkehrte, bis man ihn zu weiteren Prüfungen wieder nach Padua rufen würde.

Es ist bezeichnend für Joyce' Mangel an Snobismus, daß er bei seinem Sprachunterricht, seinen Prüfungen in Padua und seinen verschiedenen seltsamen Geschäftsunternehmen nie das Gefühl hatte, sich etwas zu vergeben. Er widmete sich stets mit ganzer Kraft jeder Aufgabe, die gerade anstand. In Padua verfaßte er zwei bemerkenswerte Essays (die viele Jahre später wieder aufgefunden und veröffentlicht wurden), einen über die Renaissance in der Literatur, den anderen über Dickens.

Zuversichtlich fand er sich wieder in Triest ein, um seine hervorragenden Noten abzuwarten. Nora konnte nicht warten. Sie sehnte sich danach, ihre Mutter wiederzusehen. Ihr Onkel Michael Healey schickte ihr das Geld für die Fahrkarte. Sowie das Schuljahr beendet war (und Giorgio ein *»molto buono«* in Arithmetik und Singen erhalten hatte), nahm sie Lucia und brach nach Galway auf.

***

Als sie am 8. Juli 1911 an der Westland Row Station aus dem Schiffszubringer stieg, verwirklichte Nora den Emigrantentraum: die triumphale Rückkehr in eleganter Kleidung. Sie hatte ein reizendes Italienisch sprechendes Kind im Schlepptau und brachte einen Hauch von kontinentalem Raffinement mit sich. Eine ganze Reihe von Joyce' hatte sich zu ihrem Empfang aufgebaut. Unter ihnen war Joyce' Bruder Charlie, der, nur zwei Monate früher, die andere Art der Emigrantenheimkehr hinter sich gebracht hatte – er war in Übersee gescheitert und für immer nach Hause zurückgekehrt. Charles Joyce hoffte, wie viele andere, daß es viele neue Arbeitsplätze in Irland geben würde, wenn Asquith's Home Rule Bill* vom Parlament verabschiedet würde.

John Joyce führte das Empfangskomitee an. Es war seine erste Begegnung mit Nora. Nachdem er sich 1909 mit seinem Sohn ver-

* Die Verabschiedung des Home-Rule-Gesetzes wurde erst durch den Widerstand der Ulster Unionists blockiert und dann durch den Kriegsausbruch im Jahr 1914 hinausgezögert.

söhnt und seinen Enkel kennengelernt hatte, hatte der alte Mann Nora zu schreiben und sie und seinen Enkel »Georgie Porgie« grüßen zu lassen begonnen. Mit seinem kauzigen Sinn für Humor hatte John Joyce beschlossen, ein Abendessen in Finn's Hotel gäbe dem feierlichen Anlaß erst den richtigen Anstrich. Ein oder zwei Tage später schleppten er und ein paar von den anderen Nora und Lucia hinaus zum Howth Head, der schönen Landzunge an der Nordseite der Dublin Bay. Dort verbrachten sie einen vergnüglichen Nachmittag mit Tee und Sandwichs und hörten Lucia singen. Dann unterschrieben sie, wie Touristen das tun, alle eine Postkarte und schickten sie Jim.

Als nächstes nahm Nora ihr wichtigstes Geschäft in Dublin in Angriff: den Besuch bei Joyce' Verleger George Roberts von Maunsel & Company. Sie hatte Jim versprochen herauszufinden, was das Erscheinen von *Dubliner* verzögerte. Sein Vater und sein Bruder wollten einen derart wichtigen Gang jedoch nicht ihr allein überlassen, und so gingen sie auch mit. Sobald sie in Galway eingetroffen war, schickte Nora Joyce einen anschaulichen, aber entmutigenden Bericht:

> ... ich fühle mich hier sehr fremd aber die Zeit wird rasch verfliegen bis ich zu dir wieder zurückkomme also Jim sicher würdest Du gern etwas über deinen Verleger hören also am Dienstag sind Dein Vater Charley und ich hingegangen und haben den reizenden Herrn richtig in die Enge getrieben also ich fragte ihn was er sich dabei denkt daß er Dich so behandelt aber dann fing dein Vater an zu sprechen so daß Roberts von mir keine weitere Notiz nahm sprach nur mit deinem Vater er machte einige Entschuldigungen und sagte er hätte sehr viel zu tun und wir sollten wiederkommen und so sind Charley und ich am nächsten Tag zweimal vorbeigegangen aber ich muß leider sagen er ging uns aus dem Wege aber Charley will alles tun was er kann sagt er will ihm jeden Tag auflauern dann wird er Dir schreiben. Es tut mir leid es wird eine Sache sein eine endgültige Antwort zu bekommen auf meiner Rückreise werde ich noch einmal vorbeigehen ich hoffe Charley kann etwas tun (...) Leb wohl
>
> NORA
>
> liebe Grüße an Georgie[35]

Nora hätte die Reise gern mit Joyce zusammen gemacht, doch das kam nicht in Frage. Onkel Michael hatte keine weiteren Geldmittel übrig. Er hatte, so schrieb Nora Joyce, einen Haufen Geld ausgegeben, weil er »sich einen Knochen aus der Nase schneiden lassen (mußte)«.[36] Und sie wußte, daß in Triest kein Geld übrig war. Ihr Postsparkonto in Triest, das einmal die stolze Summe von einhundert österreichischen Kronen aufgewiesen hatte, war bei einer Krone angekommen.[37]

Wenn Joyce ihren Brief erhalten hätte, hätte er bemerkt, wie Nora unterschiedslos von »er« sprach, als sie sich zunächst auf George Roberts und dann auf Charlie bezog. Das war eine von ihren Angewohnheiten, die er später äußerst wirkungsvoll in Molly Blooms Selbstgespräch in *Ulysses* einsetzen sollte. Joyce war jedoch nicht in Triest, als der Brief eintraf. Er war bereits nach Irland abgereist.

Ungefähr einen Tag lang war Joyce nach Noras Abreise heiter gewesen. Er brüstete sich Schmitz gegenüber, wie er und Giorgio ihr Junggesellenleben ohne Frau und Tochter genössen.[38] Doch fast sofort danach erschien Joyce schon wieder in der Villa Veneziani und bat Schmitz um Geld, um Nora nach Irland nachfahren zu können. Schmitz (aus dem später der berühmte italienische Romancier Italo Svevo wurde, was zu einem wesentlichen Teil dem Zuspruch Joyce' zu verdanken war) hatte Mitleid mit ihm und bezahlte einen Block Unterrichtsstunden im Voraus.

Ohne Nora hatte Joyce den Faden verloren. Er konnte ohne sie buchstäblich nicht schlafen. Auf einer zornigen Postkarte, die sich mit ihrem ersten langen Brief aus Galway kreuzte, kanzelte er sie fast so heftig ab wie 1909, weil sie ihm nicht geschrieben hatte.

> Fünf Tage läßt Du mich ohne eine Nachricht und dann kritzelst Du mit mehreren anderen zusammen Deine Unterschrift auf eine Postkarte. Kein Wort über die Stellen in Dublin, wo ich mich mit Dir traf und die für uns beide so voll von Erinnerungen sind! Seit Deiner Abreise ist ein beständiger dumpfer Groll in mir. Ich halte die ganze Geschichte für falsch und ungerecht.
>
> Ich kann weder schlafen noch denken. Ich habe immer noch die

Schmerzen in der Seite. Gestern nacht hatte ich Angst, mich niederzulegen. Ich dachte, ich würde im Schlaf sterben. Ich habe Georgie dreimal aufgeweckt aus Angst vor dem Alleinsein.

Es ist ungeheuerlich, sich vorzustellen, daß Du schon nach fünf Tagen mich vergessen und die schönen Tage unserer Liebe vergessen zu haben scheinst.

Ich verlasse Triest heute abend, da ich Angst habe, hierzubleiben – Angst vor mir selbst. Ich werde am Montag in Dublin eintreffen. Solltest Du auch vergessen haben, ich habe es nicht. Ich werde *allein* gehen, um das Bild derjenigen, an die ich mich erinnere, zu treffen und mit ihm zu wandern.

Du kannst mir an die Adresse meiner Schwester in Dublin schreiben oder telegraphieren.

Was sind Dublin und Galway verglichen mit unseren Erinnerungen?

JIM[39]

Daß Noras Brief trotz Joyce' Abwesenheit überlebte, läßt ermessen, wie peinlich sorgfältig Stanislaus Joyce' Korrespondenz – wie im übrigen auch alle Briefe aus Dublin – aufbewahrte. Während des Sommers 1912 hatte Stanislaus allerdings seines Bruders wegen andere Sorgen. Joyce war überstürzt aufgebrochen und hatte vier Kündigungsdrohungen liegenlassen, die er und Nora erhalten hatten. Sie hatten gewußt, daß ihr Mietverhältnis in Gefahr war, und sich sogar bereits dreißig neue Wohnungen angeschaut. Sie hatten jedoch keine Anstalten gemacht umzuziehen, weil Joyce davon überzeugt war, der Hauswirt habe, durch fortgesetztes freundliches Auftreten, zu verstehen gegeben, daß es ihm nicht ernst mit seinen Versuchen war, sie hinauszusetzen. Joyce irrte.

Nora, in Galway angelangt, verschwendete keinen Gedanken daran. Sie war das Stadtgespräch. Wie sie triumphierend an Eileen schrieb:

> ... also was denkst du jetzt über Jim nach all unseren kleinen Zankereien konnte er nicht einen Monat ohne mich sein kannst Du dir meine Freude vorstellen als ich eine Woche später ein Telegramm aus London bekam Jim und Georgie unterwegs es scheint mir daß er Wunder tun kann. er schickte mir ein Telegramm vom Schiff und das

draußen auf der tiefen See um Mitternacht. aber um es kurz zu machen er kam Dienstag abend mit Georgie in Galway an alle Leute hier haben über ihn geredet weil er mir nachgelaufen ist ...[40]

Noras Bild von Joyce entsprach in vieler Hinsicht seinem eigenen. Er war der arme, kindische, einfältige Jim, gleichzeitig jedoch ein Wundertäter, der imstande war, sich über Hindernisse wie Entfernungen und Geldmangel hinwegzusetzen. Ihn und beide Kinder bei sich in Galway zu haben, war ein unerwartetes Vergnügen: endlich waren sie eine irische Familie in Irland, wie sie Eileen innerhalb ihrer Schilderung des August in Irland schrieb:

... nun liebe Eileen ich berichte dir nur kurz da ich dir alles erzählen werde wenn wir uns wiedersehen jetzt möchtest du sicher gern wissen wie wir unseren Tag verbringen wir würden es mehr genießen wenn wir nicht so schlechtes Wetter hätten jeden zweiten Tag Regen wenn es nicht regnet gehen wir gewöhnlich morgens an die Küste. die Luft ist herrlich hier und das Essen Jim Georgie und ich schlafen bei meinem Onkel Lucia schläft bei Mutter du wärst überrascht wie häuslich sie geworden ist jeden Abend gegen zehn wenn wir von Mutter weggehen sagen wir Lucia gute Nacht und sie geht singend nach oben ins Bett sie ist wundervoll sie ist so rosig den beiden Kindern gefällt es hier so gut sie sind den ganzen Tag draußen sie nehmen sich nicht die Zeit zu essen Jim geht es auch sehr viel besser und mir auch sie sagen zu mir O du machst richtig was her du bist so dick also ich glaube ich bin ein bißchen dicker geworden, ehrlich gesagt ich gehe nicht viel an die Luft ich bleibe fast den ganzen Tag bei Mutter ...[41]

Annie Barnacle glaubte, ihre Tochter sei eine verheiratete Frau. Nora hatte sich einen Ehering gekauft, und Joyce selbst trug am richtigen Finger einen Ring (der ihn vor dem Erblinden schützen sollte, wie er sagte). Annie Barnacle freute sich, ihn wiederzusehen. Bei seinem letzten Besuch hatte sie für ihn »The Lass of Aughrim« gesungen und ihm gesagt, seine Augen »erstrahlten wie Kerzen in seinem Kopf«, wenn er von ihrer Tochter sprach. Joyce wiederum war beeindruckt von Michael Healy. Noras Onkel war die Art Vaterfigur, die Joyce, mit dreißig, hätte gebrauchen können: aufrecht, tüchtig, angesehen und bereit, in die Tasche zu greifen, um einem jungen Paar aus der Klemme zu helfen. Die beiden Männer schlossen eine von gegenseitigem Respekt bestimmte Freundschaft, die bis zu Healys Tod im Jahr 1936 andauerte.

Die Reise waren die Flitterwochen, die Joyce Nora versprochen hatte. Sie gingen zu den Galway Races, die an fünf Tagen Ende Juli stattfanden und den gesellschaftlichen Höhepunkt der Sommersaison dieser Stadt bedeuteten. Allein fuhr Joyce vierzehn Meilen mit dem Fahrrad nach Oughterard und besuchte den Friedhof von ›Die Toten‹. (Er mag außerdem entdeckt haben, daß der eigentliche Friedhof, der solange in Noras Gedächtnis rumorte, in Rahoon lag, nur zwei Meilen von Galway City entfernt.)[42]

Nora begleitete Joyce auf einer Bootsfahrt dreißig Meilen hinaus, um die Aran Islands zu besuchen, wo Joyce zum erstenmal die irischen Bauern sah, von denen J. M. Synge schrieb. (Er hatte begonnen, Synges *Reiter ans Meer* zu bewundern, das Synge ihm 1902 in Paris erstmals gezeigt hatte, und las Francini, der kein Englisch konnte, nur um des Klangs der Worte willen gern daraus vor.) Als die beiden über die Insel Inishmore wanderten, lud eine alte Frau sie in ihre Hütte ein. Sie gab ihnen Brot und gesalzene Butter und viele Tassen heißen Tee. Am Feuer saß ein junger Mann. Nora fragte ihn, wie alt er sei.[43]

Die Antwort hätte unmittelbar Synge entnommen gewesen sein können: Das wisse er nicht, doch wisse er, daß er bald alt sein werde. Warum er denn keine Frau genommen habe? Vielleicht, antwortete der junge Mann, weil es für ihn keine gebe. Und warum nicht? Auf diese unverblümte Frage hin nahm er den Hut ab und versteckte sein Gesicht in dessen weicher Wolle. Als sie gingen, erbot sich Nora, die offenbar als Dolmetscherin fungierte, für den Tee zu bezahlen, doch die alte Frau drängte sie hinaus und fragte, ob sie vielleicht ihr Haus entehren wollten.

Joyce kam im Westen so sehr auf seine Kosten, daß er sich dem Journalismus zuwandte, etwas, das er in späteren Jahren verschmähte. Er sandte zwei Artikel, einen über die Inseln, den anderen über Galway, an den *Piccolo*, der sie im August 1912 druckte. (Der Bruch mit Prezioso scheint, der Korrespondenz nach zu schließen, später erfolgt zu sein, vielleicht Anfang 1914.)

›Die Stadt der Stämme‹ verrät, wie beeindruckt Joyce vom spanischen Einschlag Galways und seiner Einwohner war, eine Kombination, die er in den Charakter von Molly Bloom in *Ulysses* einarbeiten sollte; Molly ist eine heißblütige Frau, geboren auf Gibraltar, eine Mischung aus Spanischem und Irischem. Derselbe Artikel enthält außerdem Spuren von Gabriel Conroys (in ›Die Toten‹) Schuldgefühlen, die er hat, weil er niemals die Reise in den Westen, in die Heimat seiner Frau, das wahre Irland, gemacht hat. Wie Joyce die Leser des *Piccolo* informierte:

> Der träge Dubliner, der wenig reist und sein eigenes Land nur vom Hörensagen kennt, glaubt, daß die Einwohner von Galway Nachkommen spanischer Familien sind und daß man in den dunklen Gassen der Stadt der Stämme keine vier Schritte gehen kann, ohne dem echten spanischen Typ zu begegnen, mit olivfarbener Haut und rabenschwarzem Haar. Der Dubliner hat sowohl recht als unrecht. Heutzutage sind in Galway schwarze Augen selten genug, und auch das rabenschwarze Haar, weil meist Tizianrot die vorherrschende Farbe ist. Die alten spanischen Häuser verfallen zu Ruinen, und Unkraut wächst aus den vorstehenden Erkerfenstern. Vor den Stadtmauern entstehen Vorstädte – neu, hell und unbekümmert um die Vergangenheit, doch muß man die Augen vor dieser lästigen Modernität nur einen Augenblick schließen, um im Dämmerlicht der Geschichte als »Spanische Stadt« sehen zu können.[44]

Der Artikel gab Joyce Gelegenheit, vor einem neuen Publikum die Geschichte vom schrecklichen Lynch zu erzählen, dem Bürgermeister, der, nach einem Abschiedskuß, »(...) selbst seinen Sohn (erhängte), am Fensterbalken, vor den Augen der entsetzten Menge«.

Die Reise der Joyce' hätte eine romantische Heimkehr in das Land ihrer Geburt sein sollen. Statt dessen wurde daraus schon nach kurzem eine bittere Erfahrung, die bewirkte, daß sie beschlossen, sich für immer von Irland loszusagen. Stanislaus in Triest war zu der enttäuschenden Mitteilung genötigt, daß Joyce schließlich doch nicht die Lehrberechtigung für den italienischen Schuldienst erworben hatte. Die padovesische Behörde hatte ihm geschrieben, um ihm mitzuteilen, das italienische Erziehungsministerium habe trotz seiner herausragenden Examensnoten – die um fünfzig Punkte über denen des nächstbesten Mitbewerbers lagen – verfügt, daß sein irischer Universitätsgrad nach italienischen Bestimmungen ungültig sei.[45] Stanislaus wartete alsbald mit weiteren schlechten Neuigkeiten auf. Der Hauswirt in der via della Barriera Vecchia hatte nicht geblufft, was die Räumung der Wohnung betraf, und hatte angeordnet, daß deren gesamter Inhalt – zu dem auch Joyce' Manuskripte sowie ihre Schwester Eileen gehörten – bis zum 24. August hinausgeschafft sein müsse.

Diese beiden Schläge hätte Joyce noch verkraftet, wären da nicht noch die ominösen Meldungen über *Dubliner* gewesen. George Roberts in Dublin bekam kalte Füße, geradeso wie vor ihm Grant Richards in London. Mit der Zeit wurde er immer besorgter über die angebliche Unmoral des Buches. Mehr noch sorgte er sich jedoch wegen der Möglichkeit, daß ihn all die Besitzer von Pubs, Gastwirtschaften und anderer Lokalitäten, deren richtige Namen Joyce in seinen Erzählungen verwendet hatte, wegen übler Nachrede verklagen könnten. Jedesmal, wenn Joyce in einem Punkt nachgab – und dabei so weit ging, daß er sich sogar bereit erklärte, eine ganze Erzählung, nämlich *Eine Begegnung* herauszunehmen, weil sie von einem Perversen handelte – ließ Roberts sich eine neue Schwierigkeit einfallen. Mitte August, als Joyce in Galway war, drohte Roberts, sich ganz aus dem Vertrag zurückzuziehen.

Joyce beschloß, selbst nach Dublin zu fahren, um die entscheidende Auseinandersetzung über das Buch zu erzwingen. Niemals war sein Verfolgungswahn so berechtigt gewesen. Er begann zu glauben, daß ein Fluch über allem lag, was er zu erreichen versuchte.

Nora verabschiedete sich von ihm, bekümmert, ihn so niedergeschlagen zu sehen. Er hatte ihr einen ganzen Nachmittag lang bei den Galway Races sein Herz über *Dubliner* ausgeschüttet. Da sie wußte, welche Feuertaufe ihm in Dublin bevorstand, sandte sie ihm nach seiner Abreise in der Mischung aus Italienisch und Englisch, die ihre Privatsprache war, ein Telegramm: »Courage Angelo Mio«.[46]

Mut konnte er gebrauchen. Die Begegnung mit Roberts war schlimmer, als Joyce befürchtet hatte. Roberts verlangte von ihm, er solle tausend Pfund für den Fall gerichtlicher Verfolgung bereithalten, sonst würde er das Buch nicht veröffentlichen. Joyce rannte zwischen Anwalt und Verleger hin und her und versuchte, auf jede erdenkliche Weise die Veröffentlichung zustande zu bringen, während er gleichzeitig Stanislaus anwies, seine Sachen aus der Wohnung und in die eines Nachbarn zu schaffen, wenn der Hauswirt nicht nachgeben würde. Angesichts der Notlage konnte Joyce seinen kühlen Ton dem Bruder gegenüber nicht länger aufrechterhalten.

Nora bekam bald schon klägliche Briefe. Joyce befand sich genau in der Situation, die zu vermeiden er nach Irland gekommen war: allein, ohne Nora an der Seite. In langen Briefen nach Galway ließ er sie an sämtlichen Einzelheiten seiner Verhandlungen mit seinem Verleger teilhaben und fertigte sogar Kopien der Briefe an, die er in seiner Sache geschrieben hatte. Er sprach von seiner Verzweiflung und wählte dabei Ausdrücke, die sie, so meinte er, würde verstehen können:

> Ich... dachte an das Buch, das ich geschrieben habe, das Kind, das ich Jahre und Jahre im Schoß der Imagination getragen habe, wie Du in Deinem Schoß die Kinder trugst, die Du liebst, und daran, wie ich es Tag um Tag aus meinem Hirn und meiner Erinnerung genährt hatte...[47]

Es kann nicht überraschen, daß unter all den anderen Angriffen auf seine Person, die er erleiden mußte, nun auch seine alte Eifersucht zurückkehrte. Ihr Telegramm hatte nicht ausgereicht. Warum sie ihm keinen Brief geschrieben habe? Was sie wohl in Galway treibe, wenn er nicht da sei und ein Auge auf sie habe? Willy Mulvagh (immer noch Buchhalter in Joe Youngs Mineralwasserfabrik) und der lüsterne Priester lauerten ständig in seinem Hinterkopf.

Joyce bewahrte sich diesmal jedoch seinen Humor. Er zitierte eine glühend begeisterte Rezension von *Kammermusik* und fragte sie dann: »Kann Dein Freund in der Sodawasserfabrik oder der Jungpriester meine Verse schreiben?« Joyce scheint angenommen zu haben, daß Nora einen Dichter einem gewöhnlichen Sterblichen vorzog. Doch selbst in jener für ihn so dunklen Stunde hielt er Nora den Köder der eigenen Berühmtheit hin, als sei das etwas, wonach sie selbst strebte: »Ich hoffe, der Tag wird kommen, an dem Du, wenn ich in mein Königreich Einzug halte, den Ruhm an meiner Seite teilen kannst.«[48]

Obwohl er keine Ahnung hatte, wie er das Geld für ihre Rückfahrt nach Triest auftreiben sollte, faßte Joyce den Plan, Nora zu Dublins bedeutendstem gesellschaftlichen Ereignis, der Royal Dublin Society's Horse Show in der letzten Augustwoche, auszuführen. Er bestellte ein Hotelzimmer für sie beide, und da er mit ihr angeben wollte, wies er sie an, sie müsse so gut aussehen wie überhaupt möglich. Sie könne sich in Dublin das Haar zurechtmachen lassen, schrieb er ihr. Sie solle ihre enge fliederfarbene Bluse anziehen, sich die Zähne putzen und aufpassen, »daß (sie) ihre Hüte nicht (verbeulte), besonders den hohen«. Wenn sie nicht gut aussähe, erklärte er, dann würde er sie nach Galway zurückschicken – eine wenig glaubhafte Drohung, zumal er rührenderweise hinzusetzte: »Ich wünschte, Du wärst hier. Du bist ein Teil von mir geworden – *ein* Fleisch.« Während sie getrennt waren, drängte er sie, glücklich zu sein, zu essen und zu schlafen: »Du kannst jetzt schlafen. Dein Peiniger ist in der Ferne.«[49] Diese Bemerkung ist ein eindeutiger Beweis dafür, daß die sexuelle Beziehung der Joyce' zumindest bis 1912 noch eine große Rolle spielte.

Joyce ließ es sich nicht nehmen, seinem unverheirateten Bruder diese Tatsache unter die Nase zu reiben. Nora wolle zu ihm nach Dublin kommen, schrieb er Stanislaus, »aus Gründen, die Du Dir vorstellen kannst«.[50] Er schien dabei zu übersehen, daß die Bürde, ihn und seine Familie zu unterstützen, der Grund für Stanislaus' Junggesellendasein war. Tante Josephine hingegen war sich über das Problem im Klaren. Sie schrieb Stanislaus den Rat, sich »ein kleines häusliches Glück zu ergattern", wenn er könne, »und ich weiß genau«, fuhr sie fort, »wie glücklich Du die machen könntest, die Du erwählt hast. Ich würde mich freuen zu hören, daß Du verheiratet bist.«[51]

Als Nora sich endlich von ihrer Mutter verabschiedete und nach Dublin zurückkehrte, war sie sich rasch mit Joyce darin einig, daß das »ein gräßlicher Ort« sei. Sie sehnte sich danach, nach Triest zurückzukehren. Doch absolvierten sie bei ihrem ersten (und, wie sich herausstellen sollte, einzigen) Auftreten in Dublin als Ehepaar pflichtschuldig die Besuche, die man von ihnen erwartete. Nora mochte Tante Josephine nicht, allen Bemühungen der Älteren zum Trotz. Sie reagierte auf sie wie auf eine Schwiegermutter. Für Tante Jos Töchter konnte sie sich ebensowenig erwärmen. »Ich dachte, ich käme niemals mehr von den Murrays los ich mag von denen jetzt überhaupt keine mehr«, vertraute sie Eileen an.[52]

Das Problem war, daß Tante Josephine, was ihren Neffen Jim anging, besitzergreifende Töne anschlug. Eines Abends war Jim wegen der düsteren Aussichten für sein Buch völlig niedergeschmettert nach Hause gekommen. Er ging nach oben, um im Klavierspiel Trost zu finden. »Ach, nun geh doch zu ihm rauf«, sagte Tante Jo, »siehst du denn nicht, daß er das alles nur für dich tut!« Nora weigerte sich. »Es wäre mir wesentlich lieber, Tante Josephine«, sagte sie schroff, »wenn er herunterkäme, um das Kotelett zu essen, das du für ihn aufgehoben hast.«[53]

Wenn Nora und Joyce begriffen hätten, was Tante Josephines Töchter hinter ihrem Rücken getan hatten, hätten sie gewiß noch weniger freundliche Gefühle für sie gehegt. Die Murray-Mädchen, die entsetzt darüber waren, unter welchen Umständen die Joyce-Kinder aufwuchsen, brachten Giorgio ins Badezimmer hinauf und tauften ihn wiederholt im Namen des Vaters, des Sohnes und des Heiligen Geistes.[54] Nora konnte mit Joyce' in Dublin lebenden Schwestern auch nicht viel anfangen. Eines Abends, als sie alle in Tante Josephines Haus waren, äußerte Charles, daß seine Frau Mary auch gern dabei wäre, um Jim singen zu hören, daß sie jedoch die Kinder nicht allein lassen könne. (Charlie und Mary waren mit drei Kindern unter vier Jahren aus Amerika zurückgekehrt und wohnten in einem einzigen Zimmer.) Joyce bat seine Schwester Florrie, für eine halbe Stunde zu Mary zu gehen und auf die Kinder aufzupassen, so daß sie das Haus verlassen konnte. Florrie lehnte das rundheraus ab. Ohne ein Wort zu verlieren, setzte Nora sich den Hut auf und ging los, um Mary abzulösen.[55]

Für den nächsten Sonntag war ausgemacht, daß der ganze Clan, alles in allem zwölf Personen (fünfzehn mit Charlies Kindern) in Charlies Zimmer zu Abend essen sollte. Nora war entsetzt bei der

Vorstellung, daß Mary für eine ganze Armee kochen sollte, und meinte, man solle ihr dabei helfen. Von den Joyce-Schwestern machte sich jedoch keine anerbötig. Charlie war empört. In seinem Brief an Stanislaus pries er hingegen Nora und Jim, die so nett zu ihm und Mary gewesen seien und sogar Obst und Wein für sie gekauft hätten (eine Mitteilung, über die Stanislaus, der sich mit dem finanziellen Schlamassel in Triest herumschlagen mußte, wenig erbaut gewesen sein dürfte).

Die Aussichten für *Dubliner* verschlechterten sich unterdessen eher noch, obwohl der Text gesetzt und der Seitenumbruch erfolgt war. Ende August 1912 fürchtete George Roberts sich dermaßen vor allen verborgenen Gefahren, die das Buch enthalten mochte (er fragte Joyce, ob hinter ›Die Toten‹ mehr stecke, als man auf den ersten Blick erkennen könne), daß er davon sprach, Joyce wegen des ganzen Zeit- und Arbeitsaufwands, den er investiert habe, zu verklagen. Joyce bot ihm in seiner Verzweiflung an, die Verantwortung für die Veröffentlichung zu übernehmen und selbst tausend Exemplare zu kaufen. Er hatte jedoch nicht an das Risiko des Druckers gedacht, wegen Verbreitung obszönen Schrifttums belangt zu werden. Der Drucker kam im Nachhinein (von einem seiner alten Feinde beeinflußt, argwöhnte Joyce) zu dem Schluß, daß er falsch beraten gewesen sei, ein derart unmoralisches Buch auch nur anzufassen, und weigerte sich die gedruckten Seiten zum Binden auszuhändigen. Statt dessen zerstörte er, um ganz sicher zu gehen, daß sie niemals jemand würde binden können, die Seiten und vernichtete die Druckplatten. *Dubliner* sollte nicht in Irland erscheinen. »Ich bin sicher, Du stimmst, wie ich, mit Jim darin überein«, schrieb Charlie sarkastisch an Stanislaus, »daß Irland ein nettes Land ist.«[56]

Nora und Joyce verließen Irland am nächsten Morgen. Joyce sollte es niemals wieder betreten. Auf dem Rückweg nach Triest schrieb er sich seine rasende Wut mit einem skatologischen Gedicht von der Seele. In ›Gas von einem Brenner‹ verspottete er in derber analer Bildsprache »(dies) liebliche (...) Land, dem's immer schon gefiel, / Seine Künstler zu treiben ins ferne Exil, / Und das – ein typisch irischer Spaß – / Seine eigenen Führer verriet und vergaß.« Er ließ es drucken und schickte es dann an Charlie, der es verteilen sollte. Eva und Florrie in Dublin, denen die Verbindung mit dem gräßlichen, unmoralischen Schriftsteller James Joyce erstmals peinlich bewußt wurde, baten Charlie, die Finger davon zu lassen. Er nahm das Risiko auf sich. Es war eine kleine Heldentat, doch Charlie war Nora und seinem Bruder Jim dankbar, und er vollbrachte sie.

Über die Erkenntnis, daß er in seinem Heimatland, vielleicht auf immer, als unmoralisch gebrandmarkt war, konnte Joyce nur lachen. Ettore Schmitz gegenüber, dessen Darlehen die Reise ermöglicht hatte, erklärte er: »Eins steht fest: daß ich tugendhafter bin als die ganze Bande dort – ich, der ich ein echter Monogamist bin und in meinem Leben nur ein einziges Mal geliebt habe.«[57]

***

Nach ihrer Rückkehr im September 1912 hatte das Schicksal ein Einsehen mit ihnen. Joyce eroberte sich eine Stelle an der höheren Handelsschule von Triest und unterrichtete dort vormittags. Nachmittags strömten die Schüler nur so zu ihm. Er und Nora erfreuten sich eines höheren Lebensstandards. Stanislaus hatte für sie eine Wohnung in einem neuen Block in der via Donato Bramante gemietet, einer Straße, die auf die Piazza Vico und hügelaufwärts zum Blickfang von Triest führte, dem Schloß San Giusto. Sie legten Geld in neuen Möbeln an, wozu auch einige Imitationen antiker dänischer Möbel gehörten (eine der Erscheinungsformen von Joyce' Vernarrtheit in Ibsen und Skandinavisches). Im Wohnzimmer stand das große Klavier, über dem ein paar gerahmte Fotografien von Arbeiten eines Bildhauers hingen, den sie beide bewunderten. Noras handgeschriebenes pergamentenes Exemplar von *Kammermusik* lag auf einem offenen Lesepult.

Mit der strengen Stille des Salons, des einzigen Teils der Wohnung, zu dem die Sprachschüler Zutritt hatten, war es am späten Nachmittag vorbei, wenn die beiden Kinder kreischend von der Schule hereinstürzten. (Lucia war 1913 eingeschult worden, und Joyce und Nora stellten entzückt fest, wie gescheit sie war. Sie erhielt Bestnoten in allem außer Schönschrift.) Beide Kinder sprachen jedoch den Triestiner Straßendialekt in seiner derbsten Form.

Nora, so bemerkte einer von Joyce' Schülern, konnte sie mit einem Blick zum Schweigen bringen, und ihn auch. Der Schüler empfand ihr gegenüber scheue Bewunderung: »herzlich, wohlerzogen, liebenswürdig... der Schutzengel des Haushalts, eine wahrhaft schöne Frau.«[58]

Ein noch großzügigeres Kompliment machte Nora der Maler Tullio Silvestri. Joyce hatte bei ihm ein Porträt von Nora in Auftrag gegeben, und er gestattete ihr zum erstenmal, das Atelier eines Malers aufzusuchen und sich malen zu lassen – eine berauschende Erfahrung, weit schmeichelhafter, als einem Schriftsteller als Modell zu dienen. Silvestri, dem das Bild gefiel, erklärte Nora zur schönsten Frau, die er je gesehen habe.[59] Sein Porträt, aus einer Periode ihres Lebens stammend, aus der es nur wenige Fotos gibt, gibt ihre gelassene und dabei strahlende Miene wieder.

Joyce liebte das Porträt und hängte es in ihrer neuen Wohnung an die Wand, zusammen mit den Familienporträts, die John Joyce aus Dublin geschickt hatte. Die Ausstellung erzielte bei seinen Besuchern die beabsichtigte Wirkung. »Joyce war als Gentleman geboren worden«, sagte Francini später, »wie man leicht an den Porträts erkennen konnte, die an den Wänden seiner Wohnung hingen.«[60]

***

Im Jahr 1913 kam aus London die Kunde, daß Grant Richards nach reiflicher Überlegung bereit sei, *Dubliner* nun doch zu veröffentlichen, zumal die Kosten sich dadurch ermäßigt hatten, daß Joyce schlauerweise vor dem Dubliner Debakel ein komplettes Fahnenexemplar beiseite geschafft hatte. Ein weiterer Brief aus London unmittelbar vor Weihnachten stellte eine weitere Veröffentlichung in Aussicht. Ezra Pound, ein amerikanischer Dichter, der Joyce unbekannt war, schrieb in freundlichem Ton auf Yeats' Empfehlung hin, um anzufragen, ob Joyce zufällig irgendwelche Manuskripte habe, die er gern veröffentlicht sehen wolle? Joyce schickte ihm das unabgeschlossene *Porträt des Künstlers als junger Mann*. Pound mochte es sehr und richtete es ein, daß es in Fortsetzungen in einer Londoner Zeitschrift, dem *Egoist* erscheinen konnte, die auf Avantgardeliteratur spezialisiert war.

»...fast ein Verbrechen, daß Sie nichts dafür bezahlt kriegen sollen«, entschuldigte Pound sich launig.[61] Joyce war jedoch so verzweifelt darauf aus, daß sein Werk bekannt und besprochen werden sollte, daß er für die Veröffentlichung sogar selbst bezahlt hätte. Dieses Jahr hatten Nora und er an seinem Geburtstag einen echten Grund zum Feiern, denn die erste Folge des Romans – mit ihrer Zubettgehgeschichte, die mit dem Satz beginnt »Es war einmal vor langer Zeit und das war eine sehr gute Zeit...« – erschien in der Ausgabe vom 2. Februar. Im darauffolgenden Juni, zehn Jahre, nachdem Joyce die ersten Erzählungen des Bandes, ›Die Schwestern‹ und ›Eveline‹, geschrieben hatte, erschien endlich *Dubliner*. Joyce war nicht länger einfach nur ein Künstler, sondern ein Autor.

Keiner von diesen Erfolgen bedeutete freilich, daß der Haushalt der Joyce' nun besser geführt wurde. Nora war wütend auf Joyce, weil er eine Reihe zusätzlicher Eßzimmerstühle gekauft hatte. Sie brauchten ja nicht einmal die, die sie bereits hatten, schimpfte sie. Joyce hatte sie jedoch nicht für die Gäste gekauft, sondern für seine Arme und Beine, die er gern aufstützte, wenn er sich ausbreitete und schrieb. Noras eigene Sorglosigkeit im Umgang mit Geld regte Livia Schmitz auf. Während andere Frauen die Kleidung ihrer Kinder von einem Sommer auf den anderen aufbewahrten, bemerkte Signora Schmitz, warf Nora die von Giorgio und Lucia einfach weg und kaufte neue, wenn es an der Zeit war.[62]

Die Joyce' gingen mit ihren Gläubigern auch dann nicht besser um, wenn es Freunde oder Verwandte waren. Joyce bezahlte Silvestri die neunzig Kronen nicht, die er ihm für Noras Porträt schuldete. Er schickte seiner Schwester May das Geld nicht, das sie für einen Mantel für ihn bezahlt hatte, ehe er Dublin verließ, und das er ihr zurückzuzahlen versprochen hatte. (»Ich weiß nicht, was er sich dabei denkt, wenn er Menschen auf diese Weise behandelt, es sei denn natürlich, er ist der Meinung, er sei so außergewöhnlich, daß anständige Manieren sich erübrigen«, schrieb May an Stanislaus, in der Hoffnung, er könne das Geld für sie eintreiben.)[63] Und Nora selbst bekam Mahnbriefe von Schuldnern. Im Juli 1913 erhielt sie eine strenge Mahnung, eine – Frachtrechnung zu begleichen, wenn sie nicht zusätzliche Kosten und Scherereien gewärtigen wolle.[64] Es mag die Rechnung für die Verschiffung der Porträts aus Dublin gewesen sein – ein Zeichen dafür, daß Joyce, wenn seine Kreditmöglichkeiten erschöpft waren, keineswegs darüber erhaben war, Schulden im Namen seiner Frau zu machen, obwohl sie dazu bestens selbst imstande war.

***

Nun, wo seine beiden Bücher auf dem besten Wege zur Veröffentlichung waren, wandte Joyce sich seiner lang geplanten Fortsetzung des *Porträt* zu. Es sollte die Geschichte eines modernen Odysseus werden, dessen Wanderungen, ehe er schließlich heimkehrt zu seiner Frau, ihn kreuz und quer durch die ihm bekannte Welt führen, die Stadt Dublin. Doch fast so, als müsse er einen Stopfen aus der Flasche seiner Einbildungskraft entfernen, mühte Joyce sich 1914 zunächst mit einem Stück über Liebe, Treue und eingebildeten Ehebruch.

Sämtliche Werke Joyce' sind autobiographisch, doch keins in dem Maße wie *Verbannte*. Man ist leicht peinlich berührt, wenn man den Text über »Richard Rowan« liest, einen Schriftsteller, der nach neunjährigem Exil mit seiner Lebensgefährtin »Bertha« nach Irland zurückkehrt. Bertha war, als sie Irland verlassen hatten, ein schlichtes, ungebildetes irisches Mädchen vom Lande gewesen. Bei ihrer Rückkehr haben sie den kleinen »Archie« dabei, ein Kind mit kontinentalen Manieren, das seinen Vater »Babbo« nennt.

Die Handlung dreht sich im Wesentlichen um den Versuch Robert Hands, eines Journalisten und alten Bewunderer Berthas, sie Richard auszuspannen. Das Leben im Ausland hat Bertha in eine elegante, sinnliche Frau von Welt verwandelt, die auf andere Männer nur um so verlockender wirkt, als sie, wie in dem Dublin, in das sie zurückkehrt, bestens bekannt, vor dem Gesetz immer noch frei ist. Ihre Beziehung zu Richard ist zudem heikel. Er ist kalt und grausam zu ihr; sie fürchtet, er könne ihrer überdrüssig sein und statt dessen Roberts Kusine Beatrice vorziehen, eine intellektuelle junge Frau, die zu ihnen kommt, um Archie Klavierunterricht zu erteilen.

Robert, allem Anschein nach Richards bester Freund, ist ein

freimütiger Journalist, eine derbe Folie des introvertierten, empfindsamen Schriftstellers. Er macht Bertha Avancen. Sie berichtet Richard in eindrücklicher Ausführlichkeit darüber, und er verhört sie wie ein Priester. Sie behauptet, Robert habe sie geküßt:

RICHARD Deinen Mund?
BERTHA Ein- oder zweimal.
RICHARD Lange Küsse?
BERTHA Ziemlich lange. *Denkt nach.* Ja, beim letztenmal.
RICHARD *reibt langsam seine Hände.* Mit seinen Lippen? Oder... auf die andere Art?
BERTHA Ja, beim letztenmal.

Richard, ein Masochist, fragte sie, ob sie erregt gewesen sei. Bertha sagt darauf unschuldig: »Er hat keine schönen Lippen... Trotzdem war ich natürlich erregt. Aber nicht wie bei dir, Dick.«[65] Als Robert Bertha ein heimliches Treffen in einem Cottage in der Nähe von Dublin vorschlägt, erklärt Richard Bertha, es stehe in ihrem Belieben, die Verabredung einzuhalten. Sie tut es. Als sie im Abendkleid dort eintrifft, wartet Richard dort. Er ist vor ihr zum Cottage gekommen, um Robert mitzuteilen, er habe die Absicht sie beide einander zu überlassen. Richard erklärt Bertha dann, sie müsse selbst wissen, was sie wolle. Er geht weg. Als nach dem II. Akt der Vorhang fällt, steht Bertha dem liebeskranken, anbetenden Robert gegenüber. Die Tür zum Schlafzimmer ist offen.

Als der Vorhang sich zum III. Akt hebt, ist Bertha nach Hause zurückgekehrt, Robert bereitet seine Abreise aus Irland vor. Haben sie nun miteinander geschlafen oder nicht? Richard ist sich nicht sicher. Ebensowenig wie Joyce. Er fragte immer wieder Freunde, was sie glaubten, was geschehen sei.

Im Stück bietet Bertha Richard an, ihm »die Wahrheit« zu sagen. Ihre Worte sind jedoch zweideutig; sie sagt, sie sei ihm treu geblieben. Richard wischt ihre Erklärungsversuche beiseite. Was immer Bertha auch sagen mag, erklärt er unbeirrbar, es bleibe »eine tiefe Wunde des Zweifels, die nie geheilt werden kann«.

***

Nora blieb die Tatsache, daß sie in Literatur verwandelt wurde, nicht verborgen. Joyce pflegte ihr und Eileen abends Abschnitte aus seinem Werk vorzulesen, und sie gehörten zu den ersten, die die ersten Seiten des *Ulysses* hörten. Die Parallelen zwischen Prezioso und Robert Hand in *Verbannte* können ihr schwerlich entgangen sein. Nora dürfte auch einzelne Zeilen in dem Stück aus Joyce' eigenen Liebesbriefen an sie wiedererkannt haben: »Warum ist kein Wort zärtlich genug, um dein Name zu sein?« und »Dein Gesicht ist eine Blume – eine wilde Heckenblume.«

Robert Hand weist auch Spuren von Vincent Cosgrave auf. Wenn Robert Bertha eifersüchtig fragt: ». . . Am ersten Abend, an dem wir uns trafen, wir drei zusammen. Warum hast du ihn gewählt?«, mag man sich fragen, ob J. F. Byrne nicht recht hatte, als er behauptete, Cosgrave habe Joyce Nora vorgestellt und sei erstaunt gewesen, als er sie an ihn verlor. Und Robert erinnert sich, mit Anflügen von Cosgrave, schuldbewußt daran, daß er Richard davon abgeraten habe, mit dem Mädchen davonzulaufen, das ihm nicht ebenbürtig war. Robert gratuliert Richard darüber hinaus, wie Cosgrave es mit Joyce tat, zu der Verbesserung, die er bewirkt habe. Robert sagt zu Richard im Stück: »Sie ist die Deine, dein Werk.«

Das Thema Triolismus ist in *Verbannte* geradezu schreiend präsent. Robert (der, wohlgemerkt, denselben Vornamen trägt wie Prezioso und auch denselben Beruf hat) gibt explizit zu, daß seine homosexuelle Neigung zu Richard seinem Verlangen nach Bertha zugrunde liegt: »Du bist so stark, daß du mich durch sie hindurch sogar noch anziehst.«[66]

Nora mag in *Verbannte* überdies ihre eigenen Worte wiedererkannt haben. Bertha hat sich bei aller Kultiviertheit die Fähigkeit zur derben Sprache bewahrt: »Da ich in dem Ruf schon stehe, kann ich davon auch profitieren!«, schreit sie Richard an. Wenn sie nur eine Geliebte ist und keine Ehefrau, weshalb sollte ihr dann nicht Freiheit vergönnt sein? Wenn Richard sie wirklich liebt, weshalb treibt er sie dann einem anderen Mann in die Arme? Höchst aufschlußreich für diejenigen, die anhand von Berthas Worten Einsicht in Noras Persönlichkeit gewinnen wollen, ist Berthas Erklärung, sie sei unglücklich. Sie erklärt, sie habe Richard zuliebe alles aufgegeben – Religion, Familie, ihren Seelenfrieden:

> Glücklich! Wenn ich nichts von dem verstehe, was er schreibt, wenn ich ihm in nichts helfen kann, wenn ich manchmal nicht einmal die Hälfte von dem verstehe, was er zu mir sagt![67]

Ein kritischer Interpret von *Verbannte*, Robert M. Adams, ist Berthas eigenartige, provokante Gleichgültigkeit Roberts Werbung gegenüber aufgefallen.[68] Die Nora eigene kraftvolle Passivität war für Joyce mit Gewißheit eine Qual; er manipulierte sie zwar, doch war er seiner Sache dabei niemals sicher. Nora gab Joyce genau das zu verstehen, was Adams in *Verbannte* fand – daß die Vorstellung, ein Mann könne eine Frau nach irgendeinem hochgestochenen eigenen Ideal neu erschaffen, durch und durch lächerlich ist. Nora blieb trotz des Firnis, den Joyce auftragen half, sie selbst. Joyce wußte das. »Die Persönlichkeit meiner Frau«, sagte er betrübt zu Freunden, »ist absolut gefeit gegen jeden Einfluß von meiner Seite.«[69] Joyce' Niederlage war Noras Sieg. Richards grollende Unterwerfung unter Bertha ist die Lösung von *Verbannte*.

In seiner 1951 geschriebenen Einleitung zu dem Stück würdigte Padraic Colum, der langjährige Freund der Joyce', Berthas Charakter:

> Bertha existiert durch ihre Zärtlichkeit, ihren Stolz, ihre Fähigkeit zur Trauer um eine Vergangenheit, die zugleich die Trauer der im Exil Lebenden ist, und ihre Ressentiments, die ihrem Wissen um ihre eigene Schlichtheit entspringen... Sie kümmert sich nicht wirklich um Prinzipien, und sie betrachtet den philosophischen Diskurs als ein Spiel, das den unsteten Geist der Männer gefangennimmt. Sie ist weder schockiert noch gefesselt durch Richards Bruch mit der Ordnung, in der sie aufgewachsen ist, und seine Hingabe an die Schaffung einer neuen Ordnung. Da sie eine Frau ist, trägt sie eine unvordenkliche und universale Ordnung in sich... eine fundamentalere als die Ordnung, die Richard zerstören oder die Ordnung, die er erschaffen möchte.[70]

Genausogut hätte Colum Nora und James Joyce beschreiben können.

Noch Jahre, nachdem das Stück 1918 veröffentlicht worden war, galt *Verbannte* als Joyce' einziger Mißerfolg. Die English Stage Society lehnte es zunächst ab, und eines ihrer Mitglieder merkte dazu an: »Wie allerschlechtester Strindberg.«[71] Doch Wiederaufnahmen – wie die Inszenierung des National Theatre in der Regie von Harold Pinter am Londoner Mermaid's Theatre 1970 und eine französische Inszenierung am Théâtre du Rond-Point in Paris 1983, haben Fragestellungen herausgearbeitet, die für das Publikum von heute von Interesse sind: Wie sich Treue mit Freiheit, Liebe mit Freundschaft, Vertrauen mit Zweifel versöhnen lassen.

Der Rolle der Bertha ist ein Gegengewicht zu Molly Bloom; sie ist eine Version Noras, wie Joyce sie bei ihrer Rückkehr nach Irland im Jahr 1912 sah, in Robert Hands Worten »eine seltsame und wundervolle Persönlichkeit«.

***

Ungeachtet ihrer erotischen Stürme verbrachten Nora und Joyce drei geordnete, angenehme Jahre in der via Bramante. Eileen Joyce erinnerte sich an sie als die glücklichsten ihres Lebens. Joyce las ihr und Nora abends vor und sang so schön, daß die Leute auf der Straße stehenblieben, um die Tenorstimme durch die Nachtluft dringen zu hören. Auch Eileen hatte in Triest ihre zweite Heimat gefunden. Sie eignete sich das Italienische rasch an und war im Auftreten bald sehr italienisch, wenn sie beim Reden ausgiebigen Gebrauch von ihren Händen machte. Von Zeit zu Zeit dachte sie an einen Besuch zu Haus, doch ihre Schwester May schrieb, sie sei zwar willkommen, doch hoffe sie, »sie beabsichtig(e), wieder nach Triest zurückzukehren, denn es wäre Wahnsinn, wenn sie versuchen wollte hierzubleiben«.[72] Ab 1914 hatte Eileen nicht mehr die Absicht, ihr Exil zu verlassen. Sie hatte sich in einen von Joyce' Schülern, Frantisek Schaurek, einen hochgewachsenen, blonden Bankangestellten aus Prag verliebt, der in Triest arbeitete, und im Frühjahr verlobten sie sich. Aus Dublin schrieb John Joyce, in einer Anwandlung väterlichen Empfindens, an Joyce und bat um die Zusicherung, daß Eileens Schritt ihr nicht die Zukunft verbaue, da sie die einzige seiner Töchter sei, die ihm niemals irgendwelche unverschämten Widerworte gegeben habe.[73]

***

Im August 1914 brach der Krieg aus, das österreichisch-ungarische und das deutsche Kaiserreich gegen die Alliierten, zu denen Italien gehörte, Triest, in zwei Lager gespalten, brodelte vor Spannungen. Joyce' unmittelbare Besorgnis galt der Unterbrechung der Postverbindung nach London; es war unmöglich, auch weiterhin kapitelweise das *Porträt* an den *Egoist* zu schicken. Er umging das Problem jedoch, indem er seine Umschläge nach Italien und in die Schweiz sandte, von wo aus sie nach London weitergeleitet wurden. Diese List war Thema des ersten Briefes, den Joyce von der Frau erhielt, die, nach Nora, am meisten auf sein Leben eingewirkt hat: die selbstlose Londoner Feministin, Freidenkerin und Gründerin des *Egoist*, Harriet Shaw Weaver.

Triest hatte sich in ein Heerlager verwandelt. Die Piazzas wimmelten von Soldaten und hallten von den Klängen der habsburgischen kaiserlichen Hymne wider, sehr zum zähneknirschenden Groll der italienfreundlichen Bevölkerung. Stanislaus, der ewige Pechvogel, wurde im Januar 1915 von der Polizei aufgegriffen und für die Dauer des Krieges in einem österreichischen Schloß interniert. Sein Vergehen bestand darin, daß er erklärter Irredentist war – für die Vereinigung Triests mit Italien eintrat – und mit einem der führenden Triestiner Anhänger des Irredentismus zusammengearbeitet hatte.

So kam es denn, daß Joyce, Nora, ihre Kinder und ihre Freunde am 12. April 1915 ohne Stanislaus am Hochzeitszug von Eileen und Frantisek Schaurek (den seine Familie Frank nannte) teilnahmen, der über die kurze Entfernung zwischen der via Bramante und dem prachtvollen, im 15. Jahrhundert errichteten Dom San Giusto führte.[74] Dort beobachtete Nora die Trauzeremonie, die sie nie gehabt hatte, während Joyce, der (nicht zum letztenmal) seine antikatholischen Skrupel beiseite gelassen hatte, als Brautführer fungierte.

Joyce und Nora hofften, in Triest bleiben zu können, obwohl die Handelsoberschule geschlossen und viele seiner Privatschüler ihren Unterricht aufgesteckt hatten. Trotzdem wurde, als die Italiener Österreich im Mai 1915 den Krieg erklärten, eine Teilevakuierung der Stadt angeordnet, und alle Ausländer galten als verdächtig. Es war Zeit zu gehen. Eileen und Frank eilten nach Prag, wo er in die böhmische Armee einberufen worden war.[75] Nora und Joyce harrten bis August aus und erhielten dann, mit Hilfe von Joyce' einflußreichen Schülern, sicheres Geleit bis an die Schweizer Grenze.

So nahm also Nora, einunddreißigjährig, die Kinder und folgte Joyce in ein neues Land mit einer neuen Sprache. In Triest, der Stadt, die Joyce und Nora, jedenfalls seiner Überzeugung nach, dank ihrer Courage entdeckt hatten, blieb kein Mitglied der Familie Joyce. Keiner von beiden wußte, daß sie Abschied nahmen von einem Leben, das sie niemals wiederfinden würden, einem Leben, das ihnen immer als ein Idyll mit Sonne und blauem Meer im Gedächtnis haften würde, die Zeit, ehe ihrer beider Leben durch den Krieg und ein Buch namens *Ulysses* in den Grundfesten erschüttert wurde.

III

Molly

...ich hab schon mehr über Männer gewußt und über Leben wie ich 15 war wie die alle zusammen wissen werden wenn sie 50 sind...

Ulysses

8. Kapitel

Zweites Exil

Nora hatte noch nie in einer Stadt gelebt wie Zürich – protestantisch, ordentlich, sauber. Als sie in einem Hauseingang ein Stück Papier wegwarf, forderte ein Polizist sie auf, es wieder aufzuheben. Die ganze Stadt war so makellos sauber, daß Joyce scherzte, man könne dort vom Pflaster essen.[1]

Kaum eine Stadt vermittelt ein solches Gefühl der Sicherheit. Am westlichen Ende des Zürcher Sees gelegen, ist sie reich, und dabei klein, sauber, doch prächtig. Alles Wichtige läßt sich bequem vom Zentrum aus erreichen, doch braucht man nicht unbedingt zu Fuß zu gehen: Straßenbahnen wie Taxis stehen bereit, um kreuz und quer durch die Stadt zu fahren und vom schimmernden See hoch hinauf in die bewaldeten Hügel zu klimmen.

Doch war Zürich im Sommer 1915, als die Joyce' dort eintrafen kaum wiederzuerkennen. Es wimmelte von Ausländern, Kriegsgewinnlern, Flüchtlingen und Spionen. Es hielten sich so viele Mitteleuropäer dort auf, daß man der Bahnhofsstraße den Spitznamen Balkanstraße verliehen hatte, und Revolutionäre jeglicher Couleur hatten sich dort eingefunden: die Dadaisten, Jung und (bis er einen versiegelten Zug nach Petrograd bestieg) auch Lenin. Das Zürich des Jahres 1915 war kein schlechter Ort, um die Form des englischen Romans zu sprengen.

So gut wie Nora und Joyce war wohl kaum jemand auf das Flüchtlingsleben vorbereitet. Nach einer Woche in ihrem alten Flitterwochenhotel in der Nähe des Bahnhofs zogen sie innerhalb der ersten acht Monate dreimal um, jedesmal in möblierte Zimmer.

Ihre sämtlichen irdischen Habseligkeiten, auf die sie stolz waren, die Porträts, die dänischen Möbel und Joyce' gesamte Manuskripte und Aufzeichnungen, waren in der Triestiner Wohnung zurückgeblieben.[2] Ihre erste Bleibe in Zürich lag in der Reinhardstraße, wo Nora feststellen mußte, daß die Küche besser mit Mäusen versehen war als mit Töpfen und Tiegeln.

Dreiunddreißig und einunddreißig Jahre alt und immer noch mittellos, waren sie doch bei weitem nicht mehr das abgerissene, blauäugige Paar von 1904. Sie hatten zwei schulpflichtige Kinder, und Joyce' literarischer Ruf war immerhin so weit gediehen, daß ihm die Aufnahme ins *Who's Who* des Jahres 1916 angeboten wurde. Als er das entsprechende Formular ausfüllte, zog er es zwar vor, seinen Beruf mit ›Lehrer an der Triester Handelsoberschule‹ anzugeben, doch war er damit übertrieben bescheiden. *Kammermusik* und *Dubliner* waren in Buchform veröffentlicht, das *Porträt* erschien immer noch in Fortsetzungen (25 Folgen) im *Egoist*, Yeats bezeichnete ihn als Genie, und Pound setzte sich in London für ihn ein, und so wußte Joyce sehr wohl, daß er Triest zwar als Lehrer verlassen haben mochte, daß er in Zürich jedoch als Schriftsteller eingetroffen war.

Während der ersten Wochen in der Schweiz hielt sie ein Geldgeschenk von Noras Onkel Michael Healy in Höhe von 15 Pfund über Wasser.*

Mr. Healey hatte ihnen das Geld geschickt, das fast seinem monatlichen Gehalt entsprach, weil er wußte, wie arm sie in Zürich sein würden, wo Joyce keine Stelle und keine Schüler hatte. Er fand, daß Joyce besser daran täte, nach Irland zurückzukehren und sich eine Stelle zu suchen: »Ich brauche Ihnen wohl kaum zu sagen, daß Sie dort willkommen wären wie ein warmer Regen.« Doch damit stieß er auf taube Ohren.[3]

Sich in der bürokratischen Schweiz niederzulassen, bedeutete, daß ungezählte Formulare auszufüllen waren. Nach und nach schlichen sich in ihre biographischen Angaben Fehler ein, die ihnen erhalten blieben. Nora büßte zwei Lebensjahre ein; ihr Geburtsjahr wurde (ob irrtümlich oder weil sie das bevorzugte, ist

* Im Jahr 1988 entsprachen dem etwa 400 Pfund.

nicht bekannt) mit 1886 statt mit 1884 angegeben. Gleichzeitig legte sie ebenso wie Joyce ihren androgynen zweiten Namen ab. (Bei Noras Geburt wurde ihr zweiter Name als Joseph eingetragen, und Joyce' lautete aus irgendeinem Grunde, möglicherweise aufgrund eines schlichten Schreibfehlers, ›Agusta‹.) Während Kinder in katholischen Ländern häufig Namen von Heiligen des anderen Geschlechts haben, änderten die Züricher Beamten Noras und Joyce' zweiten Vornamen pingeligerweise in Josephine bzw. Augustine um. Das fiktive Datum ihrer Eheschließung ist dasselbe, wie in den Triestiner Dokumenten angegeben – 8. Oktober 1904, der Tag, an dem sie von der North Wall abgelegt hatten.[4]

Giorgio und Lucia, die zehn und acht waren, stellten fest, daß sie gerade rechtzeitig zum neuen Schuljahr eingetroffen waren, das Mitte August begann. Der Unterricht in einer fremden Sprache gefiel ihnen überhaupt nicht. Joyce mußte sie morgens an der Hand zum Schulhaus in der Mühlebachstraße zerren. Angesichts der vielen Ausländer in Zürich waren die Joyce-Kinder jedoch nicht als einzige in dieser mißlichen Lage: eine von Lucias Klassenkameraden war aus Colorado. Die Schweizer Anforderungen waren jedoch sehr streng, und binnen fünf Tagen wurde Giorgio aus der vierten in die dritte Klasse zurückgestuft und war seiner jüngeren Schwester zu seiner Demütigung nur noch ein Jahr voraus.[5]

An der Schule, wo die Kinder aus dem europäischen Ausland nach ihrer Geburtsstadt aufgeführt wurden, hieß es, die Joyce-Kinder stammten aus Dublin. Giorgio und Lucia strichen diese irische Identität noch dadurch heraus, daß sie, ungeachtet ihres fließenden Italienisch und ihres nahezu nicht-existenten Englisch, allen erzählten, sie seien Iren und dürften nicht *Engländer*[6] genannt werden. Doch spielte das gar keine Rolle. In der Schule bekam Giorgio einen deutschen Vornamen, ob ihm das nun gefiel oder nicht, Georg, und von beiden wurde erwartet, daß sie Deutsch sprachen.

In dieser Zeit erbitterter nationaler Parteinahmen war Noras und Joyce' Lage so ambivalent wie die Irlands selbst. Sie waren britische Staatsbürger mit britischen Pässen, deren Geburtsland Irland war und die ihren Wohnsitz in Österreich hatten. Um die Erlaubnis zu erhalten, in die Schweiz zu gehen, hatte Joyce den österreichischen Behörden versprechen müssen, daß er für keine der in den Konflikt verwickelten Seiten Partei ergreifen würde. Dies Versprechen zu geben, bereitete ihm keinerlei Schwierigkeit, nicht nur deshalb, weil er es sich mit ihnen nicht verderben wollte, sondern auch, weil er dem Krieg und dem britischen Empire gegenüber starke politische Vorbehalte hatte. Er hatte allen Grund zu der Annahme, daß sie alle ihr bisheriges Leben im österreichischen Triest wiederaufnehmen würden, sobald der Krieg (der nach allgemeiner Einschätzung kurz sein würde) zu Ende wäre.

So war die vierköpfige Familie, die von Eileen und Stanislaus ebenso getrennt war wie von ihrer vertrauten Triestiner Umgebung, in kultureller und sprachlicher Hinsicht auf sich gestellt. Das Problem dabei war, daß diese Isolation, so fruchtbar sie für den Künstler war, sich nicht als ebenso wohltätig für die Familie des Künstlers erweisen sollte.

Die Orientierungslosigkeit der Familie wurde durch eine interne Aufspaltung in sprachlicher Hinsicht noch verstärkt. Nora und Joyce sprachen gewöhnlich Englisch miteinander. Mit den Kindern sprachen sie Italienisch – »Porta del legno!« – »Vade al letto!«. Und die Kinder hatten ihr privates Patois, zunächst ihren Triestiner Slang und dann, noch exklusiver, weil für ihre Eltern schwerer verständlich, den Zürcher Dialekt, das *Schwytzertütsch*.[7]

Die nomadenhaften Joyce' mußten jedoch nicht lange ohne Freunde auskommen. Die Kinder beherrschten die neue Sprache schon bald. Giorgio wurde zum Klassenclown; Lucia unterhielt ihre Klassenkameradinnen mit Geschichten über das schöne Triest und über Galway, wo sie eine Großmutter hatte, die ein Schaukelpferd so groß wie ein richtiges Pferd besaß.[8] Für Nora und Joyce gab es Schicksalsgenossen aus Triest, die vor dem Krieg geflüchtet waren, und die übliche kosmopolitanische Schar der Geschäftsleute und Bewunderer, die erpicht darauf waren, sich von einem gescheiten und unterhaltsamen irischen Schriftsteller Englisch beibringen zu lassen.

Bald schon wurde Joyce etwas zuteil, das besser war als Schüler-Förderung. Yeats Bemühungen in London hatten Joyce ein Stipendium von 75 Pfund aus dem Royal Literary Fund gebracht. Yeats hatte Edmund Gosse, den Schriftsteller und Kritiker, der ein

Amt bei der Stiftung bekleidete, davon überzeugt, daß Joyce in Zürich in materieller Not lebte. Gosse setzte sich für die Gewährung des Stipendiums ein, obwohl er die Tatsache mißbilligte, daß Joyce sich in keiner Weise für die Sache der Alliierten ausgesprochen hatte. (Yeats übrigens ebensowenig, merkte Gosse an.)

Auf diese Weise wurde der unmittelbare finanzielle Druck gemindert, wenn Joyce auch immer noch über keine gesicherte Einkommensquelle verfügte. Er war folglich hoch erfreut, als er von Noras Onkel erneut Geld bekam. Er hatte ihnen weitere 9 Pfund geschickt, und sie sollten einen Teil der Kosten decken, die der Umzug von der Reinhardstraße in die Kreuzstraße verursachte. Der selbstlose Michael Healy dankte Joyce doch tatsächlich noch dafür, daß er »so vernünftig gewesen (sei), ihn wissen zu lassen, wie die Dinge standen«, so daß er ihnen behilflich habe sein können.[9] Und bald schon schickte er ihnen weitere 5 Pfund und entschuldigte sich dafür, daß es nicht mehr sei, da sein Einkommen anderweitig stark strapaziert werde. Michael Healy übertrieb nicht. Die Unterstützung, die er den Kindern seiner Schwester gewährte, erstreckte sich sogar auf deren Ehegatten. Noras älteste Schwester Mary hatte William Blackmore geheiratet, einen Soldaten der britischen Armee, der derart entschlossen war, nach Amerika zu gehen und den Schützengraben zu vermeiden, daß er zu desertieren bereit war. Healy jedoch, der der Krone loyal gegenüberstand wie eh und je, kaufte Blackmore vom Militärdienst frei, so daß er in Ehren emigrieren konnte.[10]

Nora mußte ihre Familie für das Leben in der Schweiz ausstatten. Joyce, der seinem angeheirateten Onkel für seine Großzügigkeit dankte, zählte auf, was Nora von dem Geld gekauft hatte: »Nora hat eine Menge Flanellzeug und andere Kleidungsstücke gekauft, die die Kinder in diesem Klima brauchen, und einen Hut, den sie sich schließlich aus den paar hundert aussuchte, die man ihr zeigte.«[11]

Nora kaufte jedoch noch mehr. Der Umzug in eine Gegend nördlich der Alpen machte eine gänzlich neue Garderobe für sie alle erforderlich, und Nora ging ohnehin gern mit der Zeit. Kriegsbedingte Engpässe und der Eintritt der Frauen in die Arbeitswelt hatten die edwardianischen Rüschen, Sonnenschirme und blassen

Farbtöne, die Joyce so sehr liebte, in den Mülleimer der Geschichte gefegt. In Zürich legte Nora sich einen dunklen Mantel im Military-Stil mit breitem Kragen, Epauletten und weiten Ärmeln zu. Ihre neuen Hüte (sie benötigte mehr als einen) waren Barette oder Matrosenmützen ohne Krempe. Für den Nachmittag und den Abend kaufte sie sich ein strenges Seidenkleid mit bezogenen Knöpfen auf den Schultern (eine weitere Anleihe bei der Uniform), weißem Kragen und züchtiger Samtschleife. Ihre Rocksäume hoben sich und die Taille fiel –, und sie sorgte dafür, daß Lucia genausogut wegkam. Ein Foto zeigt beide weibliche Mitglieder der Familie Joyce in Spitze, Nora in einer Bluse im Lingerie-Stil und mit umgeschlagenem »Harlekin«hut und Lucia in einem raffinierten Festkleid mit Spitzenbesatz. Ein anderes Foto zeigt Lucia weitaus feiner angezogen als ihre Klassenkameradinnen; diese haben schlichte Kleider an und tragen das Haar streng zurückgekämmt, während sie durch ein ausgeklügeltes Kleid und eine ganze Reihe von Accessoires hervorsticht: eine Halskette, eine Armbanduhr und eine riesige Haarschleife.

Nora war auch, anders als es bei manchen gutgekleideten Ehefrauen der Fall ist, das Äußere der männlichen Familienmitglieder nicht gleichgültig. Sie sorgte dafür, daß Joyce und Giorgio in ihren gutgeschnittenen Hosen und ordentlich gebundenen Krawatten stets tadellos aussahen. Einmal klagte Joyce auf die für seine Familie typische Weise in einem Brief an Michael Healy über sein abgerissenes Äußeres: »Mich selbst kann man in kakaoschalenfarbenem Mantel sehen, den ein geistesabwesender Deutscher hängenließ …«[12] Doch wie so häufig strafen die Fotos die Briefe Lügen. Eine Aufnahme, die kurz nach seiner Ankunft in Zürich gemacht worden ist, zeigt einen Joyce, der so gut aussieht wie ein Schauspieler, lässig auf der Gitarre klimpert und einen eleganten Blazer, eine Weste mit Messingknöpfen und eine Seidenkrawatte trägt. In Wahrheit war Joyce in Noras Händen eine Modepuppe geworden. Er war zwar niemals geckenhaft – sie mußte ihm Vorhaltungen machen, weil er sein Hemd nicht wechselte oder sich nicht rasierte, wenn er sich nicht wohl fühlte –, doch machte er in Zürich eine gute Figur aufgrund seiner Kleidung und der Ungezwungenheit, mit der er sie trug.[13]

Trennung bedeutete Briefe. Noch niemals war Nora eine so eifrige Briefschreiberin gewesen wie in ihrem ersten Jahr in Zürich. Sie berichtete ihrer Mutter in Galway über die Kinder, über die Nachrichten von Eileen und Stanislaus und über die Fortschritte von Jims Arbeit. Mrs. Barnacle, die sich für Literatur sogar noch weniger interessierte als ihre Tochter, nahm jedoch großen Anteil an Jims Nöten; sie drängte Nora, sie solle doch versuchen, ihn aufzumuntern. »Liebe Nora«, schrieb sie, »ich glaube du machst dir niemals Sorgen, deshalb siehst du auch so jung aus doch wenn du Jim so verzagt siehst dann machst du dir bestimmt welche ...«[14]

Der Krieg hatte jedoch selbst Bowling Green in Galway nicht ungeschoren gelassen. Im Dezember 1915 war Noras Bruder Tom eingezogen worden, obwohl Michael Healy angeboten hatte, ihn freizukaufen, so daß er zu seiner Schwester und ihrem Mann in Amerika gehen konnte, sofern er bereit war, seine Einstellung zu ändern. Mrs. Barnacle brach der Abschied ihres einzigen Sohnes das Herz. Die Schwierigkeiten, die sie mit dem Schreiben hatte, hinderten sie jedoch nicht daran, Nora einen zutiefst bewegten Brief zu schreiben:

> Ich bin so besorgt daß es mir nichts ausmacht zu schreiben Dein Brief hat mich so fertiggemacht und der arme Georgie – (Giorgio) – wie er immer von Tom spricht Ja liebe Nora ich hab es dir im letzten Brief nicht schreiben mögen Ich weiß es wird dich traurig machen zu hören daß Tom sein Büro genau zwei Wochen vor Weihnachten verlassen hat und in die Armee eingetreten ist Er hat mir ein trauriges Weihnachtsessen beschert – wir haben alles getan um ihn zurückzuhalten doch er wollte nicht bleiben Onkel Tom hat ihm gesagt er würde ihn zu Mary schicken doch er wollte nicht tun wie ihm gesagt wurde ... Zur Zeit kriegt er nur einen Schilling pro Woche er hat mir seinen halben Sold überschrieben und dann kriege ich Trennungszulage so daß ich 12 Shilling Sixpence die Woche kriege Mir bricht bald das Herz wenn ich an ihn denke ... Ich hab ihm medlers scaphlers (i. O. ungewiß) besorgt und (?) sie zusammengenäht und ein Gebetbuch besorgt und alles segnen lassen ich glaube (?) ohne meine Gebete wäre er schon vor langem nach frankreich gegangen Dann hilf mir Gott für ihn zu beten und laß Georgie und Lucy auch beten Es geht nichts über das Gebet glaub's mir ...
>
> In Liebe Mutter[15]

Nora hörte außerdem von Stanislaus. Er schrieb ihr oft, insbesondere in der Anfangszeit seiner Internierung. Einmal, als er fand, daß der Antwortbrief zu lange auf sich warten ließ, schrieb er Joyce: »Ein Brief von Nora wäre sehr willkommen.«[16] Stanislaus verlegte sich in seinem Umgang mit Nora auf die Technik, mit deren Hilfe Brüder traditionell Distanz zur Frau eines Bruders halten: sein Ton war scherzhaft. Er brüllte vor Lachen, als Nora ihm riet, Deutsch zu lernen. *»Sei tu tanto studiosa?* (Bist Du so lernbegierig?)« neckte er sie.[17]

Verräterischerweise gestand Stanislaus Nora ein, daß er von ihr träume. Als der Lagerkorporal einmal ihr Foto sah und ihn fragte, ob das seine Frau sei, habe er, wie er gestand, »ja gesagt und wirkte ernst – ich meine natürlich, bedeutend. Viele Leute haben mich im Verdacht, eine Frau zu haben ... Offensichtlich bin ich nicht so dämlich, wie ich aussehe.« Stanislaus bedachte auch die Postkarten, die die Kinder ihm geschickt hatten, mit einem onkelhaften Blick und bemerkte, daß Lucia besser und korrekter schrieb als Giorgio.[18]

Stanislaus wurde in seinem Lager nicht schlecht behandelt. Seine Probleme bestanden hauptsächlich in einem verstauchten Handgelenk, das er sich beim Tennis geholt hatte, und darin, daß für die Amateurtheateraufführungen nicht genügend Kostüme vorhanden waren. Nora kaufte eifrig für ihn ein, und er dankte ihr für »alles mit soviel Überlegung Ausgesuchte«.[19] Sie schickte ihm Obst, Bücher, Süßigkeiten, Keksbüchsen, Milchpulver und selbst Zigarren, die der Nichtraucher als Tauschware benutzte. Sie schickte ihm so viel Kakao, daß er den Überschuß an Eileen weiterschickte. Für die Familie in Irland hatte er nur Verachtung übrig. Noras Onkel Michael Healy, so klagte Stanislaus, sei der einzige in beiden Familien, der genügend mit dem Deutschen vertraut sei, um ihn nicht als *»Absender«* (dt. i. O.) anzuschreiben. »Sie sind wirklich ein ungeheuer beschränkter Haufen«, sagte er, »ich möchte mal wissen, ob die überhaupt wissen, daß da irgendwo ein Krieg im Gange ist.«[20]

Der Krieg hatte auch die Francinis von Triest zurück nach Italien getrieben, wo Alessandro zum Militärdienst einberufen worden war. Auch Clotilde schrieb Nora: »Ich habe von Dir so oft geträumt, und Du warst immer so froh und heiter, daß ich gebetet habe, es möge auch in Wirklichkeit so sein.«[21]

Nora vermißte am meisten Eileen. Der Umzug nach Zürich hatte sämtliche Erinnerungen an verlorene geliebte Menschen in ihr wachgerufen. Ihre Sehnsucht nach Eileen äußerte sich in einem eindrücklichen Traum, den sie Joyce erzählte wie fast alles, was ihr durch den Sinn ging. Er hörte wie gewöhnlich begierig zu. Er behauptete zwar, die eben entstandene Psychoanalyse abzulehnen, von der alle Welt sprach, machte sich jedoch in Wirklichkeit sorgfältig Notizen.

In ihrem Traum von Eileen lag Nora inmitten einer Herde von silbernen Kühen allein auf einem Hügel. Eine Kuh spricht »und liebt sie« (Joyce zufolge); ein Gebirgsstrom erschien, dann Eileen; dann starb die Kuh »an ihrer Liebe«.[22]

Joyce sah in dem Traum ein unverhülltes homosexuelles Begehren und zeigte sich überrascht, daß seine Frau keinen Abscheu hatte erkennen lassen, weil sie von einem weiblichen Tier geliebt worden war. »Es besteht hier«, heißt es in seinem Kommentar, »keine Angst vor den Hörnern oder vor einer Schwangerschaft.«[23] Hierin könnte man einen unmißverständlichen Hinweis darauf sehen, daß Nora Angst vor dem Geschlechtsverkehr hatte, weil sie eine weitere Schwangerschaft befürchtete. Er fügte eigene Assoziationen an – »Silber« assoziierte er mit Prezioso, »Kuh« mit einer Frau von lockerer Moral und den geträumten Tod mit Noras altvertrauter Geschichte: »Ihre Liebhaber eilen alle zum Tode hin, dem Tod des Fleisches, Tod der Jugend, Tod der Entfernung, der Verbannung oder einer Verzweiflung, die nur von ihrer Erinnerung erleuchtet wird.«

Nora hatte immerhin den Trost zu wissen, daß Eileen sie ebensosehr vermißte. Sie schrieb sehnsüchtige Briefe aus Prag und nannte sie wieder und wieder »liebste Nora«. »Wie oft sehne ich mich nicht nach Deiner Gesellschaft, Du warst immer so fröhlich und dabei doch so gelassen. Ich frage mich, ob diese Zeiten jemals wiederkehren werden. Vermutlich hast Du mich schon ganz vergessen.«[24]

Nach nur zweimonatiger Ehe war Eileen ebenfalls in eine fremde Stadt gezogen und hatte dort weder Familie noch Freunde. Sie mußte Böhmisch (Tschechisch) und böhmisch kochen lernen. Bald schon war sie krank – wahrscheinlich eine Fehlgeburt –, schrieb jedoch, die Einzelheiten würde sie für später aufheben und Nora persönlich erzählen:

> Ich denke immerzu an Dich und daran, was Du wohl gerade machst, manchmal wünsche ich mir albernerweise (...), ich könnte Dich sehen, obwohl ich doch weiß, daß das unmöglich ist. Ich hoffe aufrichtig, daß es nicht mehr lange dauert, bis wir uns sehen können... Wenn wir uns wiedersehen, muß ich Dir ganz viele Gerichte beibringen, darunter viele Süßspeisen. Wir sagen oft: ›Denk bloß, wie das Jim gefallen würde‹, und Deinetwegen habe ich gelernt, wie man Apfelstrudel macht.[25]

Eileen sehnte den Tag herbei, wo sie alle nach Triest zurückkehren und sie und Nora wie zuvor Jim zu Ehren ihre kleinen Abendessen kochen würden, auch wenn sie – wie Nora – seine Arbeit nicht verstand:

> Grüß Jim ganz herzlich und sag ihm, wenn ich auch immer noch nicht viel begreife, so macht mich doch nichts glücklicher als gute Nachrichten über seine schriftstellerische Arbeit zu hören und zu wissen, daß Ihr beide glücklich seid.[26]

Mit »gute Nachrichten« waren das Stipendium des Royal Literary Fund aus London und die unmittelbar bevorstehende Veröffentlichung des *Porträt* in New York gemeint. Eileen spürte wie Stanislaus, daß ganze Welten zwischen sie und James Joyce getreten waren. Das Stipendium mit seinem königlichen Siegel beeindruckte selbst Joyce' Vater. John Joyce setzte sich über seine antibritische Einstellung hinweg, verbreitete die Neuigkeit in Dublin und beglückwünschte seinen Sohn zu »einer derartigen Ehrung durch Seine Majestät« (König George VI.), obwohl davon gar keine Rede sein konnte.[27] Stanislaus sah die 75 Pfund als das an, was sie waren – die Anerkennung eines vielversprechenden neuen Schriftstellers durch das Londoner literarische Establishment – und sah darin überdies noch etwas anderes: daß er aus der Pflicht entlassen war, das Genie seines Bruders und dessen Familie zu ernähren.

Während ihres ersten Jahres in Zürich begannen Nora und Joyce, häufig über ihren Gesundheitszustand zu klagen. In der Hauptsache machten sie das Klima dafür verantwortlich. Zum erstenmal im Leben erlebten sie bittere Winterkälte und machten die Erfahrung, daß die Alternative zu Schnee und Eis grauer Himmel und Feuchtigkeit waren. Joyce litt an Rheumatismus, Mandelentzündung und möglicherweise an Kolitis,[28] und Nora hatte es mit den »Nerven« und gelegentlich einen »Nervenzusammenbruch« (wie hin und wieder auch Joyce). Es ist schwierig, diese Beschwerden aus moderner Sicht einzuschätzen, doch sie scheinen über depressive Gefühle gesprochen zu haben, die sich in Angst, Schlaflosigkeit und Weinanfällen ausdrückten. Beide glaubten sie, wie ihre Zeitgenossen, fest an die heilende Wirkung einer »Luftveränderung«.

Ihrem äußeren Erscheinungsbild nach war Nora mit einunddreißig jedoch ein Ausbund an Gesundheit und eine sehr hübsche Frau. Ein formelles Foto, für das sie in Zürich posierte, zeigt ihre spöttischen Augen und ihren provokanten Mund, die gegen einen dunklen Hut mit Krempe abstechen. Der Wiener Schriftsteller Felix Beran, einer der vielen ausländischen Künstler, die in Zürich Zuflucht suchten, schilderte, wie er, in dem Gärtchen seiner Pension sitzend, aufblickte und zum erstenmal die Joyce' sah:

> Der unbekannte dünne Mann mit der Brille kam unmittelbar auf mich zu. Er hielt ein kleines Mädchen an der Hand. Dicht hinter ihm kam eine Dame, offensichtlich seine Frau, jung, mit schönen dunklen Augen. Ein robuster kleiner Kerl zog an ihrer rechten Hand.[29]

In Zürich wurde Joyce bekannter, und Nora trat mehr in Erscheinung. In Triest waren Joyce' Busenfreunde Männer gewesen, die ihre Frauen abends zu Hause ließen. Zürich war anders. Die Schweizer bürgerliche Gesellschaft hielt die Geschlechter weniger strikt getrennt, und außerdem waren Noras Kinder mittlerweile größer, und sie konnte leichter ausgehen. Außerdem gab es in Zürich keinen Stanislaus, der Joyce davon abhielt, zuviel zu trinken, und ihn zwang, nach Hause zu gehen. Nora mußte das selbst tun.

Nora hatte ihre liebe Not damit, ihre Familie satt zu kriegen. Fünf Monate gab es keine Kartoffeln. Es herrschte mehrmals Brotmangel und Fleischmangel, und – was einen im Alpenland mit seinen Kuhherden und Almen besonders erbosen konnte – sogar Butter und Milch waren knapp. Die Flüchtlinge warfen den Schweizern vor, sie verkauften die Produkte an die kriegführenden Nationen, damit die Nitroglyzerin daraus machen konnten; die Schweizer warfen den Flüchtlingen vor, sie äßen das ganze Brot auf.

Das Leben der Joyce-Familie nahm eine neue Routine an. Joyce arbeitete jetzt ausschließlich zu Hause. Mittags bereitete Nora ihm und den Kindern ein warmes Mittagessen. Abends ging er in ein Café, wohin Nora ihm später folgte; er ging gern ins Weiße Kreuz, die Terrasse oder, sein Lieblingscafé, wo er hinter einem Vorhang einen festen Tisch hatte, das Pfauen am Heimplatz. Nora stellte sich mühelos auf die Mischung aus Schauspielern, Dichtern, Malern und Musikern ein, die Joyce um sich versammelte. Wie viele Kelten ließ der gesellschaftliche Rang eines Menschen sie unbeeindruckt, und sie kannte keine Scheu. Der junge amerikanische Komponist Otto Luening fand sie freundlich, warmherzig und sehr irisch. Wenn Nora zu einer Gesellschaft stieß, wurde diese entspannter. Sie plauderte ungezwungen, und wenn sie eine Frage stellen wollte, dann stellte sie sie. In Restaurants langweilte sie sich nie und musterte die anderen Gäste, vor allem die Frauen, ohne Scheu. Joyce hörte häufig eher zu, als daß er sprach und Notizen machte. Wenn Giorgio dabei war, ließen sie es durchgehen, daß er, auf durchaus wohlerzogene Weise, im Restaurant umherstreifte.[30]

Eine Triestiner Gewohnheit, die sie beibehielten, war der Opern- oder Theaterbesuch. Die Kinder nahmen sie dann, zur Wut von Giorgio und Lucia, nicht mit, und die brüllten dann (auf Italienisch) aus dem Fenster hinterher: »Jetzt werden wir wieder eingesperrt wie Schweine in einen Koben!«[31]

Ein häufiger Begleiter war Ottocaro Weiss, ein junger, gutaussehender Triestiner Jude, der an der Universität von Zürich Politökonomie studierte. Nora und Weiss waren gern zusammen, wenn sein Interesse zunächst auch ihrem Gatten galt. Mit Weiss konnte sie Italienisch sprechen, und beide schätzten sie Wagner, dessen

Musik Joyce nicht leiden konnte. »Wagner stinkt nach Sex«, behauptete Joyce.[32]

Die Aufmerksamkeiten von Weiss erinnerten Nora zu ihrer Genugtuung daran, daß sie ihre Anziehungskraft noch immmer nicht eingebüßt hatte, auch wenn sie die Mutter eines Sohnes war, der sich der Adoleszenz näherte. Daß Nora diesbezügliche Ängste kannte, läßt sich aus dem am eindeutigsten sexuell gefärbten ihrer Träume schließen, die Joyce aufzeichnete:

Vollständig angekleidet am Scheißen im Garten ihrer Großmutter
Ihre Schwester Mary heißt den Liebhaber warten
Der Liebhaber hat ein rotbraunes Gesicht
Sein Haar Kräuselpapier
Er ist kahl
Er sitzt vor einem seltsamen Haus
Eine nicht mehr junge Frau ist auch da
Die Frau hebt ihr Bein hoch
Ihre Fotze ist unbehaart
Georgie geht vorbei, eine Zigarette rauchend
Ärger
Sie folgt ihm nach Hause
Streit über das Rauchen mit Eileen und Stannie
Sie kreischt vor Wut
Ihr Liebhaber erwartet sie zum Abendessen[33]

Die bildliche Fülle ist sehr aufschlußreich im Hinblick auf Noras unablässige Bemühungen, ihre Vergangenheit und ihre Gegenwart miteinander zu verbinden, und macht überdies ihr sinnliches Vergnügen am Rauchen deutlich, ein möglicher Grund für den Streit mit Eileen und Stanislaus. Daß eine Frau ihrem Mann so aussagestarke Bilder mitteilen konnte, enthüllt, wie ungeheuer tief die Intimität zwischen Nora und Joyce reichte. Wie kunstvoll auch immer Joyce den Traum niederschreiben mochte, der Traum war doch Noras.

Ihr Wunsch, ihre Träume zu erzählen, mochte von ihren Gesprächen mit Weiss herrühren, dessen Bruder Dr. Edoardo Weiss der erste freudianische Psychoanalytiker in Italien gewesen war. Weiss sprach viel über dies Thema und war mit Jung bekannt.[34]

Ehe er vom österreichischen Militär eingezogen wurde, machte Weiss 1915 ein paar schöne Fotos von den Joyce', darunter auch eins, das vermutlich die erste Aufnahme von den vier Joyce' in einem Restaurant war.[35] Sie sitzen alle in einer Reihe, Nora in der strategischen Position zwischen ihrem Mann und den Kindern, die wie kleine Erwachsene sitzen, mit sehr geradem Rücken. Giorgio mit seiner kleinen Nickelbrille sieht älter aus, als er war.

In Zürich begann Nora auch aus eigenem Antrieb eine neue Freundschaft. Als der britische Schauspieler Claud Sykes Joyce auf die Möglichkeit ansprach, ob er nicht ein Drehbuch für einen Film schreiben könne, forderte Joyce ihn auf, doch seine Frau mit zu ihnen zu bringen, damit Nora sie kennenlernen könne. Sykes Frau war eine kleine, kesse englische Schauspielerin mit dem Bühnennamen Daisy Race. Sie war ein Jahr jünger als Nora und hatte genau das Zeug zu der schwatzhaften, lebhaften, englischsprachigen Gefährtin, nach der Nora sich sehnte. So eng die beiden sich auch befreundeten, Nora redete ihre Freundin dennoch niemals anders als mit Mrs. Sykes an.

***

Noras körperlicher Zustand besserte sich zunehmend, als auch weiterhin Geld in unterschiedlichen Währungen aus unterschiedlichen Quellen von unterschiedlichen Spendern hereinfloß. Miss Weaver in London, die mittlerweile den *Egoist* selbst herausgab, war entschlossen, sich Joyce' anzunehmen, über dessen Gesundheitszustand und Arbeitsbedingungen sie, unter dem Einfluß von Pounds Fürsprache, sehr besorgt war. Gegen Ende des Jahres 1915 schickte sie ihm 50 Pfund als »Tantiemen« für das in Fortsetzungen abgedruckte *Porträt des Künstlers als junger Mann,* obwohl es gar keine eingebracht hatte. Es war ihr eigenes Geld.

Harriet Weaver, damals neununddreißig Jahre alt, Tochter eines Arztes, besaß ein sehr ausgeprägtes soziales Gewissen. Sie erfreute sich zwar eines selbständigen Einkommens, das von ihrer verstorbenen Mutter stammte, war aber davon überzeugt, daß das Leben von ererbtem Reichtum einem Leben von Wucherzinsen gleichkam.[36] In James Joyce, der der Meinung war, daß die Welt ihm seinen Lebesunterhalt schuldete, fand sie den idealen Partner, um ihr Gewissen zu erleichtern. Im Dezember 1915 dankte er ihr in warmen Worten für ihr Geschenk und zudem für ihre Bemühungen, das *Porträt* in London in Buchform herauszubringen, denn, so erklärte er, »Ich schreibe an einem Buch, *Ulysses*, und ich möchte das andere veröffentlicht und ein für allemal aus dem Wege haben ...«.[37]

Andere Spenden begannen in zunächst kleinen, dann gar nicht so kleinen Beträgen hereinzukommen. Aus New York schickte ein irisch-amerikanischer Anwalt namens John Quinn Joyce 10 Pfund (die damals nahezu fünfzig Dollar wert waren). Im August 1916 dann wurde Joyce von der British Civil List unter der Aufsicht des Premierministers H. H. Asquith (oder besser gesagt, seines Privatsekretärs Edward Marsh, der Joyce' Bücher gelesen hatte) das ansehnliche Stipendium von 100 Pfund gewährt.

Solche Großzügigkeit trug dazu bei, den Lebensstandard der Joyce' zu verbessern. In Zürich teilten sie wie in Triest ihre Wohnungen mit Fremden, mit denen sie am Ende gut befreundet waren. Da ihnen ihre dritte Bleibe in der Seefeldstraße 54, in der Nähe des Seeufers, weil sie klein, feucht und ebenerdig gelegen war, nicht behagte, nahmen sie 1907 ein Angebot von Paul Ruggiero an. Ruggiero war ein Bankangestellter, der Englischunterricht genommen hatte, und die Joyce-Familie war gern bereit, in eine Wohnung zu ziehen, die dem Vater eines Schülers gehörte. Die neue Wohnung lag in derselben angenehmen Straße, parallel zum See, hatte jedoch größere Zimmer. Sie hatte allerdings zwei Nachteile: nur zwei der fünf Zimmer standen den Joyce' zur Verfügung, und sie kostete dreimal soviel wie ihre alte Unterkunft.

Da die Schlafmöglichkeiten im Zürich der Kriegsjahre wohl kaum erfreulicher waren als die im Irland der Vorkriegszeit, hatten die Joyce' kaum Raum für die sexuellen Möglichkeiten ihrer Beziehung. Sie legten Georgio in ein Feldbett im Wohnzimmer und nahmen Lucia mit zu sich.[38] Dennoch mochten Nora und Joyce ihr neues Zuhause in der Seefeldstraße 73 und fanden, daß es seinen Preis, 120 Franken (etwa 5 Pfund monatlich), wert sei.[39] Wie immer schon waren sie amüsante, unterhaltsame Nachbarn und schlossen alsbald Freundschaft mit dem jungen Komponisten und dem führenden Opernsopran, mit denen sie ihre Unterkunft teilten.

Die beiden Geldspenden aus England trafen vor und nach dem Ereignis ein, das für irische Patrioten heilig werden sollte: dem Osteraufstand in Dublin im Jahr 1916. Joyce konnte ja wohl kaum eine anti-englische Haltung einnehmen, während er von englischer Großzügigkeit lebte und wo doch die verständnisvollste Mäzenin, die er jemals haben sollte, Harriet Weaver, in Auftreten, Grundsätzen und ihrer ganzen Sensibilität nach »hoffnungslos englisch« war, wie sie Joyce schrieb.[40]

Im Grunde interessierte Joyce sich nicht für Politik im engeren Sinne. Er hörte 1916 vom Tod zweier alter Freunde. Francis Sheehy Skeffington war in Dublin erschossen worden, und Tom Kettle fiel in britischer Uniform während der Schlacht an der Somme. Sheehy Skeffingtons Tod war besonders grausam gewesen. Er hatte versucht, während des Osteraufstands Plünderungen zu verhindern, war dabei von den Engländern verhaftet und während er sich in Haft befand, auf Befehl eines britischen Offiziers erschossen worden. Später wurde dann festgestellt, daß dieser Offizier wahnsinnig war. Beide Männer hatten Sheehy-Schwestern geheiratet, und Skeffington, ein Feminist, hatte den Nachnamen seiner Frau seinem eigenen hinzugefügt. Was den Ausgang des Krieges anging, so legte Joyce eine derartige Gleichgültigkeit an den Tag, daß sein Freund – der englische Maler Frank Budgen – ihn deshalb aufzog. Falls Joyce je gefragt werden würde, was er während des Großen Krieges getrieben habe, so meinte Budgen, so könne er sagen: »Ich habe den *Ulysses* geschrieben.« Und als Joyce gefragt wurde, ob er denn den Kampf Irlands um seine nationale Unabhängigkeit nicht unterstützte, entgegnete er: »Damit ich mich selbst zu seinem ersten Feind erkläre?«[41] Er war zutiefst davon überzeugt, daß irisch mit nicht-englisch gleichzusetzen bedeutete, wenn er auch aus seinen Lehrveranstaltungen bei Patrick Pearse viele Jahre zuvor wußte, daß anti-englisch sein nicht an sich schon pro-irisch bedeutete.

Er wußte, daß er sich, indem er in englischer Sprache schrieb, in die Tradition der englischen Literatur stellte. Bald schon sollte er seinen eigenen Weg finden, dieser Tradition zu entrinnen.

Vor einem exzessiven irischen Patriotismus wurde Joyce auch durch die unablässige Unterstützung bewahrt, die ihm Michael Healy gewährte. Healy war ein bemerkenswert toleranter Mann. Auf der einen Seite ein außergewöhnlich frommer Katholik, hegte er auf der anderen Seite noch uneingeschränkte Bewunderung für den unsäglichen Aufwand und die totale Überzeugung, mit der Joyce an seinem Werk arbeitete.[42] Healys Respekt wurde auch dann nicht geringer, als Joyce wegen der obszönen Sprache seines *Ulysses* in Verruf geriet.

Angesichts von Joyce' wachsendem Ruhm mußten Noras Verwandte sich mit der Tatsache befreunden, daß Noras Gatte Schriftsteller war. Sie kam um Jims Bücher nicht herum, weil er ihnen allen Exemplare zuschickte. Als Noras Schwester Mary, die damals in Utah lebte, ihr Exemplar erhielt, nutzte William Blackmore, ihr Gatte, die Gelegenheit, um Joyce das Loblied Amerikas zu singen:

> Ihr seid ja einigermaßen dicht an den kriegführenden Nationen dran. Dies Land hält sich da ganz gut heraus. Wir haben einen ziemlich tüchtigen Präsidenten – er glaubt nicht an den Krieg, wenn er sich nur heraushalten kann. Mir gefällt dies Land gut, doch Mary will andauernd zurück in unser altes Land... Es wär nett, wenn Ihr hier (in Utah, Anm. d. A.) irgendwann mal vorbeischautet... Jetzt mache ich wohl besser mal Schluß, da ich vor dem Schlafengehen noch ein bißchen in Deinem Buch lesen muß.[43]

Nora mußte sich im Jahr 1916 Sorgen wegen ihrer Mutter machen, die fast ganz allein in Galway zurückgeblieben war. Nur die Jüngste, Kathleen, war noch zu Hause. Der schlimmste Schlag für Annie Barnacle kam, als Michael Healy, weil im Hafen von Galway nichts los war, nach Dublin versetzt wurde. Sie schrieb in herzergreifenden Worten an Nora:

> ...ich hab mir solche Sorgen gemacht wegen Onkel daß ich gar nicht mehr ein und aus wußte weil er von Galway wegsollte Als er wegging dachte ich nun ist alles aus für mich und dann war er auch noch bei

schlechter Gesundheit Ja also letzten Mittwoch mußte er fort zur Arbeit Aber es muß leichte Arbeit sein das Zollhaus ist nur anderthalb Meilen weg er nimmt den Zug und dann dieser schreckliche Krieg. Der arme Tom da draußen in Frankreich ich habe ihm am Dienstag seine Schachteln geschickt Butter Kakao Kochschinken Kekse Tee Milch und all das Gott steh ihm bei dieser Krieg ist schrecklich ich habe Messen für ihn lesen lassen Auch der Mann von der armen Sara Homan ist tot und begraben er starb fast auf der Straße sie hatte nicht mal Geld für eine Kerze die Freunde von ihm mußten mit dem Hut rumgehen und es wurden 30 Pfund gesammelt Was wird sie nur tun mit sieben Kindern? Mrs Standas, du weißt schon, die Nonne, die du mochtest, die ist jetzt Ehrwürdige Mutter du solltest ihr Schreiben... Ich hoffe du hast die Kinder für Tom beten lassen Deine dich liebende Mutter Auf wiedersehen[44]

Annie Barnacle nahm selbstverständlich an, daß Nora ihre Religion immer noch ausübte.

Joyce las diese Briefe, die Nora von zu Hause bekam. Annie Barnacles rührenden Bericht über die Sammlung zugunsten der Witwe und ihren sieben Halbwaisen übernahm er für den *Ulysses*, wo die trauernden Hinterbliebenen Paddy Dignams eine Sammlung zugunsten seiner Witwe durchführten.[45] Diese Anekdote war nicht der einzige Beitrag von Noras Familie zum *Ulysses*. Als Michael Healy von Joyce' Rheumatismus[46] gehört hatte, hatte er ihm nachdrücklich empfohlen, zu dessen Abwehr eine Kartoffel in der Tasche zu tragen, und Joyce war diesem Ratschlag nicht nur gefolgt, er steckte auch Leopold Bloom zum selben Zweck eine Kartoffel in die Tasche.

Im März 1917 traf, wie ein Geschenk des Himmels, eine noch größere Spende ein, diesmal eine ohne offizielles Siegel – genaugenommen ohne jegliches Siegel. Eine Londoner Anwaltskanzlei teilte Joyce mit, daß er von einem unbekannten Anhänger 200 Pfund in vier Raten erhalten würde. Joyce erkannte den Namen der Anwaltskanzlei – Slack, Monro und Saw – nicht als den Harriet Shaw Weavers und hatte keine Ahnung, woher das Geld kam. In jedem Falle benötigte er das Geld, denn sein Geldbeutel war einer neuen Belastung ausgesetzt.

Seit seinem schweren rheumatischen Fieberanfall 1907 hatten

Joyce seine Augen zu schaffen gemacht. Seit ihrer Ankunft in Zürich waren sie entzündet gewesen, und er war wegen dieser Iritis in Behandlung. Anfang 1917 befiel ihn, während er in der Stadt unterwegs war, ein Glaukom, eine Schwellung und wachsende Spannung des Augapfels. Er konnte vor Schmerz nicht weitergehen.*

Zum erstenmal in zehn Jahren hatte Nora es mit einem arbeitsunfähigen Gatten zu tun. Und da Stanislaus nicht da war und sich auch sonst keine Alternative bot, tat sie das, was sie am meisten verabscheute: sie betätigte sich als Joyce' Sekretärin. Ihr Einkommen stand und fiel mit der schwellenden Flut der Korrespondenz mit Verlegern, Anwälten und Mäzenen und vor allem mit Miss Weaver. Nora hatte gelernt, in Miss Weaver einen Menschen zu sehen, der ihre Treue zu Jim teilte. In den Briefen läßt Noras Wortwahl manchmal erkennen, daß sie nach Joyce' Diktat geschrieben wurden, so etwa, wenn sie Miss Weaver für deren »heroische Bemühungen zugunsten meines Mannes« dankte.[4] Wenn er jedoch zu krank war, um ihr zu helfen, wählte sie ihre Worte selbst. In ihrem Brief an John Quinn weinte sie nahezu: »Ich habe das Gefühl, daß er sofort ins Krankenhaus muß, um sich operieren zu lassen.«[48]

Quinn war um ein paar handfeste amerikanische Ratschläge nicht verlegen:

> Also eins müssen Sie wissen, liebe Mrs. Joyce: daß ich über reiche Erfahrungen darin verfüge, Spezialisten ausfindig zu machen, auf medizinischem Gebiet ebenso wie auf juristischem... Nichts ist wichtiger, als an den richtigen Arzt zu geraten... Ich kann Joyce nur mit allem Nachdruck empfehlen, sich den besten Augenspezialisten oder die zwei besten zu suchen, die er in der Schweiz überhaupt bekommen kann.[49]

Pflichtschuldig las Nora Joyce zuliebe die kleinen literarischen Blättchen, für den Fall, daß darin etwas stand, worüber Joyce gern Bescheid wissen wollte – so etwa ein Essay von Arthur Symons oder die Neuigkeit, daß Pound in sein neues Buch auch einen Es-

* Dies Erlebnis schlug sich in dem Gedicht »Bahnhofstraße« nieder, das Jahrzehnte später in *Pömes Penysstück* veröffentlicht wurde:
Ein narrendes Paar Augen zeigt
Den Weg mir, wenn der Tag sich neigt...

say über den *Ulysses* aufnehmen wolle.[50] Und wenn Joyce' Briefpartner ihr schrieben, mußte sie langweilige Details über Fahnenabzüge und Korrekturen vorlesen und ihm sogar die schlechten Nachrichten mitteilen. Ein Mr. Knopf in New York, von dem weder sie noch Joyce je gehört hatte, hatte ein Exemplar von *Verbannte* gelesen und legte keinen Wert darauf, es zu veröffentlichen.[51]

Joyce schließlich war zwar davon überzeugt, daß eine Operation unvermeidlich war, schob sie jedoch hinaus – »aus Angst wie aufgrund der Tatsache, daß es sich bei dem zu operierenden Auge um mein eigenes handelt«.[52] Der Schmerz hatte nachgelassen, und er war imstande, sich wieder seinen vordringlichen Anliegen zuzuwenden: der Veröffentlichung von *Verbannte* und seiner Arbeit am *Ulysses*.

Im Jahre 1917 hatte Nora ebensosehr wie Joyce angefangen, in Harriet Weaver, die sie niemals gesehen hatten, eine zweite Mutter zu erblicken.[53] Miss Weaver erhielt denn auch einen der allerersten Hinweise darauf, daß die Joyce' sich wegen Lucia Sorgen zu machen begannen. Am 18. Juli schrieb Joyce an sie: »Ich habe Ihnen vor ein paar Stunden einen Brief geschrieben, aber meine Tochter, die ein ›geistesabwesendes Bettelkind‹ ist, hat ihn irgendwo auf der Straße verloren. Ich schreibe ihn also noch mal.«[54] Daß es einen Brief verliert, kann wohl jedem zehnjährigen Kind einmal passieren, doch die Fotos, die in jener Zeit in Zürich von dem Mädchen gemacht wurden, zeigen eine beunruhigende Ausdruckslosigkeit, eine blicklose Stumpfheit gegenüber der Erfahrung des Fotografiertwerdens. Nora, die ebenfalls ein aufmerksames Auge auf Lucia hatte, hatte wieder einmal einen lebhaften Traum, den sie Joyce um jene Zeit mitteilte. Darin sah sie ein erst kürzlich entdecktes Shakespeare-Stück, worin zwei Gespenster vorkamen, und sie befürchtete, daß Lucia Angst bekommen könnte.[55]

Nora machten auch eigene Probleme zu schaffen. Ihre »Nerven« plagten sie, und sie hatte Haarausfall. Anfang August, als es Joyce besser ging, fuhr sie nach Locarno am Lago Maggiore in der italienischen Schweiz. Sie versprach, mit den Kindern rechtzeitig zu Beginn des neuen Schuljahrs Mitte August zurück zu sein, und ließ Joyce mit seiner Arbeit am *Ulysses* und der Aufgabe zurück, die Katze zu füttern.

***

Es war kein billiger Urlaub – eine Woche in der Pension Daheim kostete mehr als eine halbe Monatsmiete für ihre Wohnung in der Seefeldstraße – fast 5 Schweizer Franken täglich pro Person.[56] Es war jedoch Geld auf dem Konto, und Nora wollte es gern ausgeben: sie wußte, daß demnächst mehr käme. John Quinn hatte weitere 20 Pfund für das Manuskript von *Verbannte* versprochen. Nora wünschte sich, daß das versprochene Geld von Quinn bald einträfe, so daß sie über die Dauer ihres Aufenthalts entscheiden konnte; jedenfalls mußte Joyce ihrer Meinung nach froh sein, sie aus dem Haus zu haben. »Ich hoffe, Du schreibst an Ulisses«, schrieb sie ihm, »wo wir nicht da sind und Dich dabei stören.«[57] (Sie schrieb den Namen seines Buches – wie er ihn aussprach – zwar in seiner italienischen Form, fügte am Ende jedoch ein »s« hinzu.)[58]

Diese vorübergehende Trennung war einer der seltenen Zeitabschnitte nach 1909, wo sie lange genug getrennt waren, um einander zu schreiben. So häufig und um häusliche Kleinigkeiten bemüht, wie sie das taten, muß man schließen, daß ihre Beziehung sich in einem Stadium befand, in dem Monogamie zur Monotonie wird. Nora wollte, daß er ihre Bluse von der Reinigung holte. Sie machte eine bissige Bemerkung über die Absichten eines ihrer wohlhabenden Triestiner Freunde: »Tripcovich hat wahrscheinlich irgendwo anders sechs Kinder und möchte Miss Mordo nur mal zärtlich unters Kinn fassen.«[59] Sie lieferte außerdem eine anschauliche Beschreibung von Locarno:

> Lieber Jim, Dank für das Geld auch für Deinen Brief heute morgen mit Beilagen für die ich Dir umgehend zurückschicke ich freue mich daß Du das Geld bekommen (eine der anonymen 50-Pfund-Raten, Anm. d. Verf.) hast so daß Du Dir über nichts Sorgen zu machen brauchst ich hoffe Du verbringst Deine Zeit so angenehm wie möglich. wir sind wohlauf wie ich Dir schon erzählt habe das Essen könnte nicht besser sein und mehr als wir essen können und das Schlafzimmer ist ange-

> nehm es hat einen Balkon jetzt wo das Wetter viel besser ist können wir hübsche Spaziergänge machen gestern war Markttag und es war lustig wie die Männer die Preise ausgerufen haben und soviel Krach gemacht wie sie nur konnten genau wie in Triest (deutsche Schreibweise, Anm. d. Verf.) sie sind genau wie die Italiener lustig und schmutzig und unordentlich es ist ganz anders als in Zürich.[60]

Der kühle Ton zwischen ihnen war neu. Nicht daß Joyce jetzt, da Nora weg war, weniger besorgt gewesen wäre als sonst auch. »Vielen Dank für Dein Brieftelegramm und die Postkarte«, begann Nora einen ihrer Briefe an ihn.[61] (Er hatte ihr telegrafiert, um sich nach ihrer Gesundheit zu erkundigen, und sie hatte zurücktelegrafiert: *»Grazie Sto benissimo.«*)[62] Sie hob seine Briefe jedoch nicht auf. Er hingegen tat es, und es entging ihm zweifellos nicht, daß sie nicht in einem einzigen von ihnen ein liebevolles Wort benutzte, das über »lieber« hinausging. Wenn sie am Schluß liebe Grüße sandte, dann waren das gewöhnlich die der Kinder.

Nora trieb insofern ihren Spott mit ihm, als sie ihn andeutungsweise wissen ließ, sie schaue sich unter den anderen Gästen der Pension nach Gesellschaft um. Mit grausamem Witz zielte sie in einem ihrer Briefe auf seinen Schwachpunkt und zugleich auf eins der Hauptthemen des *Ulysses* (den Ehebruch der sexuell unbefriedigten Frau), indem sie einen Brief mit den Worten begann: »Lieber Hahnrei.«[63] Und sie berichtete: »... wir hatten heute nach dem Lunch einen kleinen Tanz ich habe auch getanzt.«[64]

Tanzen? Hahnrei? Wie konnte Nora es wagen, dies einem Mann zu schreiben, der, vor nur fünf Jahren, quer durch Europa gejagt war, um sie zu überwachen?

Den Unterschied machte der *Ulysses*. Er war mehr als ein Buch; er war eine ganze private Welt, in die Joyce sich – mitsamt seiner Libido – zurückgezogen hatte. Noras kühne Versuche, seine alte Eifersucht zu wecken, lassen auf den verzweifelten Versuch schließen, ihn zurückzubekommen.

Nora war jedoch entschlossen, sich um jeden Preis zu amüsieren. Sie stieg auf den Gipfel des Madonna del Sasso, eines Hügels, auf dem ein Kloster stand. Sie ging auf dem Lago Maggiore rudern, sie tanzte, aß außerordentlich gut und ließ es geschehen, daß die Kinder unaufhörlich das Grammophon aufzogen. Und sie las das pornographische Buch, das er ihr geschickt hatte – »Ich freue mich darüber«, schrieb sie, »besonders weil es von Masoch ist.«[65] Auf dem Gebiet der Pornographie hatten sie, wie auf dem der Musik, ähnliche Vorlieben.

Das Wetter in Locarno war scheußlich. Noras eigene Krankheiten und Phobien hatten begonnen, die von Joyce nachzuäffen, und wie er, so wußte auch sie sich beredt über Gewitter zu äußern:

> ... es fing gestern abend etwa um halb zehn an wir waren im Eßzimmer mit ein paar Leuten und da es den ganzen Tag geregnet hatte waren die Leute nicht darauf gefaßt und ganz plötzlich hat es angefangen Blitz und Donnerschläge ich hab gedacht es wär unser letzter Tag ich war fast erstarrt vor Angst ungefähr zwanzig Minuten lang dann goß es und wir gingen etwa um halb elf zu Bett aber ich konnte nicht schlafen dann begann ein Hurrikan und Blitzen was bis halb sechs heute morgen gedauert hat es hat eine ganz furchtbare Wirkung weil es das elektrische Licht abstellt so daß ich die ganze Nacht im dunklen Zimmer herumtappen mußte so kannst Du Dir vorstellen wie ich mich heute fühle.[66]

Noras Liegekur wurde durch die Unabhängigkeit der Kinder begünstigt. Mit zwölf bzw. zehn Jahren waren sie alt genug, um den größten Teil des Tages auf sich selbst aufzupassen, und dank Nora waren sie gut erzogen. Sie war eine konsequente Mutter und wußte, wie man sich den Kindern gegenüber durchsetzte. Ihren Vater konnten Giorgio und Lucia hingegen um den Finger wickeln. Untereinander hatten sie jedoch Auseinandersetzungen, wie Nora Joyce in der für sie charakteristischen freimütigen Sprache berichtete:

> ... die Kinder wollen so etwa Donnerstag nach Hause fahren um zwei oder drei Tage zu haben bis die Schule beginnt ich habe keinen Ärger mit ihnen außer morgens ehe sie aufstehen es ist ein regelrechter Kampf mit ihnen sie halten im Bett einen Boxkampf ab und ich muß die beiden natürlich aus dem Bett auf den Fußboden zerren Georgie ist sehr verschämt er ängstigt sich zu Tode daß ich seinen Pimmel sehen könnte so daß er sich in seine Decke einrollt Jetzt muß ich mir die Haare waschen es ist mein einziger Kummer es gehen mir immer noch sehr viele aus
> Ich hoffe sehr es geht dir gut wenn du diesen Brief bekommst
> Liebe Grüße von den Kindern Nora[67]

***

Joyce schien allein recht gut zurechtzukommen und arbeitete unaufhörlich an den drei Anfangsepisoden des *Ulysses*. Ausnahmsweise einmal arbeitete er besser in Noras Abwesenheit. Tagsüber allein, sprach er mit der Katze, und die Katze sprach mit ihm. Er vergolt es ihr, indem er sie in Leopold Blooms ersten Auftritt in Ulysses einbezog:

– Mrkgnau! schrie die Katze
(...) Möchte wohl wissen, wie ich so wirke auf sie. Hoch wie ein Turm? Nein, springt mir doch glatt auf die Schulter (...)
– Mrkrgnau! machte die Katze laut.[68]

Die Hinzufügung eines weiteren »r« in den zweiten Schrei der Katze zeigt, wie aufmerksam Joyce seinem Schoßtier zuhörte.

Er rief Nora oft an und schien froh zu sein, sie aus dem Weg zu haben, doch Nora sorgte sich wegen der Kosten des Aufenthalts:

...wie ich Dir schon gesagt habe macht es mir nichts aus hierzubleiben aber die Kinder wollen nicht länger als Samstag bleiben so daß ich nicht weiß was ich tun soll und dann ist es natürlich sehr teuer. Du hast es sicher sehr leid, auf das Geld von Quinn zu warten wenn es gekommen wäre wüßte ich besser was zu tun wäre, auf alle Fälle schickst Du mir besser einhundertdreißig 130 (sic) Kronen und damit wäre unsere Fahrt und die Pension bezahlt die Leute sagen es ist am besten zum Arzt zu gehen daß es wahrscheinlich vom vielen denken kommt aber seit ich hier bin denke ich nicht mehr so viel so daß es mir vielleicht nach und nach besser geht jedenfalls werde ich mir keine Sorgen mehr machen, ich hoffe es geht Dir gut und Du schreibst etwas ich lese jeden Tag ein wenig...[69]

Jedenfalls wurde Giorgio und Lucia ihr Wunsch, rasch nach Zürich zurückzukehren, erfüllt. Am 18. August erlitt Joyce einen weiteren Anfall von Glaukom, der so schmerzhaft war, daß er sich umgehend einer Operation unterziehen mußte. Nora eilte an sein Krankenbett.

Die Krise bewirkte, daß Nora sich unversehens wieder mit den Aufgaben einer literarischen Sekretärin konfrontiert sah. Bei ihren

Antwortbriefen achtete sie auf korrekte Zeichensetzung, doch tat sie in ihrem Kummer etwas, das sie sonst niemals getan hätte, und bezeichnete ihren Mann als »Jim«, etwa in ihrem Brief an Ezra Pound:

> Lieber Mr. Pound,
> Ich bin zu aufgeregt gewesen, um Ihnen eher schreiben zu können. Jim wurde am Donnerstag operiert. Professor Sidler sagte mir, daß die Operation schwer und kompliziert war. Unglücklicherweise hatte Jim danach einen Nervenzusammenbruch, der drei Tage anhielt. Ich durfte ihn gestern besuchen und langsam erholt er sich. Er bittet Sie falls Sie keine Antwort haben noch einmal an Mr. Quinn zu kabeln und wird Ihnen das Geld dafür schicken wenn er wieder heraus ist.[70]
> In Eile und mit freundlichen Grüßen
>
> Nora

Als er nach Hause kam, versuchten sie, ihr gewohntes Leben in der Seefeldstraße 73 wiederaufzunehmen, doch Joyce erholte sich nur schwer, und Nora fühlte sich auch nicht wohl. Im Oktober erlitt er, wie er Miss Weaver mitteilte, drei- oder viermal einen Kreislaufkollaps und befürchtete, daß sie auf Herzversagen zurückzuführen waren, doch der Arzt erklärte, sie seien die Folge weiterer Nervenzusammenbrüche.

Ein wärmeres Klima im Winter sei unabdingbar, entschied Joyce. Sie würden alle nach Locarno zurückkehren und eventuell dortbleiben, vielleicht für die ganze Dauer des Krieges. Sie gaben ihre Zimmer auf, packten ihre Sachen, setzten die Katze in einen Reisekorb und zogen von Zürich weg. Paul Ruggiero erzählte Ellmann, er habe die vier zum Zug rennen sehen, als der sich gerade in Bewegung zu setzen begann.[71]

Der Umzug war ein weiterer katastrophaler Schritt im Hinblick auf die Erziehung von Giorgio und Lucia Joyce. Die Joyce' liebten ihre Kinder zwar, liebten sie jedoch mehr, als sie ihnen den nötigen Rückhalt gaben. Sie machten sich keine Gedanken über ihre Vorbereitung auf eine künftige Laufbahn oder die Ehe und zögerten nie, sie von der Schule zu nehmen, wenn sie das Bedürfnis nach Luftveränderung verspürten oder wenn Joyce der Sinn nach einer anderen Atmosphäre stand, die seiner Arbeit förderlich sein konnte.

In Locarno kamen Giorgio und Lucia auf die Schule der Einheimischen, was bedeutete, daß sie zum italienischsprachigen Unterricht zurückkehrten. Zunächst versuchte die Familie es mit der Villa Rossa und zog dann wieder in Noras Pension vom letzten August, die Pension Daheim nicht weit vom See und der zentralen Piazza. Joyce, zu dessen Gaben die Fähigkeit gehörte, überall arbeiten zu können, selbst noch in kleinen unpersönlichen Hotelzimmern, mit nichts versehen als einem Koffer voller Notizen, vollendete die ersten drei Episoden des Ulysses. Er schickte sie ihrem Freund Claud Sykes zum Abschreiben. (Ezra Pound war dabei, einen Abdruck in Fortsetzungen in der *Little Review*, einer avantgardistischen literarischen Zeitschrift, zu vereinbaren.) Joyce las Nora außerdem Teile davon vor, doch die hatte dafür nicht den geringsten Sinn.[72]

Sie mag über die Sprache entsetzt gewesen sein, auch wenn sie viele der Wörter selbst im täglichen Gebrauch verwendete. Wahrscheinlich fand sie, daß es bessere Möglichkeiten gab, die Dublin Bay zu schildern als mit den Worten »Die rotzgrüne See. Die skrotumzusammenziehende See.« Doch versäumte sie es nie, ihn zum Weitermachen zu ermutigen oder zu versuchen, ihm die Arbeitsbedingungen zu sichern, die er brauchte. Ihr Interesse an seiner Arbeit war teilweise durch ihr Eigeninteresse an seinem Fortkommen begründet, teilweise durch ihre nimmermüde Besorgnis um jeden Aspekt seines Wohlergehens. Wie sie es in jenem Sommer ausgedrückt hatte:

> Ich freue mich daß Dein Buch sich verkauft ich hoffe Du schreibst an Ulisses bleib nachts nicht zu lange auf ich glaube Du hast Dir kein Anziehzeug für Dich gekauft tu das doch bitte ...[73]

In der angenehmen Atmosphäre von Locarno fand Joyce wieder Zeit, ein Auge zu riskieren. Eines Abends lernte er in der Pension eine junge Deutsche kennen, eine Ärztin, die sich von der Tuberkulose erholte. Wie Nora war auch Dr. Gertrude Kaempffer groß (Joyce erklärte Stanislaus gegenüber, ihm gefielen große Frauen). Wie Amalia Popper hatte sie lange schlanke Hände. Joyce war gefesselt und versuchte, sie zu ihrem Hotel zurückzubegleiten, doch ihre Freunde vereitelten das. Mrs. Joyce würde das gar nicht lustig finden, meinten sie.[74] Joyce mußte sich mit der Möglichkeit begnügen, ihr zufällig vor dem Casino zu begegnen.

Später schickte Joyce der verblüfften jungen Ärztin zwei Briefe, in denen er ihr eröffnete, daß er in sie verliebt sei, sie jedoch obendrein damit belastete, daß er ihr sein erstes sexuelles Erlebnis erzählte. Als er ein Kind war, so erzählte er ihr (allerdings in einer weit geschickteren Ausdrucksweise), habe das Geräusch des Kindermädchens, das im Wald urinierte, bewirkt, daß er sich masturbiert habe.

Dr. Kaempffer legte auf diese Eröffnung keinen Wert. Als sie ihn ein Jahr später in Zürich zufällig auf der Straße wiedertraf, bestätigte sich ihr ursprünglicher Eindruck: der eines begabten, aber melancholischen und kränklichen Mannes. Sie lehnte sein Angebot einer Verabredung ab.

Eins der Dinge, die Joyce der verblüfften jungen Frau gestand, war, daß er es erregend fände, bei einer Frau zu liegen und befürchten zu müssen, entdeckt zu werden. Er mag sich unbewußt dabei auf seine eigenen Kinder bezogen haben. Bis 1917 mußten die Joyce' ständig wählen, ob sie Lucia das Zimmer mit ihnen oder mit ihrem Bruder teilen lassen sollten, der sich, wie Noras Traum und ihr Brief verraten, wegen seines Geschlechtsteils zu genieren begann. Welche Folgen ein derartig enges Zusammenleben für alle vier haben mußte, läßt sich nur ahnen.

Ein Joyce-Forscher und Fachmann für den Hintergrund des *Ulysses,* A. Walton Litz, Princeton, meint, das aktive Sexualleben der Joyce' sei etwa um diese Zeit zu Ende gegangen.[75] Als Joyce tiefer und tiefer in eine eigene erotische Vorstellungswelt eindrang, ließ er, wie er Stanislaus 1906 erklärte, einen »Eimer in den Brunnen (seiner) Seele, Abteilung Sexualität«, hinab, und alles, was er heraufholte, steckte er in den *Ulysses.* Der Roman schlug (Litz zufolge) zwischen 1917 und 1920 einen anderen Kurs ein, insofern er sich scharf vom Naturalismus abkehrte und auf die surreale Phantasmagorie der Bordellszene zudrängte, in der jegliche Form von sexueller Perversion vorbeiwirbelt. Es klingt wahrscheinlich, daß – aus jener Abteilung – für Nora nichts übriggeblieben war. In diesem Licht betrachtet, nimmt sich Joyce' heimliche Korrespondenz mit Dr. Kaempffer wie die mit Nora von 1909 wie eine weitere Aufwärmübung für den *Ulysses* aus.

Es kann dafür selbstverständlich keine objektiven Beweise geben, sondern bloß das, was sich andeutungsweise ihren eigenen Worten entnehmen läßt. Irgend etwas war geschehen. Noras heitere Gelassenheit war Tränen und Ängsten gewichen. Joyce schrieb an Claud Sykes:

> Meine Frau läßt sich für ihr Schweigen bei Mrs. Sykes und Mrs. Bleibtreu entschuldigen, von der sie heute eine Karte bekam. Sie war ständig krank und hat hier sogar sehr schlimme Nervenzusammenbrüche gehabt, so daß ich wirklich nicht weiß, was ich machen soll – ob ich mit der geringen Aussicht, dort eine Wohnung zu finden, nach Zürich gehen oder die Pension verlassen und hier eine Wohnung suchen soll. Statt eine Besserung zu bewirken, hat der Aufenthalt hier ihren Zustand verschlimmert.[76]

Nora teilte ihre eigene Ansicht darüber, was nicht in Ordnung war, Daisy Sykes mit, als sie im Januar 1918 nach Zürich zurückzogen: »Jim hat kein Wort mit mir gesprochen in der Pension Daheim.«[77]

9. Kapitel

Künstler und Modelle

Nach Zürich zurückgekehrt, bezogen die Joyce' eine neue Wohnung in der Universitätsstraße, nur wenige Minuten von der Zentralbibliothek und dem Café Pfauen entfernt. Ihr einziger Nachteil war, daß Giorgio und Lucia schon wieder die Schule wechseln mußten, da in Zürich verlangt wurde, daß die Kinder die der Wohnung nächstgelegene Schule besuchten. Sie machten das Wetter in Locarno für ihre unerwartete Rückkehr verantwortlich. Nora hatte Recht gehabt, als sie Jim gegenüber im August bemerkte: »... ich fürchte das Klima ist mehr oder weniger wie in Zürich.«[1] Er hatte rasch herausgefunden, daß das soziale und das intellektuelle Klima Locarnos beträchtlich schlechter waren.

Sämtliche Zweifel im Hinblick auf Zürich lösten sich im Februar auf. Joyce kam einer mysteriösen Einladung nach, die Eidgenössische Bank aufzusuchen, und erfuhr dort etwas für ihn Erfreuliches: eine in Zürich lebende Amerikanerin war so sehr davon überzeugt, daß er ein literarisches Genie war, daß sie für ihn zwölftausend Schweizer Franken (damals vierhundertachtzig Pfund) auf ein Konto gezahlt hatte, die in monatlichen Raten von jeweils tausend Franken an ihn ausgezahlt werden sollten. Die Verehrerin entpuppte sich als Mrs. Edith McCormick, Tochter John D. Rockefellers. Seit 1913 lebte sie in einer Wohnung in der Altstadt und betätigte sich als Wohltäterin von Musikern, Schriftstellern und vor allem des Psychoanalytikers Carl Jung.

Joyce suchte Mrs. McCormick auf, um ihr zu danken. Er hinterließ ganz gewiß einen guten Eindruck, denn er erregte zu der Zeit in Zürich Aufmerksamkeit wegen seiner lässigen Eleganz, seines kühlen Blicks, seines kleinen Lippenbarts, seines Pincenez', seines makellosen Blazers, seines runden schwarzen Huts und seiner schmalen grauen Hosen.[2] Sein natürliches Selbstvertrauen wurde zudem durch sein wachsendes internationales Ansehen noch gestärkt. Das *Porträt* hatte ihn als neue Kraft der modernen Literatur etabliert, und das Erscheinen der ersten Kapitel seines neuen Romans *Ulysses* in der amerikanischen *Little Review* wurde mit Spannung erwartet. *Verbannte* sollte in Kürze in New York und London herauskommen; auch seine Gedichte wurden langsam bekannt.

Joyce und Nora konnten nun, das anonyme vierteljährliche Stipendium aus London eingerechnet, über ein monatliches Einkommen von fünfzehnhundert Schweizer Franken verfügen. Sie konnten davon bequem leben, besser noch, als der heutige Gegenwert der Summe vermuten läßt, da der Schweizer Franken im Verhältnis zur britischen und zur amerikanischen Währung schwach war. Joyce, solchermaßen abgesichert durch ein regelmäßiges Einkommen, fand jedoch bald einen neuen Weg, um über seine Verhältnisse zu leben. Nicht nur, daß er weniger unterrichtete und mehr trank, er ließ sich zudem auf ein Projekt ein, das sein Schauspielerfreund Claud Sykes vorgeschlagen hatte: ein Ensemble aufzubauen, das Stücke in englischer Sprache spielen sollte. Es wäre ein patriotischer Beitrag zur Kriegsanstrengung. Sykes als Schauspieler sollte Regie führen und Joyce mit seinen Erfahrungen bei der Gründung des Volta-Kinos und im Textilexport die Rolle des Geschäftsführenden Direktors übernehmen.[3]

Sämtliche kriegführenden Nationen, die im neutralen Zürich vertreten waren, wetteiferten in kultureller Propaganda. Joyce war sich vage einer Schuld gegenüber der britischen Krone bewußt, einmal wegen der Unterstützung, die sie ihm gewährt hatte, und dann weil er es abgelehnt hatte, der Aufforderung des Konsulats nachzukommen und sich dort als Kriegsdienstanwärter registrieren zu lassen. (Seine Ablehnung war einigermaßen schroff ausgefallen; er hatte den Brief des Generalkonsuls A. Percy Bennett mit der Mitteilung zurückgesandt, Mr. James Joyce sende hiermit ein Dokument zurück, das ihm fälschlich zugesandt worden sei.)

Es war ihm folglich nur recht, daß er zum britischen Konsulat gehen und um den offiziellen Segen für sein Ensemble bitten konnte, das die English Players heißen sollte. Wie gewöhnlich waren seine erklärten Motive unterlegt mit persönlichen – er erblickte darin einen möglichen Weg, die *Verbannten* aufgeführt zu bekommen. Das Stück, das ihm so sehr am Herzen lag, war überall abgelehnt worden. W. B. Yeats, sein großer Anhänger, hatte es selbst für das Abbey Theatre abgelehnt. Noch eine weitere Hoffnung verbarg sich hinter dem Unternehmen: Die Hoffnung auf Profit. Joyce und Sykes waren davon überzeugt, daß die Players die Investitionen vielfach wieder hereinbringen würden. Sie überredeten einige ihrer Freunde dazu, Anteile zu verkaufen.[4]

An dem Energieaufwand, den Joyce in die English Players steckte, war jedoch nichts Selbstsüchtiges. Obwohl er nur für die Finanzen des Ensembles zuständig war, kümmerte er sich mit Feuereifer um sämtliche Seiten des Unternehmens – indem er die Stücke auswählte, die Kostüme und die Besetzung, indem er mit Rat und Tat und Ansporn zur Stelle war, soufflierte, Karten verkaufte und die Ensemblefeier ausrichtete. Seine abschließende große Geste, die darin bestand, daß er die ungeheueren Schulden der Players in Höhe von elftausend Franken übernahm, widerlegt die Behauptung, Joyce habe die Zeit des Ersten Weltkriegs in Zürich in großer Armut verlebt.[5] Daß er während der intensivsten Schaffensperiode seines Lebens Zeit für eine derartig aufwendige Tätigkeit fand, spricht Bände im Hinblick auf sein Stehvermögen. Joyce war zwar in physischer Hinsicht nicht eben kräftig, aber, bis seine Augenoperationen ihm die Kraft raubten, unermüdlich. Während der drei Monate, die der ersten Aufführung der Players' im Mai 1918 vorausgingen, vollendete Joyce drei Episoden des Ulysses – »Calypso«, »Lotophagen« und »Hades« – d. h. er führte Leopold Bloom von seinem Frühstück und dem Besuch der öffentlichen Badeanstalt zu Paddy Dignams Beerdigung auf dem Glasnevin Cemetery.[6]

Das Stück, das Joyce und Sykes für die erste Inszenierung auswählten, war *The Importance of Being Earnest* (dt. *Ernst sein ist alles*) von Oscar Wilde – für Joyce speziell deshalb eine Quelle des Vergnügens, weil Wilde Ire war. Die besten englischen Stücke seien von Iren geschrieben worden, sagte er gern.[7] (Seine Anhänglichkeit an Irland, das sei betont, war kultureller, nicht politischer Natur. Er hat seinen Landsleuten nie verziehen, daß sie Charles Stewart Parnell lange schon verfolgt hatten, ehe sie sich darauf verlegten, ihn zu verraten.)

Seit ihren Erfahrungen in Triest und Dublin wußte Nora, daß Joyce streitsüchtig war; an seinem Umgang mit Verlegern und Vermietern, die ihn beleidigten, hatte sie gesehen, wie er, genau gesagt, um jede Kleinigkeit zum Gericht rannte, doch sie mußte erst noch lernen, daß seine Streitsucht, ebenso wie seine Extravaganz, mit wachsendem Ansehen nur größer wurde.

Als das Wilde-Stück unter allgemeinem Beifall aufgeführt worden war, bezahlte Joyce sämtliche Schauspieler; den Profis gab er dreißig Franken und den Amateuren zehn, gerade nur zur Dekkung ihrer Unkosten. Einer der Amateure jedoch, Henry Carr, ein hochgewachsener ehemaliger britischer Soldat, der beim Konsulat arbeitete, war wütend, als er weniger Geld erhielt als die Profis – auf ihn wirkte das, als würfe man ihm ein Trinkgeld hin. Carr war in der Rolle des Algernon Moncrieff der Star der Vorführung gewesen, und er hatte sich dermaßen in die Rolle verliebt, daß er hundertundfünfzig Franken für neue Kleider ausgegeben hatte, um die Rolle besser spielen zu können. Er wollte die Auslagen für sein Kostüm ersetzt haben; Joyce hielt ihm entgegen, daß eigentlich Carr ihm Geld schulde, da er noch nicht alle Eintrittskarten für die Vorstellung abgerechnet hatte, die ihm zum Verkauf überlassen worden waren.

Der farcenhafte Streit, der sich zwischen Carr und Joyce entspann, ist verdientermaßen von Tom Stoppard in seinem Stück *Travesties* verewigt worden. Geld war jedoch nur der Anlaß, der eigentliche Grund lag tiefer. Carr, der in Frankreich gekämpft hatte, war von einem Schrapnell ernsthaft an der Lende verwundet worden und hatte Narben davon getragen, die ihm das ganze Leben erhalten bleiben sollten; die Deutschen, die ihn drei Jahre gefangengehalten hatten, hatten ihn eben aus dem Grund entlassen, daß er nicht mehr kampftauglich war – wie die britische Militärbehörde anerkannt hatte, indem sie ihm einen zivilen Job am Züricher Konsulat gab. Ein Mann von reizbarem Temperament, geriet

Carr in Wut angesichts des kühlen Iren, der kein Geheimnis aus der Tatsache machte, daß ihm der Ausgang des Krieges gleichgültig war.[8]

Joyce forderte die fünfundzwanzig Franken ein, die Carr für die Eintrittskarten schuldete; Carr verlangte im Gegenzug die einhundertfünfzig, die er für Kleidung ausgegeben hatte. Als Joyce sich weigerte, nannte Carr ihn einen Flegel und Betrüger. Er sagte, er werde dafür sorgen, daß das Konsulat den English Players jegliche Unterstützung entzog und, was schwerer wog, daß er Joyce, falls er ihm je wieder begegnete, den Hals umdrehen und ihn die Treppe hinabwerfen werde.

Joyce ging schnurstracks zum Anwalt. Er erhob zwei Klagen: Eine auf Zahlung der fünfundzwanzig Franken (eine Lappalie im Vergleich zu dem, was er an eigenen Mitteln für die Players lockermachte), die zweite wegen Morddrohung und übler Nachrede. Die gerichtlichen Schritte strapazierten Joyce' Gesundheit und emotionale Kraft zu einem Zeitpunkt, wo sie bereits völlig beansprucht waren. Nora pflegte ihn, als er in jenem Sommer mit Iritis auf beiden Augen neun Wochen lang ans Bett gefesselt war. Trotzdem gelang es ihm, bis Oktober die nächsten beiden Kapitel des *Ulysses* fertigzustellen. Es waren ›Äolus‹, das in den Redaktionsräumen des *Evening Standard* spielte, und ›Lästrygonen‹, das hauptsächlich in Davy Byrnes Kneipe spielte, wo Bloom zu Mittag ißt und über den Niedergang einer Liebesbeziehung nachdenkt. Am Ende blieb Joyce jedoch die Genugtuung verwehrt, denn wenn er den ersten Prozeß auch gewann, so verlor er doch den zweiten und dies wiederum erst nach vielen Monaten des Streitens. Er schrieb sogar an Lloyd George, um gegen die Ungerechtigkeit der brutalen Behandlung zu protestieren, die ihm auf einem Amt der britischen Regierung widerfahren war, während er doch so viel für die britische Kultur in Zürich tat. Der britische Premierminister, der im Jahr 1918 dringlichere Anliegen im Kopf hatte, scheint jedoch nicht geantwortet zu haben.

Zu Anfang der Streitigkeiten ergriff Bennett, der amtierende britische Generalkonsul, Carrs Partei gegen Joyce. Joyce war so wütend, daß er erklärtermaßen anti-britisch und pro-deutsch wurde – eine Einstellung, die Nora, wegen der Tätigkeit ihres Onkels und weil ihr Bruder in der britischen Armee Dienst tat, niemals teilen sollte. Joyce wollte jedoch eine dauerhaftere Rache. Er arbeitete Bennett und Carr in den *Ulysses* ein. Carr ist einer von zwei rüpelhaften betrunkenen britischen Soldaten, die Stephen Dedalus niederschlagen. Bennett ist Carrs vorgesetzter Offizier. Joyce machte aus dem unflätigen Carr das Sprachrohr des britischen Patriotismus: »Ich drehe jedem kotzverdammten Bastard den Hals um, der einen Mucks gegen meinen scheißkotzverdammten König sagt.«[9]

Die mißliche Geschichte mit Carr, die eine zweite Verhandlung im Februar 1919 nach sich zog, wirkte sich allerdings zu Noras Vorteil aus. Da die English Players sich nicht länger der Gunst des britischen Establishments in Zürich erfreuten, mußten Joyce und Sykes Abstriche an ihrem Projekt machen. Sie entschieden sich für ein Dreifachprogramm von Einaktern als nächstes Projekt. Als einen davon wählte Joyce Synges *Reiter ans Meer* aus, der auf den Aran Islands spielt. Ungeachtet seiner Reaktion beim Lesen des Manuskripts gefiel Joyce das Stück trotz dessen Kürze und der Vorhersehbarkeit der Handlung. Soweit er wußte, war es auf dem Kontinent niemals aufgeführt worden. Die Rolle der Cathleen, einer der Töchter der alten Frau, deren letzter Sohn im Meer ertrinkt, besetzte er mit Nora.

Nora stürzte sich in die Rolle. Sie hatte immer eine schauspielerische Ader gehabt und spielte bei geselligen Anlässen, bei denen sie sich wohl fühlte, gern die Rolle der *raconteuse*, während Joyce dann beifällig zuhörte und sein Lächeln hinter der Hand verbarg.[10] Ihr Auftreten, ihr Äußeres und vor allem ihre Stimme waren ideal für die Rolle, wie Daisy Sykes ihr wahrscheinlich mitgeteilt hat. Wie sich dann zeigen sollte, war das Stück praktisch eine Familienproduktion: Giorgio und Lucia spielten Kinder in der Menge, und Joyce selbst steuerte einen Tenor hinter den Kulissen bei.[11]

Die Aufführung fand am 17. Juni 1918 statt. Mit ihren ersten Worten, dem Anfangssatz des Stückes – »Sie legt sich hin, Gott steh ihr bei, und wird wohl schlafen, wenn sie kann« – stellte Nora die Weichen für alles Nachfolgende. Otto Luening fand ihre Darstellung bemerkenswert gelungen, und Sykes, ihr Regisseur, fand, sie sei glänzend.[12]

Als Aufnahmen von der Inszenierung gemacht wurden, posierte

Nora in ihrer Rolle. Es war eine der besten Aufnahmen, die je von ihr gemacht wurden. In Aran-Tracht und barfuß, eine Hand auf der Hüfte und ein anzügliches Lächeln auf dem Gesicht, ist sie die Verkörperung selbstgewisser Sinnlichkeit und der amüsierten Einsicht, daß Schauspielen etwas Absurdes ist. Sie genoß es dennoch in vollen Zügen und sprach seit der Zeit immer gern über das Theater. Daisy Sykes war nur eine der Schauspielerinnen unter ihren engen Freundinnen. Ein anderes Mitglied der Englisch-Players-Truppe, die englische Schauspielerin Evelyn Cotton, die als die Ehrenwerte Gwendolyn Fairfax in der Inszenierung von *The Importance of Being Earnest* (dt. Ernst sein ist alles) und als Lady Sims in Barries *Twelve Pound Look* auftrat, war ihre Freundin fürs Leben und erwies sich als Stütze in Noras letzten Lebensjahren.

***

Diejenigen, die Joyce nur als den Autor des berüchtigten *Ulysses* kennen, nehmen oft an, er müsse ein großer Libertin und Frauenheld gewesen sein. Statt dessen war er jedoch nicht nur monogam, sondern sogar ein Pantoffelheld. Dennoch besteht sein zweifelhafter Ruf nicht ganz zu Unrecht, denn er war in sexueller Hinsicht nicht frei von Hintergedanken und zwar in Bezug auf Noras Tugend ebenso wie auf seine eigene. Als er den *Ulysses* schrieb, zog Joyce erstmals nicht seine Jugend, sondern sein Erwachsenenleben heran, schöpfte er nicht aus seinen Erinnerungen, sondern aus seinem täglichen Leben als Ehemann und Vater. Er verwertete alles, von der Katze bis zu Henry Carr. Und das gilt auch für weitaus persönlichere und delikatere Angelegenheiten. Er verwob Motive in seinem Buch wie die sexuelle Rivalität zwischen einer in die Jahre kommenden Mutter und einer eben aufblühenden Tochter. Milly, die Tochter von Leopold und Molly Bloom im *Ulysses* ist fünfzehn. Bloom muß sich seiner inzestuösen Wünsche im Hinblick auf die jüngere Version seiner Frau erwehren.) Nora wußte, und womöglich wußte es auch Lucia, daß Joyce' eindringlicher Blick unablässig auf ihr ruhte und daß er nicht zögerte, seinem Buch zuliebe die eigenen Lebenserfahrungen durch ihre anzureichern, falls die eigenen ihm auszugehen drohten.

So rührte beispielsweise die unbedeutende Tatsache, daß er seine Frau vorübergehend auf die Bühne stellte, an den in Joyce durchaus vorhandenen Wunsch, sie von anderen Männern begehrt zu wissen. Wie Joyce Leopold Bloom im *Ulysses* Stephen Dedalus das Foto seiner Frau (einer professionellen Sängerin) zeigen läßt, so sandte er das Bild von Nora in Bauerntracht an Forrest Reid, den Theaterkritiker des *Belfast Telegraph*: »Ich lege auch eine Photographie meiner Frau bei, die eine Rolle in Synges Stück spielte. Da sie in Sichtweite der Aran-Inseln geboren wurde, sind Synges Worte, glaube ich, mit dem echten Akzent gesprochen worden.«[13]

Der Wunsch, seine Frau vorzuzeigen, verhüllte, wie Joyce sehr wohl bewußt war, letzten Endes ehebrecherische Wünsche. (Joyce und Nora betrachteten sich, wie alle Freunde es taten, als verheiratet.) Folglich war ein Akt der Untreue gleichbedeutend mit der Sünde des Ehebruchs, wie Joyce unmißverständlich erklärte. In seinen Notizen zu *Verbannte* schrieb er, um zu erläutern, weshalb Richard Bertha in die Arme Roberts, des Journalisten, drängte:

> Richard, ungeeignet für ehebrecherischen Verkehr mit den Frauen seiner Freunde, weil das seinerseits zu viel Verstellung verlangte, weniger weil er von irgendwelcher Ehrlosigkeit dabei überzeugt wäre, möchte, so scheint es, den Schauer des Ehebruchs stellvertretend erleben und eine Frau, die sich gebunden hat, Bertha, durch das Organ seines Freundes besitzen.[14]

Auf der Suche nach dieser Art von stellvertretendem Kitzel erhoffte Joyce sich in den Jahren 1918 und 1919, daß Nora dort stark wäre, wo er schwach war. Er wollte den Kitzel nicht nur um seiner selbst willen. Er brauchte ihn für *Ulysses*, die Geschichte eines betrogenen Ehemanns. Leopold Bloom wandert am 16. Juni 1904 durch die Straßen Dublins und räumt so freundlicherweise das Feld, während seine wollüstige Frau Mary Ehebruch mit ihrem Manager Blazes Boylan begeht.

Nora wußte, was Joyce wollte; sie wußte auch, daß sie benutzt wurde, und nahm das übel. Wie so oft, übersetzte sie auch hier Joyce' wunderschön ausgedrückte, aber verschleierte Gedanken mit beängstigender Treffsicherheit in schlichte Worte. Eines

Abends, als sie mit Frank Budgen aus einem Café kamen und Joyce etwas zurückblieb, brach Nora in Tränen aus. »Jim will, daß ich mich mit anderen Männern einlasse«, erklärte sie Budgen, »so daß er etwas hat, worüber er schreiben kann.«[15]

Eine deutlichere Aussage über ihr Verhältnis konnte es nicht geben. Nora bildete sich nichts ein. Ein anderer Züricher Freund der Joyce', der frischverheiratete Bildhauer August Suter, beobachtete mißbilligend, wie Joyce Nora »Juden und Griechen« in der Absicht vorstellte, »die Tugend seiner Frau einzusetzen«. Doch für Suter war wie für Budgen erkennbar, daß Nora sich weigerte, ihre Rolle zu spielen, daß sie keine Kokette war. Sie liebte Joyce aufrichtig und blieb angesichts der seltsamen Forderungen ihres Mannes unerschütterlich standfest.[16]

***

Die Joyce' gewannen in Zürich viele neue Freunde, darunter Fritz Fleiner, Juraprofessor an der Universität, und seine Frau. Von ihnen allen erfreute Frank Budgen sie am meisten. Er wurde rasch der engste Freund, den sie jemals haben sollten. Budgen gehörte zu jenen seltenen Exemplaren, die das Leben ebenso zu schätzen wissen wie die Arbeit. Er war Engländer, Autodidakt, äußerst belesen und auf seine stämmige Art, mit seiner breiten Stirn und den schmalen, aufmerksamen Augen, ein gutaussehender Mann. (Er gab später das Modell für den Matrosen auf der Players Zigarettenschachtel ab.) Er war Maler geworden, nachdem er durchgebrannt und zur See gegangen war. Während des Ersten Weltkriegs war er beim Nachrichtendienst in Zürich angestellt. Als sie sich im Sommer 1918 (auf dem Gipfel des Carr-Aufruhrs) bei einem Abendessen kennenlernten, hatte Joyce Budgen im Verdacht, ein Spion zu sein, den das britische Konsulat zu seiner Beobachtung entsandt hatte.

Während der noch verbleibenden 17 Monate ihres Aufenthalts in Zürich faßte Nora wie ihr Mann Vertrauen zu Budgen. Sie schimpfte zwar oft mit ihm, weil er Joyce dazu ermunterte, zuviel zu trinken, doch war sie Budgen dankbar, wenn er Joyce auf seinem breiten Rücken nach Hause zurückbrachte. Und Joyce fand in Budgen einen weitaus kongenialeren Resonanzboden, als Stanislaus es hinsichtlich dessen gewesen war, was er mit dem *Ulysses* vorhatte. Für einen Maler waren Joyce' Theorien absolut einleuchtend. »Ich habe sämtliche Worte zur Verfügung«, sagte Joyce eines Tages, »wonach ich suche, ist die vollkommene Reihenfolge der Worte im Satz.«

Budgen fragte ihn, wie die Worte denn lauteten. Joyce antwortete geduldig:

> Sie wissen vermutlich (...), daß mein Buch eine moderne *Odyssee* ist. Jede Episode darin entspricht einem Abenteuer des Odysseus. Zur Zeit schreibe ich die *Lästrygonen*-Episode, die dem Abenteuer des Odysseus bei den Kannibalen entspricht. Mein Held geht zum Lunch. Es gibt aber auch ein Verführungsmotiv in der *Odyssee*: die Tochter des Kannibalenkönigs. In meinem Buch geht die Verführung von seidenen Unterröcken aus, die in einem Schaufenster hängen. Mit den folgenden Wörtern versuche ich nun, deren Wirkung auf meinen hungrigen Helden auszudrücken: ›Parfüm von Umarmung fiel ihn allseits an. Mit ausgehungertem Fleisch, dunkel, flehte er stumm darum, Anbeter sein zu dürfen.‹ Sie sehen selbst, wie viele verschiedene Möglichkeiten es gibt, sie anzuordnen.[17]

Budgen gegenüber äußerte Nora denn auch, was sie vom *Ulysses* hielt. Im Gegensatz zu der Legende, daß sie nie ein Wort von Joyce' Werk gelesen habe, wußte sie sehr wohl, was im *Ulysses* stand, wie eben die Menschen, die mit einem Schriftsteller zusammenleben, eine Vorstellung davon haben, wovon das letzte Buch handelt. Und was sie wußte, gefiel ihr nicht. »Was halten Sie von einem Buch, Mr. Budgen«, fragte sie spöttisch, »mit einer großen dicken scheußlichen verheirateten Frau als Heldin?«[18]

Budgen erwiderte, er habe nichts gegen dicke, verheiratete Frauen einzuwenden; das sei schließlich eine willkommene Abwechslung nach den sylphenhaften Heldinnen der meisten Bücher. Es kränkte Joyce jedoch, daß Nora nichts damit anzufangen wußte, daß der *Ulysses* ein komischer Roman war. Eines Morgens wurde er wütend, als Nora wissen wollte: »Was soll all das Geschwätz über irischen Witz und Humor? Haben wir ein Buch im Hause, in dem etwas davon vorkommt? Ich würde gern mal ein paar Seiten davon lesen.« (Bei Budgen lachte er und wurde nicht wütend!) Joyce sagte verdrossen zu Budgen: »Das sind die Sachen, die meine Frau so liest«, und nahm romantische Romane aus dem Bücherschrank.[19]

Budgen war zu der Zeit Junggeselle, und die Bemerkungen, die sie ihm gegenüber machten, kamen für ihn doch von sehr weit her. Bei ihm lud Joyce all seine Ansichten über die Frau als nichtdenkendes, animalisches Lebewesen ab. Eines Nachts bei einem Gespräch bestritt er die Richtigkeit von Budgens Behauptung, Christus sei eine »rundum vollständige Figur« gewesen. Er sei Junggeselle gewesen, machte Joyce dagegen geltend, und habe nie mit einer Frau zusammengelebt – »etwas vom Schwierigsten, was ein Mann tun muß ...«[20]

***

Da es ihm nicht gelang, Nora zur Untreue zu verleiten, um ein Szenario für den *Ulysses* erproben zu können, unternahm Joyce Ende 1918 und 1919 selbst einen ebenso bizarren wie phantasievollen Versuch.

Im späten Oktober 1918 zogen die Joyce' auf die andere Seite der Universitätsstraße in eine neue Behausung über einem Brillenladen um. Der hintere Teil ihrer Wohnung in der Nummer 29 ging auf die Hinterfront der Häuser der Culmannstraße hinaus, und Joyce entwickelte eine seiner voyeuristischen Leidenschaften für eine junge Frau, die in der Culmannstraße 6 wohnte (einem Haus, das mittlerweile eine andere Nummer erhalten hat). Ihr Name war Marthe Fleischmann, und sie war sein erotisches Ideal: groß, dunkelhaarig, jüdisch aussehend. Er erzählte Budgen, seinem widerstrebenden Vertrauten, daß er sich in seine Nachbarin verliebt habe, als er sie vom Toilettensitz aufstehen und die Spülung ziehen gesehen habe.

Falls Joyce Marthe in ihrem Badezimmer wirklich gesehen haben sollte, muß er seine Augen ungeheuer angestrengt haben. Die beiden Häuser stehen einander nämlich nicht unmittelbar gegenüber; außerdem war Joyce' Sehvermögen im Jahr 1919 bereits so gering, daß er mit Zeitungen zum Fenster hinüberzugehen und sie zum Lesen dicht an die Augen zu halten pflegte. Die Geschichte, die er Marthe erzählte, war ebenso plausibel – daß er sie auf der Straße gesehen und sie ihn an ein Mädchen erinnert habe, das er in Dublin einmal an der Küste gesehen hatte (Das »Vogel-Mädchen«, dessen Vision den Höhepunkt von *Porträt des Künstlers...* bildet.)

Er beobachtete Marthe, stellte sich ihr vor, schrieb heimlich Briefe und gönnte sich den Spaß, mit derselben Art von griechischem »e« zu unterschreiben, das er für die geheime Korrespondenz Leopold Blooms mit einer Martha Clifford im *Ulysses* verwenden sollte. Er hatte bei seinen Bemühungen gewisse Fortschritte zu verzeichnen. Joyce brüstete sich Budgen gegenüber, daß er Marthe in ihrer Wohnung besucht, sie im Nachthemd gesehen und mit ihr über das Thema Damenunterwäsche diskutiert habe. (»Jeder Joyce-Leser«, bemerkte Budgen später, »wird eine deutliche Vorstellung von der Unterwäsche des mittleren und späten Viktorianismus haben, die Joyce bewunderte.«[21])

Marthe hatte jedoch einen (sogenannten) Beschützer, einen Züricher Ingenieur. Obwohl sie Wert auf die Feststellung legte, daß ihre Beziehung zu ihm rein platonisch sei, litt sie doch unter der Langeweile, der Untätigkeit und dem Gefühl der Benachteiligung einer Geliebten. Da sie ihre Tage damit verbrachte, zu rauchen und Romane zu lesen, fand sie Joyce' Briefe unterhaltend (wie er es unterhaltend fand, am Fenster zum Hof zu stehen und zu versuchen, sie bei deren Lektüre zu beobachten).

Die Briefe, die Joyce Marthe, mal auf Deutsch, mal auf Französisch, schrieb, waren leicht romantisch und hatten nur einen Stich ins Vulgäre. (Marthe riß aus Anstandsgründen ein vulgäres Wort am Ende einer Seite ab.) Es finden sich schwache Anklänge an Joyce' frühe Liebesbriefe an Nora:

> Ich stelle mir einen nebligen Abend vor. Ich warte – und ich sehe Sie auf mich zukommen, schwarz gekleidet, jung, fremd und sanft. Ich sehe in Ihre Augen, und meine Augen sagen Ihnen, daß ich ein armer Suchender in dieser Welt bin, daß ich mein Schicksal und das der anderen nicht begreife, daß ich gelebt und gesündigt und geschaffen habe, daß ich eines Tages davongehen werde, ohne in der Dunkelheit, die uns alle gebar, etwas begriffen zu haben.

> Vielleicht begreifen Sie das Mysterium Ihres Leibes, wenn Sie sich im Spiegel betrachten, woher das wilde Licht in Ihren Augen gekommen ist; die Farbe Ihres Haars?[22]

Joyce beschloß, seine heimliche Geschichte mit Marthe durch eine Zeremonie an seinem persönlichen heiligen Tag, seinem Geburtstag, zu akzentuieren. Er fragte Budgen, ob er die junge Frau zu einem Besuch seines kleinen Ateliers mitbringen dürfe. Budgen, der sich nur ungern eine Rolle in einem Komplott zuweisen ließ, das dazu diente, Nora zu betrügen, versuchte, Joyce davon abzubringen. Joyce war jedoch unbeirrbar. Darauf zu verzichten, sagte er, »wäre mein geistiger Tod«.[23]

Budgen, dem Joyce seine künstlerische Überzeugung, daß Phantasie Gedächtnis sei, anvertraut hatte, verstand, was Joyce zu tun beabsichtigte: er wollte sich ein Modell für bestimmte Ereignisse arrangieren, über die er gerade schrieb, ganz so wie ein Maler sich im Atelier ein Tableau mit lebenden Modellen komponieren mochte, um das Licht und die räumlichen Verhältnisse in ihrer wahren Eindrücklichkeit zu sehen. Tatsächlich hatte Budgen Noras tränenreiche Klage über Joyce' Aufforderung, sie solle »sich mit anderen Männern einlassen«, als ebensolche literarische Übung von Joyce' Seite interpretiert, und so erklärte er sich, sozusagen als Kollege, zur Zusammenarbeit bereit. Er ging dabei so weit, Joyce insofern entgegenzukommen, als er sein Atelier noch bohemehafter erscheinen ließ, indem er eine große Kohleskizze einer nackten Frau mit einem sehr breiten Gesäß an die Wand malte. Joyce trug selbst etwas zum Bühnenbild bei. Um die Stimmung zu steigern, brachte er einen jüdischen Wandleuchter mit, eine Menora. Am späten Nachmittag des 2. Februar 1919 führte er Marthe in die Höhle des Künstlers.

Budgen stellte sofort fest, daß Joyce' Dark Lady breit um die Hüften war und hinkte: »Schwer vorstellbar, daß sie ihre Unterwäsche herzeigt, um Joyce eine Freude zu machen.«

Marthe, die bei Kerzenlicht im Atelier herumgeführt wurde, ließ angesichts der verschiedenen Skulpturen und Skizzen höfliche bourgeoise Ausrufe der Bewunderung hören. Mit großem Vergnügen bemerkte Budgen, daß Joyce sich »das tadelnde Lächeln (einfing), auf das er es abgesehen hatte, als er auf den massiven Hintern in der Zeichnung wies, die ich auf Bestellung gemacht hatte«. Joyce sorgte, außerordentlich zufrieden mit der ganzen Inszenierung, als nächstes dafür, daß Marthe warm in ihren Mantel gehüllt war, und führte sie in die Nacht hinaus.

Was immer sich nun in der Folgezeit zwischen Joyce und seiner junoesken Nachbarin abgespielt haben mag, er war jedenfalls zum Abendessen wieder in der Universitätsstraße 29. Sein Freund Paul Ruggiero, der griechischer Abstammung war, kochte als Beitrag zu dem großen Festmahl, mit dem Nora den 2. Februar stets beging, Gerichte aus dem Mittleren Osten. Im Verlauf des Abends fand Joyce Gelegenheit, um Budgen zuzuflüstern, daß er die »heißesten und die kältesten Partien eines Frauenkörpers erforscht« habe. (Welche das waren, sagte er nicht.) Budgen schloß daraus, daß Joyce sich lediglich mit der manuellen Erforschung Marthes zufriedengegeben und Nora nie irgendwelchen Verdacht gehegt habe, daß da etwas vorgefallen war. Falls Joyce jedoch tatsächlich einen Ehebruchversuch unternommen haben sollte, dann war es das zweite Mal in jenem Jahr, daß er keinen Erfolg damit hatte.

Marthe kam aus dieser Liaison nicht ungeschoren heraus. Da sie häufig unter Angstanfällen und Depressionen zu leiden hatte, vermochte sie ihren Flirt vor ihrem Beschützer nicht geheimzuhalten. Der forderte Joyce zur entscheidenden Kraftprobe heraus. Joyce erreichte einen Waffenstillstand, indem er »all das höfliche, menschliche Verhandlungsgeschick, die Herzensgüte, das Verständnis für andere, die Scheu, die dennoch Mut ist« – aufbot, kurz, all seine Bloomschen Eigenschaften. Er muß jedoch einen Schreck bekommen haben. Er hatte solche Angst vor Gewalt, wie er Budgen gegenüber klagte, daß er nicht einmal einen Faustkampf in den *Ulysses* aufnehmen konnte. Ganz bestimmt spielte er seinen Anteil an Marthes Verfassung herunter. Im Juni schrieb er an Budgen: »M. in einem Irrenhaus oder *Nervenanstalt* (dt. i. O.), doch jetzt zurück, droht mit Selbstmord.«[24]

Der Zwischenfall war nur ein Echoimpuls auf dem Radarschirm seines häuslichen Wohlbehagens. In demselben Brief ließ Joyce Budgen wissen, wie zufrieden er mit dem Porträt war, das jener von Nora malte. Budgens Skizze bezeichnete er als »ein delikates und provokantes Ding«. Das waren nicht die Worte eines gelangweilten Ehemanns.

Nora war entzückt, daß wieder einmal ihr Porträt gemalt wurde. Einem Maler Modell zu sitzen, war einer der angenehmeren Aspekte des Lebens einer Künstlergattin. Budgen hatte ein großartiges Modell in ihr: heiter und geduldig, »eine stattliche Erscheinung«. Was ihn am meisten beeindruckte, war ihre absolute Unabhängigkeit:

> Ihr Urteil über Menschen und Dinge war rasch und offen und entsprach einer ganz persönlichen, eigenständigen und starren Wertordnung. Wie immer sie aufgelegt war, sie sprach stets mit jener volltönenden, angenehmen Stimme, die den irischen Frauen offenbar angeboren ist.[25]

Budgen hielt diese Eigenschaften auf der Leinwand fest und außerdem noch einiges von dem, was er von der Ehe der Joyce' wußte.

Vielleicht ist es nicht verwunderlich, daß Nora das Porträt haßte. (Zu einem späteren Zeitpunkt ihres Lebens riß sie es aus seinem Rahmen.) Budgen hatte ihr nicht geschmeichelt, wie Silvestri es in Triest getan hatte. Budgen bewunderte sie zwar, doch war er nicht in sie verliebt. Sein Porträt zeigt ein sinnliches Gesicht mit vollen Lippen, hohen, fast orientalischen Backenknochen und ovalen Augen mit schweren Lidern: eine verdrossene, doch selbstzufriedene Frau, ein wenig träge und sehr irisch.

***

Die Fleischmann-Episode kam ans Licht, als Marthe nach Joyce' Tod ihre Briefe verkaufte. Budgen wiederum veröffentlichte seinen Bericht über die Vorfälle zwei Jahrzehnte später. Die Briefe waren wegen der Einzelheiten, die Aufnahme in den *Ulysses* fanden, von besonderem Interesse: Marthes Name und ihr Gehfehler, die Exotik und die Geschmacklosigkeit der heimlichen Korrespondenz und die griechischen »e«s.

Was jedoch verborgen blieb, war, daß während desselben Zeitraums Ottocaro Weiss möglicherweise in Nora verliebt war.

Claud Sykes, dessen Frau Noras beste Freundin war, vertraute Herbert Gorman (Joyce' autorisiertem Biographen) in den 30er Jahren an, er glaube, auch wenn ihm bewußt sei, daß er sich damit auf schlüpfrigen Boden begebe, daß Weiss in Mrs. Joyce verliebt gewesen, seine Avancen jedoch zurückgewiesen worden seien. Gorman, der bei seiner Arbeit von Joyce zensiert wurde, wahrte selbstverständlich Verschwiegenheit.[26] Sykes war jedoch nicht der einzige, der Weiss' Anhänglichkeit an Nora beobachtete. Auch Lucia Joyce fiel, obwohl sie zu der Zeit erst zwölf war, auf, daß Mr. Weiss ihre Mutter gern mochte (die sie für eine sehr hübsche Frau hielt). Sie bekam außerdem einen Streit zwischen ihrem Vater und Weiss wegen ihrer Mutter mit.[27]

Weiss verbrachte im Jahr 1919 viel Zeit mit den Joyce'. Er war vom Militärdienst im Januar nach Zürich zurückgekehrt, gerade zu dem Zeitpunkt, als Joyce am stärksten von seiner voyeuristischen Liebesaffäre mit Marthe in Anspruch genommen war. Weiss mag sogar den Verdacht gehegt haben, Joyce habe eine Art Rendezvous arrangiert, denn er fragte Joyce, wozu er den siebenarmigen Leuchter brauche, und Joyce' Antwort kann seine Neugier nicht befriedigt haben: *»Per una serata nera* (Für eine schwarze Messe).«[28]

Weiss begleitete die Joyce' in jenem Jahr auf Gesellschaften und in Konzerte. Mit seiner Schwester Paula begleitete er sie zum Rheinfall von Schaffhausen und fuhr mit Nora und Paula in einem kleinen Ausflugsdampfer über den aufgewühlten Fluß, während Joyce sarkastische Kommentare dazu abgab, in einem Café saß und Tomaten aß und zuschaute, wie sie sich durch die Strömung kämpften. Weiss saß mit Nora und Joyce bei dem privaten Abendessen zusammen, das neben dem Telefon stattfand, als man Nachrichten aus München über die Aufnahme von *Verbannte* erwartete, das dort im August 1919 erstmals aufgeführt wurde. (Das Stück fiel durch; ein Münchner Theaterkritiker nannte es ein »Irish Stew«.[29]) Und als Joyce eine Party anläßlich des »Hängens« von Noras, von Budgen gemalten Porträt gab, zog Weiss sehr zum Ergötzen von Budgen eine Smokingjacke an.[30]

Daß die Weiss'sche Bindung an Nora gänzlich verschwiegen wurde, ist ein Beispiel für die Verzerrungen, die der Ruhm mit sich bringt. Wegen Joyce' Berühmtheit und der ständigen Erforschung des Hintergrunds des *Ulysses* wurde die Fleischmann-Episode festgehalten und in Joyce' Lebensgeschichte und die Geschichte des *Ulysses* aufgenommen. Weil Nora als unwichtig angesehen wurde, weil der Ruf einer Frau auch so viel leichter durch Gerede befleckt wird als der eines Mannes und auch weil Weiss in den Dreißiger Jahren, als Gorman biographische Informationen über Joyce' Vergangenheit sammelte, eine bedeutende Figur im internationalen Bank- und Versicherungsgeschäft war, blieb seine jugendliche Zuneigung zu einer verheirateten Frau (und der Ärger des Ehemanns darüber) in unveröffentlichten Notizen in Hunderte von Meilen voneinander entfernten Bibliotheken liegen.

Im wirklichen Leben von Nora und James Joyce fanden die Flirts mit der Untreue jedoch gleichzeitig statt und waren aufeinander bezogen. Tatsächlich scheint Weiss der Mann gewesen zu sein, dem Joyce Nora ihrer Klage zufolge seine Frau in die Arme zu treiben versuchte.

Genau wie Richard und Bertha in *Verbannte* (das die English Players niemals aufführten) waren die Joyce' ein Paar, das in ein Ehespiel für zwei Teilnehmer verstrickt war. Die dritten Beteiligten, die hineingezogen und verletzt wurden, Prezioso, Marthe Fleischmann und Weiss (vielleicht auch Vincent Cosgrave, dessen Version der Joyce-Geschichte niemals erzählt wurde) vermochten nicht zu erkennen, wie sehr sie als Schachfiguren dienten.

Weshalb richteten Prezioso und Weiss ihre Aufmerksamkeit denn auf die Ehefrau eines anderen Mannes? Möglicherweise weil Joyce impotent oder sexuell gleichgültig geworden, wenn er sich auch, wie Odysseus, durchaus bewußt war, daß seine Frau von Verehrern umgeben war, während er anderswo zu tun hatte.

Ulysses ist voller Anspielungen auf das unbefriedigende Sexualleben der Blooms. Leopold Bloom hat seiner Frau mehr als zehn Jahre lang kaum eine feurigere Zärtlichkeit erwiesen als einen Kuß aufs Hinterteil. In der ›Zyklop‹-Episode machen die Schwätzer in Barney Kiernans Kneipe sich mächtig über Blooms vermeintliche Impotenz lustig:

– Und das nennt ihr einen Mann? sagt der Bürger.
– Ich möcht doch direkt wissen, ob er sein Ding überhaupt jemals irgendwo reingekriegt hat, sagte Zoe.
– Na ja, immerhin sind zwei Kinder geboren worden, sagt Zack Power.
– Und wen verdächtigt er? sagt der Bürger.[31]

Molly Bloom begeht im *Ulysses* zwar Ehebruch, aber Joyce beschreibt die Szene nicht. Er zeigt ihn nur in Blooms Phantasie und in Mollys Tagtraum. Der einzige sexuelle Höhepunkt im *Ulysses* rührt von einem Akt der Selbstbefriedigung her. Bloom befriedigt sich selbst, erregt durch den Anblick Gerty MacDowells, deren Schlüpfer zu sehen ist, während sie das Feuerwerk anstarrt: »O! dann barst die Leuchtkugelröhre auseinander und es war wie ein seufzendes O!«[32]

Tatsächlich ist die einzige menschliche Handlung, die im *Ulysses* durch Abwesenheit auffällt, die geschlechtliche Vereinigung. Alles, was die Menschen an einem gewöhnlichen Tag verrichten, ist in dem Buch enthalten, eingeschlossen jegliche Körperfunktion von der Defäkation bis zum Nasebohren – jegliche alltägliche Verrichtung, mit einem Wort gesagt, bis auf die eine, für den Fortbestand der Spezies notwendige und einzige Form des sexuellen Ausdrucks, die die römisch-katholische Kirche selbst Ehepartnern zugesteht. Weshalb wird im *Ulysses* nicht gevögelt? hat der britische Kritiker Colin MacCabe gefragt.[33] Es ist äußerst verlockend, sich zu der Spekulation verleiten zu lassen, daß Joyce den Geschlechtsakt aus seinem Buch ausgeschlossen hat, weil er ihn aus seinem Leben ausgeschlossen hatte.

***

Das Geheimnis mancher Ehe liegt eher im Sparbuch als im Bett. Die Art, wie zwei Menschen es mit ihrem Geld halten, ist häufig ihr intimstes Geheimnis, der Punkt, in dem sie sich von allen anderen Paaren unterscheiden und Front gegen die Welt machen. Nora und Joyce waren in ihrem Verhältnis zum Geld (wenn man einmal absieht von einem gelegentlichen Streit über ein Trinkgeld oder den Preis eines Hutes) aus demselben Holz geschnitzt. Nora zweifelte nie auch nur eine Minute daran, daß Jim Anspruch auf großzügige Förderung hatte oder daß er ebenso wie sie Anspruch darauf hatte, es auszugeben, statt es zu horten.

Im Mai fuhr Joyce mit Budgen nach Locarno, womit er ihm zu einem Teil Noras Porträt bezahlte. (Er war bereit, ohne Nora zu reisen, solange er jemanden hatte, der sich um ihn kümmerte.) Nora war mit den Kindern allein in Zürich, als von der Firma Monro Saw and Company in London ein Brief eintraf. Die Kinder blickten ihr über die Schulter, als sie die unglaublich gute Nachricht las: ein Klient der Firma, der anonym bleiben wolle, hege den Wunsch, Joyce eine Kriegsanleihe in Höhe von 5000 Pfund zu überschreiben, die jährlich fünf Prozent Zinsen abwerfe. Nora war selig. Mit dem Geld, so erklärte sie den Kindern freudig, würde sich ihre Ausbildung finanzieren lassen.[34] Sie hastete los, um die Neuigkeit nach Locarno zu telegrafieren, und bediente sich dabei wie gewöhnlich der formellen Sprache, die sie als dem Medium Telegramm für angemessen erachtete: »Herzliche Glückwünsche, Nora Joyce.«[35]

Als Joyce die Botschaft erhielt, brach er Hals über Kopf auf, ohne Budgen den Grund dafür mitzuteilen. Als er in Zürich eintraf, erlebte er, wie Nora, die ihn abholen gekommen war, eine irische Gigue auf den Stufen einer Straßenbahn tanzte.[36] Ihre Geldsorgen waren beendet; endlich hatten sie ein verläßliches Einkommen.

Die Spenderin war Harriet Weaver; sie hatte sich schon eine ganze Weile mit dem Gedanken an dieses Geldgeschenk getragen, als sie nach einem Weg suchte, wie man Mr. Joyce seiner finanziellen Schwierigkeiten entheben konnte. Angemessener als eine regelmäßige Zuwendung, die in ihren Augen eine unwürdige Form der Unterstützung darstellte, wäre es, so meinte sie, ihm ein gewisses Kapital zu überschreiben. Dann würde Mr. Joyce von den Zinsen leben und vernünftig für die Zukunft planen können.

Ihre Vermögensverwalter versuchten höflich, ihr das auszureden. Der Juniorpartner von Monro und Saw, der Firma, die zuvor Slack, Monro und Saw gewesen war, schrieb ihr. Er wollte wissen, ob sie, ehe sie Mr. Joyce über ihren äußerst großzügigen Vorschlag informierte, »nicht mit (s)einem Partner sprechen (wolle), ehe (s)ie diesen Schritt tatsächlich (vollzog)«.[37] Es war eine taktvolle Art und Weise, zu verstehen zu geben, daß Fred Monro, der Seniorpartner der Firma, erraten hatte, daß Joyce ein Verschwender war.

Miss Weaver war jedoch nicht aufzuhalten. Sie blieb bei ihrem Vorhaben und bestand darauf, daß ihre Anwälte ihrem Wunsch nach Anonymität nachkamen. Joyce bombardierte Monro & Saw mit höflichen Fragen, während Nora und er sich zu erraten mühten, wer der Förderer sein mochte. John Quinn? Nein, das Geld waren ja Pfund. Lady Cunard vielleicht?

Fred Monro (ein alter Freund Miss Weavers) folgte ihren Weisungen und weigerte sich natürlich, die Information preiszugeben – das heißt, bis er gerüchtweise aus Zürich hörte, die Joyce hätten ein Geldgeschenk von »irgendeiner Dame«[38] erhalten.

Miss Weaver schloß daraus, daß ihr Geheimnis gelüftet worden war. Dieser Schluß war völlig falsch. Die Dame, um die es ging, war Mrs. McCormick. Joyce hatte Miss Weaver gegenüber nie etwas von den monatlichen eintausend Franken von der rivalisierenden Gönnerin erzählt, deren er sich seit anderthalb Jahren erfreute.

Folglich beichtete Miss Weaver am 6. Juli 1919 ihr Geheimnis. Schüchtern erbat sie, und dies nur am Ende eines Geschäftsbriefes, Joyce' Vergebung für ihr Versteckspiel:

> Vielleicht sollte ich noch hinzufügen, daß ich Ihnen die Nachricht durch Messrs. Monoro Shaw and Co. zukommen ließ und daß ich bedaure, es auf diese Art und Weise getan zu haben. Es ist ziemlich lähmend, mittels Anwälten zu korrespondieren. Ich fürchte, Sie müssen nun alles, was Sie von Diskretion und Selbstverleugnung gesagt haben, zurücknehmen. Ich kann Sie nur bitten, mir den Mangel daran zu vergeben.[39]

Miss Weaver mit ihrem empfindlichen Gewissen wußte, daß sie sich einer größeren Sünde schuldig gemacht hatte als bloß der übertriebener Bescheidenheit. Sie hatte das Katz-und-Maus-Spiel genossen, Joyce dabei zu beobachten, wie er die Geldquelle zu erraten suchte, und sie machte sich insgeheim Vorwürfe wegen dieser Nachgiebigkeit gegen sich selbst.

Giorgio Joyce, mittlerweile vierzehn, wußte ebenfalls, wer die Quelle ihres Glücks war, stellte es seinen Schulfreunden gegenüber jedoch anders dar. Er brüstete sich damit, daß sein Vater fünf Jahre an einem dicken Buch gearbeitet habe, daß er weitere fünf Jahre brauchen werde, um es zu vollenden und daß es *Odysseus* oder *Ulysses* heiße. Wo kommt denn dann aber das Geld her? fragten Giorgios Freunde mit schweizerischer Nüchternheit. Wenn sein Vater Geld brauche, erklärte der junge Joyce, dann schreibe er einfach an einen englischen Lord und erhalte daraufhin hundert Pfund.

Die Jungen waren außerdem neugierig, wie wohl ein Schriftsteller aussah, also nahm Giorgio sie mit. Sein Zuhause hatte so gar nichts Besonderes an sich – da waren die freundliche Mutter, der Essensgeruch, das Klavier –, außer dem Schriftsteller selbst. Mit seinem schwarzen Rock, den dicken Brillengläsern und dem kleinen Spitzbart sah Joyce, so befanden die Jungen, wie der leibhaftige Teufel aus.[40]

Joyce erhielt in jenem Jahr noch mehr Geld. In New York hatten Padraic und Mary Colum bei reichen Freunden tausend Dollar gesammelt (ungefähr zweihundert Pfund) und telegrafierten Joyce die Summe. Wieder fiel es Nora zu, das erfreuliche Ereignis zu melden. Sie eilte los, um Joyce die Neuigkeit zu überbringen, der bei seiner Schauspielergruppe war, und mußte sich darauf anhören, wie eine der englischen Ehefrauen boshaft bemerkte: »Das heißt also, Mrs. Joyce, daß Sie die Post Ihres Mannes aufmachen?« Das war eine Geschichte, die Nora in späterer Zeit gern zu ihrem eigenen Nachteil erzählte.[41]

***

Da der Krieg im November 1918 zu Ende gegangen war, fanden die anderen Mitglieder des Triester Joyce-Clans sich wieder zusammen. Stanislaus kehrte aus dem Gefangenenlager heim. Eileen und Frank (die eine kleine Tochter hatten und ein weiteres Kind erwarteten) kehrten aus Prag zurück. Sie alle nahmen sich (dank Franks Anstellung bei einer Bank) eine elegante Wohnung in der via Sanità, ganz nah bei der zentralen Piazza, und warteten. Bücherkartons trafen aus Zürich ein, aber keine Nora und kein Jim.[42] »Habt Ihr beschlossen, für immer in Zürich zu bleiben?« schrieb Tante Josephine. Sie meldete außerdem, welche Verlegenheit das

Porträt der Joyce-Familie in Irland bereite. Ein Rezensent hatte das Buch eine Studie des menschlichen Abfalls genannt, und Eva, Florrie und May waren verärgert; die Anspielungen auf die Familie gefielen ihnen nicht.[43]

Joyce jedoch, dem seine Nerven, Übermüdung und seine unabgeschlossene Arbeit bei den English Players zu schaffen machten, kam von Zürich nicht los. Er mußte außerdem auf die Erlaubnis warten, nach Triest zurückzukehren. Während dieser Zeit versäumte er es zum erstenmal, seit sie Triest verlassen hatten, die monatlichen Mietzahlungen für die Wohnung in der via Bramante aufrechtzuerhalten. Der Wirt stellte, darin ganz der alte, ein Ultimatum, und bald schon schrieb Stanislaus in vertrautem Ton an seinen Bruder:

> Das Zusammenpacken und der Auszug aus einer knöcheltief verstaubten Wohnung war für Frank und Eileen eine schmutzige Arbeit, die eine Woche dauerte. Mich hat das fast 300 Lire gekostet. Ich habe gerade vier Jahre des Hungers und des Unrats hinter mir und versuche wieder auf die Beine zu kommen. Meinst Du, Du kannst mir eine Verschnaufpause geben?
>
> STANNIE[44]

Stanislaus sollte seine Antwort erhalten, wenn auch nicht umgehend. Zwei Monate später antwortete Joyce, er habe zwar Geld geschickt, doch sei das irrtümlich zurückgesandt worden, und ob Stannie ihm wohl seine Smokingjacke schicken könne?[45]

Eigentlich hatte Joyce die Absicht gehabt, mit Nora und den Kindern Anfang Oktober abzureisen. So ging er denn auch am Monatsersten zur Bank, um seine regelmäßige Unterstützung von Mrs. McCormick abzuholen, und mußte sich sagen lassen, daß kein Geld auf seinem Konto sei. Die amerikanische Erbin hatte ohne Vorwarnung die Zahlungen eingestellt.

Gekränkt verlangte Joyce, Mrs. McCormick zu sehen. Als sie das ablehnte, schickte er, in der Hoffnung, sie würde sich erweichen lassen, einen Teil des Manuskripts des *Ulysses* als Geschenk. Sie ließ sich jedoch nicht erweichen. In einem brüsken Briefchen, das mit breiter Feder in einer kühnen amerikanischen Handschrift -

geschrieben war, erklärte Edith McCormick ihm, sie sei sich sicher, daß er nun, wo der Krieg vorüber war, Verleger und Anerkennung finden werde.[46] Wie war ihr plötzlicher Sinneswandel zu erklären? Joyce bezichtigte in späterer Zeit Jung, Mrs. McCormick beeinflußt zu haben. Jung, so behauptete er, habe ihn analysieren wollen, um ihn von seinem Hang zur Geldverschwendung zu kurieren. Damals jedoch verfiel er auf ein weniger abstraktes Motiv. Eine bestimmte Person, so erzählte er Claud Sykes, sei »aus finsteren persönlichen Motiven« zu Mrs. McCormick gegangen und habe ihr erzählt, daß James Joyce ihr Geld auf die Weise verschwende, indem er die Nächte im Pfauen durchzeche und durchlärme.

Die Person, die Joyce im Verdacht hatte, war Ottocaro Weiss. Es habe, wie Weiss es später ausdrückte, »eine kleine Meinungsverschiedenheit im Hinblick auf Geld« gegeben, doch die Spannung, die dahintersteckte, war Sykes Vermutung zufolge Eifersucht wegen Nora.[47] Das scheint die Gelegenheit des Streits gewesen zu sein, die Noras Tochter beeindruckt hatte.[48]

Desungeachtet versuchte Weiss, die Freundschaft zu flicken. Er trat zu Joyce, als der mit Nora und ein paar Freunden im Pfauen saß. Joyce ließ ihn eiskalt abblitzen, indem er sich weigerte, ihn an den Tisch zu bitten. Nora saß, obwohl sie nicht glaubte, daß Weiss Joyce angeschwärzt hatte, mit ausdrucksloser Miene dabei.

Joyce vergab Weiss nie. Er erblickte in ihm nur einen weiteren jener Verräter, die mit rätselhafter Regelmäßigkeit auftauchten, um ihm bei seinem einsamen Kampf um die Erfüllung seines künstlerischen Geschicks Knüppel zwischen die Beine zu werfen. Joyce Zorn wurde auch nicht im geringsten durch sein Wissen gemildert, daß er selbst ja Nora dazu ermuntert hatte, sich einen Liebhaber zu nehmen.

***

Nora selbst fühlte sich immer noch unwohl. Ehe sie nach Triest zurückkehrte, begab sie sich zu Dr. Adalbert Panchaud de Bottens, einem Spezialisten für Innere Medizin und Kardiologen.[49] Wenn man ihre Geschichte und ihre spätere gynäkologischen

Schwierigkeiten in Betracht zieht, mag sie unter den Beschwerden gelitten haben, mit denen Joyce Molly Bloom ausstattete, als er zwei Jahre später die ›Penelope‹-Episode des *Ulysses* schrieb – unregelmäßige Monatsblutungen. Von niemandem außer Nora hätte Joyce die Gedanken einer Frau in Erfahrung bringen können, die von ihrer Periode überrascht wird:

> ... oh du geduldiger Himmel es fließt aus mir raus wie ein Sturzbach (...) ich hab keine Lust die ganzen sauberen Laken zu versauen die ich aufgezogen hatte das saubere Zeug was ich anhatte das hats auch mit in Gang gebracht so ein verdammter Mist so ein verdammter Mist ...[50]

Sie harrten in Zürich bis weit in die Anfangszeit des neuen Schuljahrs aus. Giorgio war während ihrer Zeit in der Schweiz ein gutes Stück reifer geworden. Er hatte eine wunderschöne Opernstimme ausgebildet und sang häufig aus dem *Troubadour* oder *Rigoletto*, wozu er sich selbst am Klavier begleitete. Im August hatte er einen Kurs am *Gymnasium* (Hervorhebung v. d. Verf.) begonnen, für den er ein Abschlußzeugnis erhielt. Am 19. Oktober wurde er jedoch ebenso von der Schule genommen wie Lucia. Alle vier stiegen in einen Zug, der sie über den St. Gotthard Paß nicht einfach nur in ihre alte Stadt, sondern auch in ein neues Land bringen sollte. Triest war mit Kriegsende Italien zugesprochen worden. Sie hatten bereits Mailand erreicht, als Stanislaus ein Telegramm erhielt: »Treffen morgen abend um sieben ein.«

10. Kapitel

»Circe« geht nach Paris

Neun Monate später saßen sie alle wieder im Zug und wechselten erneut die Stadt. Es war Ezra Pounds Idee gewesen, daß Joyce Paris besuchen sollte. Er überredete Joyce während ihres zweitägigen Zusammenseins am Gardasee, wo er Urlaub machte. Joyce machte dort endlich die Bekanntschaft des amerikanischen Dichters und Redakteurs des *Egoist*, der für seine Veröffentlichung und finanzielle Unterstützung gesorgt hatte. Joyce, der aus Angst vor dem Donner nicht allein zu reisen wagte, brachte den fünfzehnjährigen Giorgio mit – als »Blitzableiter«, wie er Pound erklärte. Giorgio war in die Höhe geschossen; über einsachtzig groß, mit Brille und ernsthaft im Auftreten, war er ein angemessener Beschützer für seinen Vater.

Die beiden Schriftsteller mochten einander auf Anhieb, obwohl sie nicht verschiedener hätten sein können. Pound spielte bis zum Exzeß die Rolle des »großen Künstlers«, für die die Natur ihn ausgestattet hatte. Er war stämmig, hatte eine schöne Kopfform und dichtes, fahlbraunes Haar. Sein Aufzug bestand aus einer Samtjacke, einem Hemd mit offenem Kragen und einem einzelnen Ohrring, und er drapierte seine langen Beine lässig über Sessel und Sofas. Beim ersten Anblick von Joyce dachte Pound: »Streitsüchtiger Ire«, revidierte seine Meinung dann jedoch. Joyce, so befand er, war einfühlsam, angenehm, erschöpft zwar, aber kräftiger, als er wirkte, stur, aber nicht unvernünftig, und besaß eine Konzentrationsfähigkeit und eine Hingabe an sein Werk, die die von Yeats übertraf. Yeats, dessen Sekretär Pound vor dem Krieg gewesen war, »hat niemals etwas auf sich genommen, das den Grad der Verdichtung eines *Ulysses* erfordert hätte«.[1] Joyce, der nur widerstrebend zugestimmt hatte, die kurze Reise zu unternehmen, weil er (so warnte er Pound) arm und schäbig gekleidet war, akzeptierte nichtsdestoweniger bereitwillig Pounds Vorschlag, sich in Paris sehen zu lassen, dem Zentrum des literarischen Universums. Dennoch, so erklärte er Pound, und Pound stimmte ihm zu, war es das Beste, so lange in Triest auszuhalten, bis der *Ulysses* fertig war.

Es war Joyce jedoch nicht gelungen, in Triest wieder Wurzeln zu fassen. Er sprach kaum ein Wort mit irgend jemandem. Die meiste Zeit verbrachte er, über zwei Betten ausgestreckt, damit, die letzten Kapitel des *Ulysses* zu schreiben, während Nora die *Daily Mail* las. Die Wohnung der Familie war, obwohl gut ausgestattet, doch laut und brechend voll. Insgesamt wohnten darin elf Personen. Zusätzlich zu den vier Neuankömmlingen aus Zürich beherbergte sie Eileen und Frank Schaurek, ihre winzigen Töchter (die neugeborene Eleanor, die nach Nora, und die zweijährige Bertha, die nach der Heldin von *Verbannte* genannt worden war), Stanislaus, eine Köchin, ein Kindermädchen und außerdem Franks wertvolle Antiquitäten sowie seine Münzsammlung. Stanislaus hatte keine Lust, noch länger mit seinem Bruder zusammenzuleben, während Joyce wütend mitansah, wie alle seine dänischen Möbel benutzten, obwohl sie ihm doch einen Gefallen getan hatten, als sie sie aus der alten Wohnung retteten. Er und Nora klapperten Triest nach einer eigenen Wohnung ab, hatten jedoch nicht solch einen Batzen Geld, um einen Mietvorschuß zahlen zu können. Die Beziehungen waren so angespannt, daß die Joyce' getrennt für sich kochen mußten und die beiden Familien getrennt aßen – dies zu Eileens Traum von »unseren gemeinsamen kleinen Abendessen«. Triest hatte (für Joyce) seine Vitalität eingebüßt. Als Teil Italiens, eines Landes, das mit Häfen wohlversehen war, war es nicht länger das kosmopolitische Handelszentrum, das es unter Österreich gewesen war. Joyce fand den Ort provinziell, und ihm gefiel nicht einmal das Klima mehr.[2]

Nora, Giorgio und Lucia wiederum kehrten gern in eine italienische Umgebung zurück (auch wenn die Kinder erneut in der Schule in Rückstand gerieten und Joyce, der jeglichen Versuch aufgab, sich selbst noch weiter um Giorgios Schulbildung zu kümmern, einen privaten Nachhilfelehrer anstellte). Sie suchten alte Freunde auf – die Francinis waren zurückgekehrt – und freuten sich, wieder so nah am Meer zu sein. Die Wohnung in der via Sanità war die beste Anschrift, die sie je in Triest gehabt hatten (heute befindet sich hier der örtliche Sitz der italienischen Elektrizitätsgesellschaft), und von ihrem Balkon aus konnten sie Prozessionen unten auf der Straße beobachten. Nora und Lucia machten in einer offenen Trambahn einen Ausflug zu dem nahe gelegenen Badeort Barcola. Nora saß in der Sonne – mit ihrem Teint einer Rothaarigen vertrug sie davon jedoch nicht allzuviel –, während Lucia schwamm; eines Sonntags fuhren sie nach Venedig und sahen sich San Marco an. Eileen kümmerte sich um das Englisch ihrer Kinder.[3] Nora vermißte jedoch ebenfalls die Kultiviertheit der Freunde, die sie in Zürich zurückgelassen hatten. »Wir sind über den Verlust Ihrer Gesellschaft bislang nicht hinweggekommen«, schrieb sie Budgen in warmem Ton.[4]

Joyce hatte außerdem allen Grund zur Ruhelosigkeit. Er begab sich in die schwierigsten Episoden des *Ulysses* hinein. Nach der Beunruhigung zu urteilen, die sie in den Zensoren auslösten (das U.S. Post Office hatte drei Ausgaben der *Little Review* verbrannt, die Episoden des Buches enthielten), kann Joyce selbst nicht in der ruhigsten Verfassung gewesen sein, als er bis an die Grenzen seiner künstlerischen Einbildungskraft vorstieß. Seine ersten Monate in Triest verbrachte er mit der Vollendung von ›Nausikaa‹, mit Bloom, Gerty und dem Feuerwerk. Als er Blooms schuldbewußten inzestuösen Regungen gegenüber seiner halbwüchsigen Tochter Milly (verschoben auf die Figur der Gerty MacDowell) auf den Grund ging, muß Joyce höchst empfänglich für die eigene Gefühlsverwirrung angesichts seiner in die Pubertät kommenden Tochter gewesen sein.[5]

Joyce durchlebte jede Episode mit solcher Intensität in der Phantasie, daß er, als er an der nächsten Episode, ›Rinder des Sonnengottes‹, arbeitete, die in einer Entbindungsklinik spielte, den Kopf so voller Bilder von halbgeborenen Föten, Abstrichtupfern und dem Geruch von Desinfektionsmitteln hatte, daß er nicht essen konnte.[6]

Der Höhepunkt des *Ulysses* kündigte sich an: ›Circe‹, die Episode, die um Mitternacht spielt, wo alle Bilder, die heiligen wie die obszönen, aus Blooms und Stephens Vergangenheit sie in Bella Cohens Dubliner Bordell heimsuchen. Um diese Episode fertigzustellen, das wußte Joyce, mußte er aus der Schaurek-Wohnung heraus. Seine Absicht, als sie den Zug in Triest bestiegen, war, in England, Wales oder sogar in Irland einen Ort zu finden, wo Nora und die Kinder ausgiebig Ferien machen und billig leben konnten, während er ›Circe‹ vollendete, und dann im September nach Triest zurückzukehren.[7]

Die Förderung, die Joyce erfahren hatte, bestärkte ihn nur in seinem Groll darüber, daß er sich überhaupt um Geld kümmern mußte. Mehr denn je frönte er seiner Gewohnheit, selbstmitleidige Bittbriefe zu schreiben. Pound gegenüber beklagte er sich, ehe sie einander kennenlernten, daß seine Kinder, seit sie Zürich verlassen hatten, nicht in einem richtigen Bett geschlafen hätten; sie seien gezwungen, in der stickigen Hitze auf hartem Lager im Wohnzimmer zu schlafen. Was ihn selbst anbetraf, schrieb er:

> Ich trage die Stiefel meines Sohnes (die zwei Nummern zu groß sind), und seinen abgelegten Anzug, der an den Schultern zu eng ist, andere Kleidungsstücke gehören oder gehörten meinem Bruder und meinem Schwager. Ich bin nicht in der Lage, hier irgend etwas zu kaufen. Ein Anzug kostet, wie man mir sagt, 600 bis 800 Francs.[8]

In einem Postskriptum bat Joyce Pound, nicht etwa zu denken, daß sein Brief »eine subtil formulierte Aufforderung (sei), (ihm) getragene Kleider zu besorgen«. Genau das war er natürlich, und Pound machte sich daran, die verlangten Gegenstände zu beschaffen. Derartige Briefe entsprangen nicht nur der monomanen Selbstbezogenheit eines Genies; sie waren auch Ausdruck einer unvermittelten Nachahmung seines Vaters. Die Klage gegenüber Pound war nahezu das wortwörtliche Echo einer solchen, die Joyce sechs Monate zuvor von John Joyce aus Dublin zu hören bekommen hatte. »Ich bin *scheußlich* abgerissen, was Kleidung und Schuhe angeht«, schrieb Joyce senior an seinen ältesten Sohn. »Die Preise, die sie einem hier jetzt berechnen, sind *völlig unerschwinglich,* was mich betrifft.«[9]

Die Triestiner Preise aber konnten Nora nicht abschrecken. Ehe sie in die Ferien fuhren, ging sie zum Corso hinunter, der Haupteinkaufsstraße von Triest, und schaute bei Giaconi herein, dem modischen Hutmacher (*»confezione accuratissima«* – allersorgfältigste Anfertigung), wo sie ein Konto hatte.[10]

***

Bei ihrer Ankunft auf dem Gare de Lyon am 19. Juli 1920 erklärte Joyce seiner Familie, daß sie nach ein, zwei Wochen Paris wieder verlassen und nach London weiterfahren würden.[11] Pound jedoch, ein großartiger Beschaffer, besorgte ihnen eine Wohnung, in der sie den ganzen Sommer bleiben konnten. Es war eine kleine Wohnung im fünften Stock eines Mietshauses in Passy. Die Joyce' konnten diese Dienstbotenwohnung benutzen – vorausgesetzt, so sagte Ludmila Bloch-Savitsky, die spätere französische Übersetzerin des *Porträt*, die sie ihnen bis Ende September zur Verfügung stellte –, daß sie sich keinerlei Illusionen hinsichtlich ihres Komforts machten und über alles Mögliche hinwegzusehen bereit waren. Es gab keine Badewanne und keinen Strom. In der Küche, die sehr klein war, gab es Gas; es gab nur ein paar Teller, zwei Kochtöpfe und ein paar Wolldecken. Zwar gab es ein ausgezeichnetes Doppelbett, doch gab es keine Einzelbetten für die Kinder. Madame Joyce wäre genötigt, das Fehlende dadurch zu beschaffen, daß sie Betten mietete. Kurz, die Joyce' sollten die Wohnung nur dann als letzte Zuflucht benutzen, falls sie nichts anderes fänden.[12]

Das Haus Nr. 5 in der rue de l'Assomption sah ganz anders aus, als es Stanislaus beschrieben wurde.[13] Sobald Joyce erst einmal sicher war, ein Dach über dem Kopf zu haben, verblaßte der Gedanke an die Britischen Inseln, und er teilte seinen Freunden mit, daß er drei Monate in Paris bleiben würde.[14] Es fiel Joyce im Traum nicht ein, Nora damit zu beauftragen, die fehlenden Möbel zu beschaffen. Er betraute vielmehr Pound mit der Aufgabe, und dies mit einem vorwurfsvollen Unterton: Es seien keine Bettücher und Bettdecken da, und einen Tisch hätte man auch gut gebrauchen können. Pound wiederum reichte den Auftrag geschickt an die französische Literaturagentin Jenny Serruys weiter (»Um

Himmels Willen, besorgen Sie ihm ein Bett für seinen Lulatsch von Sohn, damit er was zum Drinschlafen hat...«) und entschuldigte sich dafür, daß das irische Genie aus Triest samt Anhang von Frau und halbwüchsigen Kindern angerückt kam.[15] Auf diese Weise aller Sorgen ledig geworden, zogen Nora und Joyce los, um einen Burberry-Regenmantel zu kaufen.

Diesen Gang unternahmen sie für Stanislaus, der seinem Bruder unbedachterweise das Geld für den Einkauf gegeben hatte. Joyce tat sich um und informierte seinen Bruder dann, daß Burberry sein Herbst- und Winterlager gerade erst auffülle.[16] Das war das Letzte, das Stanislaus je von seinem Regenmantel oder seinem Geld hören sollte. Joyce ließ durchblicken, daß sein Bruder ein solches Kleidungsstück nicht benötige, da er selbst einen gebrauchten Uniformmantel trage – ein weiteres Geschenk »eines Bewunderers von mir«,[17] wie er sich ausdrückte.

Wie Stanislaus so hatte jedoch auch er seine bevorzugten Marken. Er erwog, sich in London einen Tress-Hut zu bestellen und feste Schuhe bei Norwell in Perth, Schottland. Ungeachtet seiner Abgerissenheit trug er raffiniert gearbeitete Ringe an der Hand.

Sie waren in der Dienstbotenwohnung derart zusammengepfercht, daß Nora hoch erfreut war, als eines Tages Budgen auftauchte und Giorgio und Nora ins Schwimmbad am Pont de Grenelle mitnahm. Beide Kinder waren gut in Sport. Weniger dankbar war Nora, als Budgen und Joyce dann ein Café ansteuerten, wie sie es in Zürich getan hatten. Die Stunden vergingen, und es war nach Mitternacht, als sie durch die stillen Straßen nach Hause zurückkehrten. Sie versuchten zwar, ihre Stimmen zu dämpfen wie die meisten, die getrunken haben, es gelang ihnen jedoch nicht. Deren Klang drang, Budgen zufolge, in Noras besorgtes Ohr. Auf einmal öffnete sich im obersten Stockwerk ein Fenster, und Budgen sah das Gesicht einer Frau auftauchen – »ein rosiger Klecks..., und aus dem stiegen geflügelte Worte, gesprochen in einem großartigen irischen Dialekt, zu mir herab«:

> Derlei Dinge müßten sofort aufhören. Ich solle mir klarmachen, daß ich das, was ich meinte, in Zürich tun zu können, in Paris nicht tun könne. Das und noch einiges mehr in dieser Art.

Ich hörte jedes Wort, das sie sagte: Ich teilte ihren Standpunkt voll und ganz. Doch gleichzeitig konnte ich mir beim besten Willen nicht erklären, warum sie ihren Zorn ausschließlich für mich geschürt und warmgehalten hatte. Nach einiger Überlegung kam ich jedoch zu dem Schluß, daß Joyce sein Fett wahrscheinlich innerhalb seiner vier Wände abbekommen würde.[18]

Pound, der selbst erst zwei Wochen zuvor in Paris eingetroffen war, organisierte obendrein eine Party, auf der Joyce jeden kennenlernen konnte, der in der literarischen Welt von Bedeutung war. Für Joyce und Nora war das, als gelangten sie ins Rampenlicht. Bis dahin waren sie, weitab in Triest und Zürich, Stimmen aus der Kulisse gewesen. Nur wenige Briten und noch weniger Amerikaner hatten den Verfasser des *Porträt* und der erstaunlichen Kapitel des neuen Buches, das in der *Little Review* erschien, zu Gesicht bekommen. Pound, dessen Urteil über neue Autoren sich großen Respekts erfreute, verbreitete jedoch: »Unser James ist ein grrroßer Mann.«[19]

Die Abendgesellschaft – ein kaltes Büffet – fand bei André Spire, einem französischen Verleger statt. Nora war verängstigt, als sie die Wohnung betraten. »Ich spreche kein Wort Französisch«, erklärte sie Pounds englischer Frau, der früheren Dorothy Shakespear. Mrs. Pound versicherte ihr, sehr viele der Anwesenden seien englischsprachig. Sie stellte Nora einer kleinen knabenhaften Frau vor, die ungefähr in Noras Alter, aber gekleidet war, wie Nora es noch nie bei einer Frau im Leben gesehen hatte – mit einem strenggeschnittenen Samtblazer und Künstlerschleife. Nora entspannte sich und vertraute ihr an, daß sie des Französischen nicht mächtig sei. »Ja, wenn es Italienisch gewesen wäre!« Die Familie Joyce, so sagte sie, spreche zu Hause Italienisch.[20]

Sie sprach mit Sylvia Beach, einer Pastorentochter aus Princeton, New Jersey, die auf dem Linken Ufer eine Buchhandlung hatte. Sylvia war selbst nervös. Wie alle, die der Sache der literarischen Avantgarde ergeben waren, war sie von Joyce' Werk schier überwältigt. Als sie auf der Party eintraf (sie begleitete ihre enge Freundin Adrienne Monnier, war jedoch selbst nicht eingeladen gewesen), hatte sie nicht einmal gewußt, daß Joyce in Paris war. Als sie erfuhr, daß ihr Idol wirklich anwesend sein würde, war sie fast nach Hause gegangen. Da empfand sie es als Erleichterung, mit der Gattin den Anfang machen zu können: einer großen, hübschen Frau mit lockigem rotem Haar, weder dick noch dünn, von freundlicher Wesensart und mit sehr irischer Stimme.

Als Sylvia den nötigen Mut gefunden hatte, den Schriftsteller selbst zu suchen, fand sie ihn in der Bibliothek, wohin er sich geflüchtet hatte und nun ermattet an einem Bücherschrank lehnte. Joyce fühlte sich unter den französischen Literaten kaum wohler als Nora, denn er fürchtete (zu Recht, wie sich herausstellte), einen schlechten Eindruck zu machen, wenn er es an angemessenen Huldigungen gegenüber Corneille und Racine fehlen ließe.[21] Auf ihre einleitende Frage: »Ist das der große James Joyce?« antwortete er, indem er ihr eine schlaffe, knochenlose Hand reichte: »James Joyce.«

Sylvia, die ein gutes Ohr dafür hatte, fiel der starke irische Akzent sowohl seiner als auch der Aussprache seiner Frau auf, und sie bemerkte, daß er Schwierigkeiten mit dem »th« hatte. Er sagte »t'ing« und sprach »book« und »look« gedehnt wie »spook«. Er war sowohl höflich als auch schüchtern, doch ging er vom Formellen im Nu zum Höchstpersönlichen über, als er Hundegebell hörte. »Wird er hereinkommen? Ist er böse?« fragte er (und benutzte wieder seinen gedehnten Vokal, als er »fierce« (böse) »feerce« aussprach). Das Spitzbärtchen an seinem Kinn, so erklärte er, diene dem Zweck, die Narbe eines Hundebisses zu verdecken, die er als Kind davongetragen habe.

Sein Haar war sandfarben, und er trug es straff nach hinten zurückgekämmt und hatte Sommersprossen; er bewegte sich graziös, war dabei allerdings leicht gebeugt, und seine blauen Augen besaßen, soweit man sie durch die dicken Brillengläser sehen konnte, die Ausdruckskraft des Künstlers. Er trug Ringe. Sie befand, er müsse als junger Mann sehr hübsch gewesen sein, und lud ihn zu einem Besuch ihrer Buchhandlung ein. Er erfreute sich an deren Namen: Shakespeare and Company.

Nora mußte unterdessen selbst sehen, wie sie in einem Salon voller französischer Intellektueller zurechtkam, die wütend über die Vorzüge von Claudel, Gide und Valéry diskutierten. Sie erkannte nicht, daß sie gerade dem neuen Stanislaus in ihrem Leben begegnet waren, einem Menschen, der sein eigenes Wohlergehen dem ihren unterordnen würde. Joyce jedoch spürte das. Er fand sich schon am nächsten Morgen in Sylvias Buchhandlung ein. Er trug Tennisschuhe und hatte einen Spazierstock aus Eschenholz. Sylvia war noch hingerissener als am Abend zuvor und erblickte in ihm den vornehmsten Mann, den sie je kennengelernt hatte. Sie zeigte ihm die Annehmlichkeiten des Ladens, die englischsprachigen literarischen Zeitschriften, die Briefkästen, die sie für Stammkunden eingerichtet hatte, und ihre ausgezeichnete Leihbibliothek. Joyce wurde einer ihrer »bunnies« (Sylvias netter Spitzname für ihre *abonnés* [frz. i. O.] oder Subskribenten), und er nahm sich als erstes ein Buch mit nach Hause, das er kaum zu lesen brauchte: *Reiter ans Meer.*[22]

***

Tief in die Vielschichtigkeit von ›Circe‹ eingedrungen, erkannte Joyce schon bald, daß er bis zum Abschluß des *Ulysses* an einem Ort würde bleiben müssen, auch wenn er keine Aussicht auf einen Verleger hatte. Er wußte nicht, wohin er als nächstes gehen sollte.[23]

Kein Schriftsteller vor ihm hatte mit solcher Kühnheit die irrationalen, bizarren und beschämenden Phantasien des Unbewußten zu Papier zu bringen versucht. Wenige Schriftsteller haben unter derartigen Schwierigkeiten zu leiden gehabt. Während er die Grenzen des Romans erweiterte – indem er den dramatischen Dialog, Liedfetzen und körperlose Stimmen miteinbezog, eine Geschlechtsumwandlung an Leopold Bloom bewirkte und Stephen Dedalus' tote Mutter in ihrem modrigen Totengewand aus dem Grab auferstehen ließ –, mußte Joyce die Ohren vor dem Gequengel seiner halbwüchsigen Kinder verschließen: Wie lange bleiben wir denn? Werden wir hier zur Schule gehen müssen?

In der Ungewißheit lebend, ob sie nun nach Triest zurückkehren oder nach London weiterreisen würden (was Nora reizte), waren Giorgio und Lucia isolierter und frustrierter als je zuvor. Sie spannen sich in ein vulgäres Deutsch ein und bewirkten damit, daß die Leute sie anstarrten. Joyce drückte in einem Brief an John

Quinn in New York erstmals unverhohlen seine Besorgnis im Hinblick auf die Zukunft seiner Kinder aus. Außerhalb der Familie, so bemerkte er entsetzt, sprachen sie seit drei Monaten nie auch nur ein Wort mit irgend jemandem. Giorgio »allem Anschein nach ein Mann, so groß wie ich und viel hungriger«, hatte die Idee, Medizin studieren zu wollen, aufgegeben und versank, so bemerkte Joyce, »in einen Zustand der Lustlosigkeit. Ich weiß nicht, was ich mit meiner Tochter anstellen soll.«[24]

Beide jungen Joyce' machten überall Eindruck mit ihrem gepflegten Äußeren. Dafür sorgte Nora. Giorgio insbesondere fiel durch seine makellose Toilette auf: perfekt gebügelte Kleidung, gekürzte Hemdärmel, um die ausgefransten Ränder der Manschetten zu verbergen, gestärkte und glatte Hemdkragen. Ihr Englisch hingegen, das nur wenig besser war als ihr Französisch, war nicht akzentfrei und unidiomatisch. »I don't want you to make an experience«, sagte Lucia eines Tages zu einer amerikanischen Freundin der Familie und wollte damit sagen, daß sie nicht Schnitzeljagd mit ihr spielen wolle, indem sie sie in die falsche Richtung schickte.[25]

Joyce empfand ihr Äußeres, das in seinen Augen von schäbiger Armseligkeit war, dennoch als bedrückend. Dabei besaß er sehr wohl Schuhe, die nicht aus Segeltuch waren, und wurde bald schon auf alle Zeiten von seinem furchteinflößenden Zeitgenossen T. S. Eliot von seinen Klagen über den Zustand seiner Fußbekleidung kuriert.

Nicht lange nach Joyce' Ankunft in Paris plante Eliot, einer von Pounds Londoner Protegés, eine kurze Reise nach Paris, und auch er wollte Joyce kennenlernen. Pound, der unterdessen nach London zurückgekehrt war, bot ihm an, ihn mit einem Empfehlungsschreiben zu versehen und gab ihm, um die erste Begegnung zu erleichtern, ein Päckchen mit, das er Joyce übergeben sollte.

Eliot schrieb Joyce, kündigte ihm das Päckchen an und lud ihn ein, mit ihm und Wyndham Lewis am 15. August 1920 zu Abend zu essen. Joyce traf korrekt gekleidet in einem dunklen Anzug, mit Lackschuhen und Strohhut im Hôtel de l'Elysée ein. Er hatte Giorgio dabei. Eliot machte ein feierliches kleines Zeremoniell daraus, ihm das mysteriöse Bündel zu übergeben, und legte es in die Mitte des Hoteltischs, an dem sie saßen. Joyce versuchte, die

Schnur zu lösen, es gelang ihm jedoch nicht. Er bat seinen Sohn auf Italienisch um ein Messer. Giorgio antwortete ärgerlich auf Italienisch, er habe keins dabei. Eliot beteiligte sich an der Suche, und schließlich trieb man eine Nagelschere auf. Der Inhalt des Päckchens wurde aus seinem Papier geschält, und da stand vor aller Augen ein Paar von Pounds alten braunen Schuhen. Wyndham Lewis gab die Szene folgendermaßen wieder:

> ... James Joyce rief ganz leise: »Oh!«, blickte auf, und wir alle starrten einen Augenblick auf die alten Schuhe. »Oh!« machte ich ihn nach und lachte. Joyce ließ die Schuhe, wo sie waren, zur Schau gestellt als Inhalt der nun zerstörten Umhüllung des Pakets. Er wandte sich ab und setzte sich wieder, das linke Fußgelenk aufs rechte Knie gestützt und das waagrecht herausstehende Bein zuerst pressend, dann freigebend.[26]

Dann befahl Joyce Giorgio auf Italienisch, er solle nach Hause gehen und Mamma mitteilen, daß Babbo nun doch nicht zum Essen nach Hause käme – ob er verstehe? Er solle seiner Mutter mitteilen ... – und gleich das Paket mitnehmen.

Es kam, so Lewis, zu einer stürmischen Szene zwischen Vater und Sohn, zu der auch einige leidenschaftliche Monologe gehörten: »... eine gute Nachahmung einer Zänkerei zwischen zwei neapoletanischen Schreihälsen ...«. Sie endete damit, daß der fünfzehnjährige Giorgio, die »Augen vor echt südlicher Wildheit blitzend« davonrannte – nachdem er sich noch einen Augenblick gezügelt und tief vor den Herren aus London verbeugt und ihnen mit förmlicher Höflichkeit die Hand gereicht hatte. Am Ende des Abends bestand Joyce, als sei er der Gastgeber gewesen, darauf, die gesamte Rechnung einschließlich Trinkgeldern und Taxigebühren zu bezahlen.

Das war das letztemal, daß Joyce es sich erlaubte, über seine Fußbekleidung zu klagen. Von diesem Zeitpunkt an zeigen die Fotos die Familie Joyce stets schön beschuht; ihr gemeinsames Aufgebot von Tanzpumps, leichten Laufschuhen, Gamaschen, zweifarbigen Sportschuhen, Schnürstiefeletten und Glacélederpumps mit Straßschnallen, gekreuzten Riemchen oder ausgeschnittenem Spann könnten als illustrierte Geschichte der französischen Fußbekleidungsmode zwischen den beiden Weltkriegen dienen. Selbst noch in seinen ärmsten Zeiten hat Joyce jedoch wahrscheinlich nur deshalb Tennisschuhe getragen, weil sie bequem waren, und er tat das auch weiterhin auf seinen Wanderungen durch Paris, bis Nora sie angewidert fortwarf.[27]

Als der vereinbarte Termin für die Rückkehr der Bloch-Savitskys näher rückte, begann Joyce über seinen bevorstehenden »Hinauswurf« zu jammern. Er schrieb einem seiner Bewunderer, er habe »die Aufforderung erhalten, diese Wohnung zu verlassen (falls man sie so nennen kann)«.[28] Er erklärte, sie seien alle nur froh, ausziehen zu können, da die Wohnung feucht und im Grunde nur eine Streichholzschachtel sei. Lucia beschwerte sich, daß die Möbel mit Spucke zusammengeklebt seien.[29] Im Nachkriegs-Paris herrschte eine *crise de logement* (dt. Wohnungsnot) und niemandem fiel die Wohnungsbeschaffung leicht. Die Joyceschen Ansprüche jedoch – sechs Zimmer im Odéons-Viertel – machten ihre Unterbringung schwierig. Doch konnte keine dieser Unannehmlichkeiten Joyce von seiner Aufgabe abbringen; seine Konzentrationsfähigkeit war, wie Pound anmerkte, sagenhaft. Bis zum 20. September hatte er, obwohl er ohne die Bücherkiste arbeitete, die er brauchte und die den Weg von Triest nach Paris nicht gefunden hatte, sechs Entwürfe von ›Circe‹ geschrieben.

Harriet Weaver in London hatte Joyce immer noch nicht zu Gesicht bekommen. Sie nahm seine Klagen über die Armut mit Mitgefühl und Besorgnis auf, wußte jedoch nichts von seinem Lebensstil und ganz gewiß nicht, daß er gewaltig trank. Sie beschloß, ihren Biographinnen zufolge, ihm ein Leben zu ermöglichen, das »hinreichend gesichert war, um zu gewährleisten, daß er schreiben konnte«.[30] Wenn Miss Weaver Joyce' ferne, aber liebende Mutter war, dann hatte Sylvia, mit der Miss Weaver mittlerweile regelmäßig korrespondierte, die Rolle des Kindermädchens übernommen.

Miss Weaver glaubte (und zu Recht), daß Joyce auf dem Höhepunkt seines Schaffens stand. Entschlossen, daß er durch die praktischen Erfordernisse des Daseins darin nicht gebremst werden sollte, entschied sie, ihn mit Geld zu versehen, das zugänglicher sein sollte als in Form der Kriegsanleihe in Höhe von fünftausend Pfund, die sie ihm im Jahr zuvor gegeben hatte und aus der er lediglich alle drei Monate knapp über zweiundsechzig Pfund bezog. Er konnte an das Kapital nicht ohne die Einwilligung eines britischen Staatsbeamten, des öffentlichen Treuhänders, herankommen.

Im Sommer 1920 hatte Miss Weaver jedoch noch etwas Geld geerbt, eine Schenkung ihrer Tanten von 2000 Pfund, die jährlich einhundert Pfund Zinsen abwarfen. Sie übertrug das Geschenk unverzüglich auf Joyce. Weil sie wußte, wie sehr es ihm an den nötigen Geldmitteln fehlte, um seine Familie in Paris unterzubringen, wollte sie ihm ebensowohl Zugang zu dem Kapital verschaffen wie zu den Zinsen und hütete sich daher davor, das Geschenk in die gängelnden Hände des öffentlichen Treuhänders zu legen. Nachdem das geschehen war, war sie zufrieden. Es würde nicht lange dauern, dessen war sie gewiß, und die Tantiemen für den *Ulysses* würden hereinzufließen beginnen, und dann wäre er so selbständig, wie sein wachsendes Renommee es versprach. Sie hatte keine Ahnung, daß Mr. Joyce sein Geld unverzüglich ausgab, sowie er es in den Händen hatte, und daß er in einer chaotischen Umgebung am besten arbeitete.

Die Joyce' hielten bis zum 1. November in der Bloch-Savitsky-Wohnung aus, die sie im September hatten verlassen sollen. Dann zogen sie, wieder unter Pounds Führung, in eine Künstlerpension in der rue de l'Université auf dem Linken Ufer um. Das kleine Hotel, das heutige Hôtel Lenox, war bei Schriftstellern und Intellektuellen beliebt; T. S. Eliot hatte während seines Aufenthalts in Paris vor dem Krieg dort gewohnt. Außerdem war Sylvias Buchhandlung von dort aus zu Fuß zu erreichen, die Joyce, wie viele andere Schriftsteller auch, als Kombination aus Bank, Postamt, Kaffeebar, Bücherei und als Ort benutzte, wo man sich wie zu Hause fühlte.

Als er ins Hotel umzog, gab Joyce Jenny Serruys das geliehene Bett und die Matratze zurück. Falls er eine Wohnung fände, erklärte er ihr, würde er sie gern noch einmal ausleihen, und fürs erste behalte er zum Trost noch zwei Wolldecken.[31]

Joyce' ausdrückliche Sorge galt der Frage, wie sich der Mangel an Ungestörtheit wohl auf die Fertigstellung des Buches auswirken würde. Er hatte keinen Schreibtisch. Er schrieb in einem Lehnstuhl sitzend, und ein über die Lehnen gelegter Koffer diente ihm als Schreibunterlage.

So angenehm die Anschrift auch war, Nora konnte sie nicht aussprechen. Sie hatte Schwierigkeiten mit den französischen Diphtongen. An die reinen italienischen Vokale gewöhnt, fiel es ihr schwer *›neuf‹* zu sagen. Sie sprach es ›neff‹ aus. Zwei neue Freunde, der amerikanische Buchillustrator Richard Wallace und seine Frau Lillian, eine englische Schriftstellerin, rieten ihr, es auf ein Wort zu reimen, das den Iren nur stockend über die Zunge ging: ›turf‹ (Anm. der Übers. »turf« hat im irischen Engl. auch die Bedeutung »Revier« [einer Prostituierten]). Lillian schrieb: »Turf rue de l'Université«, und unterzeichnete es scherzhaft mit »von uns Iren«.[32]

Nora wollte eine Wohnung finden, damit sie die Mahlzeiten zu Hause einnehmen konnte. Im Hotel war von einer Kochgelegenheit nicht die Rede, ja, sie und Jim hatten nicht einmal ein eigenes Schlafzimmer. Joyce hatte, wie in Locarno, das Gefühl gehabt, sie müßten sparen und deshalb nur zwei Zimmer nehmen. Lucia war folglich einmal mehr mit ihren Eltern zusammengesperrt, und teilte in einem Alter (sie war 1920 dreizehn), wo das noch heikler war, das Schlafzimmer mit ihnen; nur Giorgio hatte sein eigenes Reich.

Da sie nicht kochen konnten, mußten sie auswärts essen. Der Anblick der Joyce' bei Tisch gehört zur Joyce-Legende. Er nährte die Überzeugung, daß Nora nicht kochen konnte. »Es gibt zuviele Restaurant-Bilder, zuviele Eß-Bilder«, sagt Tom Gallacher in seinem Stück *Mr. Joyce is Leaving Paris*. Tatsächlich verhielt es sich so, daß nahezu die gesamte Kolonie der Expatriierten ständig auswärts aß. Die Frage war nur, wo? Während die Joyce' in diesem Hotel lebten, aßen sie gewöhnlich im nahegelegenen Michaud's. Das geschah aus schierer Notwendigkeit, versicherte Joyce John Quinn in New York:

> Wir sind genötigt, in einem volkstümlichen Restaurant zu essen, mittags sowohl wie abends. Das Essen ist schlecht, die Zubereitung noch schlechter und der Wein am allerschlechtesten. Die Restaurants sind brechend voll, aber nur für zwei Stunden, weil sie die Restaurants um neun Uhr (was meine Essenszeit war) zumachen und sich unter den

Tischen schlafen legen. Es wird Dich nicht viel Phantasie kosten, Dir mich und meine Familie auszumalen, wie wir inmitten einer dieser Einrichtungen geduldig auf einen freien Stuhl an irgendeinem Tisch warten. Wenn ich allein wäre, würde ich mir, statt eine solche zu betreten, lieber etwas zu essen kaufen und auf der Straße essen.[33]

Einmal mehr übertrieb er. Als der junge Ernest Hemingway und seine Braut Hadley Anfang 1921 in Paris eintrafen und bemüht waren, ihr Geld zu strecken, so daß sie so lange wie möglich reisen und in Europa bleiben konnten, beneideten sie die Joyce' um ihren Lebensstil. Wie Hemingway an den amerikanischen Schriftsteller Sherwood Anderson schrieb, der ihm ein Empfehlungsschreiben für Joyce mitgegeben hatte:

Es wird zwar gesagt, er und seine ganze Familie seien am Verhungern, doch trifft man die ganze Keltenschar jeden Abend im Michaud's an, das Binney (Hadley) und ich uns nur ungefähr einmal die Woche leisten können.[34]

Hemingway und Hadley musterten sie lange genug, um sich ein gründliches Bild von der Keltenschar zu verschaffen:

...Joyce hielt die Speisekarte in einer Hand in die Höhe und beäugte sie durch seine dicken Brillengläser, Nora neben ihm, ein herzhafter, aber wählerischer Esser, Giorgio dünn, geziert, mit gestriegeltem Hinterkopf, Lucia mit schönem lockigem Haar, ein noch nicht ganz erwachsenes Mädchen. Sie sprachen alle Italienisch.[35]

Für Nora bestand eine der zusätzlichen Unannehmlichkeiten des Hotellebens darin, daß sie am Nachmittag das Feld räumen mußte, damit Joyce schreiben konnte. Als äußerst ordnungsliebender Schriftsteller, trug Joyce seine umfangreichen Notizen, Abänderungen, Papierschnitzel und Gewährsbücher in einem Köfferchen mit sich herum und brüstete sich damit, überall arbeiten zu können. Zu ihrem großen Vergnügen stieß Nora auf Läden, in denen Schallplatten verkauft wurden und sie gegen eine kleine Gebühr sitzen und den ganzen Nachmittag Opern hören konnte. Eines Tages nahm sie ihren Züricher Freund August Suter mit, den

Schweizer Bildhauer, der nach Paris gezogen war. Am selben Abend fragte Joyce abends im Michaud's, wo sie denn gewesen seien. Suter erzählte es ihm und sagte dazu, was für eine Wagnerianerin Nora doch geworden sei; sie wolle ja nichts anderes als Wagner-Opern hören. Joyce erwiderte darauf, Wagner sei obszön.

Das ließ Nora sich nicht bieten. »Oh, *es gibt viele Schweinereien auch in deinem Buch*!« (dt. i. O.) fuhr sie ihn an (Suter zufolge sprachen die drei Deutsch miteinander.) Joyce wünschte sich zwar, daß man sein eigenes, jeglicher Tradition spottendes Werk würdigte, wollte jedoch nicht dulden, daß sie Verdi und Puccini jemand anderen vorzog.[36]

***

Der Winter 1920 kam, und im Hotel war es eiskalt. Joyce schrieb weiter, in Decken gewickelt. Am 1. Dezember zogen sie, um es warm zu haben und Weihnachten nicht ohne Klavier auskommen zu müssen, in eine möblierte Wohnung am 5, boulevard Raspail im VII. Arrondissement. Sie war teuer. Die Joyce' waren jedoch eine größere Familie als die meisten anderen Neuankömmlinge, ein Problem, das zu Joyce' ureigensten Überzeugungen hinzukam. Er bestand auf bürgerlichem Komfort im Odéonsviertel. Daß die Miete – dreihundert Pfund jährlich – sein Einkommen aus den beiden Kapitalgeschenken von Miss Weaver überstieg, beunruhigte ihn nicht. Joyce verlangte lediglich, daß die Adresse gut war, ein Tribut an seine Kunst. Fröhlich schrieb er Budgen, sowie sie in ihre erste eigene Wohnung eingezogen waren: »Ist es übrigens nicht wunderbar, wie ich eine Stadt barfuß betrete und dann in einer luxuriösen Wohnung lande?«[37]

Ein neuer irischer Freund war ein europäisierter junger Schriftsteller und Kunstkritiker namens Arthur Power. Einer Einladung Joyce', seine Familie kennenzulernen, folgend, kam Power in die Wohnung getorkelt und fand sie düster.

> ... typisch für die Art, wie sie an Ausländer vermietet wurden, d.h. so eine, wo alles mögliche Mobiliar hineingestopft wird, um sie auszustatten. Ein riesiger schlapper Lampenschirm beherrschte das Wohnzim-

mer und erinnerte an den Rock einer Ballettänzerin. Er tauchte das ganze Zimmer in Finsternis, so daß alles in Dostojewskischer Düsterkeit unterzugehen schien.

Power wurde bei seinem ersten Besuch nicht gut empfangen. Er war auf dem Weg zu einem Fest, seine Taschen klirrten nur so von Flaschen. Nora, Giorgio und Lucia funkelten den betrunkenen Iren, der da gekommen war, um ihren Gatten und Vater wegzuholen, in feindseligem Zorn an. Insbesondere Giorgio war erbittert. Sie waren besänftigt, als sie erkannten, daß Power zu den nüchterneren unter Joyce' Café-Bekanntschaften gehörte, und bald schon wurde ihm eine Einladung zum Abendessen zuteil.

Ich weiß noch, wie sehr es mich freute, mit dieser angenehmen irischen Familie befreundet zu sein – dem gerade erst zum Mann werdenden Giorgio und Lucia, jünger als Giorgio, schweigsam und überempfindlich, und schließlich Mrs. Joyce, warmherzig und heiter.[38]

Während der Mahlzeit kehrte die Unterhaltung immer wieder zum Thema Dublin zurück. Power war erstaunt. Kosmopolit zu sein, war sein Ideal, und es beeindruckte ihn, wie irisch sie waren. Da er ja nicht wußte, daß Giorgio und Lucia Irland kaum zu Gesicht bekommen hatten, befand er insgeheim, daß diese irische Familie sich dem Kontinent doch bemerkenswert gut angepaßt habe. Er entdeckte freilich bei Nora eine gewisse Sehnsucht nach Galway.

Auch einem anderen Besucher der Wohnung am Boulevard Raspail gefielen Noras gutes Aussehen und ihre Umgänglichkeit. Robert McAlmon, eine der bestbekannten Figuren innerhalb der wachsenden Pariser Kolonie junger amerikanischer Schriftsteller, dachte bei ihrem Anblick: Was immer mit Joyce' Sehvermögen nicht stimmen mochte, es war deutlich, daß er bei der Wahl seiner Frau seine Augen gebraucht hatte. McAlmon fand Joyce überraschend provinziell – ein Dubliner Ire, der nicht glauben konnte, daß für andere Menschen (den Sohn eines Pastors wie er selbst eingeschlossen) theologische Fragen nicht das geringste Interesse besaßen.

Joyce erklärte McAlmon in betrunkenem Zustand tränenselig,

er wolle mehr Kinder haben. (Er war damals neununddreißig und Nora war siebenunddreißig.) Sein Vater habe eine große Familie gezeugt; seine Großväter vor ihm hätten jeder zwischen zwölf und achtzehn produziert. So wahr ihm Gott helfe, schwor Joyce, er sei ja noch ein junger Mann und werde vor dem Ende mehr Kinder haben.

McAlmon war schockiert und erklärte Joyce, indem er nicht übermäßig feinfühlig auf Lucias und Giorgios trauriges Schicksal anspielte, daß einer, wenn er Kinder in die Welt setzen wolle, vielleicht doch besser auch das Geld habe, um sich in den Jahren ihrer Entwicklung um sie kümmern und für ihre Erziehung sorgen zu können.[39]

***

Ihr Umzug nach Paris zeichnete sich vor allem durch ein intensiviertes gesellschaftliches Leben aus. In Paris kreuzten sich einfach alle Wege. Irische und britische Freunde, wie etwa Frank Budgen und die Sykes', die mittlerweile zum größten Teil wieder in England lebten, suchten sie in Paris auf. Joyce zu besuchen, wurde zum Muß für durchreisende Größen; er und Nora aßen mit den Yeats' zu Abend. Sowohl das Theater als auch die Oper hatten genug zu bieten, um die ganze Familie hinauszulocken. Alle gemeinsam gingen sie, um sich John McCormack anzuschauen, und ganz gewiß erinnerte Nora die Kinder daran, wie sie es überhaupt jedem erzählte, daß ihr Vater einmal mit ihm auf demselben Podium gestanden hatte. Joyce schrieb ihm am nächsten Tag einen Verehrerbrief. Auffällig an ihrem gesellschaftlichen Leben waren zwei neue Elemente: Homosexuelle und Amerikaner.

Die Joyce' schienen Homosexualität nicht zu bemerken. Obwohl Joyce zu literarischen Zwecken auf homosexuelle Züge bei Nora und sich selbst durchaus achtete, waren sie ihm bei ihren Freunden gleichgültig. Sylvia Beach war ihrer Partnerin und Wohngenossin Adrienne Monnier, die selbst eine Buchhandlung hatte, innig zugetan. Wenn auch alle davon ausgingen, daß sie ein Liebespaar waren, so waren sie doch keineswegs Lesbierinnen im grandiosen Stil des Linken Ufers der 20er Jahre.

Sylvia kleidete sich deshalb in strenge Schneiderkostüme, weil sie, so behauptete sie selbst, Geschäftsfrau war. Mochte sie auch die Gesellschaft von Frauen, insbesondere alleinstehender Frauen vorziehen, so empfand sie doch eine mädchenhafte Verehrung für charmante Männer. Sie schwärmte für Hemingway (dem nicht entging, daß sie hübsche Beine hatte), und sie betete Joyce an. Sylvia meinte es ehrlich, wenn sie behauptete, die drei Lieben ihres Lebens seien Adrienne Monnier, ihre Buchhandlung und James Joyce gewesen.[40]

Adrienne Monniers Laden La Maison des Amis des Livres lag in der rue de l'Odéon, einen Katzensprung von Sylvias Shakespeare and Company und der Rue Dupuytren entfernt. Sie und Sylvia waren völlig konträre Typen. Wenn Sylvia vom mädchenhaften Eifer einer amerikanischen Pastorentochter erfüllt war, so besaß Adrienne die gleichmütige Gewitztheit der Tochter eines savoyardischen Bergbauern. Der Stil ihrer Kleidung war noch ausgefallener als der Sylvias. Geformt wie eine russische Puppe – vielleicht weil sie eine glänzende Köchin war –, gewandete sie ihren Leib in einen grauen Rock, der ihr bis zu den Fesseln reichte, und ein weißes Schultertuch. Niemand sah je Adriennes Beine. Sylvia trug ihr Haar kurz geschnitten, Adrienne nicht. Wenn sie in ihrem Äußeren und ihrem Temperament auch gegensätzlich waren – Sylvia war lebhaft und schnell von Begriff, Adrienne nachdenklich und langsam –, so waren sie doch aus demselben Holz geschnitzt, was ihr Geschäft anging, den Buchhandel, wobei das Hauptgewicht auf der Pflege der Autoren lag.

McAlmon war, wie Sylvia Beach, Homosexueller. Ein schmächtiger, gutaussehender Mann von ätzendem Witz, war er als junger Schriftsteller in Greenwich Village eine Zweckehe mit Bryher eingegangen, einer jungen englischen Schriftstellerin, die in die amerikanische Dichterin H. D. (Hilda Doolittle) verliebt war. Die Ehe war mehr als zweckmäßig, weil Bryher (deren richtiger Name Winifred Ellerman war) die Tochter eines der reichsten Männer Englands war. McAlmon konnte, noch ehe die Scheidungsvereinbarung ihm den Spitznamen McAlimony eintrug, das Geld mit vollen Händen ausgeben. Er gab Joyce schon bald dreißig Pfund monatlich, »um ihn über Wasser zu halten«. Joyce fand in McAlmon einen geistreichen, witzigen Zechkumpanen. Das gleiche galt anfangs für Hemingway, doch gab der die Freundschaft dann auf, weil McAlmon das Trinken nicht bekam, und er sich in der Öffentlichkeit übergab.[41] Doch behandelte er Joyce, der zwanzig Jahre älter war und kultische Verehrung genoß, mit mehr Respekt als McAlmon.

Die Amerikaner waren eine Sache für sich. Die Anziehung beruhte auf Gegenseitigkeit, und das kulturelle Mißverständnis war beträchtlich.

Vielen Amerikanern, die die Joyce' in Paris kennenlernten, wurde nicht klar, daß sie einer Familie gegenüberstanden, die in mancher Hinsicht italienisch und in den meisten Hinsichten irisch war. An ihrer Einstellung zur Erziehung, zur Gastlichkeit, zur Wohnungseinrichtung, Kleidung, zur Arbeit und zum Schuldenmachen war nichts Amerikanisches – oder Englisches. Myron Nutting beispielsweise verwunderte sich darüber, wie spät die Joyce' zu Abend aßen (um acht oder neun Uhr) und über ihre Art, mit ihren Freunden umzugehen, indem sie sie eher in Restaurants als nach Hause einluden.[42] Nutting verwirrte, wie schon Ezra Pound, daß Joyce' Hände so schlaff waren, daß »man merkte, als Faktotum, das sich im Haus nützlich macht, würde er nichts taugen«. Auch Sylvia Beach wußte das Heimwerken zu schätzen: Pound machte mit seinen eigenen Händen einen Tisch, und sie zeigte ihn Joyce erfreut vor. Joyce war dadurch nicht zu beeindrucken. Warum sollte Pound, ein Dichter, sich dieser Mühe unterziehen, wenn ein Handarbeiter das binnen einer Woche machen konnte?[43]

Dies mißbilligende Kopfschütteln darüber, daß der Joyce-Haushalt nicht war wie andere, galt zugleich Nora; warum konnte sie Joyce nicht durch gute Haushaltsführung vor seinen Exzessen bewahren? Sie schien weder Essen zuzubereiten noch zu sparen noch die Bücher zu führen. Die amerikanischen Gattinnen (und später die amerikanischen Joyce-Forscher) erkannten nicht, wieviel Joyce und Nora gemeinsam hatten. An ein Land gewöhnt, wo Frauen eine höhere Schulbildung offenstand, waren sie der Überzeugung, gescheite Männer sollten auch gescheite Frauen haben. Nora war für die meisten von ihnen eine große Enttäuschung.[44]

Sylvia Beach akzeptierte zwar alsbald, daß »Mrs. Joyce«, wie sie sie immer nannte, die Quelle Joycescher Inspiration war, daß man ihr jedoch nichts zumuten durfte als die Haushaltsführung. Sie kaufte keine Opernkarten und keine Fahrscheine. Sie trieb keine Bücher für Joyce auf. Sie ließ sich nichts diktieren. Noras Pflichten bestanden darin, Joyce zu ernähren, ihm die Hand zu halten, seine gesamte Kleidung sowie die der Kinder auszuwählen, und sie in Ordnung zu halten; ihn zu sämtlichen gesellschaftlichen Anlässen zu begleiten, ihm die Leviten zu lesen und ihm, wann immer sie den Mund auftat, die Gewißheit zu geben, daß Irland nicht weit weg war. Joyce verlangte niemals mehr von ihr, und niemand sonst wagte es.

Nora und Joyce wiederum staunten über die amerikanische Energie, die an Tollkühnheit grenzte. Kay Boyle erinnert sich, daß Nora sie, bei ihrer ersten Begegnung auf einer Party, als sie ihren irischen Namen hörte, ansah und (jedenfalls meinte Kay das zu hören) sagte: »Ist sie nicht der Inbegriff eines irischen Mädchens mit ihrem dunklen Haar und den verhangenen blauen Augen?«

Kay, der diese persönliche Aufmerksamkeit peinlich war, sagte daraufhin: »Und was ist mit meiner gebrochenen Nase?« Sie hatte sie sich Jahre zuvor bei einem Schlittenunfall in den Pocono Mountains in Pennsylvania gebrochen.

Die Joyce' waren fasziniert. Sie hörten mit Entsetzen zu, als Kay erzählte, wie sie einen Hügel hinabgeglitten und einem Schlitten mit zwei Pferden auf dem Weg nach oben begegnet sei. Beim Ausweichen sei sie in einer Schneewehe versunken, die einen Telefonmast in sich barg, und habe einen ihrer Schneidezähne verschluckt.

»Wenn ich sie so reden höre«, sagte Nora, »komme ich doch zu dem Schluß, Jim, daß unser Leben nicht sehr ereignisreich gewesen ist.«

»Das stimmt zwar«, sagte Joyce, »doch die Amerikaner sind nun einmal so.« Dann fügte er zu Kays und Noras Erbauung hinzu, Bach habe ein sehr ruhiges Leben geführt.[45]

Die Förmlichkeit und Zurückhaltung der Joyce', die gerade ins vierte Lebensjahrzehnt eintraten, stach gegen das ungehemmte Betragen der jungen Expatriierten ihrer Umgebung ab. Die Joyce' waren selbst formell in ihrer Redeweise. Wyndham Lewis erklärte,

Joyce' Hartnäckigkeit, mit der er jeden mit »Mr.«, »Miss« und »Mrs.« anredete, zeige, wie sehr er dem Mittelstand verhaftet gewesen sei. Dies sei allgemein aufgefallen. Die Worte »Hi, Bob« wären Joyce nicht über die Lippen gegangen.

Hemingway genoß es, Joyce' übertriebene Höflichkeit mit amerikanischer Unbekümmertheit zu erwidern. Man sagte ihm sogar nach, er habe Joyce (den er für seinen kargen Prosastil verehrte) eines Tages mit »Jim« angeredet. Eines Tages hütete Hemingway die Buchhandlung für Sylvia, als Joyce hereinkam, und sich nach »Miss Beach« umschaute. »Sylvia ist nicht da«, sagte Hemingway. »Ach, Sie meinen wohl Miss Beach«, verbesserte Joyce. Hemingway fuhr unerschrocken fort: »Und Myrsine ist auch nicht da.« »Ach, Sie meinen wohl Miss Moschos.« Daraufhin dehnte Hemingway die Beleidigung auf Myrsines jüngere Schwester aus: »Hélène ist auch nicht da.«[46]

Nora stellte angesichts dieser Konvention stolz ihre Rechte zur Schau. Sie war die einzige, die Joyce »Jim« nennen durfte, und sie tat es gegenüber allen und jedem. Wenn ihn Leute besuchen kamen und Joyce mit der weißen Arbeitsjacke aus seinem Arbeitszimmer auftauchte, in der er wie eine Mischung aus Kapellmeister und Zahnarzt aussah, sagte Nora vor den von Ehrfurcht erfüllten Gästen angewidert: »Um Himmels willen, Jim, zieh bloß diese Jacke aus.«[47]

Diejenigen, die Joyce auf einen Sockel erhoben, waren schokkiert, andere hingegen, die sie, wie etwa Sylvia Beach, richtig kennenlernten, erkannten, daß Joyce Noras Genecke gefiel. Für irische Freunde hatte ihr Geplänkel eine Intimität an sich, als sprächen sie eine Privatsprache, während sie ihre öffentlichen Rollen spielten. Arthur Power war der Meinung, daß zwischen ihnen vollkommenes Verständnis herrschte.[48]

Nora hatte nie Mühe, Freundschaft zu schließen. Eine ihrer guten Freundinnen war Myron Nuttings Frau Helen, eine Schriftstellerin. Die Nuttings hatten ein Atelier nahe dem Gare Montparnasse, und Nora besuchte sie dort häufig. Nora hatte, wie sie wußten, Sorgen – Geld, Joyce' Trinkerei, die Ungewißheit, wie es mit ihren Kindern weitergehen sollte. »Sie war keineswegs eine wehleidige Frau«, sagte Nutting, »sie kam nicht her, um sich an der

Schulter meiner Frau auszuweinen, doch war sie froh, sich jemandem anvertrauen zu können. Sie mochte Helen sehr, und aus dem Grund schaute sie ziemlich häufig bei uns herein.« Die Nuttings glaubten, daß die Joyce' sich ungeheuer einschränken mußten, und nahmen sie in ihrem kleinen Citroën auf Ausflüge nach Fontainebleau mit. Die beiden Paare aßen einmal wöchentlich miteinander zu Abend, und Nora sagte, sie habe einen besonderen Grund, Myron zu mögen: Wenn er Jim nach Hause brachte, dächte er daran, auch Jims Mantel mitzubringen.[49]

Joyce selbst versprach sich von der Veröffentlichung des *Ulysses* einigen Gewinn, doch gegen Ende 1920 war deutlich geworden, daß diese Zeit nicht so bald kommen würde. Im Februar 1921 gewann die Society for the Suppression of Vice in New York ihre Klage gegen die *Little Review* und ihre Herausgeberinnen Jane Heap und Margaret Anderson. Die Szene, wo Bloom am Strand masturbiert, wurde, trotz der nachdrücklichen Verteidigung durch John Quinn, der die Rolle des Verteidigers übernommen hatte, als obszön beurteilt. Die Nachricht war in doppelter Hinsicht eine schlechte: sie bedeutete, daß der *Ulysses* keinen amerikanischen Verleger finden würde und daß er nicht urheberrechtlich geschützt wäre. Statt des Tausend-Dollar-Vorschusses (diese Summe hatte Quinn vorgeschlagen) auf die Tantiemen, die Joyce aus Amerika erwartete, würde es gar nichts geben; und schlimmer noch, es konnte, wie Joyce ganz richtig vorhersah, eine illegale Ausgabe erscheinen, die die amerikanischen Erträge des Buches in die Taschen von Raubdruckern leiten würde. So war es also um die Aussichten, den Lohn für seine jahrelangen angestrengten Bemühungen, seit er im Jahr 1914 mit dem *Ulysses* begonnen hatte, zu ernten, trübe bestellt, und die Erträge aus dem *Porträt* deckten im Jahr 1921 noch nicht die Kosten. (Miss Weaver vertuschte die Verluste, die das Buch einbrachte, durch seltsame Summen wie »Einkünfte aus Restexemplaren« und andere gefälschte Einkünfte.[50] Das Geld war in Wirklichkeit ihr eigenes.)

Als die Nachricht aus New York eintraf, betrat ein untröstlicher Joyce Shakespeare and Company, wo er mittlerweile die Rolle des Stammkunden ebenso innehatte wie die der Hauptattraktion. Sylvia eröffnete er: »Mein Buch wird nun wohl niemals herauskommen.« Sylvia erinnerte sich später, gesagt zu haben: »Würden Sie Shakespeare and Company die Ehre überlassen, den *Ulysses* herauszubringen?«[51] In Wirklichkeit war es Joyce, der die Initiative ergriff und mit dieser Idee aufwartete. Er wußte, daß Adrienne Monnier unter dem Impressum ihres Ladens einiges publiziert hatte, und mutmaßte, daß man Sylvia würde überreden können, es ihr nachzutun. Wahrscheinlich mutmaßte er darüber hinaus ganz zu Recht, daß Sylvia, bei all ihrem sapphischen Feminismus, kapitulieren würde, weil sie völlig gefesselt von ihm war. Das war zwar völlig richtig, doch hatte Sylvia einen anderen Grund, wie sie ihrer Schwester Holly schwärmerisch mitteilte:

> Der *Ulysses* wird mein Geschäft berühmt machen... Schon jetzt spricht es sich herum, und die Leute kommen scharenweise in den Laden... und wenn alles gutgeht, hoffe ich, damit auch Geld zu machen, nicht nur für Joyce, sondern auch für mich. Freust Du Dich nicht?[52]

Joyce schrieb an Miss Weaver und bat sie um weiteres Geld. Sie war zwar verblüfft, hatte aber keineswegs vor, ihm irgend etwas abzuschlagen. Sie sandte ihm zweihundert Pfund als Vorschuß auf die Tantiemen aus ihrer »englischen« Ausgabe, die zu einem nicht näher spezifizierten Zeitpunkt nach dem Erscheinen von Sylvia Beachs »französischer« Ausgabe nach deren Satz in Frankreich erscheinen sollte. Indem er den Grundstein für eine »englische« Ausgabe legte, umging Joyce den offensichtlichen Konflikt, der sich im Hinblick auf Miss Weavers *Ulysses* und den Sylvia Beachs ankündigte. Er brauche das Geld, erklärte er, weil er auf einen Tausenddollarvorschuß aus einer amerikanischen Ausgabe gerechnet habe, Geld, das er nun nicht bekommen würde. Miss Weaver nahm es eher als Vorwand, um ihm helfen zu können, denn als Möglichkeit, in Konkurrenz zu Sylvia Beachs Pariser Ausgabe zu treten, und schickte ihm das Geld.

***

Wie arm waren die Joyce'? Das Bild von ihrer Finanzlage verschwimmt durch Transaktionen in fünf Währungen (die britische, die amerikanische, die französische, die schweizerische und die italienische), durch Joyce' Angewohnheit, Geldsummen in die Währung der Person zu übersetzen, an die er gerade schrieb, und durch die Inflation, die auf den Zweiten Weltkrieg folgte. Zwischen den Kriegen waren die Wechselkurse einigermaßen stabil. Seine hauptsächlichen Einkünfte während seines Lebens in Paris erhielt Joyce in Pfund Sterling: sie kamen in Form von Zinsen aus den Kriegsanleihen, die Miss Weaver ihm geschenkt und aus dem Kapital, das sie ihm direkt überschrieben hatte. Die Zinsen erhielt er vierteljährlich, und auf das Kapital griff er zurück, indem er entweder Miss Weaver direkt oder ihre zunehmend besorgten Vermögensverwalter um Geld bat. Die Amerikaner kamen in den Zwanzigern nach Paris nicht nur, weil es das pulsierende Zentrum all dessen war, was neu war in Kunst und Literatur, sondern auch weil es billig war. Die Fotografin Berenice Abbott machte die Überfahrt von New York mit sechs Dollar in der Tasche. Die Hemingways waren mit ihren dreitausend Dollar jährlich aus Hadley Hemingways Geld gut gestellt. Ernest war so versessen darauf, solange wie möglich in Europa zu bleiben, daß sie sparten, wo sie nur konnten, ob sie nun eine Wohnung mit kaltem Wasser im fünften Stock ohne Fahrstuhl nahmen oder sich die billigsten Cafés aussuchten. Eliot in London verdiente handfeste fünfhundert Pfund im Jahr bei der Lloyds Bank; wahrer Reichtum waren hingegen Peggy Guggenheims zweiundzwanzigtausend Dollar (viertausendfünfhundert Pfund) im Jahr.[53]

Bei seinem Eintreffen in Paris verfügte Joyce nur über die zweiundsechzig Pfund vierteljährlich aus Miss Weavers erstem großen Geschenk. Er verkaufte darüber hinaus jedoch das Manuskript des *Ulysses*, während er es schrieb, an John Quinn und erhielt wenig später dann McAlmons dreißig Pfund monatliches »Darlehen«. Miss Weavers zweites Geschenk von zweihundert Pfund hätte für eine ganze Weile ausreichen sollen (die Einkünfte der Hemingways beliefen sich auf ungefähr achtundvierzig Pfund im Jahr), und als sie ihm dann die Verfügung über zweitausend Pfund ermöglichte, hatte er keinen Anlaß mehr, sich für bedürftig zu halten.

***

Nora, die sich keineswegs sicher war, daß Paris der richtige Ort war, um einen Hausstand zu gründen – für sie war es teuer, und es bot den Kindern keine Zukunft –, wünschte sich dennoch ein geordnetes Zuhause. Noch mehr wünschte sie sich, daß Joyce das Trinken aufgeben würde. In beiden Hinsichten war sie zur Enttäuschung verurteilt. Einmal brachte McAlmon Joyce morgens um zehn nach einer durchzechten Nacht nach Hause, ließ ihn aufs Bett niederplumpsen und flüchtete vor Noras Tirade: »Jim, seit zwanzig Jahren machst du das nun schon mit mir...« usw. McAlmon war zu nichts imstande, als »zu schlafen, zu sterben, Höllenqualen durchzustehen, Joyce zu verfluchen, das Leben und mich selbst«.[54] Gerade als er am Einschlafen war, um drei Uhr nachmittags, traf ein Telegramm von Joyce ein, worin der ihn aufforderte, im Namen der Freundschaft unter allen Umständen um halb fünf zum Tee zu erscheinen. Als McAlmon, der sich kaum auf den Beinen halten konnte, zur rechten Zeit dort eintraf, sagte Joyce mit ernsthafter Miene in Noras Gegenwart: »Na, McAlmon, was haben Sie denn nun heute von der Wohnung gehört, die dieser Mann Ihnen angeblich zu überlassen bereit ist?«

McAlmon schaltete schnell. Er wußte, daß Nora bestrebt war, aus der möblierten Behausung aus und in eine eigene Wohnung zu ziehen, daß Joyce jedoch eher hoffte, Freunde würden eine für ihn finden. »Ach ja – er kümmert sich gerade jetzt darum«, log McAlmon Nora vor, »ich soll mich um sechs mit ihm treffen.«

Joyce war zwar immun gegen Noras Zorn, doch entsetzte ihn die Vorstellung, daß er womöglich den von Miss Weaver wecken könnte. Sie wußte nichts von allem bis Mai 1921, als Wyndham Lewis ihr diese Neuigkeit bescherte. Miss Weaver war auch seine Verlegerin, und als er sie in London aufsuchte, erzählte er ihr fröhlich, was für ein großartiger Zechkumpan der irische Schriftsteller sei, wie er bis zum Morgengrauen oder darüber hinaus trank und am Ende häufig ganz allein tanzte, und wie er alle Leute freihielt.

Miss Weaver verschlug es die Sprache. Sie wußte, wie hart Joyce an seinem Buch arbeitete, und hatte angenommen, daß noch andere kalvinistische Tugenden seinen Arbeitseifer begleiteten. Es wäre jedoch untypisch für sie gewesen, hätte sie sich nun insgeheim geärgert und heimlich Nachforschungen angestellt. Sie schrieb Joyce umgehend, teilte ihm mit, was sie gehört hatte und hielt ihm einen höflichen Vortrag über die schädlichen Auswirkungen des Trinkens. Dennoch hatte die Neuigkeit sie erschüttert. Sie war in dem Glauben erzogen worden, daß der Alkohol eine der großen Fußangeln des Lebens sei, und als stille, sanfte Frau, die sie war, fürchtete sie sich vor Betrunkenen.[55]

Joyce war durch ihre Vorhaltungen gleichermaßen erschüttert. Wenn er mit Miss Weavers Geld auch nicht sorgsam umging, so wußte er ihre Achtung doch zu schätzen. Und er wußte so gut wie jeder andere, daß er bei allem Genuß, den ihm seine schlechte Angewohnheit bereitete, doch kein Alkoholiker war. Er trank niemals am Tag. Der gepriesene Rausch kam vom regelmäßigen Genuß mehrerer Flaschen Weißwein, die er, über den Daumen gepeilt, zwischen acht Uhr abends und zwei Uhr morgens leerte. (Genau wie Joyce' Verschwendungssucht an seinen Hang zum Exkretorischen gebunden war, so war es auch sein Trinken. Er verglich seinen bevorzugten Schweizer Weißwein häufig mit Urin – selbstverständlich dem Urin einer Erzherzogin. Rotwein verabscheute er, weil er fand, er schmecke nach Blut.)

Wie er sich denn verteidigen solle? fragte er Budgen brieflich. Budgen, dem gegenüber er sich mit seinen nächtlichen Streifzügen mit Wyndham Lewis gebrüstet hatte – »ganznächtliche lärmige Sitzungen (und Tanzereien)« –, schlug vor, Joyce solle das Ganze ins Komische ziehen.[56] Joyce folgte Budgens Rat. Er schickte Miss Weaver ein langes, witziges Verzeichnis sämtlicher anderer Laster, derer er bezichtigt worden sei, seit er ein winziges bißchen Ruhm erworben habe.[57]

Joyce ließ es bei seinen Bemühungen, seinen Ruf wieder reinzuwaschen, damit jedoch nicht bewenden. Er beschwatzte McAlmon, eine Rechtfertigung seines Charakters zu schreiben und sie Miss Weaver zu schicken. Durchtriebener noch war, daß er den handfesten Beweis für die kritischen Einwände gegen ihn wieder an sich zu bringen suchte. Als einleitende Vorsichtsmaßnahme bat er Budgen, ihm per Einschreiben Miss Weavers Brief zurückzusenden. Ein verräterisches Indiz war jedoch noch nicht beseitigt: sein eigener Brief an Budgen. Er wußte nicht, wie er den zurückerbitten sollte, ohne albern zu erscheinen.

Als Budgen das nächste Mal in Paris war, sah Joyce seine Chance gekommen. Der belastende Brief steckte in dessen Brieftasche. Joyce sorgte dafür, daß sie einer ihrer geselligen Abende miteinander verbrachten, Budgen dabei jedoch mehr trank als er. Dann setzte Joyce den torkelnden Budgen in seinem Hotel ab und brachte dabei die Brieftasche an sich. Nach Hause zurückgekehrt, nahm er den Brief heraus, steckte die Rechnungen der Bars an seine Stelle und ließ sie mit einem Begleitbriefchen, worin stand, er habe die Brieftasche sicherheitshalber an sich genommen, am nächsten Morgen durch einen Boten zurückbringen. Budgen war wütend über die Täuschung, und für etwa drei Jahre bedeutete das den Bruch ihrer Freundschaft.[58]

Daß Joyce schon im Jahr 1921 so sehr darauf bedacht war, seinen guten Ruf zu schützen, wirft doch die Frage nach dem Verbleib seines und Noras obszönen Briefwechsels von 1909 auf. Glaubten sie, daß er vor neugierigen Blicken sicher war? Bei der Abreise aus Triest hatte Joyce einen Kasten mit Papieren gepackt, die nach Paris gehen sollten, und später noch einen Stoß Papiere erbeten, die in einer Aktentasche in Stanislaus' Schlafzimmer zurückgeblieben waren. Er mußte den *Ulysses* fertigstellen. Doch der Hauptteil des Archivs war zurückgeblieben. Die Angst vor der Gefahr, erotische Briefe herumliegen zu lassen, taucht um die Zeit in Joyce' Schreiben auf und in seinen Träumen ebenfalls. Als sich Stanislaus anläßlich des Erscheinens des *Ulysses* bei seinem Bruder über dessen Obszönität beschwerte, muß Joyce sich gefragt haben, ob Stanislaus wohl die Nase in die heimlichen Quellen gesteckt hatte.[59] Unter ein paar Träumen, die er etwa zum Zeitpunkt der Veröffentlichung des *Ulysses* aufgezeichnet hatte, findet sich auch der folgende: »Eine junge Frau erzählt mir mit immer schwächer werdender Entrüstung, daß ich ihr einen kompromittierenden Brief geschrieben hätte. Der Inhalt schockiert sie nicht sonderlich, doch fragt sie mich, weshalb ich ihn mit ›Ulysses‹ unterzeichnet hätte.«[60]

***

Im Juni 1921, als ihr Mietverhältnis für die luxuriöse, wenn auch dostojewskijhafte Wohnung zu Ende ging, hatten sie die Art von Glück, die Joyce seinem Gefühl nach zustand. Der französische Literaturkritiker Valéry Larbaud lieh ihnen seine elegante, makellos gepflegte Junggesellenwohnung in der rue Cardinal Lemoine im V. Arrondissement. Joyce behauptete, Larbaud habe sie extra für sie renovieren lassen. Larbaud mag das durchaus getan haben. Frankreichs erster Anhänger der englischen Literatur, bezeichnete Larbaud sich als »rasend begeistert« von *Ulysses* und hatte versprochen, in Adrienne Monniers Buchhandlung einen Vortrag zu halten, um Joyce der französischen literarischen Öffentlichkeit vorzustellen. Mit dem *Ulysses*, so behauptete Larbaud, habe Joyce Irland wieder in die Weltliteratur zurückgeführt.

Giorgio zog nicht mit den anderen zusammen um. Nach mehreren abgebrochenen Versuchen, eine Laufbahn in der Geschäftswelt einzuschlagen, war er nach Zürich zurückgekehrt, um dort einen Monat bei irgendwelchen Freunden zu verbringen; er sollte der klaustrophobieerzeugenden Enge des Familienkreises viel leichter entkommen, als seine Schwester es vermochte. Lucia fuhr immerhin für eine Weile mit einer Nichte von Helen Nutting in ein Ferienlager. Später besuchte sie für kurze Zeit ein *lycée* und lernte außerdem Maschineschreiben. Sie hatte jedoch Schwierigkeiten damit, Freundschaften zu schließen. Nora war ständig auf der Suche nach neuen Bekannten mit halbwüchsigen Töchtern, weil Lucia, wie Joyce bemerkte, jeden Nachmittag langweilig fand.[61]

Nora und Lucia waren entzückt über ihre neue Umgebung. Sie liebten die Wohnung mit den gewachsten Böden, den antiken Möbeln und der Zinnsoldatensammlung. Der Ausblick war so grün, daß sie das Gefühl hatten, sich mitten auf dem Land aufzuhalten, ein Eindruck, der noch durch den Eingang über einen Hof mit einem großen schmiedeeisernen Tor verstärkt wurde. Das einzige, was Nora noch mehr Freude hätte bereiten können, wäre eine eigene Wohnung gewesen. Selbst Joyce fing an, Sehnsucht nach seinen Familienporträts und anderen Kleinigkeiten von sentimentalem Wert zu empfinden.

Die Wohnung hatte sogar ein spezielles Schreibzimmer mit einer niedrigen, gewölbten Decke und einem langen Tisch, wo sich in völliger Stille arbeiten ließ. Joyce zog jedoch geräuschvolle Umgebungen[62] vor und empfand Larbauds Wohnung als Grabkammer.

Während sie sich dort aufhielten und Joyce die letzten Episode des *Ulysses* schrieb, Molly Blooms Monolog, erlitt er einen neuen Anfall seiner Augenkrankheit, der so schmerzhaft war, daß er sich weinend am Boden wälzte. Nora ließ die Kinder schleunigst Sylvia Beach holen, während sie bei Joyce blieb, ein kühlendes Tuch in Eiswasser tauchte und es ihm auf die Augen legte.

Nora war zugleich wütend. Joyce hatte in letzter Zeit mächtig getrunken, obwohl man ihn darauf hingewiesen hatte, welches Risiko das für seine Augen bedeutete. Sie warf ihm sogar vor, seine Freunde auf Abwege zu führen. »Jim, du hast mir jetzt lange genug deine betrunkenen Freunde ins Haus gebracht«, sagte sie, »und jetzt hast du dafür gesorgt, daß es mit McAlmon genauso losgeht.« Mc Almon mochte Nora jedoch wegen ihrer Würde und ihrer beruhigenden Art und verstand, welche Doppelrolle, die des strafenden Eheweibs und der liebenden Mutter, Joyce sie zu spielen zwang. Eines Nachts, als er mit Joyce unterwegs war, sah McAlmon eine Ratte und schrie auf, woraufhin Joyce kurzerhand in Ohnmacht fiel. Als McAlmon das Bündel nach Hause geschafft und Nora erklärt hatte, was die Ursache des Zusammenbruchs war – Furcht, nicht Trunkenheit –, wurde sie »schlagartig zärtlich«.[63] Am nächsten Abend waren sie zu dritt in einem Café, als Nora plötzlich ein Taxi rief. Sie hatte Joyce' verzerrtes Gesicht bemerkt, erkannt, daß er schreckliche Schmerzen litt, und schaffte ihn sofort nach Hause.

Sechs Wochen war Joyce krank und litt derartige Schmerzen, daß sein Arzt ihm Kokain in die Augen injizierte und seine Arbeitsstunden einschränkte (von zehn auf sechs täglich). Der Schmerz war nichts im Vergleich zu der Bedrohung seiner Arbeit. Mit grausamer Präzision traf das Schicksal Joyce, wie Beethoven, genau an dem Sinnesorgan, das für die Ausübung seiner Kunst unentbehrlich war. Obwohl seine Iritis wieder aufflammte, gelang es ihm, ›Penelope‹ und die vorletzte Episode, ›Ithaka‹ bis Oktober zu vollenden. Der *Ulysses* war fertig.[64]

Das Trinken verschlimmerte die Augenschmerzen, und Nora versuchte vergeblich, seinen erklärten Bewunderern klarzumachen, daß sie seinem Sehvermögen schadeten, wenn sie ihn zum Trinken ermunterten. Sie neigten jedoch dazu, ihre Warnungen als die einer nörgelnden Ehefrau abzutun und schenkten, wie zuvor Budgen unter ihrem Fenster, den Rhythmen ihrer Rede mehr Aufmerksamkeit als deren Inhalt:

> Jim, hörst du mich? Du hast genug gehabt. Jim, ich sag dir, seit zwanzig Jahren geht das jetzt so, und ich hab es jetzt satt. Ich bin es schließlich, die sich um dich kümmern muß, wenn deine Augen dir zu schaffen machen und uns alle in Mitleidenschaft ziehen. Jim, ich sag dir, ich nehme die Kinder und kehre nach Irland zurück.[65]

Nora verstand, unter welchem Termindruck Joyce stand. Als sie an Katherine Sargent (die Gattin Louis Sargents, eines englischen Malers, schrieb, mit denen sie sich über Budgen angefreundet hatten), meinte Nora, das Augenleiden sei wirklich Pech, weil Joyce soviel damit zu tun habe, den *Ulysses* zu Ende zu schreiben und die Fahnen zu korrigieren. Für sie selbst war es ebenfalls Pech, weil sie sonst mit den Sargents zusammen in Thun in der Schweiz Ferien hätte machen können. Nora empfahl ihnen eine Pension, in die sie vielleicht gehen konnten.[66]

Die Fahnenkorrektur machte in der Tat viel Arbeit. Das Buch wurde von den Druckern in Dijon gedruckt, die auch Sylvias Briefpapier für die Buchhandlung druckten. Sie kannten schon gewöhnliches Englisch nicht, geschweige denn das von Joyce. Joyce hatte außerdem viel zu ändern und hinzuzufügen. Ein ganzes Drittel der Endfassung des *Ulysses* schrieb er in Form von Korrekturen oder Ergänzungen an den Rändern der Fahnenabzüge.

Im Oktober 1921 ging das Idyll bei Larbaud zu Ende. Nachdem Giorgio aus Zürich zurückgekehrt war, zogen sie wieder zurück in die *maison de famille* in der Rue de l'Université, in zwei Zimmer wie zuvor. Giorgio hatte eins für sich allein, Lucia das andere mit den Eltern zusammen. So teilte sie denn das Schlafzimmer mit ihren Eltern in einem Alter (fünfzehn), in dem sie höchstwahrscheinlich bereits ihre Menstruation bekam und gelegentlich der Peinlichkeit ausgesetzt war, feststellen zu müssen, daß ihre Periode in der Nacht begonnen hatte. Unter all den umfangreichen Einzelheiten über das Privatleben der Joyce' findet sich kein Hinweis darauf, wie die drei unter solchen Umständen ihr Privatleben schützten.

Aus Notwendigkeit ebenso wie aus Bequemlichkeit war Shakespeare & Company, das sich mittlerweile in neuen Räumen in der 14 rue de l'Odéon befand, ihre Geschäftsadresse geworden. Joyce erwartete, daß er mit dem *Ulysses* verdienen würde. Doch um die Veröffentlichung zu finanzieren, mußte Sylvia Beach Geld auftreiben. Zu diesem Zweck brachte sie einen Prospekt heraus, worin die Veröffentlichung des bereits berühmten Meisterwerks angekündigt wurde, und verkaufte »Subskriptionen« an diejenigen, die Exemplare bestellen wollten. Viele Bewunderer der Avantgardeliteratur (darunter T. E. Lawrence, Winston Churchill und Havelock Ellis) akzeptierten das Angebot und schickten das Geld (einhundertundfünfzig Francs, dreihundert Francs für eine Luxusausgabe), und manche waren geschmeichelt, daß sie dazu aufgefordert worden waren. George Bernard Shaw gehörte nicht dazu. »In Irland«, schrieb er Sylvia in seinem ablehnenden Brief, »versucht man, eine Katze stubenrein zu machen, indem man ihr die Nase in den eigenen Dreck steckt. Mr. Joyce hat die gleiche Behandlung am menschlichen Subjekt versucht.« Er hoffe, Joyce werde Erfolg damit haben, und sei es auch nur deshalb, weil das Buch eine exakte Darstellung der »schandmäuligen Frechheiten« des Dublin seiner Jugend sei.[67]

Als die Subskriptionen hereinflatterten, taten sämtliche Joyce' regelmäßig einen Griff in die Ladenkasse der Buchhandlung und entnahmen kleinere Beträge. Gewöhnlich unternahm Giorgio den Botengang und holte sechshundert Francs am 12. Juli, zweihundert am 12. September und zehn Tage später weitere zweihundert. Am 29. November kam Nora selbst in den Laden und lieh sich die gar nicht so geringe Summe von einhundert Francs (etwa fünf Pfund) aus dem Vorverkauf der Eintrittskarten für die Lesung Valéry Larbauds, die für den 7. Dezember geplant war.[68]

Joyce zahlte zwar gelegentlich etwas von dem Geld zurück – dreihundert Francs im Dezember –, fing dann jedoch erneut zu leihen an, und im Juli 1922, fünf Monate nach dem Erscheinen des *Ulysses*, schuldete er Sylvia 40,565 Francs (ungefähr zweitausend Pfund). Sylvia, das muß gerechtigkeitshalber gesagt werden, hatte ihm keinen Vorschuß auf die Tantiemen gezahlt, und er hatte wenigstens sieben Jahre an dem Buch gearbeitet. Sie hielt all ihre Ausgaben in einem kleinen schwarzen Notizbuch fest: Taxi (acht Francs) um einen Auftrag über einhundertundfünfzig Umschläge abzuholen (fünfzehn Francs).

Das Weihnachten der Joyce im Jahr 1921 war trotz ihres räumlich beengten Hotellebens so festlich wie immer – die Kinder aßen massenhaft Pralinen, und sie freuten sich über die Obstkisten von den Sargents. Es fand eine Party statt, bei der Lucia sich verkleidete und eine Charlie-Chaplin-Nummer vorführte, aber Nora konnte nicht kommen.

Etwa eine Woche vorher hatte sie an einer Gaslaterne an einer Bushaltestelle gewartet, als ein ankommender Bus einen Schlenker machte, auf den Bürgersteig fuhr und sie an die Laterne drängte. Ebenso abergläubisch wie ihr Gatte, nahm Nora das als böses Omen. Sie brauchte genausolange, um sich von der Angst zu erholen, wie von ihren geringfügigen Verletzungen. Joyce schrieb über den Unfall an Stanislaus: »... es war nicht eigentlich ein Unfall ...«[69]

Lucia war mit fünfzehn alt genug, um die Aufgabe zu übernehmen, die Nora haßte – Briefe zu schreiben –, und sie erledigte die Dankbriefe nach Weihnachten anstelle ihrer Mutter. Sie schrieb sie allerdings in einer unzusammenhängenden, zerstreuten, kindlichen Prosa, die (im Nachhinein) auf emotionale Schwierigkeiten schließen läßt, die über die Schwierigkeit hinausgehen, in einer dritten neuen Sprache schreiben zu lernen.

Joyce erhielt selbst ein schlimmes Vorzeichen. Am Tag vor dem Erscheinen des *Ulysses*, als ihre Nerven zum Zerreißen gespannt waren, machten Nora und Joyce im Bois de Boulogne mit der jungen amerikanischen Schriftstellerin Djuna Barnes einen Spaziergang. Ein Mann streifte Joyce im Vorbeigehen und murmelte: »Sie sind ein abscheulicher Autor!« Das sei ein entsetzliches Vorzeichen im Hinblick auf das Buch, erklärte Joyce den beiden Frauen mit weißem Gesicht.[70]

An seinem vierzigsten Geburtstag, dem 2. Februar 1922, waren die ersten beiden gebundenen Exemplare des *Ulysses* fertig, obwohl die letzten Fahnenabzüge erst zwei Tage zuvor in die Drukkerei zurückgekehrt waren. Sylvia Beach stand früh genug auf, um am Sieben-Uhr-Zug aus Dijon am Bahnhof zu sein, so daß Joyce das Exemplar auf seinem Frühstückstisch liegen haben konnte. Joyce wurde den ganzen Tag von Telegrammen überschwemmt. Die Buchhandlung wurde von denen belagert, die einen Blick auf das andere Exemplar werfen wollten, das ausgestellt war. Und Joyce bearbeitete aus Dankbarkeit ein Shakespearesches Lied, um der amerikanischen Ader im Schneid seiner Verlegerin Anerkennung zu zollen:

> Who is Sylvia, what is she
> That all our scribes commend her?
> Yankee, young and brave is she
> The West this grace did lend her
> That all books might published be ...[71]

Obwohl er und Nora Sylvia und Adrienne bereits am 20. Januar zu einem Festessen eingeladen hatten, luden sie an jenem Geburtstagsabend eine Gruppe von Freunden ins Ferrari, ein italienisches Restaurant: die Nuttings, ihre Nichte Helen Kieffer (zugleich eine Tochter von John Quinns Sozius), die mit Lucia im Ferienlager gewesen war; die Wallace' und Giorgio und Lucia. Sie tranken auf den Autor; die Kellner bewunderten das Buch, und selbst Nora hatte ein gutes Wort dafür übrig. Jim habe sechzehn Jahre damit verbracht, über das Buch nachzudenken, und sieben Jahre, es zu schreiben, erklärte sie stolz. Am Ende des Abends, nachdem die Gesellschaft ins Café Weber weitergezogen war, rief Nora ein Taxi. Joyce wollte nicht einsteigen. Nora packte ihn einfach hinein. Joyce rief Richard Wallace, während Nora ihn außer Sicht drängte, zu: »Ich muß vor solchen Szenen bewahrt werden.«[72]

Nora wußte, sie stand in dem Ruf, gewieft zu sein. McAlmond versuchte, ihr klarzumachen, wie wichtig sie für Joyce' Werk war, daß er, hätte sie es nicht mit ihm aufgenommen und ihm den Kopf zurechtgesetzt, wie Stephen Dedalus geblieben wäre, ein bloß posierender Märtyrer der Kunst, und niemals gereift und in die Rolle des Familienvaters und großen Künstlers hineingewachsen.

»Immer nur weiter so!« antwortete Nora, »es heißt, ich hätte ihm geholfen, ein Genie zu sein. Als nächstes werden sie sagen: Wenn da nicht diese Ignorantin von einer Frau gewesen wäre, was wär er dann für ein Mann geworden! Aber macht nichts. Ich könnte denen nach zwanzig Jahren schon das eine oder andere erzählen ...«[73]

Als Joyce Nora ihr Exemplar der ersten Ausgabe des *Ulysses* überreichte, wog sie es in der Hand, nickte in Richtung Arthur Power, der sie beobachtete, und sagte: »Was kriege ich dafür?«[74] In späteren Jahren wurde ihre Bemerkung als Zeichen ihrer Unwissenheit interpretiert, aber Power, der sie sehr gern hatte, faßte sie als spöttische Reaktion einer starken, selbstbewußten Frau auf, die ihren Mann auf das rechte Maß zurückstutzte. Joyce lachte jedoch nicht. Noras Gleichgültigkeit seinem Werk gegenüber betrübte und quälte ihn. Es gehörte zu ihrem Reiz und ihrer Unerreichbarkeit, daß sein Genie sie nicht interessierte. Sie liebte das Gewöhnliche an ihm.

***

Der Ruhm hob alle vier Joyce in die Kreise der internationalen Caféhausgesellschaft. Im März 1922 nahmen sie am Hochzeitsfrühstück von Laurence Vail, einem flotten jungen amerikanischen Schriftsteller, und Peggy Guggenheim, der New Yorker Erbin (und späteren berühmten Kunstmäzenin) teil. Joyce wußte nicht, warum sie eingeladen worden waren, nahm jedoch an, daß Vail Nora und die Kinder irgendwo kennengelernt hatte.[75]

Ebenfalls im März erfuhr ihr Lebensstandard ein weiteres Mal einen Aufschwung. Miss Weaver vermachte Joyce ein neues, frei verfügbares Geldgeschenk von fünfzehnhundert Pfund Kapital. Er hatte ihr mitgeteilt, daß ihm erneut das Geld ausgegangen war, und sie hatte sich, loyal, wie sie war, verpflichtet gefühlt, daraufhin etwas zu unternehmen. Sie stimmte ihm darin zu, daß er nach seiner mühseligen Arbeit am *Ulysses* Geld brauche, um sich ausruhen und Urlaub machen zu können.

Die gute Nachricht aus London stimmte Joyce jedoch auch nicht milder gegenüber einer bitteren Anfrage von Stanislaus, wie es mit der Rückzahlung eines Darlehens von zehn Pfund aussehe, das er Joyce gegeben habe, als er Triest verließ:

> Lieber Stannie,
> mein Anwalt wird Dir am 25. einen Scheck über 10 Pfund schicken. Es tut mir leid zu hören, daß Du in Geldschwierigkeiten bist. Wie ist das möglich? Du wohnst ohne Familie in einer möblierten Wohnung, führst ein musterhaftes Leben und gibst allen Schülern in der Welt Unterricht ...[76]

In demselben Brief beschrieb Joyce dann seine eigene Notlage, wie sie beengt in einem teuren Hotel leben mußten, wie er im Schlafzimmer von drei Personen schreiben mußte ... Er konnte es sich allerdings nicht verkneifen, seinem Bruder außerdem mitzuteilen, daß Miss Weavers letzte Zuwendung ihre Geldgeschenke auf insgesamt achttausendfünfhundert Pfund erhöht habe, »dazu«, so setzte er hochnäsig und mißverständlich hinzu, »die Überschreibung eines Landhauses irgendwo«.

Dabei war es noch keinen Monat her, da war er sich so bettelarm vorgekommen, daß er McAlmon, der in Südfrankreich war, gebeten hatte, ihm doch ein hübsches Halstuch zu schicken, falls er irgendwelche abgelegt habe (und gestand dann, entsetzt gewesen zu sein, als McAlmon ihm ein paar neue kaufte und außerdem noch einen bischöflich wirkenden Ring mitschickte).[77]

Als die Nachricht von Miss Weaver eintraf, glaubte er, endlich das Geld zu haben, das er benötigte – genug, so beeilte er sich Sylvia mitzuteilen, um sich selbst und seine Familie für den Rest ihres Lebens zu unterhalten.

Endlich, so sagte sich Sylvia insgeheim, nur noch ein kleines Darlehen, während auf das Eintreffen des Geschenks von Miss Weaver gewartet wird, und ich kann meine Arbeit fortsetzen. Endlich, so sagte Nora zu Joyce, könne sie einen Besuch daheim in Irland machen.

Arthur Power war einer der wenigen Menschen, die Sinn dafür hatten, wie sehr Nora unter Heimweh litt. Er verstand ihre Verachtung für die Künstlichkeit des Pariser Lebens. Nora war stoischer als Joyce und, Powers Ansicht nach, weit eher bereit, alles zu nehmen, wie es kam; eine heruntergekommene Pension ebenso wie einen Ehrentisch im Drei-Sterne-Lokal – sie nahm es, wie es kam. Was Nora jedoch nicht ertrug, beobachtete Power, waren Täuschung oder Unaufrichtigkeit. Von Joyce erlernte sie zwar die Kunst, in der Öffentlichkeit zu schweigen, mit einem Landsmann jedoch, wie Power einer war, sprach sie, ohne sich irgendwelchen Zwang aufzuerlegen. Eines Abends befand sie sich neben Power auf einer Party, auf der ein paar befangene Paare auf unentschlossene Weise zu tanzen begannen, und da sagte sie: »Wenn so was in Galway passierte, wären wir schon längst draußen und würden uns auf der Straße amüsieren.«[78]

Den Eingängen folgend, die Miss Weavers Großzügigkeit zu verdanken waren, amüsierte Nora sich auf ihre Weise »auf der Straße«. Nun, da der *Ulysses* veröffentlicht und ihr Geldproblem gelöst war, konnte Jim für sich selbst sorgen. Nora hatte ihre Mutter seit vor dem Krieg nicht mehr gesehen, und ihr Vater Tom Barnacle war vor kurzem gestorben. Annie Barnacle hatte ihren Mann, ihrer Entfremdung ungeachtet, während seiner letzten Krankheit im Juli 1921 gepflegt, und im darauffolgenden Frühling, als sie mit nur zwei Töchtern allein im Haus geblieben war, sehnte sie sich danach, Nora wiederzusehen.[79]

Es gab einen gewaltigen Krach. Joyce flehte Nora an, nicht zu fahren. Irland befand sich am Rande eines Bürgerkriegs, hielt er ihr vor Augen, und zeigte ihr die letzten dramatischen Schlagzeilen aus irischen Zeitungen. Ausnahmsweise gab Nora jedoch nicht nach. Sie befahl Giorgio und Lucia zu packen, und sie verließen kurzerhand das Hotel. Es war ihr gleichgültig, ob sie Paris – oder den wieder einmal betrunkenen Schriftsteller – jemals wiedersah.

11. Kapitel

Frei in einem Freistaat

Die Überquerung des gefürchteten Ärmelkanals verlief glatt. Nora und die Kinder trafen am 2. April 1922 in London ein und bezogen das Bonnington Hotel in der Southampton Row nicht weit von der Stelle, wo sie den Schiffszubringer zur Fähre nach Irland nehmen würden, sobald sie sich in London so gründlich umgesehen hätten, wie sie Lust hatten.[1] Nora mochte die Stadt sehr, und sie begann sich mit dem Gedanken zu tragen, Joyce zu einem Wechsel nach London zu überreden, statt einer womöglich inexistenten Wohnung in Paris hinterherzujagen. Sie hatten in und um London so viele Freunde – die Sykes', Frank Budgen und die Sargents –, und es war wahrhaft wohltuend, nichts als Englisch zu hören.

Giorgio und Lucia waren ohne weiteres bereit und imstande, Nora zu begleiten. Sie hatten sich in Paris ja noch überhaupt nicht selbständig gemacht und meist nichts zu tun. Außerdem hatten Joyce' Kinder, wie Sylvia Beach beobachtet hatte, »schon frühzeitig beschlossen, sich von Babbo nicht unterjochen zu lassen«. (Ein weiser Beschluß, so dachte Sylvia: »Ich Arme – ich bin in die Falle getappt, doch es war interessant.«[2]) Giorgio, so stellte Sylvia fest, beschützte seine Mutter eifrig; er mißbilligte strikt jede Form von Alkoholmißbrauch, insbesondere jedoch den seines Vaters.

Während sie sich in London aufhielten, schrieben sie »Caro Stannie« in Triest, wie sehr sie ihre Reise genossen, wenn sich der Lebensstil der Engländer in ihren Augen auch sehr vom kontinentalen unterschied, und baten ihn bei dieser Gelegenheit um einen Gefallen: Wenn er die Familienporträts in Triest für die Verschiffung nach Paris einpackte, ob er dann wohl ihre Reproduktion pompejanischer Masken mit einpacken könne?

Der einzige Mensch, den sie in London nicht aufsuchten, war »Saint Harriet«, wie Lucia ihre Gönnerin nannte. Harriet Weaver hielt sich im Norden Englands auf, wo sie Dora Marsden, ihren anderen Schützling, besuchte; Miss Marsden, die philosophische Bücher schrieb, war beinah so anspruchsvoll wie Joyce, freilich ohne dessen Genie, das eine gewisse Entschädigung bot. Aus Paris hagelte es Botschaften von Joyce, der sie davon abhalten wollte, die Irische See zu überqueren. Sie blieben zwar ein paar Tage über ihre geplante Woche hinaus, mehr jedoch nicht.

Das Irland vom April 1922 war nicht das Irland, das Nora 1912 verlassen hatte. Zwei Jahre lang hatten schreckliche gewaltsame Auseinandersetzungen stattgefunden, während die irischen Revolutionäre gegen die Briten und die verachteten Black-and-Tans* kämpften. (»Hier gibt's nichts als Überfälle und Morde«[3], hatte Tante Josephine Joyce im Jahr 1920 geschrieben.) Mit der Unterzeichnung eines Abkommens mit Großbritannien im Dezember 1921 war Irland Freistaat geworden, verwaltungsunabhängiges Dominion innerhalb des britischen Empire wie Kanada. Seit vier Monaten zogen die britischen Truppen und Polizeieinheiten sich aus Irland zurück und übergaben ihre Kasernen und sonstigen Einrichtungen an die Behörden des Freistaats und die Irish Republican Army. Man erhoffte sich von dem Abkommen Frieden und Stabilität und die lang ersehnte Selbstverwaltung für Irland.

Viele Menschen in Irland erblickten in dem Abkommen allerdings einen ausschließlichen Sieg des perfiden Albion. Das Abkommen spaltete Irland in die sechsundzwanzig Grafschaften des überwiegend katholischen Südens und die sechs Grafschaften des von Protestanten dominierten Nordens. Und es garantierte Irland in keiner Hinsicht den Status einer unabhängigen Nation. Es verpflichtete die Mitglieder des irischen Parlaments in Dublin, einen Eid auf das Bündnis mit der britischen Krone

* Ein militärisches Kontingent, das die brit. Regierung 1920 gegen Irland schickte, A. d. Ü.

zu schwören – das war wohl kaum die freie irische Republik, die von den Rebellen der Ostererhebung 1916 ausgerufen worden war, ehe sie starben.

Folglich waren im Jahr 1922 die Menschen in den sechsundzwanzig Grafschaften Südirlands in Befürworter und Gegner des Abkommens gespalten. Die Armee selbst, die IRA, spaltete sich in die Truppen der Befürworter – die Regulars – und die der Gegner – die Irregulars –, die bereit waren, selbst dann für ein unabhängiges, geeintes Irland zu kämpfen, wenn das bedeutete, daß Iren Iren töteten. In Erwartung der allgemeinen Wahlen, die für Juni 1922 vorgesehen waren und darüber Aufschluß geben sollten, wie die irischen Wähler selbst zur Ratifizierung des Abkommens standen, war der neue Staat in sich gespalten.

Unängstlich und wahrscheinlich uninteressiert, strebte Nora nach Hause. Ihr Onkel Michael Healy, der immer noch im Zolldienst arbeitete, holte sie in Dublin ab. Sein gediegenes Jahreseinkommen, das an das der Joyce in Paris zumindest herankam, gestattete es ihm, Nora, Giorgio und Lucia zusammen mit Joyce' Vater und dessen altem Busenfreund Tom Devin, der das Ausreißerpaar 1904 an der North Wall ausgemacht hatte, zum Abendessen auszuführen. Am nächsten Tag fuhren Nora und die Kinder nach Galway.

In der Minute, als sie aus dem Zug stiegen, befanden sie sich bereits mitten in den politischen Auseinandersetzungen. Das Bahnhotel am Eyre Square war das Hauptquartier der Regulars innerhalb der IRA, während die Irregulars die ehemalige Connaught Rangers' Renmore Kaserne an der Bahnlinie etwa eine Meile außerhalb der Stadt mit Beschlag belegt hatten. Selbst in der Stadt war erkennbar, daß einzelne Gebäude zu dieser oder zur anderen Seite gehörten. Die Regulars hielten die Masonic Hall, die Irregulars das Customs House. Die Zeitungen waren voller Geschichten von Überfällen auf Postämter, Banken und Schnapsläden und von Zügen, die angehalten und geentert worden waren. Zivilisten wurden aus den Betten gezerrt und auf den Straßen erschossen (wie es auch in anderen irischen Städten zwischen Cork und Sligo der Fall war). Die Lage in Galway war so angespannt, daß die Priester sich davor fürchteten, nachts aus dem Haus zu gehen und Sterbende mit den letzten Sakramenten zu versehen. Der einzige Trost war zu wissen, daß die Lage in Belfast weitaus schlimmer war.[4]

Nora bezog mit den Kindern Zimmer in Mrs. O'Caseys Fremdenheim auf Nun's Island. Noras Sorgen waren eher persönlicher als politischer Art. Sie wollte nicht nach Paris zurückkehren und bat Jim, ihr regelmäßig Geld zu schicken, von dem sie leben konnte, während sie sich, solange sie Lust hatte, in Galway oder London aufhielt. Und sie stellte fest, daß die Kinder, die nun siebzehn und fünfzehn und kontinentale Kultiviertheit gewohnt waren, Annie Barnacles kleines Reihenhaus nicht mehr so reizend fanden wie früher einmal. Tatsächlich verabscheuten sie den Geruch von gekochtem Kohl so sehr, daß sie sich weigerten, das Haus zu betreten, und statt dessen, in der Fensterfüllung sitzend, für alle Nachbarn sichtbar draußen herumlungerten. Nora mußte sie zum Essen in ein Café führen.[5]

Sie kam trotzdem auf ihre Kosten. Sie nahm die Kinder zu einem Besuch des Presentation Convent mit. Sie schwatzte mit den beiden Schwestern, die zu Hause geblieben waren: Delia, die sechsunddreißig, und Kathleen, die sechsundzwanzig war. Nora fand die schlagfertige Kathleen ganz besonders unterhaltsam. Sie besichtigte die Sehenswürdigkeiten, sandte Helen Nutting eine Ansichtskarte, auf der sie die kräftigende Luft pries, und posierte mit ihrem guten Hut vor dem Fotografen.[6]

Joyce in Paris, der zum erstenmal seit fünf Jahren allein war, bewältigte unterdessen kaum die Alltagsroutine. Er schlug eine Dinnereinladung der Nuttings aus, erlitt in Shakespeare & Company einen Schwächeanfall und bestürmte McAlmon mit Briefen und Telegrammen, daß er kommen und ihn beruhigen solle. »Und meinen Sie wirklich, daß ihnen da nichts passiert?« fragte er McAlmon wieder und wieder, »Sie begreifen nicht, McAlmon, wie mich das mitnimmt. Ich sorge mich den ganzen Tag, und meinem Augenlicht bekommt das gar nicht.«[7] Er schrieb Nora häufig. Der Brief, der überlebt hat, läßt eine Sehnsucht und eine Abhängigkeit erkennen, die ihn den Briefen von 1904, 1909 und 1912 weit ähnlicher machen als die lakonischen Briefchen, die er ihr 1917 nach Locarno sandte:

8.30 vorm. Donnerstag
(undatiert)

Mein Liebling, meine Liebste, meine Königin,
Ich springe aus dem Bett, um Dir dies zu senden. Dein Telegramm ist 18 Stunden später als Dein Brief abgestempelt, den ich eben erhalten habe. Einen Scheck für Deinen Pelz schicke ich Dir in ein paar Stunden, und auch Geld für Dich. Wenn Du dort bleiben möchtest (da Du mich bittest, Dir wöchentlich zwei Pfund zu schicken), werde ich Dir diesen Betrag (£ 8 und £ 4 Miete) am Ersten jeden Monats schicken. Aber Du fragst mich ebenfalls, ob ich mit Dir nach London gehen würde. Ich würde überall in der Welt hingehen, wenn ich sicher sein könnte, daß ich dort mit Dir, Liebste, allein wäre, ohne Familie und ohne Freunde. Entweder dies geschieht, oder wir müssen uns für immer trennen, wenn es mir auch das Herz bricht. Offenbar ist es unmöglich, Dir die Verzweiflung zu beschreiben, in der ich mich befinde, seit Du fort bist. Gestern hatte ich im Laden von Miss Beach einen Ohnmachtsanfall, und sie mußte mir rasch eine Arznei holen. Ich trage Dein Bild immer in meinem Herzen. Wie freut es mich, zu hören, daß Du jünger aussiehst! O meine Liebste, wenn Du Dich doch nur jetzt zu mir kehren und das schreckliche Buch lesen wolltest, das mir das Herz in der Brust gebrochen hat, und mich zu Dir nähmest, allein, um mit mir zu machen, was Du willst! Ich habe nur 10 Minuten Zeit für diese Zeilen, verzeih mir also. Werde vor Mittag noch einmal schreiben und auch telegrafieren. Im Augenblick nur diese wenigen Worte und meine unvergängliche, unglückliche Liebe
JIM[8]

Ein Bild wie aus Thurber: das geduckte männliche und das gebieterische weibliche Wesen. Joyce verknüpfte in dem Brief sein Buch und seinen Körper: er wollte, daß Nora beide willenlos auf dem Rücken liegende Objekte berührte. Er kannte ihre Schwäche für Pelze und beeilte sich, ihr entgegenzukommen, doch ließ er ein eigenartiges Verlangen erkennen, Nora »ohne Familie und ohne Freunde« zu haben. Vielleicht war dies ein weiteres Motiv dafür, daß er sie von Triest wegbrachte.

Wie Joyce' Äußerungen über die monatliche Überweisung an Nora nahelegen, hatte er sich mit einer ausgedehnten Trennung abgefunden. Und Nora hatte es mit der Rückkehr nicht eilig; sie schrieb Helen Nutting am 29. April, und Joyce selbst gab Helen Noras Anschrift, so daß sie zurückschreiben konnte. Joyce hatte jedoch nicht mit der Unterstützung der IRA gerechnet.

Nora hatte die emotionsgeladenste Jahreszeit des irischen Kalenders gewählt– Ostern, den sechsten Jahrestag der Erhebung –, um nach Hause zurückzukehren. Die Spannung wuchs, als Eamon de Valera persönlich, der ehemalige Präsident der Republik und einzige Überlebende unter den Führern des Aufstands von 1916 (nur die Furcht vor der amerikanischen Öffentlichkeit hatte ihn vor der Hinrichtung bewahrt, denn er war in den Vereinigten Staaten geboren) am Ostertag, dem 23. April, in Galway erschien. Dev weigerte sich, das Abkommen zu akzeptieren. Das irische Volk sollte an der Republik festhalten, die sie 1916 ausgerufen hatten.

Es bestand jedoch kein Zweifel, wo Galways Sympathien lagen. Es war für das Abkommen, war es doch, wie auch Michael Healy, immer schon für die Krone gewesen. Die Menge hörte Dev schweigend zu. Die Stimmung war jedoch gespannt, und Giorgio, der die Statur und das Alter eines Soldaten hatte, wurde von den Soldaten auf der Straße feindselig gemustert. Einmal versperrte ihm ein betrunkener Offizier den Weg und fragte ihn, nachdem er seine ausländische, elegante Kleidung betrachtet hatte: »Wie fühlt man sich so als Sohn von 'nem Gentleman?«[9] Der Junge konnte nachts nicht schlafen, aus Angst, daß »die Zulus«, wie er die Soldaten nannte, ihn holen kommen würden.

Und eines Nachmittags standen die IRA-Regulars an der Tür von Mrs. O'Casey – nicht auf der Suche nach Giorgio, sondern um an den Schlafzimmerfenstern der Joyce' Maschinengewehre aufzustellen, mit denen sie die Irregulars beschießen wollten, die auf der anderen Straßenseite ein Lagerhaus besetzt hatten. Das reichte Nora. Sie kapitulierte. Jim hatte schließlich doch recht gehabt.

Sie packten und bestiegen aufatmend den Zug, um nach Dublin zurückzukehren. Es sollte jedoch nicht ihre letzte handfeste Berührung mit dem Krieg gewesen sein. Als der Zug an der Renmore Kaserne vorbeifuhr, begannen die Freistaat-Soldaten im Zug und die Irregulären in der Kaserne einander zu beschießen. Nora und Lucia kauerten sich an den Boden, während Giorgio (dem ein Einheimischer empfahl, das Geschieße zu ignorieren) aufrecht stehenblieb.[10]

Die Schießerei war absolute Routine, ein alltägliches Vorkommnis – nicht zu vergleichen mit dem Hauptereignis der Woche, das in der Wiedereroberung des Customs House durch die Regulars bestand. Die Menschen in Galway waren so sehr daran gewöhnt, die Stadt unter Gewehrfeuer zu verlassen, daß ein junges Paar in die Flitterwochen aufbrach und ihre Freunde ihnen als Abschiedsscherz Feuerwerkskörper unter dem Zug anbrachten.[11] Als also das Trio der Joyce' arg mitgenommen die relative Sicherheit Dublins erreichte und seine Erlebnisse hervorsprudelte, mußte Michael Healy darüber so sehr lachen, daß er fast vom Stuhl fiel.[12]

Touristen gewinnen jedoch einen anderen Eindruck vom Terrorismus, als die Einheimischen ihn haben, und das gilt auch für deren Verwandte. Joyce spielte den Zwischenfall nicht etwa herunter. Er erzählte allen, seine Familie sei in Irland nur knapp einem Mordanschlag entgangen, und er begann sogar zu glauben, daß sie ihm nur ausgesetzt gewesen seien, weil sie zu ihm gehörten. Als er gegenüber seinem Dubliner Freund, dem Anwalt Constantine Curran, darauf bestand, der gerade Paris besuchte, erklärte der ihm, er sei eingebildet.[13]

Curran konnte ja nicht ahnen, wie gelegen dieser Zwischenfall Joyce kam. Zumindest gab er ihm eine Entschuldigung an die Hand, die dazu dienen konnte, Tante Josephine zu besänftigen. Nachdem sie zehn Jahre lang darauf gewartet hatte, ihren Großneffen, ihre Großnichte und Nora wiederzusehen, mußte sie feststellen, daß die Irland wieder verlassen hatten, ohne ihr auch nur guten Tag zu sagen. Sie war tief gekränkt. »Nora wirst Du zweifellos ein andermal sehen, wenn sie ihren heimischen Misthaufen wieder besucht«, schrieb Joyce seiner Tante schalkhaft ein paar Monate später, wenn er auch bezweifelte, daß Giorgio und Lucia sie begleiten würden. »Die Luft in Galway ist sehr gut, aber teuer bei den gegenwärtigen Preisen.«[14]

So verwob Joyce die Schießerei der IRA in die Familienmythologie; sie wurde zu einer Fußangel, die Nora für immer daran hindern sollte, jemals wieder von seiner Seite zu weichen, ein kolossales »Hab ich's dir nicht gleich gesagt?«.

Die Episode setzte den Schlußpunkt hinter Noras entschlossensten Ausbruchsversuch. Sie beugte sich der Wahrheit: sie hatte keine Existenz außer der einer Mrs. James Joyce. Der traurige

Aspekt daran war, daß sie ihren »heimischen Misthaufen« nie wieder besuchte und von dem Zeitpunkt an kaum jemals wieder ein gutes Wort über Irland zu sagen wußte.

12. Kapitel
Molly

War Nora Molly Bloom? Joyce hat das nie behauptet. Oft gefragt, nachdem der *Ulysses* erschienen war, deutete er an, daß es noch andere Vorbilder für sie gegeben habe. Er lud gern Freunde ins Restaurant ein und ließ sie raten, welche der dort anwesenden Frauen Molly war.

Nora gewöhnte sich ebenfalls daran, daß man sie fragte, ob sie Molly sei. »Nein«, pflegte sie dann zu antworten, »die war viel dicker.«

Molly, die als Tochter einer spanischen Mutter auf Gibraltar geboren war, sah nicht wie Nora aus. Ihr schwarzes Haar stammte von Joyce' Triestiner Schülerin Amalia Popper, ihr spanisch-irisches Aussehen von der Tochter eines Freundes von Joyce' Vater. Ihre Singstimme stammte von einer verheirateten Frau aus Dublin, ihre Fülligkeit von wieder einer anderen in Triest. Ihr berühmtes letztes Wort »ja« stammte von Noras Freundin Lillian Wallace. Eines Nachmittags hatte Joyce im Garten der Wallace' in Châtillon vor sich hingedöst und Lillian mit einer Freundin reden und dabei wieder und wieder »ja« sagen hören. Damals war ihm klargeworden, wie er sein Buch enden lassen wollte.[1] Und ihr Name war in Anlehnung an *moly* gewählt worden, das Kraut, das Hermes Odysseus (oder Ulysses, um ihn mit seinem lateinischen Namen zu bezeichnen) gab, um dessen Männer vor dem Zauber Circes zu bewahren.

Nora läßt sich in allen weiblichen Hauptfiguren bei Joyce' erkennen, von Lily, dem Dienstmädchen, in *Dubliner* bis hin zu

Anna Livia Plurabelle in *Finnegans Wake*. Sie taucht, über die Bedeutung ihres Nachnamens, sogar in *Porträt des Künstlers* als junger Mann auf, dem einzigen von Joyce' Büchern, mit dem sie nicht gewohnheitsgemäß in Verbindung gebracht wird. Darin findet Stephen Dedalus seine Muse in einem schönen Mädchen, das am Strand entlangwatet und dem »Zauberei das Aussehen eines sonderbar-fremden und schönen Seevogels verliehen hat«. Selbst in *Ulysses* finden sich außer in Molly Bloom noch in anderen Figuren Spuren von Nora; Joyce arbeitete Noras aggressive Spottlust, die ihm so gut gefiel, in den Charakter Bella Cohens, der Bordellwirtin, ein.

Doch wird Nora nun einmal vorwiegend mit Molly identifiziert. Sylvia Beach sah die beiden als ein und dieselbe Person.[2] Viele Joyce-Forscher betrachten die Verbindung ebenfalls als selbstverständlich und erblicken darin den Tribut, den Joyce Nora dafür zollte, daß sie ihm einen Halt in der Wirklichkeit gab. Robert M. Adams behauptete in *James Joyce: Common Sense and Beyond,* Mollys stürmische Vitalität trage viel dazu bei, daß dem Buch nichts Gezwungenes, Mechanisches anhaftet. Joyce, so meinte Adams, habe schlimme Befürchtungen gehegt, was die Künstlichkeit der Kunst betraf: »Nur Nora wußte, was hinter der literarischen Fassade steckte – und dazu paßt, daß es ihm, indem er von Nora schrieb, schließlich gelang, einiges davon abzulegen.«[3] Seine Beziehung zu Nora, sagt Adams, »mit ihren erstaunlichen Tiefen, Widersprüchen und Ambivalenzen war in vielem ein Modell für diejenige, die Joyce sich für Bloom und Molly ausdachte«.

In vielerlei Hinsicht war Nora nicht Molly. Molly war in der Tat dicker: sie wog etwa sechsundsiebzig Kilo. Nora war, nach den Fotografien zu urteilen, in ihrer Blütezeit nicht so schwer, außer wenn sie stillte. (Molly, heißt es im *Ulysses*, nahm viereinhalb Kilo zu, nachdem sie ihre Tochter Milly entwöhnt hatte.) Molly fehlen außerdem Noras moderne Einstellung, ihre Nüchternheit, ihr Sinn fürs Praktische, ihre engen Frauenfreundschaften und ihre Wagnerliebe.

Die üblichen Zweifel im Hinblick auf das Aufspüren biographischer Tatsachen in fiktiven Werken halten angesichts der vielen offenkundigen Parallelen zwischen der wirklichen Frau und der fiktiven Schöpfung in Joyce' Text jedoch nicht stand. Die Verknüpfungen werden durch Joyce' detaillierte Anmerkungen zum *Ulysses*, in denen er viele davon ausdrücklich erklärt, noch unterstrichen; häufig wiederholt er dabei einige der Anspielungen auf Nora, die er in den Anmerkungen zu *Verbannte* gemacht hatte: die mädchenhafte Schürze, die Knöpfstiefel, der Kummer über die Kindheitsfreundin, die nach Amerika ging.[4] Joyce reicherte sein Rohmaterial selbstverständlich an, erweiterte und komprimierte es, doch an Molly bleibt vieles, das Nora zu sein scheint, sichtbar und oft wenig verändert.

Mollys Monolog bildet die ›Penelope‹-Episode, mit der der *Ulysses* endet. Selbst in seinem Erscheinungsbild auf der Druckseite ahmt er Noras Schreibstil nach, besteht der Monolog doch aus acht sehr langen, unzusammenhängenden, interpunktionslosen Sätzen. In dieser Episode liegt Molly, auf den Ellenbogen gestützt, im Bett und denkt, um zwei Uhr morgens des 17. Juni 1904 still für sich über die Ereignisse des Vortages nach. Sie denkt an ihren Ehebruch mit Blazes Boylan am Nachmittag und an ihr Leben mit ihrem Gatten, der neben ihr schläft. (Bloom, ihr Odysseus, dessen Streifzüge ihr Ende gefunden haben, liegt in seiner üblichen Position – die Füße auf dem Kopfkissen und den Kopf am anderen Ende des Bettes.) Molly sinnt über den jungen Dichter nach, über Stephen Dedalus, mit dem Bloom sich angefreundet hat; sie hofft, daß er ihr Untermieter und vielleicht ihr Liebhaber werden wird. Sie denkt auch an ihre anderen Liebhaber, an ihre nun schon halbwüchsige Tochter Milly, an das Baby Rudy, ihren Sohn, der starb, als er elf Tage alt war. Sie grübelt über ihre Kindheit in Gibraltar nach, über ihre Freundin, die nach Amerika ging, und über ein gewaltiges Durcheinander von Dingen, von Austernpreisen bis zum Ursprung des Universums. Da Molly nur Zwiesprache mit sich selbst hält, braucht sie auch nicht deutlich zu machen, von wem sie gerade spricht. ›Er‹ bezieht sich innerhalb ein und desselben Satzes auf Mulvey und auf Bloom. Während ihres Grübelns setzt ihre Periode ein, und sie setzt sich auf den Nachttopf. Ganz am Schluß steht die Erinnerung daran, wie sie mit Bloom unter den Rhododendronbüschen auf dem Hill of Howth liegt, der die Dublin Bay überblickt. Ihre abschließenden Worte sind die bestbekannten Zeilen des *Ulysses*, das Paradestück sämtlicher Bloomsday-Sendungen:

> ... und dann hat er mich gefragt ob ich will ja sag ja meine Bergblume und ich hab ihm zuerst die Arme um den Hals gelegt und ihn zu mir niedergezogen daß er meine Brüste fühlen konnte wie sie dufteten ja und das Herz ging ihm wie verrückt und ich hab ja gesagt ja ich will Ja.[5]

Auf den vorangehenden sechsunddreißig Seiten erfährt der Leser eine Menge über Molly und, so ist man versucht anzunehmen, gleichzeitig über Nora – insbesondere darüber, wie sie sich anhörte. Nora war keine stumme Frau. Sie sprach unaufhörlich. Ihre Rede war lebhaft und profan; wenn es um Vertraulichkeiten ging, fand sie als einzige Frau Gehör bei Joyce. Joyce der Allesverwerter hätte solche hausfraulichen Juwele wie die Klage seiner Frau über das Hausmädchen keinesfalls überhört:

> ... ich hab ja auch gesehn wie sie knallrot wurde vor Wut innerlich wie ich ihr auf die Woche gekündigt habe am besten überhaupt man macht alles allein und ohne sie mit den Zimmern werd ich selber viel schneller fertig wenn bloß nicht das verdammte Kochen wäre und den ganzen Dreck wegmachen ...[6]

Jeder Leser des *Ulysses*, der die biographischen Einzelheiten des Lebens der Joyce' kennt, wird bei bestimmten Zeilen Mollys meinen, Nora im Originalton zu hören. Mollys persönliche Meinung über die Schlafposition ihres Gatten (dieselbe, derer sich Joyce und Nora in Rom bedienten) könnte durchaus Noras gewesen sein, und sie enthält zugleich einen Hinweis darauf, auf welche Weise Joyce und Nora während ihrer Werbungszeit die regnerischen Nachmittage verbracht haben mochten:

> ... also ich glaube in der ganzen Schöpfung gibt es keinen 2ten Menschen mit so Gewohnheiten wie er hat nun seh sich einer doch bloß mal an wie er da schläft am Fußende vom Bett wie kann er das überhaupt so ohne Keilkissen ist ja bloß ein Glück daß er nicht um sich trampelt sonst würd er mir glatt sämtliche Zähne eintreten und wie er atmet überhaupt so mit der Hand auf der Nase wie dieser indische Gott den

er mich mal mitgenommen hat mir zu zeigen an einem nassen Sonntag im Museum Kildare Street ganz gelb in so einem Kinderschürzchen lag der da auf der Seite auf der Hand alle zehn Zehen ausgestreckt wo er dann von sagte das wäre eine viel größere Religion als wie von den Juden und Unserm Herrn beides zusammen die ginge über ganz Asien und den macht er jetzt nach wie er überhaupt immer jeden nachmacht wahrscheinlich hat der auch immer am Fußende von seinem Bett geschlafen die riesigen Quanten bei seiner Frau im Gesicht ...[7]

In demselben Sinne, nämlich im Hinblick darauf, daß Nora in Triest und Zürich vieles zu ihren Gunsten zu sagen gehabt haben dürfte, als Joyce sie wegen ihres Geflirtes mit Prezioso und Weiss schalt, gewinnen Mollys Ansichten über die Eifersucht »(eines) stumpfsinnigen Ehemann(s)« zusätzlich an Interesse – »... wieso eigentlich können wir nicht alle Freunde dabei bleiben.«[8]

Daß Joyce den Tag, an dem er sich in Nora verliebte, als den wichtigsten Tag seines Lebens betrachtete, ist eines der sympathischsten Dinge, die wir über ihn wissen. Daß er ihr die berühmteste weibliche Gestalt in der Literatur des 20. Jahrhunderts nachbildete, zeigt, welch reiche Quelle der Inspiration sie war.

Die Entsprechungen zwischen Mollys Leben und Noras sind auffällig. Beide hatten denselben »Hochzeitstag«: 8. Oktober. Beide waren Anfang dreißig (Nora wurde 1914 dreißig, als Joyce das Buch begann) und beide verkürzten sie, nicht ganz sicher, wie alt sie genau waren, ihr Alter um zwei Jahre. Beide konnten sich sexueller Erfahrungen mit fünfzehn rühmen, und beide waren eifersüchtig auf heranwachsende Töchter, mit denen ihnen die Geduld durchging und bei denen ihnen gelegentlich die Hand ausrutschte.

Ihre Namen zeichneten sich durch den gleichen Vokal und die gleiche Betonung aus. Für Joyce' scharfes Ohr deuteten die unterschiedlichen Vokale bestimmte persönliche Charakteristika an. Er verknüpfte »o« mit »boldness« (Kühnheit).[9]

Eine jede erfreute sich des Privilegs, ihren Gatten bei einem Kosenamen rufen zu dürfen. In *Ulysses* ruft nur Molly Bloom »Poldy«.[10] Während ihrer Pariser Jahre fiel es nur wenigen ein, Joyce »Jim« zu nennen. (Djuna Barnes versuchte es, stieß jedoch auf eine eisige Reaktion.)

Molly und Nora hatten die einschüchternde Stimme gemeinsam. »Brüh die Teekanne vorher aus!« sagt Molly. Nora pflegte Joyce anzubellen. Eine seiner Nichten erinnerte sich, wie Joyce, als er sie in Paris vom Bahnhof abholte, seiner Schwester Eileen die Koffer tragen wollte. »Laß die stehen!« befahl Nora, »Hol uns einen Träger!« Und oft genug hallte der Montparnasse von ihrem »Jim, das reicht jetzt!« wider. Sowohl der wirkliche wie der imaginäre Ehemann wurden zwar geschurigelt, doch trafen sie, soviel steht fest, beide sämtliche großen Entscheidungen, die das Leben ihrer Frauen betrafen.

Molly hatte wie Nora einen Verehrer, der sagte: »Die Sonne scheint nur für dich«, und in ihrer Jugend einen Freund namens Mulvey, der sie mit der einen oder anderen sexuellen Praktik bekannt machte. Mollys Erinnerung – »Mulveys war der erste« – unterscheidet sich kaum von Noras eigener. Joyce mag noch nicht einmal gewußt haben, daß sein gefürchteter Rivale aus der Mineralwasserfabrik in Galway sich eigentlich Mulvagh schrieb.*

Beide Frauen durften sich zwar rühmen, aufgetreten zu sein, doch hatte keine wirklich eine künstlerische Laufbahn eingeschlagen. Molly Bloom ist zwar Konzertsängerin, betreibt diesen Beruf jedoch nicht sehr ernsthaft (es sei denn als Möglichkeit, Liebhaber aufzutun); am 16. Juni 1904 hatte sie seit mehr als einem Jahr keinen öffentlichen Auftritt mehr gehabt. Zu dem Zeitpunkt, als Joyce ›Penelope‹ schrieb, lag Noras Stippvisite auf der Bühne der English Players drei Jahre zurück.

Beide Frauen haßten Regenschirme und mochten Brathuhn, lasen Pornographie und glaubten an Gott. Beide versuchten zwar, von ihren Männern zu lernen, gaben sich damit jedoch keine große Mühe, insofern sie lediglich naive und nicht sonderlich interessierte Fragen zu intellektuellen Themen stellten.

* »Mulveys was the first« – Mulveys war der erste – ist eine der wichtigen editorischen Veränderungen, die am neuen verbesserten Text des *Ulysses* vorgenommen worden sind (p. 624). Die geläufigere Version, von der man inzwischen weiß, daß sie nicht korrekt ist, lautet: »Mulvey was the first« – Mulvey war der erste. Die neue Version impliziert, daß der von Mulvey der erste Liebesbrief war, den Molly erhielt, und darüber hinaus, daß Mulveys der erste Penis war, den sie berührt hatte – Noras mutmaßlicher Erfahrung mit dem wirklichen Mulvagh weitaus angemessener.

Beide führten sie eine seltsame Ehe, wenn man bedenkt, daß Mollys Mann wie der Noras die Möglichkeit interessierte, sie mit anderen Männern zu teilen. (Bloom träumt davon, »sein Ehegespons allen starkgliedrigen Männern« anzubieten)[11]. Frustriert und eitel, wie sie waren, fanden beide Vergnügen an der Rolle des Modells. Nora hatte Silvestri und Budgen gesessen und wußte auch, wie hilfreich sie Joyce in visueller wie in verbaler Hinsicht war. Beide kannten die erotischen Möglichkeiten ihrer Rolle. Nora lehnte es ab, Joyce zu Gefallen eine Affäre anzufangen. Molly ist entgegenkommender und träumt davon, wie sie den jungen Schriftsteller Dedalus verführen und inspirieren und dafür ihre Belohnung bekommen wird:

> ... er soll sich fühlen bei mir daß es ihm durch und durch geht bis er halb ohnmächtig ist unter mir und dann wird er über mich schreiben Liebhaber und Geliebte ganz öffentlich auch mit unsern 2 Photographien in allen Zeitungen wenn er berühmt wird ...[12]

Beide Ehemänner blieben sich darüber im unklaren, wie viele Liebhaber ihre Frau jeweils gehabt hatte. Bloom stellt sich für Molly mehr als zwei Dutzend vor, doch die Forscher haben in den letzten Jahren die meisten als bloße Phantasieliebhaber oder Flirts ausgeschlossen (von Blazes Boylan abgesehen, über dessen Akt der Penetration es keine Diskussion gibt). »Nach 1959 schwankt der Konsens«, so Hugh Kenner, »über die Zahl von Mollys Liebhabern zwischen 0 und 1.«[13] Diese Quote könnte sehr wohl auch die Noras gewesen sein, wenn man die Möglichkeit in Betracht zieht, daß wenigstens einem ihrer Verehrer die totale sexuelle Eroberung gelungen ist.

Doch weder Nora noch Molly waren auf sexuellem Gebiet völlig redlich. Beiden gemeinsam war die Haltung der Prostituierten gegenüber dem Akt selbst (Molly erwartet ein Geschenk von Boylan), und sie erschmeichelten sich Geld für Unterwäsche. Dabei hatten beide etwas in ihrem Wesen, das sich gut mit männlicher Kleidung vertrug. Als Molly in »Circe« erscheint, trägt sie Hosen – wie Nora als Mädchen bei ihren nächtlichen Eskapaden in Galway.

Molly wie Nora erhielten obszöne Briefe von ihren Männern, die sie zur Masturbation verleiteten. Molly denkt zurück an

... seine verrückten irren Briefe meine Teuerste alles was von Deinem alles unterstrichen herrlichen Körper ausgeht bringt Schönheit und Freude auf ewig hat er aus irgendeinem albernen Buch abgeschrieben was er hatte ich habs mir ja immer selber gemacht 4 oder 5 mal am Tag manchmal und sagte ich hätt es nicht ...[14]

Beide waren sie nicht die einzigen Partnerinnen des erotischen Briefwechsels ihrer Gatten. Jede hatte ein Kind verloren und fürchtete sich davor, noch eins zu bekommen. Jede machte ungenierten Gebrauch vom Nachttopf. Keine von beiden verstand, was aus dem sexuellen Interesse des Mannes geworden war, dem sie sich verbunden hatte.

Molly und Leopold Bloom hatten keinen vollständigen Geschlechtsverkehr mehr gehabt, seit der kleine Rudy gestorben war. Der unsichtbare Erzähler des Buches kennt die genaue Zeitdauer: zehn Jahre fünf Monate und achtzehn Tage; Molly weiß, welche Gefahren ihrem Aussehen drohen:

... ich kann mir nicht helfen wenn ich noch jung bin genug es ist an sich ein Wunder daß ich kein altes runzeliges Reff geworden bin vor meiner Zeit so wie ich mit ihm lebe derart kalt wie er ist umarmt mich ja überhaupt nicht mehr außer bloß manchmal wenn er im Schlaf ist das falsche Ende von mir weiß dann wahrscheinlich gar nicht wen er vor sich hat also ein Mann der seine Frau auf den Hintern küßt der kann mir gestohlen bleiben der bringt es womöglich dann fertig hinterher und küßt alles mögliche andere Unnatürliche noch wo wir überhaupt keinen Ausdruck drin haben da sind wir doch alle genau gleich 2 Klumpen Speck ...[15]

Da es an Briefen mangelt, gibt es über die ehelichen Beziehungen der Joyce' keine vergleichbaren Informationen.

Doch der *Ulysses* ist weniger ein Buch über die Impotenz und das Betrogenwerden als eins über die Liebe: über die Gattenliebe. Auch Blooms Gedanken wandern, ehe ihn allmählich der Schlaf übermannt, und in der ›Ithaka‹-Episode, ehe Mollys Selbstgespräch beginnt, beantwortet der Erzähler die katechetische Frage:

> Welche Vorteile besaß ein besetztes Bett im Unterschied zu einem unbesetzten Bett? Den Wegfall nächtlicher Einsamkeit, die überlegene Qualität der menschlichen (reifes Weib) gegenüber der nichtmenschlichen (Wärmflasche) Erwärmung, die stimulierende Wirkung morgendlichen Kontaktes, die Kostenersparnis im Hinblick auf die Benutzung der Heißmangel des Wohnblocks, im Fall daß Hosen sorgsam gefaltet und der Länge nach zwischen die Sprungfedermatratze (gestreift) und das wollene Unterbett (hellbraun kariert) gelegt wurden.[16]

Was Bloom und Molly bleibt, sind Trost, Vertrauen, Gesellschaft und Geborgenheit. Es ist eine tiefere, weniger konfliktbeladene Form der Liebe als die eheliche Liebe, doch eine, die Molly willkommen ist, weil sie ohne mütterliche Fürsorge aufgewachsen ist. Molly, die von ihrem Vater großgezogen wurde, sagt: »... wo kämen sie wohl alle hin, wenn sie keine Mutter hätten, die sich um sie kümmert, was ich ja nie gehabt hab ...«

Nora, die von ihrer Großmutter aufgezogen und dann von ihrem Onkel gezüchtigt wurde, hatte einen ähnlichen familiären Hintergrund mit den gleichen Folgen für ihren Charakter: Mangel an Mutterliebe führte zur Koketterie. Nora fand sich mit Joyce ab, blieb bei ihm und zeigte den Preziosos und Cosgraves die kalte Schulter, als die ihr ihre Aufwartung machten, weil er ihr die Liebe geben konnte, die nicht rechtete und keine Bedingungen stellte – die Liebe, die Stephen Dedalus *amor matris* nennt, das einzig Wahre im Leben. Die mütterlichen Eigenschaften, die Nora in Joyce sah, waren die gleichen, die Molly in Bloom sah. Indem er Molly zu einem mutterlosen Mädchen machte, das von einem Mann aufgezogen worden war und das sich, auf der Suche nach Zuneigung, früh schon darauf verlegte, dem anderen Geschlecht zu gefallen, zeigte Joyce, daß er verstand, weshalb Nora so war, wie sie war, auch wenn ihn das zu Anfällen von rasender Eifersucht trieb. Es kann Joyce' Aufmerksamkeit schwerlich entgangen sein, daß die unzureichenden Mütter seiner beiden Heldinnen alliterierende Namen hatten: Lunita Laredo und Honoraria Healy.[17]

***

Noras Weigerung, den *Ulysses* zu lesen, ist eine der bestbekannten Tatsachen im Zusammenhang mit ihr. Es gibt viele Gründe dafür, weshalb sie das nicht tat – hauptsächlich deshalb nicht, weil sie das Buch wie viele oder vielleicht die meisten, die es aufschlugen, zu schwierig fand. Es stimmt jedoch ebenfalls, daß sie das, was sie gelesen hatte, obszön fand, wie sie Frank Budgen und August Suter mitteilte. Für Nora waren manche Passagen schlimmer als obszön, sie waren peinlich, da sie Dinge enthüllten, von denen sie nicht annehmen konnte, daß Joyce sie zu enthüllen beabsichtigte. Warum sollte Nora die Bordellszene lesen wollen, worin Bella Cohen sich in ein männliches Wesen verwandelt und Bloom demütigt?

> Wozu bist du denn nütze, so ein impotentes Ding wie du? (Er bückt sich, späht und stößt mit dem Fächer rüde unter die Speckfalten von Blooms Hanken) Auf! Auf! Stummelschwänzige Man-Katze! Was haben wir denn hier? Wo ist dein krusseliger Punktpunktpunkt geblieben oder wer hat ihn dir gestutzt, mein Spätzchen? Sing, Vöglein, sing. Er ist so schlapp und lahm wie bei einem sechsjährigen Jungen, der hinter einem Wagen sein Bächlein macht. Kauf dir 'nen Eimer oder verkauf deine Pumpe. (Laut) Kannst du denn überhaupt Männerarbeit verrichten?[18]

Noras Abneigung gegen das Buch hätte auch dem Wiedererkennen entsprungen sein können. Allzu viele Zeilen waren ihre eigenen. Sie mag einige davon sogar selbst geschrieben haben.

Die Mühelosigkeit, mit der Joyce im Sommer und Herbst 1921 den Teil ›Penelope‹ schrieb, verdankte sich zum Teil der Tatsache, daß ihm im März desselben Jahres die Aktentasche überbracht worden war, die er in Stanislaus' Schlafzimmer in Triest zurückgelassen hatte. Ettore Schmitz persönlich ging sie holen, fand sie anhand von Joyce' minutiöser Beschreibung und brachte sie nach Paris mit, verschlossen, wie Joyce' Anweisung gelautet hatte. Es ist mehr als wahrscheinlich, daß die Tasche Noras obszöne Briefe von 1909 enthielt. Seine eigenen Briefe brauchte Joyce nicht, denn er kannte deren Inhalt ja durchaus, doch für sein Porträt der geheimen Vorgänge im Innern einer Frau brauchte er seine Aufzeichnungen – oder besser gesagt, die Noras.[19] (Joyce hatte, Ellmann zufolge, ursprünglich die Absicht gehabt, ›Penelope‹ die Form einer Reihe von Briefen zu verleihen.)

Wenn das so war, dann hatte Nora sogar einen noch größeren Einfluß auf ›Penelope‹, als allgemein angenommen, weil sie dann nicht nur zum Stil, sondern sogar zum Inhalt dessen beigetragen hätte, was Molly sagte.

Nach Joyce' Vorstellung sollte sein Buch der irische *Faust* werden. Er bezeichnete Molly als das Fleisch, das stets bejaht – oder wie er in unvollkommenem Deutsch an Budgen schrieb: *»Ich bin der Fleisch, der stets bejaht.«* Jene Zeile ist eine bewußte Travestie der Prahlerei des Mephistopheles in Goethes *Faust*: *»Ich bin der Geist, der stets verneint.«*[20]

Mollys berühmte letzte Äußerung (...ich hab ja gesagt ja ich will Ja.) ist eine umgangssprachliche Übersetzung des »Ich bin das Fleisch, das stets bejaht«. Indem er sie für das Finale seines großen Buches verwendete, schuf Joyce ein Gegengewicht zu der zynischen, rationalen, männlichen Eröffnung des Buches in der Person Buck Mulligans, des mephistophelischen Medizinstudenten, der für alles nur ein verächtliches Achselzucken übrig hat. Daß Buck Mulligan in Oliver Gogarty im wirklichen Leben eine Entsprechung hatte, steht außer Frage. Im *Ulysses* zog Joyce, wie schon in seiner Jugend, Nora Gogarty vor.

***

Ist Joyce Bloom? Teilweise ja. Richard Ellmann zufolge sah Joyce sich als einen, der dem Schicksal Fausts entronnen ist: dem des unverheirateten, arroganten, zum Scheitern verurteilten, vergeblichen Rebellen. Er sah sich lieber als Odysseus, und Ellmann meint dazu: »Es ist nicht überraschend, daß Joyce' Darstellung des Odysseus als Pazifist, Vater, Wanderer, Musiker und Künstler das Leben des Helden eng mit seinem eigenen verbindet.«[21]

Bloom, obwohl christlich getauft, ist Jude. Er betrinkt sich nicht und macht auch keine Schulden. Joyce bewunderte die Juden, äußerte er Budgen gegenüber, wegen des ausgeprägten Familienlebens, das sie ungeachtet der Verfolgung aufrecht erhielten. Juden, so sagte er, sind »bessere Ehemänner, als wir es sind, bessere Väter und bessere Söhne«.[22]

Schwieriger zu entwirren sind die ineinander verflochtenen Bilder Milly Blooms, der fünfzehnjährigen Tochter der Blooms, und Lucia Joyce'. Wissenschaftliche Vorstöße in dies Dickicht haben das – nicht allzu verborgene – Thema Inzest zu Tage gefördert, und man hat aus dem Text Belege dafür angeführt, daß Milly selbst aus dem Haus geschickt worden sei (sie ist in Mullingar Lehrling bei einem Fotografen), weil Bloom ihr dreimal sexuell zu nahe getreten ist.[23] »Bloom«, so schreibt A. Walton Litz, Princeton, »ist, wie Earwicker (in *Finnegans Wake*) nach ihm, unbewußt in seine Tochter als die junge Reinkarnation seiner Frau verliebt und fühlt sich aus diesem Grund zu dem Mädchen ›von der Küste‹, zu Gerty, hingezogen.«[24] Der *Ulysses* enthält Anspielungen auf den Augenfehler, ein »turnedin eye«, um dessentwegen sich Lucia ebenso wie ihre Eltern unablässig sorgten, als sie die Adoleszenz erreichte. (In seinen Notizbüchern zu *Finnegans Wake* schrieb Joyce: »turn in her eye rather taking«.[25])

Wenn der *Ulysses* im weitesten Sinne ein Joycesches Familienalbum ist, wo ist denn dann Giorgio? Er taucht nicht einmal in den Notizen zu dem Buch auf. Es ist seltsam, daß Joyce, der doch über jedes Fetzchen seiner Erfahrungen zu schreiben schien, in seinem Werk so wenig Gebrauch von seinem Sohn machte, wenn man einmal absieht von dem unwirklichen kleinen Archie in *Verbannte*. Der kleine Rudy in *Ulysses* scheint eher Joyce' Reaktionen auf Noras Fehlgeburt 1908 entsprungen zu sein, dem Sohn zu entsprechen, der hätte sein können. Es ist möglich, daß Joyce zu der Zeit, da er den *Ulysses* schrieb, seinen eigentlichen Sohn als intellektuell und emotional unergiebig für die Literatur aufgegeben hatte oder daß seine Eifersucht auf Giorgios Nähe zu Nora so stark war, daß er keinen unmittelbaren künstlerischen Gebrauch davon zu machen vermochte. Der größte Unterschied zwischen Molly und Nora mag sein, daß Mollys Sohn nur elf Tage lebte.

***

Wichtiger im Zusammenhang mit dem Vergleich zwischen Molly und Nora ist die Frage: Warum Gibraltar? Warum soll ein so faktentreues Buch, das in allen äußerlichen Einzelheiten so genau ist, daß Joyce sich brüsten konnte, wenn Dublin zerstört würde, könnte es anhand seines Buches rekonstruiert werden, mit einem langen Tagtraum über eine subtropische Stadt enden, in die weder Joyce noch Nora jemals einen Fuß gesetzt hatten?

Joyce konstruierte sein Gibraltar nach liebevoller Erforschung anhand von Stadtplänen, Reiseführern, Geschichtsbüchern und Genealogien zwar in zutreffender Weise, gab seinen Forschern damit aber dennoch Rätsel auf. James Card postuliert in seinem Buch *Penelope*, für Joyce habe Gibraltar die Antithese zu Dublin und darüber hinaus die Stadt dargestellt, die die Säulen des Herkules behütete, das Tor, das Odysseus' bekannte Welt, die mediterrane, von dem jenseits ihrer liegenden Abgrund trennte. Card erblickte außerdem in Gibraltar die symbolische Geographie der weiblichen Geschlechtsorgane.[26]

So nützlich diese Interpretationen auch sind, es erscheint doch weitaus wahrscheinlicher, daß Joyce diesen ausgeprägten Sinn für »Gibraltar« hatte, weil das Noras Heimatstadt war. Galway und Gibraltar haben mehr gemeinsam, als sich auf den ersten Blick erkennen läßt: das Meer, die Verschlafenheit, eine von Unbehagen begleitete Verbindung mit den Engländern und (zu Noras Zeiten) britisches Militär. Galway ist Gibraltar ohne Sonne. Seine spanischen Prätentionen waren Joyce bekannt, wie sein Triestiner Zeitungsartikel von 1912 zeigt. Joyce' Verweise auf die »muros und fenestras« des sonnigen Gibraltar lassen sich ohne weiteres auf die Fenster und Mauern im spanischen Stil im windgepeitschten Galway anwenden, und die Moorish Wall (Maurische Mauer), wo Molly es dem von Mulvey erlaubte, der erste zu sein, hört sich nach dem Spanish Arch von Galway an, einem alten Wahrzeichen der Stadt unten bei den Docks und nicht weit vom Haus von Noras Großmutter entfernt.[27]

Gewiß war Galway für die Emigranten des 19. Jahrhunderts ein Tor zur westlichen Welt, aus der nur wenige Reisende zurückkehrten. Und was Gibraltar für Molly war, war Galway für Nora:

der Ort ihrer Kindheit, der durch die Erinnerung und das einsame Exil verklärt wurde.[28]

***

Seit den dreißiger Jahren, als der *Ulysses* endlich in den Vereinigten Staaten und in Großbritannien zugelassen worden war und Eingang in die englische Literaturgeschichte gefunden hatte, machte die Interpretation Molly Blooms Fortschritte. Ihre frühen Kritiker richteten ihr Augenmerk vor allem auf ihre Unmoral, ihre Schlampigkeit, die ihr unterstellte Promiskuität, ihre Faulheit, Unwissenheit und ihre böse Zunge. Rebecca West, eine frühe Feministin, erblickte in Molly die Große Mutter, Mary Colum hingegen verdammte sie als »Gorillaweibchen«. Virginia Woolf verabscheute das ganze Buch.

Der *Ulysses* wurde als Suche des Sohnes nach dem Vater hingestellt. Stephen Dedalus und Leopold Bloom verbringen ihren Tag damit, daß sie in Dublin umherstreifen und einander dabei fast begegnen und doch stets verfehlen, bis Bloom Stephen vor dem Bordell auf die Füße hilft, wo er von dem britischen Soldaten, dem Gefreiten Carr, niedergeschlagen worden ist. Bloom, der über den Verlust seines neugeborenen Sohnes nie ganz hinweggekommen ist, liest den mutterlosen Stephen auf, bringt ihn erst zu einem Droschkenstand und dann zu sich nach Haus, in sein »Ithaka« in 7, Eccles Street. Die beiden Männer, für kurze Zeit Vater und Sohn, trennen sich schließlich, doch mit versöhnlichen Empfindungen. Als er ins Bett steigt, erzählt Bloom Molly von seiner Begegnung mit Stephen, und als er einschläft, sickern seine Gedanken in einen schwarzen Fleck, der als ein großer Punkt auf eine Seite gedruckt ist.

In jener Lesart des Buches ist Molly nur eine Nebenfigur und ihr Selbstgespräch eine meanderne Nichtigkeit, die dem eigentlichen Schluß des Buches obendrein nur angeheftet worden ist.[29]

Joyce selbst meinte, mit »Ithaka« ende das Buch und »Penelope« sei die Coda, die keinen Anfang, keine Mitte und kein Ende habe. Doch erklärte er selbst wiederum Budgen, Molly sei der

»Clou« des Buches, die Achse, um die sich alles drehe.[30] Diese Feststellung erweckt, zusammen mit den Worten des Selbstgesprächs, den Anschein, er habe, als er im frühen 20. Jahrhundert, mit einem einstigen Zimmermädchen an der Seite, seinen Text niederschrieb, den Feminismus kommen sehen und ihn, so wie er ihn darin gestaltete, willkommen geheißen.

In seinen persönlichen gesellschaftlichen Vorurteilen war Joyce ein ebensolcher Weiberfeind wie sonst irgendein Mann seiner Zeit. Und seine Bemerkung gegenüber Mary Colum, er hasse Frauen, die irgend etwas wußten, zeigte, daß er sie in ihren traditionellen Rollen bevorzugte. Arthur Power gegenüber äußerte Joyce allerdings eine überlegtere Ansicht. Ibsen, so sagte Joyce, sei von dem Glauben an die Emanzipation der Frau angetrieben gewesen, die die »größte Revolution unserer Zeit in der wichtigsten zwischenmenschlichen Beziehung, die es überhaupt gibt, bewirkt hat – der zwischen Mann und Frau; es geht darin um die Revolte der Frauen gegen die Idee, sie seien lediglich Instrumente der Männer«.[31]

Der Feminismus des späten 20. Jahrhunderts hat den Joyce-Forschern, den männlichen wie den weiblichen, eine neue Perspektive eröffnet. David Hayman hat Molly Bloom als männliche Frau und Gegengewicht zu Blooms weiblichem Mann gesehen. Hugh Kenner hat festgestellt, daß Bloom nie bemerkt, wie verzweifelt einsam Molly ist; Bloom zieht es vor, sich seine Frau als heißblütige Spanierin vorzustellen. Colin McCabe sieht im formlosen Tagtraum und der lateralen Betrachtungsweise innerhalb von Mollys Selbstgespräch das Zerbrechen »der phallischen männlichen Redeweisen«. Carol Shloss sieht im *Ulysses* die lange Reise in die weibliche Rede.[32]

Die Feministinnen haben selbst den Marxisten den Rang abgelaufen, was den Umgang mit Joyce-Texten angeht. (Die Marxisten fühlen sich zumeist zu *Finnegans Wake* hingezogen. Werke wie *Women in Joyce* von Suzette Henke und Elaine Unkeless und *Joyce and Feminism* von Bonnie Kime Scott betrachten Joyce durch ein feministisches Filter und stoßen auf eine Substruktur, die der Ausgangsbasis verdächtig ähnelt.)

Scott hat die feministische Entdeckung als die einer »alternativen weiblichen Ordnung« bezeichnet, innerhalb derer die Frauen der männlichen Autorität mit Verachtung begegnen, wie sie es ihrer Meinung nach in der prähistorischen Welt taten. Dieser Analyse folgend, fallen die Frauen bei Joyce durch Abwesenheit auf oder aber, wenn sie sich in männlicher Gesellschaft befinden, durch ihr Schweigen. Vor allem dienen sie den Männern, als Mütter, Hausmädchen oder Huren. Im allgemeinen schwatzen die Männer im Vollgefühl ihrer Wichtigkeit vor sich hin, während die Frauen sich ihre eigenen Gedanken machen und die Familie ebenso wie die Gesellschaftsordnung zusammenhalten.

Die Feministinnen schätzen an Joyce seine einer anderen Welt angehörende, lyrische Stimme. Scott macht geltend, Joyce begebe sich, anders als der Phallusanbeter D. H. Lawrence, in die bisexuelle Sprache hinein, die sprunghaft, assoziativ, infantil sei. Shloss hat in einen Absatz von *Porträt des Künstlers als junger Mann*, in dem Stephen Dedalus über die Worte seines Dekans, eines englischen Jesuiten, nachdenkt, eine doppelte Bedeutung hineingesehen:

> Die Sprache, in der wir sprechen ist die seine, ehe sie die meine ist. Wie verschieden sind die Wörter *home, Christ, ale, master* auf seinen Lippen und auf meinen! Ich kann diese Wörter nicht sagen oder schreiben ohne Unrast im Geist. Seine Sprache, so vertraut und so fremdländisch, wird für mich immer eine angelernte Sprache sein. Ich habe ihre Wörter nicht gemacht und nicht akzeptiert. Meine Stimme hält sie auf Distanz. Meine Seele zerfrißt sich im Schatten seiner Sprache.[33]

Die Abneigung Stephen Dedalus', eines Iren, gegen die Sprache des Eroberers ist analog zu der der heutigen Feministin gegen die Sprachstrukturen, die den männlichen Überlegenheitsanspruch bekräftigen; wie Joyce, wenn das Englische ihn im Stich läßt, erfinden auch die Feministinnen neue Wörter, etwa »spokesperson« (statt »spokesman«) oder »herstory« (statt »history«).

Feministinnen mögen Bloom lieber als Molly. In Leopold Bloom, über den die Männerwelt von Dublin sich lustig macht, tritt, vielleicht ist er das erste Exemplar des 20. Jahrhunderts, der neue weibliche Mann auf, der Gleichberechtigung bei der Kinderaufzucht für sich beansprucht. Bloom leidet an Gebärmutterneid.

»Ach, ich möchte ja zu gerne Mutter werden!« schreit er, als er in »Circe« das Geschlecht wechselt.

Molly erscheint im Gegensatz dazu, so Scotts Worte, als Karikatur, »ein männlicher Versuch über das Weibliche«. Das war, soweit bekannt, auch Noras Meinung. Als sie hörte, daß man ihren Gatten zu seinem Porträt der psychischen Mechanismen der Weiblichkeit beglückwünsche (Jung erklärte Joyce: »Ich nehme an, daß des Teufels Großmutter soviel über die wirkliche Psychologie der Frau weiß, ich wußte es jedenfalls nicht«), winkte sie verächtlich ab. Dieser Mann, so erklärt sie Samuel Beckett gegenüber, »hat keine Ahnung von Frauen«.[34]

Molly besitzt sämtliche weibliche Eigenschaften der Männerphantasie. Sie ist lethargisch, unlogisch, unvernünftig, eitel, selbstsüchtig, passiv und liegt ständig im Bett. Der erste Ton, den sie im *Ulysses* zu äußern hat, ist nicht einmal ein richtiges Wort. Bloom sagt:

– Du möchtest nichts Besonderes zum Frühstück?

Ein schläfriges Grunzen antwortete:

– Mn.[35]

Mit solchen Eigenschaften fügt sich Molly nahtlos ins Klischee, wie die schreibenden Feministinnen der Pioniergeneration nach dem Krieg es darstellen. In *Das andere Geschlecht* schrieb Simone de Beauvoir, für die Männer setze die Frau sich niemals mit etwas anderem als mit Wörtern und mentalen Bildern auseinander; folglich bereiteten Widersprüche ihr auch kein Unbehagen. Ihr Kopf sei mit einem seltsamen Gewirr angefüllt. Und Mary Ellmann wies in *Thinking About Women* darauf hin, daß die Frau in der Literatur mit dem Bett assoziiert wird.

Wenn die heutigen Feministinnen in Molly eine Karikatur sehen, so tun sie das doch mit einiger Sympathie. Die Frauen in Mollys Zeit und in Noras haben versucht, dieser Karikatur entsprechend zu leben. Henke meint:

> Wie die meisten Frauen im Irland der Jahrhundertwende ist Molly gründlich darauf eingestellt worden, in Begriffen der männlichen Identifizierung zu denken. In dem Glauben erzogen, daß der Wert der Frau durch körperliche Schönheit und gesellschaftlichen Status bestimmt

wird, benutzt sie die Ehe und die Mutterschaft, um ein wankendes Selbstbild aufzupolstern, und wendet sich dann Blazes Boylan zu, um sich ihre sexuellen Reize bestätigen zu lassen, die sie schwinden sieht.

Molly sieht in allen anderen Frauen Rivalinnen und spricht abfällig von ihrem Geschlecht – »gräßliche Luder«. Sie haßt außerdem ihren zunehmenden Bauch und beneidet ihre Tochter um ihre Schlankheit. Molly ist, wie Henke es ausdrückt, von »männlicher Wertschätzung« abhängig. »Selbst noch ihr Ehebruch ist Teil des innerhalb ihrer Gesellschaft vorgeschriebenen Musters, auf welche Weise eine Frau den Fesseln ihrer Ehe entkommen darf.«[36]

Dabei hat Molly Bloom doch viel von einer radikalen Feministin. Sie meint, das männliche Geschlecht sei eigentlich überflüssig. Sie liebkost sich selbst und hat homosexuelle Phantasien: »...die weicheste Stelle ist grad mitten dazwischen dies Eckchen hier wie zart und weich grad wie ein Pfirsich bloß leise mein Gott ich hätt nicht viel dagegen wenn ich mal ein Mann wäre und könnte auf eine schöne Frau steigen.« Sie kritisiert die Physiologie, die Gott den Frauen verliehen hat (»...wir haben zuviel Blut in uns...«), kann ihren Gynäkologen nicht ausstehen und mißtraut dem anderen Geschlecht noch mehr als ihrem eigenen: »...ich würd lieber gleich 20mal sterben als wie einen andern von der Sorte heiraten...« Die feministischen Kritikerinnen lehnen Joyce' Schilderung von Mollys in die Länge gezogenen Orgasmus mit Blazes Boylan (oder besser ihre Erinnerung daran) als männliche Übertreibung und reine Männerphantasie ab:

> ...ich bin glatt 5 Minuten lang gekommen meine Beine um ihn geschlungen ... o mein Gott ich wollte immerzu alle möglichen Sachen schreien Ficken oder Scheiße oder sonst so was...[37]

Sie weisen darauf hin, daß Molly eingestandenermaßen keine Befriedigung vom Verkehr mit ihrem Gatten hatte, daß, wie sie sagt, mit Bloom »...Befriedigung auch keine mehr drin (ist) wenn man auch so tut wie wenn mans mag bis er kommt und dann selber zu Ende bringt irgendwie.«[38] In seinen Notizen zum *Ulysses* hörte Joyce sich sogar noch mehr wie ein streitbarer Feminist an.

Er sah die Rolle der künftigen Frau voraus und erlaubte Molly, sich als Sprachrohr der weiblichen Revolution zu betätigen:

> ... mir ist das doch schnurzegal was die Leute sagen jedenfalls wär es viel besser für die Welt wenn sie von den Frauen regiert würde von Frauen hat man noch nie gesehn daß sie sich gegenseitig umbringen und schlachten wann hat man überhaupt mal gesehen daß Frauen sich besoffen rumtreiben wie die das machen oder daß sie den letzten Penny den sie haben im Spiel riskieren und bei Pferdewetten verlieren ja weil nämlich eine Frau egal was sie macht weil die weiß wann sie aufhören muß ...[39]

Vom Bild einer Molly, die in wahrhaft subversiver Manier die männliche Autorität untergräbt, ist es nur ein Schritt bis zur Molly-Anbetung. Für manchen wird sie die Erdgottheit Gea-Tellus bleiben. Robert M. Adams hat Joyce' Schöpfung als gewaltige Phantasieleistung, als Vision wie die Blakesche bezeichnet:

> Mollys Bewußtsein, das sich in planetarischer Majestät um die eigene Achse dreht, akzeptiert ihn (den empfänglichen Leser) in aller Gelassenheit, nimmt ihn in sich auf und hüllt ihn ein in ihre Gleichgültigkeit gegenüber allem, das ihn zum Leser werden lassen und als solchen erhalten hat, während das Buch im wörtlichen Sinne zur Welt wird.
>
> Sie ist zur Bewegung des Lebens selbst geworden, selbstbeschmutzend, selbstreinigend, eine gewaltige Imago, worin man ertrinkt und von der man verschlungen wird, geboren und wiedergeboren, gehätschelt, verdorben, getäuscht und gesegnet.[40]

Die Debatte ist noch nicht beendet. Molly ist gleichzeitig eine Karikatur, eine Revolutionärin und eine Göttin, eine dicke, faule Hausfrau und eine Zeugin für die Überlegenheit der weiblichen Weltsicht.

Der Widerspruch in Mollys Charakter – lebensbejahend, aber männlichkeitshörig – war auch in Nora präsent. Wie konnte eine starke Frau nur so passiv sein? Die Antwort liegt im Charakter der Frauen von Galway und der traditionsgebundenen Frau überall in der Welt begründet: sie gebrauchen ihre Stärke, um ihr Schicksal zu ertragen, nicht um es zu gestalten.

Ihre Weltsicht ist, wie auch die von Joyce selbst, am treffendsten, wo sie komisch, nicht tragisch ist. Molly kann, mit ihrer Unverblümtheit und ihrem Humor, der ›Wife of Bath‹ aus den *Canterbury Tales* das Wasser reichen. Sie setzt ihrem eigenen Geschlecht die Krone auf. Was hingegen das stolzeste Besitztum des anderen Geschlechts angeht, so macht sie sich darüber mit einer in der Literatur unübertroffenen Spottlust her:

> ... wie ein Mann aussieht mit seinen zwei Säcken voll und dem andern Ding was da an ihm runterhängt oder einem entgegenragt wie ein Hutständer kein Wunder daß sies mit einem Kappesblatt bedecken ...[41]

Hat Joyce das erfunden? Oder hat er es von seiner Frau gehört?

13. Kapitel
Ruhm

Nora kehrte zum Ruhm zurück. Sie waren Die Joyce' geworden. Drei Monate nach seiner Veröffentlichung war der *Ulysses* als Meisterwerk und schmutziges Buch anerkannt. Wenn *Porträt des Künstlers als junger Mann* Joyce' Ruf begründet hatte, so machte der *Ulysses* ihn zu einer Berühmtheit. Die Leute stiegen auf die Stühle, um ihn zu sehen. Sie schickten ihm im Restaurant Billetts und baten ihn an ihren Tisch, sie klingelten an seiner Wohnungstür. Journalisten drängten scharenweise auf Gesellschaften. Da sie einen Lebemann, ein Großmaul, einen Zotenreißer erwarteten, waren sie enttäuscht, als er sich als schmächtiger, gelehrt wirkender Ire herausstellte, der sie durch dicke Brillengläser musterte, sich hinter seiner Frau versteckte und rot anlief, wenn jemand ein unflätiges Wort in den Mund nahm.

Nora empfand, nach den Hungerjahren voll der Demütigungen, die Jim seitens seiner Sprachschüler und der Verleger erlitten hatte, die Vergötterung als lächerlich. »Wir sollten ihn in einen Käfig stecken«, sagte sie, »und ihn durch die Gitterstäbe mit Erdnüssen füttern.«[1]

Widerwillig hatte sie zugeben müssen, daß das verrückte Buch ihres Mannes einigen Wert und einige Bedeutung besaß, doch hielt ihre Bereitwilligkeit, was dies betraf, sich angesichts ihres Entsetzens über seine Obszönität in Grenzen. Sie hatte mittlerweile ihre Gewohnheit wiederaufgenommen, zur Messe (und vielleicht auch zur Beichte) zu gehen. Als ein Priester sie fragte: »Mrs. Joyce, können Sie Ihren Mann nicht davon abhalten, diese schrecklichen

Bücher zu schreiben?«, erwiderte Nora: »Was kann ich denn tun?«[2]

Mehr und mehr wurde sie Nora die Vielzitierte. Eines Abends bei einer Gesellschaft, die im Les Trianons, einem von Joyce' Lieblingsrestaurants, stattfand und dazu gedacht war, Joyce mit William Carlos Williams bekannt zu machen, fragte jemand Nora, ob sie das Werk ihres Gatten gelesen habe. »Wie komme ich denn dazu?« erwiderte sie, »es reicht, daß er über das Buch redet und die ganze Zeit damit beschäftigt ist. Ich hätte gern auch ein bißchen Eigenleben.«

Joyce wünschte sich immer noch sehnlichst, daß sie den *Ulysses* las. Tante Josephine gegenüber, die ihn auch nicht lesen wollte, beschwerte er sich: »Sie hat es bis Seite 27 geschafft, den Umschlag eingerechnet.«[3] Nora gegenüber äußerte er im Januar 1924 in einem rührenden Briefchen:

> Liebe Nora,
> Die Ausgabe, die Du hast, ist voll von Druckfehlern. Bitte lies es in dieser. Ich habe die Seiten aufgeschnitten. Am Schluß ist eine Liste der Druckfehler.
>
> JIM[4]

Nora kam ihm nicht mehr entgegen als er ihr. Sie wünschte sich immer noch sehnlichst, das Hotelleben aufgeben und in einer eigenen Wohnung leben zu können, insbesondere seit Giorgio und Lucia älter wurden und ein geordnetes Zuhause brauchten, doch stieß sie bei Jim damit auf keinerlei Verständnis. Ihn kümmerte nichts als seine Arbeit.

Die zunehmende Malaise ihrer Familie ging jedoch tiefer als das Unterbringungsproblem. Joyce prahlte zwar laut und vernehmlich mit der Großartigkeit seiner Familie, doch die Anstrengungen, die er für sie unternahm, waren rührend. Sylvia Beach, die sie alle beobachtete, hatte den Eindruck, daß Joyce keine Vorstellung davon hatte, wie bizarr sein häusliches Leben war oder welche Qualen die ausstanden, die es mit ihm teilten. Er war außerstande zu erkennen, wie sehr seine Kinder sich gegen seine Besessenheit gegenüber seinem Werk und seine ständigen Augenkrankheiten auflehnten. Doch in den Monaten, nachdem Nora mit den Kindern aus Irland zurückgekehrt war, hielt Sylvia seiner Familie vor, sie hinderte ihn daran, ein neues Buch zu beginnen. Was Mr. Joyce brauche, so schrieb sie Harriet Weaver, seien Platz, Ruhe und Bewegung an der frischen Luft:

> Während des ganzen letzten Jahres, als er den *Ulysses* beendete und von den Abenteuern im Zusammenhang mit der Veröffentlichung seines Buches völlig überbeansprucht war, wohnte er mit seiner Frau und seiner Tochter in einem lauten Hotelzimmer und war gezwungen, zu jeder seiner Mahlzeiten in ein Restaurant zu gehen. Ich habe getan, was ich konnte, um eine Wohnung für sie zu finden, aber sie verlangten wenigstens sechs Zimmer... Mr. Joyce bestand darauf, daß es das Odéonsviertel sein sollte... (doch) in diesem Viertel ist nie eine Wohnung zu haben...
>
> Ich weiß, es geht mich nichts an, und ich möchte Ihnen auch nur streng vertraulich sagen, daß ich finde, Mr. Joyce' Sohn George sollte beginnen, irgendeinen Beruf oder ein Geschäft zu erlernen... Er ist siebzehn und hat, infolge der anomalen Existenz, die seine Familie geführt hat, keinerlei Ausbildung erhalten, die ihn befähigte, eines Tages auf eigenen Füßen zu stehen. George ist ein prächtiger, kräftiger Bursche, doch hat er die ganze Zeit nichts anderes zu tun als herumzutrödeln. (Er gibt eine Stunde Italienischunterricht pro Woche.) ... Joyce ist dermaßen absorbiert von seiner Arbeit, daß er gänzlich unfähig ist, mit derlei Situationen fertig zu werden.[5]

Sylvia fürchtete, zu weit gegangen zu sein. Sie schrieb und bat um Nachsicht dafür, daß sie sich über die Last der Joyceschen familiären Schwierigkeiten ausgelassen habe, wo Miss Weaver doch zu weit weg sei, um daran irgend etwas ändern zu können. Sie meinte jedoch hinzusetzen zu müssen, daß Mrs. Joyce immer noch davon spreche, nach London zu ziehen.

Harriet Weaver antwortete nahezu umgehend:

> Ich habe über das von Ihnen erwähnte Problem nachgedacht, doch bis jetzt bin ich völlig ratlos, wie es sich lösen ließe. Es ist ein so ungeheuer schwieriges Problem, insbesondere für mich, die ich weder Mr. Joyce noch seine Familie je gesehen habe. Ich bezweifle, daß London auch

nur einem von ihnen gefallen würde, und komfortable Unterkünfte sind immer noch sehr schwer zu bekommen. Ich finde es unmöglich, irgendwelche Vorschläge im Hinblick auf Mr. Joyce' Sohn zu machen, ehe ich nicht irgend etwas über seinen Charakter und seine Fähigkeiten weiß. Falls Mr. Joyce (nach London kommen sollte), wäre es einfach, praktische Vorschläge zu machen. Gegenwärtig kann ich mir bloß Sorgen ihretwegen machen, die zu nichts führen.[6]

Miss Weaver hatte Sylvia Beach niemals kennengelernt, fühlte sich ihr jedoch aufgrund der gemeinsamen Sache mehr und mehr verbunden. Sie dankte Sylvia dafür, daß sie ihr ausführlich über »die familiären Schwierigkeiten« geschrieben habe. Wie eine intelligente Mutter zog sie es vor, die Wahrheit zu kennen, so unerfreulich die auch sein mochte. Fast ein Jahrzehnt lang hatte sie Joyce' literarischem Werk nun schon ihre Unterstützung zuteil werden lassen und stets gezögert, sich in seine Privatangelegenheiten zu mischen, doch, so schrieb sie Sylvia, »es scheint notwendig, das jetzt zu tun«.

Miss Weaver hatte bald schon ausgiebig Gelegenheit zum aktiven Einsatz. Im August 1922 trafen Nora und Joyce in London ein. Sie hatten Giorgio nach Tirol und Lucia ins Ferienlager in Deauville verfrachtet, und waren, nachdem sie Sylvia die Aufgabe übertragen hatten, sich in Paris nach einer Wohnung für sie umzusehen, unterwegs, um in England Urlaub zu machen. Nach ihren ersten beiden Sommern in Paris, als Joyce den *Ulysses* abschloß, hatten sie nie wieder den Fehler begangen, während des *congé annuel* in Paris zu bleiben. Nora wäre zwar lieber mit den Nuttings nach Deutschland gefahren, aber Joyce war entschlossen, die englische Südküste zu besuchen. Es war ihr erster gemeinsamer Besuch Londons seit ihrem eintägigen Zwischenaufenthalt 1904, und sie nahmen ein Zimmer im Euston Hotel unweit des Bahnhofs für die Schiffszubringer nach Irland. (Euston Station läßt an Irland denken wie Paddington an Wales und King's Cross an Schottland.)

Als Miss Weaver ihren Mr. Joyce zum erstenmal zu Gesicht bekam, wurden ihre Erwartungen mehr als erfüllt. Sie sah, so ihre Biographinnen, einen gereiften Stephen Dedalus mit Charme, Witz, großer Würde, einer schleppenden, leisen, sehr irischen

Stimme und einer unerwarteten, aber gewinnenden Eigensinnigkeit im Auftreten.[7]

Nora gegenüber hatte Joyce sich 1904 mit den Worten für sein Betragen entschuldigt: »Irgend etwas in mir bereitet mir teuflisches Vergnügen, wenn ich die Vorstellungen, die die Leute sich von mir machen, zerstöre«, und auch Miss Weaver ersparte er die Schockbehandlung nicht. Binnen Stunden erlebte sie mit, wie »ihr« Geld in alle Richtungen flatterte – an Kellner, Gepäckträger, Taxichauffeure. Seine Trinkgelder verteilte er stolz und hemmungslos. Innerhalb von zwei Wochen, so prahlte er Tante Josephine gegenüber, gab er zweihundert Pfund aus.[8] Dieser Betrag, so muß Miss Weaver, die anspruchslos lebte, rasch überschlagen haben, entsprach nahezu der Hälfte seines Jahreseinkommens aus den Zinsen ihres Kapitals.

Miss Weaver machte auch aus erster Hand die Erfahrung, wie es um Joyce' Krankheiten bestellt war. Kaum waren Nora und er richtig angekommen, da legte ihn schon ein Anfall von Konjunktivitis flach. Die Fahrt an die Küste wurde abgeblasen. Joyce schaffte es zwar, an Noras Arm die Treppe zu Miss Weavers Wohnung in einem Haus ohne Fahrstuhl am Gloucester Square zu erklimmen, doch die meiste Zeit lag er im verdunkelten Zimmer im Bett oder fuhr mit seiner Mäzenin in Taxis umher und suchte einen Londoner Augenspezialisten nach dem anderen auf. Als ihm einer von ihnen wegen eines beginnenden grauen Stars eine Operation empfahl, beschloß Joyce, zu Dr. Louis Borsch zurückzukehren, dem Ophthalmologen, den er kannte, einem Amerikaner in Paris, den Sylvia Beach im Jahr zuvor für ihn gefunden hatte.

Miss Weaver mochte Nora ungeheuer. Nicht eine Minute hegte sie den Gedanken, daß Nora Joyce' Ausgaben hätte kontrollieren oder ihre häuslichen Angelegenheiten ökonomischer organisieren sollen. Sie erkannte sofort, daß das ganz unmöglich war. Beide Frauen hatten die ganze Zeit alle Hände voll damit zu tun, sich um den Kranken zu kümmern.[9]

***

Als sie von London nach Paris zurückkehrten, fand Nora die 9, rue de l'Université trostloser denn je. Sie ließ Joyce, der mit geschlossenem rechten und getrübtem linken Auge arbeitete, zu Hause und ging mit Giorgio auf die Wohnungssuche. Sie fanden eine angenehme möblierte Wohnung in der avenue Charles Floquet im weniger bohemienhaften, bürgerlicheren Ambiente des VII. Arrondissements nahe der École Militaire, aber doch nur eine kurze Taxifahrt von Sylvias Buchhandlung in der rue de l'Odéon entfernt. (Arthur Power bewertete sie später als die netteste Wohnung, die sie je hatten.) Sie nahmen sie – Joyce unterschrieb und zahlte sechs Monatsmieten – und reisten unmittelbar darauf nach Nizza ab, um dem kalten, feuchten Pariser Winter zu entgehen. In Nizza nahmen sie Quartier im Hôtel Suisse am quai des États-Unis. Lucia war bei ihnen. Giorgio war bei seinem Gesanglehrer geblieben, der die elterlichen Hoffnungen auf eine Opernsängerkarriere des Jungen nährte. Nora und Joyce spielten mit dem Gedanken, Lucia in Nizza auf die Schule zu schicken und vielleicht das Frühjahr über zu bleiben. Da Nizza billiger zu sein schien als Paris, mietete Joyce noch eine Wohnung (und bat Miss Weaver um weiteres Geld, das diese auch getreulich schickte)*, wurde jedoch alsbald wieder krank, und Nora fing an, sich zu langweilen.

Als Nora sich den Vierzig näherte und Joyce zu einem halbchronischen Kranken wurde, schwand ihr alter Hang zum Flirten. An dessen Platz trat eine neue Ruhelosigkeit, der Joyce bereitwillig nachgab. Nora wollte eine Wohnung; er nahm eine Wohnung. Sie wollten den Winter in Nizza verbringen; sie gingen nach Nizza.

* Das Geld – zweihundertfünfzig Pfund – war eine Tantiemenzahlung aus Miss Weavers eigener *Ulysses*-Ausgabe – der »Englischen« oder der der Egoist Press, die außerdem als zweite Auflage angekündigt war. Das Publikum wie die Buchhändler waren verständlicherweise verwirrt, da die »Englische« Ausgabe aus Angst vor der britischen Zensur in Frankreich gedruckt worden war. (Als ihr Vorrat an Exemplaren nach London geliefert wurde, vertraute Miss Weaver sie einer Versandagentur an und behielt nur ein paar Exemplare in ihrem Büro. Den Rest versteckte sie in dem großen viktorianischen Kleiderschrank in ihrem Schlafzimmer und lieferte sie oftmals selbst an Buchhandlungen aus.) Joyce' Tantiemen teilten sich auf diese Weise auf seine beiden Verlegerinnen auf, doch favorisierte er Miss Weaver, seine Mäzenin, und spielte den Arglosen, als Sylvia Beach über die Konkurrenzausgabe gekränkt und wütend war.

Sie wollte einen Einkaufsbummel machen; sie machten einen Einkaufsbummel.

In Nizza gaben die Joyce', wie bei all ihren Reisen und ungeachtet irgendwelcher Augenprobleme, fleißige Touristen ab, die die Sehenswürdigkeiten anschauten, Souvenirs kauften und an sämtliche Freunde Postkarten schickten. An einem Tag fuhren sie von Nizza nach Mentone und kauften sich an der Grenze zwischen Frankreich und Italien von alten Frauen auf der Brücke Kameen. Joyce ließ sich eine davon zu einem goldenen Ring fassen. In Nizza amüsierten Nora und Lucia sich damit, daß sie zum Tee in die Cafés an der Uferpromenade gingen. Ins Hotel zurückgekehrt, drückte Nora sich um die Pflichten einer Sekretärin, doch Lucia war nicht so glücklich. Joyce hatte jede Menge für sie zu tun. Wenn Lucias Englisch auch besser war als das Giorgios, so war es doch voller Orthographie- und Interpunktionsfehler, für die er ihr seine Entschuldigungen in die Feder diktierte. Joyce entschuldigte sich, durch Lucias Hand, auch bei Miss Weaver dafür, daß seine Tochter es versäumt hatte, der Londoner Anschrift die Hausnummer hinzuzufügen: »Sie ist noch geistesabwesender als sonst, seit sie den König von Spanien traf.«[10]

Nora wollte schon bald nach Paris zurück. Joyce willigte ohne weiteres ein. Der Sprung nach Süden hatte seine Zauberwirkung verfehlt, seine Augen waren nicht besser geworden, und die Ärzte in Nizza rieten ihm als mögliche Kur, er solle sich sämtliche Zähne ziehen lassen. Nora hegte jedoch keinen Zweifel daran, daß ihre Wünsche Vorrang hatten. Sie hatte wahrhaftig nicht den Wunsch, sich in »Niece« niederzulassen, wie sie Helen Nutting gegenüber kundtat:

> Heute ist Schönwetter die Leute laufen alle in Baumwollkleidern umher. Doch alles in allem finde ich den Ort zu uninteressant. Jetzt meinen Sie vermutlich ich bin sehr schwierig doch man kann nicht nur für die Sonne und das blaue Mittelmeer leben.[11]

So kehrten sie denn nach Paris zurück und setzten sich erneut mit dem Problem der Schulbildung Lucias auseinander. Sie war jetzt über fünfzehn. Sie fanden außerhalb von Paris eine Schule für sie.

»Auf dem Fischmarkt der Stadt Galway«, eine Aufnahme von J.M. Synge aus Noras Zeit. Sie zeigt die Docks bei Whitehall, wo sie im Haus ihrer Großmutter lebte.

Links: Nicht identifizierte Aufnahme im Triestiner Nachlaß, die von R.W. Simmons stammt, Galways feinstem Fotografen. Nora zeigte sich in ihren Knöpfstiefeln, entweder mit ihrer Mutter oder, was nach deren Kleidung zu schließen, wahrscheinlicher ist, mit ihrer gutsituierten Großmutter Catherine Healy (etwa 1895–1900).

Presentation Convent, Galway, wo Nora als Pförtnerin arbeitete, als sie die Schule mit zwölf Jahren verließ.

Rechts: Eine Galwayer Anzeige von 1902, die vermuten läßt, daß Joyce allen Grund dazu hatte, wenn er Nora während ihrer Werbungszeit schrieb: *»Bitte* leg diesen Brustharnisch nicht mehr an, da ich nicht gerne einen Briefkasten umarme.« (? Ende Juli 1904)

Unten rechts: Willie Mulvagh, Noras Galwayer Freund im Jahr 1904, ein Buchhalter in Joe Youngs Mineralwasserfabrik. Joyce war 1912 immer noch so eifersüchtig auf Mulvagh, daß er Nora schrieb: »Kann dein Freund in der Sodawasserfabrik ... meine Verse schreiben?« (19. August 1912)
Links: Nassau Street, Dublin, um die Jahrhundertwende.

Links: Eva Joyce und ihre Nichte Lucia stellen ihre Triestiner Hutmode zur Schau.
Rechts: Nora, Giorgio und Lucia in Zürich. Nora trägt eine weiße »Lingerie«-Spitzenbluse und einen Hut im Harlekinstil und Lucia ein spitzenbesetztes Kleid mit tiefangesetzer Taille.
Unten: Prezioso beim Verlassen eines Restaurants in Triest im Jahr 1913 um die Zeit, als er Nora den Hof machte.

Oben links: Nora als Cathleen in Synges *Reiter ans Meer* in der Inszenierung der English Players in Zürich 1918 und *rechts oben* James Joyce im Jahr 1904. Gefragt, woran er gerade gedacht habe, als sein Freund Constantine Curran die Aufnahme machte, antwortete Joyce: »Ich habe mich gefragt, ob er mir wohl fünf Shilling leihen würde.« Der Bildausschnitt *unten rechts* zeigt Stanislaus Joyce in Triest um 1905.

Ottocaro Weiss, ein junger jüdischer Triestiner Freund, der mit seinen Bemühungen um Nora in Zürich Joyce' Eifersucht weckte.

Harriet Shaw Weaver.

Oben: James Joyce, aufgenommen von Ottocaro Weiss. Die Aufnahme läßt Ansätze von Dandytum erkennen.
Links: Lucia mit ihren Klassenkameraden an der Schule Huttenstraße, Zürich 1918/19.

Oben links: Joyce' Schwester Eileen mit ihrem Bankiersgatten Frantisek Schaurek und den Töchtern Eleanora und Bozena in Triest, etliche Jahre vor Schaureks Selbstmord im Jahr 1926.
Oben rechts: Noras erfolgreicher Onkel Michael Healy, ein Zollbeamter im Dienst Seiner Majestät.
Unten: Universitätsstraße 30, Zürich, wo die Joyce' 1918/19 in einer Wohnung wohnten, die auf ihrer Rückseite auf die Wohnung von Marthe Fleischmann blickte.

Oben: Joyce in Triest.
Daneben: Porträt Noras von Frank Budgen, entstanden 1919 in Zürich.
Unten rechts: Porträt Noras, gemalt in Triest von Tullio Silvestri, der behauptete, sie sei die schönste Frau, die er je gesehen habe.
Unten rechts außen: Porträt Noras, gemalt in den frühen zwanziger Jahren von Myron Nutting in Paris. Seine Frau, eine Schriftstellerin, gehörte zu Noras engen Freunden.

Die Joyce' waren regelmäßige Kunden der besten Fotografen. Berenice Abbott, eine Amerikanerin im Paris der zwanziger Jahre, war ein Lehrling Man Rays.
Linke Seite: Nora ließ sich in einer der damals gerade in Mode gekommenen Kombinationen aufnehmen. Ein Jerseyoberteil mit enganliegenden Ärmeln wurde mit einem gepunkteten Rock, vermutlich aus Seide, und einer Kette aus Halbedelsteinen kombiniert. Ihr Haar trägt sie modisch gestuft und gewellt.
Oben links: Lucia, aufgenommen von Berenice Abbott, ist in ihrer langen Strickjacke, der Bluse mit Etonkragen und mit ihrem Bubikopf modisch ebenfalls auf der Höhe.
Oben rechts: Ihr Vater posierte für Miss Abbott ohne die übliche Brille, aber mit Fliege – für die frühen zwanziger Jahre eine kühne Abänderung der Tageskleidung.

Oben links: Familie Joyce im Jahre 1924 nach dem Erscheinen des *Ulysses* und Harriet Shaw Weawers Geschenk von zwölftausend Pfund. *Rechts oben:* Der Square Robiac in Paris, das glücklichste Zuhause der Joyce'.
Unten links: Mutter und Sohn um 1926. Nora trägt modische, saloppe helle Kleidung und raucht in der Öffentlichkeit, vermutlich eine ihrer bevorzugten ägyptischen Zigaretten mit Goldmundstück.
Unten rechts: Kathleen (Mrs. René) Bailly, Noras beste Freundin in Paris. Im Jahr 1934 nahmen die reichen Baillys die Joyce' auf ihre erste lange Autoreise mit und fuhren sie nach Südfrankreich und Zürich.

Oben links: Adolph Kastor, der Patriarch der Familie Kastor in New York, mit seiner angebeteten Tochter Helen Kastor Fleischmann, deren Sohn David Fleischmann und seinen Schwiegertöchtern: links Mrs. Alfred Kastor, rechts Mrs. Robert Kastor. Die Aufnahme scheint gemacht worden zu sein, als Helen etwa dreißig war und sich in Giorgio Joyce verliebte. *Oben rechts:* Helen und Giorgio in Frankreich, wahrscheinlich 1928 in Cauterets, dem Wohnsitz der Kastors in den Pyrenäen.
Unten links: Eheschließung in Kensington am 4. Juli 1931. Nora ist angesichts der Fotografen weniger entsetzt als ihr Gatte und ihr Anwalt. *Unten rechts:* Helen Joyce und der neugeborene Stephen im Gesellschaftsteil einer französischen Zeitung.

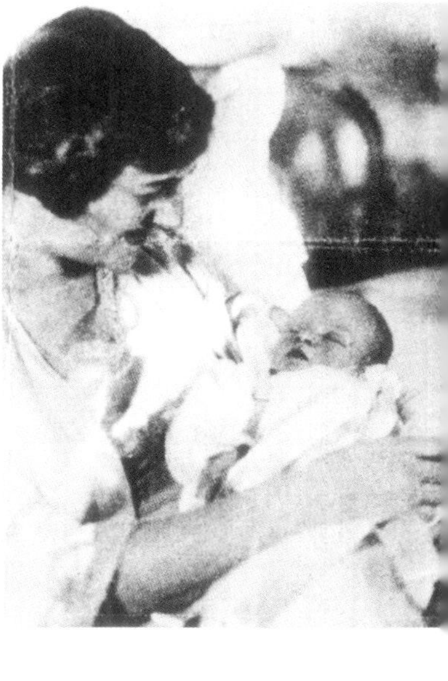

Oben links: Nora im Hollywood-Stil mit tiefem Ausschnitt und Fuchspelz, eine Aufnahme, die sie offensichtlich machen ließ, nachdem ihr Sohn sie darum gebeten hatte. Joyce schrieb an seinen Sohn: »Wenn ich je eine Dame finde, die mit ihrem eigenen Bild zufrieden ist, werde ich dem Papst einen Blumenstrauß schicken.«
Oben rechts: Harriett Shaw Weaver, hier mit Lucia in Reigate im Jahr 1935, ist die Anstrengung anzumerken, die es bedeutete, sich nach deren geistigen Zusammenbruch in Irland um das Mädchen zu kümmern.
Unten links: James Joyce mit Enkel Stephen.

Oben links: Nora und Giorgio posieren 1948 in Zürich für eine Aufnahme, die Robert Kastors Tochter von ihnen machte.
Oben rechts: Stephen Joyce 1946.
Rechts: Lucia Joyce 1979 als Einundsiebzigjährige im St. Andrew's Hospital, Northampton, England.

Joyce lächelt Nora während dieses Besuchs in Luzern im Jahr 1935 wohlwollend zu, während Carola Giedion-Welcker zuschaut. Die Baskenmütze, die durch Marlene Dietrich populär geworden war, gehörte zu den bevorzugten Kopfbedeckungen von Noras Putzmacherin Agnès.

Nora in Zürich im Jahre 1948.

Sie blieb dort nur eine Woche. Sie schickten sie statt dessen auf ein *lycée* in der Nähe und hofften, sie würde sich weiter der Musik und dem Turnsport widmen; sie war sehr kräftig, und sie spielte sehr gut Klavier. Doch sie machten sich ihretwegen Sorgen.

Nora sah sich ihrer ersten Wintersaison als Pariser Gastgeberin gegenüber. Eines Abends waren die Yeats' und die Pounds bei ihnen zum Essen. Mit Yeats hatte Nora zumindest eins gemeinsam: auch er hatte den *Ulysses* nie zu Ende gelesen. Nun hatten sie also auch die Möglichkeit, selbst zum Abendessen einzuladen und die häusliche Gastlichkeit wiederaufzunehmen, die sie in Triest so genossen hatten. Zu ihrem ersten Abendessen luden sie Larbaud ein, den sie fragten, ob er eine spezielle Kost wünsche, da er krank gewesen war, und außerdem baten sie Sylvia und Adrienne, die zusagten, obwohl sie sonst sämtliche anderen gesellschaftlichen Verpflichtungen wegen Arbeitsüberlastung abgesagt hatten. Sylvia schrieb ihrem Vater und berichtete ihm von dem bevorstehenden Ereignis.

Einladungen zu den Gesellschaften der Joyce' waren sehr geschätzt. Noras Freundin Helen Nutting bereitete die Kleiderfrage Höllenqualen, wie sie ihrem Tagebuch anvertraute:

> Tränen nahe wegen meines umgearbeiteten Kleides, schwarze Spitze mit roter Rose, pastellfarbene Träger. Viele Komplimente dafür, M. (ihr Gatte Myron, A. d. Verf.) sagt hinterher, ich sei die bestangezogene Frau gewesen & keine von den anderen habe solche Schultern. Große Erleichterung.
>
> Joyce immerfort lächelnd. Pound, der von großem Abendessen kam, weigerte sich zu essen. Packte mir plötzlich sein Huhn & seinen Schinken auf den Teller. Später schnappte er sie sich genauso plötzlich wieder & aß. Pound tanzte mit mir, sehr gut, großartiges Gefühl für Rhythmus. Joyce auch, der jedoch hampelnd. Tanzte ein Solo mit ausgebreiteten Rockschößen & fiel am Schluß hin …
>
> Mrs. Joyce absolut zufrieden, lief unablässig umher, sang Schlager, reichte mehr »Eßbares« & zu trinken … Um etwa 2 Uhr kleine Verschnaufpause innerhalb des heiteren Treibens, dann gingen Pounds. Und dann plötzlich das Gefühl der Intimität, des Übriggebliebenseins, man rückte zusammen & und dann fing der Spaß wieder an …[12]

Nora fühlte sich wohl unter den Frauen des Linken Ufers, mit Ausnahme allerdings von Gertrude Stein. Sie haßte Joyce nicht nur als Rivalen, sie verabscheute außerdem sämtliche Gattinnen sämtlicher Schriftsteller, die sie unter ihre Fittiche nahm. Sie beauftragte ihre Gefährtin Alice B. Toklas damit, ihr die langweiligen Gemahlinnen vom Hals zu halten. Als Feministin mißbilligte Sylvia Beach das:

> Das war nicht Adriennes und meine Art, die Ehefrauen zu behandeln. Nicht nur, daß wir es uns stets angelegentlich sein ließen, Mrs. Schriftsteller mit ihrem Gatten einzuladen, wir fanden sie auch genauso interessant. Häufig hat so eine Gattin zum Thema Schriftsteller doch Erhellenderes zu sagen als sämtliche Professoren im Klassenzimmer.[13]

Eine der Schriftstellerinnen, die Nora besonders gern hatten, war Djuna Barnes. Djuna, groß, glamourös, vollbusig und dem Alkohol zugeneigt, war stolz auf ihr irisches Blut und bewunderte Joyce ungeheuer, über den sie eine Skizze für *Vanity Fair* geschrieben hatte. Djuna hatte sich 1915 in New York mit einem Untergrundbuch, *The Book of Repulsive Women,* schockierend homoerotischen Gedichten, zweifelhaften Ruhm erworben. Sie und Nora freundeten sich an. Sie hatten dieselbe Lebensphilosophie – daß Frauen zwar nichts taugten, Männer jedoch noch viel schlimmer waren – und waren einander im Äußeren – groß, rothaarig, mit tiefer Stimme und selbstbewußtem Lachen – nicht unähnlich. Vielleicht erkannte Nora dank des lesbischen Einschlags, den Joyce an ihr entdeckt hatte, ja Djunas Bisexualität. Djuna steckte mitten in der lesbischen Subkultur des Linken Ufers und war, zur Zeit ihrer Freundschaft mit den Joyce', die Geliebte von Thelma Wood, einer Bildhauerin. Später nannte Djuna in ihrem rabelaisisch-feministischen Epos *Nachtgewächs* (inzwischen ein Kultbuch der klassischen Moderne) eine ihrer Hauptfiguren Nora, und man hat vermutet, daß sie den Namen von Joyce' Frau genommen habe.[14]

Im Paris der zwanziger Jahre fand Nora, lange Zeit eine Sexualrebellin, sich als Bourgeoise unter Bohemiens wieder. Die jüngeren Frauen um sie herum strichen ihre Promiskuität heraus und witzelten über ihre Abtreibungen und Geschlechtskrankheiten.

Peggy Guggenheim brüstete sich, sie sei mit jedem Mann ins Bett gegangen, den sie im Leben kennengelernt habe. (In ihren Memoiren widersprach sie jedoch dem Gerücht, daß die tatsächliche Anzahl über tausend läge.)[15] Die Lesbierinnen trafen und umwarben einander in den literarischen Freitagnachmittagsalons Natalie Barneys. Nancy Cunard tat sich durch einen schwarzen Geliebten hervor und bedeckte ihre langen weißen Arme mit primitiven afrikanischen Elfenbeinarmreifen. Für diese ganze Corona war grelles Dekor genauso wichtig wie anstößiges Betragen. Die Joyce' hatten in beiden Hinsichten nichts anzubieten.

Selbst Djuna Barnes konnte sich einen boshaften Seitenhieb nicht verkneifen. Eines Tages war sie bei Peggy Guggenheim, als die ratlos auf ein enormes, häßliches viktorianisches Teeservice niederblickte, das in einem Schrankkoffer mit dem Silber ihrer Mutter aus New York gekommen war. »Was soll ich denn damit machen?« fragte Peggy Djuna. »Gib es Nora Joyce«, sagte Djuna, »Das ist genau ihr Stil.«[16]

Die Joyce' waren weder Puritaner im üblichen Sinne, noch waren sie verheuchelt. Sie machten einfach nur kein Geheimnis daraus, daß sie feste Beziehungen respektierten und flüchtige Affären ihnen mißfielen. Wie Arthur Power, ein häufiger Gast in ihrer Wohnung, erfahren mußte: »(Man) konnte (...) auf einen kühlen Empfang von Joyce wie von seiner Frau gefaßt sein, wenn man in ihre Wohnung ein Mädchen brachte, das man in einem Café kennengelernt hatte, wie ich selber oft zu tun versucht war. Die *belle amie*, gewiß! – sofern es stets dieselbe war –, aber niemals eine Zufallsbekanntschaft.«[17] Wie sie angesichts von Sylvia Beachs Beziehung zu Adrienne niemals auch nur mit der Wimper zuckten, so luden die Joyce auch regelmäßig Maria Nebbia, Valery Larbauds Geliebte, zum Abendessen zu sich ein. Nora traf sich mit Signora Nebbia oft zum Tee, weil sie vielleicht im irregulären Status der Italienerin wie auch in ihrer Sprache eine Affinität erblickte.

Ein Grund dafür, weshalb sie so taten, als nähmen sie die Tollen Zwanziger Jahre gar nicht zur Kenntnis, war, daß sie ihre Kinder beschützen wollten. Nicht im mindesten bereiteten sie Giorgio und Lucia auch nur auf die gewöhnlichen Rituale des Liebeswerbens vor. Doch ließ die beiden jungen Leute die Atmosphäre um sie herum nicht unberührt, und Lucia schrieb Stanislaus beglückt, wie bewegt das Leben sein könne, wenn man in Paris herumgondelte.[18]

Angesichts einer derartigen Atmosphäre mußte Sylvia Beach sich darüber im klaren sein, daß ihre grenzenlose Verehrung für Joyce nicht unbemerkt durchging. Arthur Power meinte: »Sie erweckte den Eindruck, daß sie sich bereitwillig für ihn hätte kreuzigen lassen, unter der einzigen Bedingung, daß dies in der Öffentlichkeit geschah.« Andere mußten unweigerlich annehmen, daß zwischen ihr und Joyce eine sexuelle Beziehung bestand. Und das war auch der Fall, wenn auch auf gänzlich unbewußte Weise. Als eine englische Besucherin Sylvia arglistig nach den Männern fragte, die ihre Liebhaber gewesen seien, antwortete Sylvia ohne Zögern, es habe keine solchen gegeben. »In London erzählt man sich da etwas anderes, meine Liebe«, sagte die Freundin lächelnd.

Sylvia selbst fand, es sei doch wohl offenkundig, daß alles, was sich zwischen ihr und Mr. Joyce abspielte, in ihrem Geschäft stattfand. Es war ebenso jedem offensichtlich, der die Joyce' kannte, so glaubte Sylvia, daß er es nicht ertrug, auch nur eine Minute von »seiner Nora« getrennt zu sein und zur Untreue völlig außerstande war. Wenn Joyce' Verlegerin eher der verführerische Typ gewesen wäre und nicht der »geschäftsmäßige«, dann, so mutmaßte sie schlau, wäre Joyce davongerannt.

Sylvia war der Ansicht, daß die Ehe der Joyce' (denn als solche sah sie ihre Beziehung) trotz Noras Einstellung zu Schriftstellern zu den besten Dingen gehörte, die ihm im Leben begegnet waren. »Nun sehen Sie sich ihn doch an – lungert auf dem Bett herum!« sagte Nora etwa zu Sylvia. »Hätte ich bloß einen Lumpensammler oder einen Bauern oder sonst alles, nur keinen Schriftsteller geheiratet...« Dann kräuselte sich ihre Lippe verächtlich. »Er« war nicht der richtige Gefährte für sie; als erstes am Morgen langte er nach Bleistift und Papier neben seinem Bett. »Er« wußte nie, wie spät es war. Wie konnte sie ein Hausmädchen halten, wenn der Mann das Haus immer gerade dann verließ, wenn das Mittagessen auf den Tisch kam?[19]

***

Nora und Joyce lebten, dank Miss Weaver, mittlerweile einigermaßen bequem. Endlich konnte Nora die Art von Haus führen, das ihr gefiel, und sie war erleichtert, das verlotterte Familienhotel hinter sich gelassen zu haben. Einer der wenigen Außenstehenden, die ihre Unterkunft dort zu Gesicht bekamen, war ein Arzt, der Joyce wegen eines Anfalls von Grünem Star behandelte, kurz nachdem Nora aus Irland zurückgekehrt war. Der Arzt war entsetzt. Er hatte beide Joyce' auf dem Boden sitzend angetroffen, eine Pfanne mit Huhn zwischen sich und umgeben von offenen Schrankkoffern und Kämmen, Handtüchern und Seife, die überall im Zimmer verstreut lagen.[20]

Bei den Gelegenheiten hingegen, wo sie eine feste Unterkunft hatten und von eigenen Möbeln umgeben waren, waren Nora und Joyce anspruchsvoll, und ihre Gäste waren beeindruckt vom schimmernden Messing, dem sorgfältig gedeckten Tisch, dem Geruch von Möbelpolitur und der alles beherrschenden bürgerlichen Ordentlichkeit.[21]

Der Ärger, den ein solcher Haushalt mit sich bringt, ließ nicht lange auf sich warten. Das Dienstmädchen, glaubten sie, habe einen Ring und eine Brosche gestohlen und »Gott weiß was noch alles«, schrieb Joyce an Ford Maddox Ford, der sich gerade in Südfrankreich aufhielt und den er bat, doch noch ein paar Kameen zu kaufen, falls er nach Mentone käme.

Das Unterbringungsproblem der Joyce' lag hauptsächlich in ihren Ansprüchen begründet. Sie waren mäklig und hielten nichts von einer schlechten Adresse oder einer häßlichen Nachbarschaft. Außerdem wollte Nora es geräumig haben. Sie mußte mit Joyce' Bücher- und Zeitschriftenstapeln leben und geriet bei ihrer Suche in Paris nach etwas, das sie sich leisten konnten und das groß genug war, häufig in Verzweiflung. Ihre Kinder bedeuteten natürlich zusätzliche Ausgaben. Doch wenn die Joyce' ihr Nomadentum auch aus Irland mitgebracht hatten, so waren sie doch nicht die einzigen, die von einem Ort zum anderen zogen. »Wir machten das alle«, sagte Arthur Power. Die Pariser Wirte vermieteten ihre Wohnung oftmals für kurze Zeit unter, und die Expatriierten reisten sehr viel und wollten sich nicht mit der Bürde einer doppelten Miete belasten.

Die Kunde von den veränderten Lebensumständen seines Sohnes erreichte John Joyce in Dublin. Jim hatte Tante Josephine geschrieben, daß die zweite Auflage des *Ulysses*, die zwei Guineen kostete, in weniger als einer Woche vergriffen gewesen sei. Der alte Mann fragte seinen erfolgreichen Sohn in seinem Brief, nicht ganz zu Unrecht, ob er seinem Vater nicht etwas Geld schicken wolle.

Joyce antwortete mit der Verdrossenheit des geplagten Hausvaters. Das Leben in der avenue Charles Floquet sei nicht billig. Er lebe nur Nora zuliebe in Paris, so ließ er seinen Vater wissen; er selbst hätte das weniger teure Nizza vorgezogen. Er und Nora seien nicht etwa von Luxus umgeben. Gewiß, er habe zwar eine großzügige Summe von einer englischen Dame bekommen, doch erbringe die nur ein Einkommen von vierhundertfünfzig Pfund jährlich. Von dieser Summe gingen dreihundert Pfund für Miete weg, einhundert Pfund für Arztrechnungen und sechsunddreißig Pfund für die Reinemachefrau. Nora müsse selbst einkaufen und kochen. Er selbst mache jeden Morgen zwei der vier Betten und versorge den Küchenherd mit Holz und Kohle. Immer noch seien die Zimmer so finster, daß er morgens seine Kleider nicht finden könne. Alles in allem stehe er, John Joyce, der in Dublin von einhundertfünfzig Pfund Pension lebe, weitaus besser da als sein Sohn.[22]

Joyce erzählte seinem Vater jedoch nicht die ganze Wahrheit. Zusätzlich zu seinen regulären Einkünften (die steuerfrei waren, weil er ein im Ausland lebender britischer Staatsangehöriger war) hatte er im Jahr 1922 sechshundertundfünfzig Pfund als Tantiemenzahlungen allein aus Miss Weavers Ausgabe des *Ulysses* erhalten. Außerdem war das Kapital, das sie ihm geschenkt hatte, in Aktien der Canadian Pacific Railway und andere Sicherheiten investiert. Wann immer er mehr Bargeld benötigte, brauchte er nur Miss Weaver zu bitten, ihre Anwälte anzuweisen, einige Papiere zu verkaufen, und dem kam sie, ungeachtet deren Mißbilligung, jedesmal bereitwillig nach.

***

Eines Abends, als Nora und Joyce in ihrem neuen Lieblingslokal, dem Café Francis an der place de l'Alma, aßen, betrat ein überwältigend gutaussehendes junges Paar das Lokal. Es waren Amerikaner, der Mann groß und blond, die Frau klein, dunkelhaarig, lebhaft und außerordentlich elegant. Ihr Aufzug stammte aus der Frühjahrskollektion von Lanvin – ein Kostüm in warmem Braun mit einem weiten Halsausschnitt, der ihre gelb und orangefarben bedruckte Bluse hervorhob. Ihr Hut hatte ein dazu passendes Muster. Als das Paar sich im Restaurant umblickte, erkannte der Mann Joyce und führte seine Gattin an dessen Tisch.[23]

Er war Leon Fleischman, der Pariser Repräsentant von Boni und Liveright, einer New Yorker Firma, die den größten Teil der besten expatriierten und Avantgarde-Schriftsteller, darunter Ernest Hemingway und Djuna Barnes, veröffentlicht hatte. Fleischman war einer der ursprünglichen Subskribenten des *Ulysses* gewesen. Seine Frau Helen war eine enge Freundin Peggy Guggenheims und nutzte, wie Peggy, den New Yorker Reichtum, um Kunst- und Künstlerbegeisterung zu fördern. Sie hatte Djuna Barnes' Überfahrt nach Europa bezahlt.

Nora verschlug es vor Bewunderung die Sprache. Alles an Helen Fleischmans Aufmachung war vollkommen; ihre besetzten Ohrringe waren überwältigend. Nora gestand ihren Neid ohne jede Einschränkung ein. Sie selbst trug niemals Ohrringe, weil sie fand, daß sie sie gewöhnlich aussehen ließen.

Die beiden Frauen musterten einander eingehend, während sie über die Schwierigkeit plauderten, in Paris eine Wohnung zu finden. Helen gefielen Noras Ausstrahlung und ihre reine Haut, und sie war fasziniert von Joyce. Nora konnte selbstverständlich Helens Raffinement nicht recht einschätzen und erkannte möglicherweise gar nicht, daß sie da das Beste bewunderte, was Paris überhaupt zu bieten hatte.

Verschiedener als die beiden hätten zwei Frauen schwerlich sein können. Helen war die archetypische jüdisch-amerikanische Prinzessin. Sie war die Tochter Adolph Kastors, eines New Yorker Messerwaren-Fabrikanten. Ihr Vater, ein deutschjüdischer New Yorker Emigrant, vergötterte seine Tochter, ließ ihr jede Laune durchgehen und hatte ihr die Ohrringe geschenkt, die Noras Blick fesselten. In Manhattan, wo sie geboren war, gehörte Helen zum Kreis der wohlhabenden New Yorker Juden, die sich selbst als »Our Crowd« (etwa »unsere Clique«) bezeichnete. Es war eine Gruppe, die von der feinen New Yorker Gesellschaft nicht akzeptiert wurde, in ihren eigenen parallelen Maßstäben jedoch ebenso rigide und bestrebt war, sich von der neuen Welle ärmerer Juden zu distanzieren, die aus Rußland und Osteuropa in die Vereinigten Staaten kamen.[24] Helens Aufzug war der vollendete Ausdruck der Maßstäbe der Clique: herrliche Stoffe, eleganter Schnitt, ruhige Farben, alles von vollkommenem Geschmack.

Nach ihrer ersten Begegnung an jenem Abend begleiteten die Fleischmans die Joyce' zu Fuß nach Haus, entzückt, nun zu den Bekannten der größten literarischen Pariser Berühmtheit zu zählen. Die Freundschaft wurde enger, und bald schon wurden die Fleischmans zu den Joyce' nach Hause eingeladen und den »Kindern« vorgestellt. Helen dachte zwar insgeheim, daß Lucias Schielen ihr Aussehen beeinträchtige, fand das Mädchen ansonsten aber hübsch. Mrs. Joyce, so bemerkte Helen, zog den Jungen vor.

***

Als der Sommer 1923 nahte, lief der Mietvertrag aus, und Nora und Joyce machten sich bereit, die Wohnung zu verlassen, um den englischen Badeurlaub anzutreten, der ihnen im Vorjahr entgangen war. Nora packte drei Hutschachteln und vier Koffer voller Kleidung, und Joyce stellte zehn Bücherkisten, drei Säcke voll Zeitschriften und vier Schrankkoffer zusammen. Sie beauftragten Sylvia Beach damit, bis zu ihrer Rückkehr eine Wohnung für sie aufzutreiben. Joyce, der mit den Einzelheiten nicht behelligt werden wollte, forderte sie abwinkend auf, im Hinblick auf ihre Bedürfnisse Giorgio zu konsultieren, der, so sagte er, »den Ruf hat, der beste lebende Kenner der Sitten, Gewohnheiten, Bräuche, Privilegien, Einkünfte und der ererbten und erworbenen häuslichen Charakteristika der im Ausland befindlichen Joyce-Familie zu sein«.[25]

Sylvia bot Giorgio die Wohnung oberhalb ihrer Buchhandlung

für die Familie an. Als er sie ablehnte, war sie verärgert. »Er hat äußerst hochfliegende Ideen«, sagte sie. Was sie meinte, war, daß er sie abgelehnt hatte, weil sie kein Bad besaß.[26]

Joyce hatte wegen seiner Augen und seiner Zähne in jenem Jahr Schlimmes durchgemacht. Im April war er ins Krankenhaus gegangen, um sich sämtliche Zähne entfernen zu lassen, und auf die Extraktionen waren drei kleine Augenoperationen gefolgt. Die Schmerzen waren sehr groß, an den Kiefern ebenso wie an den Augen, und das Ergebnis war enttäuschend. Ironisch wies er in einem Brief an Miss Weaver jedoch einen amerikanischen Zeitungsbericht zurück, worin es hieß, er sei »eine tragische blinde Gestalt«, die in ihrer Wohnung auf dem Eiffelturm gefangen sitze.

Nora lud ihre Schwester Kathleen in Galway ein, sie auf ihrer Ferienreise zu begleiten. Es war das erste Mal in neunzehn Jahren an der Seite von Joyce, daß Nora irgendeinen ihrer Verwandten bei sich hatte. In London versuchten sie und Kathleen ihre Schwester Peg zu finden, die während des Ersten Weltkriegs von zu Hause weg und nach London gegangen war, um in einem Hotel zu arbeiten, doch es gelang ihnen nicht. Peg (die Schwester, die schielte wie Lucia) mußte zu Mrs. Barnacles verlorengegangenen Sprößlingen gezählt werden. Noras Bruder Tom, der während des Krieges schwer am Bein verwundet worden war, war ebenfalls nach England gegangen und hatte den Kontakt mit der Familie verloren.[27]

In der Abgeschiedenheit ihrer Strandpension in Bognor und ohne Kinder in Hörweite machte Nora sich ihrer jüngsten Schwester gegenüber Luft und erlaubte sich, sich über die Passivität ihres Mannes zu beklagen. Damals war es auch, daß sie Jim zu seinen Ungunsten mit ihrem Vater verglich.[28]

Ein Bäcker wie Tom hätte Nora allerdings nicht in eine internationale Welt eingeführt oder ihre Leidenschaft für Kleidung gutgeheißen. Nora und Jim, so fiel Kathleen, die sie zuletzt 1912 in Galway gesehen hatte, auf, waren mittlerweile sehr besorgt um ihre Garderobe. Jim war tatsächlich ein Dandy geworden und Nora eine sehr sichere Käuferin. Als an einem Paar Wildlederschuhen, das sie für Kathleen gekauft hatte, eine Naht aufplatzte, kehrte Nora schnurstracks in den Laden zurück und drohte in Kathleens

Beisein: »Mein Mann ist Schriftsteller, und wenn Sie sie nicht umtauschen, werde ich's in der Zeitung veröffentlichen lassen.«[29]

Die beiden Schwestern kauften noch sehr viel ein. Als Kathleen zum Bowling Green zurückkehrte, war sie mit einer modischen Eleganz gekleidet, wie man sie in Galway selten zu Gesicht bekam, und war geschminkt, etwas, das Mrs. Barnacle nicht erlaubte. Päckchen um Päckchen aus Paris folgte ihrer Rückkehr. Joyce war es eine Freude, Kathleen zu verwöhnen. Er war angenehm von ihren Tischmanieren und ihrer Umgänglichkeit überrascht gewesen und begleitete sie sogar zur Messe. »Du weißt, was die zu Hause sagen, wenn ich's nicht tue«, sagte er.[30]

***

Bald darauf durfte Nora den Gedanken an bescheidene Fremdenheime und einfache Pensionen aus ihrem Kopf verbannen. Miss Weaver war in den Besitz einer weiteren und diesmal größeren Geldsumme gelangt – zwölftausend Pfund –, und die überschrieb sie im Sommer 1923 gänzlich auf Joyce. Ihr Gedanke war dabei immer noch, daß sie ihm einen ruhigen, erholsamen Arbeitsplatz kaufte.[31]

Schadete sie ihm damit mehr, als sie ihm nützte? Mary Colum gab Miss Weaver später die Schuld an einem großen Teil des Ungemachs, das die Familie befiel; der Zugang zu soviel Geld, ohne irgendwelche Auflagen, habe eine ungute Wirkung auf alle vier gehabt, befand sie. Sylvia Beach hatte denselben Eindruck und, überflüssig zu sagen, Miss Weavers Vermögensverwalter ebenfalls. Die gesamte Summe des Kapitals, das sie James Joyce übertragen hatte, einundzwanzigtausend Pfund, war ein kleines Vermögen – ihr eigenes. Es waren, auf heutige Verhältnisse umgerechnet, etwa vierhundertundachtunddreißigtausend Pfund.

Hätte Joyce mit dem Geldgeschenk hausgehalten, er hätte lebenslänglich frei von Geldsorgen sein können. Er tat es jedoch nicht. Er warf es hinaus, nicht zuletzt zugunsten seiner Kinder, und brachte in Giorgio jeglichen ohnehin schon schwachen Antrieb zum Erliegen, sich selbst eine Karriere aufzubauen. (Giorgio arbeitete 1923 für kurze Zeit bei einer Bank.) Joyce, der als junger

Mensch so arm gewesen war, gab seinen Kindern, was immer sie verlangten, und verlangte selbst nichts von ihnen (von Botengängen für ihn einmal abgesehen). Miss Weavers *largesse*, so ist gelegentlich argumentiert worden, habe außerdem die Weltliteratur insofern ärmer gemacht, als sie James Joyce gestattete, seine lyrische Begabung auf den schlechten Scherz *Finnegans Wake* zu vergeuden. Es stand jedoch nicht in Miss Weavers Macht, die Auswirkungen ihrer Philantropie richtig einzuschätzen. Sie konnte sie ebensowenig zügeln wie Joyce seine Verschwendungssucht. »Harriet konnte nicht über die Stränge schlagen«, sagte ihre Patentochter, »sie brauchte James Joyce, damit er für sie über die Stränge schlug.«[32]

Nach Paris zurückgekehrt, sprachen Nora und Joyce endlos darüber, daß sie ein Zuhause für sich finden wollten. »Wir sind auf Wohnungssuche, wir sind am Rande der Erschöpfung«, schrieb Joyce an T. S. Eliot,[33] doch gutgepolstert durch ein unversehens verdoppeltes Einkommen, zogen sie statt dessen in das Victoria Palace, eins der größeren Hotels in der rue Blaise Desgoffe am Montparnasse. Katherine Mansfield hatte im Jahr zuvor dort gewohnt, kurz bevor sie starb, und Joyce hatte das Hotel aufgesucht, um dort mit John Middleton Murry Tee zu trinken. Das Leben spielte sich im Victoria Palace etwa so ab, wie Katherine es in ihrem Tagebuch beschrieb:

> Die Wochen vergehen, und wir tun immer weniger und scheinen doch für nichts Zeit zu haben. Hinauf und hinunter mit dem Lift, die Flure entlang, hinein ins Restaurant und wieder hinaus – es ist ein vollständiges Leben. Man hat für jeden einen Namen; man ist wütend, wenn jemand »unseren Tisch« genommen hat, und die kleinen gemaserten Frühstückstabletts werden herein- und unbemerkt wieder hinausgezaubert, und es erscheint einem völlig selbstverständlich, den schweren Schlüssel mit der mit »Nummer 134« bedruckten Messingscheibe mit sich herumzutragen.[34]

Doch den Joyce' gefiel es. Trotz gegenteiliger Beteuerungen verlieh es ihnen ein seltsames Gefühl der Geborgenheit, Grand Hotel zu spielen, und sie blieben dort fast ein Jahr. Joyce ging seiner schriftstellerischen Arbeit nach, indem er einen grünen Koffer als Schreibunterlage benutzte, den er in Bognor gekauft hatte, und im Hintergrund hörte er das Geräusch der Staubsauger auf dem Flur und die Stimmen der amerikanischen Touristen, die sich lautstark unterhielten.[35]

Die Suche nach einer eigenen Wohnung wurde fortgesetzt, wenn es Joyce gut genug ging. Giorgio ging zur Scuola Cantorum, und die Joyce' spannten Arthur Power dafür ein, sein Englisch zu verbessern, was der dadurch zu tun versuchte, daß der dem Jungen *Tess von den d'Urbervilles* vorlas. Lucia verbesserte ihr Klavierspiel.

Im Victoria Palace hatten sie viele Gäste: aus Dublin Charlie Joyce, der jetzt Nachtdienst auf der Hauptpost machte, und aus Triest Eileens Gatten Frank Schaurek. (Frank, so hatte Stanislaus Joyce geschrieben, hatte sich Geld für Reisen in die Tschechoslowakei und nach Venedig geborgt.) Ebenfalls aus Triest kam Ettore Schmitz, dem Nora kurz und bündig ihre Einschätzung der Talente James Joyce' lieferte: »Ich habe ihm immer gesagt, er soll das Schreiben aufgeben und Sänger werden.«[36]

Ein Aspekt ihres Lebens hatte sich nicht verändert: Jims Trinken und Noras Wut darüber. Eines Nachts, als sie versuchte, ihn mit Brachialgewalt in ein Taxi zu bugsieren, riß Joyce sich los und trabte mit dem Ausruf: »Ich bin frei, ich bin frei!« die Straße hinunter. Nora schob alle Hilfsangebote beiseite. »Ich werde schon mit ihm fertig«, sagte sie. An anderen Abenden machte sie sich die Mühe nicht, sondern ließ ihn im Café zurück und ging allein nach Haus. Sie überschüttete seine Zechkumpanen mit Hohn, und dies um so mehr, als einige von ihnen, wie auch Joyce, bekannt zu werden begannen. Als Hemingway Joyce eines Nachts nach Hause trug, sagte Nora beim Anblick des ramponierten Paars höhnisch: »Na, da kommt ja James Joyce, der Schriftsteller, wieder mal betrunken, mit Ernest Hemingway.«[37] Sie drohte zwar immer noch damit, die Kinder zu nehmen und nach Irland zurückzukehren, aber ihre Drohungen klangen hohl.

Nach mehr als einem Jahr des Hotellebens, in dem Nora sich ihre Zähne durch Prothesen ersetzen lassen und Joyce sich zwei weiteren Augenoperationen unterzogen hatte (Seine Sehkraft würde garantiert zurückkehren, versprach Dr. Borsch, doch sie tat es nicht.) und nach einem weiteren Urlaub in England, bekamen sie ein neues Zuhause, in der avenue Charles Floquet wie zuvor, doch in der Nummer 8, wo sie die ganze fünfte Etage für sich hatten.[38]

Nora hatte wieder einmal ein Dienstmädchen, und Miss Weaver schrieb sie stolz: »Mir selbst geht es recht gut, und mein Mädchen ist immer noch sehr tüchtig, was natürlich eine große Erleichterung für mich ist.«[39]

Zuviel von Noras Zeit ging mit Dr. Borschs Augenklinik drauf. Joyce' Operationen schienen nicht enden zu wollen. Warum denn so viele? fragte Stanislaus aus Triest an – eine Frage, die schwierig zu beantworten bleibt. Die Probleme waren echt: Grüner Star, eine Reihe von Katarakten, die durch Entzündungen verschlimmert wurden. Joyce trug oftmals eine Augenklappe oder eine Binde und mußte zeitweilig in großen kindlichen Buchstaben mit Kohle oder Buntstiften schreiben, um überhaupt etwas von dem zu sehen, was er schrieb. Wenn er über Nacht in der Klinik bleiben mußte, bestand Joyce, wie üblich, darauf, daß Nora dableiben und nebenan schlafen sollte. Sie beklagte sich, daß sie niemand besuchen komme und sie dort eingesperrt säßen »wie zwei alte Hennen im Käfig«. Als Sylvia Beach sie dann doch eines Tages besuchte, traf sie Nora dabei an, wie sie zusammen mit einer Schwester Blutegel vom Boden aufzusammeln versuchte. Der Arzt hatte angeordnet, Joyce um das Auge herum Blutegel anzusetzen, die das überschüssige Blut absaugen sollten, doch die »Beister«, wie Nora sie nannte, wollten nicht an Ort und Stelle bleiben.[40]

In der avenue Charles Floquet wurden Nora und Joyce recht häuslich und hielten sich eine sandfarbene Katze, die, laut Joyce, »Unmengen von Butterbroten und die *Daily Mail*« verspeiste. Giorgio interessierte sich neuerdings dafür, seinen Körper mit Hilfe eines Expanders zu kräftigen. Joyce fand das Gerät in seinem Zimmer und probierte es vorsichtig aus, legte es, rasch erschöpft wie immer, jedoch gleich wieder weg.[41] Bald schon endete jedoch ihr Mietvertrag, wie ihnen ja auch bekannt war. Joyce setzte dennoch sein schönstes Gekündigten-Gesicht auf und lud

Larbaud und Signora Nebbia zum Abendessen ein – »ehe man uns hinauswirft«.

Nora tröstete sich damit, daß sie wieder einmal ihr Porträt malen ließ. Myron Nutting war der Maler; er malte auch Joyce und Lucia. Wie schon zuvor, so machten sich auch diesmal Noras Fähigkeit, Modell zu sitzen, und ihre beherrschte, gleichmütige Art bemerkbar. Nutting gestand, daß von den drei Joyce-Porträts das von Nora das gelungenste und überhaupt eins der besten war, die er während jener Periode in Paris malte, auch wenn er sich bei seiner Komposition eines gewagten Kontrasts von geometrischen Formen und gekrümmten Flächen bediente.[42]

***

Nora sollte, neununddreißig, bald schon als Modell für Joyce' abschließendes großes Frauenporträt dienen: Anna Livia Plurabelle in *Finnegans Wake.* Kathleen war es, der Nora im Sommer 1923, gerade ein Jahr, nachdem sie die Schinderei mit dem *Ulysses* hinter sich hatten, die entsetzliche Neuigkeit anvertraute: »Er ist wieder an einem neuen Buch.«[43] Sie kannte auch den geheimen Titel des Buches – *Finnegans Wake* (wenn Joyce sich wahrscheinlich auch nicht die Mühe machte, ihr mitzuteilen, daß er das Apostroph ausfallen ließ, so daß der Titel, neben anderen Bedeutungen, auch den Befehl an sämtliche Finnegans der Welt enthielt, aufzuwachen). Der Titel, das erkannte Nora gewiß, trug zudem den Stempel von Finn's Hotel, dem Ort, der sie tatsächlich James Joyce schenkte.

Nora kannte die übermütige irische Ballade von Finnegan dem Mörtelträger, der durch den Sturz von seiner Leiter zu Tode kommt, bei seiner Totenwache jedoch aufwacht, als ihm Whiskydunst in die Nase dringt. Doch war sie wohl kaum auf das gefaßt, was Joyce diesmal zu Papier brachte. Im April 1924 erschienen die ersten Auszüge unter dem Titel »Work in Progress« in der *transatlantic review* (Kleinschrift war der letzte Schrei). Der Abschnitt handelte von Seevögeln oder jedenfalls hatte es den Anschein:

> Overhoved, shrill glees creaming. That song sang seaswans. The winging ones. Seahawk, seagull, curlew and plover, kestrel and capercall-

zie. All the birds of the sea they trolled out rightbold when they smakked the big kuss of Trustan with Usolde.[44]

Während er 1924 an dem Buch arbeitete, scheint Joyce Nora aufgrund des Zustands seiner Augen um Hilfe gebeten zu haben. Notizen zu *Finnegans Wake*, die mit der Göttlichen Komödie zu tun haben, existieren in Noras Handschrift, der einzige Beweis für ihre aktive Beteiligung an seinem literarischen Werk. Ebenfalls von ihrer Hand stammt dieser, den Notizen angehängte Kommentar: »Heute 16. Juni 1924 zwanzig Jahre danach. Ob sich irgend jemand dieses Datums erinnern wird.« Auch Nora maß den Lebensdaten einige Bedeutung bei.[45]

Selbst wenn Nora begriffen hätte, daß Joyce der Bernikel-Gans in seinem Leben einen weiteren heimlichen Tribut zollte, hätte ihr das Buch nicht besser gefallen. Sie bezeichnete es als »das Ragoût, was du da schreibst«. »Warum schreibst du keine vernünftigen Bücher, die die Leute verstehen können?«[46]

Sie war nicht die einzige Entsetzte. Stanislaus fand den Text unerträglich öde. Ezra Pound schrieb (etwas später): »Nichts (...), was nicht mindestens an (...) ein neues Heilverfahren für den Tripper heranreicht, kann all dieses Abtasten der Grenzen des Möglichen irgendwie rechtfertigen.« Miss Weaver wahrte taktvolle Zurückhaltung, doch Valery Larbaud, dessen Begeisterung für die experimentelle Literatur grenzenlos war und der die ersten sechzig Seiten sehr mochte, erklärte, er könne es nicht verstehen.[47]

Bedürfte es noch eines weiteren Beweises für Noras Loyalität gegenüber Joyce, dann fände er sich in der siebzehn Jahre währenden Geheimhaltung des Titels *Finnegans Wake*. Joyce' verzweifeltes Bemühen darum zeigt Ellmann zufolge, welch Zauberkraft er Namen zusprach.[48] Der einzige Mensch, der seinen Vornamen benutzen durfte, war zugleich der einzige, dem der mächtige Code anvertraut werden durfte. So wütend, wie Nora über Jims Trinkerei und seine Geldverschwendung wurde, so unverständlich das Buch ihrer eigenen Einschätzung nach auch war, sie bediente sich doch niemals der Waffe der Rache, die ihr stets zur Verfügung gestanden hätte.

***

Haute couture ist einer der Wege, auf denen Joyce ihr ihre Loyalität vergalt. Er hatte ihre Kleidung immer schon ernst genommen und gab ihr mit Vergnügen ein signiertes Exemplar des *Ulysses* für ihre Hutmacherin Suzie, die ein Fan von ihm war. Er selbst scheute nicht davor zurück, stilbildend zu wirken. Er trug schon tagsüber Fliegen, ehe es allgemein als chic galt, das zu tun.[49]

Mit ihrem neuen Geld entdeckte Nora die Pariser Modehäuser. Helen Fleischman ermutigte sie dazu, indem sie anregte, die Frau, die Mrs. James Joyce sei, solle sich besser zurechtmachen. Nora, die ihr ganzes Leben lang kleiderverrückt gewesen war, wurmte dieser Ratschlag zwar, doch Helen hatte recht. Was ihr Haar oder ihre Kleidung anging, war Nora weder mit der Zeit gegangen, noch hatte sie sich ins Allerheiligste der Couturiers hineingewagt. Solange sie nicht wirklich Geld hatten, konnte sie sich das nicht leisten, und auf ihrer Reise nach Galway 1922 hatte sie die Kleider getragen, die sie während des Krieges in Zürich angehabt hatte.[50]

Das Ergebnis von Noras Bekehrung ist auf dem bestbekannten Foto des Joyce-Archivs festgehalten: die Familie Joyce 1924, aufgenommen von Wide World Photos, zeigt die vier stolz als Familie von spanischen Granden und von Kopf bis Fuß in neue Kleider gehüllt (und, soweit es Joyce und Nora betrifft, mit neuen Zähnen versehen), die alle von Miss Weavers Geld angeschafft worden waren.

Nora trägt einen schwarzweißen chinesischen Druckstoff aus geprägtem Samt, wahrscheinlich aus der Lucien-Lelong-Kollektion von 1923 oder 1924. Lucia trägt ein ähnliches Modell; wahrscheinlich von Nora gekauft, ist es viel zu »alt« für ein Mädchen von siebzehn: ein gerade geschnittener, untaillierter Mantel, der ohne Gürtel vor dem Körper zusammengehalten werden mußte. Beide Frauen fallen durch elegante pelzbesetzte Ärmelaufschläge und Kragen auf. Joyce zeigt seine Manschettenknöpfe und trägt eine seiner Fliegen, während Giorgio ganz »Sohn eines Gentleman« zu sein scheint, aufgeblasen und steif, wie er dasteht in Vatermörder und tailliertem Rock.

Die Schuhe stehlen jedoch allem anderen die Schau. Lucia trägt elegante sogenannte Riemchenschuhe und Nora ein sogar noch umwerfenderes Paar, die über dem Innenrist mit einer Diamantschnalle im byzantinischen Stil zugemacht sind. Giorgio trägt Gamaschen.

Das Foto drückt sehr gut den Status der Familie Joyce im Jahr 1924 aus. Die Armut ist vorbei; so verhält es sich auch mit den edwardianischen Schnürmiedern. Drei Mitglieder der Familie sind in Gedanken woanders und blicken ins Leere, Joyce der formelle Pater familias, Giorgio, der angespannte Sohn und Erbe, und Lucia, ausdruckslos, in ihre eigene Welt versunken. Nur Nora blickt der Kamera selbstgewiß, triumphierend direkt ins Auge. Eine Zeile von Molly Bloom paßte gut als Bildunterschrift:

> ... man kommt ja eben nicht voran auf dieser Welt ohne bißchen Aufwand alles geht für Essen und Miete drauf also wenn ich mal was in die Finger kriege dann haue ichs aber auf den Kopf das kann ich dir flüstern ...[51]

Doch diese prachtvolle Demonstration familiärer Einigkeit war trügerisch. Giorgio war von Helen Fleischman verführt worden, und die Verführung war dabei, sich zu einer regelrechten Liebesaffäre auszuwachsen, was für Helen nichts Neues war. Sie hatte schon viele Liebesaffären gehabt, darunter eine mit Laurence Vail, dem gutaussehenden frankoamerikanischen Schriftsteller, der als König von Böhmen bekannt war. Leon Fleischman hatte die Affäre begünstigt. Peggy Guggenheim, die Vail 1922 heiratete, brüstete sich: »Ich habe ihn wohl Helen weggenommen.« Peggy war zuvor in Leon Fleischman verliebt gewesen, doch das trübte die Freundschaft nicht im mindesten. »Helen machte das nichts aus«, sagte Peggy, »sie waren sehr frei in ihrem Umgang.«[52]

Nora und Joyce waren erschüttert. Sie waren nicht so frei in ihrem Umgang. Ihr Sohn war zwanzig, Helen war einunddreißig, verheiratet und Mutter eines kleinen Sohnes. Sie hatten den eigenen jugendlichen Stolz auf ihre sexuelle Frühreife vergessen und blind angenommen, daß ihre Kinder Kinder bleiben würden. Sie waren völlig unvorbereitet darauf, daß ihr Sohn der Atmosphäre erliegen und gleich mehrere Tabus auf einmal brechen könnte. Für

Nora war der Verlust Giorgios an Helen ein doppelter Verlust. »Aber sie war doch *meine* Freundin!« sagte sie bekümmert.[53]

14. Kapitel
Square Robiac

Im März 1925 gelang es Nora, Joyce zu etwas zu überreden, das sie seit Triest nicht mehr getan hatten – eine leere Wohnung zu nehmen und sie selbst zu möblieren. Sie hatte entschiedene Vorstellungen von dem, was sie brauchten: drei Schlafzimmer, ein Arbeitszimmer für Joyce und ein Eßzimmer für Essenseinladungen. Bohemehafte Schäbigkeit war nichts für sie. Nachdem sie das Atelier besichtigt hatte, worin ein Freund arbeitete, erklärte sie – eine dieser Äußerungen, über die Joyce sich vor Lachen biegen konnte: »Die Wohnung taugt nicht einmal dazu, um eine Ratte darin zu waschen.«[1]

Nachdem sie lange gesucht hatte, fand Nora eine sonnige Wohnung im dritten Stock eines Mietshauses am Square Robiac, einer stillen Sackgasse auf der Nordseite der geschäftigen rue de Grenelle.[2] Die Wohnung war, wie andere Wohnungen der letzten drei Jahre, im Herzen des bürgerlichen VII. Arrondissements gelegen, bequem zu erreichen für ihre Freunde und nahe Les Trianons, immer noch ihr Lieblingsrestaurant, und dem Café Francis. Joyce unterschrieb im März den Mietvertrag, der eine Jahresmiete von zwanzigtausend Francs zuzüglich fünftausend Francs für Nebenkosten vorsah. Mitsamt ihren Familienporträts, ihrer Katze, einem Klavier und grauem Schreibpapier in drei Größen, auf dem ihre neue Anschrift und ihre Telefonnummer standen (Ségur 95-20) hatten sie sich schon bald eingerichtet. Sie hatten Geld in zwei Kleiderschränke, einen Eßtisch und Stühle, ein Eßservice, eine Suppenterrine und die für den Balkon einer Pariser Wohnung unentbehrlichen Markisen gesteckt. Auf Einladung ihres Freundes Léon-Paul Fargue besuchten sie dessen Glaswarenfabrik und wählten *coupes* aus, wahrscheinlich für Champagner. Sie ließen die Wände neu tapezieren, die Fußböden mit Teppichen versehen und sechs Fenster und drei Türen mit Brokat drapieren. Sie bezahlten die Concierge, die Versicherungsgesellschaft und den Elektriker. »Die Wohnung als solche ist in Ordnung«, schrieb Joyce, der Haushaltsvorstand, an Miss Weaver, »doch scheint sie eine Menge Geld gekostet zu haben.« Er reichte eine Rechnung über fünfzehntausend Francs an sie weiter – Gegenwert eines Joyceschen Jahreseinkommens aus den Zinsen. Miss Weaver mag es getröstet haben oder auch nicht, daß die Joyce drei der Zimmer in »ihren« Farben Blau und Gelb tapezieren ließen.[3]

Ihre Freunde kamen scharenweise, um sich die Wohnung anzuschauen, und fanden sie insgeheim gräßlich. Das freundlichste Verdikt war noch das des Malers Myron Nutting: »bequem und nicht geschmacklos«. Helen Fleischman bedauerte, daß sie so reizlos sei, und selbst Miss Weaver fand, nachdem sie einmal die Höllenstrafe der Kanalüberquerung auf sich genommen hatte und gekommen war, um den neuen ruhigen Arbeitsplatz zu inspizieren, den Joyce nach ihrem Willen haben sollte, die Wohnung sei kahl. Sylvia Beach gegenüber äußerte sie vertraulich die Hoffnung, daß die Joyce' das Mobiliar der Wohnung vervollständigen würden (auch wenn sie wußte, auf wessen Kosten das geschähe).[4]

Diese Kritiker waren, wie die meisten Gäste der Joyce', ästhetisch anspruchsvoll und erwarteten von Joyce als dem Oberhaupt der literarischen Avantgarde, daß er in seiner persönlichen Umgebung ebenso wagemutig wäre. Arthur Power, zu der Zeit Kunstkritiker beim *Paris Herald*, hatte versucht, Joyce für die Braques oder Modiglianis zu interessieren, die sie in den Fenstern der Galerien am Linken Ufer sahen, doch ohne Erfolg. Joyce zog seine Familienporträts (Frauen in großen Hauben und Männer in roten Jagdröcken) und seine Reproduktion einer Vermeerschen Ansicht von Gent vor.[5]

Die Gleichgültigkeit der Joyce' gegenüber der Malerei verblüffte ihre Freunde um so mehr, als Nora und ihr Gatte sich für moderne Musik interessierten. Nora verfolgte ihr Interesse an Wagner, auch wenn sie allein in die Oper gehen mußte, und sie taten, was sie konnten, um das Werk ihres Freundes, des jungen amerikanischen Komponisten George Antheil, zu fördern. Alle vier Joyce' gaben Antheil bei der Premiere seines *Ballet Mécanique* mit seiner Partitur für neun Flügel, Sägen, Hämmer und einen Flugzeugpropeller die Ehre. (Als Nora, Joyce und ihre Kinder einer nach dem anderen in ihrer Loge im mit Prominenz angefüllten Théâtre des Champs-Elysées Platz nahmen, war das, so bemerkte Sylvia Beach boshaft, als sei die Königliche Familie eingetroffen. »Man erwartete das Einsetzen der irischen Nationalhymne.«)[6]

Was keiner ihrer Pariser Freunde verstand, war, wie sehr Nora und Joyce jeweils das Ideal des bürgerlichen Familienlebens hätschelten. Es gehörte zu ihrer lange begrabenen Vision des Lebens, das sie vielleicht geführt hätten, wären sie in Irland geblieben. Joyce skizzierte Berta in seinen Bemerkungen zu *Verbannte* als »Mrs. Robert Hand ... bestellt Teppiche in Grafton Street«.[7] Tatsächlich war ihr Heim am Square Robiac genauso möbliert, wie sie es wollten, und sie liebten es. »Ich habe jetzt wenigstens ein Haus«, schrieb Joyce an Stanislaus und bot seinem Bruder an, ihm die Reise von Triest nach Paris zu bezahlen, damit er es sich anschauen konnte.[8]

Nachdem der Einzug stattgefunden hatte und angesichts der Tatsache, daß seine Sehkraft »eigenwillig, aber nicht schlecht« war, verließen die Joyce wie alle richtigen Pariser nach dem 14. Juli die Stadt. Ihr neuer Lebensstil brachte es mit sich, daß sie jeden Sommer fast zwei Monate weg waren; selten kehrten sie vor Mitte September zurück. Joyce benutzte diese Reisen, um Orte zu erforschen, deren Namen und Assoziationen er in *Finnegans Wake* verarbeiten wollte, und ungeachtet seiner arg beschnittenen Sehkraft genoß er die ganze beschwerliche Kleinarbeit, wie über Führern und Kursbüchern zu hocken; er sagte gern von sich, er habe das Hirn eines Kleinkrämers. Er und Nora suchten sich First-class-Hotels heraus, gewöhnlich solche, die direkt am Meer gelegen waren, und dort nahmen sie manchmal wochenlang Quartier. Die Namen der Häuser, die sie während ihrer Pariser Jahre bevorzugten, lesen sich wie eine Auswahl der Baedeker Bestenliste zwischen den Kriegen.

Im Sommer 1925 beispielsweise, als sie die französische Atlantikküste hinabfuhren, begannen sie mit dem Grand Hôtel des Bains et de Londres in Fécamp (wo sie Lucias achtzehnten und Giorgios zwanzigsten Geburtstag feierten), zogen dann weiter zum Grand Hôtel de la Poste in Rouen, von dort ins Grand Hôtel du Raisin de Bourgogne in Niort, dann ins Hôtel de Bayonne in Bordeaux und schließlich ins Regina Palace Hôtel et d'Angleterre in Arcachon. Joyce bezahlte auf diesen Reisen immer bar. Um sich mit Barmitteln zu versehen, ehe sie losfuhren, stattete irgendein Mitglied der Familie Shakespeare & Company einen Besuch ab. Wenn er *en route* mehr brauchte, telegrafierte Joyce Sylvia Beach (niemals Miss Weaver).

Da Nora mittlerweile vor Donner fast soviel Angst hatte wie er, tüftelte Joyce ihre Reiserouten aus, als lebten sie eher in den Tropen als im gemäßigten Westeuropa. Sie klammerten sich an ihre Überzeugung, daß elektrisch aufgeladene Unwetter sich, wie die Fliegerangriffe, mit einiger Voraussicht vermeiden ließen und betrachteten es als ungeheures Pech, wenn sie in eins gerieten. Im Jahre 1925 schrieb Joyce, nachdem sie aus der Normandie abgereist waren, sie hätten im Bois de Boulogne ein schreckliches Unwetter erlebt und seien aus Paris in die Normandie geflüchtet, mit dem Ergebnis, daß sie dort »Wind, Regen, Hagel, Donner, Blitz etc.« begegneten. Er hoffe, sie sei im englischen Lake District »fern von Donner und Thor«. Joyce, der sich darüber verwunderte, daß italienische Männer gänzlich frei zu sein schienen von jeglicher Gewitterangst, schrieb die Zunahme der Unwetter um London und Paris »all diesen Radios« zu (der Rundfunkempfang begann damals gerade, allgemeine Verbreitung zu finden).[9]

Der Kreis ihrer feinen Freunde entfremdete Nora und Joyce nicht im mindesten ihren Familien. Aus Triest schrieb Stanislaus (mittlerweile vierzig) und teilte ihnen mit, daß er sich mit einer jungen Triestiner Studentin verlobt habe. Seine Braut Nelly Lichtensteiger war so alt wie Lucia. Aus Galway hörte Nora, daß ihre jüngere Schwester Annie, Pegs Zwillingsschwester, gestorben war. Desgleichen Onkel Tommy, dessen Schwarzdornstock sie Joyce in die Arme getrieben hatte. Aus Dublin kam zudem die Nachricht vom Tode Josephine Murrays. Sie hatten sich Joyce' Tante entfremdet, seit Nora es 1922 versäumt hatte, sie zu besuchen, und zugleich hing diese Entfremdung mit dem Erscheinen des *Ulysses* zusammen. Tante Josephine war zutiefst schockiert gewesen und nannte es ein zum Lesen ungeeignetes Buch. (Worauf Joyce seiner Kusine, Mrs. Murrays Tochter gegenüber, die die Beschwerde übermittelt hatte, erklärte: »Dann ist das Leben auch zum Leben ungeeignet.«) Glücklicherweise hatte Joyce' Bruder Charlie ihm vorsorglich mitgeteilt, daß Tante Josephine bald sterben würde, und Joyce hatte noch Zeit gehabt, ihr einen schönen Versöhnungsbrief zu schreiben:

> Ich fühlte mich in meiner Jugend durch so viel Freundlichkeit, so viel Hilfe und Rat und so viel Mitgefühl, besonders nach dem Tode meiner Mutter, so sehr zu Dir hingezogen, daß mir scheint, Deine Gedanken an mich müßten voller Vorwürfe sein ... Ich kann mich nicht der üblichen Sprache bedienen oder Hilfe für Dich erflehen, aber wenn mir derlei auch fremd geworden ist, so bin ich doch durch viele Bande der Dankbarkeit und Liebe und auch der Achtung mit Dir verbunden.[10]

Wie bei so vielen seiner Beziehungen, war Joyce kraft der Macht seiner Worte imstande, die Kränkung vergessen zu machen, die sein Handeln und, in diesem Fall, das Noras bewirkt hatte.

***

Etwa um die Zeit, als sie an den Square Robiac zogen, mußten Nora und Joyce sich eingestehen, daß Giorgio ihrer Kontrolle zu entgleiten begann. Er nahm zwar weiter Gesangunterricht und nahm auch eine Arbeit in einem Steuerbüro an, aber seine Hauptbeschäftigung bestand doch im Zusammensein mit Helen Fleischman. Im Jahr 1925 lernten die Joyce' zwei von Helens amerikanischen Verwandten kennen. Es waren Helens älterer Bruder Alfred Kastor und seine junge dänische Frau Ellen, die sich auf Europareise befanden. Die Kastors wußten von Helens Affäre mit Giorgio, da Leon Fleischman allein nach New York zurückgekehrt war, und sie sahen sie in einem gänzlich anderen Licht als

Nora und James Joyce. Sie wußten, daß Helen eine Vorliebe für Künstler hatte. Sie alle nahmen an, daß Helen ein Auge auf James Joyce geworfen habe, und sich, als es ihr nicht gelang, ihn zu umgarnen, statt dessen wohl seinem Sohn zugewandt hatte.[11]

Ellen, die sich später von Alfred Kastor scheiden ließ, mochte Helen nicht. »Ihre Brüder beteten sie an«, erinnerte sich Ellen, »Sie konnte sich einfach alles erlauben. Sie beteten den Boden an, auf den sie den Fuß gesetzt hatte. Für mich war sie hingegen ein Sexvampir, eine Blutsaugerin.

Als wir sie besucht haben, war die Affäre noch jung und es wurde nur im Flüsterton von ihr gesprochen. Als wir bei ihnen waren, war Helen dermaßen eifersüchtig – Giorgio war genau in meinem Alter –, sie wollte uns nicht miteinander allein lassen, obwohl ich schwanger war. Giorgio tat mir leid. Er hatte nicht die Spur einer Chance.«

Ganz ähnlich dachte offenbar Nora, denn sie empfing die Kastors zwar, sprach aber während des Besuchs nicht ein einziges Wort. Joyce war auch nicht wesentlich gastfreier, wie er da, in einem Schultertuch fröstelnd, schweigsam in einem Sessel saß.[12]

Es ist unwahrscheinlich, daß die Joyce' je erkannten, welch ungeheuren Reiz ihr Name für Helen Fleischman besaß. Helens Kreise und insbesondere ihre Generation waren im Hinblick auf ihr Judentum äußerst ambivalent. Wie es Stephen Birmingham in *Our Crowd* beschreibt, hielt diese deutsch-jüdische New Yorker Aristokratie es für höchst wünschenswert, sich zu »assimilieren« – das heißt, in eine nichtjüdische Familie einzuheiraten.[13]

Mädchen hatten es in diesen Familien ganz besonders schwer. Von den Vätern verwöhnt und von den geschäftigen Müttern der Obhut strenger und wenig verständnisvoller – zumeist deutscher oder irischer – Kindermädchen überlassen, erhielten sie nur selten die erstklassige Schulbildung, die man als unerläßlich für jüdische Söhne ansah. (Helens jüngerer Bruder Robert hatte seinen Abschluß an der Phillips Andover Academy und in Harvard gemacht. Helen war nicht aufs College gegangen.) Angesichts einer derartigen Kombination aus Verwöhnung, Vernachlässigung und Müßiggang wurden Mädchen aus solchen Familien nicht selten Sexualrebellinnen. Peggy Guggenheim, Helens gute Freundin, war ein klassisches Beispiel dafür. Doch Peggy – und in schwächerem Maße auch Helen – ließen noch eine andere, weniger selbstzerstörerische Folge einer solchen Erziehung erkennen, das Interesse an der Kunst.

Helens Vater Adolph, ein deutscher Emigrant, hatte sein Vermögen mit der Camillus Messerwarenfabrik in Camillus, New York, gemacht. Es war zwar nicht so groß, daß er damit in den Kreis der reichsten unter den deutschen Juden in Manhattan gehört hätte, aber es versah die Kastor-Kinder doch mit den nötigen finanziellen Mitteln und trug Adolph Kastor die Aufnahme ins *Who's Who in American Jewry* ein.[14]

Helen hatte als einziges der vier Kastor-Kinder einen Juden geheiratet. Alfreds Frau war Dänin, während Robert und ihre ältere Schwester Edna amerikanische Nichtjuden geheiratet hatten. (Als Edna nach Washington zog und jeden Kontakt zur Familie verlor, sagte die Familie ihr nach, sie wolle nicht, daß bekannt wurde, daß sie Jüdin war.) Helen hatte Leon Fleischman 1915 geheiratet, und die Trauzeremonie war im Haus der Familie in der 14 West 70th Street von einem protestantischen Pfarrer vorgenommen worden. Im Jahr 1919 hatte sie ihren Sohn David geboren. Nach der Heirat hatte Helen viele Affären, doch ihre Brüder machten ihr deshalb niemals Vorwürfe. Ihre Philosophie im Hinblick auf Helens Betragen bestand in dem Satz: »Laß das nur Opa (Adolph Kastor) nicht wissen.«

Ein Grund, weshalb Alfred und Robert Kastor davor zurückschreckten, ihre Schwester an die Kandare zu nehmen, war, daß Helens Lebhaftigkeit in manische Übererregtheit umschlagen konnte. In ihrer Familie bestand ein besorgniserregender Hang zur Geisteskrankheit, wie es bei vielen von »Our Crowd« der Fall war. Alfred selbst litt unter manisch-depressiven Anfällen, und ihre Mutter Minnie Danzer Kastor war lange in einem Heim am Hudson gewesen.

Helen war jedoch in Paris glücklicher als in New York. Es war weniger antisemitisch und lieferte den perfekten Hintergrund für ihre Schönheit und ihren Geschmack. Sie hatten einen großen Freundeskreis, zu dem viele Angehörige der New Yorker und der internationalen Kunstwelt gehörten. Sie war eine gute Gastgeberin und hatte außerdem das Geld dazu. Ihre Schwägerin staunte darüber, daß Helens Äußeres stets bis in alle Einzelheiten vollkommen war und jedes Taschentuch, das sie aus der Schublade nahm, ihr persönliches Parfüm trug. Helen begünstigte die allerneusten Modeschöpfer, insbesondere Elsa Schiaparelli, die sich gerade als kühnste von allen erwiesen hatte.

Egozentrisch wie Helen war, war sie doch einigermaßen großzügig. Sie verschenkte in so reichlichem Maße Kleidung, wie sie sie kaufte. »Bedient euch«, sagte sie häufig zu ihren Freundinnen und öffnete ihnen ihren Kleiderschrank. Sie schenkte Lucia Joyce Kleider und Pullover und gab Djuna Barnes das schwarze Cape, das zu ihrem Markenzeichen wurde. Als sie die schöne Djuna eines Tages in alter, ausgefranster Unterwäsche an der Schreibmaschine erblickte, forderte Helen Peggy Guggenheim auf, Djuna doch etwas von der Unterwäsche zu schenken, die sie im Übermaß besaß. Peggy hatte jedoch im Unterschied zu Helen einen knickrigen Zug und schenkte Djuna welche, die ausgebessert worden war. Als Helen das mitbekam, wurde sie wütend. So auch Djuna, die die abgelegten Schlüpfer niemals trug.[15]

Für Joyce muß die sexuelle Initiation seines Sohnes durch eine jüdische Schönheit zutiefst deprimierend gewesen sein. Seit Triest waren seine Traumfrauen, die wirklichen wie die literarischen, Jüdinnen gewesen oder hatten jüdisch ausgesehen. Als Eltern fürchteten Nora und Joyce, daß Helen mit Giorgio nur herumspielte und seinen Namen für den sozialen Aufstieg nutzte, auch wenn sie die Möglichkeit, ihn zur Bemäntelung ihres Judentums zu benutzen, gar nicht recht einzuschätzen wußten.

Ihre Freunde mochten Helen alles in allem nicht. Antisemitismus, der ja zwischen den Kriegen im Schwange war, ist dabei nicht auszuschließen. Stuart Gilbert z.B. fand sie »vulgär«. Andere fanden sie nervös und aggressiv.[15] Was Nora betrifft, so wäre sie wohl jeder Frau feindlich gesonnen gewesen, die sich Giorgio näherte, der mit seinen dunkelblauen, fast violetten Augen und den langen schwarzen Wimpern so eindeutig der Sohn seiner Mutter war. Ihn jedoch an eine ehemalige Freundin, die altersmäßig genauso weit von ihr entfernt war wie von Giorgio, verlieren zu müssen, das war unerträglich.

Giorgios Entrinnen bewirkte nur, daß sie sich um so fester an Lucia klammerten. Im November 1925 luden alte Freunde in Triest, die Familie Trevisani, Lucia zu sich ein. Lucia wollte zu gern fahren. Sie hatte die Trevisani-Mädchen Letizia und Gioconda sehr gern und war seit ihrem gemeinsamen Aufbruch 1920 nicht mehr in Triest gewesen. Joyce weigerte sich, sie die Reise machen zu lassen. Ettore Schmitz gegenüber, der die Einladung überbracht hatte, erklärte Joyce, er müsse sich im Dezember seiner siebten Augenoperation unterziehen und danach zur Premiere der *Verbannten* nach London fahren. Lucia, das müsse Schmitz verstehen, müsse bei beiden Gelegenheiten bei ihm sein. Er versprach, daß sie im nächsten Jahre nach Triest fahren dürfe.

Lucia fuhr jedoch weder 1926 noch sonst irgendwann danach nach Triest. Der Zeitpunkt war nie der richtige, und Lucia sah weder ihre Geburtsstätte noch die Adria jemals wieder.[17]

Wenn sie in den Sommerurlaub fuhren, nahmen die Joyce' Lucia immer mit und Giorgio ebenfalls, bis der sich weigerte, sie noch länger zu begleiten.

Zum Zeitpunkt des Umzugs an den Square Robiac schienen Giorgio und Lucia für künstlerische Berufe bestimmt. Nora und Joyce waren sehr stolz auf ihre Leistungen. Lucia, die am Klavier bereits einiges konnte, hatte einen guten Anfang im modernen Tanz gehabt und war unter der Regie der schottischen Tänzerin Lois Hutton in *Ballets de Rythme et Couleur* aufgetreten. Lucias hochgewachsene, eckige Gestalt paßte gut zum choreographischen Gegenpart der abstrakten Kunst, und sie hatte eine Reihe von öffentlichen Auftritten (auch wenn einige davon nur Schülerdarbietungen waren), denen ihre Eltern beiwohnten. Lucia entwarf außerdem ihre Kostüme selbst – eine weitere Belastung für den Familiengeldbeutel.

Doch die Joyce' behandelten sie wie ein Kind. Im Jahr 1928, als Lucia einundzwanzig war und mit ihrer Tanzgruppe in die Isadora-Duncan-Schule bei Salzburg ging, wählten Nora und Joyce Salzburg als Feriendomizil. Daß sie sich so sehr an sie klammerten, trug zweifellos zu Lucias Unreife bei, war jedoch zugleich auch eine Reaktion darauf. Wie ihre Freunde festzustellen begannen, hatte Joyce' Tochter etwas Merkwürdiges an sich.

Ihr geordnetes Zuhause zog die weitverstreuten Verwandten an. Die Joyce-Prozession riß nicht ab. Im Frühjahr 1926 kam Eileen mit ihren drei Kindern für drei Wochen aus Triest. Stanislaus folgte zu einem einwöchigen Besuch; es empörte ihn, Joyce mehr denn je trinken und zudem von Schmeichlern umgeben zu sehen. Noras Onkel Michael Healy in Galway war mutig genug, die Reise zum Festland anzutreten. Die Joyce' hatten wie viele Pariser innerhalb ihrer Wohnung kein zusätzliches Schlafzimmer und brachten Verwandte, die auf Besuch kamen, in kleinen Hotels im *quartier* unter. Im Fall des frommen Mr. Healy beauftragte Nora Joyce und einen irischen Freund, die Nachbarschaft nach einem Hotel in der Nähe einer katholischen Kirche abzugrasen, so daß ihr Onkel während seines Aufenthalts täglich zur Kommunion gehen konnte.

Da Noras Wiedersehen mit Eileen im Frühjahr erfreulich verlaufen war, überraschte es sie, daß sie im November 1926 einen Brief von Eileen erhielt, der nicht in Triest, sondern in Oughterard in Irland geschrieben worden war. Warum hatte Eileen es wohl vorgezogen, von Triest direkt nach Irland zu fahren, indem sie durch Belgien reiste, und nicht in Paris haltzumachen? Nora konnte sich auf Eileens Reise keinen Vers machen.[18] Immerhin war deren Brief fröhlich; sie amüsiere sich bestens und werde Nora mit sämtlichen irischen Neuigkeiten vertraut machen, wenn sie auf der Rückreise in Paris haltmachte. Ein paar Tage später waren Nora und Joyce zutiefst betroffen, als sie ein von Panik erfülltes Telegramm von Eileen erhielten, das zwar in Irland aufgegeben, aus Gründen der Geheimhaltung jedoch auf Italienisch abgefaßt war: »Frank *rovinato* (ruiniert)«, stand darin oder besser gesagt, es war deutlich, daß er es sein würde, wenn Joyce nicht das von Eileen verlangte Geld nach Triest schickte. »*Salveci* (rette uns)«, flehte sie. Joyce hatte keine Ahnung, von welcher Summe Eileen sprach, und war, wie üblich, knapp bei Kasse. Sie waren gerade aus Belgien zurückgekehrt, und er hatte fünftausend Francs Miete, fünftausend Francs Steuern, zehntausend für Kleider für Nora und die Kinder ausgegeben und Stanislaus sechstausend geschickt. Gerade als er dabei war, Eileen zu telegrafieren, daß kein Bargeld da sei, erhielt er einen Brief von einem Bekannten in Triest, der ihnen schonungslos eine schlechte Nachricht mitteilte.

Am Montagmorgen, gleich nachdem seine Bank geöffnet hatte, hatte Frank Schaurek, Eileens Mann, sich erschossen.[19] Es traf außerdem ein Telegramm von Stanislaus ein, das die gräßliche Nachricht enthielt.

Joyce erzählte Nora nichts davon. Frank, dies Muster eines erfolgreichen Triestiner Geschäftsmannes, Familienoberhaupt und Antiquitätensammler, hatte, so war entdeckt worden, fünfundsiebzigtausend Francs (etwa fünfhundert Pfund) unterschlagen, und man hatte ihm einen Monat Frist gegeben, um wenigstens die Hälfte der Summe zurückzuzahlen. Da er dazu nicht imstande gewesen war, hatte er sich umgebracht. Während Joyce noch überlegte, wie er Nora die Neuigkeit beibringen sollte, spitzte die Situation sich geradezu farcenhaft zu. Telegramme aus Dublin von Eva kündigten die unmittelbar bevorstehende Ankunft von Eileen in Paris an, die sich auf der Rückreise nach Triest befand. »Stimmt mit Frank irgend etwas nicht?« fragte Eva.[20] Eileen war sich offensichtlich nicht darüber im klaren, daß sie Witwe war.

Sein ganzes Leben lang war Joyce unfähig, schlechten Nachrichten ins Auge zu sehen. Seine Ausrede war dabei gewöhnlich, daß er seine nervöse Frau schützen müsse. Bei dieser Gelegenheit beschloß er, Nora nichts von Franks Tod zu erzählen und Eileen ebensowenig. Fast drei Tage lang ertrug er folglich in Paris die Gesellschaft einer beunruhigten Eileen und einer rätselnden Nora, ohne mit der Wahrheit herauszurücken. Statt dessen erzählte er Eileen, um sie auf Franks Abwesenheit auf dem Triestiner Bahnhof vorzubereiten, Frank sei nach Prag zurückgekehrt, bis Gras über die Affäre bei der Bank gewachsen sei.[21] Diese Lüge hatte zur Folge, daß Stanislaus die Aufgabe überlassen blieb, zum Zug zu gehen und ihrer Schwester mitzuteilen, daß ihr Mann tot war. Es war vielleicht die größte Gemeinheit, die Joyce Stannie jemals antat.

Um den Schlag für Eileen zu mildern, nahm Stannie den Trauerflor und den schwarzen Hut ab, ehe er sie abholte. Als Eileen in Triest eintraf, hatte die Beerdigung bereits stattgefunden, und Franks Leichnam war schon unter der Erde. (Er war ein so unersättlicher Antiquitätensammler gewesen – vielleicht der Grund für seine Verschuldung –, daß die Triestiner Antiquitätenläden an diesem Tag seinem Andenken zuliebe geschlossen blieben.) Eileen war von der Nachricht und dem Anblick ihrer schwarzgekleideten Kinder und des weinenden Personals derart vor den Kopf geschlagen, daß sie damit nicht fertig wurde. Sie verlangte, man solle Franks Leichnam wieder ausgraben, ehe sie ihre Hoffnung fahren ließ, daß Joyce die Wahrheit gesagt hatte und Frank in Wirklichkeit in Prag war. Der Schock bewirkte, daß sie auf Monate das Gedächtnis verlor.[22]

Für Nora, Jim und Stanislaus bedeutete Schaureks Selbstmord eine weitere finanzielle Bürde, da die Brüder zum Unterhalt Eileens und ihrer Kinder beitrugen. Stanislaus' eigene Heirat wurde um weitere drei Jahre hinausgeschoben.

***

Nora und Joyce erfreuten sich zu der Zeit eines Einkommens von zweitausend Pfund jährlich, die ihnen fast zu gleichen Teilen aus Harriet Weavers Trust und den Tantiemen aus dem *Ulysses* zuflossen, die Sylvia Beach an Joyce zahlte. Sie hatten keine Bank in Paris. Statt dessen benutzten sie Sylvias Buchhandlung, wo sie sich als Vorschüsse auf die Tantiemen, die man aus dem Verkauf des *Ulysses* erwartete, das nötige Kleingeld holten. Manchmal hinterließen sie eine Notiz in der Ladenkasse, manchmal auch nicht. Zur Zeit von Stanislaus' Besuch in Paris entnahm Nora selbst vierzehntausend Francs (achtzig Pfund).[23] Demzufolge, was ihre Biographin Sylvias Büchern entnommen hat, machte sie mit dem *Ulysses* nicht den geringsten Gewinn. Für die ganze Familie war Shakespeare & Company weit mehr als eine Bank oder eine Kleingeldkasse. Es war Fahrkartenschalter, Postamt, Sekretariat und Zollhaus. Als Joyce von Harriet Waver ein paar Schallplatten aus London geschickt haben wollte, bat er sie, sie an Miss Beach zu adressieren, da die sich so viel besser als er auf den Umgang mit Formularen verstehe. So umfangreich war das tägliche geschäftige Hin und Her zwischen der rue de l'Odéon und dem Square Robiac, daß Sylvia extra eine Botin beschäftigte, die die Verbindung herstellte. (Die Botin war die gutmütige, geistig zurückgebliebene Schwester ihrer Verkäuferin Myrsine Moschos.)

Sylvia kümmerte sich nicht nur um Joyce' umfangreiche Korrespondenz mit Verlegern, Agenten, Übersetzern und Lesern, sondern auch um viele seiner und Noras persönlicher Rechnungen. Einmal telegrafierte er Sylvia aus dem Urlaub, sie solle ihren Blumenhändler bezahlen und Giorgio Geld für die Stromrechnung und das Hausmädchen geben. Bei einer anderen Gelegenheit lieh er sich Geld nicht nur von Sylvia, sondern auch von ihrer Mutter.[24]

Joyce, der jeden Menschen seiner Umgebung ausbeutete und dabei überzeugt davon war, daß er verfolgt wurde, hatte allerdings handfeste Gründe für diese Überzeugung. Sein Augenarzt versicherte ihm immer weiter, daß die nächste Operation seine Sehkraft wiederherstellen würde. Ende 1925 hatte er etwa zehn Operationen hinter sich. Die Pein, die die Raubdrucker ihm bereiteten, war jedoch noch größer. Der amerikanische Zeitschriftenverleger Samuel Roth hatte 1925 begonnen, den *Ulysses* in Fortsetzungen abzudrucken, und behauptete, Joyce habe diesen Abdruck autorisiert. Joyce erhielt keinerlei Honorar oder urheberrechtlichen Schutz. Als die Raubdruckerei immer weiter ging (und Roth den Namen seiner Zeitschrift änderte, um nicht wegen Obszönität belangt werden zu können), raufte Joyce sich die Haare, denn er sah seinen gesamten amerikanischen Absatz, selbst noch den vom Touristenmarkt, dahinschwinden. Bei Shakespeare & Company vorbeizuschauen und das verbotene schmutzige Buch zu kaufen, war für viele Amerikaner ein wesentlicher Bestandteil ihrer Parisreise. Einen großen Teil ihrer Energien verwendeten Sylvia und Joyce gemeinsam auf den Versuch, den Raubdruck des *Ulysses* in den Vereinigten Staaten zu unterbinden.[25]

***

Nora war mittlerweile eine seßhafte, selbstbewußte Pariserin geworden. Ihr Französisch erreichte zwar nie das Niveau ihres Italienisch oder auch nur ihres Deutsch, Sprachen, in denen sie sich mit engen Freunden unterhalten konnte, die kein Englisch sprachen.

Immerhin hatte sie aber genügend Französisch gelernt, um sich bei ihren Nachbarn, ihren Hausmädchen, ihren Friseuren und Hutmachern verständlich zu machen. Als eines Tages der Chauffeur des Taxis, das sie mit Arthur Power teilte, die Anschrift nicht finden konnte, die sie ihm genannt hatte, sagte Nora zu ihm: *»Vous ne savez aucune rue!«*[26]

Ihr Witz und ihre Gemütsruhe entgingen vielen von Joyce' literarischen Bewunderern, insbesondere solchen aus Amerika. In dem Maße, wie ihre Vergötterung seiner Person zunahm, wuchs auch ihre Überzeugung, daß seine Gefährtin seiner nicht würdig sei. Thomas Wolfe saß im Sommer 1926 in Waterloo mit den Joyce', die in Belgien Ferien machten, zusammen in einem Touristenbus. Schweigend beobachtete Wolfe die Familie: Joyce, der eine Augenklappe trug, mit humorvollem Mund und einer von Narben und Furunkeln übersäten roten Nase; Giorgio und Lucia, die wie ein amerikanischer Collegestudent und ein »flapper« (in den 20er Jahren Mädchen, das sich über die Konventionen hinwegsetzte, Anm. d. Ü.) wirkten, und dann noch eine Frau, die »äußerlich wie eine von tausend französischen Mittelstandsfrauen aussah, die ich im Leben gesehen habe – ein vulgärer, eher schlaffer Mund; nicht sehr intelligent wirkend«.[27]

Das bringt die Ansicht vieler Joyce-Forscher und Schriftsteller von der anderen Seite des Atlantiks, die Joyce mit eigenen Augen sehen wollten, in bezug auf Nora ziemlich gut auf den Punkt. Schuld daran war teilweise Joyce selbst, der sich in Anwesenheit von Verehrern nie entspannte und eine schweigsame, bedrohlich wirkende Gestalt blieb. Manche blickten jedoch durch seinen Panzer hindurch und durch den Noras ebenfalls. Margaret Anderson, die, wie Jane Heap, als amerikanische Herausgeberin der *Little Review* seinetwegen der Obszönität für schuldig befunden worden war, sagte, nachdem sie die beiden kennengelernt hatte:

> Für mein Gefühl gibt es derzeit keine Bemerkung zu Mrs. Joyce, die ihr gerecht würde. Sie ist reizend. Sie ist unterhaltsam. Ihre irische Spottlust und das Herausfordernde ihrer Person liefern Joyce unaufhörlich eine ebenso unentbehrliche wie erfreuliche Folie. Sie neckt

und tyrannisiert ihn. Ihre Stimme besitzt einen Unterton, der ihr Gespotte zugleich enervierend, erregend und zärtlich wirken läßt.

Sie muß sich allerdings wohl fühlen, um zu zeigen, was in ihr steckt. Sie hat »Intellektuellen« gegenüber Minderwertigkeitsgefühle, wenn sie auch nicht kleinlich darin ist, ihre Verachtung für sie kundzutun. Mit Jane und mir fühlte sie sich bald schon wohl, da sie merkte, daß wir sie zu würdigen wußten. Nora Joyce ist eine dieser Frauen, die ein Mann auf alle Zeiten liebt und der er eines Tages gründlich den Hals umzudrehen hofft. Sie besitzt Geist und Sinn für Unabhängigkeit, die sie (man hat den Eindruck, nicht widerstandslos) ihrer Verehrung für einen Mann unterzuordnen bereit war, den sie, ungeachtet seines »Bedürfnis(ses), Bücher zu schreiben, die niemand verstehen kann«, für groß hält.[28]

Die irische Reaktion auf Nora war anders. Ihre Freunde aus Irland, selbst noch die intellektuellsten, mochten Nora; sie machte ihr Haus und Joyce selbst leicht zugänglich. So wurde beispielsweise ein Mitglied des irischen Rugbyteams, das zu einem internationalen Turnier in Paris war, eines Morgens ans Telefon gerufen, und am anderen Ende der Leitung war Joyce, der ihn zum Tee einlud. Selbstverständlich war Joyce für irische Literaten ein obligatorischer Anlaufhafen, und sie trafen dann auf einen »ganz normalen ruhigen Mann mit Familie, der sich abends gern mit Freunden in einem Restaurant traf und Wein trank«.

Dies waren die Worte Thomas McGreevys, der 1926 zum *lecteur d'anglais* an der Ecole Normale Supérieure ernannt wurde. Kaum hatte er sich in seiner eleganten Wohnung in der rue d'Ulm eingerichtet, schrieb er Joyce einen Brief, um sich vorzustellen. Um halb zehn am nächsten Morgen war Joyce am Telefon. Ob McGreevy wohl zum Tee an den Square Robiac kommen könne? McGreevy fand sich zur gewünschten Zeit ein, klopfte an die Tür und war wie geblendet, als sie sich auftat und hinter einem »schönen Heiligenschein aus goldenem Haar« das Licht herausflutete.

»Miss Joyce?« erkundigte sich McGreevy. Es war jedoch Nora und nicht Lucia, und sie lachte schallend. Das war der Anfang einer Freundschaft, die für McGreevy, der ein witziger Junggeselle und brillanter Gesprächspartner war, enger war als seine Freundschaft mit Joyce. Joyce habe für Freunde keine Verwendung, sagte McGreevy; das einzige, was für ihn zähle, sei, ob sie bereit waren, ihm bei der Fertigstellung von *Work in Progress* zu helfen.

Nora war unterhaltsam. Eines Tages, kurz nachdem sie einander kennengelernt hatten, war McGreevy in der Nähe des Gare Montparnasse zu Fuß zur Wäscherei unterwegs; er schleppte sich mit einem großen und unbeholfen zusammengepackten Bündel ab und hoffte, niemandem zu begegnen, den er kannte. Plötzlich rief jemand seinen Namen. Nora Joyce saß in einem Taxi mit heruntergeklapptem Verdeck und winkte ihm lachend zu. »Sie war derselbe irische Schlag wie ich«, sagte er. Joyce räumte immer wieder ein, daß seine Frau und McGreevy mehr über Irland wüßten als er. »Dreißig Meilen außerhalb von Dublin bin ich aufgeschmissen«, pflegte er zu sagen. McGreevy gegenüber machte Nora sich über Joyce' Angewohnheit lustig, jedem, den er zu fassen bekam, Aufträge zu erteilen. »Machen Sie sich nichts draus, Tom«, sagte sie, »wenn Gottvater persönlich vom Himmel herabstiege, würde der Kerl für Ihn noch etwas zu tun finden. Du solltest dich schämen, Jim.« Joyce, bemerkte McGreevy, lächelte über ihr Gespöttel, und hob immer die Hand vors Gesicht, wenn er das tat. Zwischen den beiden, befand McGreevy insgeheim, schien vollkommenes Verständnis zu herrschen.[29]

Eine irische Freundin, die Literatin Mary Colum, war anfänglich durch Noras Bildungsmangel abgestoßen, fand aber dann ebenfalls, daß Joyce' Ergebenheit völlig verständlich sei. Nora sei »nicht nur schön, sondern auch lebhaft und humorvoll«, und Mary vermochte zu erkennen, daß »ihre Persönlichkeit für ihn von großem Interesse war«. Er liebte ihre Art, im Nu das Wesentliche an einem Menschen zu erfassen, und ihre scharfzüngigen Erwiderungen. Außerdem besaß Nora einige natürliche Fähigkeiten, darunter Musikliebe und -verständnis, die sie noch stärker aneinander banden.[30] Maria Jolas, die die Familie und die Ehe sehr gut kennenlernte, verteidigte Nora in späteren Jahren gegen ihre Kritiker. »Nora war stets sorgfältig gekleidet, sorgfältig zurechtgemacht, und er war stolz, sie auszuführen. Es ist müßige Spekulation anzunehmen, daß sie anders gewesen sei, als er sie haben wollte.«[31]

Am Square Robiac fanden viele Parties statt. Ob die Gäste sich gut unterhielten oder nicht, hing davon ab, wie dankbar sie für die Einladung waren. Helen Nutting empfand Nora als herzliche, freundliche Gastgeberin. Helen Fleischman war kritischer. Nora verstehe sich besser darauf, ihre Gäste zu füttern – es gab stets ein Büffet mit Truthahn und Schinken –, als es ihnen behaglich zu machen. Sylvia Beach fand die Parties langweilig. »Er selbst sang irische Lieder, begleitet von sich selbst«, schrieb sie ihrem Vater.[32]

Die Gästeliste war einigermaßen vorhersehbar: die Nuttings, William Bird, ein amerikanischer Journalist und Verleger, und seine Frau Sally, Sylvia und Adrienne, McGreevy und die Joyce-Kinder und ihre Freunde. Nicht so häufig wurden McAlmon, Kay Boyle und andere Freunde aus ihrer Anfangszeit in Paris am Square Robiac gesehen. McAlmon hatte »James Jesus Joyce« satt, und Pound (der Joyce' Ansprüche ebenfalls leid war) war nach Italien gezogen.

Joyce versammelte einen neuen Kreis um sich. Stanislaus argwöhnte, es handele sich um Speichellecker, und vielleicht waren sie das auch. Sie waren aber zugleich hart arbeitende Speichellecker, die alle Hände voll zu tun hatten, um Joyce bei der Vorbereitung und Veröffentlichung seines schwierigen neuen Buchs zu helfen. Die Hauptpersonen unter ihnen waren Maria Jolas und ihr Mann Eugene, ein tatkräftiges amerikanisches Paar, das in ihrer kosmopolitischen literarischen Zeitschrift *transition* Auszüge aus *Work in Progress* veröffentlichte. Eine weitere wichtige Verstärkung war Stuart Gilbert. Gilbert (dessen Namen Joyce dreisilbig aussprach – »Gi-la-bert«) war ein in Oxford ausgebildeter Anwalt, der als Richter in Burma gedient hatte und sich der Aufgabe verschrieb, den *Ulysses* zu erklären und zu übersetzen. Gilberts französische Frau Moune, eine zierliche, lebhafte Frau, war im Verlagsgeschäft tätig. Sie wurde bald schon eine von Noras besten Freundinnen.

Die Gäste der Joyce' trafen um neun Uhr ein. Nora empfing sie allein. Dann warteten sie alle verlegen (ohne etwas zu trinken), bis ihr Gastgeber erschien. Obwohl seine Blindheit keineswegs total war (»Joyce konnte so gut sehen wie jeder andere auch, wenn er Lust hatte«, meinte Sylvia Beach.), führte Nora ihn dann von Gast zu Gast und wies ihn an, als sei er ein Kind, jeden einzelnen zu begrüßen, während sie ihm im Gegenzug den jeweiligen Namen nannte. Dann begann das Trinken und Singen. Giorgio sang Arien, Lucia leichte Volkslieder und Joyce seine Lieblingsballade »The Brown and Yellow Ale«, dessen Worte Nora womöglich zutiefst schockiert hätten, hätte sie *Work in Progress* gelesen, worin der Wirt H. C. Earwicker sich in inzestuösen Vorstellungen über seine »Tochter-Frau« ergeht: »He asked was the woman with me my daughter... And I said that she was my married wife.«

Sylvia und Adrienne gingen gewöhnlich früh, wie auch Miss Weaver, wenn sie in Paris war. Dann fing die Tanzerei an, die durch Joyce' Solotanz gekrönt wurde: er schwenkte lange Spinnenbeine (Schrittlänge 32½ Zoll) und lange Arme, wobei er ständig kopfüber hinzuschlagen drohte, wirbelte und pirouettierte selbstvergessen.[33] Nora, die zwar etwas Wein trank, niemals aber viel, hatte eine Weile an allem ihren Spaß und wartete dann zu vorgerückter Stunde sichtbar ungeduldig darauf, daß die Gäste gingen. Wenn Jim dann noch ein Lied anstimmte, steckte sie sich die Finger in die Ohren. »Nun guckt ihn euch bloß wieder an«, sagte sie, »wird dieser Mensch denn niemals schlau?«[34] Nora selbst beendete das wilde Getanze. Sie befahl Maria Jolas, mit dem Klavierspielen aufzuhören, und stieß Joyce zorngerötet (wie Bella Cohen in *Ulysses*) in einen Sessel, aus dem er dann mit boshafter Genugtuung emporlächelte, weil es ihm gelungen war, den Abend so lang hinzuziehen.

Nora kam am meisten bei der Nachlese auf ihre Kosten, die am nächsten Tag zur Teezeit stattfand. Im Kreis der engsten Vertrauten – Giorgio, Lucia, Joyce, vielleicht noch McGreevy – ging sie die Gästeliste durch und kritisierte, wie Molly Bloom, sämtliche Frauen. Giorgio stachelte sie noch dazu an. Er mochte boshaften Klatsch ebensogern wie seine Mutter, und Joyce hörte dann schweigsam zu und räkelte sich lächelnd in seinem Sessel.

Nora liebte die Teestunde. Das Ritual hatte große Bedeutung für die ganze Familie, es war ein tägliches Zeremoniell, das ihr Leben in Irland mit dem in Frankreich verknüpfte und das Nora zelebrierte. Sie gab sich große Mühe mit dem, was sie zu essen anbot: die Sandwichs waren köstlich und hauchdünn geschnitten; es gab stets zwei Sorten Kuchen und gewöhnlich auch süße Kekse; und oft auch etwas Warmes, etwa Scones (engl. Teekuchen, Anm. d. Ü.). Nora war stolz auf ihren Tee, den sie stark brühte und heiß servierte. (Die Erwähnungen von Tee in Joyce' Werk gäben genug Material für eine zünftige Doktorarbeit ab.) Diejenigen, die zum Tee bei den Joyce' eingeladen wurden, konnten sich wahrlich zum intimen Kreis rechnen. Joyce kam dazu aus seinem Arbeitszimmer heraus, Giorgio kam von wo immer er sich aufhielt, irische Parisbesucher stellten sich ein. Elizabeth Curran, die Tochter von Joyce' Dubliner Freund Constatine Curran, war ein häufiger Gast. Es erübrigt sich wohl zu sagen, daß Nora, immerhin eine Joyce, wenn schon keine Joyceanerin, nie irgend etwas Eßbares selbst herstellte, wenn sie es kaufen konnte, eine Stammkundin von Richaud und Rumpelmeyer, teuren Pariser Konditoreien, war.[35]

Wenn Miss Weaver kam, vollzog das Teeritual sich auf einer höheren Ebene. »Earth knows which side her bread is buttered«, hatte Joyce in seinen Notizen zum *Ulysses* bemerkt (wobei ›Earth‹ gleichbedeutend mit Molly und damit auch mit Nora war). Nora mochte Miss Weaver sehr und kaufte ihr einmal eine elegante Handtasche, die Miss Weaver stets hütete wie einen Schatz. Trotzdem betrachtete auch Nora einen Weaver-Besuch als Kommandounternehmen und war froh, wenn er vorbei war. Miss Weaver erschien dann Schlag vier. Der Tee wurde auf feinstem Linnen, mit dem erlesensten Gebäck und den interessantesten literarisch tätigen Gästen serviert, die sich aufbieten ließen. Auch Miss Weaver fühlte sich bei diesen Besuchen nicht wohl. Sie saß auf der Stuhlkante und antwortete »Mr. Joyce« nur mit »Ja, Mr. Joyce« oder »Nein, Mr. Joyce«.[36] Die Joyce' führten Miss Weaver kaum je, wenn überhaupt einmal, in Paris zum Essen aus.

Jene geordneten Jahre von 1925 bis 1931 boten Nora die einzige echte Chance, ihre Fähigkeiten als Gastgeberin und Hausfrau spielen zu lassen. Marie Jolas bemerkte, daß der Haushalt immer makellos gepflegt gewesen sei. Das schönste Kompliment aber stammte von dem bewundernden McGreevy. In jenen Jahren, so sagte er, »lief der Haushalt (für Joyce) wie am Schnürchen«, und er hatte jede Freiheit, sich dem Werk zu widmen, von dem er besessen war.

Ein Grund für Joyce' Eifer in jenen Jahren, Miss Weaver zu gefallen, war ihre Reaktion auf sein neues Buch. Sie hatte ihm höflich, aber ehrlich im Februar 1929 geschrieben:

> ... ich bin nun einmal so, daß ich mir nicht viel aus Ihren am laufenden Sicherheits(nadel)band* en gros hergestellten Wortspielereien mache, ebensowenig wie aus den dunklen und unverständlichen Partien Ihres bewußt verworrenen Sprachsystems. Mir scheint, Sie vergeuden Ihr Genie.[37]

Schüchtern setzte die gutartige Frau hinzu, wahrscheinlich irre sie sich ja. Sie wollte ihn nicht entmutigen. Sie kam nach Paris, um ihn persönlich ihrer bedingungslosen Unterstützung zu versichern, was immer er schreiben würde. Miss Weaver hatte keine Ahnung, welche emotionale Rolle sie in Joyce' Leben spielte. Nora konnte weder noch wollte sie ihn als Schriftsteller hätscheln. Miss Weavers Mißbilligung war jedoch so unerträglich für ihn, daß Joyce sich regelrecht krank fühlte, bis sie sie widerrief. Nora wußte nur allzu gut, was Joyce gerade versuchte. *Finnegans Wake* war in einer neuen Sprache geschrieben, die so obskur war, daß er Miss Weaver ein Glossar geschickt hatte, damit sie wenigstens die erste Seite lesen konnte. Nora fragte Sylvia besorgt, ob Jim sich nicht damit in Schwierigkeiten brächte, daß er so schrieb, wie er es tat.[38]

Joyce verfaßte das Buch, indem er auf einem Tisch auf große Karten schrieb. Er griff auf den Stuhl neben sich, nahm eine Karte von einer bestimmten Farbe, hielt sie sich dicht an die Augen und schrieb. »Was machst du bloß mit den ganzen Karten?« fragte Nora, worauf er antwortete: »Den Versuch, ein Meisterwerk zu schaffen.«[39]

Im Jahr 1929 veröffentlichte er einen der zugänglicheren Teile von *Work in Progress*, die Fabel von »Ondt« und »Gracehoper«. »The Ondt« – the ant, die Ameise, das Arbeitstier – war eine Kari-

* Im Englischen kommt das Wortspiel aus »safety pin« (Sicherheitsnadel), das in »safety pun« (pun = Wortspiel) abgewandelt wurde, zustande.

katur von Wyndham Lewis, gegen den Joyce inzwischen eine Abneigung entwickelt hatte. Die Identität des munteren »Gracehopers« »always jigging ajog, hoppy on akkant of his joyicity« war schwerlich ein Rätsel.[40]

Eines Nachmittags mangelte es am Square Robiac an »joyicity«, als Nora allein ausgehen wollte und Joyce wünschte, daß sie ihn bei einer Besorgung begleitete. Nora rief McGreevy an, damit der käme und sie vertrat. (Wegen seiner Augen konnte Joyce nicht allein zurechtkommen.) Sie hatte eine Nachmittagseinladung ins Ritz, für die sie sich einen neuen Hut gekauft hatte. Sie war nicht gewillt, Joyce zuliebe ihren Nachmittag zu opfern.

Als McGreevy eintraf, versuchte Nora zu entschlüpfen, doch Joyce hielt sie unter immer neuen Vorwänden auf. Schließlich erklärte sie ihm am Ende ihrer Geduld: »Um Himmels willen, Jim, laß mich jetzt zu meiner Party gehen, und du kümmerst dich um deine Ondts und Gracehopers, bis ich wieder da bin.« Dann rauschte sie in ihrer großen Aufmachung davon.[41]

Mary Colum mißbilligte, so gern sie Nora auch hatte, doch deren Extravaganz im Hinblick auf teure Kleidung, insbesondere Hüte – ein Anzeichen, so meinte Mary, für den verderblichen Einfluß von Miss Weavers Geld.[42] Nora gab das Geld mit vollen Händen aus. Sie mochte auch nicht ein einziges Jahr lang nicht nach der neuesten Mode gekleidet gehen. Bei ihrem Urlaub in Ostende und Waterloo beispielsweise kleidete Nora sich, da die Modehäuser für tagsüber den »sportlichen Look« verordnet hatten, in das hochmodische Beige, obwohl sie nichts Sportlicheres tat, als Joyce dabei zuzuschauen, wie er am Strand Steinchen übers Wasser hüpfen ließ.

Bis 1928 hatte Nora ihr Äußeres total verwandelt. Sie hatte sich das lange Haar modisch kurz schneiden und wellen lassen. Als »Complets« en vogue waren, hatte Nora für sich und Lucia (die sie niemals allein für sich einkaufen ließ) Röcke und lange untaillierte Oberteile gekauft, wozu sie Modeschmuck trugen. Im Jahr 1927, als die Mode Tupfen vorschrieb, wählte Nora einen getüpfelten Rock und ein ebensolches Oberteil im Uniformjackenstil, worin sie von Berenice Abbott fotografiert wurde, der Assistentin des amerikanischen Dadaisten Man Ray.

Miss Abbott hielt Nora für schön und liebte ihre Stimme. Sie machte ausgezeichnete Porträts von allen dreien: Lucia in einer langen Strickjacke und einer Bluse mit Etonkragen und Joyce selbst, der wie ein Matineeidol hergerichtet war, mit weißer Jacke und Fliege, die Hände um ein emporgehobenes, angewinkeltes Knie geschlungen. Einmal mehr gelegentlich solcher Familienporträts war Nora am besten geraten, weil sie sich so offen der Kamera preisgab.[43]

Joyce, dem es eine Genugtuung war, seine Frau und seine Tochter nach der letzten Mode gekleidet zu sehen, hielt dennoch seine Sehnsucht nach der Art von Kleidung aufrecht, wie Nora sie getragen hatte, als sie sich kennenlernten. Als er den Bildhauer Brancusi kennenlernte, meinte er, daß sie gut miteinander auskämen, seit sie entdeckt hatten, daß beide die modernen Strömungen der Frauenmode beklagten.[44]

Joyce' eigenes Interesse an der symbolischen Bedeutung der Kleidung grenzte an Aberglauben. Er habe begonnen, so scherzte er in einem Brief an Miss Weaver, sich dadurch gegen die Blindheit zu wehren, daß er sich in deren Farben kleide. Mit anderen Worten, er trug schwarze, graue und grüne Kleidung, und er beschrieb sie ihr bis ins einzelne. Wegen seiner schwachen Augen hatte er begonnen, die Briefe, die er Miss Weaver schrieb, zu diktieren, mit dem Ergebnis, daß diese nicht nur länger, sondern auch vertraulicher wurden. Während er im persönlichen Umgang mit Miss Weaver übertrieben förmlich war, fing er an, sich in den Briefen anzuhören wie ein Schuljunge, der aus dem Internat nach Hause schrieb, oder wie die Nora von 1904, wenn sie ihm schrieb.

> Ich ließ mir also in München eine Jacke aus grünem Stoff machen, den ich in Salzburg gekauft hatte, und im Moment, da ich wieder in Paris war, kaufte ich mir ein Paar schwarz-graue Schuhe und ein graues Hemd; dann hatte ich noch eine graue Hose und fand einen schwarzen Schlips und suchte per Annonce grüne Hosenträger, und Lucia gab mir ein graues Seidentaschentuch und das Mädchen fand einen schwarzen Sombrero, und damit war das Bild komplett.[45]

***

Seine Feinde unsterblich machen, heißt noch nicht, ihnen vergeben. Mehr als zwei Jahrzehnte, nachdem er seinen einstigen Rivalen Vincent Cosgrave zuletzt gesehen und seine alte Rechnung dadurch beglichen hatte, daß er Cosgrave sowohl in *Porträt des Künstlers als junger Mann* als auch in *Ulysses* »Lynch« nannte, hegte Joyce immer noch einen Groll wegen der Dinge, die im Jahr 1904 zwischen Cosgrave und Nora geschehen waren. Er hörte also gar nicht ungern im Herbst 1926, daß Cosgrave ertrunken in der Themse gefunden worden war. Zu seiner Darstellung von Cosgrave als Lynch im *Ulysses* gehörte, daß Joyce ihm von Stephen Dedalus dunkel prophezeien ließ, Lynch werde sich umbringen, wie Judas es getan hatte.[46]

Der einzige Freund, der wußte, inwiefern Cosgrave Joyce' Vertrauen in Nora zerstört hatte, kam im November 1927 auf Besuch zum Square Robiac. J. F. Byrne hatte Joyce seit dem berühmten Tag in der 7, Eccles Street im Jahr 1909 nicht wiedergesehen, und er hatte Nora seit 1904 nicht gesehen, als er Joyce in seinem Vorsatz bestärkt hatte, mit ihr davonzulaufen. Nora und Joyce hatten Byrne nach Paris eingeladen, ihn vom Zug abgeholt, ihn in die Oper geführt und ihn ihren Freunden vorgestellt. Während des Besuchs erzählte Joyce Byrne von Cosgraves Schicksal. Joyce achtete darauf, so fiel Byrne auf, daß er ihm die Mitteilung »in Gegenwart und Hörweite Noras« machte.[47] Byrne wußte nur zu gut, wie sehr Joyce daran gelegen war, daß Nora vom traurigen Ende ihres alten Verehrers hörte, doch sie verweigerte ihm die Genugtuung einer Reaktion.

Die Joyce' überredeten Byrne, seinen Besuch auszudehnen, und Joyce schrieb zu diesem Behuf an Byrnes Frau, als wäre die dessen Mutter, und fragte an, ob Byrne noch ein paar Tage länger bleiben dürfe.

Als Byrne nach Irland zurückkehrte, beluden die Joyce' ihn mit Geschenken und Exemplaren von Joyce' Werk wie auch einer Schallplatte mit Joyce' Lesung aus dem Abschnitt »Anna Livia Plurabelle« in *Work in Progress* und aus dem *Ulysses* für Joyce' Vater. Sie setzten ihn in den Zug und sagten, sie hofften, er werde sie wieder besuchen kommen. Dann setzte Joyce sich hin und schrieb auf eine Weise, die sich ganz anders anhörte, an Miss Weaver:

> Von meinen Landsleuten klingelte zuletzt der ›Cranley‹ des *Porträt* etc. an meiner Tür! Der ›Lynch‹ von *Porträt* und *Ulysses*, erzählte er mir, ist vor einigen Monaten aus der Themse gefischt worden. Er kam anscheinend von Irland, um mich zu besuchen, war nie vorher auf dem Kontinent, spricht kein Wort Französisch, hat nichts in Paris gesehen und kehrte nach einem Aufenthalt von drei Tagen nach Irland zurück.[48]

Jahre später, nach Joyce' Tod, als dieser Brief veröffentlicht wurde, wurde Byrne fuchsteufelswild. Er habe nicht »an Joyce' Tür geklingelt«, schäumte er; er sei ausdrücklich eingeladen worden, und die Joyce seien (habe er geglaubt) herzliche Gastgeber gewesen. Joyce, so erklärte er, habe noch nie eine Gelegenheit verstreichen lassen, um sich als »Klugscheißer« hervorzutun. Der Gipfel der Kränkung war für Byrne, daß es, anders als Joyce es Miss Weaver gegenüber hinstellte, nicht er, Byrne, gewesen war, der Joyce von Cosgrave erzählt hatte, sondern andersherum.[49]

Im Jahre 1926, als er im Alter von achtundvierzig Jahren ertrank, war Cosgrave zweifellos ein Gescheiterter. Er hatte das Erbteil seiner Mutter verschleudert und lebte im Bloomsbury-Viertel von London zur Untermiete. Er machte niemals das Examen als Mediziner, und in seiner Sterbeurkunde ist seine Beschäftigung rührenderweise mit »ehemaliger Medizinstudent« angegeben. Es gab jedoch keinerlei Beweis dafür, daß er sich das Leben genommen hatte. Sein Leichnam war im September 1926 nach einer Nacht voller heftiger Stürme am Bermondsey-Ufer der Themse gefunden worden; er kann sich ertränkt haben, aber er kann ebensogut, möglicherweise betrunken, hineingefallen oder gar gestoßen worden sein. Die Staatsanwaltschaft erklärte die Angelegenheit zum ungelösten Fall.[50]

Nora machte sich Byrne auf ihre Weise zunutze. Sie bot ihm an, mit ihm einen Einkaufsbummel zu machen, um ihn davor zu bewahren, daß man ihn übers Ohr haute, so sagte sie, doch nutzte sie, während sie unterwegs waren, die Gelegenheit, wo sie ungestört waren, um ihm zu gestehen: »In meinem Glück gibt es nur noch einen Wermutstropfen.« Byrne gab höflich vor, nicht zu verstehen was sie meinte. Nora drängte jedoch: »Wissen Sie nicht, wovon ich spreche?«

Byrne drückte sich mit Rücksicht auf ihre Gefühle indirekt aus. Ob sie denn je mit Jim darüber gesprochen habe? Nora behauptete, nein. (Der nachfolgende Dialog, der Byrnes Erinnerungen entstammt, ist nicht wörtlich zu nehmen. Joyce' irische Freunde waren in vieler Hinsicht genauso erfinderisch wie er selbst; in dem Maße, wie sein Ruhm wuchs, gewann alles, was sie ihrer Erinnerung nach je zu ihm gesagt hatten, zentrale Bedeutung.) Byrnes Erinnerung lautete folgendermaßen:

> Nora ... was immer auch in früheren Jahren der Fall gewesen sein mag, ich bin mir sicher, daß Jim jetzt nicht das Geringste mehr dagegen einzuwenden hätte, das zu tun, was du möchtest. Ich werde ihn noch heute abend danach fragen.[51]

Byrne behauptete später, er habe Joyce mit der Frage konfrontiert, und der habe »wärmstens zugestimmt«. Doch entfernte Joyce den Wermutstropfen in Noras Glück noch weitere vier Jahre nicht – und dann auch nur aus eigensüchtigen Motiven. Daß Nora selbst Joyce nicht sagen konnte, daß sie eine verheiratete Frau werden wollte, zeigt, was für ein heikles Thema das zwischen ihnen war.

Was immer Joyce' Einwände gegen die Ehe gewesen sein mögen, seine einst furiose Aversion gegen die katholische Kirche gehörte nicht dazu. Im April 1928 willigte Joyce ein, an der katholischen Taufe der Tochter von Ford Madox Ford als Taufpate teilzunehmen. Der Mann, der am Bett seiner sterbenden Mutter nicht beten wollte, willigte ein, neben dem Taufbecken zu stehen und der Vertreibung des Teufels aus der Nähe eines neugeborenen Mädchens beizuwohnen. Joyce meinte, er habe das »als freundliche Geste« getan, wenn er auch der Meinung sei, daß das Mädchen ihn selbst würde fernhalten können.[52]

Nach der Taufzeremonie nahmen Joyce und Nora das Angebot der Fords an, ihnen für das Frühjahr ihr Haus in Toulon zu überlassen.

***

Im Jahr 1928 führte Tom McGreevy ein neues irisches Mitglied in den Joyce-Kreis ein. Es war Samuel Beckett, ein dreiundzwanzigjähriger Absolvent des Trinity College in Dublin, der vor kurzem an die École Normale gekommen war. Beckett, ein großer, hagerer grüblerisch-schweigsamer junger Mann, erwärmte sich für McGreevys geistreiche Art und fand sich alsbald in der Knechtschaft wieder: als Joyce' Übersetzer und Faktotum für sämtliche literarischen Belange. Becketts Biographin Deirdre Bair behauptet, Joyce sei froh gewesen, einen irischen Protestanten aus dem Mittelstand als unbezahlte Hilfskraft zu haben und insbesondere einen, der ihn bald schon bis zur Nachahmung idolisierte.[53] Beckett verehrte Joyce als Mentor, als Rebellen, als Mitstreiter bei der Erforschung neuer Wege des Sprachgebrauchs. Er sprach außerdem in einer Weise, die spätere Generationen leicht übersehen, auf Joyce' schwere Behinderung an. Joyce, der halbblind war und ständig das Stechen, Brennen und Pochen seiner Augenschmerzen aushalten mußte, war eine rührende Gestalt; die Leute verspürten den Wunsch, ihm dabei zu helfen, die Arbeit fortzuführen, die zu tun er sich getrieben fühlte. Beckett ging getreulich jeden Tag in die Wohnung der Joyce'. Doch machte er sich nicht die Illusion, daß diese Anhänglichkeit erwidert würde. Hatte Joyce Beckett doch, wie McGreevy, anvertraut: »Ich liebe niemanden – außer meiner Familie.«

Beckett genoß, wie McGreevy, Noras Gesellschaft, und ihm gefiel die irische Atmosphäre, die sie in ihrem Haus geschaffen hatte, sowie die Autorität, mit der sie über die Familie herrschte. (Es ist interessant festzustellen, wie den Helden in Becketts Roman *Molloy* das Wort »Dienstmädchen« durch den Sinn geht, und zwar in Verbindung mit sexueller Initiation.)[54]

***

Ein weiteres neues Element in ihrem Leben war Noras schlechter Gesundheitszustand. Im Frühling 1928 klagte Nora zum erstenmal seit vielen Jahren, daß sie sich nicht wohl fühle.[55] Um Joyce war es auch nicht gut bestellt; sein Gewicht war auf etwa 54 Kilo gesunken, und er versuchte zuzunehmen, indem er sich mit den

Süßigkeiten vollstopfte, die er und Nora gleichermaßen liebten – türkischem Honig, Karamell- und Sahnebonbons. Es war der Sommer, in dem Lucia in Salzburg war, und sie verließen, mit den Gilberts als Begleitern, Paris zu einer Marathonschleife, die sie über Frankfurt, München und Straßburg führte und wieder an der französischen Küste, in Le Havre, endete. Den Gilberts gefiel zwar ihre Rolle als Reisegefährten der Joyce', doch übernahmen sie niemals deren Lebensstil. Sie blieben immer in billigeren Hotels und trafen sich mit Nora und Joyce in ihren prächtigeren Etablissements nur zum Essen und um auf Ausflüge zu gehen.

Sie alle blieben sechs Wochen in Salzburg. Für Lucia hatte Nora die Klavierpartitur der Brahmsschen *Lieder* mitgebracht. Lucia sorgte sich um den Gesundheitszustand ihrer Mutter.[56] Während ihres Aufenthalts in Salzburg trafen sie sich mit Stanislaus und seiner Braut, die, nach dreijähriger Verlobungszeit, am 13. August geheiratet hatten. Die Begegnung war allerdings sehr die des großen Autors mit seinem jüngeren Bruder. Die zwei Paare trafen einander während des Aufenthalts nur zweimal, und dies beide Male in Anwesenheit vieler anderer Leute beim Mittagessen. Lucia unterhielt die Gruppe mit einem kleinen Tanz. Nora und Joyce sprachen mit Nelly, der frischgebackenen Mrs. Joyce.[57] Es muß eine bittere Erfahrung für Stanislaus gewesen sein. Seine jahrelangen Opfer waren in einem Maße in Vergessenheit geraten, daß er sich selbst die Folgen des Vorabdrucks von Joyce' Werk bei Sylvia Beachs Buchhandlung bestellen mußte, wo er ein Konto hatte. Zu der Kränkung kam Stanislaus ungeheure Empörung über das, was er las. Er konnte *Work in Progress* nicht das Geringste abgewinnen.

Bei diesem Familientreffen 1928 glänzte Giorgio durch Abwesenheit. Joyce hatte es sich angelegentlich sein lassen, dies im voraus zu erklären und Stanislaus zweimal geschrieben, daß sein Sohn sich in den Pyrenäen aufhalte. Er sagte allerdings nicht, mit wem.[58] Tatsächlich war Giorgio mit Helen in der Villa der Familie Kastor in Cauterets in Südwestfrankreich. Seine Affäre mit Helen ließ noch keine Ermüdungserscheinungen erkennen. Ja, das seltsame Paar schien wirklich verliebt zu sein. Im November zuvor hatte Helen offiziell die Trennung von Leon Fleischman erhalten, indem man ihr auf ihrer örtlichen *mairie* eine *ordonnance de non-conciliation* zugestanden hatte.[59] Zu diesem Zeitpunkt grämten die Joyce' sich bereits dermaßen über diese Beziehung, daß sie den Kontakt zu Helen abgebrochen hatten und nicht mit ihr sprachen, wenn sie ihr auf der Straße begegneten.[60]

Ihre Sorgen nahmen jedoch eine andere Richtung, als Nora sich gynäkologisch untersuchen ließ und sich herausstellte, daß sie einen Tumor hatte. Eine Operation wurde dringend empfohlen. Nora lehnte rundheraus ab. Joyce konnte sagen, was er wollte, sie blieb unnachgiebig. Beunruhigt sah Joyce sich nach Freunden um, die vielleicht imstande wären, auf sie einzuwirken. Er wandte sich sogar an Helen Fleischman.

Noras Diagnose stammte von einer jungen Ärztin, der sich Joyce wie Nora auf Sylvia Beachs Rat hin anvertraut hatten. Dr. Thérèse Fontaine war einunddreißig und schön, Feministin und Mitglied einer angesehenen Wissenschaftlerfamilie. (Daß Joyce Dr. Fontaine so bereitwillig akzeptiert hat, ist ein weiteres Anzeichen dafür, daß er es als wohltuend empfand, von starken Frauen umsorgt zu werden.) Für Nora war Dr. Fontaine eine willkommene Abwechslung nach dem aufgeblasenen Typ des männlichen Gynäkologen, über den Molly Bloom sich in *Ulysses* lustig macht.

Die Aussicht auf Noras Operation beängstigte die ganze Familie. Nora hatte sich monatelang geweigert, einen Arzt aufzusuchen, und gesagt, ein Patient in der Familie sei genug. Es war für sie alle offensichtlich, daß sie vermutlich Krebs hatte, doch Dr. Fontaine hielt die Möglichkeit aufrecht, daß ein leichter Eingriff (vielleicht eine Dilation und eine Ausschabung), auf die eine Strahlenbehandlung folgen würde, ausreichend sein könnten. Nora begab sich am vorgesehenen Tag in eine Klinik in Neuilly, und Joyce begleitete sie. Am Tag der Aufnahme hielt er jedoch eine Verabredung zum Mittagessen mit H. G. Wells ein. Wells hatte Joyce gerade seinen hellsichtigen und später berühmt gewordenen Brief über dessen zwanghafte Beschäftigung mit Aborten und Obszönität geschickt.* Joyce freute sich auf das Gespräch; er fand Wells

* Wells schrieb Joyce am 23. November 1928, um ihm zu erklären, weshalb er Joyce' experimentelle Schreibweise als Sackgasse betrachtete: »Sie begannen

aufgeschlossen, konnte jedoch selbst nicht viel aus der Gelegenheit machen, weil er zu beunruhigt war.[61]

Nach der Operation rief Joyce Miss Weaver an (er war ein furchtloser Benutzer des Fernsprechdienstes, vor dem viele andere noch zurückscheuten). Außerdem schrieb er fröhlich an Valery Larbaud und Signora Nebbia: »In ungefähr einem Tag gehen wir nach Haus, und dann, nach zwei Wochen Selbstimpfungsbehandlung, kehren wir hierher zu weiteren vier Tagen Strahlenbehandlung zurück.«[62]

Sylvia Beach hatte von ihrer Freundin Dr. Fontaine etwas anderes gehört. Sie fuhr zwar Nora und Joyce im Wagen zurück zum Square Robiac, doch sobald sie in ihre Buchhandlung zurückkehrte, schrieb sie voller Ingrimm an Harriet Weaver. Es bestand eine eindeutige Möglichkeit, daß die Krankheit innerhalb von sechs Monaten oder innerhalb weniger Jahre wiederkehrte.

Die Wahrheit lautete infolgedessen, daß Noras Leben, falls der Krebs sich ausgebreitet hatte, nicht zu retten wäre – es sei denn natürlich, unterdessen würde eine neue Heilmethode entdeckt. Keine der beiden Junggesellinnen, die nun ihre Befürchtungen austauschten, vermochte zu sehen, wie Mr. Joyce ohne seine Nora weiterleben, geschweige denn schreiben sollte. Sie flehten einander an, Joyce solange wie möglich davor zu bewahren, der Möglichkeit, daß sie sterben würde, ins Auge sehen zu müssen. In einem der vielen Briefe, die während jener Wochen

als Katholik, d.h. Sie begannen mit einem Wertsystem, das in krassem Gegensatz zur Wirklichkeit steht. Ihre geistige Existenz ist besessen von einem monströsen System von Widersprüchen. Eigentlich glauben Sie an Keuschheit, Reinheit und den persönlichen Gott, und deshalb müssen Sie unablässig etwas von Fotze, Scheiße und Hölle brüllen. Da ich an diese Dinge nicht glaube, es sei denn als völlig provisorische Werte, ist mein Geist auch niemals bis zum Aufschrei durch die Existenz von Wasserklosetts und Menstruationsbinden – und unverdiente Mißgeschicke – schockiert worden. Und während Sie in der Täuschung der politischen Unterdrückung aufwuchsen, wurde ich in der Täuschung politischer Verantwortung erzogen. Es erscheint Ihnen als etwas Vornehmes, aufzustehen und mit etwas zu brechen. Mir nicht im mindesten.«

zwischen ihnen über den Ärmelkanal hin- und herflatterten, versprach Harriet Weaver Sylvia:

> ...Ich werde gewiß kein Wort zu Mr. Joyce sagen über eine solche Möglichkeit. Ich bin sicher, daß es weit besser ist, wenn er nichts darüber erfährt, und man ihn in dem Glauben läßt, daß das Leiden vollkommen geheilt ist, ein für allemal. Wenn es kommt, wäre es weit besser, ihm die Wahrheit schrittweise beizubringen, und keinen Augenblick früher als es nötig ist. Weiß Giorgio von der Möglichkeit? Ich hoffe nicht.[63]

Die beiden Frauen fanden einigen Trost in Giorgios Aufmerksamkeit; Miss Weaver räumte ein, daß er wirklich ein sehr netter Junge sei, allerdings etwas verwöhnt.[64]

Im Januar teilte Joyce Miss Weaver freudig eine gute Nachricht mit. Drei Ärzte hatten Nora für geheilt erklärt; die Strahlenbehandlung war angeschlagen, und seine Frau war eine der schnellsten und erfolgreichsten Rekonvaleszentinnen in der Geschichte der Krankheit (deren Namen keiner je erwähnte).[65]

Joyce befand sich völlig im Irrtum. Miss Weaver hatte via Sylvia Beach bereits entgegengesetzte Informationen von Dr. Fontaine: es waren immer noch bösartige Zellen vorhanden. Nora würde zur Durchführung einer vollständigen Hysterektomie (oder, wie sie es vorsichtig ausdrückte, »zu einer weitaus ernsthafteren Operation«) ins Krankenhaus zurückkehren müssen. Sie behielten ihr Geheimnis jedoch für sich. Dr. Fontaine erzählte es Joyce ungefähr drei Wochen lang nicht. Dann verschworen sich alle Beteiligten, Nora die Wahrheit zu verheimlichen. Giorgio, Miss Weaver, Sylvia, Stuart Gilbert – alle waren auf Geheimhaltung eingeschworen. Selbst Stanislaus in Triest wurde gebeten, das Thema in seinen Briefen nicht zu erwähnen, für den Fall, daß Nora sie lesen sollte. Joyce, der als Ehemann seine Einwilligung zu der Operation erteilen mußte, zögerte. Selbst noch als er sich dazu durchgerungen und Nora die Neuigkeit endlich mitgeteilt hatte, schaffte er es, die Operation bis nach dem 2. Februar, seinem Geburtstag, hinauszuzögern (»um seine Frau aufzuheitern«, folgerte Miss Weaver). Miss Weaver kam eigens nach Paris, um bei Joyce zu sein; keine

Mutter hätte mehr tun können. Sie glaubte, wie sie Sylvia schrieb, daß Joyce sie nach der Operation mehr brauchen werde als vorher:[66]

> Bei einer derart ernsthaften Operation wird es eines langen öden Aufenthalts in der Klinik bedürfen, während die Wunde verheilt, und Mr. Joyce wird nichts zu tun haben, während er jetzt mit seiner Besorgnis beschäftigt ist.[62]

Wenn Miss Weaver sich vorstellte, daß Joyce sich zu Hause langweilen würde, während Nora auf der anderen Seite von Paris im Krankenhaus lag, dann war sie im Irrtum. Joyce konnte immer noch keine Nacht allein, ohne Nora an der Seite, verbringen. Als sie am 5. Februar 1929 zur Operation wieder in die Klinik in Neuilly zurückkehrte, ging er mit. Eine Folge seiner Abhängigkeit war, daß Nora ebenso wie Joyce jeden Versuch aufgaben, Helen Fleischman zu boykottieren. Sie brauchten sie. Nicht nur Giorgio, sondern auch Lucia zog in Helens Wohnung in der rue Huysmans, während ihre Eltern im Krankenhaus waren. Dort mußte man den Eindruck haben, daß Joyce der eigentliche Patient war. Er bezog ein großes Zimmer neben dem von Nora. Er saß oder lag auf einer Couch, von seinen Büchern umgeben, und seine Freunde kamen ihn jeden Tag besuchen. Samuel Beckett kam täglich mit der Post. Joyce verließ das Krankenhaus nur, um Zigaretten und Zeitungen zu kaufen und eine Kirche in der Nähe aufzusuchen, wo er dann schweigend im Dunkeln saß.[68]

Rührte Nora diese Kundgabe totaler Anbetung und Abhängigkeit? Nicht im geringsten. Jedesmal, wenn Jim in ihr Zimmer kam, schalt sie ihn aus. »Geh nach Haus!« forderte sie ihn auf, »Ich will mich in Ruhe erholen können!« Er ging nicht. Er blieb und durchwachte die Nächte, während derer er darauf lauschte, wie sich das »Stöhnen des Lifts (...) mit dem Heulen des Windes und dem Kreischen der Bäume« mischte, ganz zu schweigen vom Stöhnen der Patienten oder vom »rasenden Geschrei des französischen Personals«.[69]

Binnen zwei Wochen war Nora jedoch so weit, daß sie nach Hause zurückkehren konnte. Sie sah viel besser aus und hatte einiges von dem überflüssigen Gewicht verloren, das sie zugenommen hatte. Lucia und Giorgio waren sehr erleichtert. Sie hatten wirklich geglaubt, ihre Mutter würde sterben. Helen organisierte mit geschickter Hand den Empfang zu Haus, von dem sie wußte, daß Nora ihn zu schätzen wissen würde: es war ein Mädchen zum Saubermachen da, es gab Blumen und ein neues Porzellanservice mit einem Rosenmuster.[70]

Selbst schon 1929 konnte Krebs geheilt werden. Nora wurde vollständig wiederhergestellt. Doch konnten sich damals wie heute der Patient oder dessen Familie nie gänzlich vom Gedanken an einen möglichen Rückfall befreien. Zwei Jahre später schrieb Joyce an Miss Weaver: »Meine Frau macht heute einen dieser periodisch fälligen Besuche bei Dr. Fontaine, bei denen ich nervös bin, bis sie wieder da ist. (Bitte nichts davon erwähnen, wenn Sie schreiben.)« Gleich am nächsten Tag (ein Zeichen für den engen Kontakt, den er mit seiner Mäzenin hielt) konnte er jedoch schon schreiben: »Der Bericht ist gottseidank in Ordnung. Das hätten wir also hinter uns.«[71]

Im Februar 1929 begannen die Joyce', vor allen anderen zuzugeben, daß Helen Fleischman ein Teil ihrer familiären Umgebung war. Ihr Verhältnis zu ihnen änderte sich einschneidend, als ihre französische Scheidung endgültig wurde und der Schicklichkeit Genüge getan werden konnte.[72] Von da an wurde sie oft mit ihnen in der Öffentlichkeit gesehen, beim Essen und bei Lucias Tanzvorführungen. Im Juni war sie als Mitglied der engeren Umgebung schon so weit eingeführt, daß sie bei dem Ausflug mitmachte, den Sylvia und Adrienne organisierten und der zu einem Restaurant auf dem Lande führte. Anlaß waren die Feier der französischen Übersetzung des *Ulysses* und der fünfundzwanzigste Jahrestag von Bloomsday. Im neuen hellgrauen Kostüm, die Hände um eine rote Handtasche gelegt, amüsierte Helen sich prächtig. Das taten auch McGreevy und Beckett – allzu sehr für Joyce' und Noras Geschmack, denn die beiden Junggesellen und einzigen anwesenden Iren tranken so viel und sangen aus so heiseren Kehlen, daß es eine Schande war. Die Fotos vom *Déjeuner Ulysse* (zu dem das englischsprechende Pariser Presse-Corps gebeten war) zeigen Nora mit einem Ausdruck, als wünsche sie sich, wieder im Krankenhaus oder sonst überall zu sein, nur nicht im Hôtel Léopold, eingeklemmt zwischen dem französischen Journalisten Philippe Soupault und Edouard Dujardin, dem mutmaßlichen Erfinder der Bewußtseinsstromtechnik. Diejenige, die am wenigsten zu der Szene paßt, ist jedoch Lucia. Während alle anderen auf den Fotografen schauen, starrt Lucia, wie auf so vielen ihrer Fotografien, in eine andere Richtung.

Nora blieb niemals nur deshalb einem geselligen Anlaß fern, weil dort nur Menschen sein würden, die mit Literatur zu tun hatten. Wenn die »nichts mit ihr anfangen« konnten, dann war ihr das herzlich gleichgültig. Wenn sie Iren waren, sprach sie über Irland. Waren es Frauen, sprach sie über Kleidung und Wohnungen. Waren es Franzosen, starrte sie vor sich hin und sagte überhaupt nichts. Sie war oft eine schweigsame Gattin, niemals jedoch eine unsichtbare; manchmal mag Joyce sich auch gewünscht haben, daß sie schweigsamer wäre. Eines Abends im L'Avenue, einem Restaurant gegenüber dem Gare Montparnasse, wohin Joyce zu einem Treffen mit Ford Maddox Ford gebeten worden war, herrschte zwischen den beiden Literaten ein unbehagliches Schweigen. Nora reichte es irgendwann. »Jim«, zog sie ihn auf, »was findest du nicht alles zu quasseln an den Abenden, wenn du betrunken nach Hause gebracht wirst und ich mich um dich kümmern darf! Und jetzt sitzt du hier stumm wie ein Fisch, um Himmels willen!«[73]

Nora versäumte keine Gelegenheit, um ihren Gatten aufzuziehen. Eines Abends, als sie mit den Hemingways aßen, staunte Joyce über Hemingways afrikanische Abenteuer und tat seine Besorgnis kund, ob seine Bücher vielleicht zu vorstädtisch seien. »Ach ja, Jim täte ein bißchen Löwenjagd gut«, erklärte Nora Hemingway. Der bloße Gedanke entsetzte Joyce. Er wandte ein, daß er außerstande sein würde, den Löwen auch nur zu sehen. Nora erwiderte: »Hemingway würde ihn dir beschreiben, und danach könntest du zu ihm hingehen und ihn anfassen und nach ihm riechen. Mehr brauchst du gar nicht.«[74]

In jenem Sommer bekam Nora Weinkrämpfe. Im Juli fuhr Joyce mit ihr nach England, ein Land, wo sie sich immer mit Vergnügen aufhielt. Sie waren eine große Reisegesellschaft, zu der Lucia, Giorgio und Helen und Stuart und Moune Gilbert zählten. Ihr erster Aufenthaltsort war London, wo sie sich mehrere Wochen im Euston Hotel aufhielten, italienische Restaurants in Soho und ihre vielen Freunde besuchten. Zu ihnen gehörten James Stephens, der irische Schriftsteller, und seine hübsche Frau Cynthia, die in Kingsbury im Nordwesten Londons wohnten. Die Joyces fuhren sonntags zu den Stephens hinaus, wo sie im Garten saßen, sich unterhielten und Tee tranken; Lucia mochte den Sohn und die Tochter der Stephens, die ebenfalls Anfang zwanzig waren. Während desselben Besuchs lud Joyce den irischen Dramenautor Sean O'Casey, dem er noch nie begegnet war, auf einen Drink ins Euston Hotel ein. O'Casey war jedoch stark erkältet, und so führten die beiden nur ein ebenso langes wie lebhaftes Telefongespräch, überzeugt, daß sich ihnen ein andermal Gelegenheit bieten würde, einander kennenzulernen. Sie kam jedoch nie.[75]

Als nächstes zog die Joyce-Gesellschaft südwestwärts, nach Torquay, und dort ins beste Hotel, das Imperial. Nora war über den Ort entzückt und Helen ebenfalls, die zu gern durch die Stadt streifte und in Antiquitätenläden nach Schätzen stöberte, während Joyce, piekfein gekleidet in Blazer, weiße Hosen und Strohhut, oberhalb der Stadt auf den Hügeln umherwanderte. Zum Tee trafen sich dann alle wieder im Hotel; danach trennten sie sich, um sich zum Abendessen umzuziehen, zu dem sie sich dann wieder als Gruppe zusammenfanden.

Miss Weaver kam sie in Torquay besuchen, und Joyce war so fürsorglich, bei der Leitung des Hotels Imperial einen günstigeren Preis auszuhandeln, so daß sie nicht wie die Gilberts mit einer bescheideneren Umgebung vorlieb nehmen mußte. Helen und Giorgio brachen taktvoll nach Frankreich auf, ehe sie eintraf. Am Nachmittag kam Stuart Gilbert aus seiner Pension herüber, und die beiden Männer arbeiteten an Gilberts Studie über den *Ulysses*, die für viele Leser der unentbehrliche, wenn auch humorlose Leitfaden zu dem schwierigen Buch werden sollte.

Der Urlaub selbst munterte Nora zwar auf, nicht aber ihre Rückkehr nach Paris. Ihr »Mädchen« ließ sie insofern im Stich, als es heiratete. (Die Klagen über die Haushaltshilfe *chez Joyce* hatten die Stelle der einstigen Klagen über das Schuhwerk eingenommen.) Außerdem hatte Nora eine große Zuneigung zu London gefaßt. Joyce taufte es »Lotusland«. »... meine Frau«, scherzte er Miss Weaver gegenüber, »(muß) gewaltsam daran gehindert werden (...), gegen gewisse Typen von mehr oder minder zivilen französischen Beamten handgreiflich zu werden, und wir müssen jede Viertelstunde eine Glocke läuten, um sie davon abzubringen, über London zu reden.«[76]

Noras ernsthaftere Sorge galt jedoch Lucia. Bei ihrer Rückkehr hatte Lucia beschlossen, das Tanzen aufzugeben. Sie sei nicht kräftig genug, behauptete sie, beweinte jedoch unaufhörlich den Verlust ihrer beruflichen Zukunft. Joyce berichtete Miss Weaver über den »tränenreichen Monat«, währenddessen Lucia über die drei, vier Jahre harter Arbeit nachsann, die sie wegzuwerfen im Begriff stand.[77] Im November räumte sie sich immerhin Chancen als Tanzlehrerin ein und hoffte, sich Margaret Morris, einer englischen modernen Tänzerin, anschließen zu können, die sie bewunderte und die gerade nach Paris kam.

Joyce behauptete zwar beharrlich, daß dies Lucias Entscheidung gewesen sei, doch eine von Lucias Freundinnen, Dominique Gillet, glaubte, daß Nora und Joyce für sie entschieden und dem Tanzen einen Riegel vorgeschoben hatten. Was immer nun die Erklärung gewesen sein mag, Tatsache war jedenfalls, daß gegen Ende 1929, Giorgio war vierundzwanzig und Lucia zweiundzwanzig, die beruflichen Aussichten beider Joyce-Kinder nahezu auf Null gesunken waren.

Joyce brüstete sich zwar gern mit ihren Talenten, stellte sich ihrer Laufbahn jedoch in den Weg. Er kommandierte zwar sämtliche Freunde, Beckett eingeschlossen, zu Giorgios Debüt als Sänger, doch Giorgio litt unter lähmender Auftrittsangst und zudem an einer nervösen Angewohnheit, die wahrscheinlich damit zusammenhing: er räusperte sich. Giorgio wurde obendrein durch Helen behindert, die nicht wirklich wollte, daß er Erfolg hatte. Ihr Reichtum, zusätzlich zu dem von Miss Weaver, brachte jeglichen Antrieb, den er gehabt haben mochte, für seinen Lebensunterhalt zu arbeiten, in ihm zum Erliegen, und leistete seiner Dandyhaftigkeit Vorschub. Allerdings hatte Giorgio viele eigene Freunde, darunter McGreevy und Beckett, die ihm beide altersmäßig näherstanden als seinem Vater, und war nur zu gern mit ihnen zusammen.

Lucias Problem war gänzlich anderer Art. Sie vernachlässigte ihr Äußeres. Ihre Kleidung war ungepflegt, und sie bürstete sich das Haar nicht. Nora versuchte es mit der einzigen Taktik, die ihr geläufig war. Sie schimpfte mit Lucia und verglich sie zu ihrem Nachteil mit anderen jungen Frauen ihrer Bekanntschaft. Lucia gab ihr Widerworte. Sie war fast so groß wie ihre Mutter und hatte einen großen Busen, die starken Brauen ihrer Mutter und dickes, federndes Haar.

Als genügten die internen familiären Spannungen noch nicht, lernte Joyce gegen Ende 1929, durch eine Empfehlung von Stanislaus, auch noch John Sullivan kennen, einen Franko-Iren, der Tenor an der Pariser Oper war. Sullivans richtiger Name lautete O'Sullivan, aber Joyce überredete den Sänger – und seine sämtlichen eigenen Anhänger – dazu, »um der Musikliebe willen«[78] statt dessen »Sullivan« zu benutzen. Anfangs gab Joyce seine Fixierung an Sullivan als Ausfluß seiner Sorge um die Stimme seines Sohnes aus. Er lud Sullivan zu einem kleinen Konzert von Giorgio ein und teilte Miss Weaver mit, daß Sullivan, »ein großer Bewunderer meiner Bücher«, Giorgios Karriere befördern werde. Schon bald jedoch war es Joyce, der Sullivan bis zu einem Grade förderte, daß man von obsessiver Verherrlichung sprechen kann. Er identifizierte Sullivan nicht mit Giorgio, sondern mit sich selbst. Sullivan, so glaubte er, war außerdem ein unterschätztes Genie. Alsbald behauptete er, Sullivan sei wahrscheinlich der größte lebende dramatische Tenor. Er stürzte sich auf ebenso leidenschaftliche wie bizarre Weise in eine Werbekampagne für Sullivan. Seine Freunde wurden zu Sullivans Auftritten geschleppt; Miss Weaver äußerte nach einem Paris-Besuch pflichtschuldig, »wie aufregend es sei, einen Besuch am Square Robiac zu machen«, weil man dort immer etwas Neues über Sullivans Fortschritte erfahre. Nora konnte mit dem ganzen Kreuzzug nichts anfangen. Als McGreevy zu Besuch kam, flüsterte Nora ihm zu, er solle den Namen Sullivan nicht erwähnen und nicht darauf achten, falls Jim es täte.

Es war, als wäre Sullivan zu dem Sohn geworden, den Joyce sich erträumt hatte – ein großartiger Opernsänger, der in ihm keinen

Konkurrenzneid auslöste. Wenn Joyce für Giorgio auch nur einen Bruchteil der Energie aufgewendet hätte, die er Sullivan während der kommenden paar Jahre angedeihen ließ – der ganze Einfluß seines internationalen literarischen Renommees ging jedoch dahin, daß er alle Kräfte für Sullivan mobilisierte, Kritikern in den Ohren lag, Engagements einfädelte, alle Freunde dazu brachte, Karten zu kaufen –, hätte Giorgio vielleicht wenigstens ansatzweise ein funktionierendes Berufsleben haben können. Sein Stimme war, allem Anschein nach, prachtvoll, voller als die seines Vaters. Doch Giorgio hatte, seiner Verzweiflung über seine Auftrittsangst und seinem Gehüstel (für das Arthur Power Nora und Joyce verantwortlich machte) nachgebend, einen ruinöseren Pfad betreten. Er begann, zuviel zu trinken – und nicht den Weißwein, auf den sein trunksüchtiger Vater sich beschränkte, sondern weitaus ätzenderen Whisky und Cognac.

Lucia steckte in einer ähnlichen Beziehungsfalle. Ihre Eltern drängten sie vorwärts, hielten sie jedoch auch zurück. Joyce und Nora schienen ihr Tanzen zu befürworten. Sie wohnten jeder Aufführung bei. Als es Lucia im Mai 1929 nicht gelang, bei einem Wettbewerb am Bal Bullier einen Preis zu gewinnen, war Joyce außer sich vor Wut. Er erklärte Miss Weaver, der halbe Saal habe gegen die Ungerechtigkeit protestiert und nach »l'Irlandaise!« gerufen. Stuart Gilbert versicherte Joyce wie ein Höfling, er sei völlig seiner Meinung. Lucia hätte gewonnen, erklärte Gilbert, wenn nicht gerade »negroides Tanzen« en vogue gewesen wäre. Dieser Auftritt war das letzte Mal, daß Lucia in der Öffentlichkeit tanzte, und Joyce' Enttäuschung trug als ein Ingredienz mit dazu bei, daß sie ihre Karriere aufgab.

Öffentliche Auftritte machten Lucia große Angst. Sie war unreif (Stuart Gilbert meinte, sie habe die »Unerfahrenheit eines halb so alten Mädchens« besessen.)[79] Nora und Joyce mögen versucht haben, einem Zusammenbruch zuvorzukommen. Doch hatte Joyce ihr auch eingeredet, daß es sich für eine Frau nicht schicke, sich auf die Bühne zu begeben und mit den Armen herumzuwedeln. Er erklärte Lucia: »Hauptsache, du weißt, wie man auf die richtige Weise im Zimmer umhergeht, das ist das einzige, auf das es ankommt.«[80] (Das war eine Kunst, auf die ihre Mutter sich vorzüglich verstand.) In Wahrheit freute es ihn insgeheim, daß seine Kinder nicht für ihren Lebensunterhalt zu arbeiten brauchten und das Leben von Müßiggängern führen konnten, als wäre ihr Vater ein reicher Industrieller – was er in gewissem Sinne auch war. Bis 1928 hatte Joyce zwei Drittel dessen geschrieben, was *Finnegans Wake* werden sollte.

***

Nora hatte bald schon einen weiteren Grund, sich wegen Lucia zu beunruhigen. Lucia begann ein unkontrollierbares Interesse an jungen Männern an den Tag zu legen. Wohin sie auch blickte, vollzog sich die sexuelle Befreiung, und sie sah sich selbst als »sexhungrig«.[81] Ihr Bruder reiste mit seiner Geliebten in Europa herum, und sie aß fast jeden Abend mit ihren Eltern. Nora versuchte zwar, passende Freunde zu finden, wie etwa James Stephens' Tochter, doch das war schwierig. Lucia war in Paris nicht lange genug zur Schule gegangen, um fließend Französisch zu sprechen oder viele französische Freundschaften zu schließen. Außerdem verschloß ihr der Ruf ihres Vaters als Autor obszöner Bücher manches Haus der Bourgeoisie, in England sogar in noch stärkerem Maße als in Frankreich.[82]

Lucia war zwar sexuell unerfahren, doch, anders als ihre Mutter früher einmal, auch hilflos. Sie war, dem späteren Urteil einer ihrer Kusinen zufolge, »leichtfertig«. Ellmann verzeichnet nur eine Affäre, die auch sexuell vollzogen wurde, die mit dem amerikanischen Schriftsteller Alfred Hubbell, doch es gab noch viele andere.[83] Eines Nachmittags bei den Joyce' sprach der Schriftsteller Liam O'Flaherty, ein Schürzenjäger, der sich seit dem Erfolg seines Romans *The Informer* als Berühmtheit betrachtete, mit einem triumphierenden Leuchten in den Augen Arthur Power an. »Sehen Sie mal das Mädchen da drüben«, sagte er, »ich treffe mich nachher mit ihr am Gare du Nord.«

»Wissen Sie denn nicht, wer das ist?« erwiderte Power empört, »Das ist Joyce' Tochter!«[84]

In dem Maße, wie sie nach und nach die Selbstkontrolle verlor, wechselte Lucia die Partner, und man nutzte sie aus. Ihr Vater tat so, als bemerke er nichts, doch ihre Mutter nicht. Nora setzte Lucia wegen ihrer Beziehung zu dem amerikanischen Bildhauer Alexander Calder den Kopf zurecht.[85] Doch die Beziehung, die Nora und Joyce den größten Kummer bereitete, war Lucias heftige und unerwiderte Leidenschaft für Samuel Beckett.

Beckett, geboren 1906, war ein Jahr älter als Lucia, ein Jahr jünger als Giorgio, und schien sich im Jahre 1930, mit 24 Jahren, der fatalen Anziehungskraft, die er für Frauen hatte, gar nicht bewußt. Sein Charme war dabei ganz anders als der von James Joyce. Anders als Joyce strahlte Beckett in sexueller Hinsicht vorsichtige Zurückhaltung aus. Seine blaßgrünen Augen, hohen Backenknochen und seine grüblerische Eindringlichkeit erregten die Frauen, und seine Schüchternheit inspirierte sie lediglich dazu, die Initiative zu ergreifen. Peggy Guggenheim, die ihn ein paar Jahre später mit List und Tücke ins Bett bekam, erklärte, er sei ein paar Tage in sie verliebt gewesen, doch sie selbst habe Jahre gebraucht, um über ihn hinwegzukommen. Lucia, die Beckett jeden Tag sah, wenn er zum Square Robiac kam, um mit ihrem Vater zu arbeiten, verliebte sich bis über beide Ohren in ihn. Beckett spürte zwar, daß Joyce' Tochter sich falsche Vorstellungen machte, wenn sie ihn jeden Tag ins Arbeitszimmer ihres Vaters führte, doch für sein Gefühl ermutigte er sie nicht im geringsten. Es erschien ihm unvorstellbar, daß er Joyce nicht länger sehen sollte.

Work in Progress erweiterte Becketts Vorstellungen vom Sprachgebrauch und dem Schreiben außerhalb eines Zeitgefüges. Beckett war einer von denen, die Joyce zu dem Zweck rekrutiert hatte, daß sie dazu beitragen sollten, einer ratlosen Welt innerhalb einer Reihe von Essays *Work in Progress* zu erklären. Denjenigen, die sich darüber beklagten, daß *Work in Progress* nicht auf Englisch geschrieben war, erklärte Beckett:

> Man darf sich nicht darüber beschweren, daß dies Zeug nicht auf Englisch geschrieben ist. Es ist überhaupt nicht geschrieben. Es soll nicht gelesen werden... Man soll es sich anschauen und anhören. Sein Schreiben handelt nicht von irgend etwas. *Es ist selbst dieses Etwas.*[86]

Beckett half außerdem bei der Übersetzung der ›Anna Livia Plurabelle‹-Episode des Buches ins Französische. Joyce beendete diese Episode, die viele für den akzeptabelsten Teil von *Finnegans Wake* halten, Anfang 1924. Er beschrieb sie Miss Weaver als »geschwätzige(n) Dialog zweier Waschfrauen quer über den Fluß (Liffey) hin, die bei Anbruch der Nacht zu einem Baum und einem Stein werden. Der Fluß heißt Anna Liffey.«[87]

Es war eine Passage, die Nora Joyce gern laut lesen hörte. Sie bringt die Stimme der Waschfrauen, die das schmutzige Leinen des Lebens im Fluß des Lebens, dem Liffey, Anna Livia selbst, waschen und in Kadenzen und Wendungen über sie tratschen, die durchaus Noras eigene hätten gewesen sein können, zum Ausdruck:

> O
> tell me all about
> Anna Livia! I want to hear all
> about Anna Livia. Well, you know Anna Livia? Yes, of course, we all know Anna Livia. Tell me all. Tell me now. You'll die when you hear. Well, you know, when the old cheb went futt and did what you know. Yes, I know, go on. Wash quit and don't be babbling. Tuck up your sleeves and loosen your talktapes. And don't butt me – hike! – when you bend. Or whatever it was they threed to make out he thried to two in the Fiendish park. He's an awful old reppe. Look at the shirt of him! Look of the dirt of it! He has all my water black on me. And it steeping and stuping since this last time last wik. How many goes is it I wonder I washed it? I know by heart the places he likes to saale, duddurty devil! Scorching my hand and starving my famine to make his private linen public.[88]

Inwiefern war Anna Nora? Joyce' Sprache in *Finnegans Wake* ist so gewunden und durchsetzt von fragmentarischen, biographischen Anspielungen, daß sich ohne Mühe nahezu alles darin finden läßt. Die Entsprechungen sind dabei nicht annähernd so offenkundig wie die zwischen Molly Bloom und Nora. Was ihre Gestalt betrifft, so wird Anna Livia als sehr klein, viel kleiner als ihr Mann H. C. Earwicker, beschrieben, doch sie ist auch ein Fluß und ein Vogel. Kein Seevogel, sondern ein Huhn.

In mancher Hinsicht freilich ist sie mehr Nora, als Molly es je sein konnte. Anna Livia hat alle Stadien eines Frauenlebens durchgemacht, erreicht nun das illusionslose Greisenalter und hat sich mit der Fürsorge für ihre Familie verschlissen. Manche ihrer physischen Entsprechungen zu Nora sind eng. Anna Livia ist zugleich schön und häßlich. Sie hat oder hatte rotes Haar; sie trägt es gewellt.

Die *Finnegans Wake*-Forscherin Margot Norris hat darauf hingewiesen, wie sehr Anna Kleider liebt (»I am so exuisitely pleased about the loveleavest dress I have«) und neue Schuhe, ihre »goodiest shoeshoes«. (Joyce redete Nora 1904 als »Schätzchen-Braun-Schuh« an.) Sie sorgt sich über ihre Gewichtszunahme, wie ein Fluß, der sich mit Steinen füllt, »getting hoovier ... fullends a twelve stone hoovier«, schützt ihre empfindliche Haut vor der Sonne oder legt Kosmetika auf.

Anna ist, in Norris' feministischer Deutung, einsam und kann ihren Stolz nur wieder herstellen, indem sie sexuell von einem Mann begehrt wird. Die Sexualität hat sich aus ihrer Ehe verflüchtigt (genaugenommen lockte Anna Earwicker nach einem langen Beischlaf in die Ehefalle), doch sie ist ihrem ältlichen, hinfälligen Ehemann eine starke, liebevolle und pflichtbewußte Pflegerin. Sie verzeiht ihm seine früheren Ausschweifungen und seine brutalen, exzentrischen sexuellen Praktiken. Tatkräftiger und beweglicher als er, zerrt sie ihn hoch und ins Leben hinaus. »Rise up, man of the hooths, you have slept so long.« Sie führt ihn bei der Hand, regt sich über seine Kleidung auf und spricht zu ihm, als wäre er ein Kind: »And stand up tall! I want to see you looking fine for me.«[89]

***

Beckett war, was Lucia anging, nicht unschuldig. Er sah seine literarische Zukunft durch die unerwünschten Aufmerksamkeiten der Tochter seines Idols bedroht. Er ließ sich in einen Familienkreis von sechs Personen mit aufnehmen – Helen und Giorgio, Nora und Joyce, und dann er selbst und Lucia. Tatsächlich wurde er so oft in Lucias Gesellschaft gesehen, daß der Klatsch der Pariser literarischen Szene es wollte, daß sie verlobt seien. Beckett gehörte beispielsweise bei zwei wichtigen Gelegenheiten zum Kreis der Familie: bei Giorgios Debüt als Sänger am 25. April 1929 und bei dem Tanzwettbewerb im Mai, bei dem Lucia knapp verlor. Während sie im silbernen Fischkostüm schimmerte, hatte sie das Vergnügen zu wissen, daß Becketts blasse, durchdringende Augen auf ihr ruhten.

Beckett fand Lucia unterhaltend, die ausgiebig über viele Themen schwatzte, hatte jedoch keinerlei sexuelles Interesse an ihr. Er war, behauptet sein Biograph, in emotionaler Hinsicht ein Spätentwickler. Erst als er dreiundzwanzig war, begann er sich überhaupt für Frauen zu interessieren; zur Zeit von Lucias Verliebtheit war er in eine deutsch-jüdische Kusine verliebt. Doch lange schon hegte er den Verdacht, und vertraute ihn Kay Boyle an, daß Joyce' Tochter im Begriff war, wahnsinnig zu werden.[90]

Im Mai 1930, als ihre Eltern in der Schweiz waren, lud Lucia Beckett zum Mittagessen in ein italienisches Restaurant ein. Sie versprach sich ein magisches intimes Beisammensein und vielleicht sogar einen Heiratsantrag. Doch er brachte kränkenderweise einen Freund zu seinem Schutz mit. Lucia war zwar gut gekleidet, benahm sich jedoch sehr seltsam. Sie aß kaum, stand dann auf einmal wortlos vom Tisch auf und entschwand vor dem Ende des Essens durch die Tür. Die Symptome waren die der Schizophrenie, nicht die eines gebrochenen Herzens, doch Beckett fühlte sich endlich gedrängt, direkt mit ihr zu sprechen. Er erklärte Lucia unumwunden, daß er kein romantisches Interesse an ihr hege und jeden Tag als Stütze ihres Vaters zu ihr nach Haus komme, aus keinem anderen Grunde.

Lucia war außer sich. Als Nora aus der Schweiz nach Haus zurückkehrte, wurde sie wütend. Sie warf Beckett vor, er verführe das Mädchen, um sich bei Joyce lieb Kind zu machen. Nora baute sich vor Joyce auf und erklärte ihm, man habe mit den Gefühlen seiner Tochter gespielt. Joyce (der so sehr in sein Buch vertieft war, daß er bis dahin womöglich gar nichts bemerkt hatte) akzeptierte die Rolle des empörten Vaters. Er überbrachte die Botschaft. Becketts Besuche mußten aufhören; er war *persona non grata* am Square Robiac.

McGreevy versuchte, Beckett zu trösten. Nach und nach würde Joyce Lucias Labilität zur Kenntnis nehmen müssen. Wenn er das täte, würde er auch erkennen, daß Beckett sich ehrenhaft benommen hatte. McGreevy hatte recht, und Joyce und Beckett versöhnten sich schließlich. Joyce lebte jedoch nicht lange genug, um würdigen zu können, daß Beckett einer der treuesten Freunde sein sollte, die Lucia bis ans Ende ihrer Tage haben würde.

Der Bruch mit Beckett war nur eine der Erschütterungen, die das Ende der einzigen Periode eines wirklichen Familienlebens markierten. Die Ereignisse sollten sie zwingen, den Square Robiac zu verlassen. Als Nora jene Jahre Jacques Mercanton, einem Schweizer Freund, schilderte, sagte sie betrübt in einem Französisch, das so gebrochen war wie Anna Livias Englisch: *»Nous étaient si gais!«*[91]

15. Kapitel

Legitime Interessen

Innerhalb eines Jahres fanden zwei Joyce-Hochzeiten statt, eine in Paris, eine in London. Wenn die erste nicht stattgefunden hätte – die von Giorgio und Helen am 10. Dezember 1930 –, dann wäre die zweite – von James und Nora am 4. Juli 1931 – nicht notwendig gewesen.

Im März 1930 erfuhr Harriet Weaver zu ihrem Erstaunen, daß Joyce sich mit dem Gedanken trug, seine Wohnung in Paris aufzugeben und nach London zu ziehen. Aus Ersparnisgründen, behauptete er. Das Pfund sei gefallen, sein Geld reiche in Paris nicht lange genug. Außerdem, so fügte er hinzu, und türmte Begründung auf Begründung, wie er es immer tat, seien seine Augen zu schlecht, um ihm die Weiterarbeit zu gestatten. Es sei witzlos, in Paris zu bleiben, wenn er nicht schreiben könne. Er werde die Wohnung am Square Robiac aufgeben, wenn im Mai die Erneuerung des Mietverhältnisses anstehe.[1]

Bald schon enthüllte Joyce jedoch seine wahre Absicht. Er wollte Nora in England, nach englischem Recht, heiraten, und mußte sich, um das tun zu können, einen englischen Wohnsitz zulegen. Ob ihre gemeinsamen Rechtsberater, Monro & Saw, sich wohl kundig machen könnten, was mit diesem Schritt alles verbunden sein würde? Dies Ansinnen verschlug Fred Monro, der doch gemeint hatte, gegen Schocks von der Joyce-Front abgehärtet zu sein, Miss Weavers Biographin zufolge förmlich die Sprache.[2] Pflichttreu machte er sich jedoch daran, das Eherecht und die die

Staatszugehörigkeit betreffenden Gesetze Englands, Frankreichs und Vorkriegsösterreichs zu erforschen.

Das Drängen auf eine Eheschließung ging eindeutig nicht von der Kanzlei Monro & Saw aus. Und ebensowenig von Nora. Über all die Jahre hatte Joyce ihrem Wunsch zu heiraten widerstanden – 1904, 1910 (als ihre Schwägerinnen die Frage aufgeworfen hatten) und 1927, als Byrne zu Besuch kam.[3] Joyce hatte Nora die Ehe noch nicht einmal angeboten, als ihr Leben wegen der Krebserkrankung in Gefahr war. Er fand die Zeremonie offensichtlich überflüssig; er hielt sich für genauso verheiratet wie alle anderen.

Helen Fleischman tat das jedoch nicht. 1930, nachdem das drei Jahre währende Verfahren zur Erwirkung einer französischen Scheidung endlich abgeschlossen war, hatte sie beschlossen, Giorgio zu heiraten und zu versuchen, ein Kind zu bekommen. Sie wollte jedoch keins von einem Mann, der unehelich war und nicht einmal einen wirklichen Anspruch auf seinen Familiennamen hatte. Helen bestand, möglicherweise auf Anraten ihres jüngeren Bruders Robert Kastor, darauf, daß Nora und Joyce heirateten, wenn sie ein Kind kriegen sollte. In diesem Punkt war sie unerbittlich.[4]

Zuvor hatte Helen der irreguläre Status der Joyce' nicht gestört. Eines Tages war Giorgio in die Wohnung gestürzt gekommen, in der er die halbe Zeit wohnte, und hatte wie vor den Kopf geschlagen erklärt: »Ich habe gerade etwas ganz Furchtbares erfahren! Meine Eltern sind nicht verheiratet!« Helen amüsierte sich darüber, daß die Ironie der Situation ihm gänzlich entging. (Giorgios totale Humorlosigkeit, ein Merkmal, das er von keinem seiner beiden Eltern geerbt hatte, mag auf seine kulturelle Wurzellosigkeit zurückzuführen gewesen sein.[5]) Jedenfalls störte Giorgios Unehelichkeit Helen wohl kaum. Da sie sich dem mittleren Alter näherte und bereits ein Kind hatte, ging sie, als sie sich mit dem jungen Sohn der Joyce' einließ, davon aus, daß die Zeit des Kinderkriegens für sie vorüber war.

Als sie und Giorgio jedoch von Heirat zu sprechen begannen, wurde daraus, so wie Joyce vorsichtig Helens Ansichten abklopfte, deutlich, daß er sich sehr nach Nachkommen sehnte, die seinen Namen weitertragen würden. Wenn sie keine Familie gründen wollten, so argumentierte er, dann gab es auch keinen Grund für eine Heirat. Er gestand Padraic und Mary Colum, als er ihnen 1930 von der bevorstehenden Heirat erzählte: »Ich hoffe, sie werden mir schon bald ein Enkelkind schenken.«[6]

Nora vertrat den gegenteiligen Standpunkt. Sie war ganz und gar gegen die Verbindung. Auf einer primitiven Ebene war sie eifersüchtig auf Helen, die sie an Stil und Eleganz übertraf und deren Gesellschaft Joyce sichtlich genoß. Doch konnte Nora dank ihrer guten Menschenkenntnis auch erkennen, daß die Ehe aller Wahrscheinlichkeit nach nicht von Dauer sein würde. Helen war unstet; sie war zu alt für Giorgio und zu reich. Maria Jolas sagte später: »Er war praktisch – ich benutze das Wort ›Gigolo‹ nicht gern –, doch er war absolut der Spielball dieser verwöhnten, attraktiven, reichen Frau.«[7] Andere erlegten sich weniger Zwang auf; Lucia sprach in ihrem unvollkommenen Englisch Helen gegenüber von dem »Gigolo«. Ihre Reaktionen waren, in verkleinertem Maßstab, dieselben, die Wallis Simpson ein paar Jahre später hervorrief: man sah in ihr die auf ihren gesellschaftlichen Aufstieg bedachte geschiedene Amerikanerin, die mit ihrer Eleganz und ihrem Elan einen naiven Europäer überwältigte. Mit dem einen Unterschied allerdings, daß Helen anders als Mrs. Simpson Geld hatte.

Joyce hatte jedoch, wie Peachum in der *Bettleroper*, zu erkennen begonnen, wie er die unpassende Verbindung zu seinen Gunsten wenden konnte. Seit dem Tod John Quinns hatte er auf der New Yorker Szene, einer Landschaft, die ihm völlig fremd war, keinen wirklich tüchtigen Vertreter mehr gehabt. Die soliden Finanzverbindungen der Familie Kastor würden ihm vielleicht dabei helfen, sich das zu sichern, was er sich am meisten ersehnte: eine legale, copyrightgeschützte amerikanische Ausgabe des *Ulysses*, aus der er die Einkünfte würde beziehen können, die den langen Jahren seiner Mühen angemessen wären. In gesellschaftlicher Hinsicht war Joyce überhaupt nicht snobistisch. Er meinte es wirklich so, wenn er, was häufiger vorkam, erklärte, er habe noch nie einen langweiligen Menschen getroffen. Die soziale Stellung als solche beeindruckte ihn nicht, doch hatte er in jeder Stadt, in der er lebte, ein Auge darauf, wie Reichtum und Einfluß ihm bei der Verwirklichung seiner Ziele behilflich sein konnten, und er war schamlos bei der Verfolgung seiner Interessen, sobald er entschieden hatte, wo sie lagen.[8]

Entsprechend unternahm Joyce nun die notwendigen Schritte, um Helens Wünschen nachzukommen. Die gesamten Vorbereitungen des Jahres 1930 für seine eigene Heirat vollzogen sich in Übereinstimmung mit denen seines Sohnes. Darüber hinaus begann er gleichzeitig – Joyce mag sich dessen gar nicht bewußt gewesen sein, wie unbeirrbar er sich in die schützende Umarmung von Helen Fleischman und Robert Kastor hineinbegab –, seine Bande zu Sylvia Beach zu durchschneiden.

In demselben Brief, in dem er von einem Umzug nach London zu sprechen begann, vertraute Joyce Miss Weaver an, daß er Schereien mit der »rue de l'Odéon« habe – das heißt, mit Sylvia und Adrienne. Sylvia machte teils seine Sullivan-Manie für die Spannungen verantwortlich, teils seine unablässige Forderung nach Tantiemen aus den Nachauflagen des *Ulysses*. Da er diese Forderungen jedoch bereits seit Jahren erhoben habe, so erklärte Joyce obenhin, müsse die wahre Ursache für die Schwierigkeiten wohl anderswo liegen.[9] Das war zweifellos der Fall. Giorgio und Helen erklärten ihm, auf Betreiben von Padraic und Mary Colum und möglicherweise auch von Robert Kastor, Shakespeare & Company sei kein passender Verlag mehr für James Joyce. Ein weltberühmter Autor, so meinten sie, solle sich wirklich radikal von der schäbigen, leicht verrückten, alternden Sylvia, Typ »Amerikanisches-Mädchen-in-Europa«, und dem staubigen Buchladen trennen, der mehr *poste restante* war als Verlag.

Darüber hinaus hatte Joyce' Familie lange und zu Unrecht geglaubt, daß Sylvia eine Menge Geld mit dem *Ulysses* mache und Joyce seinen ihm zustehenden Anteil nicht gäbe.[10] Und es gab noch einen weiteren Grund, weshalb Joyce solchen Argumenten zugänglich war: Seit dem Frühjahr 1930 hatte er einen neuen ergebenen Diener und einen, der weitaus tüchtiger war als Sylvia. Es war Paul Léon, ein reicher russisch-jüdischer Emigrant, ein Jurist, Philosoph und Soziologe, der 1918 nach Paris geflohen war. Léon und seine Frau Lucie hatten Helen kennengelernt, als sie noch mit Leon Fleischman verheiratet war, und schlossen nähere Bekanntschaft, als Joyce Russisch lernen wollte. Die Wohnung der Léons in der rue Casimir-Périer lag nah bei der der Joyce', vom Square Robiac aus nur quer über die place des Invalides. Eifrig und unbezahlt arbeitete Léon täglich mit Joyce und wickelte seine gesamte Korrespondenz in einem sorgfältigen, wenn auch etwas unidiomatischen Englisch ab. Es handelte sich um einen höchst professionellen und zeitraubenden Dienst, mit dem Sylvia, die an die Ladenkasse der 12, rue de l'Odéon angebunden war, nicht mithalten konnte. Ebensowenig konnte sie mithalten mit Léons selbstloser Dankbarkeit für das bloße Privileg, daß er Joyce' Hirn in Funktion erleben durfte.

Léon und seine Frau Lucie zusammen mit dem Architekturhistoriker Sigfried Giedion und dessen Frau, der Kunstkritikerin Carola Giedion-Welcker aus Zürich, vervollständigten den neuen Kreis, der Joyce in den Dreißigern zugleich beschützte und isolierte. Sie unterschieden sich von den bohemehaften Freunden der frühen Zwanziger durch die ihnen eigentümliche Mischung aus beruflichem Erfolg, praktischer Tüchtigkeit und uneingeschränkter Verehrung. Dazu kam, daß sie, wohl mit Ausnahme von Eugene Jolas, weniger tranken.

Nora hatte sich der neuen Clique angepaßt. Ihre Intellektualität ließ sie kalt. Sie ging häufig mit Maria Jolas in die Oper. Sie sprach mit Lucie Léon (die später als Lucie Noel für die *New York Herald Tribune* über Mode schrieb) über Mode, und Moune Gilbert war eine enge persönliche Freundin. Nur Carola Giedion-Welcker schien auf Nora hinabzublicken, erklärte sie ihrer Tochter das Phänomen Nora doch als »jenes kleine bißchen Irland, das Joyce immer bei sich haben mußte«.[11] Sylvia Beach stand, obwohl ihr das nicht klar war, kurz vor dem Ausschluß aus dem magischen Zirkel. Joyce verließ sich in den Jahren 1930 und 1931 zwar auf sie und ihren Laden, wenn es um Bargeld und praktische Unterstützung ging, hatte die Veröffentlichung von *Work in Progress* jedoch an Jolas' *transition* gegeben, nicht an Shakespeare & Company.

Im Frühjahr 1930 erzählte Joyce Sylvia nichts von seinen Heiratsplänen, ja nicht einmal, daß er sich mit dem Gedanken trug, nach England zu ziehen. Wie er Miss Weaver erklärte: »... Miss Beach (kennt) meine Motive nicht (...).«[12] Miss Weaver hingegen kannte sie; sie mußten ihre Kinder nach englischem Recht legitimieren. Er und Nora waren immer noch britische Staatsbürger und blieben es bis zum Ende ihres Lebens.

Ein neuer English Legitimacy Act hatte England 1926 insofern auf eine Linie mit dem Festland gebracht, als es die Legitimierung von unehelichen Kindern durch die Eheschließung ihrer Eltern zuließ, vorausgesetzt, ihr Vater war zum Zeitpunkt der Eheschließung in England oder Wales ansässig. (Schottland hatte und hat ein eigenes Eherecht.) Um Giorgios und Lucias Status zu legitimieren, mußte Joyce also England zu seiner Heimat machen oder doch vorgeblich dazu machen. Joyce hatte das Standesamt von Triest, als seine beiden Kinder geboren wurden, zwar dazu gebracht, ihnen beiden Ehelichkeit zu bescheinigen, doch hatte er kein Trauzeugnis, auf das er seinen Anspruch stützen konnte. Zudem hatte die Anwaltskanzlei Monro & Saw ihm erklärt, es werde für Nora weitaus leichter sein, ihn zu beerben, wenn er seinen Wohnsitz in England einrichte und nach englischem Recht richtig verheiratet sei. Von daher war eine englische Heirat doppelt wünschenswert.[13]

***

Noras Ansicht zu Joyce' Vorhaben, sie zu einer legal verheirateten Frau zu machen, ist nicht bekannt. Es ist hingegen bekannt, daß sie nicht den Wunsch hatte, ihre Zelte am Square Robiac abzubrechen. Zu ihrem Glück zögerten neue Pläne Joyce' im späten Frühjahr 1930 jene unangenehme Aufgabe hinaus. Joyce nahm davon Abstand, nach London umzuziehen, und beschloß statt dessen, nach Zürich zu fahren und einen neuen Augenarzt auszuprobieren. Harriet Weaver war erleichtert. Sie hatte befürchtet, daß die Joyce' schnurstracks nach London kommen würden, um zu heiraten, noch ehe sämtliche gesetzlichen Verästelungen genügend ergründet waren. Joyce' regulärer Augenarzt in Paris, Dr. Borsch, war zwar gestorben, doch freute es Miss Weaver zu hören, daß die Giedions ihn an Dr. Alfred Vogt, einen brillanten Schweizer Spezialisten, verwiesen hatten, dessen Ruf die Hoffnung erweckte, Joyce' ständig wiederkehrenden komplexen Beschwerden infolge Grauen Stars, Iritis und Kalkablagerungen könne ein Ende bereitet werden.

Es war Noras erster Besuch in Zürich mit Geld. Mit Giorgio und Joyce nahm sie Zimmer im St. Gotthard Hotel, einem der feinsten Hotels der Stadt. Sie begann, alte Freunde aufzusuchen, und richtete sich auf einen langen Aufenthalt ein. Giorgio telegrafierte Helen, sie möge nachkommen; er teilte ihr mit, auch er müsse eine Zeitlang in Zürich bleiben, da er bei seiner Mutter sein müsse.[14] Lucia blieb in Paris zurück, in Helens Wohnung. (Es war die Zeit der Krise mit Beckett.)

Helen gab sich große Mühe, sich bei ihrer zukünftigen Schwiegermutter lieb Kind zu machen. Im März hatte sie Nora zum sechsundvierzigsten Geburtstag, obwohl sie zu dem Zeitpunkt gerade auf der *Aquitania* den Atlantik überquerte, ein Funktelegramm gesandt – eine große Geste, die Nora sehr gefiel, zumal sich außer Joyce niemand an diesen Tag erinnerte. Helen hatte obendrein großen Respekt vor Noras scharfer Zunge, wenn die sie zuweilen auch zum Lachen brachte. Als sie und Nora in Zürich beisammensaßen und über das nachdachten, was für sie die Reizlosigkeit der dortigen Bevölkerung war, hatte Nora geäußert, als Gott die menschliche Rasse schuf, müsse er zum Üben zuerst die Schweizer gemacht haben.[15]

Nora ließ Helen bald schon als Stenographin für sich arbeiten. Dr. Vogt hatte an Joyce' linkem Auge einen Katarakt dritten Grades operiert; es war die erste von zwei geplanten Operationen, von denen er sich optimistischerweise (und zu Recht, wie sich herausstellte) erhoffte, daß sie Joyce ein gewisses Maß an Sehtüchtigkeit wiedergeben würde. Doch Joyce war mittlerweile eine solche Berühmtheit, daß zu dem Zeitpunkt jede Augenoperation schon eine Meldung wert war. In der Hotelsuite der Joyce' im St. Gotthard läutete ununterbrochen das Telefon, und die Presse wollte wissen, wie die Prognose für Joyce' Augenlicht laute. Außerdem wollte Miss Weaver vollständige medizinische Berichte haben.

Nora delegierte die Aufgabe, alle Anfragen zu beantworten, an Helen und wies sie an, Miss Weaver doch zu erklären, daß sie ihr die Einzelheiten der Operation ihres Mannes nicht selbst mitteile, weil sie eine so armselige Briefschreiberin und zudem damit beschäftigt sei, Joyce in der Klinik zu besuchen, und weil sie, angesichts ihrer vielen Züricher Freunde, eine große Zahl von gesellschaftlichen Verpflichtungen habe.[16] Joyce bediente sich der Geliebten seines Sohnes ebenfalls ausgiebig als Stenographin; da er einen Monat lang auf sein Hotel verwiesen war, hatte seine Neigung, Frauen für sich einzusetzen, einen neuen Höhepunkt erreicht. Helen mußte lange diktierte Botschaften an Sylvia aufnehmen, die über Lucia an sie gesandt wurden und die Organisation von Pressefreikarten für einen bevorstehenden Auftritt von Sullivan in Paris betrafen (der Mann von der *Times* sollte vier Logenplätze haben usw.). Sie mußte außerdem Vogts ausführlichen ärztlichen Bericht über die Operation für Miss Weaver abschreiben und Instruktionen übermitteln, die alle möglichen Dienste betrafen, die Miss Weaver für Joyce versehen sollte: sie sollte ihm bestimmte Bücher kaufen und schicken, darunter einen Wales-Führer, einen Film von John McCormack anschauen, sämtliche Pressemeldungen ausschneiden und sie nach Zürich schicken. Helen führte ihre Aufträge mit heiterer Effizienz aus. Wie viele amerikanische Frauen ihrer Zeit, ganz gleich aus welcher sozialen Schicht, schrieb sie sehr gut Maschine.

Als Helen jedoch mit Giorgio nach Paris zurückkehrte, fielen ihre Pflichten an Nora. Sie mußte einen ganzen Nachmittag damit verbringen, *Samson the Nazarite* von Vladimir Jabotinsky vorzulesen, das Buch, das Miss Weaver geschickt hatte, wie von Joyce verlangt. Und sie nahm die Bürde der Weaver-Korrespondenz auf sich. In diesem Lebensabschnitt angelangt, war Nora imstande, einen gefälligen Brief zu schreiben:

> Mein Mann ist Mittwoch aus der Klinik gekommen. Giorgio ist nach Paris zurückgekehrt ... gottseidank ist das Hotelzimmer sehr groß, und es gibt viele ruhige Straßen, in denen er spazierengehen kann... Die Leute in der Klinik sind nett zu ihm und haben den Preis gesenkt, ohne darum gebeten worden zu sein, und alle Trinkgelder zurückgewiesen, und Professor Vogt lehnt jegliche Bezahlung für die Betreuung ebenso wie für die Operation ab.[17]

Nora teilte darüber hinaus mit, daß Dr. Vogt eine vorläufige Brille verschrieben habe, so daß Joyce nach Paris zurückkehren konnte und ihm weitere Hotelkosten in Zürich erspart blieben.[18]

Endlich aus Zürich entlassen, reisten sie nach London weiter. Sie trafen nach der Absage von John Sullivans für den 20. Juni im Covent Garden geplanten Auftritt als Romeo dort ein – eine nicht weiter begründete Absage, die Joyce in seiner Überzeugung nur noch bestärkte, es herrsche eine Verschwörung gegen den irischen Tenor, wie er das auch in bezug auf sich selbst glaubte. (Bei Gelegenheit von Sullivans einzigem Auftritt im Royal Opera House, seinem Debüt im Jahr 1927, waren die Londoner Kritiker allerdings weit davon entfernt, Joyce' Vorstellung von der bedeutendsten Stimme der Welt zu teilen.) Joyce suchte Monro & Saw auf und ließ sich die notwendigen Schritte zur Legitimisierung der Kinder erklären, wonach er und Nora sich in das walisische Seebad Llandudno begaben und dort einen Monat in dessen Grand Hotel verbrachten. Sie forderten Freunde auf, sich ihnen anzuschließen, und kamen trotz des walisischen Wetters auf ihre Kosten. Nora kaufte Postkarten, auf denen die Brecher über die Promenade schlugen, und schrieb auf die Rückseite: »Es regnet walisische Hunde und Katzen.«[19]

Sie kehrten früher als gewöhnlich nach Paris zurück und fanden die Stadt, von ihrem Standpunkt aus betrachtet, menschenleer, also fuhren sie wieder ab. »Paris war unerträglich, also sind wir hierher gefahren«, schrieb Nora aus Etretat an Miss Weaver.[20] Giorgio und Helen waren in Les Golf Hotels, in der Nähe des Feriencamps, in dem Helens Sohn David, damals zwölf, den Sommer verbrachte. Außerdem war Robert Kastor, Helens Bruder, bei ihnen.

Kastor, ein New Yorker Börsenmakler und Harvardabsolvent, hörte sich ungläubig Joyce' Geschichte an, wie er versucht habe, das Raubdrucken des *Ulysses* in den Vereinigten Staaten zu unterbinden, und sagte, er werde ein Wort mit seinem Freund Bennett Cerf vom amerikanischen Verlag Random House reden.[21]

Als sie zum zweitenmal nach Paris zurückkehrten, widmete Nora sich wieder dem Haushalt, hielt nach einem Hausmädchen Ausschau und bereitete eigenhändig eine üppige Teemahlzeit für die Trupps der Männer zu, die kamen, um Joyce bei der Übersetzung von ›Anna Livia Plurabelle‹ zu helfen. Joyce ließ jedoch nicht zu, daß sie sich häuslich niederließ. Nach seinem Gespräch mit

Monro & Saw war er jetzt unbeirrbar entschlossen, nach London zurückzukehren und zu heiraten. Am 30. September teilte er dem Hauswirt mit, daß sie ihren Mietvertrag für die Square Robiac zum April nächsten Jahres lösen wollten.[22]

»Gegenwärtig beabsichtige ich«, schrieb er am 30. Oktober 1930 an Miss Weaver, »die Trauzeremonie auf dem Wasser abzuhalten.«[23] Er sagte nicht, wann, und äußerte sich auch nicht näher, was für eine Zeremonie ihm vorschwebte. Sein Hauptinteresse war die Geheimhaltung. Als habe sie deren Notwendigkeit nicht ohnehin längst begriffen, erklärte Joyce Miss Weaver ausdrücklich, sie dürfe dem jungen amerikanischen Schriftsteller gegenüber, der seine autorisierte Biographie vorbereitete, nichts verraten, was seine Heirat betraf. »Haben Sie noch irgendwelche Briefe von mir?« fragte er Miss Weaver scheinheilig. Wenn ja, habe sie seine Einwilligung, sie sämtlich Gorman zu zeigen.

Joyce wußte nur allzu gut, daß Miss Weaver jedes Fetzchen ihrer Korrespondenz hütete wie einen Schatz und er damit, daß er ihr eine so detaillierte Darstellung der Ereignisse seines Lebens lieferte, eigentlich selbst seine Biographie schrieb. Aus derselben Überlegung heraus und weil er sich im Jahr 1930 längst der Dauerhaftigkeit der schriftlichen Spuren bewußt war, die ein berühmter Mann hinterließ, vertraute er seine Gedanken auch nicht dem Papier an, wenn er wirklich etwas geheimzuhalten wünschte. Zweimal, als es erforderlich war, rechtliche Einzelheiten zu diskutieren, die im Bezug auf die Eheschließung von Belang waren, reiste Miss Weaver nach Paris, so daß sie nicht zu schreiben brauchten.

Während Joyce seine gesetzlichen Winkelzüge vorbereitete, hatte Nora eine neue Kampagne zur Unterbindung der Heirat von Giorgio und Helen eröffnet. Das gute Klima ihres Aufenthalts in Zürich war in dem Maße geschwunden, wie die Hochzeit näher rückte. Die familiären Spannungen und die Feindseligkeit zwischen den beiden Frauen waren so groß, daß Joyce fünfmal den wichtigen Besuch in Zürich, bei dem Dr. Vogt eine Entscheidung hinsichtlich der zweiten Operation fällen wollte, absagen mußte. Joyce stellte sich Miss Weaver gegenüber als das ruhige Zentrum des Unwetters hin:

Verzeihen Sie, daß ich nicht geschrieben habe, aber ich hatte den ganzen letzten Monat entsetzlich viel Verdruß (nur bis hierher übersetzt vorhanden) wegen der geplanten Hochzeit meines Sohnes, die meine Frau mit äußerstem Pessimismus betrachtet; im Hinblick auf alles, was damit zusammenhängt, muß ich mich bewegen wie eine olle Ratte, die über zerbrochene Flaschen läuft.[24]

Als sie dann Ende November tatsächlich nach Zürich zurückkehrten, konnte Nora Miss Weaver schreiben: »Mein Mann hat den Arzt aufgesucht, der sagt, das Auge habe Fortschritte gemacht.«[25] Auf ihre gute Nachricht folgte jedoch ein Brief von Joyce, worin der seiner Mäzenin eingestand, daß Giorgio zu Mrs. Fleischman gezogen sei und »(seine) Frau und die Zukünftige (sprächen) nicht mehr miteinander«.[26]

Sylvia Beach ahnte noch überhaupt nicht, wie sehr die Heirat ihr eigenes Verhältnis zu Joyce verändern würde. Sie hatte geradezu ein wenig schwärmerisch nach Hause geschrieben:

Giorgio heiratet Mrs. Fleischman (...), eine bezaubernde Frau, älter als er, und eine alte Freundin der Familie und insbesondere Giorgios (...) sie ist nicht viel älter als er.[27]

Am 9. Dezember 1930, dem Tag vor der Trauzeremonie, kam Joyce in die Buchhandlung spaziert, hielt Sylvia ein offiziell wirkendes Stück Papier unter die Nase und forderte sie auf, es zu unterschreiben. Es war, acht Jahre und elf Auflagen nach seinem Erscheinen, ein Vertrag über den *Ulysses*, worin die Bedingungen für seine zukünftige Publikation festgelegt waren; sämtliche Rechte an dem Buch sollten bei Joyce bleiben. Sylvia jedoch, als die ursprüngliche Verlegerin, wäre berechtigt, für die Abtretung ihrer Rechte an dem Buch, wenn ein anderer Verleger (d.h. ein amerikanischer) es übernehmen wollte, ihren Preis zu nennen.

Später, bei der Vorbereitung ihrer Memoiren, fiel Sylvia die Gleichzeitigkeit der beiden Ereignisse auf:

Joyce und ich hatten nie auch nur ansatzweise einen Vertrag zwischen uns: er wollte von so etwas nichts wissen, und ich bestand nicht darauf, bis dann sein Sohn heiratete – und da forderte er mich auf, einen Vertrag zu machen.[28]

Joyce tat zwar seine Beweggründe nicht kund, doch nach einer Weile erkannte sie sie von selbst: »Ein paar von seinen New Yorker Freunden drängten ihn, sich aus dieser albernen Abhängigkeit zu befreien.«

Am nächsten Tag wurden Giorgio und Helen getraut. Trauzeugen waren Tom McGreevy und George Bodington, ein englischer Anwalt aus einer anglo-französischen Anwaltskanzlei, die gerade hoch im Kurs stand. Nora sprang über ihren Schatten und wohnte zusammen mit Joyce der standesamtlichen Trauzeremonie auf der *mairie* des VI. Arrondissements bei. Sie und Joyce müssen ihre Identität jedoch geheimgehalten haben. Im *acte de mariage* sind die Eltern sowohl der Braut als auch des Bräutigams als verstorben geführt.[29]

Wenn man bedenkt, daß sie sich von den besten Anwälten beraten ließen und ihr Anwalt bei der Trauung anwesend war, kann es sich hierbei nicht um zufällige Irrtümer gehandelt haben. Sie mögen darin den einfachsten Weg gesehen haben, peinlichen Fragen, was Giorgios Ehelichkeit betraf, aus dem Wege zu gehen. Wichtiger noch, die Heiratsurkunde wies einen potentiell schwerwiegenden Fehler auf, insofern sie unerwähnt ließ, daß Helen und Giorgio einen Ehevertrag unterschrieben hatten (der vermutlich Helens Geld im Fall eines Scheiterns der Ehe schützen sollte). Neun rasche Federstriche schafften das Problem jedoch aus der Welt, und Helen wurde Mrs. George Joyce.[30]

Miss Weaver erhielt bald schon ihren umfassenden Bericht. Joyce erklärte das Schwiegermutterproblem für gelöst – »Das Verhältnis zwischen meiner Frau und meiner Schwiegertochter ist gegenwärtig sehr herzlich.« –, und tatsächlich wurde »meine Schwiegertochter« (niemals »Helen«) zu einer der stehenden Figuren, die seine Briefe bevölkerten.[31]

Joyce entwickelte eine immer größere Zuneigung zu Helen. Gescheit, tatkräftig und einsatzbereit, war sie ein hart arbeitendes Mitglied des *Work in Progress*-Teams. Unermüdlich las sie lange Auszüge aus der *Encyclopaedia Britannica* vor, aus der Joyce

Orts- und Straßennamen bezog, die er in seinem Text verarbeitete. »Bin ich nicht die beste Hilfskraft, die du je gehabt hast, Babbo?« fragte sie.[32]

Nun mußte Joyce seinen Teil der Abmachung erfüllen, indem er Nora heiratete. Er erörterte die Lage im einzelnen mit Helen, die ihm versicherte, daß seine Beziehung zu Nora in den Vereinigten Staaten als Gewohnheitsehe anerkannt würde, genau wie es, wie Joyce verstanden hatte, in Schottland der Fall war. Selbst in Irland, sagte er, gab es die Anerkennung einer Ehe der »Gewohnheit und dem Rufe nach«.[33]

Auf die eine oder andere Weise verbrachte Joyce mindestens drei Jahre im Labyrinth des internationalen Familienrechts. Er beobachtete und wartete ab, während Helen von 1927 bis 1929 darum kämpfte, eine französische Scheidung ihrer amerikanischen Ehe von 1916 zu erreichen, und begann dann selbst, sich und Nora aus der Ambivalenz ihrer eigenen Situation herauszuarbeiten. Ein Beleg dafür, wie angestrengt Joyce an diesen Problemen arbeitete, ist ein Buch, das sich in seiner Pariser Bibliothek befand: eine vierzehnhundert Seiten starke, auf Latein abgefaßte Untersuchung von vierhundertundsiebenundneunzig Entscheidungen, die von kirchlichen Gerichten über Fragen der Ehe, der Scheidung und des Inzests gefällt worden waren. Das Buch ist das bei weitem am stärksten benutzte von allen Büchern seiner Sammlung. Joyce unterstrich viele Fälle, in denen die Kardinalskongregation des Heiligen Stuhls in Rom erwog, ob es katholischen Richtern erlaubt sein sollte, die eheliche Verbindung von Paaren zu lösen, die zivilrechtlich getraut worden waren.[34]

***

Diese Jahre der Forschung und der Besorgnis waren nicht vergeudet. Sie fanden ihren Platz im Mosaik von *Finnegans Wake*, der Geschichte der universalen Familie. Richard Brown hat in *Joyce and Sexuality* festgestellt, daß das Ehepaar in *Finnegans Wake* im strikten Sinne eigentlich nicht verheiratet ist. Der Name, den Humphrey Chimpden Earwicker HCE) seiner Frau gibt, als er die Legitimität ihrer Verbindung verteidigt, ist nicht sein eigener, sondern eine Variante von Anna Livia Plurabelle (ALP), »wodurch er uns«, hebt Brown hervor, »mit der Nase darauf stößt, daß HCE und ALP, wiewohl allem Anschein nach verheiratet, keinen gemeinsamen Nachnamen haben«. Earwicker gibt zu, so bemerkt Brown, daß »er ihr (Anna Livia) Zuflucht gewährte, als sie feme sole war« (›feme sole‹, *femme seule* ist ein englischer Rechtsterminus für eine unverheiratete Frau), und daß sie »jackticktating« ist. (Nora war sich – wie auch Joyce – vom 8. Oktober 1904 bis zu ihrem Hochzeitstag im Jahr 1931 bewußt, der »jactitation« – der unrechtmäßigen Behauptung, verheiratet zu sein – schuldig zu sein.)[35]

Eine der bekanntesten Zeilen aus *Finnegans Wake* – »woo me, win me, wed me, ah weary me!« – ist als Aufschrei der Ernüchterung, vielleicht der Joyce', vielleicht der Noras, im Hinblick auf das Liebesritual interpretiert worden. Doch im Zusammenhang betrachtet, enthält die Zeile eine Spur des Inzestthemas, das in dem Buch eine Rolle spielt, und einer anderen Vorstellung, von der Joyce in jenen Jahren geplagt wurde – sie verrät den Wunsch eines Vaters, daß seine Tochter dem ganzen schmutzigen Geschäft entrinnen möge:

> ... she is so pretty ... ah weary me![36]

Tatsächlich spricht aus der verworrenen Sprache des Buches nicht nur ein Schriftsteller, der eine neue Sprache zu formen versucht, sondern auch ein Vater, der verzweifelt versucht, eine Welt zu schaffen, in der die auseinanderfliegenden Gedanken seiner Tochter normal erscheinen würden.

***

Noras Gedanken konzentrierten sich, was das Heiraten betraf, auf Lucia, und Lucia teilte ihre Besorgnis. Sie wurde 1930 dreiundzwanzig und hielt verzweifelt nach einem Ehepartner Ausschau. Ihre Eltern hatten einander, Giorgio hatte Helen. Ihre Erfolglosigkeit führte sie auf ihre Schönheitsfehler zurück, insbesondere auf ihr schielendes Auge, das fatale Echo des Leidens ihres Vaters, das ihrer aller Leben dominierte. Nora hatte niemals vorgegeben, daß das Schielen keinerlei Bedeutung habe. McAlmon erinnerte sich, einen ganzen Abend mit den Joyce' darüber diskutiert zu haben. Nora behauptete: »Es ist zweimal so auffällig, wenn sie nervös ist.«[37]

Joyce redete ihr zu, es mit einer Behandlung zu versuchen, und holte den Rat eines Spezialisten in Barcelona ein. Lucia entschied sich schließlich für eine Operation in Paris, die vom Nachfolger Dr. Borschs durchgeführt wurde. Joyce zeigte sich hoch zufrieden mit dem Resultat. Der Makel, der ihr ihr ganzes Leben lang zu schaffen gemacht habe, sei in zwanzig Minuten korrigiert worden, meldete er Miss Weaver mit Genugtuung: »Sie kam im Taxi nach Haus, und binnen einer Woche blickten beide Augen geradeaus.«[38] Es war ein weiteres Beispiel für sein Talent zum Wunschdenken, wie spätere Fotos zeigen. Daß sie sich einer derartigen Mühe unterzogen hatte, um ihr Äußeres zu verändern, machte ihr Scheitern bei Beckett nur um so entmutigender.

Wenn Nora sagte, Lucia brauche einen netten jungen Ehemann, dann meinte sie nicht Beckett. Sie war fähig, die Schwächen sämtlicher männlicher Wesen zu erkennen, die bei ihnen vorstellig wurden. Beckett war zu dem Zeitpunkt eindeutig nicht der Ehetyp; McGreevy war ein klassischer, eingefleischter irischer Junggeselle. McAlmon machte Lucia zwar tatsächlich einen Heiratsantrag (nachdem er sich von Bryher hatte scheiden lassen, seiner britischen Frau und reichen Erbin), war jedoch homosexuell.[39] Calder, den Lucia sehr gern gehabt hatte, war verlobt mit einer Großnichte von Henry James. Und Alfred Hubbell, Calders Nachfolger im Herbst 1930, war ein verheirateter Mann.[40]

Mary Colum gab Joyce einen Rat. (Er bewunderte ihren Geschäftssinn, wenn er sich auch hinter ihrem Rücken darüber lustig machte, daß sie mehr verdiente als ihr Gatte – hauptsächlich, so behauptete er, indem sie Vorschüsse von Verlagen für Bücher kassierte, die sie dann nicht schrieb.[41]) Mary riet Joyce, mit Hilfe einer Mitgift eine Heirat zu arrangieren, um Lucia daran zu hindern, weiter hinter ungeeigneten jungen Männern herzujagen. Während sie über Lucia sprachen, bemängelte Nora Joyce' teilnahmslosen

Ton: »Du hast deine Tochter niemals wirklich gekannt«, behauptete sie. »Wenn du gestattest – ich war bei ihrer Zeugung anwesend«, versetzte Joyce, als wöge das die viele Zeit auf, die Nora darauf verwendet hatte, das schwierige Kind großzuziehen.[42]

In jenen zwei Jahren durchlitt Lucias fragile Persönlichkeit Schock um Schock. Sie kämpfte darum, die Orientierung wiederzugewinnen. Sie hatte das Tanzen aufgegeben und versuchte anfallweise immer wieder, ein neues Talent zu entwickeln, das Zeichnen. Sie war von Beckett abgewiesen worden. Sie hatte ihren angebeteten Bruder verloren, das einzige verläßliche Band zu ihrer Kindheit. Zu alldem kam als verheerender Schlag die Eröffnung, daß sie unehelich war. Sie war weit erschütterter als Giorgio. Beide fühlten sich durch das Aufheben, das Nora und Joyce alljährlich um ihren »Hochzeitstag« machten, begreiflicherweise in die Irre geführt. Am fünfundzwanzigsten Jahrestag des 8. Oktober 1904 hatte Sylvia Beach sogar eine große Party gegeben, um ihn festlich zu begehen.

Noras scharfe Zunge verschonte auch ihre Tochter nicht. Als sie mit Lucia eines Tages die Geduld verlor, schrie sie sie an: »Du Bastard!«[43] »Und wer hat mich dazu gemacht?« schrie Lucia zurück. Sie weigerte sich danach mehrere Tage, mit Lucia zu sprechen. Folglich traf ihren Vater die volle Wucht ihres Zorns. »Wenn ich ein Bastard bin, wer hat mich dazu gemacht?« wollte sie wieder und wieder wissen. Ihre Raserei bestärkte Joyce nur noch in seinem Entschluß, Nora zu heiraten.[44]

Aus weiter Ferne, nach vollendeter sexueller Revolution, unterschätzt man allzu leicht, welche Pein es für Lucia – und auch für Helen – bedeutete, mit Unehelichkeit in Verbindung gebracht zu werden. Der rechtliche Status unehelicher Kinder war dem ehelicher weit unterlegen. Das soziale Stigma war beträchtlich, und die praktischen Schwierigkeiten waren mit den Händen zu greifen. Giorgio beispielsweise lief Gefahr, in die französische Armee einberufen zu werden, wenn er nicht nachweisen konnte, daß er Brite war. Die italienische Armee hatte ihn bereits einzuberufen versucht.

In Sünde zu leben war – nach den in England und Amerika geltenden Maßstäben – außerdem anstößig. Gerade um den spähenden Augen und bösen Zungen der Main Street zu entgehen, waren freidenkende Amerikaner ja nach Paris geflüchtet.

Bis 1931 waren Nora und Joyce davon überzeugt, ihren nichtehelichen Status gut verborgen zu haben. Von Triest bis London hielten alle sie für verheiratet. Als Giorgio und Helen im Februar 1931 von ihrer Hochzeitsreise aus Deutschland zurückkehrten, wo sie Verwandte von Helen besucht hatten, waren Nora und Joyce zwar immer noch unverheiratet, doch gab es keinen Grund zu der Annahme, daß dies Skelett im Schrank der Familie entdeckt werden würde.

Sie hatten die Rechnung ohne Dublin gemacht. Daß sie 1904 unverheiratet durchgebrannt waren, war in literarischen Kreisen eine Legende, kaum daß ihr Schiff von der North Wall abgelegt hatte, und der nachfolgende Skandal um den *Ulysses* in den Zwanzigern, während der Herausbildung einer neuen, im höchsten Maße puritanischen Nation, hatte ihr ihren Platz in der volkstümlichen Mythologie verschafft.

Im März 1931 kamen die amerikanischen Leser des Monatsmagazins *Catholic World* in den Genuß einer vernichtenden Darstellung von Joyce' Unmoral. Der Autor war Michael Lennon, ein Dubliner Richter, dessen Gesellschaft Joyce eines Abends in Paris sehr genossen hatte. Die beiden Männer hatten bis in die Morgenstunden zusammengesessen. Als er gegangen war, hatte Lennon um ein signiertes Exemplar des *Ulysses* gebeten und es erhalten; später schrieb er und fragte an, ob seine Frau auf der Durchreise durch Paris bei den Joyce' hereinschauen dürfe. Das Vergnügen an der Begegnung bewirkte allerdings nicht, daß er mit weniger spitzer Feder geschrieben hätte.

Für seine außerordentlich leicht schockierbaren amerikanischen Leser, viele von ihnen irischer Herkunft, erzählte Lennon, wie der zweiundzwanzigjährige James Joyce, trübsinnig, verdrossen und Dublins überdrüssig, im Jahr 1904 nach Triest ging, um dort zu unterrichten, und

> ... ein Mädchen aus dem Westen Irlands mitnahm, das Kellnerin in einem Dubliner Restaurant war. Er gewährte ihm nicht den Schutz

auch nur einer standesamtlichen Ehe, wobei er damals dagegen einzuwenden hatte, daß er keine kirchliche Zeremonie oder die Hand eines Priesters über seiner Verbindung wolle, doch wolle er das Mädchen anständig behandeln, ein Versprechen, das er gehalten hat. Sie muß schon merkwürdig verliebt in ihn gewesen sein, um sich auf eine derartige Partnerschaft einzulassen. Sie hat ihm ein Mädchen und einen Jungen geboren, die mittlerweile beide über zwanzig sind. Seit sein Haushalt nach Frankreich übergewechselt ist, hat Joyce, so habe ich mir sagen lassen, eine standesamtliche Trauung vornehmen lassen, zweifellos im Interesse seiner Kinder, da das französische Erbrecht die Stellung der Geliebten und der wilden Sprößlinge einer großen Unsicherheit aussetzt.[45]

Lennons Information über die standesamtliche Trauung war zwar vier Monate verfrüht, aber zutreffend – so zutreffend in der Tat, daß sie die Vermutung nahelegt, er habe Joyce über seinen ehelichen Status befragt, als sie miteinander gegessen hatten, und ihm dann irgendwelche echten Informationen entlockt, von denen er später Gebrauch zu machen beschloß. Die Verdammung durch den Artikel in *Catholic World* war so vehement, daß die Colums ein paar Monate lang verhinderten, daß Joyce ein Exemplar davon zu Gesicht bekam, doch war ihm durchaus klar, daß er in Amerika gelesen wurde, womöglich sogar von der Familie Kastor, auf deren gute Meinung er Wert legte.

Im März 1931, als der Artikel erschien, hatte Nora gerade begonnen, die Familienporträts am Square Robiac einzupacken und sie, zusammen mit den blauen Stühlen und den Brokatvorhängen, auszulagern. Sie war dem ganzen Vorhaben mittlerweile feindlich gesonnen. Sie mochte London und ihre dortigen Freunde zwar; ein alljährlicher Besuch und selbst eine Wohnung dort wären ihr durchaus recht gewesen. Doch es widerstrebte ihr sehr, ihr eingespieltes Zuhause und die Routine aufzugeben. Sie war nicht der Meinung, daß Joyce' Gesundheit dem regnerischen London gewachsen sein würde, ebensowenig wie der Anstrengung, die eine solche Selbstverpflanzung bedeutete, und es dürfte ihr auch bei dem Gedanken nicht wohl gewesen sein, Lucia anderswohin zu schaffen. Lucia wollte ebenfalls nicht weg. Ihre Zeichenlehrer waren beeindruckt von ihren Fortschritten; sie hatte begonnen, einen

Roman zu schreiben, und genoß es – in den vielen Augenblicken, wo sie gut mit ihrer Mutter auskam –, in die Modehäuser zu gehen und sich Parfümproben in den Läden entlang der rue Saint-Honoré geben zu lassen.[46]

Doch Joyce war jetzt nicht mehr aufzuhalten. Wie Lucia, hatte Giorgios Heirat auch ihn zutiefst verstört. Er litt unter akuter Schlaflosigkeit.[47] Wie ein Kind, das das ganze Spielbrett umkippt, weil es dabei ist, die Partie zu verlieren, so verschaffte es Joyce ein grimmiges Vergnügen, sein Zuhause aufzulösen. Er badete in seiner selbstzugefügten Heimatlosigkeit; er stellte sich als jemanden hin, der unter seinen Besitztümern auswählte, um sie an Freunde zu verschenken, und in einer Tonne leben würde. Als er Miss Weaver frühe Fahnenabzüge von *Work in Progress* schickte, sprach er von ihnen als von »irgendwelchem Quatsch, der in einem Sack aufgefunden wurde, der in dem Haus herumlag, aus dem Joyce weggeht«.[48] Die *lares* und *penates* der Joyce' – die Porträts, das Klavier und die Sofas – gingen an Giorgio und Helen. Sollten die doch das neue Zentrum der Familie sein.

Wie es sich in vieler Hinsicht auch verhielt. Das erhoffte Baby war bereits unterwegs und sollte Anfang 1932 kommen. Außerdem waren Helen und Giorgio, wie Helens Visitenkarten lauteten, in Pariser Gesellschaftskreisen doch sehr »Mr. und Mrs. George Joyce« geworden. (Sie bestand darauf, daß seine Freunde ihn mit dem weniger ausländisch klingenden »George« anredeten, obwohl sie selbst ihn niemals anders nannte als »Giorgio«). Sie wurden von Man Ray fotografiert, und wie sie dort als Paar posieren, sind eine in Größe und Gebaren mädchenhafte Helen und ein großer, ernster Giorgio zu sehen; der Altersunterschied ist nicht auffällig.

Niedergeschlagen begann Joyce, ungezügelter Geld auszugeben denn je zuvor, und zu Monro & Saws Entsetzen realisierte er ein weiteres Mal hundert Pfund von seinem Kapital, womit er die Gesamtsumme des verbrauchten Kapitals von Miss Weaver, ursprünglich einmal zwölftausend Pfund, auf zweitausend emporschraubte. Fred Monro schrieb an Joyce und riet ihm, mit seinem Einkommen hauszuhalten.[49]

Noras Lebensstandard hatte sich jedoch verbessert, seit Giorgio, wie es in *Finnegans Wake* in einem gnadenlosen Kalauer heißt, den

»ricecourse of marrimoney« aufgenommen hatte. Erstmals fing sie an, in Paris im Auto umherzufahren. Adolph Kastor hatte den Neuvermählten einen Buick zur Hochzeit geschenkt. Giorgio lernte Fahren und machte mit seinen Eltern Ausflüge aufs Land, und Helen lieh Nora den Chauffeur, der sie zu Besorgungen in die Stadt fuhr.[50]

***

Im April 1931 trafen Nora und Joyce mit Lucia im Schlepptau in London ein. Harriet Weaver betrachtete das Heiratsvorhaben als Wahnsinn; Joyce hätte statt dessen zu einer Kontrolluntersuchung bei Dr. Vogt nach Zürich zurückkehren sollen. Die Augen seien wichtiger als der Ehestand, meinte sie. Doch bald schon war sie damit beschäftigt, ihnen behilflich zu sein, als sie sich in der kleinen Wohnung einrichteten, die die Immobilienmakler Marsh und Parsons in Kensington auf ihr Betreiben hin im 28b Campden Grove am Campden Hill in Kensington für sie gefunden hatte.

Die – unmöblierte – Wohnung war eine der trübseligsten, die die Joyce' jemals hatten. Sie machten einen Versuch, sie zu möblieren, kauften jedoch wie gewöhnlich nicht genug. Die Wohnung selbst gehörte zu einer Reihe reizloser viktorianischer Backsteinhäuser, die niemals dazu gedacht worden waren, in Wohnungen aufgeteilt zu werden. Ihre großen, zugigen Fenster gingen auf einen Streckenabschnitt der Londoner Underground Circle Line hinaus, wo die Züge zwischen Kensington High Street und Notting Hill Gate flüchtig an die Oberfläche kommen.

Dennoch gefielen Nora viele Aspekte des Lebens in London. Die Welt, die sie in Gehweite hatte, gefiel ihr stets. So mochte sie die Lebensmittelabteilung von Barker's sehr, so sehr, daß Joyce die Wohnung »Chicken from Barker's« taufte. Doch die Küche war klein. Rasch fanden sie ein Lieblingsrestaurant in der Nähe, Slater's in der Kensington High Street. Joyce genoß es, in den nahen Kensington Gardens herumzuschlendern. Für Nora gab es die stille Genugtuung, ihre Muttersprache zu sprechen und sich gewissermaßen zu Hause zu fühlen. Sie und Joyce waren letztlich in vieler Hinsicht Briten und standen, von ihren Freunden einmal abgesehen, vielem Irischen doch ablehnend gegenüber. Ihr Einkommen erhielten sie in Pfund Sterling, und sie verließen sich auf das stark entwickelte englische Pflichtgefühl ihrer Wohltäterin und die unerschütterliche Ehrbarkeit ihrer Anwälte Monro & Saw, die ihr chaotisches Leben für sie in Ordnung hielten.

Insbesondere deshalb, weil Miss Weaver so durch und durch englisch war, hoffte Joyce, daß ihr sein neues Buch gefallen würde. Stuart Gilbert war der einzige Engländer unter Joyce' literarischem Anhang in Paris, und er hatte festgestellt, daß Joyce, als er sein obskures neues Werk herstellte, von Helfern umgeben war – Russen, Franzosen, Iren und Amerikanern –, denen die Vorstellung gefiel, die englische Sprache aufzubrechen. Miss Weaver war wiederum eine Hüterin ihrer Muttersprache, und es war für Joyce lebenswichtig, daß sie seine Experimente absegnete.

Miss Weaver hatte wahrhaftig begonnen, Vergnügen daran zu finden, die verbalen Puzzles zu enträtseln, die er ihr schickte. Er erkannte jedoch nicht, daß sie sie mit mütterlicher Besorgnis nach Anzeichen für Melancholie und Kummer absuchte. Die folgende Passage aus *Work in Progress*, so sagen ihre Biographinnen, beruhigte sie nicht gerade:

> What's my muffinstuffinaches for thease times? To weat: Breath and bother and whatarcurss. Then breath more bother and more whatarcurss. Then no breath no bother but worrworrums. And Shim shallave shome.[51]

Joyce bestimmte ihren Hochzeitstag: Es war der 4. Juli, der Geburtstag seines Vaters. Er und Nora erzählten es vorher nahezu niemandem, nicht einmal Padraic Colum, dem Joyce zwei Tage zuvor schrieb. Ausnahmen waren Robert und Sylvia Lynd, irische literarisch engagierte Freunde, die in Hampstead lebten. Joyce kannte sie schon seit den Tagen, als er um die Veröffentlichung vom *Dubliner* gekämpft hatte. Robert Lynd war auch ein glühender irischer Nationalist – er war ein guter Freund von Robert Casement gewesen und hatte, mitten im Ersten Weltkrieg, ein Pamphlet geschrieben, worin er behauptete, wenn England den Krieg verlöre und gezwungen würde, Deutsch zu sprechen, würde es lediglich das Schicksal der Iren erleiden.[52] Einen oder zwei Abende vor der Hochzeit nahmen Nora und Joyce ein Taxi nach Hampstead, um bei den Lynds zu Abend zu essen.

In Gegenwart solcher Freunde konnten Joyce und Nora freimütig erörtern, daß sie die Heiratszeremonie geheimzuhalten hofften. Joyce hatte die Vorsichtsmaßnahme ergriffen, »by license« zu heiraten – ein Verfahren, das erst einen Tag vorher angekündigt zu werden brauchte –, wodurch er der Aufmerksamkeit der Presse zu entgehen hoffte. Wie er Harriet Weaver eloquent geschrieben hatte:

> Wenn ich vor sechsundzwanzig Jahren nicht wollte, daß sich ein Kanzleischreiber mit einem Federhalter hinter dem Ohr oder ein Priester im Nachtgewand in meine Ehe einmischten, so will ich jetzt gewiß nicht, daß eine ganze Schar von Journalisten mit dem Federhalter in der Hand dort stören, wo sie nicht erwünscht sind ...[53]

Wenn Joyce sich (wie Beckett aus ähnlichen Gründen viele Jahre später) eine kleine englische Stadt zum Heiraten ausgesucht hätte, hätte seine List funktionieren können. In London jedoch kämmen die Journalisten regelmäßig die Aufgebote in den Standesämtern durch und erkannten am 3. Juli auf Anhieb, daß sie eine Story hatten.

Als die Joyce' am Tag ihrer Hochzeit, einem Samstag, aufstanden, mußten sie feststellen, daß der *Daily Mirror* unter dem Titel »Autor heiratet« und dem Untertitel »Mr. James Joyce, der den *Ulysses* geschrieben hat« ihre Tarnung gelüftet hatte:

> In einem Londoner Standesamt wird die bevorstehende Heirat von Mr. James Augustine Aloysius Joyce, neunundvierzig, aus Campdengrove, W. angezeigt.
>
> Der Name der Braut ist als Nora Joseph Barnacle, siebenundvierzig, wohnhaft an derselben Anschrift, angegeben.
>
> Mr. Joyce ist der Autor von *Ulysses*. Laut »Who's Who« wurde er im Jahr 1904 mit Miss Nora Barnacle aus Galway getraut.
>
> Mr. Joyce' Anwalt behauptete gestern: »Aus testamentarischen Gründen erschien es wünschenswert, daß die beiden Beteiligten nach englischem Recht verheiratet sein sollten.«

Der – ebenso hochtrabende wie vage – Ausdruck »testamentarische Gründe« – war von Joyce selbst gewählt worden, um Nachfragen[54] begegnen zu können. Es gab keine andere Wahl, als die Zeremonie hinter sich zu bringen.

Am Tag ihrer Hochzeit trug Nora, obwohl sie in ihrem katholischen Herzen wußte, daß es gar keine war, die neueste Mode, die die Frauen aus den ungestümen, ausgelassenen Zwanzigern in den anschmiegsameren, weiblicheren Habitus der Dreißiger hinübergeleitet hatte. Sie trug eine schmalgeschnittene, dunkle Jacke mit einem knielangen hüftengen Rock, der, unten weit, ihre Beine frei ließ. Dazu trug sie ihren Lieblingspelz, einen Fuchs, glatte Pumps und eine Glocke, die sie so tief hinunterzog, daß Lionel Monro, Fred Monros Sohn, der in die Firma eingetreten war und seinen Vater zu der Zeremonie begleitete, lediglich »sehr dunkle Brauen«[55] erkennen konnte. Mit ihren Anwälten betraten die Joyce' das Kensingtoner Standesamt in der Marloes Road.

Das spröde kleine Ridual, das normalerweise fünfzehn Minuten in Anspruch nimmt, verlängerte sich, als Joyce, ungeachtet aller rechtlichen Beratung durch Monro & Saw, einen letzten verzweifelten Versuch unternahm und behauptete, sie hätten in Triest geheiratet. Seine Frau, so erklärte er, habe einen falschen Namen angegeben.

Selbst noch unter Druck erfand Joyce nicht einfach irgendeinen Namen. Der Name, den Nora angeblich angegeben hatte, war Gretta Greene, eine Anspielung auf den Namen der Grenzstadt in Schottland, wohin junge Liebende aus England durchbrannten, um ohne Einwilligung der Eltern zu heiraten. Der Name enthielt jedoch einen doppelten Wortwitz: Gretta war der Name, den Joyce der Nora in ›Die Toten‹ gegeben hatte; Greene bot hinlängliche Assoziationen an Irland. (Bis zu seinem Tod fuhr Joyce fort, im *Who's Who* anzugeben, er habe 1904 geheiratet, doch gibt es keinerlei Belege für seine Behauptung.[56])

Die falsche Angabe verdarb um ein Haar alles. Wenn sie bereits verheiratet seien, so machte der Standesbeamte mit erbitternder Logik geltend, könne er sie nicht trauen. Sie würden sich scheiden lassen müssen. Fred Monro erwies sich jedoch als vorbereitet; er wartete mit unabweisbaren rechtlichen Belegen dafür auf, daß

Joyce von Eheschließungen sprechen mochte, soviel er wollte, eine solche jedoch in keinem Falle vor dem englischen Gesetz gültig sei.[57] Der Standesbeamte fuhr füglich mit seiner Arbeit fort und traute James Joyce, ledig, und Nora Barnacle, ledig, wohnhaft an derselben Anschrift. Fred Monro muß innerlich zusammengezuckt sein, als er sah, was Joyce als Beruf angegeben hatte: nicht »Autor«, sondern »finanziell unabhängig«. Mr. Monro hatte schließlich einen vergeblichen Kampf darum geführt, Harriet Weaver davon abzubringen, Joyce in die Lage zu versetzen, eine solche Behauptung aufzustellen.

Als sie herauskam und die Presse auf sie warten sah, bemerkte Nora trocken zu Jim: »Ganz London weiß, daß du hier bist.« Am selben Nachmittag brachte der *London Evening Standard* das Foto, das danach als offizielles Hochzeitsfoto der Joyce dienen sollte: Nora, die ihren Hut festhält und ihr Gesicht versteckt, aber erfreut aussieht, Joyce, entsetzt aussehend, und ein aufgebrachter Mr. Lionel Monro. Joyce erfuhr, daß einer der beteiligten Journalisten Ire war. »Das hätte ich mir auch gleich denken können«, erklärte er mit großer Erbitterung.[58]

Die Pein, die die Presse ihnen bereitete, hatte gerade erst begonnen. Da die Sonntagsausgaben zu füllen waren, kampierte eine ganze Schar von Fleet-Street-Schreiberlingen vor dem Haus 28, Campden Grove, das nur einen einzigen Ausgang zur Straße hatte. Auf diese Weise belagert, rief Joyce verzweifelt das Büro von Monro & Saw an und stellte fest, daß Fred Monro übers Wochenende aufs Land gefahren war. Er fühlte sich schmählich im Stich gelassen. Selbst Miss Weaver war in Guildford. Ihr schrieb er einen verdrießlichen Brief:

> Sie werden mittlerweile die Zeitungen gesehen haben, so daß es überflüssig ist, daß ich dazu etwas schreibe. Zwei volle Tage lang wurde die Straße von schnüffelnden Inselbewohnern heimgesucht, und einer von den Burschen wartete sogar bis Mitternacht. Meine Frau wollte heute wegfahren, doch ich hatte die Mittel dazu nicht. Sie waren nicht da, und Miss Beach fährt kreuz und quer durch Frankreich. Ich konnte keinen Rat einholen, wie man mit der Situation umgehen soll, da Mr. Monro den ganzen Freitag und Samstag nach der Trauung nicht in der Stadt war. Sein Partner ebensowenig. Schließlich erreichte ich ihn um

> 8 Uhr 30 bei sich zu Hause, und er rief, wie Sie wissen, den Presseverband an. Sprechen Sie bitte mit niemandem über diese Dinge, ehe ich Sie nicht gesehen habe. Die Straße vor diesem Haus(?) wurde von einer Mannschaft von Kameraleuten besetzt ...[59]

Joyce übertrieb. Sie waren keine Gefangenen. Er und Nora schafften es, zum Essen zu Slater's zu gehen, wo Arthur Power, der gerade in London war, sie aufspürte. Power sagte amüsiert: »Ich habe da eine interessante Geschichte in der Zeitung gelesen.« Nora kicherte. »Ich kam mir so blöd vor«, sagte sie. Joyce jedoch blickte wütend und empfahl Power kühl, sich an seine Anwälte zu wenden, falls er weitere Auskünfte wünsche.

Während er sich über die Aufmerksamkeit der Presse beschwerte, setzte Joyce doch alles daran, um an die Ausgaben mit sämtlichen Zeitungsmeldungen zu kommen, die ihm entgangen waren. Er hätte guten Grund gehabt, sich eher über mangelnde Aufmerksamkeit zu beklagen. Londons seriöse Blätter nahmen keine Notiz: es stand nichts in der *Times* oder dem *Daily Telegraph*. Die *New York Times* hingegen ging darauf mit einer Meldung in ihrer Rubrik Heiraten, Todesfälle und Geburten ein; sie war überschrieben: »Heiratet Gattin aus testamentarischen Gründen ein zweites Mal.« Als sie ihn später im Jahr über dies Thema reden hörte, gewann Sylvia Beach den Eindruck, Joyce habe das ganze Aufsehen genossen. Sie und Adrienne, die über die Heirat nicht vorher informiert worden waren, waren wohl kaum »kreuz und quer durch Frankreich (gefahren)«, sondern hielten sich in ihrem Häuschen auf dem Bauernhof von Adriennes Eltern in Savoyen auf.

Nachrichten aus London brauchten nicht lange, um die Irische See zu überqueren. In Galway konfrontierten Annie Barnacle Nachbarn am Bowling Green mit der Skandalgeschichte über Nora und Jim. Annie Barnacle war wütend und drohte jedem eine Klage an, der zu behaupten wagte, daß Nora im Jahr 1904 nicht geheiratet habe. Die Heiratsurkunde, so erklärte sie beharrlich, sei während des Krieges in Triest zerstört worden. Ihre Nachbarn glaubten statt dessen jedoch den Londoner Zeitungen, und Mrs. Barnacle machte ihrem Zorn in Briefen an Nora in London Luft.[60]

Für Nora hatte die standesamtliche Trauung einen kleinen Vorteil. Selbst wenn die standesamtliche Trauzeremonie in den Augen der Kirche für ihr Ansehen unerheblich war, so war sie sich ihres irregulären Status doch stets peinlich bewußt gewesen und nun insgeheim erleichtert, vor dem Gesetz anerkannt zu sein.[61] Keineswegs machte die Publizität in der Presse die Joyce' menschenscheu. Am 15. Juni fuhren sie abermals zu den Lynds, auf eine Gartenparty, auf der im Kreis von Politikern und Schriftstellern, darunter Goronwy Rees und Douglas Jay, der Neumond gefeiert wurde. Joyce war die Hauptattraktion, als er am Klavier saß und wunderschön sang.

Moira, einer der Lynd-Töchter, tat Joyce leid, »weil er kaum erkennen konnte, was er aß, obwohl er doch zwei Brillen trug«. Sie bedauerte außerdem »die beiden schweigsamen erwachsenen Kinder, deren Gefühle Joyce vermutlich mit seinem Bemühen um Geheimhaltung schonen wollte«.[62]

Dies ist der einzige Bericht, der Giorgio für die Zeit der Hochzeit seiner Eltern nach London versetzt. Es steht fest, daß Helen ihn, im zweiten Monat einer Schwangerschaft, die sich als schwierig erwies, nicht begleitete.

Im selben Monat waren Nora und James Joyce Gäste bei einem formellen Literatenmittagessen, das der Präsident des Verlagshauses Putnam gab. Dem Anlaß verdanken wir eine eindrückliche Schilderung des physischen Kontrasts zwischen den beiden Joyce', wie er in jenem Sommer ihrer Heirat in Erscheinung trat, denn unter den Gästen befand sich der brillante Tagebuchschreiber Harold Nicolson, der Gatte Vita Sackville-Wests. Nicolson hielt sich mit anderen Gästen im Salon auf, die nervös auf das Eintreffen der Berühmtheiten warteten. Von der Treppe her war ein Geräusch zu hören. Alles erhob sich:

> Mrs. Joyce tritt herein, gefolgt von ihrem Mann. Eine jung aussehende Frau mit den Spuren früherer Schönheit und einem so ausgeprägten irischen Akzent, daß sie eine Belgierin sein könnte. Gut angezogen nach der Art einer jungen französischen *bourgeoise:* eine Jugendstil-Brosche. Joyce selber, reserviert und blind, folgt ihr. Auf den ersten Blick kommt er mir wie eine leicht bärtige alte Jungfer vor, auf den

zweiten Blick wie Willie King in der Maske von Philipp II., auf den dritten Blick wie ein mageres Vögelchen, blinzelnd, gebückt, zurückhaltend, heftig und schüchtern. Kleine Klauenhände. So blind, daß er haarscharf an einem vorbeiguckt wie eine sehr magere Eule.

Joyce war ein unbequemer Gast. Er widersprach scharf der Dame an seiner Seite, die ihm auf Italienisch etwas über Italo Svevo vorschwatzte. Nicolson versuchte, Joyce dadurch ins Gespräch zu ziehen, daß er auf eine Zeitungsmeldung anspielte und ihn fragte: »Interessieren Sie sich für Mordfälle?«

»Nein«, antwortete Joyce (mit, wie Nicolson behauptete, der Geste einer »Gouvernante, die das Klavier zumacht«), »nicht im mindesten.«

Joyce spitzte lediglich die Ohren, als Nicolson erklärte, er wolle bei der BBC einen Vortrag über ihn halten. Nicolsons Urteil lautete: »Kein unfreundlicher Mensch; es gelingt Joyce, seine Abneigung gegen die Engländer im allgemeinen und die mit Literatur befaßten Engländer im besonderen zu verbergen. Er ist allerdings ein schwieriger Gesprächspartner.«[63]

Nach der Heirat setzte Joyce Stanislaus und die Colums ins Bild. Den Colums gegenüber machte er den gestelzten Scherz, wenn der König früher das Heirate-deine-Tante-Gesetz erlassen habe (der volkstümliche Name eines neuen Gesetzes, das einige der verbotenen Kategorien der Verwandtschaftsehe aufhob), sollte er jetzt das Heirate-deine-Frau-Gesetz unterschreiben. Die englische Heirat, so erklärte Joyce seinem Bruder, sei notwendig »um die Erbschaft für die Familie zu sichern«, und er hielt selbst Stanislaus gegenüber die Fiktion aufrecht, daß Nora und er in Triest geheiratet hätten (wenn er es auch vermied, das als unumstößliche Tatsache hinzustellen):

> Nachdem ich mich 1904 mit meiner jetzigen Frau auf und davon gemacht hatte, gab sie mit meinem vollen Einverständnis Miss Gretta Greene als ihren Namen an, der gut genug war für il Cav. Fabbri, der uns traute, und für il conte Dandino, den letzten Gentleman in Europa, der die gesetzlichen Bescheinigungen für die Nachkommenschaft ausstellte ...[64]

Joyce unterschrieb unverzüglich das Testament, das für seine noch ungeborenen Erben sorgte. Am 5. August 1931 hinterließ er Nora auf Lebzeiten das Einkommen aus seinen Tantiemen, danach sollten sie an seine Kinder und deren Nachkommen fallen. Er hinterließ Harriet Weaver seine sämtlichen Manuskripte – in Anerkennung ihrer Verdienste – und setzte sie gleichzeitig zur Verwalterin des literarischen Nachlasses ein. Er vermachte seine gesamte weltliche Habe seinem Sohn, nichts jedoch in Form irgendwelcher Hinterlassenschaften wie Bücher oder Bilder ging an Lucia: eine Unterlassung, aus der deutlich hervorgeht, daß Joyce, auch wenn er Lucias seelische Krankheit ausdrücklich erst im darauffolgenden Jahr anerkannte, doch einsah, wie wenig wahrscheinlich es war, daß sie einmal ein eigenständiges Leben führen würde. Nora machte kein Testament.

»Heftige Ausbrüche seitens der Familie meiner Frau in Galway«, wie Joyce es Miss Weaver gegenüber ausdrückte, hinderten Noras jüngste Schwester Kathleen doch nicht daran, zu einem weiteren Besuch nach London zu kommen. Kathleen rätselte wie immer daran herum, was Nora und Joyce aneinander haben mochten: »Nora mit diesem Ungestüm und Jim so ganz unbeweglich.« Während des Besuchs hörte Kathleen Nora sich in unzweideutiger Weise über Sex äußern: »Ich hasse es, Kathleen«,[65] erklärte Nora. Kathleen konnte unmöglich ahnen, wieviel hinter solch einer (für damalige Zeiten) sehr konventionellen Klage einer Ehefrau gegenüber einer Schwester steckte.

Es ist möglich, daß Nora selbst ihre sexuelle Beziehung, sofern eine solche noch bestand, nach ihrer Hysterektomie abgebrochen hat. Lucia Joyce erinnerte sich später, daß ihre Mutter nach ihren Operationen »unempfindlicher« gewesen sei. Und Maria und Eugene Jolas, die seit der ersten Veröffentlichung von *Work in Progress* im Jahr 1927 in *transition* enge Freunde der Joyce' gewesen waren, stellten obendrein die Vermutung an, daß die Joyce' in den Dreißigern eine Ehe ohne Sex geführt hätten. Nora hatte Maria erklärt: »Mein Mann ist ein Heiliger« – eine Bemerkung, die, so meinte Eugene Jolas seiner Frau gegenüber, nur eine einzige Bedeutung haben konnte.[66]

Mit Kathleen waren sie in der kleinen Wohnung zu viert. Lucia, die sich bereits durch das Aufsehen um die Hochzeit gedemütigt fühlte, wurde eifersüchtig auf ihre lebenssprühende Tante, mit der Joyce die touristischen Standardattraktionen abklapperte, die er niemals über bekam. Kathleen zuliebe lieferte Joyce auch eine Glanznummer als exzessiver Trinkgeldgeber. Bei einem Theaterbesuch sagte Nora beim Hineingehen: »Jetzt gib bloß dem Platzanweiser kein Trinkgeld...« (Platzanweiser bzw. Platzanweiserinnen in englischen Theatern bekamen anders als ihre kontinentaleuropäischen Kollegen niemals Trinkgeld.) Trotzdem gab Joyce dem Platzanweiser zehn Shilling dafür, daß er ihnen ihre Plätze gezeigt hatte. Nora wandte sich um und ging hinaus. Es war die einzige Strafe, zu der sie griff, und eine die Joyce verletzte, wenn sie ihn auch nicht abschreckte. Bei einem Abendessen im Kettner's, bei dem Miss Weaver ihr Gast war, sah Kathleen ihn dem Kellner fünf Pfund geben. Die Summe entsprach genau zwei Wochen Miete für ihre Wohnung. Kathleen traute ihren Augen nicht. Nora sehr wohl. »Oh, solche Sachen macht der immer«, sagte sie.[67]

Miss Weaver erhoffte sich, dort Erfolg zu haben, wo es Nora nicht gelungen war, Joyce zum Besseren zu ändern. Zwei Flaschen Wein zum Abendessen, meinte sie insgeheim, seien zuviel. Höflich empfahl sie Joyce, doch jede Mahlzeit mit einem Glas Wasser zu beginnen und zwischen zwei Gläsern Wein ein weiteres zu trinken. Nora hätte ihr jedoch gleich sagen können, daß sie nur ihren Atem verschwendete.[68]

Im August wurden Nora und Joyce wieder ruhelos. Sie beschlossen, für den Winter nach Paris zurückzukehren und ihr englisches Domizil in Kensington im Frühjahr wieder zu beziehen. Lucia fuhr, plötzlich von Ungeduld gepackt, als erste und wurde von einem befreundeten Hotelbesitzer über den Kanal begleitet (der ihr durch den Zoll helfen sollte, erklärte Joyce, als spräche er von einer Vierzehnjährigen und nicht von einer Vierundzwanzigjährigen).[69] Lucia beehrte dann Georgio und Helen mit ihrer wohl eher unwillkommenen Anwesenheit. Helens Schwangerschaft brachte ernsthafte Komplikationen mit sich. Sie hatte einen Eierstocktumor (möglicherweise ein mißglückter Zwilling), der in dem Maße wuchs wie das Baby, und mußte, um eine Fehlgeburt zu verhindern, fast die ganze Schwangerschaft im Bett verbringen.[70]

Joyce war äußerst gedrückter Stimmung. Er hatte in Paris kein Zuhause, worin er Frau und Tochter unterbringen konnte. Er fühlte sich von allen Seiten verfolgt, insbesondere von dem Gedanken an seine leere Wohnung in Kensington, deren Miete und Feuerversicherung noch eine Laufzeit von etwa fünf Jahren hatten.[71]

Für einen verschwenderischen Menschen zerbrach er sich allzusehr den Kopf über kleine Summen; ohne Untermieter bezahlte er für nichts und wieder nichts zwei Pfund und zehn Shilling pro Woche, und dieser Verlust zerrte an seinen Nerven. Er schoß mit Wortwitzen wie Pfeilen um sich, um all seine Londoner Quälgeister zu verletzen, und taufte Campden Grove »Campden Grave« und Marsh und Parsons »Mashed Parsnips«, den britischen Premierminister Ramsay MacDonald (wegen der Pfundabwertung) »Ramshead MacDullard« und Covent Garden (weil er Sullivan nicht zu würdigen wußte) die »Kitchen Garden Opera«.[72] Er erzählte Stanislaus, man habe ihn um sechs Monatsmieten für die Wohnung geprellt. Und er glaubte, eine Frankfurter Zeitung habe ihn ausgenutzt, indem sie eine Geschichte fälschlich James Joyce zuschrieb, die doch von einem Michael Joyce war. (In dieser Angelegenheit verschickte Joyce sechsunddreißig Briefe und zehn Telegramme und drohte rechtliche Schritte wegen Betrugs an, bis Monro & Saw ihm davon abrieten, da er keinerlei Aussichten auf Erfolg habe.[73]) Nora versuchte, seiner Paranoia den Boden zu entziehen. Als sie eines Abends in London mit Padraic Colum aßen, sagte sie: »Tja Jim, hier hast du nun mal einen Freund«, und Joyce hatte ein Einsehen und entspannte sich.[74]

Nach Paris zurückgekehrt, war Nora rühriger denn je zuvor. Sie besuchte Helen jeden Tag; ihre Feindseligkeit war angesichts der Umstände geschwunden (und sie war froh darüber, daß Helen dem Vorschlag ihres Bruders, nach New York zurückzukehren und einen amerikanischen Gynäkologen aufzusuchen, nicht Folge leistete.) Helen lieh ihr ihren Chauffeur aus, als sie auf Wohnungssuche ging, doch als er krank wurde, mußte Nora ein Taxi benutzen. Sie ging schließlich auf Joyce' Vorschlag ein, eine möblierte Wohnung in Passy zu nehmen, weil, so schrieb er an Miss Weaver, »(seine) Frau (...) erschöpft davon (sei), es jedermann recht machen zu wollen«.[75] Joyce selbst überschwemmte Miss Weaver mit

Briefen; er schrieb ihr mehrmals wöchentlich, manchmal täglich, und legte einmal mehr brieflich eine Vertraulichkeit an den Tag, die in auffälligem Gegensatz zu der Kühle und Reserviertheit stand, die ihren Umgang von Angesicht zu Angesicht bestimmten.

***

Was Joyce betraf, so folgte auf die Heirat wenig später die berufliche Scheidung von Sylvia Beach. Die Kluft zwischen Joyce und seiner bedeutendsten *Ulysses*-Verlegerin hatte sich im Mai vertieft, als Adrienne Monnier Joyce einen scharfen Brief schrieb, wie sie ihn schon seit langem zu schreiben beabsichtigt hatte. Sie beschuldigte Joyce, so zu tun, als interessierten ihn der Erfolg oder das Geld nicht, während er, wie sie sagte, von beidem besessen sei. Sie beschuldigte ihn darüber hinaus, Sylvia rücksichtslos auszubeuten, um seiner Familie ein Luxusleben zu ermöglichen, während sie und Sylvia knausern mußten, um sich über Wasser zu halten.

Joyce war verletzt und wütend. Er bestritt, daß an ihren Anschuldigungen irgend etwas Wahres dran sei, und brachte Miss Weaver dazu, ihm zuzustimmen – wodurch er eine Kluft zwischen den beiden Frauen aufriß, die enge Freundinnen geworden waren. Harriet Weaver war keine Lesbierin. Sie war eine entschieden asexuelle Frau, die sich aber dennoch für die Geborgenheit rein weiblicher Beziehungen zu erwärmen vermochte. Bis 1931 war Sylvia ihre beste Freundin auf dem fremden Territorium Paris, eine Freundin, der sie das seltene Privileg einräumte, sie bei ihrem intimen Namen Josephine zu nennen. Miss Weaver war jedoch überzeugt davon, daß Joyce und sein Werk Vorrang vor sämtlichen anderen Interessen haben mußten, und als die Wahl sich stellte, zog sie das Genie der Freundin vor.

Als er im September 1931 nach Paris zurückkehrte, war Joyce entschlossener denn je, eine amerikanische Veröffentlichung des *Ulysses* sicherzustellen. Eine ganze Reihe von Angeboten war nach und nach hereingekommen. Mary Colum versicherte ihm, daß eine amerikanische Ausgabe den Nobelpreis bedeuten würde. Was noch stärker ins Gewicht fiel, war die Mitteilung, daß Samuel Roth nicht nur mit seiner Raubdruckausgabe in den USA ungestraft davonkommen würde, sondern daß er darüber hinaus vor kurzem das zehnte Tausend aufgelegt habe. Es würden keine amerikanischen Käufer mehr übrigbleiben, wenn Roth nicht Einhalt geboten wurde.

Das Hindernis war Sylvia. Seit dem vergangenen Dezember befand sie sich im Besitz eines Vertrages, der ihr das Recht einräumte, den Preis für den Verzicht auf ihre Rechte festzusetzen, und sie hatte es damit ganz und gar nicht eilig. Sie hatte jährlich etwa tausend Pfund aus dem Verkauf des *Ulysses* an amerikanische Touristen eingenommen. Wenn sie das Buch zu Hause würden kaufen können, so erklärte sie Joyce, dann wäre sie – Sylvia war nie um eine treffende amerikanische Redewendung verlegen – gezwungen, »(ihren) Laden zu schließen und eine Hühnerzucht zu beginnen«.[76]

Demzufolge bestimmte Sylvia, was sie für eine zwar beträchtliche, aber doch gerechtfertigte Forderung zum Ausgleich für die Abtretung ihrer Rechte hielt: fünfundzwanzigtausend Dollar, in jenen Tagen ein Vermögen. Die Höhe ihrer Forderung bewirkte, daß der wichtigste Verleger, der am Bieten beteiligt war, sein Angebot zurückzog. Gleichzeitig begann Sylvia, nahezu täglich Besuch von Padraic Colum zu erhalten, der mit ihr stritt, um sie dazu zu bewegen, ihre Forderung herunterzuschrauben. Außerdem war sie, was Miss Weaver nie passieren sollte, zu einer Witzfigur *chez* Joyce geworden. Nora kam eines Tages aus der Buchhandlung und meldete: »Na, wer hätte das gedacht! Da war Miss Beach, die ihr Kopfweh pflegte und wie eine wildgewordene Elektra aussah.«[77]

Nora bezog sich auf Sylvias chronische Migräneanfälle, die Joyce' in seinen Zweifeln bestärkten, ob sie die Intelligenz oder auch die Tüchtigkeit besaß, seine amerikanischen Geschäfte abzuwickeln. Er schreckte vor ihren Problemen zurück, die er Miss Weaver in einem freimütigen Brief auseinandersetzte. Darin erlaubte er es sich zum erstenmal, unumwunden auf Sylvias Lesbierinnentum Bezug zu nehmen, und er ließ erkennen, daß innerhalb seines Wertkanons Selbstmord, Geisteskrankheiten und Migräne weitaus schändlicher waren als die Homosexualität. Im Umgang mit Miss Beach müsse er, so sagte er, folgendes berücksichtigen:

> Trotz ihrer vielen Freundlichkeiten, die sie mir erwiesen hat, und ihrer vielen reizenden Eigenschaften ist sie in den letzten Jahren doch unter dem Einfluß ihrer intelligenteren Partnerin (in vieler Hinsicht auch sie eine bemerkenswerte und reizende Frau) zu einem bloßen Automaten geworden, doch nicht daß (sic) abnorm sind (was nicht viel zu sagen hat), [zählt], sondern hauptsächlich, daß Miss Beach die Tochter eines Selbstmords ist, daß ihre Schwester in einem Irrenhaus war und daß sie selbst periodisch an sehr eigenartigen Kopfschmerzen leidet.[78]

Was Sylvia betraf, so gingen die täglichen Besuche von Colum weiter. Er drängte sie, den Preis zu senken. Mit Adriennes Unterstützung weigerte Sylvia sich. Sie habe ihren Vertrag. Dieser Vertrag, eröffnete Colum ihr schonungslos, sei bedeutungslos. Sie habe keine Berechtigung, überhaupt irgendwelche Forderungen zu stellen. Colum wiederholte unermüdlich seinen Standpunkt und bezichtigte Sylvia der Eigensucht. In ihrer Erinnerung waren seine letzten, an sie gerichteten Worte: »Sie steh'n Joyce im Weg!«[79]

Niedergeschlagen griff Sylvia nach dem Hörer. Joyce war am Apparat. Er könne den *Ulysses* haben, teilte sie ihm mit. Sie trat ihre sämtlichen Rechte ab, ohne Entschädigung.

***

Ende 1931 standen die familiären Probleme dann jedoch im Vordergrund. Weil beide vor dem Stigma der Geisteskrankheit zurückschreckten, weigerten Nora und Joyce sich, Lucia von einem Psychiater untersuchen zu lassen. Seit vielen Jahren lebten sie allerdings schon in unterdrückter Sorge um ihre Tochter. Tatsächlich erscheint Joyce' zärtliches Gedicht »A Flower given to My Daughter«, das er in Triest geschrieben hatte, als Lucia sechs war, nahezu prophetisch in seiner Wahrnehmung der »wonder wild« in den Augen seines Kindes. Lucia hatte echtes künstlerisches Talent. Wenn sie sich aufregte, schlug Nora gewöhnlich vor, daß sie doch etwas zeichnen gehen solle.[80] Um Lucia moralisch zu stärken, überredete Joyce sie dann dazu, ausgeklügelte Anfangsbuchstaben für seine Gedichtsammlung *Pomes Penyeach* (dt. *Pöme Penysstück)* von 1927 zu zeichnen. Lucia willigte ein und produzierte

Buchstaben, die Joyce schön fand. Dann dachte er sich aus, ihr zehntausend Francs zahlen zu lassen, allem Anschein nach von einem Verleger.

Nora, der nichts einfiel, wie sie Joyce von dieser ausgefallenen Idee abbringen sollte, mußte ihm bald schon durch eine neue Krise helfen. Joyce' Vater, John Joyce, starb am 29. Dezember 1931 in einem Zimmer, das mit Bildern von seinem Sohn und Zeitungsausschnitten über ihn angefüllt war; er hatte ihn seit 1912 nicht gesehen. Joyce wurde von Schuldgefühlen übermannt. Der alte Mann hatte ihn inständig gebeten, ihn doch zu besuchen, ehe er stürbe, und Joyce hatte sich niemals eingestanden, daß er zu verängstigt war, um noch einmal nach Irland zurückzukehren. Insbesondere nach Lennons Angriff in der *Catholic World* hegte er die Befürchtung, daß er vielleicht von einem religiösen Fanatiker ermordet werden könnte oder man ihm wie Parnell Löschkalk in die Augen werfen würde. Doch er hatte seinen Vater immer weiter in dem Glauben gelassen, daß er nach Hause zurückkehren würde, um ihn zu besuchen. »Er war alt, das wußte ich. Aber ich dachte, er würde länger leben. Es ist nicht sein Tod, der mich so niedergeschmettert hat, es sind die Selbstvorwürfe«, erklärte Joyce Miss Weaver, der er sein Herz ausschüttete.

In seinem Kummer erläuterte Joyce Miss Weaver, weshalb er so ausdauernd und stur Geld zum Fenster hinauswarf: diese Eigenschaft war mit seiner Kreativität verknüpft, beides Charaktermerkmale, die er, untrennbar miteinander verbunden, von seinem Vater geerbt hatte. »Ich erbte von ihm seine Porträts, eine Weste, eine gute Tenorstimme und eine zügellose und leichtfertige Veranlagung (der ich allerdings ein Gutteil des Talents verdanke, das ich vielleicht habe)...«[81]

Joyce' Gewissensbisse waren so stark, daß er, in einem Brief an T. S. Eliot, die alte Geschichte von Nora und den Kindern, die in einem Eisenbahnwaggon beschossen worden waren, wieder ausgraben mußte, um sein Versäumnis zu rechtfertigen, seinen Vater nicht besucht zu haben.[82] Seine Freunde taten, was sie konnten, um ihn zu trösten. Aus Galway reiste Noras Onkel Michael Healy zur Beerdigung nach Dublin,[83] und Harriet Weaver schickte hundert Pfund zur Bezahlung der Krankheitskosten und der Beerdigung. Der alte John Joyce hatte die ausgeprägte Zuneigung seines Sohnes erwidert. Er hinterließ keinem seiner Kinder etwas von seinem schmalen Vermögen von sechshundertsechsundfünfzig Pfund – weder der verwitweten Eileen, den traurigen alten Jungfern Eva und Florrie, noch den in arger finanzieller Bedrängnis lebenden verheirateten Kindern Stanislaus, Charlie und May, sondern er vermachte alles seinem Lieblingssohn, dem Schriftsteller.

***

Als Sylvia ihre Rechte am *Ulysses* abtrat, hatte sie keine Ahnung, daß Robert Kastor und Bennett Cerf, um es in den Worten der Familie zu sagen, »gemeinsam bereits einiges ausgekocht hatten«.[84] Sie hatten eine schlaue Taktik beschlossen, mit deren Hilfe sie kühn sein konnten, wo andere sich in die Nesseln zu setzen fürchteten. Cerf (oder Serf, wie Joyce den Namen anfangs aussprach) von Random House hatte beschlossen, die Kosten für eine gerichtliche Probe auf die Obszönität des Buches in Kauf zu nehmen. Joyce' ehemaliger Verleger B. W. Huebsch zog wegen der Kosten zurück. Huebsch hatte 1931 bereits die Rechte an dem immer noch unbetitelten *Work in Progress* gekauft.

Cerf war interessiert, weil er Leon Fleischman kennengelernt hatte, als der bei Boni und Liveright war, und weil er selbst *Porträt des Künstlers als junger Mann* und *Dubliner* in der Reihe Modern Library herausbrachte. Sobald Sylvia ausgestiegen war, schrieb Cerf umgehend an den bekannten Anwalt Morris Ernst und trug ihm an, den *Ulysses*-Fall auf Erfolgsbasis anzufechten: nichts, wenn er verlor, zehn Prozent der Tantiemen aus dem Verkauf, wenn er gewann.[85] Ernst willigte ein.

Das Jahr 1932 war noch keine zwei Monate alt, da hatte sich das von Joyce ersehnte Resultat aus der Kastor-Verbindung eingestellt. Im späten Januar traf Robert Kastor mit einem Vertrag von Random House über den *Ulysses* in der Tasche in Marseille ein. Am 15. Februar gebar Helen einen Sohn, Stephen James Joyce.

Fünf Tage später traf Bennett Cerf in eigener Person in Paris ein. Zunächst bot er nur einen knickrigen Zweihundert-Dollar-Vorschuß auf den *Ulysses* an. Robert Kastor jedoch, der als Joyce' literarischer Agent fungierte, bewirkte geschickt, daß er beschämt die Summe verfünffachte und ihm außerdem Spitzentantiemen – fünfzehn Prozent – gewährte. Joyce konnte nicht darauf verzichten, sich Sylvia und Adrienne gegenüber in die Brust zu werfen; von da an zählte er Kastor zu jenem engen Kreis, den er als Familie betrachtete.

Sylvia war sehr verbittert. Sie zensierte ihre Wut zwar am Ende aus den vielen Fahnenabzügen ihrer backfischhaften Optimismus ausstrahlenden Memoiren, doch für ihr Empfinden war sie um die Früchte von zwölf Jahren angestrengter Arbeit gebracht worden. Obwohl sie mit jeder der elf Auflagen des *Ulysses*, die sie herausbrachte, eine Steigerung ihrer Einnahmen erreicht hatte, konnte sie doch die »Vorschüsse« auf die nächste Auflage nicht verwinden, die die Joyce-Familie verlangt hatte, und deren Erwartung, daß sie für alles, selbst noch für ihre Arztkosten, aufkommen würde, ebensowenig. Sylvia bezahlte Noras Hysterektomie.[86]

In den späteren Jahren vertrat Stephen Joyce, der seine Familie in Schutz nahm, die Auffassung, Sylvia habe sich allzuviel beklagt. Wer denn wohl je von Shakespeare & Company gehört haben würde, wenn Sylvia nicht das Glück gehabt hätte, sich an James Joyce hängen zu können?[87] Als der Random-House-Deal stattfand, sei die Depression bereits im Gange und mit Sylvias Einnahmen aus dem Buch im Grunde ohnehin Schluß gewesen. Noch stärker sei jedoch ins Gewicht gefallen, daß Kastor und Cerf schlau genug gewesen waren, um sich die Strategie mit dem gerichtlichen Angriff auf das Verbot des *Ulysses* in den Vereinigten Staaten auszudenken. Das ganze moralische Klima wandelte sich damals. Die Tage der Prohibition waren gezählt. Die Leiden der Depression brachten einen neuen Realismus mit sich, der die naive, fremdenfeindliche Rechthaberei der Jahre nach dem Ersten Weltkrieg ablöste.

Anfang 1932 hatte Joyce noch weiter nichts als den Vorschuß von Random House und die Hoffnung, die Firma würde die gerichtliche Auseinandersetzung gewinnen. Er und Nora waren für den Augenblick mehr von der Geburt ihres Enkels in Anspruch genommen. Das freudige Ereignis schenkte ihnen die glücklichsten Momente ihres späteren Lebens, und Joyce schrieb eins seiner anrührendsten Gedichte, »Ecce Puer«, worin er den Verlust seines Vaters mit der freudigen Erwartung eines neuen Joyce verknüpfte. Er nahm sogar die erste Zeile von *Work in Progress* auseinander, um noch eine versteckte Anspielung auf das jüngste Familienmitglied hineinzuquetschen. (Der Joyce-Forscher Hugh Kenner hat bemerkt, dadurch, daß er die Wendung »past Eve and Adam's« in die Anfangszeile einfügte, die sich zunächst »riverrun, past Eve and Adam's« las, sei es Joyce gelungen, »st Eve an« einzubauen. Außerdem weist Kenner darauf hin, daß wir dann, wenn »past Eve and Adam's« sowohl »pa« also auch »Stephen« enthält, das »Ecce Puer«-Thema haben: Vater stirbt, Enkelsohn wird geboren.[88]

Es fügte sich glücklich, daß Joyce' Enkel außergewöhnlich ansehnlich war und blieb. Fremde blieben stehen und machten Bemerkungen über das Baby, wenn es im Kinderwagen ausgefahren wurde.

In New York bestimmte Adolph Kastor bald schon eine beträchtliche Summe für seinen neugeborenen Enkel, während Helen in der spitzenbesetzten Satinbettjacke mit dem Baby im Arm bald schon in Kupfertiefdruck in einer zweisprachigen Pariser Zeitung abgebildet war:

> Mrs. George Joyce, Schwiegertochter des bekannten irischen Autors und frühere Miss Castor aus New York mit ihrem Sohn, Stephen James Joyce.[89]

Vom Vater hat das Kind auf der Aufnahme recht wenig. Es hat auch keine Ähnlichkeit mit dem anderen Großvater, mit Adolph Kastor. Helen war jedenfalls entschlossen, daß Stephen Katholik werden sollte, und sie bestimmte Padraic und Mary Colum dazu, als Paten zu fungieren, und ließ das Baby taufen.[90] Die Colums verschworen sich mit Helen und Giorgio darin, die Zeremonie zu verheimlichen, da sie glaubten, Joyce sei ein entschiedener Gegner der katholischen Kirche, denn sie wußten nichts davon, daß er bei Ford Maddox Fords Kind als Taufpate aufgetreten war.

Joyce andererseits freute sich über das Erbe seines Enkels – gemischt irischer und jüdischer Abstammung wie Leopold Bloom – und scherzte, daß man gar nicht wisse, ob man seinen Enkel nun taufen oder lieber beschneiden lassen solle, ohne zu ahnen, daß eigentlich mit ihm Scherz getrieben wurde. Er (und wahrscheinlich auch Nora) erfuhr von der heimlich erfolgten Zeremonie mehrere Jahre lang nichts, doch wann immer sie nun davon gehört haben mag, Nora dürfte es gefreut haben. In späteren Jahren setzte sie alles daran, um den Jungen zur Ausübung seiner Religion anzuhalten.

***

Für Lucia brachte Giorgios bevorstehende Vaterschaft das Faß zum Überlaufen. Am 2. Februar 1932, an Joyce' fünfzigstem Geburtstag, brach ihre Gesundheit in spektakulärer Weise zusammen: sie packte einen Stuhl und schleuderte ihn nach Nora. Joyce regte diese Szene dermaßen auf, daß er seinem ganzen Kummer in einem Brief an Miss Weaver freien Lauf ließ, der so schmerzlich war, daß sie ihn vernichtete.[91] Als der Vorfall sich herumsprach, war man allgemein der Ansicht, daß Lucia Nora vorwarf, ihre Beziehung zu Beckett abgebrochen zu haben. Jene, die Lucia gut kannten, erblickten den wahren Grund jedoch in Giorgios Heirat. Es war für sie eine persönliche Katastrophe gewesen, die ihn auf Dauer ihrer Reichweite entzog. Er hatte ihr immer schon schwer zu schaffen gemacht, weil sie ihn anbetete, und sie hatte, wie Maria Jolas bemerkte, »... das Gefühl, daß sie für die Familie nebensächlich war und nur der Bruder gezählt hatte«. Iris Stephens, James Stephens' Tochter, die Lucia kennengelernt hatte, meinte, ihr Zusammenbruch sei durch das Unehelichkeitstrauma ausgelöst worden.[92]

Welche komplexen Gründe sich nun auch immer hinter dem Ereignis verborgen haben mögen, Giorgio verlor die Geduld. Er war davon überzeugt, daß seine Schwester verrückt war. Er tat das, was Joyce nicht konnte; und sei es auch nur, um seine Mutter zu schützen, brachte er Lucia in eine private Nervenklinik und überließ es Nora, einen fassungslosen Joyce auf die Party zu seinem fünfzigsten Geburtstag zu begleiten, die die Jolas' zu seinen Ehren arrangiert hatten.

Auch Nora fürchtete sich davor, daß Lucia verrückt sein

könnte. Sie konnte dem jedoch ins Auge sehen, wenn es denn sein mußte. Ihr Lieblingsausspruch lautete: »Damit müssen wir eben fertig werden.«[93] Joyce konnte diese Möglichkeit im Unterschied zu ihr nicht akzeptieren. Er war dermaßen zerstreut, daß er auf das erste von Miss Weavers Geburtstagsgeschenken – der Erlaß seiner enormen Schulden bei ihr – fast nicht reagierte. Und das zweite – einen Mieter für die Campden-Grove-Wohnung zu finden – wies er so barsch zurück, daß Miss Weaver sich einmal mehr den Vorwurf machte, sich als zudringliche Person erwiesen zu haben. (Sie fuhr eigens nach Paris, um sich persönlich bei Joyce für ihren Mangel an Takt zu entschuldigen.)

Lucia blieb nur sehr kurze Zeit in der Klinik. Joyce wollte nicht zulassen, daß sie länger dortblieb, und da sie über einundzwanzig war, konnte sie gehen, wann es ihr gefiel. Bald schon war sie wieder zu Hause und meistens ruhig. Nora hatte dennoch seit dem Zeitpunkt Angst vor ihr.

Als der Frühling sich näherte, wollten Joyce und Nora ihr Vorhaben wahrmachen, nach London zurückzukehren. Nora habe Heimweh nach ihrer Kensingtoner Wohnung, behauptete Joyce. Sie hatten keine andere Wahl, als Lucia mitzunehmen. Sie war zu nervös, um allein in einem Hotel zu bleiben oder bei Freunden zu wohnen; sie konnte auch nicht zu Helen und Giorgio ziehen, da deren Wohnung nun auch Helens Sohn David Fleischman, das Baby und eine Kinderschwester beherbergte. Anfang April 1932 verabschiedeten sie sich von Sylvia Beach, packten Hutschachteln, Schrankkoffer, Bücherkisten und Handkoffer und machten sich auf den Weg zum Schiffszubringer.

Die Szene – wie sie beide, Nora und Joyce, doch Szenen haßten – spielte sich auf dem Gare du Nord ab. Das gesamte Gepäck der Joyce' war bereits im Zug aufgestapelt, und die Träger begannen, die reservierten Abteile der Joyce damit zu füllen, als Lucia hysterisch wurde. Sie erklärte, sie wolle Paris nicht verlassen. Sie hasse England, rief sie weinend. Sie heulte und heulte. Ihre kräftige Stimme hallte im ganzen Bahnhof wider. Alle drei und die hilfreichen Träger waren fünfundvierzig Minuten lang gelähmt, da sich Lucia weder zum Schweigen bringen noch vom Fleck bewegen ließ.[94]

Während sie dort standen, es fehlte nur noch wenig Zeit bis zur Abfahrt des Zuges, waren Nora und Joyce gleich dreifach von Panik erfüllt. Sie sahen sich mit dem unwiderlegbaren Beweis für Lucias Wahnsinn konfrontiert. Sie fürchteten, die Presse könnte Wind von diesem neuerlichen Joyce-Skandal bekommen. Und was das Schlimmste war, sie setzten sich, indem sie nicht nach England zurückkehrten, der Gefahr aus, ihren Anspruch auf einen englischen Wohnsitz einzubüßen.

Schließlich, als sich bereits die Gepäckträger in die Szene einschalteten, gelangte Nora zu der Überzeugung, daß man Lucia weder mit Gewalt in den Zug bekommen noch in diesem Zustand zurücklassen konnte. Das ganze Gepäck wurde wieder ausgeladen. Sie und Joyce nahmen ein Hotelzimmer, und Lucia ging, auf ihren eigenen beharrlich geäußerten Wunsch hin, zu den Léons (und blieb dort neun Tage lang im Bett).

Sie würden keinen Londoner Wohnsitz haben können, selbst um den Preis nicht, daß die Ehelichkeit der Kinder der Joyce' ungültig werden sollte, weil sie in Paris blieben – gerade das also hinfällig würde, so schrieb Joyce in einem gequälten Brief an seine Anwälte, was sein Ziel gewesen war, als er ihre Mutter nach englischem Recht geheiratet hatte.[95]

Er bat seine Anwälte, einen Testamentsnachtrag aufzusetzen, der besagte, daß seine Kinder, wenn ihnen je die Ehelichkeit aberkannt werden sollte, unter der Bedingung sein Erbe antreten sollten (fast entschuldigte er sich dafür, daß er darauf bestand), daß sie seinen Nachnamen annahmen.[96]

Fred Monro stand allerdings auf dem Standpunkt, daß die Annahme eines Namens auch dann Gegenstand eines Testamentszusatzes[97] hätte sein können, wenn Joyce nicht geheiratet hätte. Der Brief des Anwalts hörte sich so an, als sei das ganze katastrophale Heiratsabenteuer womöglich überflüssig gewesen. Joyce sagte, als ihm das Verfahren mit dem Testamentsnachtrag erläutert wurde, dazu jedoch nur trocken: »Wie schade, daß ich das nicht schon vor zwei Jahren gewußt habe.«[98]

Er führte dennoch all den Ärger der letzten Zeit auf »das Londoner Abenteuer« zurück. Stanislaus hatte ihm bereits geschrieben und ihm deshalb Vorhaltungen gemacht. Joyce ließ sämtliche Unglücksfälle Revue passieren, die auf seine Heirat folgten, und machte Miss Weaver gegenüber geltend, daß er aus den besten Absichten gehandelt habe. Er habe jedoch nichts weiter erreicht, erklärte er hilflos, als sein Zuhause auseinanderzureißen und ein Unglück nach dem anderen über diejenigen zu bringen, die er liebte.[99]

Das stimmte nun allerdings nicht ganz. Er hatte Nora rechtlich zu Mrs. James Joyce gemacht, und er würde schon bald eine legitimierte, in den Vereinigten Staaten erschienene Ausgabe des *Ulysses* in den Händen halten.

IV

Anna Livia

I done me best when I was let. Thinking always if I go all goes.
Finnegans Wake

16. Kapitel

Fortschreitender Wahnsinn I

Lucias Krankheit setzte Noras Nerven einer Zerreißprobe aus. Sie warf Joyce vor, das Leben, das er ihr selbst und Lucia biete, sei unzumutbar. Sie hatte die beschwerliche Sullivan-Obsession satt, die lachhafte Trinkgeldgeberei, die allnächtliche Betrunkenheit (»Getorkel« nannte sie es)[1] und vor allem das Fehlen eines geordneten Zuhauses. Eines Nachmittags im Mai 1932 verkündete sie, sie werde ihn verlassen.

Joyce rief verzweifelt Stuart Gilbert an und bat ihn, sofort herüberzukommen. Gilbert versuchte, Joyce, als von Nora nichts zu sehen war, dadurch zu beruhigen, daß er ihn in eine Nachmittagsvorstellung und zum Tee ausführte. Gemeinsam kehrten sie ins Hotel zurück, und Gilbert wartete, während Joyce hinaufging, um nachzusehen, ob Nora da war. Bald darauf wurde Gilbert nach oben gebeten. Er traf Nora allein beim Packen an. »Es ist aus und vorbei«, sagte sie, »ich werde nicht länger mit ihm zusammenleben.« Sie habe zwar kein Geld, werde sich jedoch über Wasser halten, so erklärte sie Gilbert, indem sie unter ihren Freunden den Hut herumgehen lassen würde, der irischen Sitte folgend, die Annie Barnacle ihr 1915 geschildert und die Joyce im *Ulysses* benutzt hatte.

Joyce erschien wieder. Von einem Sessel aus beobachtete er Nora und erklärte ihr, dermaßen erregt, daß er seine übliche Zurückhaltung ablegte, in Gegenwart von Gilbert, daß er nicht für sich selbst sorgen könne; er brauche sie. Ob sie nachgeben würde, wenn er für ein Jahr einen Mietvertrag für eine Wohnung unterschriebe? Ob sie gern eine Reise mit ihm machen würde? Noras Antwort war kurz und bündig. »Ich wünschte, du würdest dich ertränken«, erklärte sie.[2]

Niemand sonst sprach so mit Joyce. Noras Schroffheit machte sie ihm nur noch unentbehrlicher, wie auch die Treffsicherheit ihres Hohns. Sie wußte, daß Joyce wußte: der nasse Tod war das Schicksal, das seinem ärgsten Feind, Vincent Cosgrave, zuteilgeworden war.

Noras Ausbruch in die Freiheit war jedoch zum Scheitern verurteilt. Sie hatte keine Möglichkeit, sich selbst zu ernähren. Als Gilbert später anrief, um zu hören, was los war, war Nora am Apparat. »Ich habe wieder einmal nachgegeben«, sagte sie. Sie hatte es schon früher probiert und war jedesmal gescheitert. Eugene Jolas und Paul Léon hatten ihren hilflosen Aufschrei ebenfalls mitbekommen: »Ich wünschte, ich hätte niemals jemanden namens James Joyce kennengelernt.«[3]

Da in Gilberts privaten Tagebüchern, in denen diese Szene festgehalten worden ist, als Datum nur Mai 1932 angegeben ist, können wir nicht wissen, ob Noras Rebellion vor oder nach Joyce' tollkühnem Versuch stattfand, seine Tochter zu einer Verlobung zu ermutigen, den er in jenem Monat unternahm. Nora war absolut gegen die Verlobung: Lucia sei nicht in der Verfassung, um zu heiraten. Seit dem schwarzen Tag auf dem Bahnhof vor zwei Monaten hatte sie noch drei weitere hysterische Anfälle gehabt.

Doch auch jene Schlacht verlor Nora. Paul Léon überredete, wie um seine grenzenlose Verehrung für Joyce unter Beweis zu stellen, den Bruder seiner Frau, Alex Ponisowskij, Lucia um ihre Hand zu bitten. Ponisowskij hatte Lucia gelegentlich zum Abendessen und ins Theater ausgeführt. Léon stellte sich auf den Standpunkt, dies habe sie zu der Annahme verleitet, Ponisowskij meine es ernst. Ponisowskij willigte ein, teilweise deshalb, weil er ein ebenso passiver wie korrekter junger Mann war und zudem ein Bewunderer Joyce', dem er Russisch beigebracht hatte. Lucia akzeptierte ihn. Joyce erteilte seine Zustimmung, weil er überzeugt davon war, daß die einzige Möglichkeit, Lucia zu heilen, darin bestand, herauszufinden, was sie wollte, und es ihr dann zu geben. Und was sie wollte, so sagte sie beharrlich, war verheiratet zu sein, ehe sie fünfundzwanzig war, ein Ereignis, das im Juli fällig war. Wäre sie das nicht, davon war sie überzeugt, würde sie niemals heiraten.

Giorgio war auf Noras Seite. Er kehrte überstürzt aus Südfrankreich zurück, um seinem Vater klarzumachen, daß Lucia absolut nicht in der Verfassung war, um einen derartigen Schritt zu unternehmen. Lucia selbst schwankte. Sie verlobte sich an einem Dienstag, löste die Verlobung am Samstag, verlobte sich erneut am Sonntag. Sie verbrachte Stunden am Telefon. Sie erklärte wutentbrannt, sie hasse alle Juden; Ponisowskij war Jude.[4] Joyce machte eher zu schaffen, daß der Verlobte Russe war; Russen, egal welcher Art, waren ihm unheimlich. Das einzige, was Nora zugunsten dieser Verlobung sagen konnte, war, daß Ponisowskij immerhin gut genug für Lucia war, anders als einige der Männer (z.B. Beckett und Calder), mit denen Lucia angebandelt hatte.[5]

Um die Verlobung zu feiern oder vielleicht auch, um sie zu zementieren, gab Joyce dem Paar ein Festessen im Restaurant Drouant nahe der Oper. Die festliche Stimmung überdauerte jedoch gerade noch die Party. Sobald sie vorbei war, kehrte Lucia zu den Léons zurück, legte sich auf eine Couch und verharrte dort in katatonem Stupor.[6]

Die Verlobung war um so unrealistischer, wenn man bedenkt, daß Lucia laut ärztlicher Anordnung ihre Tage am offenen Fenster im Bett verbringen und nur zu den Mahlzeiten aufstehen sollte. Sie stand unter Medikamenten, darunter Veronal und phosphorsaurer Kalk, die sie beruhigen sollten.[7] In all seiner umfangreichen Korrespondenz mit Miss Weaver erklärt Joyce mit keinem Wort, wie Lucia seiner Vorstellung nach den Übergang vom virtuellen Hausarrest zum Eheleben bewältigen sollte.

Joyce' gesamte Umgebung lag ihnen mit Ratschlägen in den Ohren: Lucia brauche Ruhe, Religion, Arbeit etc. Nora, die das riesenhafte Ausmaß des Problems niederdrückte, ließ sich von verschiedenen Besuchern trösten, die ihr Geschichten von Fällen erzählten, die ähnlich gewesen seien, nur schlimmer.[8] Es ist unwahrscheinlich, daß sie, wie Joyce es tat, in ihrer Besorgnis die Augen vor dem sexuellen Gehalt von Lucias bizarrem Verhalten verschloß.

Während ihre Persönlichkeit zusammenbrach, machte Joyce

sich verharmlosende Vorstellungen von Lucias Promiskuität. Vielleicht, so schrieb er an Miss Weaver, hatte Lucia ja ein paar von den Dingen getan, die sie angeblich getan hatte, und vielleicht hatten ein paar von den jungen Männern »sie entmutigt«, wie er es ausdrückte; ihm selbst sei das völlig gleichgültig, und sämtliche jungen Männer mit Ausnahme Ponisowskijs seien ohnehin wertlos.[9] Als Lucia sämtliche Männer ihrer Umgebung beschuldigte, sie verführen zu wollen, war seine einzige Reaktion, sie samt und sonders aus dem Haus zu weisen, selbst noch den braven Junggesellen McGreevy.

Und als in jenem getrübten Sommer von 1932 ein amerikanischer Wissenschaftler Lucia einstellte, damit sie einen Teil seiner Übersetzungs- und Büroarbeit erledigte, weil die sich nach Einschätzung von Freunden eventuell als therapeutisch erweisen würde, gelangte ein wütender Joyce zu der Überzeugung, daß der Wissenschaftler ihre Unschuld mißbrauchte, wenn er ihr Geschichten mit schmutzigen Ausdrücken und sexuellen Anspielungen diktierte – Dinge, die sie unmöglich verkraften könne.[10]

Das ist nicht der Protest, den man vom Autor von »The Ondt and the Gracehoper« erwarten würde. Joyce beendete die Fabel, Teil von *Work in Progress*, im Jahr 1929, als Lucia ihren eigenen Paarungstanz begann. Sie ist »A Frog He Would A-Wooing Go« nachgebildet, und, wie Joyce Wagner vorhielt, sie riecht geradezu nach Sex – bzw., in diesem Fall, nach Inzest (oder »Insekten«). Der Gracehoper

> was always making ungraceful overtures to Floh and Luse and Bienie and Vespatilla to play pupa-pupa und pulicy-pulicy and langtennas and pushpygyddyum and to commence insects with him, there mouthparts to his orefice and his gambills to there airy processes, even if only in chaste, ameng the evrlistings, behold a waspering pot. He would of curse melissciously, by his fore feelhers, flexors, contractors, depressors and extensors, lamely, harry me, marry me, bury me, bind me, till she was puce for shame...[11]

Autor und Vater hatten jedoch verschiedene Gesichter.

Die Verlobungscharade endete, nachdem sich Lucias Zustand –

sie war inzwischen von den Léons zu den Colums weitergezogen – sogar noch verschlechtert hatte. Die willensstarke Mary Colum, die davon überzeugt war, Lucia heilen zu können, schlief in einem Bett mit dem Mädchen und steckte ihre Nachthemden aneinander fest, so daß Lucia nicht entwischen konnte. Sie tat es nichtsdestoweniger bei Tage. Sie war kräftig, gewandt und fähig, blitzschnell zu verschwinden. Es war klar, daß sie auf längere Sicht nicht dortbleiben konnte. Giorgio war einmal mehr derjenige, der ihre Einweisung in die Wege leitete. Mit Mary Colum (und mit Joyce' Billigung) lockte er Lucia in ein Taxi, das sie zu einer *maison de repos* in l'Hay les Roses außerhalb von Paris brachte. Die Ärzte dort empfahlen eine wirkliche Ruhepause – ein Kur, die keine Anrufe und keinen Kontakt mit den Eltern zuließ.

Einmal mehr entließ Lucia sich selbst, wozu sie ja nach wie vor berechtigt war, da sie nicht vor dem Gesetz für geisteskrank erklärt worden war. Als sie jedoch in rascher Folge hintereinander eine Reihe weiterer hysterischer Anfälle hatte, darunter einen mitten auf der Straße, mußte sie dorthin zurückkehren. Die ärztlichen Diagnosen trugen diverse Etiketten der damaligen Zeit, von denen die meisten sich jedoch mit Schizophrenie übersetzen ließen. Die Form, die sie annahm, war Hebephrenie – übererregte, beschleunigte Reaktionen und sprunghaftes Denken. Die Ärzte der Klinik schlugen gemeinsam mit Dr. Fontaine, der Ärztin der Joyce', vor, Lucia in eine Isolierzelle zu sperren und durch ein Guckloch zu beobachten. Das war zuviel für Joyce. Lucia sollte nicht einmal mehr eine Krankenschwester zur Gesellschaft haben? Er beschloß, dem Rat der Ärzte zuwiderzuhandeln und ihre Behandlung selbst in die Hand zu nehmen, und er rekrutierte Maria Jolas zu seiner Unterstützung. Mrs. Jolas bewährte sich als die jüngst hinzugekommene starke Frau in Joyce' Leben. Mehr noch als selbst Sylvia Beach und Harriet Weaver idolisierte sie Joyce. Anders als jene beging sie nie den Fehler, ihn zu verärgern. Diese äußerste Einsatzbereitschaft im Umgang mit ihm, kombiniert mit einem ausgesprochen energischen Wesen, ermöglichten es ihr, ihn – in fast einzigartiger Weise – zu beeinflussen.

Die Jolas' waren dabei gewesen, einen Urlaub mit ihren Kindern in Feldkirch, einem kleinen Urlaubsort in den österreichischen

Alpen zu planen. Auf Joyce' Betreiben stellte Mrs. Jolas eine tüchtige Krankenschwester namens Mathilde ein und machte Lucia glauben, die Krankenschwester sei eine junge Frau, die gern Urlaub in Österreich machen wollte und die Reise von ihren Ersparnissen bezahlte. Patientin und Krankenschwester sollten nicht in dem Hotel in Feldkirch wohnen, in dem die Jolas' wohnten, sondern, mit eigener Köchin, in einem Chalet in der Nähe. Joyce hoffte, daß Lucia die nichtklinische Atmosphäre und die verschiedenen künstlerischen Aufträge wohltun würden, hauptsächlich die Fortführung der Buchstabenzeichnungen, für die Joyce ihr die Textvorlagen schicken würde. Er und Nora würden in sicherem Abstand folgen, das heißt, sie würden in Zürich bleiben, zweieinhalb Stunden von Feldkirch entfernt. Mrs. Jolas willigte ein, obwohl das eine gewaltige Störung ihres eigenen Familiensommers bedeutete.[12] Sie war nichtsdestoweniger insgeheim der Meinung, daß Lucia in der Klinik bleiben sollte.

Nora ebenfalls. Helen und Giorgio ebenfalls. Wie, überflüssig zu sagen, sämtliche Ärzte Lucias. Selbst Lucia (mit der sich meist vernünftig reden ließ) erklärte, ihr Vater gängele sie. Keiner dieser vielen Einwände verfing auch nur im mindestens bei Joyce.

Die dramatische Atmosphäre und die ständigen Krisen bewirkten, daß die beiden Familien in Aufruhr gerieten. Helen und Nora fingen wieder an, sich zu streiten. Die Joyce' stritten sich mit den Léons und Lucie Léon mit ihrem Mann. Er habe, so meinte sie, versucht, ihren Bruder in eine katastrophale Ehe zu drängen.[13] Giorgio stritt sich mit Ponisowskij.

Joyce beschloß, Lucia aus der Klinik und dann mitsamt der neuen Krankenschwester in den Zug nach Österreich zu schmuggeln. Die Sorge um Lucia hatte seine Trinkerei nur noch verschlimmert. Er war zwar tagsüber nach wie vor enthaltsam, doch wenn die Dinnerzeit kam, fing er an, Weißwein zu trinken, Flasche um Flasche, bis er nicht einmal mehr die brennende Zigarette zwischen den Fingern wahrnahm. Eugene Jolas brachte ihn oft nach Hause und half ihm ins Bett, und dann entfernte er zu Asche verbranntes Papier von seinen Händen.[14]

In der Nacht, in der Joyce und Nora selbst nach Zürich abfahren sollten, waren sie mit William Bird in einem Restaurant inmitten des Bois de Boulogne. Die übliche Auseinandersetzung begann. Wenn er noch eine Flasche bestelle, warnte Nora ihn, gehe sie. Er tat es, und sie tat es ebenfalls.[15]

Trotzdem erreichten sie Zürich. »Ich scheine immer wieder hierher zurückzukehren«, bemerkte Joyce. Sie nahmen Zimmer im Carlton Elite, denn an der Unterbringung sparten sie immer noch nicht, obwohl es sie zehntausend Francs gekostet hatte, Lucia aus ihrer französischen Klinik herauszuholen, und noch einmal viertausend, sie mit mitsamt ihrer Krankenschwester in Feldkirch unterzubringen. Aus London kam immerhin eine gute Nachricht; der Public Trustee bewahrte aus irgendeinem Grund immer noch fünftausend Pfund unangetastetes Kapital für Joyce auf, das offenkundig für die Ausbildung seiner Kinder bestimmt war. Eine düstere Mitteilung kam hingegen von Dr. Vogt. Dadurch daß er seinen Besuch zwei Jahre lang aufgeschoben hatte, hatte Joyce in Kauf genommen, daß sein rechtes Auge rettungslos verkalkte. Um das Sehvermögen des linken Auges (des einzigen echten, das noch übrig war, scherzte er) wenigstens zum Teil zu erhalten, wären möglicherweise zwei Operationen notwendig.[16]

Die Nachricht, daß ihr Vater eventuell operiert werden müsse, löste bei Lucia Weinkrämpfe aus. Sie erklärte, sie komme wohl besser nach Zürich, um bei ihrer Mutter zu sein. Das reichte aus, um Nora zu dem nahezu beispiellosen Schritt zu treiben, Joyce allein zu lassen und zu ihrer Tochter zu fahren.[17] Immer wieder, wenn sie gezwungen war, zwischen ihrem Mann und ihren Kindern zu wählen, hatte Nora Jim gewählt (oder war von ihm festgehalten worden). Diesmal war es anders. Lucia hatte nach ihr gefragt. Außerdem würde bis auf weiteres Lucias Zustand bestimmen, was Nora als nächstes zu tun hatte. Wie Joyce seiner Wohltäterin erklärte:

> Meine Frau ist hingefahren, um zu sehen, ob irgendwelche Pläne für die Zukunft gemacht werden können. Sie glaubt nicht, daß Lucia uns jetzt schon endgültig verlassen will, und meint, wir sollten eine Wohnung in Paris vorbereiten. Ich werde Ihnen mehr sagen, wenn sie zurückkommt.[18]

Hinzu kam die Sorge, daß Lucia sich im politisch turbulenten Österreich aufhielt. In Deutschland waren die Nazis aus der letzten Wahl von 1932 als stärkste Partei hervorgegangen, und es erfüllte Nora mit Unbehagen, ihre Tochter außerhalb der Sicherheit der Schweizer Grenzen zu wissen. Dennoch hatten beide Joyce' sehr stark das Bedürfnis zu verhindern, daß Lucia nach Zürich kam. Nora war buchstäblich geflüchtet, als Lucia eine ihrer »King-Lear-Szenen« aufführte, wie Joyce sie nannte.

In Zürich allein zurückgeblieben, fühlte Joyce sich verlassen, insbesondere nachts, und ließ sich andere Zimmer im Erdgeschoß in der Nähe des Hofs geben. Nora unterhielt sich zwar telefonisch mit ihm, doch konnte sie nicht ungeniert sprechen, da Lucia unmittelbar neben ihr stand und zuhörte. Es gelang ihm, seine Nervosität dadurch etwas zu mildern, daß er Miss Weaver fast täglich lange, emotionsgeladene Briefe schrieb. Seine Tochter habe gesagt, schrieb er in kläglichem Ton, er dürfe nicht allein gelassen werden, und sie wolle auch ihn sehen.[19] An Stanislaus hingegen schrieb Joyce gespreizt, Lucia »übersommere« in Feldkirch.

Joyce hätte Nora begleitet, hätte es da nicht ein peinliches Problem gegeben: er konnte das Hotel nicht verlassen, ohne die Rechnung zu begleichen, und um das tun zu können, brauchte er Geld aus London. Weil er seinen Rechtsberatern Monro & Saw neunundsechzig Pfund schuldete, hegte er die Befürchtung, die Kanzlei könne seinen monatlichen Scheck einbehalten, und dabei brauchte er noch weit mehr Geld als den üblichen Betrag: er wollte für tausend Pfund Aktien verkaufen.[20] Ausnahmsweise sprach Miss Weaver einmal ein Machtwort. Der übliche monatliche Betrag würde zwar gezahlt werden, doch weigerte sie sich, dem Drängen von Monro & Saw nachgebend, weitere Verkäufe gutzuheißen. Sie ging sogar so weit, Joyce tadelnd vorzuhalten, er werfe sein Geld ebenso hinaus, wie er seine Sehkraft vernachlässige.

Es war das letzte Mal, daß sie sich ernsthaft dagegen auflehnte, daß er sein (das heißt, ihr) Geld hinauswarf »wie ein betrunkener Matrose«. Joyce' Reaktion bestand darin, daß er seine sämtlichen Probleme und das Geld, das sie ihn kosteten, aufzählte, und sie daran erinnerte, daß Dr. Vogt gesagt habe, er brauche um seiner Augen willen seine seelische Ruhe. Einmal mehr gab Miss Weaver

– wie Nora – nach. Sie machte sich Vorwürfe, stimmte der Freigabe des Geldes zu, so daß er zu seiner Frau und seiner Tochter fahren konnte, und schwor sich, sich seinen Wünschen nie wieder entgegenzustellen.[21]

Als Joyce in Feldkirch eintraf, war er so erleichtert, daß Lucia ihre Buchstabenmalerei wieder aufgenommen hatte, daß es ihm gelang, seinerseits die Arbeit an *Work in Progress* wieder aufzunehmen, dessen nächste Folge die Jolas' bereits erwarteten. Lucia war ebenfalls erleichtert, ihn zu sehen. Wie sie Miss Weaver (in einem ebenso klaren wie reizenden Brief, der das Ausmaß zeigt, in dem ihre Eltern sich an die Hoffnung ihrer Genesung klammerten) schrieb: Sie und Giorgio hätten das Gefühl, daß die Ärzte zuviel an ihrem Vater herumoperierten. Sie hatten ihn beide aufrichtig gern, auch wenn gelegentlich schwer mit ihm auszukommen war.[22]

Während jener Wochen arbeitete Lucia angestrengt an ihren illustrierten Buchstaben. Einige davon wurden zwei Monate später in einer Ausgabe von Joyce' *Pomes Penyeach* abgedruckt und zwei Jahre später als Begleitung eines Auszugs von *Work in Progress*, der als »The Mime of Mick Nick and the Maggies« bekannt ist. Sie war zu jenem Zeitpunkt obendrein so vernünftig, ihre Verlobung offiziell zu lösen. Sie verbrachte Stunden vor dem Spiegel mit der Anprobe eines Kleides, das Helen ihr geschenkt hatte. Ihr Vater hielt das für ein gutes Zeichen.

***

Es war jedoch keins. Maria Jolas teilte die Überzeugung Dr. Fontaines und Miss Weavers, daß Lucia an einer schweren Geisteskrankheit litt. Nora war mittlerweile ebenfalls dieser Meinung, konnte das allerdings nicht offen sagen, ohne den Zorn ihres Gatten zu erregen. Joyce versuchte fieberhaft, Lucias Karriere als Zeichnerin von *lettrines* voranzutreiben. Er tat so, als sei sie eine Künstlerin, die nicht gewürdigt wurde, und deren Inneres in Aufruhr war – genauso sah er sich selbst. Er drängte seine Freunde erst, das *Chaucer ABC* mit ihren Illustrationen zu loben, dann, es zu kaufen. Wenn sie das ablehnten oder auch nur zögerten, brach er mit ihnen. Als ihr, von ihm selbst bezahlter, »Verleger« sich mit den Fahnenabzügen ihres Buches verspätete, wütete er, dadurch gehe ihr nun das Weihnachtsgeschäft verloren.[23] Dadurch, daß er sich sorgte und nicht genügend schlief und Gewicht verlor, wurde er selbst noch schwächer.

Von Feldkirch brachten er und Nora Lucia und die Krankenschwester an den französischen Ferienort Vence. Sie selbst ließen sich in Nizza nieder – auch diesmal wieder in der Nähe, doch nicht allzu nah. Dann ging es zurück nach Paris, zunächst in ein Hotel, dann wieder in eine andere möblierte Wohnung, diesmal in der rue Galilée, einer Seitenstraße der Champs-Elysées. Nora fiel die Last zu, für Lucia zu sorgen. Das Mädchen hatte die Zielstrebigkeit einer Psychotikerin. Sie konnte jede Minute irgend etwas anrichten, etwas werfen oder aus der Tür rennen und verschwinden. Es gibt keine anstrengendere Form der Krankenpflege. Joyce schloß sich in seinem Arbeitszimmer ein und arbeitete täglich sieben Stunden an der Vollendung des zweiten Teils von *Work in Progress.*

Nora brauchte jedoch Zeit, um nach der neuen Wohnung zu suchen. Miss Weaver fand, ebenso wie sie selbst, daß sie unbedingt eine brauchten. Es war lebenswichtig für Joyce, seine Bücher und Papiere um sich zu haben. Nora war Feuer und Flamme bei der Idee, Myrsine Moschos anzustellen, die Sylvia Beach nach einem Streit hinausgesetzt hatte und die die Joyce' bereits gut kannte. Wenn Mademoiselle Moschos drei Stunden vormittags kam, und nachmittags drei Stunden eine andere Pflegerin da war, konnte Nora wenigstens sechs Stunden täglich weg von Lucia.

Joyce mit seinem Familiensinn fand, daß ihnen Giorgio behilflich sein müsse. Er überredete seinen Sohn, Lucia eine Woche zu sich nach Hause zu nehmen, um Nora eine Atempause zu gönnen, doch er hatte die Rechnung ohne Helen gemacht. Es konnte nicht überraschen, daß sie sich weigerte. Sich um Lucia zu kümmern, sei ein 24-Stunden-Job, meinte Helen, und sie dächte gar nicht daran.[24] Die allgemeine Anspannung verstärkte sich noch durch Auseinandersetzungen mit den Ärzten. Joyce war gekränkt darüber, daß die Ärzte ungehalten mit ihm waren. Kein Wunder, erklärte Nora ihm, wenn man bedachte, daß er ihnen den Fall aus der Hand genommen hatte. Ihr Leben wurde zudem verdüstert durch die neuerliche Feindseligkeit seitens Sylvia Beachs. Sie war wütend darüber, daß sie Miss Moschos eingestellt hatten. Die Joyce', meinte sie, hätten in ihren Haushalt eine in Ungnade gefallene Angestellte aufgenommen, die sie und Adrienne im Leben niemals wiederzusehen hofften.[25] Und die unglückliche Lucia war gegen Kummer auch nicht gefeit. Sie war verletzt, als sie feststellte, daß Helens Sohn David das Baby Stephen auf den Arm nehmen durfte und sie nicht.[26]

Joyce staunte über Lucias Fähigkeit, sich nicht nur die Frauen ihrer Umgebung zu Feindinnen zu machen, sondern sie auch noch gegeneinander aufzubringen: Nora gegen Helen, Helen gegen die Krankenschwestern. Er hatte für sein Gefühl mit derlei Hickhack nichts zu schaffen. Miss Weaver gegenüber scherzte er, es würde sie doch gewiß einigermaßen beunruhigen zu erfahren, daß Lucia sich mit dem Gedanken trage, sie in London zu besuchen.

Nora wurde bis an die Grenzen der Belastbarkeit beansprucht. In dem Maße, wie Lucias Zustand sich verschlechterte, ging es mit Joyce' Gesundheit bergab. Während Lucia sich über weite Strecken ganz passabel benahm, tagsüber mit Miss Moschos Museen besuchte und abends in verdrießlichem Schweigen mit ihren Eltern aß, wurde Joyce die Beute von Colitis-Anfällen, nervösen Weinanfällen und akuter Hypochondrie. Es war, als steigerte Joyce, weil er Nora verargte, daß sie Lucia soviel Aufmerkamkeit schenkte, seine eigenen Ansprüche an sie. Im Januar 1933 zeigte Joyce Nora, wie wenig er ohne sie auszukommen imstande war.

Nora hatte ihm versprochen, ihn über Nacht nach Rouen zu begleiten, um Sullivan singen zu hören. Als es soweit war, hatte sie den Eindruck, Lucia nicht allein lassen zu können. Auf ihren Vorschlag hin suchte Joyce sich eine andere Begleitung, einen indochinesischen Prinzen und Medizinstudenten. Am Morgen nach der Aufführung, als Sullivan sich in Rouën auf dem Bahnhof von den beiden Männern verabschiedete, begann Joyce, sich krank zu fühlen, und als der Zug eine Viertelstunde unterwegs war, hatte er einen seiner »Zusammenbrüche«. Er war sich sicher, daß er Opfer der grassierenden Grippeepidemie geworden war, die er sich in der »hustenden Loge des Theaters« geholt hatte, obwohl sein Begleiter ihm erklärte, er habe weder erhöhte Temperatur noch sonst irgendwelche Grippesymptome.[27]

Zwei Nächte später hatte er einen noch schlimmeren Anfall. Eines Nachts wollte er sich partout wachhalten, weil Nora sich mit Maria Jolas *La Traviata* anhören gegangen war. Sie kam erst um halb eins nach Hause. Zu dem Zeitpunkt schluckte er seine üblichen sechs Schlaftabletten und fiel in einen unruhigen Schlaf. Nora (so enthüllte sein Brief an Miss Weaver) befand sich in einem getrennten Schlafzimmer. Er verbrachte eine Nacht voller grauenhafter Ängste und Halluzinationen und hörte bedrohliche Geräusche vor seiner Tür, und als es Morgen war, griff er nach seinem Staubmantel und lief in die verschneiten Straßen hinaus und als nächstes dann zu den Léons, um ihnen zu melden, daß er sich in Gefahr befand.[28]

Was war passiert? Die Diagnose des Arztes der Léons (denn Dr. Fontaine war nicht da) lautete »Schlafmittelmißbrauch«. Nora gab Miss Moschos die Schuld an den Geräuschen, die erklärte, sie sei während der Nacht auf Zehenspitzen im Flur auf und ab gegangen, weil sie gemeint hate, Joyce um Hilfe rufen zu hören. Nora sagte sarkastisch zu Joyce: »Während du etwas nimmst, um zu schlafen, nimmt sie offenbar etwas, um wach zu bleiben.« Joyce kam jedoch zu dem Schluß, daß sein Zusammenbruch immerhin ein Gutes gehabt habe, nämlich daß jene »subtile und barbarische Person«, seine Tochter, nun um ihren Vater besorgt sei. Lucia sorgte sich aufrichtig um seine Gesundheit, und sie und Nora bekamen erneut einen Schrecken eingejagt, als Joyce mit akuten inneren Schmerzen zu Dr. Fontaine ging; die erklärte jedoch, seine Gesundheit sei besser denn je, und machte seine Nerven für die Schmerzen verantwortlich.

Ein Ergebnis so vieler beunruhigender Ereignisse war, daß Joyce Mutter wie Tochter Geld für neue Kleider gab: viertausend Francs bekam Lucia für einen Pelzmantel, der ihr, so behauptete Joyce, besser bekommen würde als jeglicher Psychoanalytiker, und zweitausend bekam Nora. Myrsine Moschos, die die Verteilung der üppigen Summen miterlebte, mißbilligte dies Gebaren zutiefst. Sie erkannte, daß Joyce, der bemüht war, seinen Kindern alles zu geben, was sie sich nur wünschten, beschlossen hatte, daß sie niemals darben sollten, wie einst er, doch alles Geld, das er Lucia schenkte, gab sie sofort auf die törichtste Weise aus. Das Schauspiel der Verschwendungssucht hinderte Paul Léon jedoch nicht daran, in Joyce' Sache an Miss Weaver zu schreiben und ihr mitzuteilen, daß dessen Geld knapp wurde.[29]

Joyce war tatsächlich von all den Ereignissen so erschöpft, daß er die Aufgabe, an Miss Weaver zu schreiben, an Paul Léon delegierte. Grausamerweise verlangte er über Léon, sie solle ihm nicht länger schreiben. Stilgerecht reagierte Miss Weaver mit einem Besuch in Paris und versicherte ihm, daß er hinsichtlich Lucias Arztrechnungen auf sie zählen könne. Ihre frühere Nähe stellte das allerdings nicht wieder her, zum Teil schon deshalb nicht, weil sie ihre alte Freundin Sylvia Beach besuchte, was sie auf Joyce' schwarze Liste brachte, und zum Teil deshalb nicht, weil er ihre unausgesprochene Überzeugung spürte, daß Lucia unheilbar krank sei. Ihr inniges Verhältnis war zutiefst erschüttert. Im nächsten Jahr war Miss Weaver am 2. Februar in Paris, und Joyce lud sie nicht einmal zu seiner Geburtstagsfeier ein.[30]

Als das Frühjahr 1933 nahte, wurde Nora erneut zwischen den beiden Menschen, die von ihr abhängig waren, hin und her gerissen. Joyce mußte zu einer Augenuntersuchung nach Zürich zurückkehren. Wie der pedantisch genaue Léon Miss Weaver mitteilte:

> ... glaube ich doch, daß er (Joyce) sowohl in leiblich-materieller wie moralischer Hinsicht Mrs. Joyce als Begleiterin brauchte, und das Problem wäre dann auf die Frage beschränkt, was während der Woche oder der vierzehn Tage, die ihre Eltern fort sind, mit Miss Joyce zu geschehen hätte.[31]

Schließlich lösten sie den Konflikt dadurch, daß sie Lucia mitnahmen, und dasselbe taten sie auch im Juli wieder. Bei ihrem zweiten Besuch bedauerten sie das. Carola Giedion-Welcker bestärkte Joyce zwar in seinen Hoffnungen, indem sie passable junge Männer mitbrachte, die Lucia kennenlernen sollte, doch Lucia selbst machte derlei Hoffnungen zunichte. Sie wartete mit einer neuen

Bahnhofsszene auf. Es gab keine Alternative, als sie in eine Anstalt zu geben, also wählte Joyce die beste aus.

Les Rives de Prangins in Nyon bei Genf war Europas vornehmstes Sanatorium für wohlhabende Geisteskranke. Die Patienten sollten dort das Gefühl haben, Gäste eines Luxushotels zu sein; ein Hunderte von Hektar großes, abwechslungsreiches Gelände gehörte dazu, auf dem sie umherstreifen konnten. Sie zogen sich zum Abendessen um. Die Atmosphäre von Prangins ist in F. Scott Fitzgeralds *Zärtlich ist die Nacht* eingefangen; seine Frau Zelda war dort 1931 Patientin gewesen. Lucia kam im Juli 1933 nach Prangins. Joyce ließ sie die Annehmlichkeiten des Ortes jedoch nicht sehr lange auskosten. Binnen einer Woche hatte er sie wieder weggeholt.

Nora flehte abermals: »Laß sie dort«, aber Joyce setzte sich gegen sie und gegen Helen und Giorgio durch und hatte Lucia schon bald darauf wieder mit einer Pflegerin-Gefährtin bei sich in Paris. Jeder Tag bringe eine neue Erklärung für ihre Krankheit, schrieb Paul Léon – »(...) das einzige, was sich nicht ändert, ist die Tatsache, daß er (Joyce) der Schuldige ist«.[32]

***

Als die Neuigkeit von Lucias Krankheit die Runde zu machen begann, fingen die Leute an, so die Worte Arthur Powers, »eine Menge Dinge zu behaupten, die man nicht wiederholen kann« – Inzestgerüchte, wenn man es auf den Nenner bringen will. Es erschien nicht unwahrscheinlich, daß der Autor eines derart verderbten Buches wie *Ulysses* seine eigene Tochter mißbraucht hatte. Und das Buch galt immer noch als sehr schmutzig. Im Jahr 1932 sah sich ein junger Lektor an der Universität Cambridge, der den *Ulysses* auf die Leseliste seiner Studenten gesetzt hatte, staatsanwaltlichen Ermittlungen ausgesetzt.

Joyce waren die in den *Ulysses* und in *Work in Progress* eingebauten inzestuösen Phantasien wohl kaum entgangen, und selbst noch, als Lucias Krankheit das fortgeschrittene Stadium erreicht hatte, wo sie schwerlich anziehend auf irgend jemanden wirken konnte, blieb Joyce doch eifersüchtig auf ihre vermeintlichen Verehrer. Seine Tochter war für ihn »mignonesque«, und er hatte nichts dagegen, im Vergleich mit den »Bürschchen« wie ein »vieillard« zu wirken. Sein Vergehen als Vater war, allem Anschein nach, jedoch eher eine heillose Egozentrik – sie ruinierte Lucias Leben und zwang seine Kinder, ihr Leben dem seinen unterzuordnen – als irgend etwas so Krudes, Verbrecherisches und für ihn Untypisches wie Kindsmißbrauch. Intensiv wie er war, mag allerdings bereits sein beobachtender Blick, den er während ihrer Pubertät wie gebannt auf Lucia gerichtet hielt, ausgereicht haben, um sie zu verstören. Ellman, Joyce' Biograph, wurde oft über die Möglichkeit eines Inzests zwischen Joyce und seiner Tochter befragt; seine Ansicht, daß Joyce »nicht übermäßig sexinteressiert« gewesen sei, dürfte derlei Vorstellungen wohl keine Nahrung gegeben haben.[33]

Tiefer erschütterten Joyce die offenen Anschuldigungen, die sowohl Nora als auch Stanislaus ihm ins Gesicht schrien – daß die Entwurzelung, die er seiner Familie zugemutet hatte, Lucia geschadet hätte. Er wußte, daß seine Frau und sein Bruder das lediglich laut aussprachen, was hinter seinem Rücken von zahllosen anderen gesagt wurde, und daß das unablässige Hin und Her von Land zu Land, von Sprache zu Sprache und das fortwährende Kappen aller freundschaftlichen und verwandtschaftlichen Bande geradezu lehrbuchmäßige Bedingungen für eine gestörte Identität darstellten. Ihre Lebensweise hatte Lucia am härtesten getroffen. Joyce und Nora hatten einander den notwendigen Schutz gegeben. Giorgio, der immer schon mühelos Freundschaften geschlossen hatte, war schon früh unter Helens Fittiche geraten. Lucia jedoch tat sich nie mit irgend etwas leicht: mit Freunden nicht, mit der Laufbahn nicht, mit Liebhabern nicht.

Joyce hatte noch einen anderen Grund, um Lucias Schizophrenie zu leugnen. Die Ursachen der Krankheit liegen zwar immer noch in einer Mischung aus Angeborenem und Erworbenem verborgen, doch heute verschaffen Tranquilizer vielen Schizophrenen ein halbnormales Leben. In den Dreißiger Jahren hingegen kam die Diagnose einer Geisteskrankheit einem Verbannungsurteil gleich. Sie verurteilte das Opfer zu einem Leben der vergitterten Fenster, der Überwachung und der Zwangsjacken. Von Lucias

Kindheit an, als Joyce über ihre »Geistesabwesenheit« zu scherzen begann, und vielleicht sogar noch eher – eine Krankengeschichte verfolgt ihre ersten Symptome bis ins Jahr 1914 zurück, als sie sieben war –, wehrte er sich gegen den schrecklichen Gedanken, daß seine Tochter ihr Leben in einer Anstalt würde verbringen müssen. Als diese Aussicht näher und näher rückte und sie für kürzere Perioden eingesperrt zu werden begann, bezeichnete Joyce diese Institutionen stets mit hübschen französischen Umschreibungen wie *maison de santé* und *maison de repos* oder mit vertrauten englischen wie »Klinik« oder »Pflegeheim«.

Ein von Schuldgefühlen zermürbter Mensch hat nicht den Wunsch, diese zu teilen. Während er sich Vorwürfe wegen des Zustands seiner Tochter machte, scheint Joyce nicht in den Sinn gekommen zu sein, daß Nora vielleicht dafür verantwortlich war. Die Möglichkeit scheint auch Nora allem Anschein nach nicht in den Sinn gekommen zu sein. Sie war schuldlos bis zur Makellosigkeit – einer ihrer hauptsächlichen Reize für Joyce.

Lucia mag es beim Heranwachsen jedoch an mütterlicher Fürsorge gefehlt haben. Nora, die sich selbst um die Mutterliebe betrogen fühlte, fand Geborgenheit bei ihrem Gatten und ihrem Sohn und mag es versäumt haben, jene Beziehung herzustellen, die die Weitergabe der Erfahrungen und der Intuitionen einer Mutter an die Tochter gewährleistet.

Außerdem gab es, auch wenn Joyce in seinen Briefen nie davon sprach, auf Noras Seite der Familie Geisteskrankheiten. Nora erhielt, wie aus Joyce' eigenen Briefen hervorgeht, viel Post aus Galway, und ein Ereignis, das Annie Barnacle während der Zwanziger Jahre tief beunruhigte, war der Zusammenbruch ihrer Tochter Dilly, Noras Schwester, deren Namen Joyce in den *Ulysses* aufgenommen hatte. Im Jahr 1925 war sie, »in einem Zustand tiefer Verstörung«, wie es in den ärztlichen Berichten heißt, in das gefürchtete Irrenhaus von Ballinasloe eingeliefert und achtzehn Monate dort behalten worden. Sie erholte sich niemals vollständig. Nach ihrer Erfahrung mit Dilly rieten Annie Barnacle und ihr Bruder Michael Healy im Hinblick auf Lucia wieder und wieder: »Keine Ärzte, kein Sanatorium, keine Blutuntersuchung.«[34]

Bleibt noch die traurige Tatsache zu berücksichtigen – die Joyce scheinbar nicht berücksichtigen wollte –, daß Irland eine sehr hohe Schizophrenierate hatte, die drei- bis fünfmal so hoch war wie in den meisten westlichen Ländern, wobei der bäuerliche Westen wiederum eine höhere Rate aufwies als der Osten.[35] Daß es Lucia treffen sollte, gehörte einfach zum Pech der Iren. Nora wußte, was Geisteskrankheit war. Ihre Hinnahme von Lucias Schicksal ließ ebensowenig auf Gleichgültigkeit schließen wie Joyce' sture Verkennung auf Liebe, und ihre Reaktion hatte immerhin den Vorzug der Realitätstauglichkeit.

***

Wieder nach Paris zurückgekehrt, gingen Nora, Lucia und Joyce, tapfer entschlossen, normales Familienleben zu simulieren, eines Abends mit den Jolas' ins Theater, um sich einen Komiker anzuschauen. Für Nora war der Abend jedoch ruiniert, als sie, während sie ihre Plätze einnahmen, erfuhr, daß Lucias neuster Psychiater, den sie noch nie gesehen hatte, ein Dr. Coudet, hinter ihnen saß. Nora wandte sich um und starrte unversehens in eins der häßlichsten Gesichter, denen sie je begegnet war. Der Gedanke, daß dieser Oger ihre Tochter behandelte, regte sie dermaßen auf, daß sie das Theater verlassen mußte. Joyce und Lucia blieben bis zum Ende der Aufführung. Was Nora sagte, als sie nach Hause kamen, findet seinen Niederschlag in Joyce' Brief an Miss Weaver: »Tut mir leid, daß er (Coudet) nicht schöner ist, aber dafür kann ich nichts.«[36]

Aus elterlicher Besorgnis gaben die Joyce' sich alle Mühe, Freunde für Lucia zu finden. Sie zogen Louis Gillets Tochter Dominique dazu heran, sie ins Theater zu begleiten. Sie luden Elizabeth Curran ein, Constantine Currans Tochter, sie eine Woche besuchen zu kommen und Lucia kennenzulernen. Elizabeth Curran war zwar hocherfreut darüber, daß man ihr das seltene Privileg einräumte, Hausgast der Joyce' in der rue Galilée zu sein, fand Lucia, die nur wenig älter war, jedoch unhöflich, unfreundlich und völlig mit sich selbst beschäftigt. Die Joyce' führten Elizabeth mehrmals zum Essen aus, und sie fing gerade an, auf ihre Kosten zu kommen, als ein Brief aus London eintraf, aus dem hervorging, daß Curran leicht erkrankt war. Joyce nahm ohne weiteres an, daß Elizabeth sofort zu packen beginnen würde. »Dein Vater ist schließlich krank«, sagte er zu ihr, »selbstverständlich mußt du sofort zu ihm.« Elizabeth hatte jedoch nicht die Absicht, ans Bett ihres Vaters zu eilen. Nora spürte das. »Ach, laß sie das doch selbst entscheiden«, sagte sie. Es half nichts. Joyce wies Elizabeth mehr oder minder aus der Wohnung, damit sie ihre Tochterpflicht erfüllte.

Currans Frau, die oft in Paris war, war eine Freundin von Nora. Mrs. Curran war Schauspielerin gewesen und hatte die Rolle der Maurya in der Uraufführung vom *Reiter ans Meer* am Abbey Theater gespielt. Nora sprach liebend gern mit ihr übers Theater. Sie vertraute ihr, ohne je in Einzelheiten zu gehen, an, daß sie im Hinblick auf Lucia keinen Einfluß auf Joyce habe. »Ich kann Jim einfach keine Vernunft beibringen«, sagte sie. Sie hätte ihn gern daran gehindert, ständig die Behandlung des Mädchens zu wechseln. »Ich sage ihm immer wieder, Miss Weaver weiß damit am besten Bescheid«, sagte Nora, und Mrs. Curran stimmte ihr zu. Nora fügte sich jedoch in ihrer Niederlage. »Nora war nie ein Mensch, der ächzt und stöhnt«, sagte Elizabeth, »sie war ein unternehmungslustiger Mensch. Sie schaute nie zurück. Das war anfangs schließlich auch der ausschlaggebende Grund dafür gewesen, daß sie mit ihm wegging.«[37]

***

Ihr Leben in jenen qualvollen Jahren war jedoch nicht ganz die unablässige Tragödie, wie Joyce und Paul Léon sie Harriet Weaver schilderten. Ihre von Düsternis umwehten Briefe nach London zielten ebensowohl auf Miss Weavers Geldbeutel wie auf ihr Herz. In Wirklichkeit nahmen Nora und Joyce aktiv am gesellschaftlichen Leben teil. Sie gingen regelmäßig in die Oper, stets formell gekleidet – Joyce in seidengefüttertem Cape, seidenem Hut und mit Stöckchen mit eiserner Spitze –, sie aßen außerhalb und trafen sich mit Freunden. Nora genoß es, die eleganten Gegenden von Paris nach einer Wohnung abzugrasen, gelegentlich von ihrem gemeinsamen Freund, dem italienischen Komponisten und Musiker Graf Edgardo Carducci begleitet. Die Notwendigkeit, eine neue Wohnung zu finden, stand ihnen erneut ins Haus, denn ihr Mietvertrag für die Wohnung in der rue Galilée endete im Sommer 1934.

Noras Hauptventil blieben allerdings die Kleider. Sie nahm Mrs. Curran und Elizabeth zu den Modeschauen von Lelong in der 16, avenue Matignon und auch zu Anproben mit, wenn sie sich etwas machen ließ. Sie konnte sehr herzlos sein, stellten die beiden fest, wenn es darum ging, was andere Frauen anhatten. Insgeheim meinten sie, Nora sehe zwar immer gutgekleidet aus, sei jedoch nicht gut beraten mit den dunklen Farben und den strengen Schnitten, die sie bevorzugte.

Nora hatte ihren Sinn für Humor noch nicht eingebüßt. Bennett Cerf ging, als er in Paris war, eines Abends mit Joyce essen und stellte fest, daß sein Autor mit der Zeit »völlig blau« wurde. Als sie in die Wohnung der Joyce' zurückkehrten, beschloß Joyce, Cerf zufolge, »er werde jetzt ein paar irische Balladen singen, und Mrs. Joyce beschloß, die werde er jetzt *nicht* singen«. Unerschrocken trat Joyce ans Klavier, woraufhin Nora das eine Ende des Schemels packte und Joyce das andere, und dann zogen sie von beiden Seiten daran. Plötzlich ließ Nora los, und Joyce kippte hintenüber.

Cerf beschloß, sich zurückzuziehen. Nora brachte ihn hinunter, setzte ihn in ein Taxi und entschuldigte sich lachend für die häusliche Auseinandersetzung. »Irgendwann schreibe *ich* dann mal ein Buch«, erklärte sie, »und ich werde es *Meine zwanzig Jahre mit einem Genie – einem sogenannten* nennen.«[38]

Sowohl Nora als auch Joyce fuhren mit großem Vergnügen mit dem Taxi hinaus nach Enghien in der Nähe von Paris und besuchten ihre guten Freunde Kathleen und René Bailly. Die Baillys hatten keinerlei wie auch immer geartete literarische Kontakte. Für Nora war Kathleen – stets perfekt zurechtgemacht, blond, leicht overdressed – die ideale »beste Freundin«; sie war eine Frau aus Galway, die mit einem Franzosen verheiratet war. Beide Frauen wußten die Absurdität ihres Schicksals, das sie ins Leben der gehobenen Gesellschaft der französischen Hauptstadt verschlagen hatte, zu würdigen. Kathleen genoß es, auf Empfängen der irischen Botschaft in Paris eine gute Figur zu machen, und wie Nora wußte sie einen Scherz zu schätzen.

René Bailly war ein Geschäftsmann, reich genug, um eine imposante Villa zu besitzen, die, von einem kleinen Park umgeben, unmittelbar am Ende von Enghien lag. Ziegen grasten in dem Park, und Kathleen beschloß eines Tages, ihnen sämtliche Hufe und Hörner golden anmalen zu lassen. Nora schrie vor Lachen, als sie sie sah.

Die Joyce' waren dort mit solcher Regelmäßigkeit zu Gast, daß Joyce im Erdgeschoß ein eigenes Arbeitszimmer mit Blick auf den Garten hatte. Für treue Freunde wie die Baillys war die Anstrengung, die es bedeutete, Lucia den Joyce' zuliebe als normal zu behandeln, eine große Belastung. Lucia war ein beschwerlicher Gast. Sie hatte die Angewohnheit, sich neben ihren Vater zu setzen und seine gesamte Aufmerksamkeit für sich zu beanspruchen. Alle anderen waren wütend, während Joyce sich hinabbeugte, um nur keins ihrer Worte zu versäumen und jeder ihrer Launen nachzugeben. Nachts mußte sie im Schlafzimmer ihrer Eltern schlafen (wie sie es als Teenager hatte tun müssen). Giorgio hingegen war, wie zum Ausgleich, sehr aufmerksam gegen seine Mutter, wenn er dabei war. Er setzte sich dann auf die Lehne von Noras Sessel und murmelte besorgte Fragen: Ob sie ihren Pullover brauche? Ob sie gern einen Gang durch den Garten machen wolle?

Nora entspannte sich stets, sowie sie den Fuß in das Haus der Baillys setzte. Sie trat in die Küche hinten im Haus und sagte: »Zeig doch mal, was du da machst, Kathleen.« Beide Frauen kochten gern, obwohl Kathleen jede Menge Hauspersonal hatte. Manchmal legte Nora selbst mit Hand an und machte ihr liebstes Huhngericht oder einen Rhabarberpudding mit einer Baiserhaube. Sie verstand sich auch sehr gut auf schlichte Bratäpfel im Schlafrock.

Was Mode anging, konnte Nora mit Kathleen jedoch ebensowenig mithalten wie mit Helen. Sie streifte häufig in Kathleens mit vielen Spiegeln versehenen Ankleidezimmer umher, das zwischen dem Schlafzimmer der Joyce' im Gästeflügel und dem der Baillys lag, und bewunderte die endlosen Schrankfächer. Nora hätte auch gern so einen Kleiderschrank gehabt, aber wenn Joyce sich auch niemals über ihre Rechnungen für Kleidung beklagte – eine komplette Ausstattung von Lelong kostete zwischen siebenhundertundfünfzig und eintausendvierhundertundfünfzig Francs –, so hatte sie doch nicht derartig viel Geld zur Verfügung.[39]

Es war natürlich auch Nora, die Joyce dazu anhielt, das Beste aus seiner natürlichen Eleganz zu machen. Er war zu blind, um selbst für sich einkaufen zu gehen. Einem irischen Besucher, James Stern, der 1934 von Robert McAlmon in die rue Galilée mitgebracht wurde, fiel der Kontrast zwischen dem Mann und seiner Kleidung auf. Joyce habe die Hand eines Eremiten gehabt, behauptete Stern – dürr, aber unter der Berührung doch weich – und eine müde Wisperstimme, und er habe seinen Kopf gehalten wie ein Blinder, das Kinn emporgehoben, den Kopf leicht zurückgelehnt und dann, »nahezu unpassend, das elegante pfauenblaue Samtjackett und die dunklen Hosen«.

Sterns Erinnerung an diesen Besuch zufolge (wie so viele, erstaunte ihn die öde Unpersönlichkeit der Räume, da ihm nicht klar war, daß es sich um eine möblierte Wohnung handelte) begann er gerade, Joyce eine Geschichte über einen Mann aus Cork zu erzählen, der ein leidenschaftlicher Jäger war, als Joyce ihn auch schon unterbrach. »Es ist etwas Schreckliches passiert«, sagte Joyce, »ich muß maßnehmen lassen.« Seine Frau, so erklärte er, bestehe darauf, daß er einen neuen Anzug brauche. Er warf immer wieder einen flüchtigen Blick zur Tür. Dann stand eine Frau, »groß, grauhaarig, würdevoll, im Türrahmen. ›Los, Jim. Er ist da.‹« Joyce ließ ein Stöhnen hören. Stern versuchte, weiterzuerzählen. »Jim«, sprach Nora dazwischen, »hast du gehört, worum es geht? Der Schneider ist da. Noch eine Woche, dann kannst du dich nicht einmal mehr auf der Straße sehen lassen!« Als Joyce unbedingt erst noch den Rest der Geschichte hören wollte, sagte Nora: »Ach, Jim, jetzt hört doch mal auf damit«, und zog ihn füßescharrend zur Tür. Joyce kehrte ein Weilchen später zurück, und das Gespräch wurde fortgesetzt, bis Nora abermals erschien und verkündete, es sei »Zeit«.

> »Einen Augenblick schien Joyce so zu tun, als habe er nicht gehört. Dann hob er langsam den Kopf in ihre Richtung und seine schmalen Lippen öffneten sich zu einem Ausdruck, der Verwunderung, Unwillen, Besorgnis bedeuten mochte – oder eine Kombination von allen

dreien, und ich weiß noch, daß sein Verhalten auf mich wirkte wie das eines Kindes.«[40]

***

Im Dezember feierte die Familie wie üblich Weihnachten, und Nora machte dafür vier Plumpuddings, während Lucia die Weihnachtskarten zeichnete und in einem Tempo Geld ausgab, das selbst ihren Vater erstaunte. Doch der Umgang mit Lucia wurde immer schwieriger; sie hatte ihre Pflegerinnen angegriffen, und die bizarren Behandlungsmethoden, die ihre diversen Ärzte empfahlen (eine davon war die Injektion von Meerwasser), halfen nicht.

Sie hatten in jenem Jahr allerdings wirklich etwas zu feiern. Am 6. Dezember hatte John M. Woolsey, Bundesbezirksrichter in New York, nach der Anhörung des *Ulysses*-Falles und einer sorgfältigen Lektüre des Buches befunden, das Buch sei vielleicht »ein bißchen ekelerregend«, »doch habe es keinerlei Tendenz, aphrodisiakisch zu wirken«. Seiner Ansicht nach war das Buch ein ernst zu nehmender Versuch, eine neue literarische Methode zur Darstellung des Menschengeschlechts zu erfinden. Als solcher dürfe es in den Vereinigten Staaten legal gedruckt werden. Random House druckte eilends hundert Exemplare, um sich das Copyright zu sichern. Die *Time* feierte das Ereignis, indem sie Joyce auf die Titelseite setzte. Die Zeitschrift (die Joyce stets wohlwollend behandelte) stellte die entscheidende Frage zu dem Buch: »Ist es schmutzig?«, und ihr Urteil bestand aus nur einem Wort: »Ja.« Der *Ulysses* war darüber hinaus, so urteilte die *Time*, »eins der monumentalsten Werke der menschlichen Intelligenz«. Eine derartige Kennzeichnung machte eine Schilderung des Privatlebens des Autors im *Time*-Stil erforderlich:

> Mit Anfang zwanzig verließ er Irland und die Kirche auf Nimmerwiedersehen, verpflanzte sich selbst und seine elegante blonde Frau aus Galway, Nora Barnacle, nach Italien ... Vor etwa drei Jahren störte er die Pressegeier dadurch auf, daß er ohne Angabe von Erklärungen seine Frau auf dem Londoner Standesamt noch einmal heiratete.

Die *Time* nannte Joyce, einundfünfzig Jahre alt, ansässig in Paris, einen scheuen, zurückgezogen lebenden, weltweit bekannten Zeitgenossen, der periodisch so gut wie blind sei. Die Nachwelt werde zu entscheiden haben, so schloß der Artikel, ob man sich Joyce' als Spracherneuerer und -erfinder erinnere oder als des Mannes, der bewirkte, daß der Ausdruck »nicht druckfähig« heute als veraltet zu gelten hatte.[41]

Die *Time* erwähnte die Tochter des Mannes nicht. Die Joyce' müssen ihm dankbar gewesen sein. Sie waren unablässig darum besorgt, wie sie Lucia aus den Zeitungen heraushalten konnten. Die Szene auf dem Gare du Nord im April 1932 war am Ende doch nicht unbemerkt geblieben. Eine Pariser Zeitung hatte sie gemeldet, hatte die Höllenqualen, die Joyce an dem Tag ausstand, als sein Gepäck erst in den Zug und dann wieder ausgeladen wurde, jedoch kitschigerweise als Ausdruck von Abschiedsschmerz interpretiert – *»car le grand poète aime Paris«*.[42]

Im Januar 1934 lief Lucia von zu Haus weg und blieb drei Tage verschwunden, ehe sie von der Polizei zurückgebracht wurde. Joyce wußte sich nicht mehr zu helfen. Hoffnungsvoll erwog er, Lucia auf Besuch zu Stanislaus und Nelly in Triest zu schicken. Doch die Ereignisse nahmen ihm jede weitere Entscheidung aus der Hand. Am 2. Februar, als die Anrufe, die seinem zweiundfünfzigsten Geburtstag und seinem Sieg in den Vereinigten Staaten galten, gar nicht mehr abrissen, schnitt Lucia, aus Wut darüber, daß sie keine Beachtung fand, das Telefonkabel durch, und zwar nicht einmal, sondern gleich zweimal. Dann drückte sie dem Tag ihren Stempel auf, wie sie es schon zwei Jahre zuvor getan hatte, indem sie auf Nora losging.

So kehrte Lucia zu einem längeren und turbulenten Aufenthalt nach Genf, nach Prangins, zurück. Das verschaffte Nora, die im März 1934 fünfzig wurde, ihre erste Atempause seit fast drei Jahren.

Mit großer Freude und Erleichterung nahmen sie und Joyce die Einladung der Baillys zu einer weiten Autoreise an, die in den Süden Frankreichs und nach Monaco führen und in Zürich enden sollte. Nora und Joyce kannten keine Scheu vor überfüllten Autos. Die beiden Nichten der Baillys gingen ebenfalls mit auf die Reise, und sie hatten ihre Freude daran, daß Joyce zu schamhaft war, um der französischen Sitte zu folgen und am Straßenrand zu urinieren. Er bestand darauf, in ein Hotel zu verschwinden, wenn er ein derartiges Bedürfnis verspürte. Wie alle reichen Freunde der Joyce' nahmen die Baillys sämtliche Rechnungen an sich, wenn sie zusammen waren, und Evelyne Shapero, eine der Nichten, begriff, daß Joyce' Konto bei Fouquet ebenfalls von einem Verehrer ausgeglichen wurde. Ihr Onkel hingegen bezahlte seinen Anteil, wenn er und seine Frau dort mit den Joyce' aßen.[44]

Die Freude an der Reise wurde allerdings dadurch getrübt, daß ein guter alter Freund, George Borach aus Zürich, bei einem Autounfall umgekommen war. Borach war schon vor der Zeit der English Players während des Krieges ein Schüler und Freund gewesen. Joyce verheimlichte Nora die schlechte Nachricht wieder mehrere Tage – mit gutem Grund. Als Nora sie zu hören bekam, war sie so verstört, daß sie Zürich nicht genießen konnte. Sie fand, sein Geist gehe dort überall um, wie sie es ausdrückte. Der Anblick der trauernden Eltern Borachs, eines Junggesellen, berührte sie – allerdings wiederum nicht so tief, daß sie nicht bemerkt hätte, daß die alte Frau Borach, angeblich eine reiche Frau, in der Handtasche zerbrochene Kekse von zu Hause mitbrachte, als sie sich mit Nora in einem Café zum Tee traf.[45]

Im April waren sie wieder in der rue Galilée. Joyce prahlte, sie hätten zweitausendfünfhundert Kilometer zurückgelegt, »meine erste Autoreise«. Er hatte die Gewohnheit angenommen, locker scherzende Briefe an Lucia zu schreiben, und übermittelte ihr Noras Rat, wenn irgend möglich zuzunehmen. Außerdem schrieb er:

> Mamma schwatzt am Telefon mit der Dame von oben, die den One-Step so gut tanzt und meinen Tausend-Lire(sic)-Schein aus dem Aufzug gefischt hat. Der Gegenstand ihrer Unterhaltung ist die Dame im fünften Stock, die Hunde züchtet ... Jetzt sind sie durch mit den Hunden und sprechen über mich.[46]

Besagte Dame, die sich tatsächlich die Mühe gemacht hatte herauszufinden, daß die verlorene Banknote Joyce gehörte, wurde zur

Freundin, als ihr Joyce aus Dankbarkeit eine riesige Schachtel Rosen schickte. Sie lud die Joyce' im Gegenzug zum Tee zu sich ein. Joyce war so blind, daß er nach dem Sitz seines Stuhls tasten mußte, ehe er sich setzte. Nora mußte ihm Milch und Zucker in den Tee tun und ihm sagen, was auf seinem Teller lag.[47]

Statt sich entspannen zu können, mußte Nora bald schon mit einem weiteren harten Schlag fertig werden. Helen wollte mit Giorgio und Stephen nach New York ziehen. Der Ortswechsel würde Giorgios Karriere förderlich sein, erklärte sie. Das war jedoch kein Trost für Nora oder auch für Joyce. Beiden graute es beim Gedanken an Amerika – Nora, weil das in ihrer Vorstellung ein Ort war, von dem die Menschen nicht wieder zurückkehrten. Joyce, weil ihm die Überfahrt über so viel Wasser Angst machte. (»Einmal hatten wir ihn fast soweit«, sagte Cerf, »doch er hatte Angst vor Schiffen. In letzter Minute kniff er.«[48]) Wenn Joyce bereit gewesen wäre, nach Amerika zu fahren, wie seine Freunde Gogarty, Byrne, James Stephens und die Colums es getan hatten, hätte er seine finanziellen Probleme lösen können. Wie Gogarty bemerkte: »Amerika wäre eine herrlich einträgliche Goldmine für ihn gewesen.«[49] Joyce verschmähte es jedoch, mit irgend etwas anderem Geld zu machen als mit Schreiben.

Doch hinter seiner Angst steckte noch mehr als die vor der großen Entfernung. Es begann ganz so auszusehen, als sollte die Familie Joyce es bald mit einem zweiten Fall von Wahnsinn zu tun bekommen. Helen ließ Anzeichen von Ruhelosigkeit und Erregung erkennen. Einmal drohten sie und Giorgio, die Galerie der Familienporträts einzupacken (zu der mittlerweile auch eins von ihr gehörte, das von Marchand stammte) und nach Wien zu ziehen. Dann verlegte sie sich darauf, nach Amerika zurückzuziehen. Giorgio sollte dank der Regelung hineinkommen, die den »bevorzugt zu behandelnden Personen« galt und auf die Ehepartner amerikanischer Staatsbürger angewendet wurde, eine Prozedur, die es nötig machte, Stanislaus darum zu bitten, ihm Kopien seiner Triestiner Geburtsurkunde zu besorgen. Als Helen Giorgios Brief tippte, worin er sich entschuldigte, daß er seinem Onkel soviel Mühe mache, setzte sie heimlich ein Postskriptum hinzu. Ob Stannie ihr wohl den überdrehten Brief verzeihen wollte, den sie ihm kürzlich geschickt hatte? Er sei unwichtig, erklärte sie; sie habe ihn geschrieben, als sie erregt gewesen sei; Giorgio wisse nicht einmal, daß sie ihn geschrieben habe.[50]

Helen war immer noch schön. Ein Schnappschuß am Strand von Le Touquet, der mit Bennett Cerf und einer jüngeren Frau aufgenommen worden war, zeigt Helen im Badeanzug, lachend, und mit aufgelöstem, dunklem Haar, das ihr den Rücken hinabflutet. (In seinen Erinnerungen behauptete Cerf später, Joyce habe seinen Sohn und seine Schwiegertochter aus Schicklichkeitsgründen als Begleitung angeboten, als Cerf »ein reizendes kleines Mädchen aus einer sehr angesehenen, sehr reichen Familie aus Westchester« übers Wochenende nach Le Touquet mitnehmen wollte.)[51]

Ihr Aufbruch war nicht zu verhindern. Helen und Giorgio verkauften ihr Auto (einen Rolls Royce) und reisten am 19. Mai ab. Zum erstenmal in fast dreißig Jahren waren Nora und Joyce ohne Kinder zusammen. Da sie sich immer nach dem ödipalen Grundmuster – Nora und Giorgio versus Joyce und Lucia – aufgeteilt hatten, waren sie beide gleichermaßen ärmer geworden.

Die Abwesenheit der Kinder gab Joyce einen neuen Vorwand dafür an die Hand, daß er Briefe schrieb. Der gewollt unbeschwerte Ton, den er darin anschlug, steht in krassem Gegensatz zu den Briefen Paul Léons an Miss Weaver, die das Bild eines Mannes zeichnen, der infolge von Blindheit, Geldmangel und des »Ausschlusses aus der rue de l'Odéon« von den gesellschaftlichen und literarischen Kreisen in Frankreich und England abgeschnitten war.[52]

Miss Weaver hätte ein ausgewogeneres Bild gewonnen, wenn sie Noras Version des Lebens *chez* Joyce in die Hände bekommen hätte. Eines Junitages im Jahr 1934, als sie von den Rennen zurückgekehrt waren, schrieb Nora an Giorgio und Helen:

> Wir scheinen hier eure Stelle eingenommen zu haben was späte Stunden angeht wir haben uns mit den Jolases vieles angesehen Gene vermißt Giorgio so sehr so als der neulich abend etwas zu viel getrunken hatte und sich vergaß drehte er sich herum und gab den üblichen Klaps auf den Rücken Jim Maria erinnerte ihn prompt daran daß es sein Vater wäre der dort saß. Wir haben bißchen Hitzewelle hier zum Glück hielt

sie nicht an. Ich verbringe die meiste Zeit mit Wohnungssuche. Carducci hat mich nach Neuilly begleitet um einige wundervolle anzusehen aber sie waren alle vermietet Mrs Dyer hat uns zu einer Abendgesellschaft eingeladen ich muß sagen es war sehr schick sie hatte das herrlichste Büffett alles auf dem Tisch war aus den Kolonien ich muß euch sagen das komischste von allem war als ich das neue Abendkleid anzog meinte Jim der Rücken sei zu decolleté so entschloß er sich das Kleid hinten zusammenzunähen könnt ihr euch vorstellen was dabei herauskam? natürlich nähte er alles krumm so mußte ich die Stiche wieder rausmachen ich fand es besser einen bloßen Rücken zu haben ich wünschte ihr hättet ihn sehen können wie er mir Haut Rücken Knochen alles zusammennähte.[53]

Joyce' trotz seines verschwommenen Blicks ungeschmälertes Interesse an Frauenkleidern blieb nicht auf Nora beschränkt. Bei der Romanautorin Jean Rhys etwa hatte James Joyce einen Stein im Brett, weil er Nora auf einer Party in Paris taktvoll aufgefordert hatte, doch den offenen Reißverschluß von Jeans neuem schwarzem Kleid zu schließen – eine freundliche Geste, die sie von dem erhabenen (und nahezu blinden) berühmten Autor gar nicht erwartet hatte.[54]

Nora wiederum hatte nichts von ihrem einer Molly würdigen Blick für die äußerlichen Unvollkommenheiten ihres Geschlechts eingebüßt. Sie meldete Giorgio und Helen, daß Stephens früheres Kindermädchen in ihrer neuen Stelle nicht gerade glücklich wirke:

> ... ich fand sie sah nicht so gut aus nein wirklich als sie durch die Tür kam sah sie sehr zerzaust aus ihr Haar hing um sie herum sie hatte einen Blumenstrauß auf ihrem Hut und noch einen an ihrer Taille und wenn ich nicht irre hatte sie einen Strauß an ihrem Busen ...[55]

Nora setzte hinzu, wie sehr ihr ihr Enkel fehle. Wann immer sie andere kleinen Jungen umherlaufen sehe, denke sie an Stephen.

Im selben Monat fand Nora zwei passende Wohnungen, eine nahe dem Parc Monceau und eine ein wenig billigere in der rue Edmond Valentin, in ihrer ehemaligen Nachbarschaft im VII. Arrondissement. Sie wählte die letztere, die fünf Zimmer hatte und im vierten Stock lag – wesentlich eleganter als der Square Robiac, meinte Joyce. Nora war entzückt von ihr. Sie riefen Tischler und Tapezierer, beglückwünschten einander dazu, daß sie zum erstenmal seit vierzig Monaten zur Ruhe gekommen waren, und dann brachen sie mit den Gilberts nach Belgien auf, so daß Nora mit Hilfe einer Badekur »ihre Nerven reparieren« konnte.

***

Lucia ging ihnen jedoch niemals für lange Zeit aus dem Kopf. Joyce verheimlichte ihr Giorgios Emigration – um ihre Gefühle zu schonen, erklärte er. Er machte sich Sorgen, als Beckett sein Buch *More Pricks than Kicks* veröffentlichte, weil eine der Figuren darin Lucie hieß. Es sei jedoch, schrieb er Helen, »etwas völlig anderes. Sie (Becketts Lucie) ist ein Krüppel oder so etwas. (...) Er hat Talent, glaube ich.«[56]

Die Nachrichten aus Prangins waren nicht ermutigend:

> Lucia scheint sich in dem Nyoner Laden (Prangins, Anm. d. Verf.) an irgendeinen unerwünschten Gent gehängt zu haben, der in Dublin oder London lebt. Man hält sie getrennt voneinander, und er fährt außerdem weg. Darüber hat sie sich momentan aufgeregt. Aber sie sagen, das gehe bald vorüber. Ich finde daran nichts Verrücktes, wie das so bei Frauen ist.[57]

Lucia kritzelte auch einen achtseitigen Brief mit Bleistift, den Nora nur stellenweise entziffern konnte, und dem sie betrübt entnahm, daß ihre Tochter offenbar mitteilen wollte, sie verbringe ihre Tage damit, am Fenster zu sitzen. Sie beschlossen, nach dem Aufenthalt in Belgien in die Schweiz zu fahren. Lucias Arzt hatte gemeint, sie könnten einen Besuch riskieren – allerdings sollten sie ihre Tochter nicht einfach überfallen, sondern zuerst in seine private Villa kommen.

Als Nora und Joyce den Weg zur Villa hinaufgingen, stand Lucia jedoch dort und wartete auf sie. »Rasch!« sagte Nora zu Joyce, »laß uns reingehen, ehe sie uns sieht.« Sie schlüpften ins Haus, doch nicht früh genug. Lucia hatte sie gesehen und stürzte mit lauten »Babbo!«- und »Mamma!«-Schreien auf ihre Eltern zu, weinte und küßte sie. Ein Mitglied des Personals hatte ihr gesagt, daß sie kommen würden, und sie war von selbst darauf gekommen, wo sie zuerst hingehen würden. Sie war sehr liebevoll zu Nora. Joyce schrieb erleichtert sofort einen Bericht an Giorgio, als sie ins Hotel zurückkehrten.[58]

Sein Optimismus war jedoch verfrüht. Die Ärzte standen dem Fall ratlos gegenüber. »Das einzige, was sie mit dem Leben noch zu verbinden scheint, ist ihre Neigung zu uns«, schrieb Joyce an Carola Giedion-Welcker. Und es war eine dürftige Verbindung. In einem Raum mit vergitterten Fenstern in Sicherheitsverwahrung gehalten, zündete Lucia doch an fünf verschiedenen Stellen ihr Zimmer an. Sie sei nicht wahnsinnig, meinte Joyce beharrlich. Er brachte sie zu einem Blutspezialisten, um herausfinden zu lassen, ob irgendeine körperliche Ursache hinter ihrer Krankheit steckte:

> Das arme Kind ist einfach ein armes Mädchen, das zu viel zu tun, zu viel zu verstehen versuchte. Ihre Abhängigkeit von mir ist jetzt total, und all die Zuneigung, die sie jahrelang unterdrückt hat, überströmt jetzt uns beide. Möge Minerva mich leiten ...[59]

Joyce' nächste Entscheidung – die abermals entgegen Giorgios Ratschlag erfolgte – war, Lucia nach Burghölzli zu verlegen, in eine Klinik für Geisteskranke bei Zürich. Joyce sah darin zwar das Schweizer Gegenstück zu Bedlam, wählte diese Klinik jedoch wegen eines Blutspezialisten aus, der sich Lucia anschauen sollte. Als der Psychiater dort allerdings die Diagnose »unheilbar« stellte, nahm er sie nach einer Woche wieder heraus und brachte sie in ein Privatsanatorium in Küsnacht, ebenfalls außerhalb von Zürich; der Star der Belegschaft dort war derselbe C. G. Jung, den er 1919 so erfolgreich gemieden hatte. Joyce mochte Jung diesmal, insbesondere als der Bedenken hatte, eine Schizophrene zu analysieren.[60] Er wiederum hatte bereits die Bedeutung des *Ulysses* erkannt und versuchte, Joyce bei seinem überwältigenden Problem behilflich zu sein.

Weil er sowohl den Vater als auch die Tochter in jenem Jahr aus nächster Nähe erlebt hatte, war Jung später imstande, eine endgültige Antwort auf die Frage zu geben, die sich immer noch viele stellen. War Joyce nicht selbst schizophren? Die Sprache von *Finnegans Wake* ist sehr seltsam. Man könnte sie sogar als »Wortsalat« beschreiben – ein Terminus, der für die neuen Wörter und die Privatsprache gebraucht wird, wie Schizophrene sie häufig prägen. Jungs Antwort lautete nein. Joyce und seine Tochter, meinte Jung, waren wie zwei Menschen, die auf den Grund eines Flusses hinabsinken – wobei der eine hinabgezogen wird und der andere hinabtaucht. Lucia selbst ließ sich durch Jungs Einfühlungsgabe nicht beeindrucken. Sie verspottete ihn als »großen dicken materialistischen Schweizer«, der versuche, Macht über ihre Seele zu gewinnen.

Nora hockte in der schlimmsten Zwickmühle ihres ganzen Lebens mit Joyce. Weil sie die Last der Fürsorge für Lucia zu tragen hatte, kam ihr wieder und wieder die undankbare Aufgabe zu, schlechte Nachrichten zu überbringen. Eines Tages war Joyce wütend, als Nora von einem Besuch bei Lucia zurückkehrte und berichtete, sie habe sich das Gesicht mit schwarzer Tinte bemalt. Bei einem anderen Besuch fand Nora ihre Tochter um elf Uhr morgens in voller Abendgarderobe vor. Als sie Joyce davon berichtete, erklärte sie, hieraus gebe es bloß eine einzige Schlußfolgerung: Lucia war wahnsinnig. Joyce war anderer Meinung.[61]

Ein gestörtes Zeitgefühl ist eines der Hauptsymptome der Schizophrenie, was Joyce sich zur Kenntnis zu nehmen weigerte. Lucia hatte noch viele andere. Sie sorgte sich obsessiv über zwei körperliche Probleme – die kleine Narbe am Kinn und einen vaginalen Ausfluß. Sie war immer noch anfällig für Pyromanie (oder, wie Joyce' gefälligerer Ausdruck dafür lautete, für »Brandstiftungslust«). Sie schickte dutzendweise Telegramme an Menschen, die sie bewunderte (und die nicht alle mehr am Leben waren) und murmelte, ein Echo ihrer Triestiner Kindheit, wo sie viel über das *malocchio* gehört hatte, Harriet Weaver habe sie mit dem bösen Blick verhext.

Einmal, als Lucia die verbreitete paranoide Phantasie hegte, die Leute in der Klinik würden ihr Sachen stehlen, beschwerte sie sich bei Joyce, daß ein Füller, den er ihr geschenkt hatte, verschwunden sei. Er gab ihr eifrig ein Motiv an die Hand, das der Schuldige gehabt haben mochte: Neid auf ihn. Nora war indessen der

Ansicht, daß Lucia den Füllfederhalter womöglich in den See geworfen habe.[62]

Lucia hatte ihre eigenen Theorien. Die Großzügigkeit, die ihr Vater ihr und Nora erwies, machte andere Menschen neidisch.[63] Joyce redete sich ein, daß Küsnacht Lucia wohltue. Sie schien lebhafter zu sein, spielte Billard und machte Ausfahrten mit dem Wagen, gänzlich befreit von Restriktionen, die das gewöhnlich permissive Sanatorium von Prangins ihr aufzuerlegen für nötig gehalten hatte. Jung kam ihn jedoch nicht billig zu stehen: Dreitausendsechshundert Franken monatlich und dazu noch die Krankenhausrechnung von siebentausend Franken. Joyce sandte notdürftig bemäntelte Bitten um Geld an Helen und Giorgio. Giorgio möge sich mit der Karriere beeilen, da sein Vater sich bei ihm eine Million Dollar leihen wolle. Sie sollten all ihre reichen Verwandten über seinen bevorstehenden Geburtstag informieren; er sei die gestärkten Kragen leid und wolle lieber eine Brillantkette.[64]

Außerdem bat er Helen, »alle Juden Amerikas zu bitten, doch eine Subskription für ihn zu veranstalten, da (er) die Absicht habe, am St. Patrick's Day ins Armenhaus zu gehen«, und erinnerte sie daran, mit acht Unterstreichungen, daß sein Geburtstag NAHE.[65]

Joyce war überhaupt nicht antisemitisch, doch war er übermäßig empfänglich für alles Jüdische. Nora war es wahrscheinlich ebenfalls, und es ist nicht anzunehmen, daß sie in bezug auf dies Thema den Mund gehalten hat. Juden waren in dem Irland, in dem sie aufgewachsen waren, eine Kuriosität, wie der *Ulysses* überdeutlich klarmacht. Und zumindest Joyce (für Noras Ansichten gibt es kein Zeugnis) assoziierte Judentum ganz schamlos mit Geld. Ein anderer seltsamer Zug von Joyce' in scherzhaftem Ton gehaltenen Briefwechsel mit seiner sehr reichen Schwiegertochter lag in der sehr merkwürdigen Karikatur des amerikanischen Kauderwelschs, das er vortäuschte. Nachdem Helen ihn offensichtlich wegen eines Fehlers gescholten und zudem ein paar Lobesworte zugunsten Roosevelts geäußert hatte, antwortete Joyce (und gab Paul Léon dabei die Schuld an dem Fehler):

> LeHon prima Bursche aber nicht kennen Englischgrammatick wie ich und Du, Missus. Auch warum Du mir große Reden halten über Fran-

kee Doodles? (...) Aber, hör mal, Du geworden toller Redner, Missus. Das Du sein, ich werden aller Welt erzählen.[66]

Zum Teil diente seine Fröhlichkeit wohl dazu, Giorgios Scheitern in New York zu überspielen. Joyce glaubte, das Problem seines Sohnes sei sein merkwürdiger Akzent. Die Leute erwarteten, daß ein Sänger mit dem Namen George Joyce einen irischen Akzent habe. Giorgio sprach jedoch mit europäischem Akzent, doch selbst damit hatte er noch Probleme. Wenn er auf Italienisch sang, hängte er einen sehr englischen »h«-Laut vor die Vokale, so daß, laut Joyce, Wörter wie *»cuore«* (Herz) als *»cuo-h-ore«*[67] herauskamen. Helens Familie jedoch, die das Paar beobachtete, meinte insgeheim, daß die Schwierigkeiten woanders lägen. Helen schien nicht zu wollen, daß Giorgio Erfolg hatte. Sie hatte ihn lieber als Hündchen, das sie ihren Freunden vorzeigen konnte. Sie verlangte, daß er überall mit ihr hinging; sie behielt ihn sogar bei sich, wenn sie sich die Beine depilieren ließ.[68] Und Giorgio war faul.

Jedenfalls war es seiner Karriere wahrscheinlich wenig förderlich, daß er den Sommer im Sommerhaus des Kastors in Long Branch, New Jersey, verbrachte. Long Branch lag an dem Küstenstrich, der damals als »Jewish Newport« bekannt war. Für Peggy Guggenheim war es »der häßlichste Ort der Welt« – eine abgeschlossene Welt aus Hortensien, Kletterrosen, türmchenbesetzten viktorianischen Herrenhäusern und Kindermädchen in gestärkter Uniform – ein Kindermädchen für jedes einzelne Kind.[69]

Ein Teil von Giorgios eigener Beunruhigung über die Nachrichten aus Europa beruhte auf seiner wachsenden Furcht, daß jedwedes Geld, das sein Vater mit dem *Ulysses* verdiente, samt und sonders in die Pflege seiner Schwester in teuren Kliniken fließen würde. Vielleicht würde er das Geld ja brauchen. Es gab Schwierigkeiten in seiner Ehe – wie Joyce und Nora, vorsichtigen Äußerungen in Briefen nach New York nach zu schließen, wußten –, und die Kastors sorgten sich um Helen. Der manisch-depressive Zug, der ihrer Überzeugung nach in ihrer Familie angelegt war, hatte bereits die Ehe von Helens älterem Bruder Alfred und seiner dänischen Frau zerstört.

***

In Zürich waren die Joyce' trotz ihres Kummers wegen Lucia ebensowenig Stubenhocker wie in Paris. Sie blieben eifrige Operngänger; in jenem Sommer hörten sie die *Meistersinger* und eine neue Oper von Respighi. Sie aßen oft mit den Giedions zu Abend und verbrachten einen ganzen Tag an der Universität, wo sie eine Vorlesung hörten und mit dem Rektor zu Mittag und zu Abend aßen.

Sie blieben vier Monate in Zürich, um in Lucias Nähe zu sein. Jedesmal, wenn sie davon sprachen, daß sie nun nach Paris zurückmüßten, wo die neue Wohnung, die leere, auf sie wartete, wurde Lucia wild. Doch sie wußten, daß ihre Besuche ihr nicht guttaten. Einen ganzen Monat lang hielten sie sich völlig von ihr fern.

Gemeinsam gelangten sie zu dem Schluß, daß Lucia hellseherisch war; beide hatten sie Gefallen am Aberglauben und wunderten sich, woher Lucia, ohne daß sie es ihr erzählt hatten, wußte, daß Joyce' Schwester Eileen Schaurek, die bislang in Dublin gelebt hatte, nach Bray gezogen war. (Lucia hatte es wahrscheinlich von Eileen gehört.)

Weihnachten waren sie immer noch in Zürich, zum erstenmal ohne Familie und ohne Freunde. Sie waren wie zwei »gottverlassene Zigeuner am Straßenrand«, schrieb Joyce an Budgen (und ging davon aus, daß der das Carlton Elite in Zürich als Äquivalent eines Zigeunerlagers akzeptierte).[70] Joyce teilte auch Miss Weaver seine düsteren Gedanken mit:

> Wir sind (...) hier mutterseelenallein. Lustig, nach dreißig Jahren. Und aus den U.S. hören wir, daß Giorgio und Helen vielleicht nicht vor dem Sommer zurückkommen, vielleicht nicht vor etc. Um allem die Krone aufzusetzen, hatte ich gestern und heute einen beginnenden Kolitis-Anfall. Und doch ist das, was ich zu schreiben versuche, das Absurdeste, Komischste im ganzen Buch ...[71]

Lucia kam Weihnachten zum Essen zu ihnen. Im Januar verließ sie dann die Klinik und zog mit einer Pflegerin in ein Nebengebäude des Hotels. Jung billigte diesen Schritt. Er erzielte keine Fortschritte bei ihrer Behandlung. Als Joyce und Nora sich noch verzweifelt fragten, was nun zu tun sei, übernahm Lucia überraschend selbst die Verantwortung. Sie beschloß, daß ihre Tante Eileen (an die sie sich aus Triestiner Tagen wohlwollend erinnerte) nach Paris kommen sollte. »Eileen ist zwar ein bißchen verrückt, doch das bin ich ja angeblich auch«, erklärte Lucia ihrem Vater, »ich glaube, es täte mir gut, mit ihr zusammenzusein.«

An diesem Punkt ihres gemeinsamen Lebens brauchte Lucia nur zu sagen, was sie wollte, und sie bekam es. Sie profitierte, so glaubte Joyce, von seinem nachsichtigen Charakter. Schon sehr bald war Eileen folglich, trotz einer Arbeitsstelle und ihrer drei Kinder in Irland, mit Lucia und ihren Eltern in der neuen Wohnung in Paris untergebracht.

Diese Entwicklung entsetzte Miss Weaver. Sie glaubte, daß all die Ärzte, die gesagt hatten, Lucia brauche eine Trennung von ihren Eltern, Recht gehabt hatten. Und was noch dazu kam – mit Lucia in der Nähe würde Mr. Joyce schwerlich viel zum Arbeiten kommen, was doch, so dachte sie, der Hauptzweck der neuen Wohnung gewesen war. Doch Lucia ließ sich nicht leicht irgendwo unterbringen. Im Nu befand sie, Paris mache sie nervös, woraufhin Miss Weaver ihren ganzen Mut zusammennahm und das Allerletzte tat, was sie sich einst, im Jahr 1922 (wo sie selbst davor noch zurückscheute, über Mr. Joyce' Privatleben auch nur informiert zu werden) hatte träumen lassen. Sie lud Lucia und Eileen ein, als ihre Gäste nach London zu kommen.[72]

Nora versuchte nicht, ihre Tochter zurückzuhalten. Sie ertrug den Gedanken nicht, selbst wieder für sie sorgen zu müssen. Als sei sie ihr behilflich, sich für eine Luxuskreuzfahrt auszustatten, ging Nora auf eine Einkaufstour und schickte Lucia mit zwei Schrankkoffern voller herrlicher Kleider, darunter ein neuer, pelzbesetzter Opernmantel, auf die Reise.[73]

Fortschreitender Wahnsinn II

So sinnlos es ist, dem Wahnsinn mit Vernunft beikommen zu wollen, es gibt doch immer wieder Menschen, die bereit sind, es zu versuchen. Eileen Schaurek – im Jahr 1935 eine magere, nervöse Witwe von sechsundvierzig mit einer scharfen Zunge und einem Hang zum Kartenlesen – meinte, mit Lucia fertig werden zu können. Joyce bezahlte ihr wöchentlich zwei Pfund. Als Lucia nach ihrer Ankunft in London eine Pistole verlangte, bot Eileen an, zwei zu kaufen, für den Fall, daß die erste nicht losging. Harriet Weaver hielt Eileen für sehr schlagfertig. Miss Weaver selbst bekam einen Anfall von Gürtelrose von der Anstrengung, sich um Lucia zu kümmern. Sie hatte sie mutig im freien Zimmer ihrer kleinen Wohnung am Gloucester Place untergebracht und Eileen in einem kleinen Hotel in der Nähe. Die junge Frau mußte täglich zwei warme Bäder nehmen – der Rat eines Pariser Drüsenspezialisten, den Joyce in der Hoffnung konsultiert hatte, daß Lucias Problem im wesentlichen eins der Drüsen sei. Außerdem mußte ihrem Vater, den Weisungen von Paul Léon zufolge, jeder Schritt berichtet werden, den sie tat.

Leichter gesagt als getan. Zunächst war Lucia sehr fügsam, und Miss Weaver schrieb nach Paris, es sei falsch, sie für wahnsinnig zu halten. Diese Erklärung klang jedoch alsbald hohl. Eileen verkündigte plötzlich, sie müsse vorübergehend nach Irland zurückkehren, wo ihre Kinder sich befanden. Miss Weaver wurde mit der Patientin allein gelassen, die sich ins Bett verzog. Als sie sie zu einem Arzt brachte und zu lange unter vier Augen mit ihm sprach, wurde Lucia böse und ging weg – um Piccadilly zu besichtigen, wie sie sagte. Sie kam erst am nächsten Morgen zurück. Sie sei eine erwachsene Frau, verkündete sie, und brauche niemanden, der auf sie aufpaßte.[1] Miss Weaver meldete den Vorfall getreulich nach Paris und handelte sich damit eine Zurechtweisung von Joyce ein; sie war weit davon entfernt, die Entfremdung zwischen ihnen zu überwinden, sondern vertiefte sie durch ihre Bemühungen nur.

Nun hatte Lucia allerdings Freunde in London. Beckett führte sie ein paarmal zum Essen aus. Es gab da verschiedene Vettern (Kinder von Joyce' Bruder Charlie, der nach London gezogen war), dann waren da James Stephens' Tochter und Paul Léons Nichte, eine junge Schauspielerin.[2] Lucia hätte zwar jede dieser Personen in der Nacht ihrer Abwesenheit besuchen können, doch sie behauptete beharrlich (und Miss Weaver glaubte ihr), daß sie die Nacht am Gloucester Place im Freien verbracht habe.

Sie war nicht leicht zu hüten. Eines Abends, nach Eileens Rückkehr, gingen sie die Straße entlang, als Lucia plötzlich auf einen Bus sprang, an dem Windsor stand. Eileen sprang hinter ihr her in den Bus und rief Miss Weaver schon bald danach aus dem Star and Garter Hotel in Windsor an und bat sie, hinauszukommen und ihnen etwas zum Anziehen zu bringen. Miss Weaver tat ihnen selbstverständlich den Gefallen. Sie wurde durch ein in ungezügelter, unregelmäßiger Handschrift geschriebenes Dankbriefchen von Lucia belohnt, worin sie fragte, ob Miss Weavers Güte nicht vielleicht übertrieben sei. Lucia äußerte zudem die Hoffnung, daß Miss Weaver sie als Person nicht allzu abstoßend finden möge; ihr Problem, so sinnierte sie, sei vielleicht, daß sie Irin war.[3]

Lucia war in messianischer Stimmung. Sie beschloß, ihren Vater mit Miss Weaver und – ein weit ehrgeizigeres Ziel – mit seinem Geburtsland zu versöhnen.[4] Mitte März 1935 hatte sie es schon weit damit gebracht, seine endgültige Entfremdung von beiden zu bewirken.

Es fällt schwer, Harriet Weavers beträchtliche Intelligenz in Einklang zu bringen mit ihrer Blindheit gegenüber der Situation, mit der sie es zu tun hatte. Es war ganz ausgeschlossen, daß sie, unerfahren im Umgang mit Kindern wie mit Geisteskranken, Joyce wieder für sich einnehmen konnte, indem sie sich um seine Tochter kümmerte. Wenn sie vorzugeben versuchte, daß die junge

Frau nicht ernsthaft krank sei, dann straften die Ereignisse sie Lügen. Wenn sie Joyce jedoch die Wahrheit sagte, wie sie es im Fall der Piccadilly-Eskapade getan hatte, war er sarkastisch und grausam. In einem Brief bezichtigte er sie, sie prahle damit, allein mit Lucia fertig werden zu können – das Letzte, was Miss Weaver je für sich in Anspruch genommen hätte. Er beschuldigte sie, mit seiner Schwester zu konspirieren und – noch schlimmer – Lucia nicht zu mögen.

Joyce glaubte nur Lucia. Er nahm ihre zusammenhanglosen Gedanken für eine imaginative Weisheit, die seiner eigenen verwandt war. Er staunte, wenn sie Alberheiten vorbrachte, wie etwa eines Abends (in einem Restaurant), als sie sagte: »Seltsam, sich vorzustellen, daß wir uns jetzt alle hinsetzen und uns in ein paar Stunden dann alle hinlegen werden.« Joyce schwatzte Lucia gegenüber in aller Arglosigkeit über seine und Noras Freunde: Kathleen Bailly sei flatterhaft, sagte er, und Carola Giedion-Welcker leicht hysterisch. Und er übernahm ihre Version der Ereignisse. Als sie ihm in einem Brief erzählte, Miss Weaver habe eine Flasche Cognac gestohlen, lautete Joyce' Kommentar (in einem Brief an Eileen): »Möglicherweise treibt die Anspannung sie zum Trinken.«[5]

Nachdem sie die Beziehung ihres Vaters zu der Frau ruiniert hatte, die ihr Luxusleben ermöglichte, machte Lucia sich nach Irland auf. Nora war einverstanden, daß Lucia dorthin fuhr, wenn es nicht gerade nach Galway war. Wie Joyce Eileen erklärte:

> Sie (Nora) ist nicht scharf darauf, daß Lucia nach Galway fährt, da sie Ärger erwartet, wenn ihre Familie bemerkt, daß sie nicht zur Heiligen Messe, Heiligen Beichte, Heiligen Kommunion und dem ganzen Holldrio geht. Die Luft aber, meint sie, wird ihr guttun. Auch sind irische Eier in der ganzen Welt berühmt.[6]

Nora hatte jedoch zweifellos andere Gründe, um ihre Tochter aus dem Klatsch von Galway herauszuhalten.

Joyce vermochte darin immerhin einen Vorzug zu erblicken, daß seine Tochter sich sogar noch weiter von zu Hause entfernte. In einer verschleierten Anspielung auf Lucias Kränkbarkeit auf sexuellem Gebiet, gab er Miss Weaver zu verstehen, daß er froh wäre, wenn Lucia sich von London fernhielte, einer üblen Stadt, wo jeder Zweite ein Verbrecher sei. Das puritanische Irland, so sagte er damit implizit, war sicherer.[7]

***

Für Nora war Lucias Abwesenheit eine ungeheure Erleichterung. Sie verschaffte ihr im Februar 1935 die Ruhe, um sich in der Wohnung in der rue Edmond Valentin, für die sie seit dem vergangenen September eine Mietvertrag hatten, richtig einzurichten. Die Wohnung mit ihren großen Räumen und den hohen Decken war wesentlich prächtiger als ihre vorherige am Square Robiac, entsprechend dem ganzen Haus mit seinen Spiegeln auf jedem Treppenabsatz. Nora schwatzte in ihrem gebrochenen Französisch wohlgemut mit den Handwerkern und versuchte, den Kinderlärm im darübergelegenen Stockwerk zu überhören; Joyce hatte allerdings gegen diese Art von Lärm gar nichts einzuwenden.[8] Sie ließ sechs große und fünf kleine Spiegel anbringen. Sie hängte sämtliche blauen Vorhänge auf, die gelagert gewesen waren, und sie verlangte die Familienporträts zurück, die Giorgio und Helen bei sich gehabt hatten. Sie beauftragte Budgen, für ihren neuen Salon ein Wandgemälde der Themse anzufertigen. Als ihr Werk getan war, legte sie die Füße hoch und las die *Irish Times.*

Nora lebte für die Nachrichten von Giorgio. Sie erwartete jedesmal einen Brief, wenn eines der Linienschiffe der Transatlantikroute in Le Havre anlegte. Im Mai ging sie zum Schiffszubringer der *Bremen*, um sich von John McCormack, der in New York gewesen war und Giorgio besucht hatte, persönlich das Neueste berichten zu lassen, doch MacCormack hatte den Bahnhof verlassen, ehe sie ihn finden konnte, und so ging sie enttäuscht wieder nach Hause.[9]

Giorgio vermißte sie ebenfalls und bat sie, ihm ein Foto zu schicken. Nora sah sich im ganzen Haus um, befand, daß alle Aufnahmen schlecht seien, (»Wenn ich je eine Dame finde, die mit ihrem eigenen Bild zufrieden ist«, sagte Joyce, »werde ich dem Papst einen Blumenstrauß schicken.«) und ging sofort los, um eine neue machen zu lassen. Sie erklärte Joyce, sie möchte, daß Giorgio sie »blühend aussehend« fände (ihre Wortwahl entzückte Joyce).[10] Das Resultat war erstaunlich: Nora als Marlene. Sie schickte es mit dem nächsten Schiff ab. Mit seinen Anleihen bei Hollywood – dem weißen Fuchspelz, der dramatisch über eine Schulter drapiert ist, dem ondulierten Haar, dem zur Seite gewandten Oberkörper – porträtiert der Fotograf eine Dame im mittleren Alter, die zufrieden mit sich und ihrem Aussehen ist, stolz, sich für ihren Sohn in Positur zu setzen. Es ist nicht das Porträt einer vom Leben besiegten Frau.

Nora fand außerdem großes Vergnügen daran, ihr gemeinsames Leben zu organisieren. Joyce behauptete: »Mamma läuft herum wie ein Hase, und ich schreibe weiterhin regelmäßig fünf Wörter pro Tag.« Sie ging zu einer Ausstellung von Webarbeiten von Adrienne Monniers Schwester, einer Weberin, die ihnen einen Läufer mit einer Darstellung des Liffey für ihren Salon webte. Und sie fand, vorübergehend, ein neues Haustier. Als sie eines Abends aus dem Café Francis kam, entdeckte sie eine elegante schwarze herrenlose Katze – ihr Glückssymbol – und nahm sie mit nach Hause.[11] Die Katze hatte jedoch andere Vorstellungen und machte sich bald wieder davon.

Die Oper blieb ein ständiges Vergnügen. Eines Abends im Les Trianons sagte Nora zu ihrem gemeinsamen Freund Sullivan: »Gestern abend, Mr. Sullivan, haben Sie wie ein Gott gesungen.« Er erwiderte galant: »Madame, neben Ihrem Mann bin ich ein Insekt!«[12] Maria Jolas staunte über das Opernwissen, das Nora in den Jahren in Triest erworben hatte:

> Es war ungeheuerlich, die Zahl der Opern und die daraus stammenden Worte – italienische Worte natürlich –, an die sie sich erinnerte... Opern, von denen nicht einmal jemand den Namen weiß. Nora sang etwas, und dann sagte ich: »Woraus ist denn das?«, und dann gab sie mir irgendeinen Namen an, den ich noch nie gehört hatte.[13]

Nora sehnte sich nach wie vor nach Giorgios Rückkehr, zumal er krank gewesen war, doch in diesem Punkt stand ihr ihr Gatte in nichts nach. Joyce' größter Kummer, bemerkte Paul Léon im Juni

1935 (wahrscheinlich zu Recht) lag nicht in den Problemen selbst, sondern in der schieren Abwesenheit von Giorgio und Lucia. »Sie waren, alle beide,«, schrieb er an Constantine Curran, »in solchem Maße Teil seines Lebens, daß die Trennung von ihnen ihn in eine Einsamkeit und Verzweiflung stürzte, die größer waren, als wir ahnen konnten.«[14]

Helen wollte jedoch nicht zurückkehren. Sie nahm Giorgio und Stephen zu einem zweiten Sommeraufenthalt mit an die Küste von New Jersey hinaus. Ein Familienfoto, das in Long Branch aufgenommen worden ist, zeigt einen finster blickenden Giorgio hinter einem stolzen Adolph Kastor, eine strahlende Helen und einen lebhaften Stephen. Giorgio sieht gelangweilt, unzufrieden und, in seiner eleganten Sportkleidung, genau wie der ausgehaltene Mann aus, für den viele Menschen ihn hielten.

In seinen Briefen versuchte Joyce ihr Recht auf ein eigenständiges Leben zu respektieren. Er bemerkte, sein kleiner Enkel werde ja immer hübscher; es rühre ihn sehr zu sehen, wie sein Sohn denselben väterlichen Stolz an den Tag legte, den er und vor ihm sein Vater gezeigt hätten. Doch verstärkte er den Druck, um sie wieder nach Paris zu bekommen. Er reagierte ziemlich kühl, als Helen erklärte, ihr Vater sei krank und benötige sie in New York.[15] Joyce wußte sich keinen Vers darauf zu machen: Giorgio durchlebte in Amerika eine katastrophale Zeit; seine Karriereaussichten waren dürftig, und mit seiner Gesundheit stand es auch nicht zum Besten, er war Helen auf Gnade und Ungnade ausgeliefert, schien aber dennoch dort bleiben zu wollen.

Was war denn schiefgegangen? »Irgendeine mysteriöse Krankheit«, schrieb er an Miss Weaver, »hat meine beiden Kinder befallen.«[16] Er wies jedoch jede Schuld daran zurück. Die Ärzte, behauptete er, neigten dazu, die Ursache in ihrem Exil in Zürich während des Krieges zu sehen. Er schrieb Giorgio und forderte ihn auf, in Amerika zu bleiben, auch, so sagte er, »wenn ich selbst nichts von dem Land weiß, das vielen vielleicht sehr schön vorkommt«, sich jedoch seine geistige Unabhängigkeit zu bewahren, eine verspätete Warnung vor Helens Einfluß. Gleichzeitig wußte er es einzurichten, daß Philippe Soupault, der in jenem Sommer in Amerika war, an die Küste von Jersey fuhr, um Helen und Giorgio zur Rückkehr nach Paris zu raten. Wenn sie das nicht täten, so warnte Soupault das Paar, würde Mr. Joyce, der jetzt bereits unter schlimmen Magenschmerzen litte und, wenn sie so weit weg seien, weder essen noch schlafen könne, ernsthaft krank werden. Die Kampagne wurde außerdem von Maria und Eugene Jolas und Thomas McGreevy weitergeführt.[17]

***

Über Lucias Besuch in Irland wird von denen, die ihn miterlebten, immer noch mit Erstaunen gesprochen. Sie kam am St. Patrick's Day des Jahres 1935 dort an und wurde nach Bray gebracht, dem angenehmen Badeort zwölf Meilen südlich von Dublin, wo Eileens zwei halberwachsene Töchter in einem Bungalow lebten. Joyce hatte als Junge in Bray in einem Haus gelebt, in dem er dann das berühmte Weihnachtsessen in *Porträt des Künstlers als junger Mann* stattfinden lassen sollte.

Nora und Joyce scheint, als sie Eileen für mehrere Monate von ihren Kindern wegholten, gar nicht aufgegangen zu sein (vielleicht weil sie das nicht sehen wollten), daß sie ein bißchen verrückt und außerdem verantwortungslos war. Sie selbst wohnte überhaupt nicht in Bray. Sie hatte am Mountjoy Square in Dublin eine Wohnung, wo sie mit ihrem Sohn Patrick wohnte, damals noch ein Kind, und eine Anstellung beim Irischen Pferdetoto. Von Zeit zu Zeit fuhr Eileen nach Bray, füllte das Küchenspind mit Lebensmittelvorräten und vergaß die Mädchen dann auf Wochen wieder. Sie lebten machmal am Rande des Verhungerns. Als Eileen nach Paris ging, mußten ihre Töchter das Tafelsilber ins Pfandhaus tragen, um etwas zu essen kaufen zu können.[18]

Die Schaurek-Schwestern waren schöne Mädchen von achtzehn und sechzehn Jahren mit ausgeprägt slawischen Zügen. Sie kannten Lucia zwar von Besuchen in Paris her (und sie erinnerte sich liebevoll an sie in Triest, als sie noch winzig gewesen waren), waren aber doch wohl kaum in der Lage, sich um ihre ältere, stärkere, reichere, weltgewandtere und gänzlich unberechenbare Kusine zu kümmern.

Zu der Zeit herrschte offene Feindseligkeit zwischen Nora und

Lucia. Joyce versuchte, sie aus der Welt zu schaffen, indem er Lucia dazu anhielt, ihrer Mutter etwas Beruhigendes zu schreiben. Statt dessen sandte Lucia ihr einen Brief, der, so Joyce, Nora halb in den Wahnsinn trieb. »Zweifellos war das deine Absicht«, schrieb er an Lucia, eine seiner seltenen Zurechtweisungen. Er schalt Lucia auch dafür, daß sie den Geburtstag ihrer Mutter vergessen habe. Nora wiederum dankte es ihr mit einem Brief, der nicht erhalten ist, der jedoch bewirkte, daß Lucia ihre Briefe danach an beide adressierte. »Mamma und ich denken immer an Dich, aber es scheint, (...) als sei in gewissen Fällen Abwesenheit die höchste Form der Anwesenheit.«[19]

Noras Erschöpfung rechtfertigte in Joyce' Augen den Wahnsinn, Lucia in einem Haushalt zu lassen, für den niemand verantwortlich war. Joyce mußte sie ebensosehr besänftigen wie Lucia, und sie mußte ihre Tochter aus den Augen haben. Wie Joyce Miss Weaver erklärte:

> Anstatt von einer nichtsnutzigen Person zur anderen zu rennen (natürlich meine ich nicht Sie), sollte sie in dieser Wohnung sein, die für sie eingerichtet wurde. Aber Sie können sich denken, in was für einem Zustand meine Frau nach vier Jahren solcher Erlebnisse ist. Und das ist das Problem, das ganze Problem und nichts als das Problem. (...)[20]

Schizophrenie zu exportieren, ist eine verbreitete Praxis. Familien, in denen es einen schizophrenen jungen Menschen gibt, reden sich, in dem verzweifelten Wunsch nach einer Verschnaufpause, nur allzu bereitwillig ein, daß eine Auslandsreise oder doch ein Luftwechsel den Symptomen abhelfen würde. Nora und Joyce spielten ständig mit dem Vorsatz, nach London zu fahren und Lucia zu besuchen, taten es jedoch am Ende nie. Nora erwog außerdem, allein nach Irland zu fahren; sie wollte ihre Mutter besuchen. Joyce räumte ein, daß das nur recht und billig sei, denn Anna Barnacle war schließlich über siebzig, doch dann holte er wieder sein altgedientes Abschreckungsmittel hervor und erinnerte Nora daran, daß sie das letzte Mal am Boden eines Eisenbahnwaggons liegend wieder abgereist sei, und einmal mehr gelang es ihm, sie daran zu hindern, von seiner Seite zu weichen.[21]

In einem Maße, das ihm durchaus bewußt war, zog Joyce Nora seinen Kindern vor. In einem Brief an Miss Weaver in jenem Frühling sagte er ausdrücklich von ihr: »Und meine Frau, die, selbstredend, dreimal soviel wert ist wie ihre beiden Kinder zusammen...«[22] Insofern Nora eine außerordentliche Flexibilität und ein ebensolches Maß an Scharfsinn besaß, hatte er recht. Dennoch ging es in Wahrheit darum, daß er sie mehr benötigte als seine Kinder, und wenn er sich von ihnen nur mit Müh und Not zu trennen vermochte – von ihr jedoch konnte er sich überhaupt nicht trennen.

Die Schaurek-Mädchen in Bray bewohnten die eine Hälfte eines Zweifamilienbungalows in der Meath Road. Für Lucia mieteten sie eine Wohnung in der anderen Hälfte. Am Abend von Lucias Ankunft kamen ihre Freunde scharenweise, um Joyce' Tochter kennenzulernen. »Bringt sie ruhig rein! Bringt sie ruhig rein!« rief Lucia. Sie lag vor dem Gasfeuer auf dem Boden, mit einem Kimono bekleidet, unter dem sie nichts anhatte.

In den Augen junger Iren war Lucia eine exotische, faszinierende Persönlichkeit. Sie fuhr grundsätzlich nur Taxi und telefonierte wie besessen mit Menschen, die sie bewunderte; Maude Gonne MacBride war einer davon. In ihrer Extravaganz ähnelte sie ihrem Vater, in ihrer Körperhaltung ihrer Mutter. Patrick Collins, der irische Maler, einer von den Menschen, die sie am Anfang ihres Besuchs kennenlernten, staunte über ihre Art zu gehen, mit einem Kamelhaarmantel bekleidet und einem Stöckchen überm Arm, »als gehörte ihr, verdammt noch mal, die ganze Welt«. Er fand sie zwar eigenartig, aber sehr unterhaltsam. Einmal begegnete er ihr, als sie gerade eine Flasche Champagner in der Hand hielt, und da bot sie ihm ein Glas an. Ihre Stimme war hübsch: »Sie sprudelte wie aus einem tiefen Dorfbrunnen empor. Sie erweckte den Anschein großer Bewegungsfreiheit.«[23]

Ihre Kusinen fanden sie sehr hübsch; ihr Schielen ließ sie wie Norma Shearer aussehen, fanden sie. Sie hatte Geld in Hülle und Fülle zur freien Vergügung; Joyce sandte ihr wöchentlich Postanweisungen über ungefähr vier Pfund – doppelt soviel wie Eileens Gehalt. Er schickte ihr außerdem Medikamente (Veronal, das dämpfend auf sie wirken sollte) und Bücher (sorgfältig ausgewählte, die sie nicht deprimieren würden – Tolstoi, aber keinen Dostojewskij). Lucia schmiß das Geld für Champagner und Obst hinaus, das sie bei den besten Obsthändlern in Bray kaufte. Sie aß auch sonst noch einiges. Nun, da sie für sich selbst einkaufte und aß, wann immer ihr danach war, nahm sie rasch zu und sah schon bald ziemlich dick aus.

Vieles von dem, was Lucia tat, brachte die Kusinen zum Lachen. Eines Tages, als sie Ragout kochte, tat sie Porridge hinein. Sie pflegte Sandwichs mit rohem Fleisch zu bereiten; sie aß auch ungekochte Würste. Sie war nie krank, stark wie ein Pferd und schlief manchmal draußen auf einer Bank. Am Bungalow nebenan gab es einen Zierteich. Lucia ging darin mit einer Nadel Goldfische angeln.

Die Mädchen deuteten diese Handlungen nicht als Ausdruck von Wahnsinn. »Ich dachte, sie wäre einfach nur kühn«, sagte Bozena. Und mit Neid betrachteten sie ihre Kleidung – die für Baden-Baden geeigneter war als für Bray –, insbesondere ein aus blauen und weißen Taftrüschen gemachtes Cocktailkleid.

Ihr Benehmen jungen Männern gegenüber war ihnen allerdings peinlich. Als im Kloster erzogene Katholikinnen und in einem Alter, wo sie versuchten, ihre Freunde auf Distanz zu halten, sahen die Schaurek-Schwestern die Hemmungslosigkeit ihrer Kusine mit Entsetzen. »Sie war so leichtfertig«, sagte Bozena. »Wir wagten nicht, sie mit unseren Freunden allein zu lassen; sie setzte sich ihnen dann auf den Schoß und versuchte, ihnen die Hose aufzumachen«, sagte Bozena. Sie trug niemals Unterwäsche und badete nackt im Meer. Aus voller Kehle sang sie in vier Sprachen und hörte Tag und Nacht nicht wieder auf. Ihr Lieblingslied war »You're the Cream in My Coffee«.

Eines Nachts wurde in den Bungalow eingebrochen. Die Einzelheiten sind zwar unklar, doch stand eindeutig fest, daß Lucia die Tür zu beiden Häusern offengelassen hatte. Die Mädchen und Eileen waren sehr aufgebracht, und Lucia schrieb ihrem Vater über dies Ereignis.

Joyce brachte jedoch Licht in die Sache, indem er einmal mehr das sexuelle Element aus ihrem Verhalten herausfilterte. Vielleicht, so schrieb er ihr, hätten die Strolche, die in den Bungalow eingedrungen waren, ja die ganzen Kunstschätze und Kisten mit Goldmünzen gewollt, die er enthielt.[24]

Lucia hielt sich mehrere Monate in Bray auf, und in der Zeit wandelte sich ihr Verhalten vom Bizarren zum Gefährlichen. Ihre Kusinen stellten sich einfach von Augenblick zu Augenblick auf alles ein, was passierte. Lucia malte ihr Zimmer schwarz an, steckte eine Reihe schwarzer Schallplatten auf die Gardinenstange und kaufte schwarzgoldene Überzüge für die Sessel. Sie fanden die Wirkung hübsch. Sie hatte eine Vorliebe dafür, die Gashähne aufzudrehen, sie öffneten die Fenster. Sie schluckte eine ganze Flasche Aspirin, Bozena gab ihr ein Glas Senfwasser, damit sie erbrach. Lucia zündete mitten im Zimmer ein Feuer an, die Mädchen kamen zu dem Schluß, die Wirtin, der sie bereits einen Ring geschenkt hatte, habe sie dazu ermutigt, um einen neuen Teppich von Joyce verlangen zu können.

Während sich dies alles abspielte, habe niemand Nora und ihm geschrieben, beschwerte Joyce sich. Das stimmte jedoch nicht. Eileen hatte ihm ihre Besorgnis telegrafisch mitgeteilt, aber Joyce hatte sie abfahren lassen: »Die Szenen, über die Du und Miss Weaver entsetzt wart, sind nicht der Rede wert. Ihre Mutter hat vier Jahre lang sehr viel schlimmere auszustehen gehabt.«[25] Immerhin bat er Constantine Curran bzw. seine Frau und seine Tochter, doch nach Bray hinunterzufahren und nach dem Rechten zu schauen. Sie brauchten nicht lange dazu, um festzustellen, daß Lucia keine Ordnung halten konnte und unfähig war, allein für sich zu sorgen. Mrs. Curran und Elizabeth sortierten Lucias schöne Kleider, die sich in einem schrecklichen Durcheinander befanden. Selbst während Lucia, die eine starke Raucherin war, ihnen dabei zuschaute, fing ihre Tweedjacke Feuer an einer Streichholzschachtel, die sie in der Tasche hatte.[26]

Alarmiert durch das, was sie erlebt hatten, schrieb Curran einen ausführlichen Brief, und zwar eher an Nora als an Joyce. Er empfahl, Lucia zu einem amerikanisch ausgebildeten Psychoanalytiker in Dublin zu bringen. Joyce, der verärgert war, weil Curran ihm nicht direkt Bericht erstattet hatte, und der der Psychoanalyse mißtraute, telegrafierte umgehend, daß etwas Derartiges nicht in Frage käme. Joyce war entschlossen, seine Strategie aufrechtzuerhalten, Lucia totale Freiheit zu gewähren, da er den Fehlschlag sämtlicher ärztlicher Versuche, sie irgendwelchen Einschränkungen zu unterwerfen, miterlebt hatte. Wenn Lucia irgend etwas haßte, das wußte er, dann, unter Aufsicht zu stehen.

Unglücklicherweise stand Lucia jedoch nicht unter Aufsicht. Sie setzte in ein lokales Blatt eine Anzeige, daß sie »Chinesischstunden« suche, verschwand bald darauf und wurde in Kilmancanogue, einem Dorf nicht weit vom Gipfel des Great Sugar Loaf Montain bei Bray, in einem Graben wiedergefunden. Sie sei berauscht, erklärte man ihren Kusinen, wenn man auch nicht wußte, wovon. Vielleicht, so spekulierten sie, war die Zeitungsanzeige verschlüsselt gewesen und hatte dem Zweck gedient, an Drogen heranzukommen. Lucia kehrte zwar mit ihnen nach Hause zurück, doch dann verschwand sie wieder. Diesmal war sie unauffindbar.

Bozena schrieb das alles ihrem Onkel Jim. Lucia habe den Bungalow verlassen, und, so setzte sie hinzu, sie sei sehr dick geworden. Bozena erwähnte darüber hinaus, daß sie selbst gehustet und Blut gespuckt habe. Joyce war außer sich vor Wut. Seine Tochter in Gesellschaft einer Tuberkulosekranken![27]

Doch dann begann Joyce, seine Bataillone zu mobilisieren. Er schickte Kathleen Bailly, die sich in Irland aufhielt, nach Bray, um Nachforschungen anzustellen. Er verlangte auch von Noras Onkel Michael Healy, mittlerweile fünfundsiebzig, er solle von Galway dorthin fahren. Die Aufklärung, die Joyce dem alten Mr. Healy zuteil werden ließ, dürfte ihn oder auch Noras Mutter, die zweifellos hinter ihm stand und mitlas, schwerlich beruhigt haben:

> Bei der Form von Geistes- oder Nervenkrankheit, unter der sie leidet, nämlich Schizophrenie, ist die eigentliche Gefahr nicht Gewalttätigkeit oder Brandstiftung oder Hysterie oder simulierter Selbstmord … Die eigentliche Gefahr ist Torpor.[28]

Joyce ließ noch eine weitere Instruktion an die Mannschaft in Galway ergehen: sie sollten Constantine Curran nicht sagen, daß er Lucia wöchentlich vier Pfund zahle. (Curran war zu dem Zeitpunkt eigentlich der Anwalt der Joyce' in Irland.)

Healy stellte, als er in Bray ankam, fest, daß niemand wußte, wo

Lucia war. Er verbrachte sechs Tage mit dem Versuch, sie aufzuspüren, und macht Nora und Joyce erst dann die Mitteilung, Lucia wandere ganz allein in Dublin umher. Er handelte sich für seine Mühen eine Abfuhr von Joyce ein. Weshalb das denn so wenig wünschenswert sei? Lucia sei schließlich eine erwachsene Frau; Gehen sei gesund. Mr. Healy, so meinte Joyce, habe wohl eine unvorteilhafte Vorstellung von seiner Großnichte – man könne sie auch noch anders sehen. Und dann belohnte Joyce Mr. Healy, seinen einstigen Wohltäter, mit einer eisigen Entlassung aus seinen Diensten.[29] Immerhin akzeptierte er jedoch, daß Healys Brief den Fakten entsprach, und reichte ihn nach Amerika weiter, damit auch Giorgio und Helen sehen konnten, wie schlimm die Lage war – und wie falsch es von ihm gewesen war, ihnen zu versichern, es gehe Lucia besser.

Nora hatte dazu ihre eigene Meinung. Sie machte ihrem Gatten gegenüber keinen Hehl daraus. Worüber er sich eigentlich Sorgen mache, so meinte sie, seien die Folgen, die Lucias Benehmen für seinen Ruf in Irland haben könne. Joyce erklärte, sie irre sich – »soweit ich weiß«. Er hätte sich jedoch keine Sorgen zu machen brauchen. Curran, ein eifriger Hüter Joycescher Ehre, hatte mit der irischen Polizei gesprochen und mit ihr vereinbart, daß nichts von dem, was Lucia immer tun mochte, wenn sie ihnen in die Hände fiel, in die Zeitungen käme.

Das hätte leicht geschehen können. Lucia war während der Tage, als sie umherrannte, in großer Gefahr. Patrick Collins, der ihr in Bray begegnet war, lief eines Tages in Dublin in sie hinein. Sie war schmutzig und hungrig, also führte er sie in ein Café, »um ihr etwas zwischen die Zähne zu schieben«, und bemerkte, wie ein finster aussehender, mondgesichtiger Mann sie anschaute. Der Mann, der nach Jameson's roch, vertraute ihm an: »Ich gehe dem Mädchen schon seit Stunden nach.«

Seit Collins sie zuletzt in Bray gesehen hatte, war Lucia tiefer in ihre Privatwelt abgeglitten. »Sehen Sie sich mal den Namen von dem Haus da an!« rief sie und wies auf ein ganz gewöhnliches Dubliner Haus mit einem banalen Namen. Der Name war für sie jedoch mit irgendeiner bedrückenden Bedeutung aufgeladen, und sie wurde ungeheuer aufgeregt.

Sie ließ sich nicht aufhalten. Sie setzte ihr zielloses Mäandern durch Dublin fort, wobei sie einmal auch ins Trinity College ging – oder jedenfalls schrieb sie Nora das – und anbot, dem College Joyce' Briefe zu stiften. Sie schlief im Collegepark. Als sie, erneut in den Straßen umherwandernd, von der Polizei aufgegriffen wurde, mußten ihre unverheirateten Tanten Eva und Florrie Joyce sie von der Wache abholen – dieselben stillen Schwestern, die jahrelang so getan hatten, als wären sie mit *dem* James Joyce nicht verwandt. (Joyce hatte Eva jedoch jeden Monat etwas Geld geschickt.) Endlich hatte Lucia genug. Auf ihren eigenen Wunsch hin machte Constantine Curran ein Pflegeheim ausfindig, wo sie hinkonnte. Lucia, erleichtert, daß sich endlich jemand um sie kümmerte, verlor ihre Unruhe und schrieb Nora einen liebevollen Brief. Sie schien, zum erstenmal seit Monaten, zur Ruhe gekommen und wohlauf.

Aus Paris traf Maria Jolas ein, Joyce' persönliche Abgesandte. Auch sie überschaute die Lage mit einem Blick. Sie konnte nicht begreifen, wie Eileen eine derartige Verantwortung für ihre schwerkranke Nichte hatte auf sich laden können.[30] Eileen, so glaubte Maria, hatte immer munter beschönigende Berichte nach Paris geschickt. »Das war weder freundlich noch hilfreich, ihren Eltern die Wahrheit über Lucias Tun und Lassen und ihren Zustand zu verschweigen... Keiner der beiden Elternteile«, äußerte Mrs. Jolas Curran gegenüber, »hat sich durch derlei Dokumente auch nur im mindesten etwas vormachen lassen.« Sie fragten sich einzig und allein, meinte sie, wo sie sie als nächstes hinschaffen sollten.

Warum blieb sie nicht einfach, wo sie war? fragte Nora. Joyce setzte sich jedoch durch. Lucia mußte so rasch wie möglich aus Irland herausgeholt werden. Maria Jolas bedauerte die Entscheidung; auch sie war der Meinung, daß Lucia sich in Dublin wohl fühlte. Sie lieferte Constantine Curran außerdem ihre eigene Theorie über die Ursache von Lucias geistigem Zusammenbruch – Giorgios Hochzeit, ein Ereignis, das ihr »das Gefühl gab, sie sei von geringer Bedeutung für die Familie, und nur der Bruder habe gezählt«.[31]

Hätte Joyce Noras und Maria Jolas' Ratschlag befolgt, Lucias ganze Zukunft wäre womöglich anders verlaufen. Womöglich hätte sie sogar den Zweiten Weltkrieg im Frieden Irlands verbracht. Joyce war jedoch bei dem Gedanken, sie unter seinen Feinden zu wissen, nicht wohl. Außerdem hatte er von einer neuen Heilmethode gehört. Mrs. Jolas hatte, während sie sich an Bord eines Schiffes von Irland nach Frankreich befand, von den sagenhaften Ergebnissen gehört, die der Londoner Arzt W. G. Macdonald bei geisteskranken Patienten dadurch erzielte, daß er ihnen ein vom Ochsen stammendes Serum spritzte. Über Paul Léon schlug Joyce vor, daß Miss Weaver Lucia abermals einladen solle, in London ihr Gast zu sein, und einmal mehr war sein Wunsch Miss Weaver Befehl.[32]

***

Mitte Juli waren die Pläne, wie man Lucia Irland entwinden und sie wieder über die Irische See zurückschaffen wollte, mit militärischer Präzision ausgearbeitet. Am vereinbarten Tag würden die Currans Lucia auf dem Schiff nach Holyhead geleiten. Am selben Tag um vier Uhr nachmittags würde Miss Weaver ihre Wohnung am Gloucester Square verlassen und den Schiffszubringer zur Irlandfähre besteigen, der um halb zwölf in Holyhead ankäme. Auf dem Bahnhof würde sie auf die dort mit den Currans wartende Lucia treffen, dann sofort den Mitternachtsschlafwagenzug zurück nach Euston besteigen.

Mit ihrem methodisch arbeitenden Gehirn ersann sie selbst einen Plan für den Fall, daß etwas schiefging:

> Falls Sie nicht kommen, werde ich daraus schließen, daß Lucia sich am Ende doch geweigert hat, die Reise anzutreten, und ich werde die Nacht in Holyhead verbringen und Sie Sonntagmorgen von dort anrufen.

Wenn alles nach Plan verlief, wie sie hoffte, würde sie die Currans über ihre wohlbehaltene Rückkehr mit Lucia in ihre Wohnung unterrichten, wo bereits eine Freundin, die gelernte Krankenschwester war (Miss Edith Walker), warten würde.[33]

Lucia machte am Ende keine Schwierigkeiten. Gefügig überquerte sie die Irische See und begleitete Miss Weaver zum Gloucester Place. Sie ahnte ja auch nicht, was sie erwartete. Sie nahm dort nicht etwa ihr englisches Ferienleben wieder auf, sondern fand sich als Gefangene wieder. Die kleine Wohnung war in ein Pflegeheim umgewandelt worden. Miss Weaver und Miss Walker hatten sämtliche Fenster so zugenagelt, daß sie sich nicht mehr ganz öffnen ließen. Gleich am nächsten Tag traf Dr. Macdonald mit seinem Kuhserum ein, um Lucia die erste in einer langen Reihe von Spritzen zu verabfolgen. Sie setzte sich zur Wehr und unterlag. Die Injektion war jedoch nicht der schlimmste Teil der Behandlung. Obwohl heißer Sommer war, verordnete Dr. Macdonald ihr sieben Wochen Bettruhe. Lucia verbrachte die Zeit damit, laut in ihren sämtlichen Sprachen zu singen und aus den halbgeöffneten Fenstern Bücher hinauszuschmeißen. Als eins einen Passanten traf, gab Miss Weaver ihr ihr eigenes Schlafzimmer, das auf die Stallungen dahinter hinausging. Innerhalb weniger Wochen war Lucia so gewalttätig geworden, daß sie zwei Pflegerinnen für den Tag und eine für die Nacht brauchte. Von Paris aus hielt Joyce sie zur Geduld an. Er gab die Hoffnung nicht auf, daß Dr. Macdonald für sie tun würde, was Dr. Vogt für ihn getan hatte – dort Erfolg zu haben, wo alle anderen gescheitert waren:

> Die Kur dauert nicht lange und scheint wirksam zu sein. Sie ist aufgeteilt in zwei Abschnitte von ungefähr 4 bzw. 3 Wochen. Alles in allem 25 Spritzen, aufgeteilt in 15 und 10 (sic). Zwischen den beiden Abschnitten wirst du vermutlich aufs Land fahren.[34]

Sobald dies Schema organisiert war, fuhren Nora und Joyce ihrerseits aufs Land, um ihre Nerven wieder in Ordnung zu bringen. Sie wogen London gegen Kopenhagen ab und verlegten sich dann auf Fontainebleau. Herbert Gorman, Joyce' Biograph, und seine Frau fuhren zur Gesellschaft mit. Ferienschnappschüsse lassen erkennen, daß Nora sich drei Jahrzehnte umsonst abgemüht hatte: Joyce trug immer noch weiße Tennisschuhe.

***

Miss Weavers Opferbereitschaft gegenüber Mr. Joyce schien keine Grenzen zu kennen. Als Dr. Macdonald verkündete, Lucia sei nun so weit, daß sie sich auf dem Land erholen könne, mietete Miss Weaver in Surrey, in der Nähe von Reigate, ein möbliertes Cottage mit einem Garten und dem ironischen Namen Lovelands. Sie nahm eine schottische Pflegerin mit starken Armen und eine Köchin in Dienst.

Joyce schrieb Lucia einen einprägsamen Brief, worin er noch einmal seiner Hoffnung Ausdruck verlieh: »Jetzt handelt es sich nur noch darum, daß Du woanders hinfährst und Luftveränderung bekommst..., und dann wird die Zeit das Weitere bringen.«[35]

Nora wiegte sich niemals in falschen Hoffnungen. Sie hatte nicht im mindesten das Gefühl, von Schicksalsschlägen verschont bleiben zu müssen. Kathleen Baillys Sohn war einen tragischen Drogentod gestorben. Der Skandal hatte die Ehe der Baillys erschüttert – der Grund dafür, weshalb Kathleen Bailly sich nach Irland zurückgezogen hatte, während ihr Gatte ihr nachjagte. Für Nora war das Leben eben so.

Als Joyce Lucia einen Fotoapparat schickte, wurden in dem Garten in Reigate Fotos gemacht, und das Hübscheste von Lucia wurde nach Paris geschickt. Es zeigt ein verdrießliches, aber attraktives Mädchen in einer Hängematte, das in einem Buch liest. Joyce schrieb Lucia daraufhin fröhlich, er wünsche sich, alle Bewohner der Erde möchten so ruhig dreinblicken. Andere Fotos, die am selben Tag aufgenommen worden sind, zeigen jedoch eine sehr strenge Miss Walker, eine Miss Weaver (die offensichtlich *in loco parentis* unter ungeheurer Anspannung steht) ohne ein Lächeln und eine sehr unglückliche junge Frau mit einer wallenden Haarmähne.

Miss Weaver hatte Dr. Macdonald von Anfang an nicht leiden können. Er hatte die Behandlung begonnen, ohne die Patientin zu untersuchen, und als Arzttochter wußte sie, daß das falsch war. Indem er alle Beruhigungsmittel untersagte, hatte er ihnen ihre Aufgabe jedoch sehr erschwert. Lucia war eine kräftige junge Frau, die ebensowohl Selbstmordabsichten in die Tat umsetzen als auch gewalttätig werden konnte. Miss Walker, die als hauptamtliche Pflegerin die Verantwortung für Lucias tagtägliches Wohlergehen trug, mußte sämtliche Messer verstecken und nachts den Gashaupthahn abstellen. Am Morgen stellte sie dann immer wieder fest, daß Lucia die Gasleitung in ihrem Zimmer aufgedreht hatte, in der halben Hoffnung, sich während der Nacht umzubringen. Heiterer gestimmt, schüttete sie einen Bottich Wasser über Miss Weaver aus. Keine von diesen Einzelheiten gelangte nach Paris. Joyce erhielt von Dr. Macdonald die Nachrichten, die er hören wollte – daß sie ermutigende Fortschritte mache.

Lucia bewahrte sich allerdings ihre scharfe Zunge. Als Miss Walker und die schottische Pflegerin sich wegen ihrer freien Tage absprachen, sagte Lucia, demnächst sei sie dann mal dran, »zwei Tage von euch weg zu sein«. Als Miss Walker dann gewitzt erwiderte, auch Miss Weaver brauche ja vielleicht mal eine Erholungspause, antwortete Lucia: »Sie tut ja nichts, da braucht sie auch keinen Urlaub.«

Eine anschauliche Schilderung, wie die beiden Frauen mit der Lage fertig zu werden versuchten, hat Miss Weavers Patentochter uns gegeben:

> Wenn Lucia in den Hungerstreik trat, mußte Edith Mrs. Middlemost dazu bringen, ein schottisches Lied zu singen und einen »Highland fling« zu tanzen, und sie stopfte ihr dann rasch einen Bissen in den Mund, wenn Lucia amüsiert für einen Augenblick ihren Entschluß, nichts zu essen, vergaß.[36]

Wenn keine von beiden mehr mit ihrem Mündel zurechtkam, wandten sie sich um Hilfe an Leute vom Ort.

Eine gestörte Achtundzwanzigjährige zu behandeln wie eine Zweijährige, erfordert die Geduld einer Heiligen, doch war diese Anstrengung von vornherein dazu verurteilt, zu scheitern und nur Undank hervorzurufen. Als Lucias Verhalten sich nicht änderte, verlangte Dr. Macdonald, dem noch stets etwas Neues eingefallen war, daß sie zu einigen Tests in eine private Klinik für Geisteskranke in St. Andrew's in Northampton etwa hundert Meilen nördlich von London gebracht werden sollte. Joyce willigte ein.

Als sie jedoch im Sprechzimmer des Arztes saßen und auf Lucia warteten, sahen Miss Weaver und Miss Walker Lucias Krankenbericht unbewacht auf dem Tisch liegen. Sie gaben der Versuchung nach, wer will es ihnen verdenken, und lasen ihn. Sie wurden umgehend dafür bestraft, indem sie auf das gefürchtete Wort »Karzinom« stießen, das, mit einem Fragezeichen versehen, dem Bericht vorangestellt war. Miss Walker hatte sich gesorgt, daß Lucias chronischer vaginaler Ausfluß vielleicht ein Symptom für Krebs sein könnte. Miss Weaver gehorchte folglich ihrem Gewissen. Was würde aus Mr. Joyce' unvollendetem Buch, wenn eine noch schlimmere Tragödie seine geliebte Tochter ereilte? Sie hatte das Gefühl, diese Möglichkeit irgend jemandem mitteilen zu müssen, und wählte Maria Jolas. Mrs. Jolas gehorchte wiederum ihrem eigenen Gewissen und gab die Information umgehend an Joyce weiter.

Das Ergebnis war eine heillose Aufregung. Dr. Macdonald selbst mußte nach Paris hinüberfahren, um Joyce mitzuteilen, daß der Verdacht sich als unbegründet erwiesen habe, und er vermehrte Miss Weavers Schuldgefühle noch, indem er ihr Besuchsverbot erteilte. Joyce selbst schrieb Miss Weaver einen Brief – einen der wenigen, die sie der Nachwelt lieber nicht hinterließ.

Aus ihren Pflichten ihm und seiner Tochter gegenüber war sie damit noch keineswegs entlassen. Er regte an, Lucia mit einem Pelzmantel aufzuheitern, doch wurde dies durch einen Brief Noras an Lucia widerrufen:

> ... Und was ist mit Deinen Haaren, bürste sie immer schön, und ich hoffe, Du wirst in Reigate einen warmen Mantel finden, zumal offensichtlich ein Tweed-Mantel im Moment tauglicher sein wird, meint Miss Weaver, und ich stimme ihr zu ...[37]

***

Im Dezember jenes turbulenten Jahres, Lucia war immer noch in Northampton, rahmte Joyce die Porträts seiner »Messieurs Vorfahren«. Diese Prachtstücke, so schrieb er einem Freund seines Vaters, hätten eine Menge von Europa gesehen und schauten einander an, als wollten sie sagen: Wohin geht's als nächstes?

Fest steht, daß weder er noch sie wußten, wie bald schon sie wieder in ihren Packkisten liegen und nicht wieder daraus auftauchen würden, bis sein eigenes Leben und ein weiterer Weltkrieg zu Ende wären.

Im selben Monat erhielten sie noch eine weitere traurige Nachricht. Michael Healy war in Galway einem Herzanfall erlegen; er war eines Morgens, während er der Messe beiwohnte, vornübergesunken. Ob die strapaziöse Hetzjagd durch Irland nach seiner wahnsinnigen Großnichte wohl sein Leben verkürzt hatte? Ein derartiger Verdacht kam Joyce nicht in den Sinn. Er erklärte, Healy, ein frommer Katholik, habe sich überhaupt keinen besseren Tod wünschen können.

Die letzten Spuren von Lucias Reise nach Irland waren jedoch noch nicht beseitigt. Joyce beklagte sich wütend darüber, daß Lucias zwei Schrankkoffer spurlos verschwunden seien, von ihrem Operncape ganz zu schweigen; er wollte damit sagen, die unfeinen Einheimischen hätten sie gestohlen. Er mußte sich außerdem mit dem Schaden befassen, den Lucia in ihrem Bungalow angerichtet hatte. Im August erhielt er einen wütenden Brief von Mrs. E. Nicoll, Meath Road, Bray.[38] Mrs. Nicoll verlangte Schadenersatz für die von Miss Lucia Joyce angerichteten Schäden – die verbrannten Teppiche, Läufer, Decken und die Bettdecke zuzüglich eines zerbrochenen Stuhls, eines Gasanschlusses und der Glühbirne. Ihre Schadensliste war ein beredetes Zeugnis auch für die Gewalttätigkeit, die Nora und Miss Weaver aus nächster Nähe hatten miterleben müssen, als sie alles daran setzten, um Joyce bei der Verleugnung seiner Erfahrungen behilflich zu sein.

Im Februar mußte er sich dennoch mit der Wahrheit abfinden. Lucia mußte St. Andrew's in Northampton verlassen, weil Nora und Joyce sie nicht für wahnsinnig erklären und ihren zwangsweisen Gewahrsam ermöglichen wollten. Sie konnte wegen der Bedrohung, die sie für Nora darstellte, jedoch auch nicht nach Hause. Maria Jolas geleitete Lucia aus Northampton zurück nach Paris und nahm sie mit zu sich nach Hause. Das Ergebnis war vorhersehbar. Nach drei Wochen traf die Zwangsjacke ein. Lucia wurde aus dem Haus der Jolas getragen und die Anstaltstüren schlossen sich für immer hinter ihr. Es gibt keinen Hinweis darauf, daß Nora ihre Tochter jemals wiedergesehen hat.

Die Freundschaft zwischen Joyce und Miss Weaver erwies sich als gleichermaßen irreparabel. Er sah sie danach nur noch einmal und schrieb ihr zwar sporadisch, aber förmlich, niemals mehr mit jener einstigen Offenheit eines Sohnes. Ihre Sünde bestand in seinen Augen weniger in dem Krebs-Zwischenfall als in ihrer Überzeugung, daß Lucia unheilbar krank war und daß er mit *Work in Progress* seine Begabung vergeudete. Der zweite Vorwurf war jedoch ungerecht. Miss Weaver hatte das Experiment zu bewundern begonnen. Sie vertat ihre Zeit jedoch nicht mit vergeblicher Reue. Sie hatte bereits einen neuen und noch unersättlicheren Anwärter auf ihre Einsatzbereitschaft und ihre Geldmittel gefunden: die Kommunistische Partei.

Fortschreitender Wahnsinn III

Das Frühjahr 1936 machte insofern jegliche Illusionen, daß Hitler den Vertrag von Versailles respektieren würde, zunichte, als er deutsche Truppen in die entmilitarisierte Zone am westlichen Rheinufer abkommandierte. Diese Bedrohung der Sicherheit Frankreichs ließ andere Expatriierte in Frankreich an Heimkehr denken, nicht aber die Joyce', die durch eine Tochter in einer geschlossenen Anstalt zu fest in Paris verankert waren. Lucia war wegen ihrer Ausbrüche körperlicher Gewalt in die von Dr. Achille Delmas geleitete *maison de santé,* eine neue Klinik in Ivry außerhalb von Paris, verlegt worden, wo es Personal gab, das sich besser auf den Umgang mit ihr verstand.

In Noras persönlicher Welt herrschte für den Augenblick Ruhe. Die kriegverheißenden Wolken waren zwar sichtbar, aber vorerst noch fern. *Work in progress* war so weit vorangeschritten, daß Viking und Faber and Faber bereits von Erscheinungsterminen sprachen (obwohl sie sich im Hinblick auf den wirklichen Titel des Buches immer noch im Unklaren befanden). Nora und Joyce empfingen viele Gäste aus Irland. Brian Coffey, Dichter und ehemaliger Clongowesianer, brachte auf Constantine Currans Veranlassung zweimal hausgebackenes irisches Brot. Kenneth Reddin, ein irischer Bezirksrichter, brachte ihnen einen schwarzen Pudding von Ohlhausen, dem bekannten Dubliner Schweinemetzger.[1] Die mit einem Empfehlungsschreiben bewaffneten irischen Besucher riefen nervös an und wurden dann vom großen Joyce selbst zur rue Edmond-Valentin dirigiert: sie sollten an der Station Latour-Maubourg aus der Métro aussteigen. Wenn sie dann erst einmal dort waren, schauten sie sich freilich sehr genau um. Brian Coffey verfiel auf eine der besten Beschreibungen des berühmten Kopfes: er habe die »Form einer Kidney-Bohne«. Eileen O'Faolain und Nancy McCarthy, Gattin bzw. Freundin der Short-Story-Autoren Sean O'Faolain und Frank O'Connor, waren fasziniert vom Vogelbauer der Joyce'. Die jungen Frauen fühlten sich geehrt durch die Tee-Einladung und waren sich zudem peinlich der »ganzen Geschichte« bewußt – daß Nora und Joyce viele Jahre unverheiratet zusammengelebt und Nora eine schreckliche Zeit mit Lucia hinter sich hatte, weil Joyce sich so lange geweigert hatte, sie in eine Anstalt zu stecken. Eileen und Nancy waren zwar einerseits angenehm überrascht, wie freundlich und anziehend Nora war, andererseits jedoch, wie alle irischen Besucher der Joyce', gänzlich unvorbereitet auf die in alle Einzelheiten gehende Befragung, was das Leben in Irland betraf, die sie über sich ergehen lassen mußten – von der Abfolge der Läden in den Straßen Dublins bis hin zum Butterpreis. Ebensowenig erwarteten sie, selbst so eindringlich unter die Lupe genommen zu werden. »Es kann keinen Zweifel geben, woher Sie kommen, Miss McCarthy«, sagte Joyce, als er Nancys Corker Akzent hörte. Während er Eileen gespannt musterte, fragte er: »Sagen Sie mal, Mrs. O'Faolain, sind Sie zufällig Jüdin?« Eileen hatte keine Ahnung, welch großes Kompliment sich hinter der Frage verbarg, wenn sie von Joyce kam.[2]

Irland beschäftigte Nora sehr. Ihre Mutter und ihre Schwester hatten sie gebeten, doch nach Hause zu kommen und ihnen etwas bei der Ordnung von Michael Healys Angelegenheiten zur Hand zu gehen. Der alte Mann war, eine Nachlässigkeit, die sich schwer mit seiner Beamtenmentalität vertrug, gestorben, ohne ein Testament zu machen. Am Ort grassierte das Gerücht, daß Noras Onkel im Laufe eines frugalen und frommen Lebens ein Vermögen von achttausend Pfund angehäuft habe. Mrs. Barnacle wandte sich ratsuchend an ihren Schwiegersohn, den berühmten Schriftsteller. Joyce dirigierte das Problem postwendend zurück nach Irland an den leidgeprüften Constantine Curran:

> ... ich würde mich (...), wenn es geht, am liebsten aus der Sache heraushalten, weil meine Schwiegermutter (die immer eine Art Verehrerin

von mir gewesen ist und mich für einen Wundertäter hält) das ganze Geld jetzt meiner Frau geben will (...) Vorher hatte sie geschrieben, sie wolle es alles für ein angemessenes Begräbnis behalten, das vermutlich dem der verstorbenen Queen Victoria den Rang hätte ablaufen sollen. Sie ist, wie ihr Schwiegersohn, eine große Verschwenderin. Haben Sie je von einer so komischen Erbschaft gehört?[3]

Das Vermögen belief sich insgesamt dann bloß auf tausendsechshundertzweiundsechzig Pfund – dennoch in Galway zu jener Zeit ein kleines Vermögen. Mrs. Barnacle hatte aber nicht die Absicht, »das ganze Geld« jetzt Nora oder sonst irgend jemandem zu geben; sie brauchte es für ihren und Dillys Lebensunterhalt.

Im Spätsommer 1936 machten Nora und Joyce, während sie ungeduldig auf Giorgios Rückkehr warteten, die lang geplante Reise nach Kopenhagen. Wie sie es im Urlaub zu tun gewohnt waren, bezogen sie für mehrere Wochen ein gutes Hotel, genehmigten sich sämtliche großen touristischen Attraktionen – in Dänemark hieß das Helsingör, das Ballett und die rotuniformierten Soldaten – und verschickten einen ganzen Stapel Postkarten an ihre sämtlichen Freunde. Joyce kann von den Sehenswürdigkeiten nicht viel gesehen haben. Seine Sehkraft war so dürftig, daß Nora ihm auf dem Rückweg, als sie in Bonn Halt machten, um Helens deutsche Verwandte, ihren Vetter und ihre Kusine Wilhelm und Grete Herz, zu besuchen, das Essen kleinschneiden und ihm den Teller ans Gesicht halten mußte, damit er essen konnte.[4]

Nora verfiel, wie sie es gegenüber Fremden immer tat, in Schweigsamkeit. Die Herz' bemerkten die dunkle Eleganz ihrer Garderobe und dachten: »Helen hat sie eine Menge gelehrt.« Und darüber hinaus befanden sie und faßten damit vielleicht den Eindruck des ganzen Kastor-Clans zusammen: »Helen hat eine Menge für James Joyce getan.«

Helen sollte noch viel mehr tun. Nach ihrer Rückkehr nach Paris im September 1936 zogen sie, Giorgio und Stephen in die 17, Villa Scheffer, eine kleine Seitenstraße der avenue Henri-Martin im XVI. Arrondissement; sie hatten dort eine hübsche, geräumige Wohnung, deren Fenstertüren auf einen Garten hinausgingen. Bald schon stand ihr Chauffeur Nora und Joyce erneut zur Verfügung. Helen wurde ihre offizielle Gastgeberin. Giorgios Stimme hatte sich nach einer Kehlkopfoperation erholt, und Joyce nährte immer noch die Hoffnung, daß sein Sohn mit seinen einunddreißig Jahren an der Schwelle zu einer Sängerkarriere stand.

Nora nahm ihre Rolle als Schwiegermutter wieder auf. Sie besuchte Helens Köchin, als die im Krankenhaus lag, und tat einen Tierarzt für den Hund auf. Sie gewann durch Helen außerdem, wie schon zuvor, neue, reiche Freunde, etwa Mrs. Victor Sax. Die alte Feindseligkeit war jedoch immer noch da. Helen fand, sie sei eine weniger ergiebige Großmutter, als der sanfte Joyce ein Großvater war, der dem Jungen Geschichten erzählte und sogar speziell für ihn eine schrieb. Keine der beiden Frauen konnte ahnen, wie bald schon Nora anstelle von Helen die Mutterrolle im Leben des Jungen übernehmen würde.[5]

Helen sah nach Meinung der Joyce' nicht gut aus, wenn Joyce auch höflich von Müdigkeit sprach. Sie stand sichtlich unter starker Anspannung. Sie nahm ein Haus auf dem Land, um sich etwas zu erholen. Sie war obendrein argwöhnisch, wenn die Joyce' die italienische Sprache wählten, um mit Giorgio zu reden oder ihm zu schreiben; sie glaubte dann, sie versuchten etwas vor ihr zu verbergen. Der Altersunterschied zwischen ihr und Giorgio war offensichtlicher als zuvor. Helen hatte einen nervösen Gesichtstick, und sie war von brennender Sorge erfüllt, daß Giorgio ein Auge auf jüngere Frauen werfen könnte. Diejenigen, die sie noch nie leiden konnten, konnten sie jetzt noch weniger leiden.[6]

In der von Unruhe erfüllten Welt der dreißiger Jahre mußten angesichts unsicherer Verhältnisse doch unwiderrufliche persönliche Entscheidungen getroffen werden, bei denen es um alles oder nichts ging. Die Herz' beschlossen kurz nach dem Besuch der Joyce', nicht länger in Hitler-Deutschland zu bleiben, und zogen nach St. Gallen in der Schweiz, östlich von Zürich. An sie wandte sich folglich Joyce, um Stanislaus zu helfen, der ein Opfer des aufkommenden Faschismus in Italien geworden war. Stanislaus war von seinem Posten an der Universität von Triest entlassen worden und von der Ausweisung aus Italien bedroht – eine ironische Umkehrung der Ereignisse, insofern er seine Italientreue während des Ersten Weltkriegs mit vier Jahren österreichischem Gefangenenlager bezahlt hatte. Stanislaus hoffte nun auf eine Anstellung als Lehrer in der Schweiz. Er war verbittert darüber, wie das Leben sich gegen ihn verschworen hatte. Er erklärte Joyce, er und Nelly seien lange Zeit nach Schaureks Selbstmord noch verschuldet gewesen. Die Stelle, die Stanislaus dann schließlich in der Schweiz angeboten bekam, war so uninteressant, daß er nach Italien zurückkehrte. Er und Nelly und ihr einziges Kind James, das 1942 geboren wurde, sollten die Kriegszeit unter schwierigen Bedingungen in Florenz verbringen.

Nora und Joyce kam es überhaupt nicht in den Sinn, Paris zu verlassen, teilweise schon deshalb nicht, weil sie in Lucias Nähe bleiben wollten, teilweise aber auch, weil sie keine großen Vorausplaner waren, selbst in den unbedeutendsten Dingen nicht. Im Frühjahr 1937 erklärte Joyce dies Mrs. Sisley Huddleston, der Gattin des englischen Kritikers, der als einer der ersten den *Ulysses* als Meisterwerk bezeichnet hatte, in schöner Offenheit. Sie hatte ihn und Nora eingeladen, einen Tag bei ihnen auf dem Land zu verbringen. »Wir sind die Art von Menschen, die alles erst im allerletzten Moment entscheiden, rufen wir doch also einfach morgens an und hören, ob Sie im Land sind«, antwortete er, »ich glaube, das ist der beste Plan.«[7]

Lucia ging Nora selten aus dem Sinn. Weil sie deren wüsteste schizophrene Reaktionen hervorgerufen hatte, war es ihr nicht erlaubt, Joyce bei seinen rituellen Sonntagnachmittagbesuchen in Ivry zu begleiten. Das schloß sie nicht nur von jedem Kontakt mit ihrer Tochter aus, es kostete sie auch einen guten Teil ihrer Zeit, jeweils jemanden aufzutun, der Joyce begleitete, da der ja nicht gut allein fahren konnte. Gelegentlich begleiteten ihn Freunde der Familie wie Mrs. John Sullivan bei seinem Besuch. Helen fuhr niemals hin, Giorgio nur selten. Nora blieb über Geschenke in Kontakt und fragte sich besorgt, ob Lucia ihr wohl schreiben würde oder nicht.[8] Die Besuche waren schmerzlich für Joyce. Er versuchte, Lucia aufzuheitern, indem er ihr italienische Kuchen mitbrachte oder sie in Latein unterrichtete. Manchmal spielten sie zwar Klavier zusammen und sangen, doch eine kräftige Pflegerin blieb stets in der Nähe.[9]

Joyce stellte sich gern als von Lucias Gewaltsamkeit ausgenommen hin, so als sei er der einzige erwünschte Bewohner ihrer privaten Welt. Doch einmal, als Giorgio seinen Vater begleitete, rief Lucia bei ihrem Anblick »*Che bello! Che bello!*« und stürzte sich dann auf sie und versuchte, sie zu erwürgen.[10]

Wenn Joyce von Ivry zurückkam, war er gewöhnlich völlig erschöpft. Er und Nora aßen Sonntagabends mit den Jolas', und keinem von ihnen gelang es, ihn aus einem Trübsinn zu befreien. »Und ich soll ein lustiges Buch schreiben«, sagte er dann. Was Nora betraf, so behielt sie ihre Empfindungen für sich. »Man fragte sie nicht danach«, sagte Elizabeth Curran, »sie wollte nicht darüber reden. Das war ihre Art, damit zu leben.«

***

In den späten Dreißigern war die Beziehung zwischen Nora und Joyce zwar durch Joyce' Trinkerei und das katastrophal verlaufende Leben ihrer Kinder angespannt, ruhte aber doch auf einem Grundgefühl des Vertrauens und der Zufriedenheit mit dem, was sie vollbracht hatten. Sie schienen sich oft miteinander zu langweilen. Nora beklagte sich bei einem ihrer gemeinsamen Freunde: »Da sitzt ein Mann, der den ganzen Tag noch kein Wort mit mir gesprochen hat«, worauf Joyce erwiderte: »Worüber soll man denn bloß noch reden, wenn man dreißig Jahre miteinander verheiratet ist?«[11] Die Langeweile war zwar echt, doch machte sie bei weitem nicht das ganze Spektrum ihrer Ehe aus. Nora und Joyce hatten, noch nach dreißig und mehr Jahren, so viel Freude an der Gesellschaft des anderen, daß selbst die jüngere Generation dies als Ausdruck ihrer Liebe zu erkennen vermochte. Eines Abends verließ Arthur Power unmittelbar nach den Joyce', die von seiner Anwesenheit nichts wußten, ein Restaurant. Als der Lärm der vielen Menschen verklang und sie sich allein miteinander auf der dunklen Straße befanden, wandten Nora und Joyce sich einander zu und lächelten. »Sie wechselten einen Blick voller tiefer Zuneigung«, sagte Power, »Nora schauspielerte nicht. Sie war dazu gar nicht fähig.«[12]

Im Lauf der Jahre hatte Joyce seinen Verdruß darüber, daß Nora an ihrem religiösen Glauben festhielt, überwunden und ihn schließlich akzeptiert. Als sie Lausanne besuchten, ging Nora jeden Sonntag mit Jacques Mercanton zur Messe, dem jungen Schweizer Literaturwissenschaftler und tiefreligiösen Katholiken. Sie war, was die Ausübung ihrer Religion angeht, großzügig und nicht schwierig. Joyce unternahm keinen Versuch, sie daran zu hindern. Es war einfach klar, daß sie zur Messe ging und er nicht. Er war zudem niemals auf so rabiate Weise antikatholisch gewesen, wie Stanislaus es war; tatsächlich hätte er nicht ein Leben lang mit Constantine Curran befreundet bleiben können, wenn er das gewesen wäre. Nora wiederum fiel es nicht ein, ihm wegen seines fehlenden religiösen Glaubens in den Ohren zu liegen. In jenen Jahren war sie auch nicht gerade die eifrigste Katholikin und ging auch nicht immer zur Messe. Als sie sie mit Mercanton besuchte, nahm sie nicht an der Kommunion teil.

In vieler Hinsicht war Nora anti-irischer als Joyce. Joyce, so hatte Mercanton den Eindruck, romantisierte den Ort, auf den er seine Kunst gegründet hatte, doch Nora wollte davon nichts wissen: »Ein erbärmliches Land, schmutzig und trübsinnig, wo man das ganze Jahr lang nichts als Kohl, Kartoffeln und Speck ißt, wo die Frauen ihre ganze Zeit in der Kirche verbringen und die Männer ihre im Wirthaus.« Aber, so wandte Joyce ein, Dublin sei doch die siebte Stadt des Christentums gewesen, und was den Liffey angehe... »Ein erbärmliches, schlammiges Flüßchen«, sagte Nora.[13]

Mercanton war wie Power beeindruckt, wie innig die Gefühle der beiden füreinander waren. Nora sprach »mit unglaublicher Zärtlichkeit von nichts anderem als Jim«. Alle Iren seien schwierig, erklärte sie Mercanton. Aber selbst wenn das so war, so erkannte Mercanton doch, weshalb Nora die vielen Schwierigkeiten in Kauf nahm, mit denen Joyce sie konfrontierte. Mit ihr war er ungeheuer sanft und ging (in kleinen Dingen) noch auf ihre geringfügigste Laune ein. Mercanton erinnerte sich an ein Gespräch darüber, wie man den Nachmittag verbringen wollte. »›Wozu hast du denn Lust, Nora?‹ fragte er sie. ›Ich möchte gern nach Vevey laufen‹, antwortete sie. Also machten wir uns auf den Weg nach Vevey. Nach etwa einem Viertel der Strecke war Joyce müde. ›Sagen Sie Nora, wir wären schon in Vevey‹, bat er mich.«[14]

Joyce war glücklich, wenn Nora glücklich war. »Meine Frau hat sich in Ihre Gegend verliebt. Sehen Sie sie nur an!« sagte Joyce zu Mercanton. Sie wiederum behandelte ihn, trotz ihres Geneckes, wie einen unantastbaren, zerbrechlichen Gegenstand. Joyce sah in jenem Sommer auf seine schuljungenhafte Weise hilfloser aus denn je zuvor, denn er trug eine Schweizer Jacke aus Glanzstoff, zu kurze Flanellhosen, weiße Schuhe und einen vergilbten Strohhut, den er hinter die Ohren zurückgeschoben hatte.[15]

Nora, die bei dem Gedanken an einen Urlaub und an den bevorstehenden Abschluß von *Work in Progress* stets entspannt und wohlgelaunt war, ging eines Nachmittags allein los, um irgend etwas zu erledigen, und sagte zu Mercanton: »Passen Sie auf ihn auf. Ich überlasse ihn Ihrer Obhut. Man darf ihn nicht eine Minute allein lassen.« Einen Augenblick später mußte Mercanton Joyce bereits beim Arm packen, um zu verhindern, daß er von einem Auto angefahren wurde.[16]

Während jener Schweizreise litt Joyce, wie Nora schon vor der Abfahrt vorausgesagt hatte, an schlimmen Magenschmerzen. Man empfahl ihm, sich röntgen zu lassen, doch er weigerte sich.

Nora genoß ihre Rolle als die zugängliche Seite der Gottheit. Sie war ein willkommener Gast im Haus der Giedions in Zürich. Sie begrüßte das Ehepaar, wie sie es immer tat, mit einem Kuß und brachte den Kindern Geschenke mit. »Sie strömte eine wunderbare Warmherzigkeit aus, wenn sie den Garten betrat«, erinnerte sich Tochter Vera, »wir rannten und zeigten ihr unsere neugeborenen Kätzchen. *Ihm* hingegen, mit seiner schwarzen Brille, gingen wir aus dem Weg.«

Nora war *Work in Progress* gegenüber (auch wenn sie es als Ragout bezeichnet hatte) duldsamer, als sie es dem *Ulysses* gegenüber gewesen war, und mochte seine Musikalität, insbesondere, wenn laut daraus vorgelesen wurde. Sie mochte das Buch außerdem, weil Joyce seinen Spaß daran hatte. »Ich komme einfach nicht mehr zum Schlafen, ich komme nicht zum Schlafen«, erklärte sie Frau Giedion-Welcker, die sie nach dem Grund fragte. »Na ja, Jim schreibt doch an seinem Buch. Ich gehe zu Bett, und dann sitzt dieser Mensch im Nebenzimmer und lacht ständig über das, was er selbst geschrieben hat. Und dann klopfe ich an die Tür und sage: ›Also Jim, entweder du hörst auf zu schreiben, oder du hörst auf zu lachen.‹«[17]

Nora war sich immer noch nicht sicher, ob »dieser Mensch« wirklich das Genie war, als das er von allen hingestellt wurde. »Eins weiß ich allerdings«, sagte sie zu Frau Giedion-Welcker, »keiner ist so wie er.«[18]

Sie und Joyce reisten immer noch unablässig. Nora verstand sich mittlerweile meisterhaft darauf, Koffer zu packen und sich in Hotelzimmern häuslich einzurichten. Joyce mußte häufig nach Zürich, um Dr. Vogt zu konstultieren (der sein Sehvermögen gebessert fand), doch wurden ihre Reisen durch die Notwendigkeit erschwert, Lucia vorzutäuschen, sie wären dort, wo sie sie wähnte. Von Lausanne aus stahlen sie sich beispielsweise im Sommer 1938 nach Dieppe, um etwas Seeluft zu schnappen, und hinterließen Briefe, die Mercanton dann abschicken sollte.

Derlei Täuschungen entsprangen jedoch nicht ausschließlich ihren Schuldgefühlen. Joyce liebte sein Tochter innig und erträumte sich, daß ihre Seele auf einen Schlag geheilt werden würde. Zu ihrem neunundzwanzigsten Geburtstag legte er ihr endlich ein gebundenes Exemplar ihres eigenen Buches, des illustrierten Alphabets von Chaucer, in die Hände. Diese Veröffentlichung habe ihn zwar fünfzehntausend Francs gekostet, teilt er Miss Weaver mit, doch er wolle damit gegen Lucias Gefühl angehen, wertlos zu sein, und sie davon überzeugen, daß ihr Leben kein Fehlschlag gewesen sei. Darüber hinaus habe er die Absicht, jede sich bietende Heilungschance zu nutzen, so unvernünftig oder teuer der Versuch auch sein möge. Es wäre zwar billiger, so sagte er mit bitterer Eloquenz, sie für den Rest des Lebens in ein »sparsames Irrengefängnis« zu sperren, doch, so fuhr er fort,

> ... (ich) werde das nicht tun, solange ich auch nur die geringste Chance einer Hoffnung für ihre Gesundung sehe, noch sie beschuldigen oder für das große Verbrechen bestrafen, das sie beging, indem sie das Opfer eines der unfaßbarsten Leiden wurde, das die Menschheit kennt und die Medizin nicht kennt.[19]

Sein Sarkasmus richtete sich nicht nur gegen Miss Weaver (die auf die Weise darauf ansprach, daß sie die Hälfte der Kosten des Buches übernahm), sondern auch gegen Giorgio, der seinem Vater diese Form der Geldverschwendung am meisten verübelte. Tatsächlich war die Klinik in Ivry jedoch nicht so teuer wie die in der Schweiz, und ihr Direktor Dr. Achille Delmas behauptete, Lucia habe keine *dementia praecox* (wie die Schizophrenie damals oft genannt wurde) und meinte, »es sei noch etwas zu retten«. Aber auch so ließ Joyce den Fall nicht etwa auf sich beruhen, sondern er schrieb darüber hinaus an Wilhelm Herz in St. Gallen und bat um Auskunft über das Sanatorium, wo Nijinskij angeblich durch eine Insulinbehandlung eine wundersame Verwandlung erfahren habe. Es ist allerdings unwahrscheinlich, daß Nora seine Hoffnung auf ein Wunder teilte.

Bis gegen Ende 1936 hatte Joyce drei Viertel der Summe von Miss Weavers Kapital ausgegeben, auf die er zurückgreifen konnte. Es herrschte jedoch nach Lucias katastrophalem Besuch in London immer noch Kühle zwischen ihnen. Paul Léon riet Miss Weaver, doch nach Paris zu kommen, um von Angesicht zu Angesicht die Kleinigkeiten auszuräumen, die, so meinte er, nicht hätten hochgespielt werden dürfen. Einmal mehr unterzog sie sich dem Martyrium der Kanalüberfahrt, die sie nicht weniger haßte als Nora und Joyce, und Ende November trafen sie einander. »Kein Wort, keine Silbe ist erhalten, die Licht auf ihr Treffen werfen könnten«, meint ihre Biographin dazu. Miss Weaver versprach Joyce das Geld, das er brauchte, um sein Buch zu beenden, und versicherte ihm auch, daß sie daran glaube. Wie immer nahm er die Unterstützung kühl als etwas entgegen, das ihm von Rechts wegen zustand. Sie sahen einander niemals wieder.[20]

Noras Einschätzung von Giorgio war, wie auch die von Lucia, realistischer als die, die Joyce hatte. Sie betete ihren Sohn zwar an, doch stellte er ihre Geduld oft auf eine allzu harte Probe. Giorgios Trunksucht begann, ihm zu schaden, während das bei seinem Vater nicht der Fall war. Joyce konnte an Giorgio jedoch ebensowenig irgendwelche Unzulänglichkeiten erkennen wie an Lucia. Wenn sein Sohn nicht imstande gewesen war, auf seiner schönen Baßstimme eine Karriere aufzubauen, dann mußte in Joyce' Augen irgend jemand anderer daran schuld sein. Joyce ging so weit, Michael Lennon zu bezichtigen, sein Angriff auf ihn in der *Catholic World* habe Giorgios Aussichten als Sänger in Amerika zerstört. Und er war wütend, als die BBC Giorgio nach einem Vorsingen mit dem Urteil ablehnte: »Nicht auf dem Niveau der Gesangskunst in Großbritannien«.[21] Sein Sohn, so meinte er, akzeptiere allzu bereitwillig jegliche Kritik an seiner Person.

Unweigerlich mußte Joyce, als Giorgios Ehe in die Brüche zu gehen begann, die Partei seines Sohnes ergreifen. Unglücklicherweise machte Paul Léon Partei mit Helen, da er der Überzeugung war, daß Giorgio keinerlei Sinn für deren Probleme habe. Diese Auseinandersetzung verdarb Léons Beziehung zu Joyce noch mehr, die sich eh nie wieder ganz von dem Verlobungsfiasko Ponisowskijs erholt hatte. Desungeachtet diente Léon Joyce auch weiter als Schreiber und fuhr fort, Miss Weaver Briefe zu schicken, worin er einen lustlosen, verzagten Joyce schilderte, der fast keinen Menschen sah. Léon räumte immerhin ein, daß er selbst Mr. Joyce sehr selten sah.[22]

So deprimiert Joyce gewesen sein mag, ihre geselligen Gepflogenheiten hielten er und Nora doch aufrecht wie zuvor. Sie aßen so regelmäßig wie je bei Fouquet's, wo Joyce, wie immer schon, sehr beliebt bei den Kellnern war, da er ihnen »Millionärstrinkgelder« gab und sie um ihre Meinung fragte, nicht nur, was die Speisekarte betraf, sondern auch ihre Vorliebe für Racine oder Corneille. Nora gab sich an diesen Abenden mit weit mehr Vergnügen dem Genuß des Essens hin, als Joyce das tat. Er aß gern unverfälschte Gerichte, Pilze, Austern, Hummer, und Nora aß gern ausgefallene Desserts wie *omelette norvégienne*. Sie war selbst eine Präsenz, auf die es sich einzustellen galt. Nancy Cunard, die aufgefordert war, mit ihnen bei Fouquet zu Abend zu essen, konnte die Joyce' im üblichen Geklapper von Hummerschalen und Weinflaschen zunächst nicht finden. Während sie die lärmerfüllten Räume absuchte und sich fragte, warum die Joyce' wohl Stammgäste in einem Lokal waren, das von Rennplatzhabitués und Mitgliedern der besseren Gesellschaft bevorzugt wurde, sorgte Nancy sich zugleich, ob »Mrs. Joyce wohl wütend sein würde, weil sie zu spät kam«.[23] Nora musterte die anderen Gäste gründlich, wie sie es in

Restaurants immer tat. Eines Abends erkannte sie entzückt Marlene Dietrich (die ihre Garderobe, wie Nora, bei Lelong kaufte). Nora stupste Joyce, der der Schauspielerin daraufhin seine Aufwartung machte und ihr erklärte, er habe sie in *Der blaue Engel* bewundert. »Dann, monsieur«, erwiderte die Dietrich, »haben Sie mich in meinem besten Augenblick gesehen.«[24]

Eines Abends gegen Ende des Jahres 1937 aßen sie jedoch spätabends zu Hause, als das Telefon läutete. Es war Samuel Beckett, der ihnen mitteilen wollte, daß er nach jahrelangem Aufenthalt in London und Dublin jetzt wieder in Paris leben werde. Beckett rechnete damit, von Joyce die kalte Schulter gezeigt zu bekommen. Er hatte es lange aufgeschoben, sich bei ihm zu melden, bis er eines Abends, durch ein gutes Abendessen mit Freunden und viel Wein gestärkt, den Mut dazu aufgebracht hatte. Er war ungeheuer erleichtert, als er Nora statt Joyce am Apparat hatte. Nora nahm ihm rasch die Beklommenheit, indem sie über Freunde und über Dublin auf ihn einschwatzte, während, so sagte sie, Jim sein Abendessen beendete. Als Joyce den Hörer von ihr übernahm, war er anfänglich zwar distanziert, erwärmte sich dann jedoch, als ihm einfiel, daß Beckett ihm eigentlich einen kleinen Gefallen tun konnte.[25]

Der Gefallen band Beckett für die nächsten drei Tage an Giorgios Haus. Beckett und Giorgio waren gute Freunde aus vergangenen Zeiten. Gemeinsam quälten sie sich durch die schwierigen Fahnenabzüge von *Work in Progress.* (Den vielen kritischen Äußerungen über Giorgio, der nie einen Tag im Leben gearbeitet habe, sollte man die Jahre unbezahlter Arbeit entgegenhalten, die er seinem Vater schenkte.) Beckett war froh, daß er nicht bezahlt wurde. Aus reiner Höflichkeit nahm er das herablassend gewährte Almosen an, das Joyce ihm gab: zweihundertfünfzig Francs, einen abgelegten Staubmantel und fünf schon getragene Halstücher.[26]

Beckett, der nun erneut mit ins Familienleben einbezogen wurde, hatte Verständnis für Giorgios Anstrengungen, angesichts von Helens Persönlichkeitszerfall sein Zuhause zusammenzuhalten. Er selbst hatte beschlossen, nichts mehr zu schreiben, was Joyce von ihm verlangte, schon gar nicht aber die neue Erläuterung von *Work in Progress*, die Joyce der Veröffentlichung des Buches vorausschicken wollte. Falls es erneut zu einem Bruch kommen sollte, erklärte Beckett McGreevy, »(dann) diesmal wenigstens nicht wegen der Tochter«. Das einzige, was Beckett an seinem Wiedereintritt in den magischen Zirkel mißfiel, war die allwissende Art, wie Maria Jolas die Joyceschen Angelegenheiten in die Hand genommen hatte – ein Ärger, den Nora teilweise nachempfinden konnte. Beckett bezeichnete Mrs. Jolas gewöhnlich als »Jolases-Molases«, (Wortspiel mit *molasses* = Melasse, A. d. Ü.).[27]

Maria Jolas herrschte über Nora ebenso wie über Joyce. Nora war zwar stark, aber keineswegs herrschsüchtig. Wie Joyce, so stützte auch sie sich stets ebenso passiv wie fordernd auf die organisatorischen Fähigkeiten der Beschützerin der Stunde. In den späten dreißiger Jahren folgten sie den Ratschlüssen von Mrs. Jolas, und so dauerte es gar nicht lange, und der kleine Stephen war an deren École Bilingue in Neuilly eingetragen. Mrs. Jolas mischte sich jedoch niemals in die Beziehung zwischen Nora und Joyce; wie alle wunderte sie sich allerdings darüber, daß Joyce Nora nie auch nur ein böses Wort gab.

Eines Abends führten Nora und Joyce Helen, Giorgio, Beckett und Helens Freundin Peggy Guggenheim zum Essen aus, und im Anschluß daran gingen sie alle gemeinsam in die Villa Scheffer. Beckett, der Peggy die ganze Zeit angestarrt hatte, fragte, ob er sie nach Hause bringen dürfe. Zu Hause, so erinnerte Peggy sich später, gab er ihr zu verstehen, daß sie sich zu ihm aufs Sofa legen solle, »... und ehe wir es uns versahen, lagen wir zusammen im Bett, wo wir bis zum nächsten Abend blieben ...« Peggy verließ es nur, weil sie zum Abendessen verabredet war. Beckett dankte ihr und sagte: »Vielen Dank. Es geht halt alles mal zu Ende, aber es war sehr nett.«[28]

Als das Jahre 1937 zu Ende ging, traf Nora ein weiterer Schicksalsschlag. Helen hatte Giorgio dazu überredet, nach New York zurückzukehren, weil ihr Vater krank war. Sie hatte ihre Überfahrt für den 8. Januar gebucht. Nora war so wütend und gekränkt, daß sie sich weigerte, an Helens und Giorgios Neujahrsparty teilzunehmen. Beckett, der sie abholen kam, traf Joyce dabei an, wie er Nora anflehte, doch mitzukommen. Sie weigerte sich unnachgiebig. Da Joyce Nora nicht allein lassen wollte, schickte er Beckett als Abgesandten auf die Party zu Helen und Giorgio, und die Joyce-Paare verbrachten den Abend, gleichermaßen trübsinnig gestimmt, getrennt.[29]

Da Nora ja keinen Paul Léon hatte, der über ihren Seelenzustand berichtet hätte, kann man sich ihre Befürchtungen nur ausmalen. Sie hatte geglaubt, ihren Sohn und ihren Enkel für immer in Paris zu haben, und nun wurden sie ihr wieder entrissen. Angesichts des ganzen Kriegsgeschreis war mit einer langen Trennung zu rechnen. Dann war da auch noch das Problem mit Helens seelischem Gleichgewicht. Nora und Joyce sahen schon seit langem Schwierigkeiten voraus.[30]. Wenn mit Helen in Amerika irgend etwas schiefging, konnte Nora nichts tun, um Giorgio oder auch Stephen beizustehen. Die Kastors waren zum damaligen Zeitpunkt eine schwergeprüfte Familie. Im August 1937 hatte Helens älterer Bruder Alfred sich umzubringen versucht. Joyce schrieb Adolph Kastor daraufhin einen teilnahmsvollen, aber behutsamen Brief, um ihm sein Mitgefühl auszudrücken, und äußerte, ohne ins einzelne zu gehen, darin die Ansicht,

> (die) eigentliche körperliche Entstellung könnte auf Grund eines Eisenbahn- oder Maschinenunfalls viel schlimmer sein, und vielleicht erweist sie sich nur als der Preis, den er zu zahlen hatte, um sich von einer dämonischen Besessenheit freizukaufen.[31]

Die privaten Krisen gestalteten sich auch weiterhin als Karikaturen öffentlicher Traumen, so als wollten sie die Botschaft von Joyce' neuem Buch unterstreichen: daß die Geschichte einer Familie zugleich die Weltgeschichte sei. In der Nacht, ehe Giorgio und Helen abfahren sollten, wurde Beckett, mit zwei Freunden auf dem Nachhauseweg von einem Café am Linken Ufer, von einem Zuhälter niedergestochen, dessen aggressiver Zudringlichkeit er sich brüsk erwehrt hatte. Das Messer drang beinah in sein Herz, und er schwebte in Lebensgefahr.

Joyce erfuhr als einer der ersten von dem Überfall; er hatte bei Beckett im Hotel angerufen, weil er ihn sehen wollte. Von da an übernahmen die Joyce', als bevorzugte und wichtigste Freunde, die Verantwortung. Joyce ließ Beckett auf seine Kosten in ein Einzelzimmer verlegen. Ihre Ärztin, Dr. Fontaine, wurde zu dem Fall hinzugezogen. In ihrer Wohnung übernahm Nora den Telefondienst; es läutete unaufhörlich – »wie auf der Börse«, berichtete Joyce Helen und Giorgio, die nach Amerika abgereist waren, in einem Brief.[32] Selbst Peggy rief Nora an, um zu erfahren, wie es Sam ging. Nora machte einen Eiercremepudding und schickte ihn ins Krankenhaus, damit der Geschmack der heimatlichen irischen Küche zu seiner Genesung beitrug.

***

Beckett hatte sich kaum erholt, als der politische Himmel sich verdüsterte. Im März 1938 annektierte Hitler Österreich – der *Anschluß*, sein erster Schachzug außerhalb Deutschlands. Am selben Tag stürzte die französische Regierung. Es gab wie gewöhnlich um fünf Uhr Tee bei den Joyce'. Freunde fanden sich ein, doch die Stimmung war mehr die einer Nachtwache. Joyce' Stimmung war auf dem Tiefpunkt. Er erblickte im Nahen des Krieges eine furchtbare persönliche Tragödie. Wenn es dazu käme, würde niemand sein Buch lesen wollen. An jenem Tag gehörten zu der Gruppe auch Beckett und Elizabeth Curran. Niemand sprach. Das Schweigen war entsetzlich. Dann durchbrach Nora die trübselige Stimmung, indem sie mit munterer Stimme sagte: »Wir können es auch nicht ändern.« Ihr gelassener Fatalismus lockte die anderen aus ihrer Insichgekehrtheit heraus, und sie begannen miteinander zu reden, nun, da das gewöhnliche Leben wieder in seine Rechte eingesetzt war.

Noras Eingreifen wirkte sehr irisch auf Elizabeth. Maria Jolas und die Pariser literarische Szene (von Beckett und McGreevy abgesehen) begriffen niemals wirklich das Irische an ihr, war Elizabeths Eindruck. Sie vermittelten immer dies »Gefühl, sie kämen, um Den Meister zu sehen«. Sie mochten Nora zwar, begriffen jedoch nicht, wie sehr es Joyce *gefiel*, von Nora gegängelt zu werden. »Sie vermochte es, ihn mit ihrem schlichten, handfesten Humor einfach aus seinen Depressionen herauszuholen«, meinte Elizabeth. »Er brachte sie nie zum Schweigen, auch nicht für eine

Minute. Die anderen hoben ihn auf einen Sockel. Sie kamen, um anzubeten. Doch Menschen von daheim (aus Irland) konnten ihre innige Vertrautheit erkennen. Er fing ein Gespräch mit Nora an und schloß absichtlich alle anderen davon aus. Sie unterhielten auf einer sehr intimen Ebene eine Art ständiges Geplänkel. Sie war für ihn entlastend, ein Ventil. Man empfand das als etwas ganz Herrliches – dies Höchstmaß an Verstehen zwischen zwei Menschen.«[33]

Eine Methode Noras, ihren Gatten zu necken, war, daß sie damit drohte, die Zauberworte des wirklichen Titels von *Work in Progress* zu verraten. Joyce genoß es, wie Rumpelstilzchen seine Freunde zum Raten zu ermutigen. Nora beteiligte sich eines Abends, indem sie mutwillig die Melodie einer irischen Ballade über einen Mr. Flannigan und einen Mr. Shannigan summte. Ellmann schildert die Szene so:

> Joyce erschrak und bat sie, aufzuhören. Als er sah, daß noch kein Schaden angerichtet war, machte er wie ein Berufssänger sehr deutlich die Lippenbewegungen, die das *F* und das *W* andeuten. Maria Jolas riet: »Fairy's Wake«. Joyce blickte erstaunt und sagte: »Bravo! Aber etwas fehlt noch.«

Eugene Jolas brauchte die ganze Nacht dazu (und er hatte immerhin viele Auszüge aus dem Werk veröffentlicht), um das Rätsel zu lösen, und am nächsten Abend bei Fouquet nannte er seine Antwort: »Finnegans Wake«. Joyce erwiderte: »Ach Jolas, Sie haben etwas aus mir herausgeholt.« Doch er bezahlte ihm – am nächsten Morgen – die versprochene Belohnung, in Form eines Beutels Münzen.[34]

Beckett, dessen erster Roman, *Murphy*, gerade veröffentlicht worden war, verehrte Joyce immer noch. Als er wiederhergestellt war, begleitete er Joyce als Giorgio-Ersatz bereitwillig überallhin. Er war allerdings enttäuscht, als die Joyce' ihn nicht, wie erwartet, aufforderten, sie nach Zürich zu begleiten, als er aus dem Krankenhaus kam. Er war überzeugt davon, daß sie ihm noch nicht völlig verziehen hatten, daß er ihre Tochter zu ihrer aussichtslosen Leidenschaft verleitet hatte. Als Joyce Beckett seine neueste Theorie über Lucia anzuvertrauen begann – daß ihre geistige Verwirrung möglicherweise von einer Zahnentzündung herrührte –, hörte Beckett geduldig zu, dankbar, ins Vertrauen gezogen zu werden. Und seine Hochachtung für Nora, die immer schon groß gewesen war, wurde nur noch größer, als sie ihm ein paar von den größeren Möbelstücken, die sie nicht brauchte, für seine neue Wohnung schenkte. (Anders als die Joyce' zog Beckett Arbeiterviertel und einen schlichten Lebensstil vor.)

Ihr gesellschaftliches Leben war auch weiterhin lebhaft. Joyce schlug allerdings eine Essenseinladung aus, weil sie für 19 Uhr 30 ausgesprochen wurde, eine Stunde, die er immer noch als unzivilisiert ansah, wenn es ums Abendessen ging. Nora vertrat sie beide bei einer fünfstündigen russisch-orthodoxen Beerdigung des großen Bassisten Chaliapin.[35] Dann wurde die Welt für sie wieder heller, als, Noras Ahnung zum Trotz, im April Giorgio und Helen zurückkehrten.

Im Mai fanden Nora und Joyce sich zu Aufnahmen in der Villa Scheffer ein, die drei Tage dauerten und ein Teil der Werbemaßnahmen für *Finnegans Wake* darstellten. Das Buch war fast fertig, auch wenn es, anders als Joyce gehofft hatte, nicht mehr rechtzeitig bis zum Geburtstag seines Vaters am 4. Juli erscheinen konnte. Die Fotos, die damals von Gisèle Freund aufgenommen wurden (die Sylvia Beach als Adrienne Monniers Gefährtin abgelöst hatte), gehören zu den schönsten, entspanntesten und glücklichsten, die je von Joyce gemacht worden sind. Er lächelt selbst noch in der Nähe eines der von ihm so gefürchteten Hunde. Helen, Giorgio (ebenfalls ausnahmsweise mit einem Lächeln) und Stephen sind gleichfalls auf den Fotos zu sehen. Von Nora findet sich jedoch keine Spur. Sie, die sich doch so gern fotografieren ließ, weigerte sich kategorisch, sich dazuzugesellen, und erklärte, wie es traditionellerweise die Großmütter tun, daß sie ja doch niemand anschauen wolle. Vielleicht fühlte sie sich durch ihre Schwiegertochter in den Schatten gestellt. Helen strahlt vor Vergnügen, wie auf den meisten ihrer Aufnahmen.

Zwei Monate später war sie Patientin in einer Psychiatrischen Klinik in Montreux und litt an einer schweren Depression. Als reiche eine Tragödie der Art, die seiner Tochter, nicht aus, so schrieb Joyce an seinen Freund Louis Gillet, ein Mitglied der Académie Francaise.[36] Nora hatte die traurige Genugtuung, daß ihr Pessimismus im Hinblick auf die Ehe im Jahr 1930 sich nur als allzu begründet erwiesen hatte. Helens Krankheit spaltete die Familie ebenso, wie die von Lucia es getan hatte. Weder Nora noch Giorgio vermochten zu glauben, daß es Helen noch einmal wesentlich besser gehen würde. Joyce hingegen gab sich optimistisch. Er hatte Helen sehr gern. Am 4. Juli schickte er ihr Blumen und drängte sie liebevoll: »Werd bald wieder fröhlich, aus Liebe zu Giorgio.«[37]

***

In jenen Monaten des ausklingenden Jahres 1938, als er seiner Tochter ebenso beraubt war wie seiner Schwiegertochter und Europa sich am Rande eines Krieges befand, schrieb Joyce den Schluß von *Finnegans Wake*. Nachdem er ihn geschrieben hatte, war er so erschöpft, daß er lange Zeit auf der Straße auf einer Bank saß, unfähig, sich zu rühren, doch, was bei ihm eine Seltenheit war, zufrieden. Dies waren die letzten Seiten, die er jemals schreiben sollte, und sie zählten zu seinen größten. Wie obskur das übrige Buch auch sein mag, diese Seiten rechtfertigen Joyce beharrliche Forderung: »Wenn jemand einen Abschnitt nicht versteht, braucht er ihn bloß laut zu lesen.«[38]

Der Schlußabschnitt von *Finnegans Wake* ist, wie der von *Ulysses*, als Stimme einer Frau geschrieben – der einer Irin. Sie ist Anna Livia Plurabelle, die weibliche Hauptfigur des Buches, die universale Mutter. Innerhalb der symbolischen Kurzschrift von *Finnegans Wake* ist die Frau aber auch ein Fluß, der Liffey, und sie spricht, während sie ihrer Auslöschung in den eiskalten Armen der Dublin Bay zueilt.

Anna Livias Tagtraum zeigt eine Frau, am Ende ihres Lebens, wie Mollys Monolog im *Ulysses* eine Frau am Ende ihres Tages zeigt. Anna schaut zurück auf die langen Jahre, den Werdegang von der mädchenhaften Schönheit zur abgearbeiteten alten Frau, und findet sich seelenruhig mit der Flüchtigkeit aller Sorgen ab, die damit verbunden sind, daß man Kinder großzieht und eine Familie zu versorgen hat und sein Leben einem unmöglichen Mann widmet:

> I done me best when I was let. Thinking always if I go all goes. A hundred cares, a tithe of troubles and is there one who understands me? One in a thousand of years of the nights? All me life I have been lived among them but now they are becoming lothed to me. And I am lothing their little warm tricks. And lothing their mean cosy turns. And all the greedy gushes out through their small souls. And all the lazy leaks down over their brash bodies. How small it's all![39]

Die Familie, die Nora und Joyce gründeten, war die von *Finnegans Wake* – eine Familie außerhalb eines kulturellen Zusammenhangs, wie der arme Giorgio mit seinem undefinierbaren Akzent lernen mußte. Heute sind die Marxisten unter den Joyce-Forschern der Auffassung, daß Joyce sich in *Finnegans Wake* von seiner kolonialen Vergangenheit loskämpfte; sie weisen außerdem darauf hin, daß Irlands größte Prosaschriftsteller des zwanzigsten Jahrhunderts die Sprache der Eroberer abgestreift hätten, Joyce, indem er sich seine eigene Sprache erfindet, Beckett, indem er auf Französisch schreibt.

Dabei ist die universale Sprache, die Joyce schuf, eigentlich ein Englisch mit fremden Einschlägen und einem starken irischen Akzent. Genauso sprach Nora. Ihr ganzes Leben lang wahrte ihre Rede die Rhythmen Irlands: »Ich bete zu Gott ich bete zu Gott um Regen jede Nacht.«[40] Wenn die polyglotte Sprache von *Finnegans Wake* Joyce' trimphale Antwort auf Stephen Dedalus' Klage über das Englisch ist, das sein Dekan in *Porträt des Künstlers als junger Mann spricht* – »The language in which we are speaking is his before it is mine«, dann ist es doch ebenso richtig, daß die Worte von Molly Bloom und Anna Livia Plurabelle die Noras waren, ehe sie Joyce' wurden. Indem er sich einer weiblichen Stimme bedient, um die universale Wahrheit auszusprechen – daß alle Dinge sterben und erneut geboren werden –, macht Joyce aus der Rede der Frau die universale Sprache.

Vor allem aber schöpfte Joyce für den Epilog von *Finnegans Wake*, eine große abschließende Hymne auf das Einverständnis mit dem Tod, weil das Leben ihn überdauert, aus Noras Wesen – der gelassenen, wann auch spöttischen Hinnahme all dessen, was das Leben bringen mag: die Liebe, die unvernünftige, zuweilen obszöne Leidenschaft, Trunksucht, Enttäuschung, Wahnsinn, Luxus und Armut.

Als Anna Livia sich den »therrible prongs« der Dublin Bay und ihrer Auslöschung im großen Vater, dem Meer, nähert, stöhnt sie:

> I am passing out. O bitter ending! I'll slip away before they're up. They' ill never see. Nor know. Nor miss me. And it's old and old it's sad and old it's sad and weary I go back to you, my cold father, my cold mad father, my cold mad feary father, till the near sight of the mere size of him, the moyles and moyles of it, moananoaning, makes me seasilt saltsick and I rush, my only, into your arms.[41]

Immer noch frisch in Anna Livias Gedächtnis sind die Tage ihrer frühen Liebe, ihrer Kinder im Säuglingsalter, ihres eigenen Vaters, ihrs Nachgebens gegenüber einem übermächtigen Mann, der sie auslöschte. Sie verschwindet mit einem Wellenkräuseln, als der Morgen graut:

> So soft this morning, ours. Yes. Carry me along, taddy, like you done through the toy fair! If I seen him bearing down on me now under whitespread wings like he'd come from Arkangels, I sink I'd die down over his feet, humbly dumbly, only to washup. Yes, tid. There's where. First. We pass through grass behush the bush to. Whish! A gull. Gulls. Far calls. Coming, far! End here. Us then. Finn, again! Take. Bussoftlhee, mememormee! Till thousendsthee. Lps. The keys to. Given! A way a lone a last a loved a long the[42]

Alle Dinge vergehen, doch das Leben erneuert sich. Enden sind Anfänge. Der Fluß wird zum Meer, das Wolke wird, die Regen wird, der in Flüsse fällt, die zum Meer fließen. Alles bewegt sich im Kreis, so wie der letzte unvollständige Satz von *Finnegans Wake* sich im Kreis dreht, um an den Anfang des Buches anzuknüpfen:

> riverrun, past Eve and Adam's, from swerve of shore to bend of bay, brings us by a commodius vicus of recirculation back to Howth Castle and Environs.[43]

***

Am 2. Februar 1939 war ein gebundenes Exemplar von *Finnegans Wake* fertig, wenn das Buch auch vor Mai nicht erscheinen sollte. Das Ereignis wollte gefeiert werden, und dies um so mehr, als Helen, die Depression und Klinik hinter sich gelassen hatte, wieder nach Paris zurückgekehrt war, in glänzender Verfassung, lebhaft und bezaubernd. Sie organisierte ein Festessen, zu dem Joyce all seine engen Freunde einlud, seinem Geburtstag und seinem Buch zu Ehren. Helen ließ ihre sämtlichen Talente spielen. Für ihre Tafel trug sie die Symbole von Joyce' Werk und Leben zusammen: Silberpapier, das für den Liffey und die Seine stehen sollte, ein spiegelndes Tablett, das den Ärmelkanal darstellte, eine Flasche in Form der Nelson-Säule in Dublin und eine Karaffe in Form des Eiffelturms. Sie hatte außerdem einen Bäcker beauftragt, einen Kuchen in der Form sämtlicher Bücher Joyce', von *Dubliner* bis *Finnegans Wake*, wie sie nebeneinander aufgereiht standen, zu backen. Anderen mag die Beweihräucherung peinlich gewesen sein, Joyce fand sie herrlich.[44]

Joyce schwelgte zudem in seiner eigenen symbolträchtigen Feier. Er schenkte Nora einen Ring mit einem großen Aquamarin, das Symbol des Liffey und ihrer selbst: Fluß des Lebens. Nora trug den Ring stolz beim Festessen. »Jim«, sagte sie vor allen anderen, »ich habe zwar keines deiner Bücher gelesen, doch das werde ich nun wohl tun müssen, wo ich sehe, daß sie sich so gut verkaufen.« Niemand lachte. Alle spürten das Gewicht der Jahre des Hungers, der Armut und der Krankheiten, die die beiden Joyce' gemeinsam hinter sich gebracht hatten.[45]

Joyce, der sich dank seiner Schwiegertochter mit dem amerikanischen Akzent versöhnt hatte, bat Helen, doch die letzten Seiten von *Finnegans Wake* vorzulesen. Während sie saßen und zuhörten, wußte Nora als einzige von allen Menschen im Zimmer, daß der Liffey an Ringsend vorbei ins Meer fließt, wohin sie und Joyce an ihrem ersten Abend gegangen waren, und daß Jim sein Buch genau mit den Worten beendet hatte, in denen er sie 1904 gebeten hatte, mit ihm wegzugehen: »Ist da jemand, der mich versteht?« Kein Wunder, daß Nora in späteren Jahren immer wieder sagte:

»Was heißt denn nur immer *Ulysses*? *Finnegans Wake*. Das ist das wichtigste Buch.«[46]

***

Oh bitteres Ende. Die Party war Helens letzter Auftritt als Mrs. George Joyce. Im April war ihr Pariser Familienleben zerstört. Helen war abermals zusammengebrochen und nach Montreux zurückgeschickt worden. Der Mietvertrag der Wohnung in der rue Edmond-Valentin war abgelaufen, und viele ihrer Freunde verließen Paris. Hitler hatte die Besetzung der Tschechoslowakei abgeschlossen, und man sprach von Invasion. Dr. Delmas traf Anstalten, seine Klinik und seine Patienten nach La Baule in der Bretagne zu verlegen. Immer noch faßten Nora und Joyce nicht etwa den Plan, von Paris wegzugehen, sondern zogen statt dessen in eine neue, kleinere Wohnung in der 34, rue des Vignes, nicht weit weg von Giorgio im XVI. Arrondissement. Während sie packten, überreichte Joyce Paul Léon acht Stöße Fahnen von *Finnegans Wake*, die er Miss Weaver in London senden sollte. Nora versuchte, ihre eigenen Papiere zu ordnen. »Ich habe einen furchtbaren Tag hinter mir«, sagte sie zu Maria Jolas, »... ich habe Jims Briefe an mich zerrissen. Sie gingen niemanden etwas an. Es waren sowieso nicht viele – wir sind eigentlich nie getrennt gewesen.«[47] Ihre Äußerung war nicht ganz zutreffend, wie das Auftauchen der Briefwechsel von 1904, 1909 und 1917, die in Triest geblieben waren, später zeigen sollte. Was Nora selbst auf dem Weg der Zerstörung der Zensur überantwortete, bleibt ihr Geheimnis.

Noras politische Ansichten über den Krieg waren weniger ambivalent als die ihres Gatten. So wie sie niemals anti-britisch war, so war Nora auch niemals neutral. Joyce zog sie gern wegen ihrer royalistischen Neigung zu »King Giorgio« auf, und Nora brachte Maria Jolas damit zum Lachen, daß sie den Blick auf den beiden kleinen Jolas-Töchtern ruhen ließ und erklärte: »Tina und Betsy erinnern mich jedesmal an Elizabeth und Margaret Rose.«[48]

Joyce war zwar nicht so offen pro-deutsch, wie er es während des Ersten Weltkriegs gewesen war, zog jedoch auch nie in solch vollmundigen Worten über Hitler her, wie viele seiner späteren

Bewunderer es vielleicht gern gehabt hätten. Er nahm starken Anteil an den Leiden der Juden und machte seinen ganzen Einfluß geltend, um etlichen von ihnen bei der Flucht aus Deutschland behilflich zu sein. Gelegentlich machte er jedoch Äußerungen, die sich für Nachkriegsohren unglaubwürdig anhören. Von Hitler sagte er einmal verächtlich: »Gebt ihm Europa!«[49] Ungerührt bemerkte er eines Abends bei den Léons, wie sehr ihn Hitlers ungeheure Kraft und seine Führereigenschaften beeindruckten. Das war zuviel für Nora. Sie nahm ihr Messer, sprang auf und drohte: »Jim, noch ein gutes Wort über diesen Teufel, und ich bringe dich um!« Ihre Reaktion war eine so eigenartige Mischung aus echtem Zorn und Schauspielerei, daß Carola Giedion-Welcker an Charlotte Corday denken mußte: »Ich verspürte schlagartig den Wunsch, diese temperamentsprühende Irin, die mit gezücktem Messer am Kopf des Tisches stand, gegen Hitler Front machen zu sehen statt gegen Joyce.« Joyce, so beobachtete Carola Giedion-Welcker, akzeptierte Noras Ausbruch bewundernd und fasziniert, wie er es immer tat, wenn sie sich selbst spontan zu Dingen äußerte, über die er lange nachgedacht hatte, ohne endgültig zu einem Schluß gelangt zu sein.[50]

***

Im Jahr 1939 schrieb Joyce, der den Kontakt zu Harriet Weaver fast gänzlich hatte abreißen lassen, ihr einen Bericht über Helens Zusammenbruch. Das Familienleben seines Sohnes, so sagte er, sei völlig ruiniert. Miss Weaver schrieb zwar verständnisvoll zurück, doch gelang es ihr einmal mehr, die falschen Worte zu wählen. Joyce antwortete darauf, indem er sie einer unangebrachten Neugier gegenüber seinen Familienangelegenheiten bezichtigte.[51] Miss Weaver zerstörte diesen Brief und den vorausgegangenen über Helen, vielleicht ihr letzter großer Dienst an Joyce, dem Menschen. Sein Brief an sie hätte ihm wohl schwerlich Ehre eingetragen.

***

Helen hatte den größten Teil des Sommers 1939 in der Klinik in Montreux verbracht, während Stephen in einem Sommercamp in Etretat war. Nora und Joyce besuchten ihn dort. Helen tauchte im September wieder in Paris auf – keine ideale Zeit, um das seelische Gleichgewicht zu wahren. Der Krieg begann. In den ersten Septembertagen fiel Polen, Großbritannien und Frankreich erklärten Deutschland den Krieg, und die Invasion Frankreichs konnte jeden Augenblick erfolgen. Eugene Jolas war in die Vereinigten Staaten zurückgekehrt. Maria hatte ihre Schule in ein Dorf in der Nähe von Vichy evakuiert und ihrem Mann das Versprechen gegeben, daß sie ihre beiden Töchter nehmen und Europa verlassen würde, falls sich die Lage verschlimmerte. Einige wenige harrten jedoch in Paris aus: Sylvia Beach und, eine Zeitlang, Getrude Stein und Alice B. Toklas. Helen Joyce war überhaupt nicht in der Verfassung, um die tägliche wachsende Spannung zu verkraften. Nachdem sie Stephen in seinem Sommercamp aufgespürt hatte, schickte sie den Joyce' eine Postkarte nach La Baule. Vorn ist ein Foto von Stephen drauf, der wie ein nachdenklicher Engel aussieht, und auf der Rückseite steht eine mit solch fieberhafter Hast hingekritzelte Botschaft, daß ihnen, nach ihrer traurigen Erfahrung mit Lucia, klar sein mußte, daß mit Helens Kopf etwas nicht in Ordnung war.

Was auch stimmte. Die Currans hielten Helens endgültigen Zusammenbruch für »so eine Menopausen-Angelegenheit« (Helen war 1939 vierundvierzig). Das Tragische daran für sie alle war, daß dieser Zusammenbruch sich in bizarren Verhaltensweisen ausdrückte, die sie am Ende in die Hände der Polizei geraten ließen. Peggy Guggenheim schilderte das Ereignis ungerührt in ihren Erinnerungen, indem sie ein Kapitel mit dem Titel »Mein Leben während des Krieges« mit der Beschreibung der letzten Stunden beginnt, die Helen in Paris in Freiheit verbrachte:

> Giorgio Joyce hatte in dieser Zeit ziemliche Sorgen, weil seine Frau Helen verrückt wurde. Sie rannte in Paris nur noch mit zwei blauen persischen Kätzchen herum, die sie überallhin mitnahm, um aufzufallen. Sie hatte ein Verhältnis mit irgendeinem Anstreicher auf dem Lande und – damit nicht genug – versuchte, jeden Mann zu verführen, der ihr über den Weg lief. Giorgio besuchte mich und fragte mich um

Rat. Er wohnte jetzt bei unserem gemeinsamen Freund Ponisowskij. Vor allem wegen ihres Kindes machte er sich Sorgen und wollte es unbedingt von seiner Frau fernhalten. Eines Abends war Giorgio mit mir in einem Restaurant, als seine Frau mit der Krankenschwester hereinkam, die man ihr zur Betreuung gegeben hatte. Helen machte eine schlimme Szene, und ich ging sofort weg. Die Sache mit Helen wurde immer peinlicher, und man mußte bereits fürchten, daß Giorgio seine Frau in eine geschlossene Anstalt bringen würde. Da Ponisowskij und ich nicht wußten, wie krank sie wirklich war, redeten wir noch auf Giorgio ein, um ihn vor diesem Schritt zurückzuhalten. Unterdessen machte Helen unverantwortliche Schulden in verschiedenen Modesalons. Offensichtlich litt sie unter Größenwahn. Auch ging sie zur Polizei und klagte harmlose Leute als Spione an; unter anderen wurden Elsa Schiaparelli und ihr Schwiegervater James Joyce Opfer ihrer Denunziation. Helen fing an, wirklich gefährlich zu werden; als sie schließlich auch noch tätlich wurde, mußte sie hinter Schloß und Gitter gebracht werden.[52]

Während der Exodus aus Paris sich im September 1939 verstärkte, waren Nora und Joyce in La Baule und warteten auf Lucias Verlegung. Sie kam mitsamt ihrer Klinik Mitte September dort an. Sie blieben, um in ihrer Nähe zu sein. Giorgio, der nicht mehr in der Villa Scheffer wohnte, war irgendwo in Paris. Er wollte, daß Helen nach New York zurückgeschafft wurde. Joyce bat Paul Léon, an Robert Kastor zu schreiben und ihm Giorgios Ansinnen klarzumachen. Léon weigerte sich. Daraufhin brach Joyce brutal die Verbindung mit dem Mann ab, der zehn Jahre lang sein engster Mitarbeiter gewesen war.[53]

Giorgio, der sich Sorgen machte wegen Stephen, beschloß zu handeln. Er bestimmte einen Freund dazu, ihn zu Helens Villa am Stadtrand von Paris zu begleiten, um die Tatsache zu bezeugen, daß sie ihn nicht in sein eigenes Haus lassen wollte. Während sie sich dem Haus näherten (das von Helen Shillelagh getauft worden war), tauchte sie auf und befahl ihnen, nicht näher zu kommen. Sie bückte sich und begann, sie mit Steinchen vom Kiesweg zu bewerfen, bis sie den Rückzug antraten.

Die endgültige Trennung zwischen Gatten und Gattin vollzog sich in Form eines buchstäblichen Tauziehens um Stephen. Bei hellichtem Tage kidnappte Giorgio letztlich seinen eigenen Sohn und bugsierte ihn, während Helen den Jungen umklammerte, in ein Taxi. Giorgio rief seinen Vater und seine Mutter in La Baule an. Sie waren bereit, nach Paris zurückzueilen, um ihm zu helfen. Joyce versicherte Lucia, sie würden bald zurückkehren, doch er irrte sich. Eine Wahnsinnige nahm sie der anderen weg. Er sollte seine Tochter niemals wiedersehen.

Nora stand vor der Aufgabe, in der Wohnung in der rue des Vignes, die für zwei Personen gedacht war, ein Zuhause für vier zu schaffen. Ein normales Leben war unmöglich. Schon Anfang Oktober setzte eine bittere Kälte ein, und in dem Mietshaus gab es keine Heizung. Sie beschlossen, gemeinsam ins Hôtel Lutétia am Boulevard Raspail zu ziehen. Während sie das taten, wurde Helens Zustand schlimmer. Nachdem ihr Stephen weggenommen worden war, ging sie, wie von Peggy geschildert, wie verrückt einkaufen und machte Schulden von einer halben Million Francs. Was als nächstes geschah, schilderte Joyce ebenso bekümmert wie würdevoll am 9. Januar 1940 in einem Brief an Mercanton: »Meine unglückliche Schwiegertochter ist, nachdem sie um sich herum unbeschreibliche Verheerungen sowohl materieller wie auch moralischer Art angerichtet hat, von der französischen Polizei als gefährlich für sich selbst und andere eingesperrt worden.«[54]

Helen war tatsächlich in der *maison de santé* in Suresnes, außerhalb von Paris, eingesperrt, einem psychiatrischen Krankenhaus, das viele bekannte Patienten hatte. Robert Kastor flog Anfang November herüber, um zu versuchen, seine geliebte und einst so elegante Schwester nach Manhattan heimzuholen, doch Helen war zu unruhig, um in ein Flugzeug gesetzt werden zu können. Fürs erste mußte er sie in Suresnes lassen. Er kehrte mit einem Clipper der Pan American allein nach New York zurück.[55]

Nora und Joyce beschlossen, Stephen auf Maria Jolas' Schule in ihrem Evakuierungsdomizil auf einem Dorf bei Vichy zu schicken. Im November reiste Stephen, gerade sieben Jahre alt, nachdem er von einem Kindermädchen zum anderen und von der Schule ins Feriencamp gescheucht worden war, zu der Schule in St. Gérand-le-Puy. Er war in einem Zustand äußerster Nervosität und erhielt ein Zimmer für sich, weitab vom lärmerfüllten Schlafsaal. Einige Mitglieder des Kollegiums, denen er leid tat, schmuggelten Süßigkeiten für ihn herein und hofften, daß Madame Jolas nichts davon erfahren würde.[56]

Vielleicht erinnerte Joyce das einsame Exil seines Enkels ja an das Heimweh und die Einsamkeit eines kleinen Jungen, der mit sechs Jahren im Jahr 1888 in Irland auf die Internatsschule Clongowes Wood geschickt worden war. Er versprach seinem Enkel, daß er und Nonna, wie Stephen Nora nannte, ihn Weihnachten besuchen würden. In der abnormen Atmosphäre von Paris mit seiner Ausgangssperre und der täglichen Bombenerwartung zurückgeblieben, erlitt Joyce selbst eine Art Zusammenbruch, insofern er ungezügelt Geld ausgab und trank. Er hing in geradezu kindlicher Weise von Beckett ab und kehrte mit ihm in die rue des Vignes zurück, um ein paar Sachen zu holen. Alles war noch dort, selbst das Klavier. Joyce setzte sich hin und spielte und sang eine halbe Stunde laut, während ihm Stimme und Hände zitterten. »Was hat dieser Krieg für einen Sinn?« fragte er Beckett.[57] Beckett, ein Mann, der jünger war als er und entschieden frankophil, sah im Krieg gegen Hitler doch mehr als eine Störung seines Privatlebens und betätigte sich später bei der französischen Résistance.

Zwei Tage vor Weihnachten setzte Beckett Nora und Joyce in den Zug nach St.Germain-des-Fossés, der Bahnstation, die St.Gérand-le-Puy am nächsten lag. Von ihrer Kleidung abgesehen, ließen sie alles, was sie besaßen, in ihrer Wohnung zurück. Giorgio fuhr zwar auch mit, hatte jedoch die Absicht, unmittelbar nach den Feiertagen wieder zurückzufahren. Nora und Joyce schienen nicht zu wissen, wohin sie als nächstes fahren wollten, und es schien sie auch nicht zu kümmern. Joyce war schwach und erschöpft, Nora litt unter den Anfängen einer Arthritis. Als sie Paris, wieder einmal entwurzelt, den Rücken kehrten, brauchten sie ihren Enkel ebensosehr wie er sie.

Es war das Ende einer Ära, und es bahnte sich, auch wenn Joyce sie nicht mehr erleben sollte, eine neue an. Noch während der Krieg ganz Europa zu verschlingen drohte, setzte ein Professor namens Joseph Prescott, der am Englischen Seminar der University of Connecticut lehrte, eine Anzeige in eine kontinentaleuropäische Zeitung. Er suchte Manuskripte und anderes Material, die im Zusammenhang mit James Joyce standen.

17. Kapitel

Flucht nach Zürich

St. Gérand-le-Puy ist ein Dörfchen etwa dreihundert Kilometer südöstlich von Paris. Sein Gittermuster aus den grauen Straßen und den Häusern mit ihren Fensterläden liegt zwischen dem goldenen Ackerland des Allier und der Hauptfernverkehrsstraße von Clermont-Ferrand nach Paris. Als sie dort 1939 unmittelbar vor Weihnachten eintrafen, stellten die Joyce' fest, daß das Hôtel de la Paix, wo Maria Jolas Zimmer für sie bestellt hatte, kaum mehr als ein Café war, dessen Gastzimmer auf den Dorfplatz und die laute Fernverkehrsstraße hinausgingen.

Nora überredete Joyce dazu, sich hier niederzulassen, bis ihnen klarer wäre, was als nächstes geschehen sollte. Obwohl ihnen beiden die Langeweile des Dorflebens mißfiel, hatte es doch keinen Sinn, nach Paris zurückzukehren. Wenigstens mußten sie in St. Gérand nicht in ständiger Nervenanspannung auf den nächsten Bombenangriff lauschen. Außerdem konnte Stephen jeden Sonntag, wenn er schulfrei hatte, aus dem Jolasschen Internat zu ihnen kommen. Da sie nun einmal von ihren Habseligkeiten, ihrer Wohnung und ihren Freunden abgeschnitten waren, kam es kaum mehr darauf an, wo sie sich aufhielten. Nora sorgte sich augenblicklich allerdings um Giorgio. Er war gleich nach Weihnachten nach Paris zurückgekehrt und hatte nicht geschrieben, nicht einmal, um ihnen seine Anschrift mitzuteilen. (Giorgio war tatsächlich wieder ins Hôtel Lutétia gezogen und hatte ein Verhältnis mit Peggy Guggenheim angefangen.)[1]

Nora paßte sich dem Dorfleben besser an als Joyce, der darauf keinen Wert legte. Er erschien als einsame, schweigsame Gestalt, während er durchs Dorf wanderte, die Taschen voller Steine, um die Hunde zu vertreiben, die nach seinen Fersen schnappten. Gelegentlich sah man ihn verstohlen die Kirche betreten, wo er sich schweigend in einen Kirchenstuhl an der Rückwand setzte. Nora grüßte im Unterschied zu ihm bald jeden, der ihr begegnete, mit Namen und hatte Freundschaften unter den verheirateten Frauen geschlossen. Sie wußten, daß sie die Frau eines berühmten Schriftstellers war und erblickten in ihr *»une dame distinguée, agréable et calme«*, die sich hervorragend hielt und einen prachtvollen Astrachanmantel trug.[2]

Ihr Leben befand sich im Zustand der Lähmung. Sie waren zwar zu Beginn des Jahres 1940 in einer weitaus glücklicheren Lage als viele andere in Europa, doch vermochten sie nicht zu erkennen, welchen Weg sie künftig einschlagen sollten. Nora hatte Joyce noch nie in einer derart düsteren Stimmung erlebt. Zwar hatte er ihr 1912 geschrieben, er sei wie ein Mann, der in einen dunklen Teich blickt, doch keine der Frustrationen an den Anfängen seiner Laufbahn war mit dem Abgrund zu vergleichen, in den er 1940 schaute. Seine private Welt war zerbrochen, und das Buch, mit dem er sich siebzehn Jahre lang abgeplagt hatte, hatte bei weitem nicht die Wirkung des *Ulysses* erzielt. Schlimmer noch, zum erstenmal im Leben hatte er kein neues Werk in Arbeit. Wie im Fall Othellos, so war auch seine Beschäftigung dahin.

***

Bemerkenswert ist jedoch, wenn man den Wahnsinn des Krieges bedenkt, wie gut die ersten Kritiker von *Finnegans Wake* das Buch und Joyce' Absicht verstanden. Der amerikanische Kritiker Edmund Wilson hatte den Lesern bereits lange, ehe das Buch vollendet war, einen nützlichen Schlüssel an die Hand gegeben. Wenn heute einige Kritiker Wilsons Behauptung, das Buch sei die Geschichte eines Traums und seine Handlung vollziehe sich im schlafenden Bewußtsein H. C. Earwickers, auch widersprechen, so erläuterte Wilson doch so gut, wie Joyce sich das überhaupt nur wünschen konnte, das Funktionieren von dessen neuer Sprache.

Ein einziger von Joyce' Sätzen, behauptete Wilson, kombiniere zwei oder drei unterschiedliche Bedeutungen. Schon ein einziges Wort könne zwei oder drei kombinieren:

> ... ohne die Erschwerungen seines Wortschatzes könnte Joyce zweifellos nie mit so einfühlender und sicherer Hand das verschlungene Leben jener geistigen Halbwelt, in der das Unterbewußte sich mit dem Bewußten mischt, ausmalen – so wie er ohne die Hilfsmittel der Historie und des Mythos seinem Gegenstand nicht die poetische Vielfalt der Bedeutung geben könnte, die über den realistischen Rahmen, der das Ganze zusammenhält, hinausgeht. In H. C. Earwicker sollen wir »Everyman« (Jedermann) erkennen (er stellt sich vor, daß seine Initialen »Here Comes Everybody« bedeuten). In seinem Traum finden sich alle menschlichen Möglichkeiten – (...) Und wieviel Humor, wieviel Phantasie, wieviel dichterische Sprache, wieviel psychologische Weisheit hat Joyce in Earwickers Traum eingebracht![3]

Die *Time* hatte Joyce einmal mehr eine Titelgeschichte gewidmet, die von einem weiteren Beispiel populärer Literaturkritik begleitet war. Es erläuterte die vielschichtigen Bedeutungen des Titels:

> Abgesehen davon, daß er die Leser daran erinnerte, daß sie einen irischen Abend zu erwarten haben, mag man seinen Titel auch als einfachen Aussagesatz nehmen, der bedeutet, daß die Finnegans erwachen. Was wiederum soviel bedeutet wie: Gewöhnliche Menschen (wie sein Held) tun das nicht; die Alptraumexistenz Jedermanns endet lediglich in immer noch tieferem Schlaf.[4]

Die *Time* meinte es auch mit Nora wieder gut. Sie wartete mit einem würdevollen Foto auf, das die Bildunterschrift trug: »In Galway war sie eine Barnacle«, und zitierte ihre Erinnerung an Zürich als einen Ort der Armut und der beengten Behausungen – »reich an Mäusen, arm an Küchengeräten«.

Geoffrey Grigson kennzeichnete in der britischen *Picture Post* die Handlung als »die Abenteuer des ursprünglichen Mannes und der ursprünglichen Frau, H. C. Earwickers (oder ›Haveth Children Everywhere‹) und Anne (sic) Livia Plurabellas (sic), die

Eva ist und sämtliche Flüsse der Welt, wie H. C. Earwicker alle Berge der Welt ist«. Das Buch, so lautete Grigsons Urteil, sei »ein Irish Stew mit Passagen von echter Schönheit« und seine »neue« Sprache sei im Wesentlichen das Englische, das allerdings »mit allem Sonstigen vom Irischen bis zum Isländischen vermischt« sei.

Wie um Joyce' Zügellosigkeit beim Erfinden einer neuen Sprache zu rechtfertigen, meinte Grigson, Joyce sei in Paris zu einem König geworden, den die Schriftsteller anbeteten wie die Maler Picasso anbeteten. Die Vergötterung, sagte Grigson damit implizit, habe Joyce nicht gut getan.[5]

***

Einem Künstler, der sich zwangsweise in einem Dorf in der Auvergne aufhielt, war nicht viel Vergötterung vergönnt. Nora war, anders als ihr Gatte, rühriger denn je zuvor. Sie gab sich alle Mühe, ihn zu zerstreuen, Freunde für ihn aufzutun, wenigstens den Anschein eines geregelten Tageslaufs zu erwecken. Sie fand einen Barbier für ihn, wo er jeden Morgen mit seinem eigenen Rasierzeug hinging, um sich rasieren zu lassen, und eine Friseuse für sich selbst, zu der sie jede Woche ging, um sich ihr dichtes, mittlerweile ergrautes Haar waschen und zu einem Knoten frisieren zu lassen. Eines Tages beschloß Joyce, daß Noras Friseuse, eine Madame Bouboule, ihm ebenfalls das Haar schneiden sollte. Madame Bouboule lehnte das entsetzt ab. Sie schneide bloß Frauen das Haar, wandte sie ein. Joyce, der sexuelle Schranken beim Haareschneiden ebenso verächtlich abtat wie solche in der Sprache, wurde daraufhin störrisch und weigerte sich so lange, ihr Geschäft zu verlassen, bis sie nachgab.[6]

Frustriert und gelangweilt, verbrachte Joyce eine Menge Zeit damit, im Café des Hôtel de la Paix zu trinken. In einem so kleinen Dorf kostete es ihn jedoch weit mehr Mühe, sich unbemerkt von Noras wachsamem Auge davonzustehlen. Er verfiel darauf, das Café durch die Hintertür zu betreten, und dort vor dem Abendessen mehrere Gläser Pernod zu trinken, so daß er beim Essen dann im Nu betrunken war. »Nun seht euch diesen Menschen an«, sagte Nora, »verträgt nicht einmal ein Glas Wein« oder »er redet ja lauter Unsinn!«[7] Essen vertrug er ebensowenig, und Nora fand, vom Teegebäck abgesehen, kaum etwas, das seinen Appetit reizte.

Selbst noch im winzigen St. Gérand blieben Nora und Joyce Nomaden. Sie zogen innerhalb eines Jahres viermal um. (Im Jahr 1982, als das Dorf beschloß, mit einer Gedenktafel an Joyce' einjährigen Aufenthalt dort zu erinnern, hatte die Verwaltung einige Mühe damit zu entscheiden, an welcher seiner Unterkünfte sie angebracht werden sollte.) Bis Ostern blieben sie in ihrem ersten Quartier, dem Hôtel de la Paix. Dann zogen sie in die nähere Umgebung des Landstädtchens, in Maria Jolas' Schule, ein hübsches Landhaus, das in einem wunderschönen waldigen Gelände stand. Als die Schüler nach den Ferien wieder zurückkehrten, suchten die Joyce' die anspruchsvollere Umgebung von Vichy, nicht weit weg. Dort lebten sie acht Wochen lang im Hôtel Beaujolais und erfreuten sich an den Thermalquellen, den Parks und Springbrunnen. Nora genoß ihre Besuche bei ihrer alten Freundin Maria Nebbia, die dort mit Valéry Larbaud lebte, der zu dem Zeitpunkt infolge einer Sklerose fast völlig gelähmt war. Doch dann verflüchtigte sich dieser Anschein eines normalen Lebens, als Hitler an der Westfront anzugreifen begann.

Im April 1940 besetzten deutsche Truppen Dänemark. Norwegen fiel und schwächte Chamberlains Regierung in Großbritannien, da Großbritannien darauf gesetzt hatte, sich dort einen Stützpunkt zu erhalten. Holland und Belgien fielen im Mai. Winston Churchill wurde Premierminister, und mit der Evakuierung Dünkirchens hatten sich am 3. Juni die letzten britischen Truppen vom Kontinent zurückgezogen. Dann kam Paris an die Reihe.

Helen Joyce blieb in Suresnes bei Paris eingesperrt. Im letzten Augenblick vor der deutschen Invasion gelang es Robert Kastor von New York aus, seine Schwester im Handstreich herauszuholen. Er ließ sie unter Beruhigungsmitteln, von zwei Ärzten und zwei Schwestern eskortiert, nach Genua und auf einen Ozeandampfer nach New York bringen. Daß Helen wenigstens in Sicherheit war (sie verbrachte den Krieg in einem Sanatorium in Connecticut), war für Joyce ein gewisser Trost, der ihrer mit Kummer und Trauer gedachte – des wunderschönen Banketts, das sie an seinem Geburtstag 1939 gegeben hatte, ihrer bewegenden

Art, den Epilog von *Finnegans Wake* vorzulesen, und ihrer ständigen Fürsorglichkeit. Während er schrieb, verriet er Constantine Curran, baumelte der kleine goldene Talisman, den sie für ihn hatte machen lassen, vom Ende seines Füllfederhalters herab.[8]

Das Eintreffen der französischen Kollaborationsregierung der Kriegszeit zwang Nora und Joyce, das Hôtel Beaujolais zu verlassen. Während das französische Parlament sich im Grand Casino versammelte und die Gestapo sich im Hôtel Portugal einrichtete, füllte Vichy seine fünfzehntausend Hotelzimmer rasch mit Politikern, Diplomaten und Geheimpolizei und war auf dem besten Weg, international zum Inbegriff einer in Intrigen und Verrat endenden Niederlage zu werden. Eine der ersten Handlungen des Parlaments war, dem vierundachtzigjährigen Marschall Pétain unumschränkte Handlungsvollmacht zu verleihen, dessen Regierung das französische Volk davor bewahrte, gänzlich von den deutschen Truppen überrollt zu werden, dies allerdings, so meinten viele, um den Preis der Ehre Frankreichs.[9]

Die Joyce' verzogen sich wieder nach St.Gérand. Das Dorf lag nur ein paar Kilometer südlich der Grenze zwischen dem besetzten und dem unbesetzten Frankreich, und es war selbst ein Ort verworrener Parteibildungen. So fand sich Joyce, im Zweiten Weltkrieg wie im Ersten, in einer Umgebung wieder, die von pro- und anti-deutschen Parteiungen zerrissen war, und es blieb nicht unbemerkt in St.Gérand, daß er sich hütete, seine Ansichten laut kundzutun.[10]

Sie bezogen vorübergehend eine eigene Wohnung, und Nora nahm einen Flüchtling in Dienst, eine Frau, die ihr bei der Hausarbeit zur Hand gehen sollte. Von dort zogen sie ins Hôtel du Commerce, dann wieder hinaus zur Schule der Jolas', wo sie in einem Sommerhaus, einem Nebengebäude, wohnten.

Mittlerweile waren sie kaum je mehr allein. Der Fall von Paris hatte bewirkt, daß einige ihrer Freunde zu ihnen gestoßen waren. Paul und Lucie Léon trafen ein, und Joyce schloß einen kühlen Frieden mit seinem alten Freund. Zu Noras großer Erleichterung kam auch Giorgio. Nora stellte ihm im Eßzimmer ein Bett auf, wie sie es so oft während seiner Pubertät getan hatte. Diesmal war jedoch keine Rede davon, daß er wieder wegfahren würde.

Bestrebt, der Einberufung in die französische Armee zu entgehen, machte er sich so unauffällig wie möglich. Er meldete sich, wie er eigentlich hätte tun sollen, auch nicht auf dem Gemeindeamt. Doch wenn er offiziell auch eine Un-person war, so wurde Giorgio doch rasch für seine Schwäche für Cognac und die Mädchen der Umgebung bekannt.[11]

Nora fiel die Aufgabe zu, ihre Tage heiterer zu gestalten. Wie gewöhnlich spielte sie die Gastgeberin. Es wurde keine Gelegenheit zum Feiern ausgelassen, und Joyce trug mit dazu bei, indem er alle möglichen Dinge zum Essen kaufte, die für ihn sentimentalen oder symbolischen Wert besaßen. Eines Abends, als Freunde um den Tisch versammelt waren, hatte Nora ein schönes Essen aus zwei Brathühnern zubereitet. Es klingelte an der Tür, und ein Junge lieferte irgendein Gericht, das Joyce bestellt hatte. Nora fügte es dem Menü hinzu. Sie kannte Jim nur allzu gut. »Nun seht euch den an!« sagte sie bloß, »Habt ihr so was schon erlebt?« Joyce war stolz auf ihre Anpassungsfähigkeit. »Meine Frau«, sagte er gern, »hat früher in Irland am offenen Torffeuer gekocht.«[12]

***

Was sie ständig beschäftigte, war ihre verlassene Pariser Wohnung. Dort befanden sich ihre sämtlichen Besitztümer, und die Miete wurde nicht bezahlt, da ihre Haupteinkommensquelle, der Fond von Miss Weaver, blockiert war – Großbritannien hatte als Folge der deutschen Besatzung die diplomatischen Beziehungen mit Frankreich abgebrochen. Die Léons kehrten nach Paris zurück, und Paul Léon beschloß, zu tun, was er konnte, um die Joyce' von ihrer Angst zu erlösen.

Léon ging in der rue des Vignes vorbei, ohne Schlüssel, und stellte fest, daß er durch ein Fenster in die Wohnung hineinkonnte. Er erkaufte sich das Schweigen der Concierge und verbrachte zwei Tage damit, Joyce' private Briefe und Dokumente zu sichten. Er steckte sie in Umschläge und ließ sie in seine eigene Wohnung bringen. Léon wußte allerdings, wie ungewiß seine eigene Zukunft war. Die Deutschen hatten bereits Jagd auf Pariser Juden gemacht. »Was machen Sie denn hier?« fragte Beckett höchst beunruhigt, als er ihn sah. Léon kam auf den Einfall, Joyce' Papiere zur sicheren Aufbewahrung in die irische diplomatische Vertretung an der Place Vendôme zu schicken. Da Irland sich im Krieg neutral verhielt, würde sein Gelände nicht angegriffen werden. Er übergab die Papiere dem irischen Konsul Count Gerald O'Kelly, mit zwei Auflagen: falls er stürbe, sollten die Papiere an James Joyce gehen. Falls sie beide stürben, sollten sie an die Nationalbibliothek von Irland gehen und (»wegen ihres vertraulichen Charakters«) erst fünfzig Jahre nach Joyce' Tod geöffnet werden.[13]

Das Problem, was mit dem übrigen Inhalt der Wohnung geschehen sollte, ließ sich nicht so reibungslos lösen. Der Hauswirt, der wütend war wegen der nicht bezahlten Miete, versteigerte gesetzwidrig einiges von Joyce' Bildern und Möbeln. Die Léons kauften, was sie nur konnten, für Nora und Joyce zurück. Dann befand Léon, daß es an der Zeit für ihn sei, die Stadt zu verlassen. Sein Sohn Alex sollte jedoch die Abiturprüfung machen, und Léon verschob seine Abreise bis auf den Tag nach der Prüfung. Diese väterliche Geste kostete ihn das Leben. Die Gestapo kam in die Wohnung und führte ihn ab. Er wurde in ein Lager in der Nähe von Compiègne gebracht und dann nach Schlesien verlegt. Im Jahr 1942, wahrscheinlich am 4. April, als er mit einigen anderen Gefangenen angetreten war, wurde Léon von einem Wärter aus der Reihe geholt und in den Kopf geschossen.[14]

***

Im August 1940 wußten Nora und Joyce, daß sie weiterziehen mußten. Maria Jolas, Säule ihrer Existenz in St.Gérand, war dabei, ihre Töchter zu nehmen und nach Amerika zurückzukehren. Auch für die Joyce' wäre Amerika ein sicherer Hafen gewesen. Sie hatten dort viele Freunde, etwa Padraic und Mary Colum; Joyce hatte viele Verehrer dort, und Stephen Joyce seine sämtlichen Verwandten mütterlicherseits, die bereit waren, sich ihrerseits um ihn zu kümmern. Doch Nora entsetzte der Gedanke an die Überfahrt, auch die Vorstellung von Amerika schreckte sie immer noch ab, und das galt auch für Joyce. Lucia war jedoch der ausschlaggebende Faktor. Ihre Klinik in der Bretagne lag im

Bereich der deutschen Besatzung, und ihre Eltern konnten sich nicht vorstellen, daß sie einen Ozean zwischen sich und sie legen sollten.

Einmal mehr schien die Schweiz die geeignete Zuflucht zu sein. Sie hatten dort bereits einmal einen ganzen Krieg über ausgeharrt; sie konnten das sehr wohl erneut versuchen. Die Schwierigkeit war dabei, daß der Schweizer Staat, von allen Seiten überschwemmt von Flüchtlingen, die Einwanderungsmöglichkeiten dadurch eingeschränkt hatte, daß er die Hinterlegung einer beträchtlichen Summe als finanzielle Garantie verlangte.

Unglücklicherweise war den Joyce' der Zugang zu ihrem Geld durch die deutschen Streitkräfte versperrt. In St.Gérand hatten Nora und Joyce von einer Unterhaltszahlung gelebt, die über die amerikanische Botschaft in Vichy an solche britischen Bürger gezahlt wurde, die in Frankreich festsaßen. Joyce' Einkünfte wiederum, selbst wenn er an sie herangekommen wäre, waren bescheiden. Sie stammten aus vier Quellen: von Harriet Weaver; von seinen drei Londoner Verlegern, Faber and Faber, John Lane und Jonathan Cape; von zwei amerikanischen Verlegern, Viking und Random House; und von Helen Joyce' Vater Adolph Kastor, der eine gewisse Summe für Stephens Unterhalt zahlte, die um einiges über die Schulgebühren hinausging. Das alles summierte sich zu eintausendundfünfundsiebzig Pfund im Jahr, genug zwar, um ihren Lebensunterhalt in der Schweiz zu sichern, doch keineswegs auch nur halbwegs ausreichend, um die zwanzigtausend Schweizer Franken (eintausendachthundertfünfundsiebzig Pfund) zu bezahlen, die die Schweizer auf der Bank sehen wollten, ehe Familie Joyce die Grenze überschritt.[15]

Abgesehen von der Mühsal, die Garantiesumme zusammenzubringen, hatte Joyce die alptraumhafte Aufgabe, sich je eine schriftliche Erlaubnis der Deutschen im besetzten Frankreich, der französischen Vichy-Regierung und der Schweizer sowie britische Pässe mit den entsprechenden Aus- und Einreisestempeln zu beschaffen. Giorgio fuhr in dieser scheinbar endlosen Angelegenheit x-mal mit dem Fahrrad nach Vichy und zurück. Gerade als Joyce meinte, nun habe er alle notwendigen Dokumente beisammen, erhoben sich zwei neue Hindernisse. Das eine war die unbezahlte Rechnung von Lucias Klinik; Joyce hatte kein Geld, um die Angelegenheit zu regeln. Das zweite war, daß die Schweizer sein Gesuch mit der Begründung ablehnten, daß er Jude war.[16]

Joyce war empört. »Was denn jetzt noch – Einbrecher, Leprakranke?« Wenn die Schweizer Einwanderungsbehörde seine finanziellen Angaben sähe, sagte Joyce zu Freunden, dann würde ihr schon klarwerden, wie wenig jüdisch er war.

Wenn Joyce verfolgt wurde, verließ ihn gewöhnlich sein Realitätssinn. Die Schweizer Behörden waren sich zweifellos darüber im klaren, daß Joyce in St. Gallen jüdische Verwandte hatte. Sie gingen wohl davon aus, daß jeder, der mit einem Juden verheiratet war, wahrscheinlich auch einer war. Joyce selbst hätte allerdings stärker zu erkennen geben können, wieviel er Helens großzügigem Vater schuldig war; so erklärte er beispielsweise, als er Carola Giedion-Welcker versprach, er werde jeglichen Beitrag, den sie und ihr Gatte zu seiner Garantiesumme leisten würden, zurückzahlen, einfach nur: »Wenn mein Sohn und ich uns bereit finden, für das Kind eine Schule in Vaud und für meine Tochter einen Platz in einer *maison de santé* zu bezahlen, können wir doch wohl nicht gänzlich bar jeglicher Existenzmittel sein.«[18]

Die Giedions und die Familie Brauchbar, andere alte Züricher Freunde, brachten das Geld auf, indem sie persönlich die geforderten zwanzigtausend Franken zusammenlegten und das Geld in Joyce' Namen auf einer Schweizer Bank deponierten. Was Lucias Krankenhausrechnungen angeht, wandte Joyce sich hilfesuchend an einen anderen zuverlässigen Züricher Freund: Gustav Zumsteg, den Geschäftsführer des Restaurants Kronenhalle.[19]

Die schlechten Nachrichten schienen kein Ende nehmen zu wollen. Im November 1940 erfuhr Nora aus Galway, daß ihre Mutter gestorben war. Weitere Informationen über das Warum oder Wie oder die Art der Beisetzung erhielten sie jedoch nicht. Stephen Joyce erinnerte sich an das Ereignis, weil sein Großvater zusammenbrach und weinte wie ein Kind.[20]

Beinah gleichzeitig entschieden die Züricher Behörden, daß die Joyce' in der Schweiz Zuflucht gewährt bekämen, und die deutschen Behörden zogen Lucias Ausreiseerlaubnis zurück. Das machte die Entscheidung leichter. Sie würden ohne sie fahren.

Nora hatte schon seit Wochen die Koffer gepackt, und Joyce machte geltend, er könne von der Schweiz aus mit Hilfe des Roten Kreuzes und Count O'Kelly als Vermittler in Paris leichter die nötigen Vorkehrungen dafür treffen, daß Lucia zu ihnen kommen konnte. Die größere Gefahr war augenblicklich Giorgio. Wenn er weiter in Frankreich hockte, würde die Armee ihn gewiß einberufen, und was schlimmer war, die eigenen Einreisevisa für die Schweiz, die schon einmal verlängert worden waren, würden verfallen.

Am 16. Dezember verließen die Joyce', Ausweispapiere, Koffer und Stephens Fahrrad fest umklammernd, Frankreich. Der einzige Zug nach Genf, den sie bekommen konnten, hielt um drei Uhr morgens auf dem Bahnhof eines Dorfs in der Nähe. Als sie verstohlen mit dem schwindenden Häuflein ihrer Besitztümer durch die schlafenden Straßen von St. Gérand zum Bahnhof strebten, waren sie fast wie die Joyce' in Dublin vor vierzig Jahren, wenn sie bei Mondlicht wieder einmal in eine neue und noch ärmlichere Behausung umzogen.

***

Dreimal war für Nora eine bedeutende Veränderung in ihrem Leben dadurch gekennzeichnet gewesen, daß sie auf Zürichs Hauptbahnhof aus dem Zug stieg. Diesmal hinkte sie von ihrer Arthritis, und Joyce war abgemagert und zermürbt von seinen Magenschmerzen. Wie im Jahr 1915 hatten sie zwei Menschen dabei, die von ihnen abhängig waren – Giorgio, der fast wieder genauso hilflos war wie als Junge, und ihren Enkel, der sich ruhig und vertrauensvoll an seine Großeltern hielt, die in der Tat seine Eltern geworden waren. Stephen kam allerdings ohne sein Fahrrad an. Der Schweizer Zoll hatte es an der Grenze konfisziert, als Joyce die Gebühr nicht bezahlen konnte.

Vom Carlton Elite oder dem St. Gotthard konnte bei diesem Zürichaufenthalt nicht die Rede sein. Carola Giedion-Welcker begleitete sie unverzüglich in die bescheidene Pension, das Delphin, wo sie Zimmer für sie bestellt hatte. Die Giedions und die Brauchbars waren nicht in der Lage, den Joyce' ebensolche Freigebigkeit zuteil werden zu lassen wie Harriet Shaw Weaver; ja, sie rechneten darauf, ihr Geld in vollem Umfang zurückzuerhalten, sowie Joyce Zugang zu seinem eigenen in London hatte. Joyce war zum erstenmal in der langen Zeit, die er sich nun schon finanziell unterstützen ließ, nicht wohl bei dem Gedanken, Freunden Geld zu schulden. Nora war es geradezu zuwider.[21]

***

Weniger als einen Monat später war Nora Witwe. Joyce starb am 13. Januar 1940, kurz vor seinem neunundfünfzigsten Geburtstag, an einem durchgebrochenen Magengeschwür. Das Magengeschwür war sieben Jahre unbehandelt geblieben, da Joyce, in anderer Hinsicht resistent gegen Freudsche Theorien, die Versicherungen von Maria Jolas und Dr. Fontaine akzeptiert hatte, seine Schmerzen seien psychosomatisch, »Nervensache«. »Wenn Joyce auf Nora gehört hätte«, meinte Arthur Power später, »statt auf Maria Jolas, wäre er nicht so jung gestorben.«[22]

Ihren letzten gemeinsamen Abend verbrachten er und Nora am 9. Januar in der Kronenhalle. Nora behagte es gar nicht, an einem so winterlichen Abend zum Essen auszugehen. Als sie beim Hinausgehen auf der Treppe ausglitt, schimpfte sie auf Italienisch: »Perchè m'hai fatta uscire una sera così?« (Warum mußt du mich auch an so einem Abend ausgehen lassen?) Mitten in der Nacht wachte Joyce mit heftigen Magenschmerzen auf. Er wurde auf einer Bahre ins Rote-Kreuz-Hospital geschafft und bekam Morphin.

Am nächsten Morgen kam Grete Herz aus St. Gallen, um Stephen zu besuchen, und mußte von Nora und Giorgio erfahren, daß die Ärzte Joyce gleich operieren würden. Joyce hatte Angst. Es war (seiner zahllosen Augenoperationen ungeachtet) das erste Mal im Leben, daß er eine Vollnarkose bekam. Als er aufwachte, sagte er erleichtert zu Nora: »Ich habe geglaubt, daß ich nicht durchkäme.«[23] Und Giorgio verriet er auch die Befürchtung, die ihn davon abgehalten hatte, sich wegen seiner Schmerzen untersuchen zu lassen: »Ist es Krebs?« Giorgio verneinte das, doch Joyce wollte ihm nicht glauben. Er war zwar schwach, schien sich jedoch zu erholen. »Jim ist zäh«, meinte Nora.[24]

Am Samstagabend, es war der 12. Januar, bat Joyce Nora, doch über Nacht bei ihm zu bleiben, wie er es für sie getan hatte, als sie im Krankenhaus lag. Die Ärzte überredeten sie jedoch, in ihre Pension zurückzukehren und sich etwas auszuruhen. In der Nacht setzte eine Peritonitis ein. Nora und Giorgio riefen im Krankenhaus an und wurden aufgefordert, rasch zu kommen, doch sie kamen zu spät. Zu ihrem Kummer erfuhr Nora, daß Jim wachgeworden sei und nach ihnen gefragte habe. Er war allein gestorben.[25]

***

Jemand mußte sich um Stephen kümmern. Nora und Giorgio riefen Klara Heyland herbei, ihre Lieblingskellnerin aus der Kronenhalle, die kam und mit dem Jungen auf einen Spielplatz ging. Dann kehrte Grete Herz zurück und nahm ihn für ein paar Tage mit zu seinen Vettern. Sie konnten ihn jedoch nicht lange behalten. Stephen war, nur wenige Tage, bevor sein Großvater starb, in einer neuen Schule in Zürich angemeldet worden und mußte zurück. Die Herz' taten, was sie konnten, um ihn zu trösten. Sie stellten fest, daß er kräftig und gescheit war, auch weniger nervös, so meinten sie, als früher, aber immer noch unruhig. Er tat ihnen von Herzen leid, weil er, noch keine neun Jahre alt, schon soviel durchgemacht hatte. »Nonno, Nonno!« sagte er immer wieder weinend. Er sprach auch oft von seiner Mutter, noch ein Mensch, der für ihn verloren war.[26]

Nora trug den gänzlich unerwarteten Schicksalsschlag dank ihrer seelischen Stärke mit Fassung. Ihre vordringliche Aufgabe war, die Beerdigung zu organisieren. Der neue Professor für Englisch an der Universität Zürich, Heinrich Straumann, sollte sprechen, und sie versah ihn mit sämtlichen biographischen Informationen, die er benötigte.[27] Dann stellte sich das Problem, welcher Art die Trauerfeier sein sollte. Ein Priester trat mit der Frage an sie heran, ob Joyce nicht ein katholisches Begräbnis haben sollte. Nora zögerte nicht. »Das kann ich ihm nicht antun«,[28] sagte sie.

Noras Entscheidung hat die Frage nach der Tiefe ihres religiösen Glaubens aufgeworfen. Für Nichtkatholiken ist sie ein Zeichen ihrer Integrität. Sie hatte Joyce versichert, sie verstehe ihn, und sie wußte, daß er seiner Kirche nicht dienen wollte; irgendeiner posthumen Bekehrung wollte sie keinen Vorschub leisten. Für Katholiken ist das hingegen ein Zeichen dafür, daß ihr Glaube ihr wenig bedeutete.[29] Doch Nora hat darin wahrscheinlich gar keinen Widerspruch erblickt: sie war sowohl katholisch als auch pragmatisch. Da Joyce ja unbußfertig gestorben war, ohne die Sterbesakramente der Kirche, mag sie sich auch – wie im Fall der Interpunktion – gesagt haben: »Was spielt das schon für eine Rolle?«

Die anderen Beerdigungsformalitäten erledigte sie jedoch mit großer Sorgfalt. Am Tag nach Joyce' Tod stand in der *Neuen Zürcher Zeitung* eine schwarz umrandete Todesanzeige. Ihr Text lautete:

> Heute morgen um 2 Uhr starb im Rotkreuzspital unerwartet rasch unser lieber Mann, Vater und Großvater James Joyce in seinem 58. Lebensjahr. In tiefer Trauer: Nora Joyce, George Joyce, Lucia Joyce, Stephen Joyce.

Nora erteilte Mrs. Giedion-Welcker auch die Erlaubnis, einen Züricher Bildhauer von Joyce' Antlitz zwei Totenmasken anfertigen zu lassen. Sie zeigen ein freundlich-humorvolles Gesicht, ein entschlossenes irisches Kinn, eine höckrige gewölbte Stirn und einen breiten, geraden Haaransatz. Die Existenz dieser Masken jedoch, deren Besitz Gegenstand von ausdauernden Streitigkeiten gewesen ist, trug mit dazu bei, aus James Joyce' Kopf eine Ikone zu machen, eins der bestbekannten Gesichter des zwanzigsten Jahrhunderts, ein Bild, das von weitaus mehr Menschen erkannt wird, als je auch nur eine Seite von Joyce' Werk umgewendet haben.

Joyce hatte immer viel Aufhebens von Trauergebinden gemacht. Für ihn wählte Nora ein Gebinde aus grünen Blättern in Form einer Harfe. »Ho fatto questa forma«, erklärte sie ihrem gemeinsamen Freund Paul Ruggiero, »per il mio Jim che amava tanto la musica« (ich habe für meinen Jim diese Form gewählt, weil er doch die Musik so geliebt hat).[30] Die Musik war die Kunst gewesen, die sie miteinander verbunden hatte.

Es war kaltes Schneewetter, als sich am 15. Januar die kleine Trauergemeinde zur Beisetzung an der Kapelle des Friedhofs Fluntern versammelte. Unglücklicherweise werden bei solchen Anlässen häufig die falschen Worte gewählt, aber Joyce hatte Glück mit dem, was bei seiner Beisetzung gesagt wurde. Professor Straumanns kurzer Ansprache folgte ein eloquenter Beitrag von Lord Derwent, des britischen Gesandten in Bern. »Bei all dem Unrecht, was England auf Irland gehäuft hat«, sagte er, »wird Irland gewiß nicht müde werden, die dauerhafte Rache zu genießen, Meisterwerke der englischen Literatur zu produzieren.«[31]

Nora steuerte ihre eigene, in sich perfekte Abschiedsrede bei. Sie stand hochgewachsen, aufrecht, und beobachtete trockenen Auges, wie der Sarg ins Grab hinabgelassen wurde. Als sie den Blick zum letztenmal auf dem hageren Gesicht ruhen ließ, das durch die kleine *vitrine* des Sargdeckels zu sehen war, rief sie mit leiser Stimme aus: »Jim, wie schön du bist!«[32] Sie hatte sein Aussehen immer geliebt.

Nach der Beerdigung kehrte Nora ins Delphin zurück. Die Giedions gaben zwar einen Empfang, doch sie ging nicht hin. Sie mußte über die Zukunft nachdenken. Sie hatte einen Sohn ohne Laufbahn, ohne Frau, ohne Durchsetzungsvermögen; sie hatte einen Enkel, dessen Mutter dreitausend Meilen weit weg in einer Nervenklinik war. Sie hatte eine Tochter in einer anderen Nervenheilanstalt, die sich auf Nazi-Territorium befand. Ihre Mutter war gestorben. Sie hatte kein Geld. Sie war durch einen Krieg von beispiellos verheerenden Auswirkungen von den Einkünften und Ratschlägen aus London abgeschnitten, die den Lebensunterhalt ihres Mannes gesichert hatten. All der Gleichmut, all die Selbstbeherrschung, die sie in den Jahren mit Joyce aufgeboten hatte, waren nichts im Vergleich mit der Kraft, die sie ohne ihn benötigen würde.

18. Kapitel

Ausharren

Harriet Weaver erfuhr aus den Acht-Uhr-Nachrichten der BBC am Morgen des 13. Januar 1941 von Joyce' Tod. Die Worte drangen nur undeutlich aus dem Wohnzimmer nebenan an ihr Ohr, während sie ihr Bett machte. »Sagte er, Mr. Joyce sei gestorben?« fragte sie Edith Walker, die gerade bei ihr war. Sie wußte zwar, daß er Zürich ganz kurz vor Weihnachten wohlbehalten erreicht hatte, weil sie ein Telegramm mit Weihnachtswünschen von ihm erhalten hatte, worin er um dreihundert Pfund bat, um die Schulden der Familie zu decken, doch hatte sie keine Ahnung gehabt, daß er krank war. Völlig vor den Kopf geschlagen, wie sie war, dachte sie doch sofort an Nora. Da Joyce' zweihundertfünfzig Pfund vierteljährliche Zinsen aus ihrem Fond gerade fällig waren, ließ sie das Geld, um den Vorgang zu beschleunigen, telegrafisch anweisen und erhielt bald darauf ein Telegramm von Nora: »Geld erhalten, vielen Dank für Ihre wundervolle Hilfe in unserem großen Kummer freundliche Grüße Nora Joyce.« Ende des Monats bezahlte Nora die Krankenhausrechnung über 300 Schweizer Franken.[1]

Nora hatte, wie die meisten Witwen, keine Zeit, sich zu grämen, da sämtliche Entscheidungen, die sie sonst ihrem Gatten überlassen hatte, nunmehr bei ihr lagen. Die meisten davon betrafen Geld. Verschwenderisch als Ehefrau, nahm Nora als Witwe eine andere Haltung gegenüber dem Schuldenmachen ein. Sie hatte damit nichts im Sinn und hoffte, alles würde rasch abbezahlt werden können, so daß sie wüßte, wo sie stand. In dieser ersten Krisensituation ihres Witwendaseins war Miss Weaver ihr erschienen wie ein über allem schwebender Schutzengel.

Miss Weavers Macht waren jedoch Grenzen gesetzt. Nora saß in Zürich gefangen. Als Witwe war sie weitaus ärmer, als sie es einen Monat zuvor als Gattin gewesen war, denn wenn durch Adolph Kastors regelmäßige Zuwendungen auch wenigstens für Stephen gesorgt war, so floß doch sonst jedes kleine bißchen von Joyce' Einkünften, selbst noch die amerikanischen Tantiemen aus seinen Büchern, in Joyce' Vermögen in London und durfte nicht angerührt werden, bis sein Testament für echt befunden worden war.[2] Ohnehin schon ein langwieriges Verfahren, wurde die Prüfung des Testaments durch die Entfernungen und einen Weltkrieg noch zusätzlich verlangsamt. Die Kommunikation zwischen London und Zürich war dermaßen gestört, daß selbst Luftpostbriefe einen Monat brauchten. Nora hatte immer noch keine Informationen darüber, was an dem Ort los war, den sie als ihr Zuhause betrachtete – die Wohnung in Paris –, und ihre Desorientiertheit, als sie versuchte, ohne den Mann zu leben, dem sie in siebenunddreißig Jahren kaum einmal von der Seite gewichen war, verschlimmerte sich noch durch das entsetzliche Los ihrer beiden Kinder.

Lucia befand sich immer noch in Delmas' Klinik in Pornichet, südlich von La Baule im besetzten Frankreich. Sie hatte, so hörte Nora, aus der Zeitung von Joyce' Tod erfahren. Nora wußte nicht, ob Lucia in Pornichet bleiben konnte, wenn ihre Rechnungen nicht bezahlt wurden; sie hatte noch nicht einmal eine Vorstellung davon, wie hoch diese Rechnungen waren. Ihre mütterlichen Alpträume entsprangen Fragen, die sich nicht beantworten ließen: Wohin würde Lucia gehen, falls die Klinik sie hinaussetzte? Was würden die Deutschen mit einer geisteskranken Patientin mit dem Paß einer Feindnation anfangen? Nora wünschte sich sehnlichst, Joyce' Vorhaben verwirklichen zu können, Lucia in ein Sanatorium in der französischen Schweiz zu verlegen, doch gesetzt den Fall, es gelang ihr, eine weitere Ausreiseerlaubnis zu beschaffen, so gab es doch keine Möglichkeit, die teure Reise für Lucia und die Begleitpersonen zu bezahlen, von den Anstaltskosten in der Schweiz einmal abgesehen, die höher waren als in Frankreich.[3]

Giorgios Zwangslage war beinah noch schlimmer. Er war

arbeitsuntauglich, de facto und de jure. Das einzige, womit er Geld verdienen konnte, war das Singen, doch spielte es gar keine Rolle, ob seine Talente eher beschränkt waren oder nicht, die Schweizer verweigerten sämtlichen Flüchtlingen die Arbeitserlaubnis. Wenn er jedoch auch nur einen Fuß über die Schweizer Grenze setzte, lief er Gefahr, zum Dienst in der einen oder anderen Armee gepreßt zu werden. Er war außerdem mittellos, da jegliche finanzielle Unterstützung, die er von Helen erhalten hatte, mit deren Rückkehr in die Vereinigten Staaten eingestellt worden war und er keinen Kontakt mit ihrer Familie in New York hatte.[4]

Joyce war noch kaum unter der Erde, da erlitt Nora einen weiteren Schlag, der Witwen durchaus vertraut ist: die Abkehr der Freunde. Carola Giedion-Welcker, die sich für beide Joyce' mehr als ein Jahrzehnt lang förmlich überschlagen hatte, hatte an Nora allein kein Interesse, ja, sie hatte nicht einmal Mitgefühl mit ihr. Noch ehe Joyce' Sterbemonat um war, hatte sie von Nora schon die fünfzehntausendsiebenhundert Schweizer Franken zurückverlangt, die die Giedions zu der Garantiesumme beigetragen hatten, dank deren die Joyce' in die Schweiz hatten einreisen können. Carola Giedion-Welcker hätte ebensogut die britischen Kronjuwelen fordern können. Nora hatte keinerlei Möglichkeit, ihr Geld aus London herauszukriegen, ehe das Vermögen nicht freigegeben war – wie Carola Giedion-Welcker eigentlich hätte wissen müssen. Die Schulden bedrückten Nora sehr, und zwischen beiden Familien stellten sich bittere Empfindungen ein, als Carola Giedion-Welcker ihrer Forderung, das Geld zurückzuzahlen, die Weigerung folgen ließ, Nora und Giorgio eine von den beiden Totenmasken zu überlassen. Sie hatte sie bezahlt und würde sie nicht herausgeben, solange die Joyce' ihr Geld schuldeten.[5]

Nora war zutiefst getroffen und, auch wenn sie das vielleicht nicht in vollem Umfang erkannte, obendrein sehr geschwächt. Als Flüchtling in Zürich mit kaum mehr als den Kleidern am Leib hätte sie die Unterstützung einer einflußreichen Züricher Familie bei der Entwirrung der Geld-, Gesundheits- und Unterbringungsprobleme, mit denen sie konfrontiert war, gut gebrauchen können.

Giorgio bemühte sich, seiner Mutter zu helfen. Er schrieb Miss Weaver und bat sie um Auskunft, was für ein Einkommen sie zu erwarten hätten, so daß sie sich ihr Leben organisieren konnten.[6] Diese Frage war, so stellte sich heraus, für Miss Weaver schwierig zu beantworten.

Noras erster Plan, als sie den Blick nach vorn zu richten begann, war, den beiden männlichen Wesen in ihrer Obhut ein Zuhause zu schaffen. In der ersten Februarwoche verließen sie, Giorgio und Stephen, die Pension Delphin und zogen in eine möblierte Wohnung in der Dufourstraße 30.[7] Der Traum zerrann jedoch rasch. Noras Arthritis hinderte sie daran, umherzulaufen und einzukaufen und alles Notwendige zu erledigen. Sie kam mit ihrem ungeheuer nervösen Enkel nur schwer zurecht, obwohl sie ihn von Herzen liebte, und sie fühlte sich für seine religiöse Erziehung zuständig und schrie ihn an, wenn er die Messe versäumte. Er hatte großen Respekt vor ihrem Temperament.[8] Giorgio mit seinen kostspieligen Gewohnheiten machte ihr sogar noch mehr Scherereien. Dann griff Hitlers Krieg im Sommer 1941 auf Rußland über. Als sie und Giorgio erfuhren, daß die Vichy-Regierung sämtliche britischen Staatsangehörigen aufgefordert hatte, Frankreich zu verlassen, versuchte sie vergeblich herauszufinden, welche Auswirkungen das für Lucia haben würde. Ihre Nerven spielten nicht mehr mit, und sie hatte, was sie »eine Art Nervenzusammenbruch« nannte, der zwei Wochen andauerte.[9] Im Dezember 1941 wohnte Giorgio in einer anderen Pension als seine Mutter, und Stephen war in einem Internat in Zug.

Die Zukunft verdüsterte sich zunehmend. Im Dezember riß auch die letzte direkte Verbindung zum europäichen Zweig der Kastors ab, als Helens Verwandte, Wilhelm und Grete Herz, endlich Robert Kastors Rat folgten und von St. Gallen nach New York übersiedelten. Giorgio schrieb Miss Weaver, daß seine Mutter ein äußerst trostloses Leben führe. Die meiste Zeit verbringe sie damit, behauptete er, den Friedhof zu besuchen.[10] Nora beklagte sich jedoch nie über ihren tiefen Sturz aus dem Fünf-Sterne-Leben. Ihr neues Leben in Zürich spielte sich in einer ganzen Reihe karger Pensionen mit ihren 40-Watt-Birnen, ihrem Seifengeruch und den argusäugigen Wirtinnen ab. Selbst als sie allein lebte, blieb Nora ruhelos und wechselte häufig die Pension. Von der Dufourstraße zog sie in eine Pension in der Irisstraße, und 1943 zog sie dann hügelaufwärts in die Pension Fontana in der Biegung der Gloriastraße. In einem Winter konnte sie sich dank der Großzügigkeit eines amerikanischen Joyce-Verehrers ein gutgeheiztes Hotel erlauben, und ihr Befinden besserte sich erheblich.[11]

***

Der Krieg war jedoch nicht das einzige, was die Ordnung von Joyce' Nachlaß erschwerte. Genau wie Joyce 1932 befürchtet hatte, als Lucia auf dem Gare du Nord zusammenbrach, sollte die Undurchschaubarkeit seiner Wohnverhältnisse ihm und seiner Familie noch zu schaffen machen. Ehe er zu dem Schluß gelangte, daß er befugt war, das Vermögen nach englischem Recht zu verwalten, mußte der High Court in London ein für allemal die Frage klären: War Joyce tatsächlich als in England ansässig zu betrachten, nur weil er dort von Mai bis August 1931 gelebt hatte? Die Streitfrage wurde vor Gericht ausgehandelt, und die Aussicht auf eine baldige Regelung rückte in weite Ferne.[12]

Niemals, seit Harriet Weaver sich 1935 um Lucia gekümmert hatte, war sie so tief in das Privatleben der Joyce' verstrickt gewesen. Nora, die als Testamentsvollstreckerin genannt worden war, konnte von Zürich aus nicht handeln. Darüber hinaus lehnte ein öffentlicher Treuhänder in London, der ebenfalls genannt worden war, es ab, als Testamentsvollstrecker zu fungieren. Miss Weaver wurde infolgedessen ebenso Verwalterin des Joyceschen Privatvermögens, wie sie Verwalterin seines literarischen Nachlasses war.[13] Daß sie ihre quasimütterlichen Verpflichtungen wiederaufnahm, trug zwar dazu bei, die Bitterkeit des Bruches mit Joyce auszulöschen, doch war Miss Weavers Einsatz mit beträchtlichen Schwierigkeiten verbunden. Im Jahr 1941 wohnte sie in Oxford. Sie hatte London verlassen, um dem Blitzkrieg zu entgehen, nicht aus Feigheit – sie war Luftschutzhelferin in Marylebone gewesen –, sondern weil das Haus am Gloucester Place, wo sie wohnte, während eines Bombenangriffs in Brand geraten war. In Oxford hatte sie sehr viel mit ihrer Arbeit für die Kommunistische Partei zu tun. Sie lieferte den *Daily Worker* in Arbeitervierteln von Tür zu Tür und arbeitete in der Buchhandlung der Partei mit. Um den vielfältigen Joyceschen Angelegenheiten gerecht zu werden, war sie genötigt, in verdunkelten Zügen durch verdunkelte Bahnhöfe nach London zu fahren.

Das Hauptproblem war, wie man es schaffte, Nora irgendwelches Geld zu transferieren. Die britischen Behörden rissen sich ganz und gar nicht darum, Geld ins Ausland zu schicken. Miss Weaver suchte den Aufsichtsbeamten der entsprechenden Abteilung im Handelsministerium auf, um ihn davon zu überzeugen, daß es sich hier um besondere Umstände handelte, doch er blieb unerbittlich. Daß die Schweiz neutral war, machte auch keinen großen Unterschied. In Großbritannien herrschte Mangel an Schweizer Währung, und die Summe, die eine Familie erhalten konnte, war begrenzt. Der Fall der Joyce' wurde noch zusätzlich durch die Notwendigkeit kompliziert, das Geld an zwei verschiedene Orte zu schicken, in die Schweiz und nach Frankreich. Wie konnten die britischen Beamten denn sicher sein, daß das für Lucias Klinik bestimmte Geld nicht in die Hände der Deutschen fallen würde? Miss Weaver füllte unaufhörlich Anträge aus und mußte sich mit langen Verzögerungen abfinden, während Nora wartete und niemals wußte, wann ihr Geld kam.[15]

Da es kein »Joyce-Geld« gab, das sie schicken konnte, ehe der Nachlaß nicht geregelt war, sprang Miss Weaver, wie so oft schon in der Vergangenheit, mit ihrem eigenen Geld in die Bresche, und zwar, in dem sie Aktien verkaufte. Das vermehrte ihre Schwierigkeiten mit den Behörden noch zusätzlich, da es unter Strafandrohung verboten war, Geldgeschenke ins Ausland zu senden.

Unbeachtet der beträchtlichen Entfernung, die zwischen ihnen lag, versuchte Miss Weaver doch, Nora auch mit Ratschlägen behilflich zu sein. Sie regte an, Carola Giedion-Welcker zu bitten, sich bis zur Freigabe von Joyce' Vermögen mit der Zahlung nur der Zinsen zufrieden zu geben. Sie versicherte Nora (da sie von dem ungeduldigen Hauswirt ja nichts ahnte) außerdem, daß sie sich wegen der Pariser Wohnung nicht zu sorgen brauche, da die amerikanische Botschaft (die Vereinigten Staaten waren immer noch nicht in den Krieg eingetreten) sich um den Besitz britischer Staatsbürger in Paris kümmere.[16]

Miss Weaver sorgte sich jedoch nicht als einzige wegen Noras finanzieller Bedrängnis. Im Februar 1941 schickten Mary und Padraic Colum einen Brief, der außerdem von Bennett Cerf, B. W. Huebsch, Robert Kastor, Eugene Jolas, Maria Jolas, J. J. Sweeney, Thornton Wilder und Edmund Wilson unterzeichnet war, an amerikanische Joyce-Verehrer:

> Können Sie zum Unterhalt von James Joyce' Angehörigen beitragen? Oder wenn nicht, werden Sie mit all denjenigen sprechen, die Ihrer Meinung nach dazu bereit wären? Noch die kleinste Summe ist willkommen. Wir haben viele 1-Dollar-Noten von Studenten geschickt bekommen; wir sind uns sicher, daß Joyce solche spontanen Gaben zu schätzen gewußt hätte.

Es seien im Zusammenhang mit Joyce' Tod und Lucias Erkrankung, so hieß es in dem Appell, bedeutende Unkosten entstanden. »Außerdem gibt es in Zürich eine Ehefrau, um die es sich zu kümmern gilt, und die später mit den nötigen Mitteln für die Reise entweder nach Irland oder in dieses Land versehen werden muß.«[17]

Seltsamerweise dachten die Leute, wenn sie an Noras Zukunft dachten, immer an Irland. Sie schienen allem Anschein nach zu meinen, daß nahezu vierzig Jahre auf dem Festland keine Spuren hinterlassen hätten und daß Nora nur allzu bereitwillig das irische Leben wieder aufnehmen würde, das sie im Jahre 1904 aufgegeben hatte. Sie täuschten sich gründlich. Amerika und Irland waren so ziemlich die letzten beiden Orte, die für Nora in Betracht kamen. Vor Amerika scheute sie zurück wie eh und je, und was Irland betraf, so sagte Nora, wenn die Leute auf das Thema zu sprechen kamen: »Da haben sie die Bücher meines Mannes verbrannt, und ich werde niemals dorthin zurückkehren.«[18] Sowieso zog sie nur noch wenig dorthin zurück. Der einzige Mensch in Irland, an dem ihr lag, war nicht mehr. Es gehörte zu Noras Seelenqualen im Jahr 1941, daß sie keine Einzelheiten über den Tod ihrer Mutter wußte.[19]

***

Bald schon hörte Nora aus Galway mehr, als ihr lieb sein konnte, und zwar über ein Thema, das sie leid war: Testamente. Annie Barnacles Testament schien in Galway unauffindbar.

Noras Mutter war mit zweiundachtzig als eine Art Original ihres Viertels gestorben. Fast einsachtzig groß und weißhaarig, hatte Annie Barnacle ihre Tage auf einem Stuhl mit steifer Rückenlehne draußen vor ihrem Häuschen verbracht, in eine lange schwarze Strickjacke gehüllt und Tabak schnupfend. Wie viele alte Leute sprach auch Mrs. Barnacle gern über ihr Testament, und da im Ort ja bestens bekannt war, daß sie den Großteil der ansehnlichen Summe geerbt hatte, die ihr verstorbener Bruder Michael Healy, der Zollbeamte, zusammengetragen hatte, fehlte es ihr auch nicht an Zuhörern. Die Ausdauerndste unter diesen war Kathleen, Noras jüngste Schwester, die mittlerweile den Möbelpolierer John Griffin geheiratet hatte. Kathleen hatte darauf gebaut, den Großteil des Geldes ihrer Mutter zu bekommen. Er war ihr versprochen worden, weil sie anders als die anderen Kinder in Galway geblieben war, um sich um ihre alte Mutter und ihre behinderte Schwester Dilly (die etwas für Schnaps übrig hatte) zu kümmern. »Kathleen«, pflegte Mrs. Barnacle zu sagen, »das Geld liegt auf der Bank, und Mr. Concannan (ihr Anwalt) hat das Testament, und alle Unterlagen liegen schwarz auf weiß vor, also mach dir mal gar keine Sorgen.«[21] Mr. Concannon hatte das Testament jedoch nicht, und er erinnerte sich auch, weshalb nicht. Mrs. Barnacle hatte ihn eines Tages in seiner Kanzlei aufgesucht. Sie erklärte, ihre Tochter Mrs. Nora Joyce, die in Paris lebte, und ihr Gatte Mr. James Joyce seien immer so gut zu ihr gewesen, und deshalb wolle sie ihnen ihr Testament schicken, damit sie sähen, wie großzügig sie belohnt werden würden, wenn sie starb. Annie nahm das Testament mit, so behauptete Mr. Concannon, und erklärte, sie werde es wieder in seine Kanzlei zurückbringen. Das habe sie jedoch nie getan.[22] Ob das Testament ihrer Mutter wohl in Paris irgendwo unter Joyce' Papieren sein konnte? Kathleen schrieb an Nora und fragte sie danach, und die telegrafierte zurück, sie wisse es nicht. Kathleen genügte das nicht, und sie war zudem völlig ratlos. Die Wohlgelauntheit, die Joyce an der jüngsten Schwester seiner Frau so sehr bewundert hatte, war in deren mittleren Jahren in eine grimmige Aggressivität umgeschlagen. Außerdem war Kathleen wie ihr Bruder Tom und ihre anderen Geschwister davon überzeugt, daß Nora »ihr Schäfchen aufs Trockene gebracht« hatte, und daß sie, behaglich auf dem Festland lebend, wenig von der bitteren Armut ahnte, die die übrigen Barnacles ertragen mußten.[23] Kathleen schrieb folglich unverzüglich an Noras einflußreiche Freundin Miss Weaver, um sich deren Unterstützung zu versichern.

Miss Weaver beantwortete Briefe immer mit peinlicher Sorgfalt und innerhalb von ein, zwei Tagen. Rasch teilte sie Kathleen in bedauerndem Ton mit, daß das Original von Mrs. Barnacles Testament, falls es sich unter den Joyceschen Papieren in Paris befinden sollte, völlig unzugänglich wäre, da sie gerade eben erst von Giorgio die schreckliche Nachricht erhalten habe, daß die Nazis Paul Léon interniert hätten. Mr. Léon sei der einzige, der wüßte, wo alles war.[24] Selbstverständlich schrieb sie auch Nora und berichtete ihr von Kathleens Ansinnen.

Nora explodierte. Mit der ganzen Rage einer Frau, die Freunde weit oberhalb der gesellschaftlichen Stellung ihrer Schwester gefunden hat, bewies sie einmal mehr, daß sie sich unmißverständlich auszudrücken verstand, wenn ihr Temperament gereizt wurde. Sie benutzte das Briefpapier ihrer einstigen prächtigen Residenz, des Carlton Elite Hotel, und fiel über Kathleen her:

> 8.4. 1942
> Liebe Kathleen, ich habe gerade einen Brief von Miss Weaver erhalten, und ich bin sehr empört darüber daß du sie wegen Mutters Testament behelligt hast. Sie weiß ganz bestimmt überhaupt nichts darüber und ich wie ich dir schon vor vielen Monaten telegrafiert habe ebensowenig. Wenn je irgendwann eine Kopie von Mutters Testament an Jim geschickt worden ist, dann weiß ich jedenfalls nichts davon. Ich würde jedoch meinen daß Mutters Anwalt es haben sollte. Ich meine das Original des Testaments. Ich hoffe du bist imstande diese Angelegenheit ein für allemal aufzuklären und schreib bitte unter keinen Umständen an Miss Weaver.
>
> Ich darf Dich wohl daran erinnern daß ich selbst eine Menge Sorgen habe Jims Tod ist ein entsetzlicher Schock für mich gewesen. Lucia ist in Frankreich ich habe keine Nachricht von ihr. Es geht dir hoffentlich gut
>
> Nora.[25]

Das Testament wurde niemals gefunden. Kathleens Rechtsberater in Galway vertrat die Ansicht, Mr. Concannon habe das Testament in Wirklichkeit verloren und die Geschichte über James Joyce und Paris nur erfunden, um sich selbst zu schützen. Mr. Concannon verklagte daraufhin Kathleens Anwalt, weil er für die Arbeit, die er mit dem Testament gehabt hatte, nicht bezahlt worden sei, woraufhin ein Rechtsstreit zwischen den beiden entbrannte, der dadurch nichts an Heftigkeit einbüßte, daß die Summe, um die es ging, sich auf weniger als vier Pfund belief.[26]

Die Auszahlung von Annie Barnacles Vermögen wurde schließlich gegen Ende 1943 auf der Grundlage dessen erlaubt, was Mr. Concannon aus dem Testament noch erinnerlich war. Von Kathleen abgesehen, erhielt Nora den größten Teil, einhundert Pfund. Dilly bekam nur 30 Pfund und Tom, Mary und Peg je zwanzig Pfund. Das Geld muß Nora als sehr später und willkommener Beweis dafür erschienen sein, daß ihre Mutter sie von all ihren emigrierten Sprößlingen am höchsten schätzte. Der Reinnachlaß, der an Kathleen ging, war die hübsche Summe von eintausendvierhundertsiebenundsechzig Pfund, ein durchaus lohnendes Streitobjekt und ein eindrucksvoller Beweis dafür, daß Noras Familie keineswegs so arm war, wie allgemein angenommen wurde. Mrs. Barnacle, deren Lebensumstände kurz vor ihrem Tode von bitterer Armut zeugten – »lebt in einer Werkstatt und ... (hat) keine Möbel bis auf das Allernotwendigste«, so wurden sie geschildert –, hinterließ in Wirklichkeit ein Vermögen, das größer war als das ihres Lieblingsschwiegersohns, des weltbekannten Autors.[27]

***

Joyce' eigenes Vermögen, über das im Jahr 1945 endlich das letzte Wort gesprochen war, belief sich auf gerade nur eintausendzweihundertzwölf Pfund brutto und neunhundertundachtzig Pfund netto. Die gerichtliche Klärung der strittigen Frage seines gesetzmäßigen Wohnsitzes wurde zwar 1943 zu Joyce' Gunsten entschieden, aber doch nicht, ohne der Presse eine weitere Gelegenheit zu geben, die Joycesche Familiensaga aufzurollen und auf seine Kosten kleinkarierte Witzeleien unter die Leute zu bringen. Aus der Vernehmung berichtete der *Dublin Evening Herald* folgenden Wortwechsel:

Richter Bennett: Was für Bücher schrieb er denn?

Mr. Vanneck: (der Vertreter der Testamentsvollstrecker) Ich glaube, das bekannteste seiner Bücher hieß *Ulysses.*

Richter Bennett: Hört sich für mich griechisch an. (Gelächter)[28]

Die gerichtliche Testamentsbestätigung zögerte sich allerdings auch dadurch hinaus, daß Nora und Giorgio nur widerstrebend Briefe beantworteten. Die englischen Behörden vermochten nicht zu begreifen, weshalb Nora nicht in das Land zurückkehren konnte, wo ihr Gatte seinen Wohnsitz hatte. Ebensowenig begriffen sie, weshalb die Joyce' in Zürich soviel Geld brauchten oder warum Mr. George Joyce, ein körperlich gesunder Mann von noch nicht vierzig, nicht für seinen Lebensunterhalt arbeiten konnte. Im Jahr 1943 nahm Nora selbst in einem Brief an Miss Weaver Stellung, der sich so anhört, als schriebe sie entsprechend den Anweisungen ihres Londoner Anwalts. Sie ergriff in diesem Brief die Gelegenheit, Giorgio gegen die, wie sie wußte, ziemlich allgemeine Mißbilligung seines Charakters zu verteidigen:

Es ist uns unmöglich mit dem Geld auszukommen das Sie uns freundlicherweise vorschießen, denn das Leben ist hier sehr teuer. Ich bin die letzten zwei Jahre in ärztlicher Behandlung gewesen, da ich an akutem Rheumatismus leide. Giorgio ist ebenfalls in ärztlicher Behandlung, da er unter sehr schlimmen nervösen Kopfschmerzen leidet. Dem allen zum Trotz hat er sehr hart an seiner Musik gearbeitet und es ist ihm mit Erlaubnis der hiesigen Polizei gelungen im letzten Jahr zehn Konzerte zu geben. Unnötig zu sagen daß diese Konzerte überhaupt kein Geld eingebracht haben. Ich hoffe wirklich daß irgend etwas sich arrangieren läßt um diese (?) sehr schwierige Situation zu erleichtern.[29]

Die Kopfschmerzen, von denen Nora sprach, waren Migräneanfälle, die durch eine Kropfoperation in den Dreißigern verursacht worden sein mögen und durch den Föhn, den unangenehmen Wind der Alpen, noch verschlimmert wurden.

In einem Brief an Fred Monro fügte Miss Weaver ihre eigene Analyse dessen hinzu, was mit Giorgio nicht stimmte:

> Das Schicksal hat es nicht gut mit ihm gemeint. Seine Schulbildung war mager, wenn man einmal absieht vom Gesang, den er Mr. Joyce' Erwartungen zufolge professionell ausüben sollte. Dies Projekt wurde wiederum dadurch durchkreuzt, daß er in jungen Jahren und gegen den Rat seiner Eltern eine reiche Amerikanerin heiratete (oder besser gesagt, von ihr geheiratet wurde)...[30]

Die anstehenden Schulden (einschließlich derer bei Carola Giedion-Welcker, die auf eine Zeitungsanzeige geantwortet hatte, worin Gläubiger, die Ansprüche an Joyce' Vermögen anzumelden hatten, aufgefordert wurden, sich zu melden) verzögerten darüber hinaus die Testamentseröffnung, so daß Ende 1943 selbst die amerikanischen Tantiemen immer noch in das Londoner Vermögen flossen und blockiert waren. »Das muß Sie ja wahnsinnig aufregen«, meinte Miss Weaver in ihrer Weihnachtsbotschaft an Nora, »es scheint der reine Hohn zu sein, Ihnen ein frohes Weihnachtsfest zu wünschen. Ich hoffe, das Jahr 1944 hält Besseres bereit.«[31] (Noras eigene Weihnachtsgrüße, die sie durch ihr Lieblingsmedium, das internationale Telegramm, übermittelte, wies bei seiner Ankunft die üblichen Verstümmelungen auf: »Harriet MRaver von Jora Joyce.«[32]

Nora war für Miss Weavers unermüdliche Großzügigkeit zutiefst dankbar, und selbst Giorgio scheint sie beeindruckt zu haben. So schrieb er Miss Weaver am Ende ihres ersten Jahres ohne Joyce:

> Vor ein paar Tagen erhielten wir einen Brief von Mr. Monro, worin er uns mitteilt, daß sie freundlicherweise das Geld vorgestreckt haben, das er uns schickt, seit mein Vater gestorben ist. Ich kann Ihnen gar nicht sagen, wie dankbar meine Mutter und ich Ihnen für alles sind, was Sie für uns getan haben – es graust mich, wenn ich mir vorstelle, in welcher Lage wir gewesen wären, wenn es Sie nicht gegeben hätte.[33]

***

Kurz nach Kriegsende trat insofern eine sehr große Veränderung in ihrem Leben ein, als Stephen, damals vierzehn, beschloß, Zürich zu verlassen und in die Vereinigten Staaten zu gehen. Giorgio wollte sich zwar von seinem Sohn nicht trennen, doch der Junge ließ sich nicht zurückhalten. Stephen hatte seine Mutter während des Krieges überhaupt nicht gesehen, und Helen, die sich von ihrem seelischen Zusammenbruch erholt hatte und aus der Klinik entlassen worden war, wollte ihn in ihrer Nähe haben. Außerdem brannte Stephen darauf, auf der Phillips Andover Academy anzufangen, wo er eingetragen worden war. Diese Neuigkeit lockte Miss Weavers Anti-Amerikanismus hervor; sie hielt diesen Schritt für falsch – Stephen würde in Amerika verdorben werden, so meinte sie.[34]

Im Sommer 1946 besuchte Helens anderer Sohn, David Fleischman, der damals mit den amerikanischen Streitkräften in Deutschland stationiert war, die Joyce' in Zürich und schrieb seiner Mutter zu Hause, daß der Sohn, den sie so lange nicht gesehen hatte, ein kräftiger, gesunder Junge geworden sei, dessen Englisch einen leichten Akzent habe und der Ingenieur werden wolle.[35] Am 17. Dezember 1946 reiste Stephen mit dem Flugzeug in die Vereinigten Staaten. Der Abschied tat Nora weh, die sich daran gewöhnt hatte, daß sein Fahrrad mit kreischenden Bremsen in der Seefeldstraße neben ihr zum Stehen kam. Auch sie würde ihm fehlen, die einzige Mutter, die er während vieler Jahre gehabt hatte. Wie oft hatten sie nicht beieinander gesessen und einander Dinge gesagt, die sie niemandem sonst gesagt hätten. Wie Stephen sich später erinnerte: »Wir setzten uns zusammen, und dann erzählte sie mir, was sie bewegte, und ich erzählte ihr, was mich bewegte. Nonna war eine sehr freimütige Frau.«

***

Das Kriegsende brachte für Großbritannien verstärkte Einschränkungen und damit auch erneuten Druck auf Nora seitens der Bank of England. Die Bank, die Auslandstransfers von Pfund Sterling scharfen Kontrollen unterwarf, sandte ihr über ihren Rechtsbeistand Fred Monro ein Ultimatum: Entweder kehrte Mrs. Joyce nach England zurück, oder sie brachte ein ärztliches Attest bei, aus dem hervorging, warum sie das nicht konnte. Die Bank bat Mr. Monro, Mrs. Joyce daran zu erinnern, daß sie bereits vor zwei Monaten gemahnt worden sei.

Mittlerweile war Nora in der Lage, einen großen Teil ihrer Korrespondenz an ihre alte Freundin Evelyn Cotton zu delegieren. Die Schauspielerin, die in Joyce' Inszenierung von *Ernst sein ist alles* mitgespielt hatte, war während der Kriegsjahre eine enge Freundin Noras geworden. Sie übernahm es jetzt, in der Art für sie tätig zu werden, wie Paul Léon für Joyce tätig gewesen war. Wie Léon verlieh auch Miss Cotton dem, was sie schrieb, ihren eigenen Anstrich: Wie rührend das doch mitanzusehen sei, wie Mrs. Joyce, die zunehmend verkrüppele, sich abmühte, die Treppen zu ihrem kleinen Dachstübchen, in dem sie lebte, hinauf- und hinunterzugelangen, und wie sie wirklich eine Pension mit Aufzug brauche. Doch gebe es keinen Zweifel, was Mrs. Joyce' Wunsch betraf, in Zürich zu bleiben. »Nachdem sie ihr Zuhause verloren hat«, erklärte Miss Cotton, »möchte sie natürlich lieber hier bleiben, wo sie ein paar Freunde hat. Es erscheint mir grausam, alte Menschen nicht in Ruhe dort leben zu lassen, wo sie leben möchten.«[36] T. S. Eliot schaltete sich mit seiner einflußreichen Stimme in die Angelegenheit ein: Viele Briten kehrten nach dem Krieg aufs Festland zurück, um wieder dort zu leben. Er sei der Meinung, man solle in Mrs. Joyce' Fall erst recht eine Ausnahme machen, da sie, so betonte er (offensichtlich in Unkenntnis der intensiven rechtlichen Bemühungen, das Gegenteil zu beweisen), nie in England gelebt habe.[37]

Noras Züricher Arzt jedoch, Dr. W. Behrens legte ihren Fall überzeugend dar. Er lieferte das geforderte Attest im Juni 1946 und zeichnete ein trauriges Bild der Sechzigjährigen. (Sie war eigentlich zweiundsechzig; selbst ihrem Arzt gegenüber hielt sie die Fiktion aufrecht, daß sie 1886 geboren war und nicht 1884). Er schilderte, wie ihre Gelenke – Knie, Handgelenke und Knöchel, Hüften und Schultern – von der Arthritis deformiert seien. Sie litte unter hohem Blutdruck. Sie befinde sich in einem depressiven

Zustand, sagte er, und setzte gezielt hinzu: »Die ungewisse Zukunft und die Schwierigkeiten mit Transfer des Geldes verschlimmern die Situation noch.«[38] Es stimmte allerdings, daß Nora sich leicht aufregte. Sie konnte es nicht ertragen, von Lucia zu sprechen. Als der Krieg beendet war, schickte Dr. Delmas ihr von Zeit zu Zeit Berichte und außerdem die Rechnungen, die sich angehäuft hatten: dreihunderttausend Francs waren noch zu bezahlen.

Im Juni ging Nora auf Behrens' Insistieren ins Krankenhaus, weil sie sich davon eine Besserung ihrer Arthritis versprach.[39] Sie ließ einen sechswöchigen Aufenthalt über sich ergehen, wovon sie drei Wochen liegen mußte. Er tat ihr gut, doch sie fand es zu ruhig und zu trübselig. Sobald sie konnte, zog sie in eine neue Hotelpension, ins Neptun in der Seefeldstraße 15. Die Pension war zentralbeheizt, hatte einen Lift und Telefon in den Zimmern, und ihre Lage war ideal, nur ein paar Schritte von ihrem bevorzugten vegetarischen Restaurant, dem Gleich, entfernt. Sie lag außerdem ganz nah bei dem Park am See, wohin sie nachmittags ging und sich in die Sonne setzte. Sie schloß dort Freundschaften und blieb länger, als je an einem anderen Ort seit dem Square Robiac.[40]

Nachdem sie sich von Joyce' Tod erholt hatte, war Nora nicht mehr niedergeschlagen. Gedrückte Stimmung lag nicht in ihrer Natur – ein Gesichtspunkt, den die amerikanischen Joyce-Forscher, die nach dem Krieg nach Europa zurückkehrten, leicht übersahen, wenn sie es sich nicht nehmen ließen, Joyce' Witwe zu besuchen. Fast ausnahmslos nahmen sie das Bild einer traurigen, hilflosen Frau mit nach Haus, die am Rand der Armut lebte. Leon Edel beispielsweise, der Noras Warmherzigkeit und ihren Charme bemerkte (wie auch ihre großen, knochigen Hände), fand ihr Gesicht doch »faltig und traurig« und ihre »stolze Haltung« machte es ihm unmöglich, sie zu fragen, ob sie unter Geldmangel leide.[41]

Die Bitterkeit lag großenteils im Blick des Wahrnehmenden oder derer, die zugunsten von Nora Geld aufzutreiben suchten. Giorgios Briefe an Miss Weaver in den vierziger Jahren erinnern an die seines Vaters in den zwanziger und dreißiger Jahren, die mit derselben Zielsetzung geschrieben worden waren. Als Miss Weaver 1942 an Noras Schwester Kathleen schrieb, fand darin eine plumpe Bitte Giorgios ihren Nachhall:

> Mrs. Joyce scheint in einer traurigen Verfassung zu sein – es geht ihr gar nicht gut, sie leidet an Rheumatismus und ist sehr einsam, so schrieb Georgio (sic) in seinem Brief vom 29. Dezember... Ich hoffe, es gelingt ihr, die Badekur zu machen, die sie nach Georgios Ansicht im Frühjahr machen sollte.[42]

Ihren Schweizer Freunden jedoch, von denen sie viele hatte, erschien Nora nicht trübsinnig. Sie sahen sie in einem völlig anderen Licht, fast wie ihre irischen Besucher in Paris vor einem Jahrzehnt. Bertha Ruggiero traf sich gern mit ihr zum Tee. Klara Heyland, die Kellnerin, lachte mit Nora über die Kunden der Kronenhalle. Professor Heinrich Straumann, der sich oft mit ihr im Gleich traf, sagte, sie habe immer heiter gewirkt. Sie klagte nie. Sie fand sich gleichmütig mit ihren Lebensumständen ab und plauderte stets auf das Angenehmste mit ihm.[43] Ihre Arthritis war zwar schlimm, doch, wie ein Schriftsteller aus Dublin dazu bemerkte: »Selbst das beeinträchtigte ihre Heiterkeit, ihre tadellose Haltung, ihr fast königliches Auftreten nicht.«[44]

Und dann war da immer Giorgio, dessen unablässiger, wohltuender Aufmerksamkeit Nora sicher sein konnte. Es verging kaum ein Tag, an dem sie einander nicht sahen, wenn er ihr auch in vieler Hinsicht auf die Nerven ging. Sie fand es unausstehlich, wie er sich räusperte und ausspuckte. Eines Tages ging sie mit ihm und Stephen eine Züricher Straße entlang, und jedesmal wenn der Vater stehenblieb und ausspuckte, tat sein kleiner Sohn es ihm nach. Nora blieb irgendwann ruckartig stehen und erklärte: »Ich gehe keinen Schritt weiter, wenn ihr beiden nicht aufhört zu spukken.«[45] Doch auch so blieb Giorgio für sie sehr wertvoll, ihr einziger zuverlässiger Gefährte, genau wie er es in Rom gewesen war. Ihre Anhänglichkeit an ihn wuchs in dem Maße, wie er Joyce ähnlicher und ähnlicher wurde: er hatte dieselbe hohe Stirn, denselben geraden, breiten Haaransatz und dasselbe lange, glatt nach hinten zurückgekämmte Haar. Eines Tages kam Nora in ihr Zimmer und fand Giorgio dort vor; wie er dort saß, in einem seidenen Morgenrock, die Katze auf dem Schoß, meinte sie fast, einen Geist zu sehen.[46]

***

Der Streit mit der Bank von England zog sich noch bis ins Jahr 1947 hinein. Nora wußte nie, wann – und ob – ihre angebliche monatliche Überweisung eintreffen würde. Sie schilderte ihre Zwangslage, ohne Selbstmitleid, den Colums in New York in einem herzlichen Brief:

> Liebe Padraic und Molly,
> ich weiß wirklich nicht, wie ich Euch und Euren Freunden für Eure sehr liebe Geste danken soll mir zwei Zahlungsanweisungen über 50 und 40 Dollar zu schicken. Ihr könnt Euch gar nicht vorstellen, was für eine Hilfe das für mich ist, etwas finanzielle Unterstützung zu finden, da ich – außer 20 Pfund – aus England seit sieben Monaten kein Geld bekommen habe. Glücklicherweise konnte mein Anwalt es einrichten, daß ich etwas von den Tantiemen direkt aus Amerika bekomme. Es ist sehr schwierig für mich, weil ich ja auch Giorgio ernähren muß, der selbst absolut keinen Penny hat und hier nicht arbeiten darf. Es freut mich doch sehr, daß Ihr Stephen gesehen habt und ihn einen so prächtigen Jungen findet. Giorgio hat für ihn getan, was er konnte, während er hier war.
>
> Ich fürchte, ich werde früher oder später mein Manuskript von *Kammermusik* verkaufen müssen, das im Jahr 1909 in Dublin geschrieben worden und mir gewidmet ist; es steht auf Pergamentpapier und ist in cremefarbenes Leder gebunden, und auf der einen Seite des Deckels steht das Joycesche Wappen und auf der anderen unsere Initialen. Wenn ihr irgend jemanden wißt der daran interessiert sein könnte, ein solches Werk zu erwerben gebt mir doch netterweise Bescheid.
>
> Bitte übermittelt doch auch Mr. Sweeney (J.J. Sweeney von der Houghton Library, Harvard) und Mr. Healy meinen Dank für die willkommene finanzielle Unterstützung.
>
> Mit wärmstem Dank an Dich und Molly und mit herzlichen Grüßen,
> Eure
> Nora Joyce[47]

Bald darauf machte Nora, in finanzieller Bedrängnis, ihre Drohung wahr und schickte Robert Kastor in New York ihr Exemplar von *Kammermusik* mit der Bitte, es zu verkaufen. Fast zur selben Zeit kam, ohne Vorwarnung oder jegliche Erklärung, die Kapitulation der Bank von England. Sie teilte Monro & Saw mit, daß sie Mrs. Joyce nunmehr als in der Schweiz ansässig betrachte und sich mit dem Transfer jeglicher ihr zustehender Einkünfte einverstanden erkläre. »Ich verstehe auch nicht recht, wie es dazu gekommen ist«, sagte Lionel Monro zu Harriet Weaver.[48]

Die Kehrtwende der Bank rief jedoch ein neues Dilemma hervor. Lionel Monro, der die Joyce-Angelegenheiten von seinem Vater Fred übernommen hatte, erklärte es Miss Weaver (seiner Kusine zweiten Grades). Es stand dem nichts im Wege, daß Nora das gesamte Geld auf einmal abhob, das sich auf ihrem Tantiemenkonto angesammelt hatte. Falls ihr klar wurde, wieviel da war – etwa zweitausend Pfund –, könnte sie alles auf einmal haben wollen, oder, was wahrscheinlicher war, Giorgio würde sie dazu überreden, alles auf einmal haben zu wollen. Lionel Monro schlug vor, Nora nicht zu sagen, daß ihr die gesamte Summe zur Verfügung stand, und ihr statt dessen eine monatliche Überweisung von fünfzig Pfund zuzüglich der Tantiemen aus Amerika zukommen zu lassen.

»Übertrieben«, meinte Miss Weaver, zwischen fünfunddreißig und vierzig Pfund seien ausreichend, und sie regte an, daß die amerikanischen Tantiemen nicht an Nora, sondern nach London geschickt werden sollte. Auch Miss Weaver fürchtete Giorgio, der für ihr Gefühl allzuviel Einfluß auf seine Mutter hatte.

Beider Befürchtungen lassen sich nicht einfach als Bevormundung und übertriebene Fürsorge abtun. Miss Weaver war zwar zu vorsichtig, um in ihrer umfangreichen Korrespondenz mit vielen Freunden und Getreuen der Familie, die Joycesche Angelegenheiten betraf, jemals die Tatsache zu erwähnen, daß Giorgio Alkoholiker geworden war. Andere waren jedoch offener. Einer davon war John Slocum, ein Beamter des amerikanischen Innenministeriums, der nach dem Krieg einer der führenden Sammler von Joyceschen Manuskripten und Memorabilia geworden war. Nachdem er Giorgio in Zürich kennengelernt hatte, beschrieb Slocum ihn als »tragischen Dipsomanen, der im Schatten seines Vaters lebt und durch die Weigerung zu singen eine gute Opernstimme eingebüßt hat«.[50]

Evelyn Cotton beschränkte sich, während sie Noras Korrespondenz führte, auf die Äußerung, daß Noras Lage einfacher wäre, wenn sie ihren Sohn nicht ernähren müßte, der »überhaupt keine Hilfe ist«.[51] Ein wahrhaftiges Bild von Noras Armut in den Jahren nach dem Krieg muß das allgegenwärtige, wenn auch niemals ausgesprochene Problem von Giorgios Trunksucht berücksichtigen. Ein großer Teil von Miss Weavers Geld rann durch seine Kehle. Denn tatsächlich schaffte sie es sogar noch in den ersten Kriegsjahren, eine nach damaligen britischen Maßstäben bedeutende Summe nach Zürich zu schicken, und davon ging nichts für Lucia weg, denn deren Klinikkosten wurden direkt von London aus bezahlt. (Nora autorisierte Monro & Saw, sie zu bezahlen.) Zwischen 1941 und 1943 schickte Miss Weaver Nora etwa zwölfhundert Pfund.[52]

Im Jahr 1948 begann, mit dem heftigen Nachkriegsinteresse an Joyce' Werk, überdies das Geld hereinzufließen, und Noras finanzielle Sorgen waren vorbei. Im August 1948 verzeichnete ihr Tantiemenkonto bei Monro & Saw ein Plus von eintausendneunhundertundsiebenunddreißig Pfund. Davon verschlangen Lucias Klinikkosten mehr als die Hälfte, doch es blieben Nora neunhundertunddreißig Pfund jährlich zu einem Zeitpunkt, da ein englischer Professor nur vierhundert Pfund im Jahr verdiente und ein Fabrikarbeiter dreihundertundfünfzig Pfund. Obendrein erfreute Nora sich als Joyce' Witwe ein wenig der informellen Patronage, auf die Joyce sich so lange Zeit gestützt hatte, um einen luxuriösen Lebensstandard aufrechterhalten zu können. Sie war beispielsweise stets eingeladen, auf Kosten des Hauses in der Kronenhalle zu essen. Die Zumstegs schrieben lediglich in ein Buch, was Nora verzehrt hatte, und wenn das Buch voll war, zerrissen sie es.[53]

Giorgio an der Bar erfreute sich allerdings nicht desselben Entgegenkommens. Er mußte seine Drinks bezahlen, war dort aber ein derart ausdauernder Gast, daß er seinem Lieblingscognac mit Wasser seinen Namen gab. Seine Busenfreunde in der Kronenhalle hatten ihren Spaß daran, wie Giorgio zu rufen: »Cognac Joyce! Cognac Joyce!«[54] Seine Trinkerei stellte jedoch eine ständige Belastung ihrer Finanzen dar, sie war nicht minder eine Ursache ihrer Geldnot als jegliche Währungsrestriktionen der Bank of England, und Nora wußte aus langer Erfahrung, daß es sinnlos war, darüber zu streiten.

Weder Nora noch Giorgio waren gewieft genug, um zu erkennen, daß ihre Londoner Beschützer sie zu ihrem eigenen und Lucias Besten, absichtlich kurzhielten. Im Jahr 1948 begriffen Mutter und Sohn dennoch, daß ihre schlimmsten Tage vorüber waren. Nora bat Robert Kastor um die Rückgabe ihres Exemplars von *Kammermusik*; es bestand mittlerweile keine Notwendigkeit mehr, es zu verkaufen.[55]

19. Kapitel

Gebrüll der Löwen

Als es an der Zeit war, die Witwe Joyce zu spielen, begann Nora endlich, an das Genie ihres Gatten zu glauben. Sie interessierte sich für literarische Neuigkeiten und erfreute sich an den vielen Büchern über Joyce' Werk. Sie bat um drei Exemplare von *The Portable James Joyce*, die sie verschenken wollte, und für sich selbst erbat sie ein Exemplar von Lucias *A Chaucer ABC.*[1]

Die Fragen ihrer literarischen Inquisitoren parierte sie gut. Ignazio Silones Frau fragte sie nach ihrer Ansicht über André Gide und bekam sie auch. »Es ist doch klar, wenn man mit dem größten Schriftsteller der Welt verheiratet ist«, sagte Nora, »dann erinnert man sich nicht an diese ganzen unbedeutenden Burschen.« Zu John Slocum, der sich auf einer Rundreise durch Europa befand, um Joyce-Papiere und Memorabilia zusammenzutragen und eine endgültige Bibliographie sämtlicher veröffentlichter Schriften Joyce' vorzubereiten, sagte Nora: »Es ist schon gut, daß mein Mann keine literarisch gebildete Frau hatte. Irgendwer mußte ja schließlich auch das Kochen und Abwaschen besorgen.« Gelegentlich idealisierte sie ihre Ehe auch und behauptete, sie und Joyce seien selig miteinander gewesen. Giorgio, der die Äußerung mitbekam, meinte dazu: »Ich wüßte ja gern, was mein Vater dazu zu sagen hätte.« Gewöhnlich blieb sie jedoch bei ihrem vertrauten trockenen Ton: »Ich höre ständig, daß mein Mann zu den Unsterblichen gehört. Ich hätte lieber ein paar Tantiemen von seinen Büchern, als die Witwe eines Unsterblichen zu sein.«[2]

Schon seit den Triestiner Zeiten hatten die Joyce-Verehrer Nora unter die Lupe genommen und herauszufinden versucht, was er wohl an ihr finden mochte. Maler wie Silvestri hatten ihre starke Ausstrahlung zwar in Porträts festgehalten, doch hatte niemand außer Joyce ernsthaft versucht, die Eigenart ihrer Stimme und ihrer Redeweise einzufangen. Zum Glück für die Nachwelt unterbrach im Jahr 1948 der junge amerikanische Journalist Sandy Campbell eine Bahnreise von Paris nach Rom, um Mrs. Joyce in Zürich aufzusuchen. In der besten Konditorei der Stadt erfuhr er, daß Mrs. James Joyce in der Pension Neptun in der Seefeldstraße nicht weit vom See wohnte.[3] Da es Abend war, rief er dort an, um eine Nachricht für Mrs. Joyce zu hinterlassen und auf diese Weise anzufragen, ob er sie am nächsten Tag sehen könne. Der Empfangschef verstand jedoch bloß den Namen »Joyce« und stellte ihn sofort auf Noras Zimmer durch. Noras leise Stimme antwortete selbst. Ja, mit Vergnügen wolle sie sich mit ihm treffen, doch sie sei eine alte Dame, und für sie sei es Schlafenszeit. Wenn er sie jedoch morgen besuchen wolle, ihr sei jede Zeit recht. Sie verabredeten sich für mittags.

Campbell traf zeitig ein. Nora wartete bereits im Salon; er war klein und mit billigen Möbeln vollgestellt. Als sie aufstand, um ihn zu begrüßen, fielen ihm ihr »gelassener Ton und die Schönheit ihrer irischen Stimme auf – die so ganz anders war als die der irischen Schauspielerinnen mit ihrem harten Akzent, an die ich von New York her gewöhnt war.«

Nora bestellte ihnen beiden einen Dubonnet und sagte, sie hoffe, Giorgio werde auch noch kommen. Ihr Sohn habe eine schöne Singstimme, erklärte sie, wie sein Vater vor ihm, er könne jedoch nicht in der Schweiz arbeiten, weil die Schweizer ihm die Arbeitserlaubnis verweigerten. Wenn Giorgio nur nach Hollywood gehen könnte, sagte Nora, sie sei davon überzeugt, daß er dort Arbeit finden könnte. »Er ist allerdings nicht versessen darauf zu singen«, vertraute sie dem völlig fremden Menschen an, »Irgend etwas stimmt mit ihm nicht. Er leidet vielleicht darunter, Joyce' Sohn zu sein.«

Campbell schlug ein gemeinsames Mittagessen vor. Nora willigte unter der Bedingung ein, daß sie im Gleich aßen, weil Giorgio dort nach ihr schauen würde. Sie sei zwar keine Vegetarierin, erklärte sie, doch habe sie die Erfahrung gemacht, daß Restaurants, wo sie kein Fleisch servierten, billiger seien. Campbell fand, der Käse, das Obst und die Gemüse sähen so gut aus, daß er nichts dagegen einzuwenden hatte. Während sie aßen und sich unterhielten, sagte Nora: »Oh, Mr. Campbell, ich fühle mich richtig wohl. Ich hatte schon Angst, als wir telefoniert haben, daß Sie einer von diesen Leuten wären, die mich fragen kommen, was bestimmte Abschnitte aus dem *Ulysses* oder aus *Finnegans Wake* bedeuten, und das kann ich denen natürlich nicht sagen; ich weiß es doch nicht.«

Mit dem jungen Journalisten war sie entspannt, gesprächig und offen. Sie erzählte ihm, eigentlich möge sie Zürich ja nicht, sondern wäre lieber in Paris, wo sie alle Bücher von Joyce um sich herum hätte. Joyce, so erklärte sie, habe ungeheuer gern gelesen.* Was denn für Autoren? Campbell war erpicht auf literarische Informationen. Nora lächelte. »Na ja, genaugenommen las er einen großen Teil seiner Zeit sich selbst.« (Ihr unschuldiges Eingeständnis stützt die Behauptung, Joyce' ungezählte Anspielungen auf seltene und hochspezielle Bücher vermittelten eine unzutreffende Vorstellung von der Gründlichkeit und Vielseitigkeit seiner Lektüre.) In seinen späteren Jahren, als sein Augenlicht getrübt war, war er gewiß kein großer Leser.[4] Nora behauptete, er habe sich dann oft auf sie gestützt: »Wenn seine Augen schlecht waren, las ich ihm immer vor; alle möglichen Bücher. Wir hatten so viele Bücher in Paris. Ich sollte nach Paris zurückkehren. Vielleicht fahre ich wenigstens für eine Weile auf Besuch hin. Ich habe dort Freunde, und ich müßte nicht in die Wohnung gehen.«

Nora erklärte, ihre Geldsorgen hätten gerade eben erst aufgehört. Bis 1948 habe sie nur dreißig Pfund im Monat erhalten, und von denen habe sie auch Giorgio und »Giorgios Schwester, die in Frankreich in einem Heim ist« unterhalten müssen. Ihr Leben sei ganz anders als zu Lebzeiten ihres Mannes, erklärte sie Campbell. »Wir haben in den besten Restaurants gegessen, und er hat gern seine Freunde eingeladen.«

* In Campbells Interview nennt Nora Joyce beim Nachnamen. Normalerweise nannte sie ihn denen gegenüber, für die »Jim« zu familiär war, »mein Mann«.

Giorgio stieß unvermittelt zu ihnen – nervös, da er sich einen Augenblick lang eingebildet hatte, Campbell sei Stephen, den sie aus Amerika erwarteten. Man mußte Campbell nicht erst sagen, daß Giorgio Joyce' Sohn war, und er fand, daß dessen Stimme ebenso angenehm sei wie die seiner Mutter. Nora versuchte vergeblich, erst den einen, dann den anderen Mann dazu zu überreden, ein paar Erdbeeren zu essen. »Mutter kann einfach nicht begreifen, daß ich mir nicht viel aus Essen mache«, sagte Giorgio.

Nach dem Mittagessen nahm Nora, gemeinsam mit Giorgio, Campbell mit auf ihr Zimmer, um ihm das einzige Buch von Joyce zu zeigen, das sie besaß: das Exemplar von *Kammermusik*, das er 1909 für sie auf Pergamentpapier kopiert hatte, als sie in Triest und er in Dublin war. »Ich hatte noch andere«, erklärte sie, »doch entweder habe ich sie verschenkt, oder die Leute haben sie sich ausgeliehen und sie behalten. Von *Kammermusik* will ich mich jedoch nicht trennen, weil Joyce dies Exemplar eigenhändig für mich gemacht hat. Einmal, als ich dringend Geld brauchte, habe ich es nach Amerika geschickt, um es verkaufen zu lassen, doch es fehlte mir so sehr, daß ich hingeschrieben und es mir zurückschicken lassen habe. Ich habe gesagt, daß ich mich für noch soviel Geld nicht davon trennen würde.«

Noras Zimmer war in Campbells Augen sehr klein, sehr sauber und sehr kahl. Es hatte ein großes Fenster; das Badezimmer war am Ende des Flurs. »Das war kein Zimmer, in dem man sich lange aufhielt, nicht einmal mit anderen zusammen«, meinte Campbell, »und schon gar keins, in dem man sich allein aufhielt.« Während Nora ihren Gedichtband aus seinem Seidenpapier wickelte, zitierte sie bestimmte Verse, die sie schön fand, und sie schien die Gedichte auswendig zu können. Auf diese sympathische irische Weise, den Namen des Menschen, zu dem man spricht, häufig zu wiederholen, sagte sie: »Sie werden verstehen können, Mr. Campbell, weshalb ich das hier nicht verkaufen konnte.«

Nora wies den Gedanken weit von sich, sie könne Mittagschlaf halten wollen. Statt dessen schlug sie vor, Joyce' Grab zu besuchen. Als Campbell vorschlug, doch ein Taxi zu nehmen, zeigte sie sich entsetzt beim Gedanken an eine derartige Geldverschwendung. (Auch heute noch sind die Schweizer Taxigebühren sehr hoch.) Als er jedoch darauf bestand, wies sie den Empfangschef stolzerfüllt an, eins zu rufen. Giorgio verabschiedete sich und versprach ihr, sie am nächsten Tag wieder zu besuchen. Während sie unterwegs waren, erging sie sich in Erinnerungen an Joyce, wie sie ihr gerade in den Sinn kamen: daß er gefunden habe, die Garbo gehe wie eine Ente, und wie er auf die andere Straßenseite ging, um einer Nonne aus dem Weg zu gehen. (»Was ich für unnötig hielt, Mr. Campbell.«) Hunde habe er nicht ausstehen können, Katzen jedoch geliebt – egal welche.

Als sie sich dann Fluntern näherten, sagte Nora: »Ich denke mir oft, der Friedhof muß ihm doch gefallen, auf dem er liegt. Er ist nah beim Zoo, und man kann die Löwen brüllen hören.«

Dies Bild verrät, wie stark Noras Einbildungskraft war. Die Frau, deren Erinnerung an einen toten Geliebten auf einem einsamen Friedhof zu einer der schönsten Passagen der englischen Literatur führte, beschwor so nebenbei für einen gänzlich fremden Menschen die Vision ihres Mannes, der da in seinem Grab lag, sich am Löwengebrüll erfreute und vielleicht vor sich hin kicherte. Es läßt vermuten, daß Nora selbst für Joyce die Schlußszene von ›Die Toten‹ beschworen haben mag, in der Schnee auf Michael Fureys Grab fällt.

Daß die Toten sehr nah sind – die Lebenden beobachten, belauschen und beurteilen – ist die Botschaft von ›Die Toten‹. Es ist auch die Botschaft Irlands, dessen Bild, soweit es über die Fernsehschirme der Welt geht, hauptsächlich das eines Trauerzugs ist, eins von Särgen, von Männern getragen, die wie Gabriel Conroy von der Präsenz jener überwältigt werden, die der Vergangenheit angehören.

Die Überzeugung, daß die Toten nicht wirklich tot seien, verbarg sich auch hinter Noras Antwort auf Campbells Frage, weshalb sie denn nicht nach Irland zurückkehre. »Wohl weil er hier ist«, meinte sie, »sie wollten mich dazu kriegen, in England zu leben, so daß ich an das Geld heran kann, was dort liegt, aber ich habe dort nie gelebt, und ich habe nichts übrig für die Engländer, so daß ich das wohl nicht tun werde. Ich hätte zwar gern ein Cottage in Irland, aber die Iren mögen Joyce nicht, also wie komme ich dazu?«

Als sie sich von Joyce' Grab entfernten, lenkte Nora Campbells Aufmerksamkeit auf eine Blattpflanze. Joyce habe keine Blumen gemocht, so sagte sie. Sie forderte Campbell auf, sich ein paar Blätter mitzunehmen. »Es ist doch ein hübscher Fleck, finden Sie nicht?« fragte sie ihn. »Ich bin froh, daß wir hergefahren sind. Ich danke Ihnen, daß Sie mich mitgenommen haben, Mr. Campbell.«

***

Nora blieb Joyce zuliebe im Exil. Sie konnte »ihn« – das heißt, seinen Leichnam nicht verlassen. Ihre Feindseligkeit gegenüber Irland war nicht größer – und nicht geringer – als Irlands Feindseligkeit ihm gegenüber. Ein Ereignis desselben Jahres bestärkte Nora nur in ihrer Überzeugung, daß die Iren James Joyce nicht leiden konnten. Im Jahr 1948 überführte die irische Regierung den Leichnam von W. B. Yeats' von Südfrankreich, wo er 1939 gestorben war, nach Irland. Yeats hatte sich gewünscht, auf dem Kirchhof von Drumcliff in seinem geliebten Sligo beerdigt zu werden und sich eine Grabstelle für sich und seine Familie reservieren lassen. Im Jahr 1948 repatriierte Irland Yeats' Leichnam mit feierlicher Ehrerbietung. Der Sarg wurde auf einem Schiff der irischen Marine von Frankreich in die Bucht von Galway geschafft; dort wurden die Witwe, ihre Kinder und der Bruder des Dichters an Bord geleitet. Dann eskortierte sie ein Trauerzug von Galway nach Sligo, wo Yeats in Anwesenheit einer militärischen Ehrengarde und einer Abordnung der irischen Regierung beerdigt wurde.[5]

Warum nicht dasselbe für Joyce? Nora fand, darin unterstützt von Giorgio, daß die irische Regierung für ihren größten Prosaschriftsteller nicht weniger tun sollte als für ihren größten Lyriker. Sowieso bedurfte Joyce' Leichnam einer dauerhafteren Ruhestätte, als das Grab es war, das man ihm bei seinem überraschenden Tod in Zürich zugestanden hatte. Die Schweizer Polizei, die toten wie lebenden Immigranten gleichermaßen ablehnend gegenüberstand, unterstützte die Repatriierung der sterblichen Überreste ausländischer Besucher. Doch waren weder Nora noch Giorgio imstande, die notwendige Kampagne zu führen, deren es zunächst bedurfte, um die Heimführung von Joyce' Leichnam dann offiziell betreiben zu können. Ein derartiges Arrangement war zudem aus politischen Gründen so gut wie ausgeschlossen. Die protestantische Vorherrschaft der Jugend Noras war durch eine katholische Vorherrschaft und eine puritanische und theokratische Regierung abgelöst worden, die an einer strikten Zensur von Büchern und Zeitschriften festhielt.

Joyce' Bücher standen in Irland niemals auf dem Index, weil sie, wie Mr. Deasy im *Ulysses* von den Juden sagt, niemals hineingelassen wurden. Die Zollbeamten beschlagnahmten schlicht und einfach alle, die ihnen in die Hände fielen. Joyce der Mensch war jedoch genausowenig akzeptabel wie Joyce der Autor. Anders als Yeats, der im Freistaat Irland als Senator gedient hatte (einen »lächelnden umgänglichen Menschen« hatte Yeats sich selbst genannt)[6], blieb Joyce in der irischen Vorstellung der Nachkriegsjahre schockierend, blasphemisch und arrogant. Sein Internat, Clongowes Wood, erkannte sein Werk nicht an, wenn man einmal von dem Schuljungengerücht absah, ein ehemaliges Mitglied von Clongowes habe die Schule dadurch blamiert, daß er ein Buch über einen Mann geschrieben habe, der vierundzwanzig Stunden in einer öffentlichen Toilette verbrachte.[7] Und als Joyce' Bruder Charles eine Woche nach Joyce starb, gestand Belvedere, ihre jesuitische Oberschule in Dublin, nur einem der Joyce-Brüder einen Nachruf zu, und das war nicht James. Er galt als »einer der Schlimmen«.[8]

Nora überredete dennoch Miss Weaver zu versuchen, ihren Einfluß geltend zu machen, und Miss Weaver wandte sich folglich an Count O'Kelly und Constantine Curran, die herausfinden sollten, ob die irische Regierung oder auch die Royal Irish Academy geneigt war, die Rückkehr von Joyce' Leichnam zu verlangen. (Wenn Joyce' Leichnam die Schweiz verließ, würden Nora und Giorgio sie ebenfalls verlassen, glaubte Miss Weaver.) Maria Jolas unterstützte sie; sie schrieb einen leidenschaftlich engagierten Brief an O'Kelly, worin sie ihm versicherte, Joyce sei unbezweifelbar ein guter Katholik gewesen und sein Leichnam solle nicht allein deshalb überführt werden, weil seine Gattin das wünsche, sondern weil Joyce ein überragender Vertreter der irischen Literatur sei.[9]

Es fiel Count O'Kelly zu, Erkundigungen anzustellen und

Maria Jolas die betrübliche Mitteilung zu machen, daß ein derartiger Vorschlag kaum auf breite Unterstützung rechnen könne. Irland hatte James Joyce nicht vergeben. Ein großer Teil der katholischen akademischen Welt war in ihrem Widerstand ebenso unnachgiebig wie die Regierung und, versteht sich, die Kirche.[10]

***

Im Jahr 1948 hatte auch Giorgio einige Veränderungen in seinem Leben vorzunehmen begonnen. Noch nicht von Helen geschieden, hatte er doch schon eine neue Liebe gefunden – Asta Jahnke-Osterwalder, eine deutsche Augenärztin, die von ihrem Mann getrennt lebte und zwei Kinder hatte, einen Sohn und eine behinderte Tochter. Nora war zwar über die Beziehung nicht eben erfreut, tolerierte sie jedoch. Als Jacques Mercanton Zürich einen Besuch abstattete, machte er Giorgio ausfindig und stellte fest, daß er mit Asta in einer netten Villa lebte. Als er klingelte, traf er nicht nur Giorgio zu Hause an, sondern auch Nora. »Du glaubst ja nicht, wer da ist!« rief Giorgio seiner Mutter zu, und als Nora ihren alten Freund erblickte, nahm sie seine Hände, und die Tränen strömten ihr nur so aus den Augen. Mercanton war betrübt, sie so stark durch ihre Arthritis beeinträchtigt zu sehen, weil sie ihm im übrigen noch jung erschien.[11]

Im Sommer 1948 hatten Nora und Giorgio außerdem Besuch aus New York: Giorgios Schwägerin Margaret Kastor (Robert Kastors Frau) und ihre halbwüchsige Tochter Enid. Margaret Kastor war eine warmherzige, hilfsbereite Frau, die viel dazu beigetragen hatte, daß Stephen in den Vereinigten Staaten ein Zuhause fand. Enid, die etwa in Stephens Alter war, besuchte Europa zum erstenmal und führte ein Tagebuch, worin sie ihre Reiseeindrücke festhielt, darunter auch ihren Eindruck von den Joyce'.

Zweimal aßen Margaret und Enid mit Nora, Giorgio, Stephen und Asta in der Kronenhalle zu Abend, die Enid an ein deutsch-amerikanisches Restaurant in New York erinnerte, das ebenfalls hohe Decken und eine dunkle Holztäfelung hatte. Das Essen sei dort schlicht, wenn auch teuer, meinte sie, und sie beobachtete außerdem, daß die ärmeren Gäste erst nach dem Essen kamen und sich dann an einem Bier festhielten, plauderten und Players rauchten, die englische Zigarette, die damals gerade populär war.

Als sie Nora zum erstenmal sah, erblickte Enid eine »schlichte Irin mit rosigen Wangen und sehr weißem Haar, hübscher Haut und einem absolut gewöhnlichen Gesicht«.[12] Es war »unvorstellbar, daß sie die Geliebte und später dann, seit kurz vor *Stephens* Geburt, die Gattin eines solchen Mannes wie James Joyce war«. Nora, stellte Enid verwundert fest, schien in ihrem Mann nicht den großen Schriftsteller zu sehen. »Für sie«, so staunte sie, »bleibt er ein Mann, der dieselben Fehler und Tugenden hat wie jeder andere auch.«

Enid bemerkte Noras irischen Akzent ebenso wie ihre irische Ausdrucksweise. Nora schämte sich, weil sie an dem Abend, als Stephen für die Sommerferien aus Amerika zurückgekehrt war, vom Champagner »angesäuselt« gewesen war. An beiden Abenden mit den Kastors war Nora, wenn ihr Wein angeboten wurde, ziemlich vorsichtig, da sie nicht wünschte, daß noch einmal so etwas passierte »wie neulich abends«. Und sie machte sie auch mit ihrer persönlichen Eigenart, kein Blatt vor den Mund zu nehmen, bekannt: »Ich weiß nicht, ob ich so etwas überhaupt sagen darf«, sagte sie zu Margaret Kastor, »aber Enid ist so glamourös, wie die in Hollywood.« Enid kam zu dem Schluß, daß Nora sich in Zürich wohl fühlte, wo sie »aß, schlief, viel Aufhebens um ihre Arthritis machte und die Vergangenheit hinter sich ließ«.

Enid hatte Giorgio nicht gesehen, seit er und Helen in Manhattan gelebt hatten. Mit dreiundvierzig wirkte er älter und sah nicht mehr so gut aus – »das heißt«, vertraute sie ihrem Tagebuch an, »wenn man ihn überhaupt für gutaussehend hält, was ich nie getan habe. Sein Haar war lang und stahlgrau, seine Hände mit den sorgfältig manikürten Nägeln waren schlank, und er unterbrach seine langen Schweigepausen, indem er mit seinem Baß irgendwelche Liedfetzen vor sich hinsummte. Sein Englisch hatte einen Akzent, und er sprach es mit großer Sorgfalt aus; seit er das Singen aufgegeben hatte, verbrachte er seine Zeit damit, zu trinken, zu rauchen, nur ein wenig zu essen und mit seiner Freundin herumzualbern, einer fidelen Deutschen, die wesentlich jünger war als er, und sich damit vergnügte, Stephen unter dem Tisch zu treten.«

Seine Kumpel in der Kronenhalle schienen Enid »wie er selbst... vom Leben Ausgestoßene zu sein«.

Enid fand zwar, Asta sei »schwärmerisch verliebt« in Giorgio, war jedoch davon überzeugt, daß diese Art, »die Verführerin-und-Mutter für ihn zu geben, wohl ihre Entspannung nach einem harten Tag in der Augenklinik war und nicht das Vorspiel zu einer Heirat«. Eine so durch und durch vernünftige Frau würde sich auf eine derartige Heirat nicht einlassen, dessen waren sie und ihre Mutter sich sicher.

Die Kastors unterschätzten jedoch, welche Anziehungskraft eine starke, berufstätige Frau auf den abhängigen und hypochondrischen Giorgio ausübte, die sich zudem auf das Sinnesorgan spezialisiert hatte, unter dem sein Vater zu leiden gehabt und das ihm sein Leben vergällt hatte; Giorgio und Asta blieben zusammen und heirateten 1954. Giorgio litt zu dem Zeitpunkt immer noch unter heftigen Migräneanfällen. Sie ließen sein Gesicht hellrosa anlaufen. *»Frau Doktor«*, wie sie genannt wurde, zerstreute ihn, versuchte, ihn zum Essen zu bewegen, und schaffte es manchmal, sein Kopfweh zu mildern, ehe es einen Gipfelpunkt erreichte.

Nora war daran gewöhnt, Giorgio über sein Kopfweh klagen zu hören. Als er das in Anwesenheit von Margaret und Enid tat, wagte sie den Vorschlag, vielleicht könne ihm ja eine Psychoanalyse helfen. »Unfug«, schnaubte Giorgio verächtlich, »wenn ich irgendwelchen Quatsch in der Art will, kann ich immer noch zu einem Priester in die Beichte gehen. Das ist auch nichts anderes.«

Die Beziehungen zwischen den einstigen Verwandten waren heikel. Giorgio wußte, daß Stephen die Familienatmosphäre bei den Kastors in New York genossen hatte, und fragte ihn, als er seinen Sohn und Enid zusammensah, ob er mit all seinen Vettern und Kusinen so gut auskomme. Enid strengte sich im Umgang mit Giorgio besonders an: »Ich habe wirklich versucht, so liebenswürdig zu sein, wie ich nur kann, da ich ja Giorgios herzhafte Abneigung gegen unsere ganze Familie kenne und bis zum gewissen Grade etwas dagegen tun wollte.«

Ehe sie abfuhren, machten Margaret und Enid ein paar Aufnahmen, die andere Berichte über Noras gelassenes Auftreten in jenen Jahren bestätigen. Nora hat mit vierundsechzig noch denselben ruhigen Blick, mit dem sie der Kamera seit ihrer Mädchenzeit begegnete, aus Augen, die eine Menge mitbekommen und zugleich verraten, daß sie mit sich selbst und der Neugier der Welt ganz einverstanden ist. Sie ist zwar füllig, aber auch kräftig, von aufrechter Haltung und breitschultrig. Ihr großer schwarzer Filzhut, das geometrisch gemusterte Kostüm und die Bluse mit der weichen Halsbinde machen deutlich, daß sie ihr Interesse an der Mode ebensowenig eingebüßt hat wie ihr charakteristisches androgynes Äußeres. Neben ihr auf der Züricher Straße steht Giorgio, ein in die Jahre gekommener *roué*, ein Mann, über dessen mittleres Alter sich als einziges positiv vermerken läßt, daß er seine Mutter liebte.

***

Gegen Ende 1948 und 1949 verließ Nora zweimal Zürich, um Paris zu besuchen. Sie wurde bei der Sichtung der Besitztümer gebraucht, die von Paul Léon aus der Pariser Wohnung geborgen worden waren, und sollte in geringem Umfang bei der Organisation einer Verkaufsausstellung Joycescher Manuskripte, Bücher und Bilder behilflich sein. Diese sollte in der Librairie La Hune stattfinden, einer neuen Buchhandlung und Galerie am Linken Ufer, und die Erträge sollten an sie und Giorgio gehen.

Unter den für den Verkauf bestimmten Stücken waren sämtliche Familienporträts, darunter auch jene, die Silvestri und Budgen von Nora gemacht hatten. Für die Ausstellung, nicht aber für den Verkauf, stellte Nora ihr Exemplar von *Kammermusik* zur Verfügung. Giorgio war darauf aus, soviel Geld wie möglich hereinzubekommen, da es ihn wie eh und je verdroß, daß solch ein großer Teil der Erträge aus den Büchern seines Vaters zur Deckung der beträchtlichen Unterhaltskosten von Lucia verwendet wurde.

Sowie Joyce-Material zum Verkauf gelangte, brachen Unstimmigkeiten im Lager der Forscher und Sammler aus. John Slocum hoffte, als er die La-Hune-Sammlung in Augenschein nahm, alles zusammen kaufen zu können, um es seiner Alma mater, der Harvard University, zu präsentieren. Er war bitter enttäuscht, als er feststellte, daß die University of Buffalo ihn auf irgendeine Weise ausgestochen hatte und ihr höheres Gebot von zehntausend Dollar akzeptiert worden war. Dies war jedoch nur der Anfang eines Kampfes, der die Joyceana über den gesamten amerikanischen Wissenschaftsarchipel verstreuen sollte. Slocum hielt nach einem Schuldigen Ausschau und machte Maria Jolas dafür verantwortlich, daß man ihn ohne sein Wissen überboten hatte. Sie beschuldigte ihn mit ebensolchem Ingrimm, sich mehr um Harvard und Yale zu kümmern als darum, daß möglichst viel Geld in die Hände von Mrs. Joyce gelangte. Allen, die es hören wollten, erklärte sie, John Slocum sei ein Schweinehund.[13]

Auch Carola Giedion-Welcker nutzte die Gelegenheit der La-Hune-Ausstellung, um ihrem Groll gegen Nora und Giorgio Luft zu machen. Als sie eine der umstrittenen Totenmasken als Leihgabe zur Verfügung stellte, beschwerte sie sich Sylvia Beach gegenüber, daß Nora Maria Jolas gegen sie aufgehetzt und Giorgio in ganz Zürich herumerzählt habe, wie die Giedions die Joyce' ausgebeutet hätten.[14] Sie selbst habe die Masken nur zu dem Zweck machen lassen, sie an ein Museum oder eine Bibliothek geben zu können, und sie warte lediglich darauf, aus Irland zu hören, ob Versandkosten, Verpackung und Versicherung bezahlt würden, wenn sie eine der Masken dorthin schickte.

Während Nora in Paris und damit leicht zu erreichen war, überquerte Harriet Weaver den Ärmelkanal, um sie und die Ausstellung zu sehen. Als Verwalterin des literarischen Nachlasses hatte Miss Weaver zwar die Macht, sämtliche die Veröffentlichung und Aufbewahrung der Joyceschen Schriften betreffenden Entscheidungen zu fällen, doch sie wollte Noras Wünsche dabei berücksichtigen. Zwei Manuskripte beschäftigten Miss Weaver sehr. Das eine war ein Notizbuch zu den *Verbannten*, das unter den ausgelagerten Papieren zum Vorschein gekommen war. Die dem Stück angehängten Notizen waren zweifellos von großem Interesse für die Joyce-Forschung, doch einige der Kommentare beinhalteten höchstpersönliche Anspielungen und unterstrichen noch den autobiographischen Charakter des Stückes. (Die Notizen, daran sei erinnert, nahmen Bezug auf Preziosos Bindung an Nora und auf Noras Erinnerungen an ihre Mädchenzeit, und dazu gehörten auch solche hochspezifischen Kommentare wie: »... im Kloster nannten sie sie die Männermörderin«.) Das andere, was Miss Weaver beschäftigte, war die Frage, was aus den Manuskripten von *Finnegans Wake* werden sollte. Miss Weaver hoffte, sie der Irischen Nationalbibliothek stiften zu dürfen; sie hatte dem dortigen Leiter tatsächlich schon versprochen, daß Irland sie bekommen würde.

Nora stimmte bereitwillig der Veröffentlichung von *Verbannte* zu, Notizen und alles andere inbegriffen. Sie verblüffte Miss Weaver jedoch mit ihrer unerbittlichen Ablehnung der Vorstellung, daß die Manuskripte von *Finnegans Wake* nach Irland gehen sollten. Wenn Irland den Leichnam ihres Mannes nicht wolle, so erklärte Nora, dann solle es auch seine Manuskripte nicht haben. Das British Museum, meinte sie, sei ein weitaus geeigneterer Aufenthaltsort.[15]

Tatsächlich war Nora zwei Jahre früher außerordentlich betrübt gewesen, als sie einem Zeitungsausschnitt, den Kathleen ihr geschickt hatte, entnahm, daß Count O'Kelly der Irischen Nationalbibliothek Umschläge mit mehreren tausend Briefen der und über die Familie Joyce übergeben habe. Léon hätte sie und Giorgio fragen müssen, so fand sie, ehe er sie versiegeln ließ. Sie bat Miss Weaver, sie möge sie doch zurückzubekommen versuchen. Miss Weaver konnte jedoch nichts ausrichten. Die Papiere waren versiegelt und mit den präzisen Anweisungen Constantine Currans versehen, der darin Paul Léon gehorchte und die besagten, daß sie nicht vor 1991, dem fünfzigsten Todestag von Joyce, geöffnet werden durften, und nicht einmal seine Witwe und sein Sohn hatten die Macht, die Bestimmungen dieses Vermächtnisses außer Kraft zu setzen.[16]

Miss Weaver ließ die Angelegenheit zwar auf sich beruhen, kehrte aber insofern einigermaßen erschüttert nach England zurück, als sie hatte feststellen müssen, daß Nora »kein einziges gutes Wort für die Iren übrig hatte«.[17] Sie selbst hatte hingegen keins für die Amerikaner übrig, nicht einmal für die wohlmeinenden und wohlhabenden Bibliotheken, die darauf brannten, Joyce-Material zu kaufen. Amerika war in ihrer Vorstellung »seit Mr. Roosevelts beklagenswertem Tod unerträglich aggressiv geworden«, und sie machte sich nicht die Mühe, ihre eigenen politischen Neigungen zu verhehlen. Als John Slocums Frau sie höflich danach fragte, antwortete Miss Weaver: »Ich bin röter als Ihr Kleid, meine Liebe.«[18]

***

In Paris hatte Nora zum erstenmal seit Kriegsausbruch Gelegenheit, Lucia zu besuchen. Dieser Besuch fand jedoch nicht statt – Giorgio und Maria Jolas verhinderten ihn. Giorgio selbst fuhr nach Ivry hinaus und verbrachte dort eine Stunde damit, mit seiner Schwester auf Gelände der Delmasschen Klinik spazierenzugehen. Ihr Zustand betrübte ihn dermaßen (erklärte er Maria Jolas), daß er beschloß, seine Mutter solle nicht hinfahren. Er und Maria Jolas fanden übereinstimmend, so schrieb sie Harriet Weaver, es seien nun so viele Jahre vergangen, seit Nora Lucia zuletzt gesehen habe, »... daß es jetzt wohl kaum mehr nötig sei.« Mrs. Jolas beschönigte den Beschluß in ihrem Bericht an Miss Weaver und verlegte sich statt dessen darauf, mit Nora ausgiebig über Lucia zu sprechen. »Ich war mir gar nicht darüber im Klaren, wie tief ihr mütterlicher Kummer geht und immer schon ging.«[19]

Wir können, da Noras eigene Äußerungen nirgendwo verzeichnet sind, nicht wissen, ob sie nun enttäuscht oder aber dankbar dafür war, daß man ihr den Streß der Wiederbegegnung mit ihrer Tochter erspart hatte.

Lucia hatte den ganzen Krieg in Pornichet in der besetzten Bretagne verbracht. Die totale Isolierung von jeglichen Familienangehörigen und Freunden führte dazu, die Institutionalisierung ihrer Persönlichkeit zu vervollständigen. Als sie wieder in Paris waren, besuchten sie zwar ein paar von Joyce' alten Freunden, doch trieb die ebenso die Neugier zu ihr wie die Besorgnis. Wie Gogarty im September 1949 schadenfroh einem Freund berichtete:

> Traf Colum letzte Woche. Er war gerade in dem Irrenhaus gewesen, wo Joyce' Tochter eingesperrt ist. Er erzählte mir, sie sei grauhaarig und habe einen kleinen Bart. Sie spricht vom Heiraten und denkt dabei an McGreevy, weil sie beide was fürs Essen übrig haben. Traurig; aber es beweist doch nur das, was Slocum nicht hören wollte – daß ihr Vater den Wahnsinn an sie weitergereicht hat.[20]

Der Bericht war insofern zutreffend, als Lucia tatsächlich Haare am Kinn wuchsen. Dieser Umstand, der (möglicherweise eine Reaktion auf eine Hormonbehandlung) bis zu ihrem Tod im Jahr 1982 bestehenblieb, verstärkte nur ihr Gefühl, unansehnlich zu sein, und ihre obsessive Beschäftigung mit den Makeln ihres Äußeren.

Ein Grund, weshalb Mrs. Jolas nicht wollte, daß Nora Ivry besuchte, war, daß die äußeren Bedingungen dort deprimierend waren. Der durch die deutschen Bomben angerichtete Schaden war noch nicht behoben worden. Ein weiterer Grund war, daß Lucia immer noch außerordentlich gewalttätig war. Als Dr. Delmas starb und Mrs. Jolas hinausfuhr, um den Fall mit seinen Nachfolgern zu besprechen, fand sie heraus, daß Lucia gerade erst sechs Fensterscheiben zerbrochen und zwei Patienten angegriffen und man sie für eine Weile in die Zwangsjacke gesteckt hatte. Während ihres Besuchs wagte Mrs. Jolas nicht, Lucias Zimmer zu betreten.[21] In ihrem Bericht an Miss Weaver, die sich Sorgen gemacht hatte, daß die Klinik – jetzt, wo Dr. Delmas gestorben war – Lucia nur noch aus Gründen des Profits behielt –, erklärte Mrs. Jolas, daß das Klinikpersonal im Gegenteil nicht das Geringste dagegen hätte, wenn Miss Joyce in eine andere Anstalt verlegt würde. Was ihre Prognose betraf, waren sie sehr pessimistisch. Sie sahen keinerlei Aussicht auf irgendwelche Besserung ihres Verhaltens, bis »gewisse physiologische Vorgänge zum Stillstand kamen«, und Lucia hatte zu diesem Zeitpunkt das Alter von einundvierzig Jahren erreicht.

Maria Jolas, die dazu neigte, anderen eher das Beste nachzusagen, es sei denn, es handelte sich um jene, die sie als rivalisierende Hüter des Joyceschen Andenkens ansah (insbesondere Sylvia Beach), fand, Georgio habe »die besten Absichten«, und sie habe den Eindruck, er werde seiner Mutter im Lauf der Zeit immer mehr zur Stütze werden.[22]

Sie versuchte ihrerseits, Nora zu helfen, indem sie ihr eine Diät nahelegte, die sich bei Arthritis empfahl. Nora wollte davon jedoch nichts wissen. »Ich kann essen wie alle anderen auch«, fuhr sie sie an. Arthur Power, der auch in Paris war, versuchte Nora dadurch aufzuheitern, daß er sie zum Abendessen einlud. »Wohin möchten Sie denn gehen?« fragte er. Sie zögerte nicht: ins Café Francis. Der Abend war jedoch nicht sehr gelungen. Alte Erinnerungen überkamen sie, und ihre Arthritis hatte sie so sehr gepackt, daß sie sich fast nicht mehr rühren konnte. Während sie sich unter Schmerzen auf das Taxi zu bewegte, hörte Power sie müde murmeln: »Dieser viel zu zähe Körper...«[23] Sie war froh, als sie nach Zürich zurückkehren konnte, eine gute Stadt für alte Damen.

***

Mittlerweile waren die Joyce-Forscher Teil der ausgedehnten Familie der Joyce' geworden und fungierten oftmals als Mittler. John Slocum fuhr nach Galway und erwarb von Kathleen einige Briefe, die zwischen Joyce und Michael Healy gewechselt worden waren. An Slocum schrieb Kathleen dann später auch wütend, daß Nora sie im Stich gelassen habe, sich weigere, ihre Briefe zu beantworten und nichts dazu beitrage, das Problem mit ihrer Schwester Delia oder Dilly zu lösen. Als Nora und Joyce finanzielle Unterstützung aus Galway benötigt hätten, meinte Kathleen in bitterem Ton, hätten sie hingegen immer alles bekommen, was sie brauchten.[24]

Nicht nur John Slocum war jedoch unterwegs, um Briefe für amerikanische Bibliotheken zu sammeln, sondern es waren noch andere literarische Spürhunde am Werk, und Miss Weaver selbst versuchte, was sie nur konnte, für einen Band mit Joyce-Briefen zusammenzutragen, die von Stuart Gilbert herausgegeben werden sollten. »Hat Mrs. Joyce die Anschrift von Mr. Stanislaus Joyce?« fragte Harriet Weaver Evelyn Cotton. »Er könnte doch ein paar Briefe haben, die er zu dem Buch beisteuern könnte.«[25] Miss Weaver wußte offensichtlich nicht, daß Slocum mit Stanislaus in Triest in Kontakt stand und tatsächlich bereits Joyce-Manuskripte von ihm gekauft hatte. Es kam Slocum gar nicht in den Sinn, daß Joyce' Papiere in Triest vielleicht Noras Eigentum sein und jegliche Einkünfte daraus ihr gehören könnten, oder daß Miss Weaver als Verwalterin des literarischen Nachlasses darüber besser verständigt werden sollte.

Da Noras Gesundheit zu wünschen übrigließ, konzentrierte sie ihre Kräfte auf die unmittelbar anstehenden Probleme. Sie stimmte bereitwillig der Sammlung und Veröffentlichung eines Bandes mit Joyce' Briefen zu und bat sich lediglich aus, daß sie die Auswahl vor der Veröffentlichung durchsehen dürfe, damit sie diejenigen ausschließen konnte, die allzu persönlich waren. Sie bat ferner darum, wenig Aufhebens von Joyce' finanziellen Schwierigkeiten zu machen, da diese bereits in ausreichendem Maße in der Biographie von Herbert Gorman berücksichtigt worden seien, doch war sie nicht übertrieben empfindlich, was das Eindringen in ihre Privatsphäre betraf. Als Mary Colum im Jahr 1947 ihr Buch *Life and the Dream* herausbrachte, handelte das zu großen Teilen von der Freundschaft der Colums mit den Joyce' und enthielt auch Passagen über Lucias Krankheit; Nora tat das achselzuckend ab und sagte, sie nehme das nicht tragisch.[26] Nichts wissen wollte sie hingegen vom Vorschlag des jungen amerikanischen Joyce-Anhängers Richard Kain, daß er eine Sammlung von Erinnerungen über James Joyce zusammenstellen wolle. Sie erklärte entschieden, sie wolle nicht, daß »alle möglichen albernen Geschichten veröffentlicht« würden. Miss Weaver war ganz ihrer Meinung.[27]

Eine strittige Entscheidung hinsichtlich einer anderen Veröffentlichung wurde allerdings hinter Noras Rücken getroffen. Als Joyce 1941 starb, las Marthe Fleischman, die immer noch in Zürich lebte, die Presseberichte im Zusammenhang mit seiner Beerdigung und wandte sich mit vier Briefen, die Joyce ihr geschrieben hatte, an Professor Straumann. Sie besaß außerdem ein Exemplar von *Kammermusik* mit persönlicher Widmung. Ein flüchtiger Blick genügte Straumann, um zu erkennen, daß Nora über den Inhalt dieser Briefe nicht glücklich sein würde: es waren Liebesbriefe, wenn auch unbestreitbar unschuldiger Art. Er drängte Fräulein Fleischmann – sie hatte nie geheiratet –, doch bis nach Kriegsende zu warten, wenn es internationale Käufer geben würde. Er versprach ihr in die Hand, daß er, wann immer es sie drängen sollte, die Briefe zu verkaufen, den höchsten Kaufpreis überbieten würde, den man ihr böte. Scharfsinnig verwehrte Marthe es ihm, die Briefe zu kopieren, und verabschiedete sich.

Im Jahr 1948 versuchte Straumann, die Briefe wieder aufzuspüren. Er stellte fest, daß Marthe Fleischmann sich zwar in einem Pflegeheim befand, daß ihre Schwester jedoch beinah über alles verfügte, was er ursprünglich zu sehen bekommen hatte – alles bis auf eine Postkarte – und bereit war, es für ihre Schwester zu verkaufen. Straumann kaufte die Briefe und zeigte sie Giorgio, der ihre Echtheit bestritt. Sein Vater habe keine griechischen »e«s gemacht, erklärte Giorgio. Kein großer Leser des Joyceschen Werkes, hatte er offenbar vergessen, daß Leopold Bloom in *Ulysses* eine ähnliche heimliche Korrespondenz führt, wobei er griechische »e«s als plumpe Tarnung seiner Handschrift verwendet. Giorgio schloß mit ähnlicher Kurzsichtigkeit die Möglichkeit einer solchen Affäre aus; davon müßte er doch wohl etwas gehört haben, meinte er, denn seine Mutter hätte das bestimmt herausgefunden und ein furchtbares Theater gemacht.[28] Stuart Gilbert kam später mit Giorgio darin überein, daß die Briefe nicht veröffentlicht werden sollten.

***

In Zürich traf Nora sich auch weiterhin mit ihren Freundinnen – Frau Zumsteg, Bertha Ruggiero und Klara aus der Kronenhalle. Es gab außerdem einen Orientteppichhändler, mit dem sie gern plauderte. Sie hatte einen geregelten Tageslauf. Wegen ihrer steifen Gelenke brauchte sie lange dafür, sich anzuziehen (»ein Staatsakt«, meinte sie lachend), dann ging sie an ihrem Stock hinaus und setzte sich in die Sonne. Regelmäßig ging sie zur Messe in die St. Antoniuskirche, ein paar Straßen weit entfernt, wo sie ihren persönlichen Beichtvater hatte, einen Priester, der ein guter Freund wurde. Abends betete sie ihren Rosenkranz, den sie auf dem Nachttisch neben sich liegen hatte. Ihr Gesundheitszustand verschlechterte sich zwar, doch beklagte sie sich nie, nicht einmal engen Freundinnen gegenüber.[29]

Stephen Joyce bewunderte, als er seine Großmutter von Amerika besuchen kam und sie, älter geworden, mit erfahrenerem Blick sah, ihren Mut. Er erkannte ihre Probleme mit seinem Vater und daß sie ihn trotz allem gern hatte. Stephen war dabei, sich seinem alkoholabhängigen Vater zu entfremden, doch begriff er, daß

Nora sich nicht für das verantwortlich fühlte, was immer mit Giorgio nicht in Ordnung sein mochte.[30]

John Slocum war ein weiterer Besucher aus Amerika. Er gelangte zu der Ansicht, daß ihre Krankheit nicht angemessen behandelt wurde, und sorgte für ein überraschendes Geschenk aus Irland: es war die damalige Wunderdroge, Cortison. Als Nora sie zu nehmen anfing, war sie euphorisch. Sie glaubte schon, ihre Arthritis für alle Zeiten los zu sein. Die Erleichterung war jedoch nur vorübergehend und die Behandlung teuer. Harriet Weaver schickte ihr dreihundert Pfund von ihrem eigenen Geld (mit Erlaubnis der Bank of England), um Nora so lange auszuhelfen, bis die zehntausend Dollar aus dem Verkauf der La-Hune-Sammlung an die Universität von Buffalo verfügbar wären.[31]

Im Sommer 1950 besuchte Maria Jolas Nora auf Bitten Harriet Weavers, um sie noch einmal auf die Manuskripte von *Finnegans Wake* anzusprechen. Sean McBride, damals irischer Außenminister, hatte Nora geschrieben, vorgeschlagen, das Werk in der Irischen Nationalbibliothek unterzubringen, und ihr mitgeteilt, die irische Regierung sei stolz, James Joyce, »einen der größten Europäer seiner Zeit«, zugleich einen Sohn Irlands nennen zu dürfen. Das waren jedoch nicht die Worte, die Nora von offizieller Seite zu hören erwartete. Maria Jolas' Gespräche mit Nora und Giorgio dauerte mehrere Stunden und endete damit, daß Nora achselzuckend erklärte, Miss Weaver solle halt machen, was sie wolle.[32]

Im Herbst 1950 ging es mit Noras Gesundheitszustand rapide bergab. Giorgio wich ihr kaum von der Seite. Eine Folge davon war, daß er den Briefwechsel mit Miss Weaver fortführte und alsbald jede Möglichkeit ausschloß, daß Nora sich einverstanden erklären könnte, die *Finnegans-Wake*-Manuskripte nach Dublin zu geben. Ob er nun nur für sich selbst sprach oder Noras wahren Standpunkt wiedergab, Giorgio erklärte jedenfalls, beide, seine Mutter und er, »seien auf Dublin außerordentlich schlecht zu sprechen«. Sie zögen das British Museum vor.[33]

Gegen Ende 1950 wurden Noras Glieder so steif, daß sie nicht mehr laufen konnte. Sie kam in die Paracelsus Klinik, die von medizinisch geschulten Ordensschwestern geführt wurde, im Belvedere Park lag und auf den See blickte. Es war eins der feinsten

Krankenhäuser Zürichs, und das läßt darauf schließen, daß die Joyce' in manchem zu ihrem einstigen Lebensstandard zurückgefunden hatten. Als das neue Jahr sich ankündigte, schrieb Giorgio an Miss Weaver und teilte ihr mit, daß seine Mutter ernsthaft erkrankt sei. Es bestehe, erklärte er trocken, keine Hoffnung.[34] Er machte das Cortison dafür verantwortlich, das ihr so freigebig verabreicht worden sei, daß es ihr keineswegs geholfen, sondern ihren Verfall nur noch beschleunigt habe.

Giorgio besuchte sie jeden Tag. Erschüttert vom Leiden seiner Mutter, hörte er sogar zu trinken auf. Stuart Gilbert gelangte, als er ihn sah, zu der Überzeugung, daß Giorgio ein völlig anderer Mensch geworden sei, und vielleicht war er das ja vorübergehend auch. Jeder war gerührt über den Anblick inniger Nähe zwischen Mutter und Sohn, die soviel Lebenszeit miteinander verbracht hatten und sich, im Schlepptau von James Joyce, gegenseitig eine Stütze gewesen waren.[35]

Im April 1951 erkannte Giorgio, daß Nora im Sterben lag. Er rief Frau Zumsteg von der Kronenhalle herbei, damit sie Abschied nehmen konnte. Noras Beichtvater machte einen Besuch in der Klinik und verabreichte ihr die Sterbesakramente.[36] In ihren letzten Wochen glitt sie in Bewußtlosigkeit ab. Sie bekam Urämie; ihr Herz wurde schwächer. Am 10. April, Giorgio saß bei ihr, öffnete Nora unerwartet die Augen. Unter Aufbietung aller Kräfte hob sie die Hand und berührte die Wange ihres Sohnes. Es war die letzte Handlung ihres Lebens. Die lange Reise von Galway war beendet. Giorgio telegrafierte Miss Weaver die Nachricht: »Mutter starb heute morgen.«[37]

***

Noras Beerdigung war klein; etwa vierzig Menschen nahmen daran teil, hauptsächlich ihre Schweizer Freunde und ältere Damen aus der Pension. Professor Straumann ließ es sich nicht nehmen zu erscheinen und auf diese Weise eine Verbindung zu Joyce' Beerdigung herzustellen. Maria Jolas und Stuart Gilbert kamen aus Paris. Es herrscht allgemeines Entsetzen darüber, daß im Grab neben Joyce kein Platz war; Nora mußte an einer neuen

Grabstelle fünfzig Meter weg beerdigt werden. Der Priester, der für die Zeremonie bestimmt war, Fr. Johann von Rotz, war nicht Noras gewohnter Beichtvater, sondern eher der Mann, der an dem Tag gerade Dienst hatte, und er hielt eine oberflächliche Trauerrede. Stuart Gilbert fand es bedauerlich, daß der Priester mehr von dem großen *Dichter* (dt. i. O.) redete als von Nora und daß nur »ihre engvertrauten Freunde wußten, wie liebenswert sie war und was für eine liebevolle Ehefrau«.[38]

An Gilberts Seite stand Maria Jolas und mühte sich, alles mitzubekommen und zu übersetzen, und sie schnappte zwei Worte auf, die durch die Morgenluft an ihr Ohr drangen: »große Sünderin« (dt. i. O. Anm. d. Ü.). Hatte der Priester Nora etwa als große Sünderin bezeichnet? Wie unfair von ihm, Noras schamvoll verborgenes Geheimnis preiszugeben – daß sie siebenundzwanzig Jahre lang das Leben einer Geliebten geführt hatte! Da war ihre episkopalische Kirche doch weit weniger nachtragend, dachte Mrs. Jolas bei sich, als die unerbittliche römisch-katholische.[39]

In der Geschichtsschreibung ebenso wie in der Lebensgeschichtsschreibung wird das letzte Wort von dem gesprochen, der am längsten lebt. Maria Jolas überlebte fast sämtliche Mitglieder des Joyce-Zirkels: viele Jahre lang, bis 1987, als sie vierundneunzigjährig starb, herrschte sie als unumstrittene Autorität, was die Ereignisse im letzten Lebensabschnitt der Joyce' betrifft. Sie verschaffte, durch die bloße Ausstrahlung ihrer Persönlichkeit, ihrer Version düsterer und widersprüchlicher Ereignisse offizielle Geltung, und so war sie es denn auch, die das Epitheton der »großen Sünderin« in Noras Legende einfügte. Weder Stuart Gilbert noch Professor Straumann hatten aus den Äußerungen des Priesters etwas wie die beleidigende Formulierung herausgehört. Mrs. Jolas war jedoch davon überzeugt, daß Noras Beichtvater sich deshalb um die Beerdigung gedrückt hatte, weil ihm Noras anstößige Vergangenheit peinlich war, und er deshalb zugelassen hatte, daß ein Tölpel von einem Priester die Trauerfeier abhielt. Später, nach einigem Nachdenken, räumte sie ein, daß die Worte, die sie auf Noras Beerdigung gehört hatte, »Teil der üblichen Rhetorik gewesen sein (mochten), aber ich war entsetzt«.[40] Und sie versuchte Giorgio beim Verlassen des Friedhofs mit einem alten irischen

Witz zu trösten, den sie von Joyce kannte und in dem es um ein schwachbesuchtes Begräbnis ging: »Wenn er (d.h., der Verstorbene) dabeigewesen wäre, hätte das Ganze anders ausgesehen.«

Wenn Joyce dabeigewesen wäre, hätte er in der Tat wohl etwas anderes herausgehört. Es war wahrscheinlich, daß der bukolische und nicht sonderlich belesene Priester an Noras Grab weniger deren vergangene Sünden geißelte, als vielmehr vertraute Worte aus Goethes *Faust* zitierte – schließlich sind Goethe-Zitate in der deutschen Sprache ebenso gängige kulturelle Münze wie Shakespeare-Zitate in der englischen. Die fragliche Wendung steht (im Plural gebraucht) im Gebet an die Mater dolorosa:

> Die du großen Sünderinnen
> deine Nähe nicht verweigerst
> und ein büßendes Gewinnen
> in die Ewigkeiten steigerst,
> gönn auch dieser guten Seele
> die sich einmal nur vergessen,
> die nicht ahnte, daß sie fehle,
> dein Verzeihen angemessen!

Auch wenn man aufgrund der wortwörtlichen Lektüre vermuten könnte, daß Pater von Rotz möglicherweise über Noras irreguläre Vergangenheit im Bilde war, als er jene wohlgesetzten Worte über die großen Sünderinnen und die gute Seele auswählte, er selbst schloß diese Möglichkeit nachdrücklich aus. »Das war für mich absolut ein Routinebegräbnis«[41], erklärte er. In jedem Falle wäre es auch theologisch widersinnig gewesen, Nora solcher Sünden zu zeihen, von denen sie während ihrer letzten Jahre, als sie regelmäßig die Sakramente nahm, freigesprochen worden war.

Diese eingebildete Verunglimpfung während ihres Trauergottesdiensts war das letzte Fehlurteil der literarischen Welt, das Nora zuteil wurde. Die Frau, die Joyce ihre zärtliche Ergebenheit, ihre Kraft und ihren Witz geschenkt hatte, ging in die Literaturgeschichte nicht nur als Bürde ein, die nichts zu seinem Werk beitrug, sondern obendrein als verspätet geehelichte Geliebte, die auf ihrer eigenen Beerdigung als große Sünderin bezeichnet wurde.

»Kaum eine Bezeichnung hätte unpassender sein können«, schließt Ellmann nachsichtig.[42]

Wenn die Worte jedoch aus dem *Faust* stammten, hätten wiederum nur wenige Bezeichnungen angemessener sein können. Nora war, wie Gretchen, eine schlichte, ehrbare Seele, die einen Mann von luziferischem Hochmut liebte. Und Joyce selbst verehrte in ihr ja diejenige, die ihn vor Fausts Schicksal bewahrte.[43] Es war außerdem nur angemessen, daß Nora mit Worten aus einem der Meisterwerke der europäischen Literatur bedacht werden sollte. Sie war, wie Joyce, zum Zeitpunkt ihres Todes eine wahre Europäerin, eine stolze Bewohnerin der angenehmen Stadt, die ihr dreimal Zuflucht gewährt hatte.

Von ihren vielen Besuchen auf dem Friedhof her war Nora sich zweifellos darüber im klaren, daß neben Joyce kein Platz für sie war, und hatte sich damit abgefunden. Die vielen Freunde der Joyce' hingegen taten das nicht. Im Jahr 1966 wurden die Leichname der beiden Joyce' unter beträchtlichem zeremoniellem Aufwand und ohne weitere Gedanken an eine Repatriierung nach Irland auf immer ein Teil Zürichs, gemeinsam beerdigt in einem dauerhaften und schön gestalteten Grab in Fluntern, das die Stadt überblickt. Zu Tausenden begeben sich alljährlich Joyce-Liebhaber an die Grabstätte, und wenn sie sich an Noras Bemerkungen erinnern, dann freut es sie, daß sie, um nach Fluntern zu kommen, bis zur Endstation mit der Straßenbahn in Richtung Zoo fahren müssen.

20. Kapitel
Hier spricht Nora

»Wherever thou art shall be Erin to me«
James Joyce, Alphabetical
Notebook, Eintrag unter ›Nora‹[1]

»... ich mutmaße ..., daß Irland darum wichtig sein muß«, sagt Stephen Dedalus zu Bloom, »weil es zu mir gehört.« Nora ist wichtig, weil ihr Joyce gehörte, und weil sie ihm nie gehörte. Sie war die Stärkere von beiden, ein unabhängiger Geist, der weit mehr Einfluß auf ihn hatte als er auf sie.

Für lange Zeit war die einzige Anerkennung, die sie fand, die, das mitnehmbare Irland ihres Gatten zu sein. Wenn J. M. Synge eine unverfälschte irische Stimme hören wollte, dann mußte er sich in einem rustikalen Bauernhaus, das seine Mutter für den Sommer gemietet hatte, auf den Boden legen und das Geschwätz der Dienstmädchen in der Küche belauschen. Yeats und Lady Gregory hingegen saßen in ihrem prächtigen Heim in Coole Park und unterhielten sich über den reichen Erfahrungsschatz der Landbevölkerung. Joyce aber heiratete sein Irland. Noras beharrliches Irischsein war für ihn ein ständiger Trost und eine ständige Quelle der Inspiration. Als Joyce starb, schrieb Kenneth Reddin in der *Irish Times*: »Ich erinnere mich noch an Mrs. Joyce' schöne Galwayer Stimme, ihre Gastfreundlichkeit und ihre ständige Wohlgelauntheit ... und an den unveränderlichen Eindruck, es mit einem ins Ausland verpflanzten Dublin zu tun zu haben.«[2]

Nora erwartete darüber hinaus keine Anerkennung. Anna Livias Sterbeworte hätten auch die ihren sein können: »I 'll slip away before they're up ... Nor miss me.« Doch wurde ihr eigener Tod durchaus von der Weltpresse zur Kenntnis genommen: von der *New York Times*, der *Herald Tribune*, der Londoner *Times* und natürlich von der *Time*, die ihr Alter mit fünfundsechzig statt mit siebenundsechzig angaben. Die *Time* gestand Nora in ihrer Ausgabe vom 23. April 1951 sogar wohlmeinend, wenn auch nicht unbedingt zutreffend, einen gewissen Anteil am Erfolg ihres Gatten zu – einer der seltenen Fälle, wo sie öffentlich gewürdigt wurde:

> Verstorben: Mrs. James Joyce (Nora Barnacle), 65, langjährige Vertraute und literarische Hebamme ihres berühmten Schriftstellergatten. Sie erlag in Zürich, Schweiz, wo Joyce vor zehn Jahren starb, einem Herzanfall. Eine praktisch veranlagte Frau, half sie ihm, sich niederzulassen und seine Arbeit zu vollenden, und nachdem sie den *Ulysses* gelesen hatte, seufzte sie: »Mag schon sein, daß der Mann ein Genie ist – doch was der für eine schmutzige Phantasie hat, oh je.« Nachdem er, längst erfolgreich, gestorben war, ertrug sie vornehm lange Zeit ihre Armut, denn sie wollte nicht in England leben, und es gelang ihr nicht, mehr als einen kleinen Bruchteil der Tantiemen aus dem Land herauszubekommen.

Diejenigen, die Nora aus der Nähe kannten, hatten jedoch keinen Zweifel an Noras Beitrag. Elizabeth Curran war überzeugt, daß Nora Joyce ganz allein davor bewahrt habe, Alkoholiker zu werden. Ohne ihr ständiges »Das reicht jetzt, Jim!«, so meinte Currans Tochter, hätte seine Sucht ihn seiner Arbeitsfähigkeit beraubt. In Maria Jolas' Augen strafte Noras beharrliche Forderung, daß Joyce angemessene Bedingungen zum Schreiben brauche, ihre angebliche Gleichgültigkeit seinem Werk gegenüber Lügen. Nora, so sah es Maria Jolas, lag an seinem Werk, weil ihm daran lag – ein Standpunkt, der durch ihre Begeisterung für *Finnegans Wake* gestützt wurde.[3]

In den Lebenserinnerungen ihrer gemeinsamen Freunde tritt

Nora als eine Kraft auf, die es angemessen zu berücksichtigen gilt, und wenn von einigen der eher literarisch interessierten Figuren ihre komische Seite hervorgehoben wird, so gibt es doch auch andere, wie etwa die Colums und J. F. Byrne, die nicht über sie, sondern mit ihr lachten. Die Ehe der Joyce wirkte, ungeachtet aller inneren Spannungen und Rätsel, auf die, die ihnen am nächsten standen, doch ungewöhnlich haltbar. Sylvia Beach bezeichnete sie als die glücklichste, die sie kenne. Stuart Gilbert weigerte sich später, die Marthe-Fleischmann-Briefe zu veröffentlichen, als man sie ihm zeigte, denn in seinen Augen war Joyce ein ganz besonders treuergebener Ehemann.[4] Stanislaus Joyce zog es zwar vor, seine Kommentare über die Ehe seines Bruders sehr knapp zu halten, sagte damit aber dennoch eine ganze Menge aus:

> Ich will weiter nichts dazu sagen, als daß er seine Frau vor ein paar Jahren standesamtlich geheiratet hat und daß er bis hin zu seinem Tod... von ihr gerade mal ein paar Wochen getrennt war, und das nicht aus eigenem Antrieb.[5]

Eine beredte Einschätzung kam in späteren Jahren von Arthur Power:

> Ich kann in aller Aufrichtigkeit sagen, daß ich nicht glaube, daß James Joyce mit den Schwierigkeiten des täglichen Lebens hätte fertig werden können, wären da nicht die unglaubliche Einsatzbereitschaft und der Mut seiner Frau Nora gewesen. Sie waren einander verläßliche Gefährten, und ihre Beziehung beruhte auf Liebe und kongenialem Verständnis. Jedem der Mr. und Mrs. Joyce kannte, war klar, daß keiner von beiden ohne den anderen irgendeinen Schritt von Bedeutung tun würde. Man mußte sie zusammen gesehen haben, um glauben zu können, wie sehr James Joyce von seiner Frau Nora abhing. Ungeachtet aller Schicksalsschläge, die Joyce und seine Familie ereilten, durch alle Prüfungen und Mißhelligkeiten hindurch blieben sie, einander treu ergeben, zusammen.

Nora war es, so versicherte Power, die »mit ihrem Mut, ihrem unerschütterlichen gesunden Menschenverstand« die Familie zusammenhielt:

> Es stimmt zwar, daß sie so überhaupt nichts Intellektuelles hatte; und warum sollte sie auch? ... Sie war eine aufrichtige und tapfere Frau und eine ihm ebenbürtige Gefährtin und Gattin – eben dieser frische Windhauch aus Galway im intellektuellen Treibhaus von Paris.[6]

Vielleicht den schönsten Tribut zollte ihr jedoch ihr Enkel. »Nonna war so stark«, hat Stephen Joyce gesagt, »sie war ein Felsen. Ich würde so weit gehen zu behaupten, daß er ohne sie nichts von allem geschafft, nicht eines seiner Bücher ohne sie geschrieben hätte.«[7]

***

Es hätte Nora überrascht zu erfahren, daß die Nachwelt sie als schlampige Analphabetin abtun würde, die nicht einmal kochen konnte. Insbesondere die Wissenschaftler haben sich schwer damit getan, das Mißverhältnis von Zimmermädchen und Künstler zu akzeptieren. Mit den Jahren ist einiges an abfälligen Bemerkungen zusammengekommen: »Sie beherrschte nie die Sprache des Landes, in dem sie lebten.« »Seine ungebildete und unbelesene Frau (sie war Zimmermädchen, als er sie kennenlernte)... weigerte sich, den *Ulysses* oder sonst irgend etwas zu lesen, das ihr Mann geschrieben hatte.« »Nora war unfähig, auch nur ein Minimum von Ruhe oder Ordnung in ihren Haushalt zu bringen.« »... wie Molly Blooms, (so war auch ihr Haus schmutzig).«[8] Nora hätte angesichts der schlechten Presse nur die Achsel gezuckt. Sie fühlte sich nie wohl im Umgang mit der Art von Leuten, die etwas für ihren guten Ruf hätten tun können, und sie machte sich nicht die Mühe, sie zu hofieren. Diejenigen, an denen ihr lag, ihre Freunde und ihre Familie, wußten, daß sie in der Erfüllung ihrer Pflicht, wie sie sie verstand – für James Joyce zu sorgen –, ohne Fehl und Tadel war.

Es besteht jedoch kein Zweifel, daß sie sich tatsächlich weigerte, den *Ulysses* zu lesen; es ist ihr am besten bekannter Makel, den sie freilich mit der großen Mehrzahl der Menschen teilt. Ihr Hauptankläger war James Joyce. Er stöhnte nicht nur Frank Budgen, sondern einer ganzen Reihe von Besuchern gegenüber, daß Nora sich weigere, den *Ulysses* als leichte, humorvolle Lektüre zu betrachten. Selbst damals ergriff jedoch nicht jeder Joyce' Partei, wenn er sich auf diese Weise über seine Frau lustig machte. »Der *Ulysses* amüsant zu lesen?“ fragte C. R. W. Nevison, ein englischer Schriftsteller, der Joyce diese Bemerkung machen hörte, als er und seine Frau sich eines Abends im Les Trianons zu den Joyce' gesetzt hatten. Nevison traute seinen Ohren nicht. »Da sein Buch schließlich die ganze Welt schockiert hatte, verschlug mir das die Sprache.«[9]

Im späten zwanzigsten Jahrhundert, wo Joyce weithin als schwieriger, ja, ungelesener Autor gilt (und zwar insbesondere in Großbritannien, wo der Cambridger Literaturkritiker F. R. Leavis ihn als außerhalb der Großen Literaturtradition stehend beurteilt hat), erscheint Noras Unterlassungssünde weniger als eine der Unwissenheit denn als eine des Selbstschutzes. Für Nora stellte der *Ulysses* eine besondere Schwierigkeit dar, teilweise aufgrund seiner Sprache, teilweise aber auch, weil sie bemüht war, sich von der Gestalt der Molly abzusetzen, und schließlich deshalb, weil sie fand, daß Joyce mehr Geld verdienen sollte, um die Familie zu ernähren. Daß sie nicht etwa Joyce' Werk als Ganzes veschmähte, zeigte sich daran, daß sie seine Gedichte gern zitierte, und an ihrer Begeisterung für *Finnegans Wake*.

Die ebenso zärtliche wie haltbare Ehe der Joyce' wird denen ewig ein Rätsel bleiben, die darauf bestehen, sie als Verbindung zweier intellektuell nicht zusammenpassender Menschen zu betrachten. Es gibt jedoch stärkere Mächte, die zwei Menschen aneinander binden können. In der Hauptsache war das Noras unkomplizierte Selbstgewißheit im Unterschied zu Joyce' hartnäckiger Unsicherheit im Hinblick auf alles und jedes, mit Ausnahme seines Genies. Es gab außerdem ein unbestreitbares androgynes Element in ihrer Beziehung. Daß dies Gemisch von Eigenschaften, das mit dem anderen Geschlecht verknüpft war, einen Teil dessen ausmachte, was sie aneinander band, geht aus ihren Briefen aneinander ebenso hervor wie aus den Kommentaren ihrer Freunde und aus Joyce' Werk.

Weniger offensichtlich und viel zu oft unberücksichtigt geblieben ist die Tatsache, daß sie einander liebten. Sie hatten ein aufrichtiges Vergnügen an der Gesellschaft des anderen, was sich am besten anhand der Fotos ermessen läßt, wie etwa anhand des Schnappschusses von Carola Giedion-Welcker in Luzern im Jahr 1935: Joyce strahlt Nora an, und Nora strahlt Zuversicht und Zufriedenheit mit sich selbst und ihrem Gefährten aus.

Es ist bemerkenswert, daß so viele Menschen Joyce heute nur als Autor des nach wie vor berüchtigten *Ulysses* kennen und annehmen, er sei ein Schürzenjäger gewesen. Das ist jedoch von der Wahrheit weit entfernt. Stanislaus stellte, wieder eine seiner kargen Äußerungen, fest, daß sein Bruder wie viele seiner Landsleute früh geheiratet habe, gewissermaßen um es hinter sich zu bringen, und danach ein treuer Ehemann gewesen sei.[10] Tatsächlich gibt es (sämtlichen vorhandenen Zeugnissen zufolge) keinen Hinweis darauf, daß Joyce, abgesehen von den Prostituierten in Dublin, ehe er Nora kennenlernte, und möglicherweise danach noch ein paarmal, je mit einer anderen Frau als Nora vollen Geschlechtsverkehr gehabt hat. Gestützt wurde die Treue Noras und Joyce' zueinander durch ihre tiefer liegende Abhängigkeit. Sie gaben einander, was beide entbehrten »*amor matris* ... das einzig Wahre im Leben«.

***

Neben der wirklichen Nora gibt es da noch eine andere, die Nora Barnacle, die durch die Phantasien des irischen Mannes schlendert und die Phantasien jener, die Joyce' Leben kennen: die leichtfertige Rothaarige, die in einem Alter ja zu sagen wagte, wo anständige Mädchen nein sagten. So schrieb John Slocum, nachdem er im Jahr 1948 mit nach Howth Head hinausgenommen worden war: »Ich wünschte mir nur ab und zu, Constantine Curran wäre ein liebreizendes Schankmädchen aus Galway City gewesen, so daß die Evokation der letzten Seiten des *Ulysses* vollkommen gewesen wäre.«[11]

Nora Barnacle ist ebenso sehr Teil der irischen Mythologie wie Königin Maeve. Männer gestehen, daß sie sich Phantasien über sie hingeben. Ein Musical mit dem Titel *Nora Barnacle* wurde 1977 im Phoenix Park aufgeführt, und seine Songs verdanken ihre Titel Noras Vergangenheit: »Parc Monceau« (wo Joyce sie 1904 vorübergehend sitzenließ) und »A Home of My Own«. Sean O'Faolain schrieb eine Kurzgeschichte über einen Langweiler von einem Dubliner Literaten, der behauptet, ein echtes Porträt von Nora Barnacle zu besitzen, sein Inbegriff der jungen rothaarigen irischen Schönheit. O'Faolain selbst hat über ihren Charakter nachgedacht:

> Sie war ein Mädchen aus dem rohen animalischen Galway. Ihre spontane animalische Art zog ihn ungeheuer an. Eine äußerst passende Gefährtin für diesen Pseudo-Intellektuellen. Joyce hatte etwas Streberhaftes, sie hingegen nicht. Sie war für seinen Unverstand gesunder Menschenverstand, doch, wohlgemerkt, jedermanns Geschmack wäre sie nicht gewesen.[12]

Ein Mann, der Nora nie vergaß, war »ihr Protestant« Willie Mulvagh, der Buchhalter aus Joe Youngs Mineralwasserfabrik. Zweimal verwitwet, lebte Willie bis in die fünfziger Jahre und zog in seinen letzten Lebensjahren nach England zu seiner Tochter. Er war ein schweigsamer Mann, der niemals über seine Vergangenheit sprach, niemals Bücher las und keine Ahnung hatte, daß er im *Ulysses* vorkam. Um so verblüffter war seine Tochter folglich eines Tages, als Willie von seiner Zeitung hochblickte, offensichtlich hatte irgend etwas, das er gelesen hatte, sein Gedächtnis aufgerührt, und fragte: »James Joyce? Hat der nicht ein Mädchen aus Galway mit Namen Nora Barnacle geheiratet?«[13]

***

Die Phantasien über Nora weichen allmählich der Erkenntnis. Die *Irish Times* sagt im Zusammenhang mit der Hundertjahrfeier ihres Geburtstages von ihr: Sie werde nun »ebenso berühmt wie ihr Gatte, dessen Werke sie nicht verstehen konnte. In ihrer Geburtsstadt«, heißt es dort weiter, »wo ihr Name einst nur mit mißbilligendem Unterton ausgesprochen wurde, ist Nora die allerhöchste irische Auszeichnung zuteil geworden. Ein Pub ist nach ihr benannt worden.«[14] Das Galway Tourist Board, so bemerkte die Zeitung ironisch, habe außerdem eine Gedenktafel am Haus von Noras Mutter am Bowling Green angebracht, die voll von, auf harmlose Art, irreführenden Informationen ist.[15] In Dun Laoghaire, nicht weit vom Martello-Turm in Sandycove, der jetzt als Joyce Tower bekannt ist, ist ein weiterer Pub nach Nora benannt worden.

Einer ernsthafteren Betrachtungsweise stellt sich Nora heute als Verkörperung der anhaltenden Zwangslage vieler junger Irinnen dar: temperamentvoll, lebenshungrig, unausgebildet, gefangen in einem Konflikt zwischen Familie und Armut, Religion und Sex. Die irische Schriftstellerin Edna O'Brien, die die Erfahrungen solcher jungen Frauen literarisch verarbeitet hat, glaubt, sie habe mit der »Welt der Nora Barnacles« zu tun, einem dieser Mädchen »die sich einsam und verzweifelt in solchen häufig demütigenden Situationen befinden, sehr häufig die Zielscheibe von Männern und immerfort auf der Suche nach einer emotionalen Katharsis sind, die ausbleibt.«[16]

Mit dieser emotionalen Katharsis sind Noras einsame Opernabende in Paris zutreffend gekennzeichnet. Wenn sie allein dort saß, im Liebestod der treulosen Isolde schwelgend, dann zog sie sich in sich selbst und in jene Sehnsucht nach der romantischen Vergangenheit zurück, von der die Iren mehr als alle anderen Völker gepackt zu sein scheinen:

O the days of the Kerry dancers.
O the lilt of the piper's tune.
O for one of those hours of gladness!
Gone like the days of our youth, too soon.

Welche Genugtuung es Nora bereitete, zu wissen, daß sie zu Joyce' Werke ihren Anteil beigetragen hatte, werden wir niemals erfahren, weil sie, von ihren rüden Erwähnungen Molly Blooms abgesehen, nur sehr wenig dazu gesagt hat. Sie verblüffte allerdings Eugene und Maria Jolas eines Abends, als die vier beim Essen in einem Pariser Restaurant auf das Thema erste Liebe zu sprechen kamen. Nora, die im Gespräch gewöhnlich hinter Joyce zurückstand, ergriff plötzlich das Wort:

Das ist einfach etwas Unvergleichliches. Ich weiß noch, wie ich ein Mädchen war, und ein junger Mann verliebte sich in mich, und er kam und sang im Regen unter einem Apfelbaum draußen vor meinem Fenster, und dann bekam er Tuberkulose und starb.

Nora sagte das auf ganz schlichte Weise – weniger so, erinnert Maria Jolas sich, als habe sie ›Die Toten‹ nie gelesen, sondern eher ›als hätten *wir* sie nicht gelesen‹.[17]

Was immer sie sonst noch enthüllen mag, diese Anekdote zeigt jedenfalls, daß Nora, ganz ohne Joyce' Zutun, dazu neigte, ihre Vergangenheit zu romantisieren.

***

Das wissenschaftliche Interesse hat sich auf Nora zu konzentrieren begonnen. Nun, da den Frauen, die »nur Hausfrauen« sind, ein eigener Wert zugestanden wird, wird Nora als Modell sämtlicher weiblichen Hauptfiguren in Joyce' anerkannt und noch als vieles andere mehr. Ihre Wahrnehmungsweise – wie sie etwas als wichtig oder ärgerlich oder komisch einstufte – wirkte sich auf Joyce' Wahl dessen, was er schreiben wollte, ebenso aus, wie sich ihm ihre lockere Syntax, ihre Satzstruktur und ihre Gleichgültigkeit gegenüber der Interpunktion einprägten und dann wieder bei ihm auftauchten und, in den sprachlichen Kühnheiten von *Ulysses* und *Finnegans Wake*, der Literatur eine neue Richtung wiesen. Wichtiger noch ist, daß er sich ihre Lebensphilosophie zu eigen machte. Es bedarf keiner besonderen Anstrengung, Noras gelassenen Stoizismus in Anna Livias Hinnahme des Todes oder ihre schamfreie Toleranz der Sexualität in ihren sämtlichen Formen in Mollys »ich bin nicht mal rot geworden deswegen warum sollte ich auch ist doch bloß die Natur«[18] wiederzuerkennen. Nora, die Katholikin, war eine echte Protestantin. Sie glaubte ebensowenig daran, daß Gott sie dafür strafen würde, daß sie Jim liebte, wie daran, daß er es tun würde, weil sie sich weigerte, Jim ein katholisches Begräbnis anzutun.

Es läßt sich noch sehr viel anderes über Noras Denken aus Joyce' Werk erfahren, doch muß das spekulativ bleiben. Die Trennlinie zwischen Biographie und Fiktion muß gewahrt bleiben. So verführerisch es auch ist, Noras Stimme beispielsweise in *Ver-*

bannte zu hören, wenn Bertha sich wütend dagegen wehrt, von den kultivierten Freunden ihres Liebhabers gedemütigt zu werden – die Worte müssen doch die Berthas bleiben:

> Mich demütigen! ... Ich habe einen Mann aus ihm gemacht.[19]

Nora wußte, weil Joyce es ihr erzählt hatte, daß er glaubte, sie habe ihn zum Mann gemacht. Sie erklärte ihrer Schwester gegenüber, sie habe das nicht in ausreichendem Maße getan.[20] Sie wußte, sie hatte ihn von dem nagenden und verdummenden Schuldgefühl befreit, das er empfand, weil er sich mit Prostituierten eingelassen hatte, und sie hatte ihm die Briefe geschrieben, die er verlangte, um ihn vor deren Klauen zu bewahren.

***

Die Dankbezeigungen an Nora sind durch Joyce' Werk hindurch verstreut – ein ständiger, schimmernder Faden von Lilly, der Kellnerin, über Gretta und Bertha bis hin zu Molly und Anna Livia: Frauen aller Altersstufen, von der Jugend mit ihren hochfliegenden Plänen bis hin zum eisgrauen Alter.

Die Archäologen der Literatur werden noch generationenlang damit beschäftigt sein, verborgene Anspielungen auf Nora aus dem Text herauszuzupfen: die »charmermaid« in *Finnegans Wake*, dessen bloßer Titel schon die Erinnerung an Finn's Hotel bewahrt; die Connemara-Marmoruhr der Blooms, die am 21. März 1896 stehenblieb (Noras zwölftem Geburtstag, wenn man den 21. als ihren Geburtstag ansetzen will). Sie werden sie jedoch niemals alle finden, denn nur Joyce allein wußte, wo sie versteckt waren.

Die Ehrenbezeigung gegenüber Noras Nachnamen und des weiteren dann gegenüber Gänsen und Seevögeln kann man durch Joyce' ganzes Werk hindurch finden. Da gibt es sechzehn Gänse im *Ulysses*, da gibt es die braungebratene Gans auf dem Weihnachtsbüffet in ›Die Toten‹, und da gibt es scharenweise Seevögel überall in *Finnegans Wake*.[21] Von Joyce' vielen Anspielungen auf die Bernikelgans – sein Symbol für Nora, das der Metamorphose ebenso wie der Wiederauferstehung – ist die deutlichste vielleicht in einem der obskursten Sätze des *Ulysses* enthalten. Als Stephen Dedalus den Sandymount Strand entlang »in die Ewigkeit« läuft, schweifen seine Gedanken von einem sich zersetzenden Kadaver zur Kontinuität alles Lebenden wie Toten. Der Satz, der sich in seinem Hirn herausbildet, ist fast gebaut wie eine mathematische Gleichung: »Gott wird Mensch wird Fisch wird Bernikelgans wird Federbettenberg.«

In den Händen erfahrener Übersetzer kann dieser Code auf folgende Weise lesbar gemacht werden: Gott steigt auf die Erde hinab wird zum Menschen der eine Art Fisch ist der sich in Fleisch verwandelt oder einen Vogel dem die Federn ausgerupft werden um ein Federbett zu füllen, das das Ehebett des häuslichen Glücks bedeckt, das wiederum den Künstler befähigt, sich gottgleich in die höchsten Höhen des künstlerischen Schaffens emporzuschwingen. Anders gelesen, enthält dieser Satz die Behauptung: Geradeso wie Gott durch die Fleischwerdung Mensch wurde und Christus zu einem Fisch (das Symbol, woran ihn die ersten Gläubigen erkannten), so wurde Joyce zum Mann in den Händen der Frau, die ihn in der Federbettwirklichkeit der ehelichen Liebe verankerte und seine Augen für eine neue künstlerische Vision öffnete: die, daß das Wichtigste im Leben die Liebe sei – das ganze Gegenteil von »Zwang, Haß, Geschichte, und was noch dazugehört«.[22]

Daß Joyce Nora in den Status seiner persönlichen Göttin erheben sollte, ist nicht überraschend. Daß das Gewöhnliche ungewöhnlich sei, ist ja die Aussage seines Werkes. Nora war gewöhnlich. Das heißt, sie akzeptierte das Leben mit seinem Wahnsinn, seiner Trunksucht, seiner Armut; seiner Musik, seiner Komik und seinen sexuellen Imperativen. Ihre Tragödie war, daß Joyce niemals bemerkt zu haben scheint, daß ihr Familienleben und ihr sexueller Appetit, die er doch so bewunderte, auf dem Altar seiner Kunst geopfert wurden.

In jedem Buch außer *Porträt des Künstlers als junger Mann* werden die letzten Worte von einer Frau gesprochen, der Nora-Figur. In ›Die Toten‹ sind die Worte die Grettas: ›Oh, der Tag, als ich hörte, daß er tot war!«; in *Verbannte* die Berthas: »Du, Dick. O mein fremder wilder Geliebter, komm wieder zu mir zurück!«

Im *Ulysses* und in *Finnegans Wake* gehören die gesamten Schlußmonologe bis hin zu den allerletzten Worten weiblichen Stimmen. Molly Bloom und Anna Livia Plurabelle sprechen, Adaline Glasheen zufolge, als »Gefäße des kosmischen Geheimnisses ... außerhalb der moralischen und theologischen Gebäude, die der Mensch zu seiner eigenen Qual errichtet.«[23]

Diese Verschiebung auf das Weibliche ist eine seltsame Manifestation für einen jungen Iren, dessen Zielsetzung bei seinem Aufbruch ins Exil, wie es am Schluß von *Porträt* heißt, es war, »das noch unerschaffene Bewußtsein (s)eines Volkes in der Schmiede (s)einer Seele zu schaffen«. Das *Porträt* ist Joyce' einziges Buch, das mit einer männlichen Stimme endet. Warum sollte das irische Bewußtsein, das Joyce im Exil schuf, ein weibliches sein?

Eine brauchbare Antwort hat der Kritiker Colin MacCabe angeboten. Er hat festgestellt, daß Joyce solche maskulinen Strukturen – sprachliche ebenso wie institutionelle – verwarf, die das weibliche Begehren verwarfen. MacCabe schreibt:

> Wenn der junge Joyce unempfänglich war für die nationalistische Ideologie, für deren Förderung seine Generation doch so viel getan hat, dann galt das nicht so sehr den spezifischen Forderungen der Anhänger des Gälischen ..., sondern mehr der Tatsache, daß sie einem Begriff von irischer Reinheit dienten, die eine gänzlich falsche Vorstellung vom Gälischen mit der gleichermaßen falschen Vorstellung vom sexuell und rassisch reinen irischen Menschen verband – und zwar, um es zu spezifizieren, der reinen irischen Frau ...[24]

Das fortgesetzte irische Bemühen, an die außergewöhnliche Reinheit der irischen Weiblichkeit zu glauben und, was Fragen der Sexualmoral angeht, sittenstrenger zu bleiben als andere westliche Länder, zeigt, daß diese Ideologie sich als stark erwies. Desgleichen, das muß betont werden, auch die irische Gewalttätigkeit.

Joyce bezog die Unterdrückung der Frau in *Finnegans Wake* auf die männliche Brutalität, als er von »the vaulting feminine libido ... male fist« schrieb.[25]

In diesem Licht besehen, war Nora mehr als Joyce' Irland; sie war Die Irische Frau, wie sie seiner Vorstellung nach sein sollte.

Geradeso wie *Finnegans Wake* auf dem Papier eine irische Nation schafft, deren Existenz die Geschichte niemals zugelassen hat, so kombinierte Nora irisches Wesen und weibliche Libido, zwei Eigenschaften, die die irische Gesellschaft sich immer noch getrennt zu halten bemüht. Joyce wählte sie in einem Leben der Schweigsamkeit, des Exils und des Mutterwitzes zu seiner Gefährtin, weil sie die Vorstellung von der störrischen Keltin verkörperte, die auf ihre Intuition und ihre Leidenschaften traut und stolz darauf ist, »schlimmer als die Männer« zu sein. Wie das Bauernmädchen in *Porträt* war sie ohne Arg und kühn, als sie sich einem schüchternen Fremden im Dunkeln anbot. Weitaus müheloser als ihr schuldbewußter Liebhaber streifte sie die sozialen Fesseln ab, die sie zurückhielten.

Der Tag, als er Nora begegnete, war tatsächlich der bedeutendste Tag in Joyce' Leben. Von ihrem ersten Spaziergang in Ringsend an veränderte sie sein Bild von der Welt und der treibenden Kraft, die dahintersteckt. Als Joyce Leopold Bloom an Mollys flehentliche Bitte zurückdenken ließ: »Komm, Poldy, laß uns doch machen. Mein Gott, ich bin ganz wild drauf!«[26], da schenkte er seinem Land und seinem Jahrhundert die Stimme des weiblichen Begehrens. Es war Noras Stimme.

Homme de lettres

Take. Bussoftlhee, mememormee!
Till thousendsthee.
Finnegans Wake

Nora führte nicht Tagebuch. Daß ihre Persönlichkeit sich rekonstruieren läßt, ist im wesentlichen ihrem Schwager Stanislaus Joyce zu verdanken. War er es doch, der die große Sammlung privater Briefe aufbewahrte – die seine Frau dann später an die Cornell University verkaufte –, aus denen fast alles hervorgeht, was über Noras Familiengeschichte, ihre Werbungszeit und ihre Beziehung zu James Joyce bekannt ist.

Auch Einflüsse des Marktes hatten ihren Anteil daran, daß Nora der Welt preisgegeben wurde. Mit dem Ende des Zweiten Weltkriegs war der Augenblick gekommen, wo die Joyce-Schriften ihre Reise nach Westen antraten. Ein heftiger Konkurrenzkampf zwischen amerikanischen Universitäten hatte alles, was in irgendeiner Weise mit Joyce zu tun hatte, aus den über ganz Europa verstreuten Schachteln und Truhen herausgeholt und in die klimatisierte Geborgenheit ihrer Spezialsammlungen überführt. Hauptsammler in der Zeit unmittelbar nach dem Krieg war John Slocum. Als sich herumsprach, daß dieser junge, reiche Joyce-Enthusiast aus dem U.S. State Department Noras Schwester Kathleen fünfundvierzig Pfund für einen Brief von Michael Healy und ein paar Aufnahmen gezahlt habe, wurde Slocum von den Briefen aller möglichen Menschen in ganz Irland überschwemmt, die irgendwelche ramponierten Exemplare von Joyce' Werken zu verkaufen hatten.[1]

Hätten die Schriften nicht den Weg in die amerikanische akademische Welt gefunden, wäre, abgesehen von ein paar Anekdoten und Noras fragmentarischen Ebenbildern in Gestalt von Gretta, Bertha, Molly und Anna Livia, wenig von Nora bekannt. Sie wäre eine imaginäre Größe, eine grobumrissene, wenn nicht gar dunkle Figur geblieben, auf deren Gesellschaft Joyce rätselhafterweise versessen war. Im Jahr 1957 veröffentlichte Stuart Gilbert seine *Letters of James Joyce*, eine Sammlung, die er aus dem Pariser Material zusammengestellt hatte. Darin finde sich kein Zeugnis von Joyce' und Noras Liebe, kein einziger Brief von Nora selbst (außer einem höflichen Briefchen an Miss Weaver aus dem Jahr 1917 nach Joyce' erster Augenoperation in Zürich) und überhaupt kein Brief von Joyce an Nora. Gilbert begründete die Lückenhaftigkeit mit dem Selbstvertrauen des alten Freundes und Vertrauten:

> Briefe von Joyce an seine Frau existieren nicht, soweit ich feststellen konnte, und das ist nicht überraschend. Die zwei waren buchstäblich unzertrennlich; während all der Jahre, die ich ihn kannte, ist Joyce nie eine Nacht lang oder auch nur einen ganzen Tag von seiner Frau getrennt gewesen.[2]

Gilbert zensierte selbst wichtige Briefe von Joyce, von denen er wußte – die Liebesbriefe an Marthe Fleischmann aus dem Jahr 1919. Gilbert war zuerst Freund und dann erst Forscher, und so entsetzte ihn der Gedanke, es könnte irgend etwas gedruckt werden, das einen Schatten auf »Joyce' ausgeprägten Familiensinn, seine tiefe Liebe zu seiner Frau und seinen besonders ausgeprägten Sinn für die persönliche Würde« hätten werfen können.[3] Außerdem berief er sich bei seiner Entscheidung auf das, was Joyce selbst wahrscheinlich gewollt hätte: keine Publikation. Giorgio Joyce ebenso wie Stephen, mittlerweile Harvard-Absolvent, stimmten wärmstens zu. Zur bitteren Enttäuschung Miss Weavers und T. S. Eliots wurden die *Letters of James Joyce* publiziert, als repräsentierten sie das Interessanteste der bislang bekanntgewordenen Joyce' Korrespondenz.[4]

Das hatte zur Folge, daß Joyce den Eindruck eines verdrießlichen, gefühllosen Menschen erweckte, der hauptsächlich mit dem Druck und der Veröffentlichung seines Werkes beschäftigt war.

Viele Rezensenten folgerten daraus, daß Joyce nichts anderes war als die Fassade, die er der Welt in den dreißiger Jahren zugewandt hatte: ein vertrocknetes, egomanes Genie. »Nur im Umgang mit seiner Tochter – und auch das erst, als die sich am Rande des Wahnsinns befindet –, gibt es so etwas wie einen vertraulichen Ton«, meinte Stephen Spender in der *New York Times Book Review.*[5]

Selbst Richard Ellmann, der zu der Zeit gerade seine großartige Joyce-Biographie schrieb, die zwei Jahre später erscheinen sollte, machte sich die Vorstellung zu eigen, daß Joyce ein übermäßig kontrollierter, wohlerzogener Briefschreiber gewesen sei. »Joyce nahm, wenn er Briefe schrieb, von Anfang an eine bestimmte Pose ein und lockerte sie kaum einmal», behauptete Ellmann in seiner Rezension von Gilberts Buch für *The Commonweal* im Jahr 1957. »Die ungehemmte Lebhaftigkeit, die er im Gespräch mit vertrauten Personen an den Tag legte, läßt sich in seinen Briefen nicht feststellen.«[6] Ellmann verriet jedoch nicht, daß er gerade zu dem Zeitpunkt an dem großen Komplex der unveröffentlichten Briefe arbeitete, die die Cornell-University erreicht hatten und einen Joyce zeigten, der alles andere als ein unemotionaler Briefschreiber war.

Slocum hatte sich etwa ein Jahr vor der La-Hune-Versteigerung im Jahr 1949, bei der er von der University of Buffalo aus dem Feld geschlagen worden war, auf die Fährte begeben. Er hatte sich zusammen mit Herbert Cahoon von der Pierpont Morgan Library an die Vorbereitung einer Joyce-Bibliographie gemacht – ein gewissenhaft dokumentiertes Verzeichnis sämtlicher publizierter Joycescher Schriften, von den ersten Rezensionen bis hin zur posthumen Veröffentlichung von *Stephen Hero.* Die beiden Männer wollten ebensowohl Joyce-Material kaufen, als es katalogisieren, und im Jahr 1948 bereisten sie ganz Europa, um zusammenzutragen, was sie nur konnten. »Vergessen Sie um Gottes Willen nicht«, schrieb Slocum an Cahoon, »bei Ihrer Reiseroute Triest zu berücksichtigen.«[7]

Slocum und seine Frau fuhren nach Triest und erkundigten sich in der Redaktion des *Piccolo* nach »Signor Joyce«. Welchen Joyce sie denn suchten? fragte der Mann bei der Zeitung, *il piccolo* oder *il grande*? Slocum erklärte, *il grande* sei tot, und sie suchten den jüngeren Bruder.[8]

Stanislaus war nicht schwer zu finden. Im Jahr 1948 erfreute er sich, vierundsechzigjährig, des Status eines Professors an der Handelshochschule von Triest, der einstigen Handelsoberschule. Nach dem Krieg, als er und seine Frau Nelly mit ihrem kleinen Sohn aus Florenz zurückgekehrt waren, hatte er während des lang anhaltenden Streits zwischen Italien und Jugoslawien, die beide Anspruch auf Triest erhoben, der Alliierten Militärregierung als Dolmetscher gedient.[9] Slocum mußte feststellen, daß Stanislaus nicht bereit war, Fragen zu beantworten, wahrscheinlich, so meinte er, weil er selbst an einer Lebensgeschichte seines Bruders schrieb. Mit Freuden eröffnete Stanislaus hingegen die Verhandlungen über den Verkauf der in seinem Besitz befindlichen Manuskripte.

Slocum hatte das Geld, die Beweglichkeit und die Energie, sich für die Verwirklichung seines Traumes einzusetzen, sämtliche Schriften Joyce' unter einem Dach zu versammeln. Von Stanislaus kaufte er 1948 unter anderem das Manuskript von »A Painful Case« (dt. *Ein betrüblicher Fall*) mit Noras Liste der gewaschenen Wäschestücke auf der Rückseite. Da Stanislaus ihm die zum Verkauf stehenden Stücke, wie um ihn zu foppen, nur eins ums andere anbot, begann Slocum zu ahnen, daß er Konkurrenten hatte. Schmerzlich bewahrheitete sich für ihn eine Erfahrung, die Sylvia Beach formuliert hatte, als sie selbst auf ihr Joyce-Material angesprochen worden war: »Ja, also manche von diesen gelehrten Geschäftsleuten sind ja die reinsten Desperados.«[10]

Im nächsten Jahr, ehe er seinen Traum durch die University of Buffalo zunichte gemacht sah, schrieb Slocum an Stanislaus, dankte ihm für das Material, das er erhalten hatte, und versprach prompte Bezahlung:

> Was den eventuellen Verkauf irgendwelcher Manuskripte oder sonstigen Buchmaterials, das Sie u. U. zu veräußern bereit wären, betrifft, so haben Sie wahrscheinlich von einem »Dr.« Jacob Schwartz gehört, zweifellos einer der einnehmendsten Gauner überhaupt, aber eben doch ein Gauner, wie ich vor einigen Tagen zu meinem Kummer erfahren mußte. Vorausgesetzt, Sie erwähnen ihm gegenüber weder meinen

> Namen noch meine Bedingungen, überbiete ich jegliches Angebot, das er Ihnen hinsichtlich irgendwelchen Materials macht, um fünfundzwanzig Prozent. Er hat in letzter Zeit in ganz Frankreich und England Joyceana an sich gebracht und sie dann über die ganze Welt verstreut, während ich bemüht bin, sie an einem einzigen Ort zusammenzuführen, zu katalogisieren und sie dann in der Harvard College Library unterzubringen, wo sie den Studenten auf alle Zeiten zugänglich sein werden. Sollten Sie jemals bereit sein, sich von einer nennenswerten Menge Material von Ihrem und über Ihren Bruder zu trennen, würde ich mich freuen, es als eine als solche gekennzeichnete und unterschiedene Abteilung unter dem Namen »Stanislaus Joyce Collection« für die Bibliothek zu übernehmen.[11]

Bis zum Herst 1950 war Slocum sich dann darüber klargeworden, daß Stanislaus Joyce ein dorniger Typ war, über den, wie er sagte, »ich desto weniger weiß, je mehr ich mit ihm korrespondiere«.[12] Drei Jahre später beglückwünschte Slocum sich zu der Erkenntnis, daß Stanislaus Material zurückhielt. Als er und seine Frau Stanislaus 1953 in Triest besuchten, trafen sie ihn in

> einer eigenartigen Stimmung an, und (er) zeigte mir ein riesiges Bündel handschriftlichen Materials, überwiegend Krimskram, von dem er sich erst zu trennen bereit sein wird, wenn er alles, was er braucht, seinen Büchern einverleibt hat. Ich las eine ganze Reihe von Kapiteln aus seinem Buch, und das ist ein sehr seltsames Dokument, worin faszinierendes biographisches Material mit absolutem Blödsinn kombiniert ist... Er war reizend, und seine Frau und sein Sohn waren äußerst liebenswürdig. Eileen und ich verbrachten fast einen ganzen Tag mit ihnen, und er tut mir aufrichtig leid, da er immer noch im Schatten des Schattens (sic) seines Bruders lebt. Ich nehme an, allmählich werden wir wohl das ganze restliche Material von ihm bekommen können, doch ich habe den Eindruck, wir haben den Rahm seiner Bibliothek abgeschöpft, es sei denn, er findet in einem Augenblick ökonomischer Bedrängnis ein paar ungeheuer interessante Manuskripte unter seinen Papieren.[13]

Slocums Ahnung war zutreffender, als er wissen konnte. Stanislaus hatte in der Tat noch ein paar außerordentlich interessante Texte in seiner Sammlung. Er saß auf einem wahren Schatz, den persönlichen Aufzeichnungen seines Bruders, die bis in Joyce' Schulzeit zurückreichten und deren Existenz er Herbert Gorman, Stuart Gilbert und den Treuhändern des Joyceschen Nachlasses verheimlicht hatte. Alles in allem handelte es sich um etwa eintausend Dokumente, darunter dreihundert von Joyce selbst, zweiundzwanzig von Nora und eine große Zahl solcher von Mitgliedern der Familie Joyce. Niemand, außer vielleicht Nora in Zürich, wußte von Stanislaus' heimlichem Schatz und schon gar nicht Stuart Gilbert, der sich mit der Bitte um Beiträge zu seinem Briefband an Stanislaus gewandt und die Antwort erhalten hatte, alle Briefe von Bedeutung seien schon vor Jahren Herbert Gorman, Joyce' erstem Biographen, ausgehändigt worden.[14]

Stanislaus wollte sein Material für sich behalten, bis er sein Buch über seinen Bruder beendet hatte. Er wurde jedoch langsam alt, und sein Buch erwies sich, wie Slocum erkannt hatte, als schwierig zu schreiben.

Im Jahr 1953 lernte Stanislaus den Mann kennen, der seine Probleme lösen sollte: Richard Ellmann. Ein Spezialist auf dem Gebiet der anglo-irischen Literatur, war der damals fünfunddreißigjährige Ellmann Professor an der Northwestern University. Er hatte mit seiner Familie nach dem Krieg ein paar Jahre in Dublin gelebt und vorzügliche Studien über Yeats geschrieben. Jetzt arbeitete er an einer Biographie über James Joyce. Im Zuge seiner Forschungsarbeit suchte er auch Triest auf, und diesem gelehrten Amerikaner offenbarte Stanislaus seinen letzten geheimen Vorrat.

Für Ellmann war das, als würde man ins Innerste von Tutanchamuns Grabmal geführt, ohne erst graben zu müssen. Stanislaus besaß einen nahezu lückenlosen Bericht über das Leben des jungen Joyce und dessen geheimste Vorstellungen; selbst die Briefe, die Joyce als einundzwanzigjähriger Hungerleider aus Paris an seine Mutter nach Hause schrieb, befanden sich in der Sammlung, wie auch ein chronologischer Bericht darüber, wie Nora und Joyce sich im Jahr 1904 ineinander verliebt hatten. Stanislaus besaß außerdem seine eigenen unschätzbar wertvollen Tagebücher; das erste erfaßte den Zeitraum der Jahre, ehe er Dublin im Jahre 1905 verließ, um nach Triest zu gehen, und das zweite die turbulenten Jahre in Triest, bis die Brüder durch den Ersten Weltkrieg getrennt wurden. Angesichts dieses reichen Materials konnte Ellmann, einmal ganz abgesehen von seinen außergewöhlichen Fähigkeiten als Autor und Kritiker, sicher sein, daß seine Joyce-Biographie hervorragend werden würde. Sie würde die Gormans, die im Jahr 1939 erschienen war, völlig in den Schatten stellen und als das erkennbar werden lassen, was sie war: eine uninformative, servile, leblose Skizze des Mannes, der sie autorisiert hatte.

Für Stanislaus, der auf die siebzig zuging, war die Gelegenheit unwiderstehlich. Er konnte seine eigene Version des Lebens seines Bruders, mit einem besonderen Akzent auf seinem eigenen Anteil daran, in die Hände eines ebenso brillanten wie sensiblen Wissenschaftlers legen. Über Ellmann konnte er seinen Anspruch formulieren, Nora und die Kinder vor dem Hungertod und James Joyce für die Weltliteratur gerettet zu haben. Er konnte endlich enthüllen, wie er die Ehe seines Bruders im Jahre 1909 gerettet habe (indem er Nora gegen Cosgraves Anschuldigungen verteidigte).[15]

Stanislaus hatte auch schon eine ungefähre Vorstellung davon, wie sich Ellmann, was sein eigenes Manuskript betraf, als Hebamme würde betätigen können. In Triest, wo er von der englischen Literaturszene so weit entfernt war, hatte er mit großen Schwierigkeiten zu kämpfen gehabt, um sich als Schriftsteller zu profilieren. Enttäuschungen hemmten seine Bemühungen ebenso wie einstige Demütigungen. Beispielsweise beteiligte er sich auf Einladung der BBC im Jahr 1948 stolz an einem Gespräch über seinen Bruder und mußte dann feststellen, daß seine Sendung im Dritten Programm verschoben worden war, weil seine Schwester Eileen von Dublin aus mit der Frage an die BBC herangetreten war, ob sie nicht ebenfalls interviewt werden könne. Die BBC fand es sinnvoll, beide Interviews in einer Sendung zu bringen, und so hielt man das von Stanislaus noch zurück. Er war wütend. Eileen, so ereiferte er sich, sei ja kaum imstande, auch nur einen Brief zu schreiben, schon gar nicht aber dazu, für das intellektuellste Programm der BBC ein Interview zu geben![16] Und schlimmer noch, durch ihre Zudringlichkeit habe sie ihn Geld gekostet, erklärte er. Sein Interview wäre im *Listener* abgedruckt worden, wodurch sich das Honorar – 3 Guineen – verdoppelt hätte, das er für die Aufnahme in den Studios von Radio Trieste erhalten sollte.[17]

Hinter all dem verbarg sich Stanislaus' Bitterkeit. Er empfand sich (mit einiger Berechtigung) als einen der am schlechtesten behandelten Brüder in der Geschichte des Genies. Daß er sein eigenes Glück geopfert hatte, nur um mit »gedankenlose(r) Gleichgültigkeit«[18] behandelt zu werden, war ein häufig wiederkehrendes Thema seines Buches. Sein Bruder, das schickte Stanislaus sich der Welt zu erklären an, sei jeglichen Bedürfnissen gegenüber, die nicht seine eigenen waren, empörend gleichgültig gewesen. Was Jim brauchte, das nahm Jim sich. »Er pflegte mein Tagebuch zu lesen, ohne um Erlaubnis zu fragen«, erinnerte Stanislaus sich ihrer Knabenzeit, »und es im allgemeinen ziemlich scherzhaft zu behandeln.« Aufgrund des enormen sozialen Abstiegs der Familie in den neunziger Jahren war Stanislaus' Ausbildung der seines Bruders unterlegen, obwohl er zweifellos beträchtliche intellektuelle Fähigkeiten besaß. Kein Clongowes Wood College für ihn, das er später sachlich als »die beste Erziehung (...), die das Land einem Knaben seines Standes und Glaubens zu bieten hatte« bezeichnete.[19] Auch kein University College in Dublin. Nur Belvedere, eine Tagesschule der Jesuiten, auf die Jim und Charlie ebenfalls geschickt worden waren, und danach eine Ausbildung zum Buchhalter.

Auch in seinen Texten hatte Joyce Stanislaus Demütigungen in Hülle und Fülle bereitet. Er hatte sein Versprechen gebrochen, ihm *Dubliner* zu widmen. Als nächstes hatte er, als aus *Stephen der Held* das *Porträt des Künstlers als junger Mann* wurde, die Figur des Maurice entfernt, den verständnisvollen Bruder des Künstlers, um den Künstler, »freundlos und allein«, deutlicher hervorheben zu können. Schlimmer als die Auslassungen waren freilich manche Zeilen, die Joyce in sein Werk aufnahm: »Ein Bruder ist so schnell vergessen wie ein Regenschirm.«[20] »Mein goldgefertigter Bruder.«[21] Die Erzählung »Eine Begegnung« in *Dubliner* beruht auf einem Vorfall in ihrer Kindheit, als Joyce und Stanislaus gemeinsam die Schule geschwänzt hatten. »In meinem Herzen hatte ich ihn immer ein wenig verachet.« In *Finnegans Wake* erfand Joyce die Zwillingsbrüder Shem und Shaun. Shem (James) ist »the Penman«, der kreative Künstler; Shaun (Stan) ist »the Postman«, das Arbeitstier, der das Essen dem Trinken vorzieht. Das alles waren Sticheleien, die wehtun sollten, und das taten sie auch.

Diese Frustrationen und Seitenhiebe (und insbesondere, was er in den gemeinsamen Triestiner Jahren auszustehen gehabt hatte) bewirkten, daß Stanislaus sich – lange bevor er Ellmann kennenlernte – vornahm, soviel wie möglich für sich selbst und seine Familie aus seinen Erinnerungen und den Papieren seines Bruders herauszuholen.[22]

***

Der Berg von Briefen überlebte, weil beide Brüder einen Hang dazu hatten, alles zu horten. Stanislaus hatte mit seiner Joyce-Sammlung begonnen, sobald er erkannt hatte, daß sein Bruder kein gewöhnlicher Sterblicher war. Er war es denn auch, der bei der Übersiedlung nach Triest im Jahr 1905 das Archiv über Joyce' Jugendzeit und die Briefe mitnahm, die Joyce von Pula und Triest nach Hause geschickt hatte. Er hatte beispielsweise aus den Händen Tante Josephines sogar die Briefe gerettet, die Joyce 1905 geschrieben hatte, als ihm im Hinblick auf Nora die Augen geöffnet worden waren.[23] In Triest fügte Stanislaus seinem Hort dann all die Briefe hinzu, die in großer Zahl von der Familie in Dublin und dann auch aus Rom eintrafen. Später, als er in seinem österreichischen Gefangenenlager war, legte er die Briefe von Nora und Joyce aus Zürich dazu.

Joyce war ebenfalls ein Eichhörnchen. Er warf nichts weg – weder die Briefe seiner sämtlichen Schwestern, von Charlie, von seinem Vater und Tante Jo noch die von sämtlichen Verlegern und Anwälten. Nora war hingegen alles andere als eine Archivarin in der Vorwegnahme künftigen Ruhms. Ihre Briefpartner waren überwiegend Frauen. Sie warf deren Briefe weg, nachdem sie sie gelesen hatte, und sie warfen ihre weg (außer in den Pariser Jahren, als Helen Nutting, Lillian Wallace und Helen Joyce Noras Briefe für bewahrenswert erachteten). Zum Beispiel hat nicht ein einziger Brief Noras an ihre Mutter überlebt. Die Tatsache, daß ein paar von den halb-analphabetischen Briefen, die ihre Mutter ihr nach Zürich schickte, den Weg in Stanislaus' Schatz fanden, läßt darauf schließen, daß Joyce sie sich zum Zweck literarischer Verwertung gegriffen und aus Zürich mitgebracht hatte, als die Familie 1919 nach Triest zurückkehrte.

Noras Gleichgültigkeit solchen Dingen gegenüber läßt es nur um so erstaunlicher erscheinen, daß sie die höchst peinliche Korrespondenz von 1909 aufbewahrte. Als Joyce sie anwies: »Behalt meine Briefe für dich, mein Herz. Sie sind für Dich geschrieben«, hörte sie die doppelte Botschaft: sie sollte die Briefe nicht nur keinem zeigen, sondern sie auch aufbewahren.

Auf irgendeine Weise fanden die obszönen Briefe Eingang in die Sammlung von Papieren, die, im Gepäck der Joyce', durch Triest wanderten, wenn sie die Wohnung wechselten, und die zwei Weltkriege überlebte.

Im Jahr 1920 dann, als die Joyce', mit der Absicht dorthin zurückzukehren, von Triest nach Paris gingen, ließen sie sämtliche Papiere in der Wohnung von Eileen und Frank Schaurek zurück. Zwei Jahre später kam Joyce das erste Mal auf sie zu sprechen. Kurz nachdem der *Ulysses* ihn ins Rampenlicht des Weltruhms katapultiert hatte und er die Vergeltungsmaßnahmen der weniger Berühmten zu spüren zu bekommen begann – er war zutiefst gekränkt über Francinis maliziösen Vortrag »Joyce intimo spogliato in piazza«, den der Anfang 1922 in Triest gehalten hatte –, schrieb er Stanislaus, er wolle dessen »gastfreundliche Stadt (...) besuchen, um dies und das abzuholen: Pardon, um Verschiedenes zusammenzupacken, das ich bei Gelegenheit meiner Abreise aus Triest nicht in meinem Koffer unterbringen konnte.«[24] Er kehrte zwar niemals dorthin zurück, mag jedoch beabsichtigt haben, dies nach dem Krieg zu tun. Er konnte ja nicht damit rechnen, daß er schon 1941 sterben würde.

Schon 1921 hatte er die Vorsichtsmaßnahme ergriffen, sich von Ettore Schmitz bestimmte vertrauliche Unterlagen von Triest nach Paris mitbringen zu lassen. Darunter mag auch Noras Anteil des pornographischen Briefwechsels von 1909 gewesen sein, der bei der Abfassung von Molly Blooms Monolog Verwendung finden sollte. Der witzige derbe Triestiner Slang, in dem Joyce Schmitz darüber aufklärte, wo er die Dokumente finden würde, zeigt, daß er sich mit Hilfe dessen, was er als sein »Kleinkrämerhirn« verspottete, genau erinnerte, wo in Triest alles aufbewahrt wurde:

> In dem Viertel von Triest, in dem mein Schwager wohnt ... in dem jetzt von meinem Bruder bewohnten Schlafzimmer ... befindet sich eine mit einem Gummiband verschnürte Wachstuchmappe von der Farbe eines Nonnenbauches, deren Ausmaße ungefähr 90 mal 75 Zentimeter betragen. In dieser Mappe habe ich die schriftlich festgehaltenen Symbole des trüben Lichts aufbewahrt, das gelegentlich durch meine Seele schoß.[25]

Joyce empfahl Schmitz, die Mappe in einen Koffer zu packen, der so verschlossen sein sollte, daß ihn niemand öffnen konnte – er sagte ihm sogar, wo er den Koffer kaufen sollte, und fügte bezeichnenderweise hinzu, daß sein Bruder, der Professor, ihn bezahlen würde. Joyce erklärte bei der Gelegenheit, er benötige die Briefe, um den *Ulysses* zu beenden.

Es ist möglich, daß Joyce immerhin Noras Intimleben schützte. Durchaus vorstellbar, daß er Noras obszöne Briefe an ihn von dem Augenblick, da er sie gegen Ende 1909 in Dublin erhielt, bis zu dem Augenblick, da er und Nora 1939 Paris verließen, stets in seinem Besitz hatte. Was ist aus Noras Briefen geworden? Es mögen die Briefe gewesen sein, die Maria Jolas Nora 1939 zerreißen sah. Es hält sich jedoch hartnäckig das Gerücht, daß sie unter den Papieren gewesen seien, die von Paul Léon gerettet wurden und die der National Library of Ireland mit der Auflage übereignet wurden, sie erst im Jahr 1991 zu öffnen.

Ob Joyce wohl auf den Gedanken kam, Stanislaus müsse jedes einzelne Wort der zurückgelassenen Briefe gelesen haben? Als Stanislaus 1922 angewidert schrieb: »Alles Schmutzige scheint für Dich dieselbe unwiderstehliche Anziehungskraft zu haben wie Kuhdreck für Fliegen«, mag er sich ebensowohl auf die privaten Briefe seines Bruders bezogen haben wie auf den *Ulysses*.[26]

Fest steht jedenfalls, daß Joyce Stanislaus nicht von den Papieren fernzuhalten suchte, die in Triest zurückgeblieben waren. Weit davon entfernt; er hielt Stanislaus ständig als seinen Triestiner Kurator in Trab, der nach Bescheinigungen und Briefen über literarische Angelegenheiten zu wühlen hatte. Im Jahr 1931, nachdem er Gorman autorisiert hatte, seine Biographie zu schreiben, bat Joyce Stanislaus, sich doch durch »die verfluchte (...), öde (...) Korrespondenz« zu kämpfen.[27]

Stanislaus tat ihm den Gefallen und schrieb murrend an Gorman:

> Ich lege ein kleines Bündel Briefe bei, das, soweit ich es beurteilen kann, etwa ein Zehntel der abzuschreibenden Briefe umfaßt. Die Arbeit geht sehr langsam voran. Ich schreibe selbst nicht Maschine und habe keine Schreibmaschine, aber ein Freund von mir, der einigermaßen Englisch kann, hat mir bis jetzt freundlichst geholfen. Da er die Handschrift meines Bruders schwer leserlich findet, diktiere ich, und er tippt. Auf diese Weise dauert ein ziemlich langer Brief von 6–700 Wörtern anderthalb Stunden, zehn lange Postkarten dauern drei Stunden. Ich habe praktisch meine ganze freie Zeit an diese und die weit weiger angenehme Arbeit gewendet, die Briefe aus einem Haufen in einer alten modrigen Kiste auszusortieren.[28]

Die Briefe zerfielen in drei Kategorien, erklärte Stanislaus Gorman: »Den Stoffkreis Rom, den Stoffkreis Pula, den Stoffkeis Triest ...« Das war jedoch nicht die ganze Wahrheit. Es gab noch eine vierte Kategorie: Stoffkreis Dublin. Unter den Briefen waren sämtliche frühen Liebesbriefe von Joyce an Nora, angefangen mit »Ich mag wohl blind sein ...« bis hin zu den verzweifelten Briefen von 1912, als er aus Dublin nach Galway an sie schrieb: »(Ich) dachte an das Buch, das ich geschrieben habe, das Kind, das ich Jahre und Jahre im Schoß der Imagination getragen habe, wie Du in Deinem Schoß die Kinder trugst, die Du liebst.«

Stanislaus versuchte jedoch mit der Auswahl, die er für Gorman traf, durchaus nicht, seinem Bruder zu schmeicheln. Einige der Briefe, erklärte er, als er sie Gorman übergab, zeigten die »Unfähigkeit (s)eines Bruders, sich gewöhnlichen ökonomischen Bedingungen anzupassen, wogegen nichts auszurichten war und, so glaube ich, auch immer noch nicht ist«.[29] Er fügte seinem Päckchen an Joyce' Biographen einiges erstaunlich persönliche Material bei – die Briefe über Schaureks Selbstmord beispielsweise. Er bot Gorman darüber hinaus Exzerpte aus seinen eigenen Triestiner Tagebüchern an, damit sein »Leben« wirklichkeitstreu würde. Selbst schon im Jahr 1931 suchte Stanislaus nach einem Ventil für seine Version des Lebens seines Bruders.

Stanislaus machte, wie er es später auch Ellmann gegenüber tun sollte, auch seiner Erbitterung Luft. Er sei 1905 nach Triest gegangen, erklärte er, weil sein Bruder »jemanden bei sich zu haben wünschte, mit dem er sprechen konnte«. Im Jahre 1909, so erzählte Stanislaus Gorman, habe er eine Reise nach Hause machen wollen, auf die er seinen Neffen Giorgio hatte mitnehmen sollen.

> Im letzten Augenblick entschloß sich mein Bruder selbst zu fahren, wie ich es innerlich schon immer vermutet hatte. Er wurde am Bahnhof Westland Row in Dublin von einer Gruppe von Familienangehörigen empfangen und gefragt: »Wo ist Stannie?« Das ist eine Frage, die ich mir selbst oft gestellt habe. Ihr sehr ergebener
>
> Stanislaus Joyce[30]

***

Im Jahr 1954, fast ein halbes Jahrhundert, nachdem er Dublin verlassen hatte, überquerte Stanislaus den Ärmelkanal in der Gegenrichtung. Er machte diese Reise als Leiter einer Gruppe von Triestiner Studenten, kam jedoch nur bis London. Eine Einladung, nach Dublin zu kommen, schlug er aus; er hegte allzu bittere Empfindungen gegenüber der Irischen Republik und verargte ihr ihre Haltung seinem Bruder gegenüber. Während er in London war, lernte er endlich Harriet Weaver kennen und sah auch Richard Ellmann wieder. Ellmann fiel auf, daß Stanislaus müde war und nicht gut aussah.[31]

Nach seiner Rückkehr nach Triest nahm Stanislaus zwar seinen Englischunterricht wieder auf und setzte ihn bis ins Jahr 1955 hinein fort, doch sein Gesundheitszustand verschlechterte sich. Mitte Juni bekam er schreckliche Schmerzen in der Brust, und nach dreitägiger Agonie starb er. Er war einundsiebzig. Sein Todestag war der 16. Juni, Bloomsday. Bei seinem Begräbnis weinte sein halbwüchsiger Sohn Jimmy bitterlich. Der Rektor der Universität hielt eine Trauerrede.

Mehr konnte die Universität allerdings nicht tun, um Stanislaus' Witwe und seinem Kind zu helfen. Stanislaus war als Ausländer nicht pensionsberechtigt. Nelly Joyce, seine Frau, befand sich in einer verzweifelten finanziellen Notlage. Da sie die britische Staatsbürgerschaft angenommen hatte, war auch sie Ausländerin und hatte Schwierigkeiten, Arbeit zu finden.[32] Gänzlich mittellos, wie sie war, sah sie nur eine mögliche Geldquelle: die Papiere ihres Schwagers, den sie kaum kannte, an die meistbietende der amerikanischen Universitäten zu verkaufen.

***

Am 5. Dezember 1956 fand William Mennen, der Präsident der Aftershave-Fabrik in Morristown, New Jersey, eine überraschende Einladung in seiner Post. Die Bibliothek seiner heißgeliebten Alma mater, der Cornell University in Ithaca, New York, war auf der Suche nach Spendern, die den Kauf einer Sammlung von James-Joyce-Briefen zu unterstützen bereit waren – der größten Sammlung von Joyce-Material in Privathand, des reichhaltigsten Quellenmaterials in der Welt über das Leben Joyce' bis 1920. Die Sammlung enthalte darüber hinaus Manuskripte, Joyce' frühe Schulaufsätze, eine Menge Familienkorrespondenz, Fotografien und andere Dokumente. Sie wurde, so erfuhr Mennen, »unter der Hand« von der Witwe von Joyce' Bruder zum Kauf angeboten, und Cornell habe sich eine Option darauf geben lassen. Der Preis für den »Grundstock der Sammlung«, teilte der Bibliothekar Stephen A. McCarthy mit, betrage 30000 Dollar. Darüber hinaus bestehe die Möglichkeit, zusätzlich weitere Briefe zu erwerben. Wenn das der Fall sein sollte, würde sich der Kaufpreis um weitere 6000 Dollar erhöhen.[33]

Cornell wußte wohl nicht, oder störte sich nicht daran, daß Harvard Slocums Traum insofern zerstört hatte, als es, aus administrativen Gründen, den Erwerb der Joyce-Papiere abgelehnt hatte, oder daß Yale, das Slocums Papiere gekauft und sie als »John und Eileen Slocum Joyce Collection« etikettiert hatte, das neue Angebot wegen des hohen Preises ausgeschlagen hatte. Cornell war mehr daran interessiert, die Nase vor der in der Nähe gelegenen University of Buffalo vorn zu haben, die ihre eigenen beachtlichen Joyce-Bestände hatte, aber ebenfalls von dem Preis abgeschreckt wurde. Der Dekan von Cornells College of Arts and Sciences war entschlossen, das Joyce-Material aus Triest zu erwerben. »Diese Sammlung«, so begründete er seine Entschlossenheit, »ist für die Englische Fakultät das, was ein Zyklotron für die Naturwissenschaftliche Fakultät ist.«[34]

Cornell plante den Ankauf unter quasimilitärischer Geheimhaltung. Die Vertraulichkeit des Geschäfts könne gar nicht genug betont werden (»Die Verkäuflichkeit der Sammlung ist nur einem sehr kleinen Personenkreis bekannt«.) und desgleichen die Dringlichkeit der Angelegenheit. Die Bibliothek wende sich »unter der Hand« an eine Reihe ihrer Freunde, in der Hoffnung, daß sie einen Anteil am Erwerb zeichnen würden, und handele es sich selbst nur um eintausend Dollar, und wenn irgendein Stifter die Summe allein aufbrächte, »wäre das wunderbar«.

Am 11. Januar 1957 erhielt Stephen McCarthy den Brief, auf den er gewartet hatte. Aus dem Büro des Präsidenten kamen, versehen mit dem Signum des Mennen Konzerns, die ersehnten Worte: »Sie haben Ihren Dummen gefunden, da ich geneigt bin, Ihrem Vorschlag zu folgen, der Universität die Joyce-Collection zu schenken.« Mennen erklärte wohlgemut, seine Zahlung werde innerhalb eines Zeitraums von drei Jahren erfolgen, er fahre nun für drei Monate nach Südamerika und Cornell solle »sich tummeln, um einen weiteren Weihnachtsmann für das außerdem noch benötigte Geld aufzutreiben«.[35]

Andere Beiträger waren rasch gefunden, und der Handel wurde abgeschlossen. Es stellte sich heraus, daß noch mehrere Bündel mit weiteren Briefwechseln vorhanden waren, und das wichtigste davon enthielt Briefe zwischen Joyce und Nora. Es war aus irgendeinem Grunde getrennt gepackt worden. Der Preis für diese »zweite Sammlung« wurde auf siebentausend Dollar festgesetzt und aus Spenden von Victor Emanuel und C. Waller Barrett aufgebracht. Bei ihren Verhandlungen mit der Cornell University hatte Nelly Joyce Unterstützung durch zwei Mittelsmänner. Der eine war Richard Ellmann, der nur allzu bereit war, Nelly zu helfen, aus Sympathie und aus Dankbarkeit für Stanislaus' Mithilfe bei der neuen Joyce-Biographie. Ellmann hätte es zwar vorgezogen, daß die Briefe nach Yale, an seine eigene Alma mater gingen, er war sich jedoch darüber im Klaren, daß die Versorgung von Stanislaus' Familie Priorität hatte. Der zweite Mittelsmann hätte nicht geeigneter oder auch tüchtiger sein können. Es war der alte Triestiner Freund der Joyce', Ottocaro Weiss aus Zürich.

In den 50er Jahren lebte er in New York. Er war ein ebenso wohlhabender wie erfolgreicher Geschäftsmann mit Verbindungen zur Wall Street wie auch zu Buffalo, New York, wo er Vorstandsvorsitzender einer großen italienischen Versicherungsgesellschaft war, der Assicurazioni Generali di Trieste e Venezia, die in Europa und den Vereinigten Staaten operierte, und außerdem Vorstandsvorsitzender der Buffalo Insurance Company, die von Assicurazioni Generali gekauft worden war und ebenfalls in Europa und den Vereinigten Staaten operierte. Da er derjenige gewesen war, der die University of Buffalo auf den Verkauf der La-Hune-Sammlung 1949 in Paris aufmerksam gemacht hatte und von der Existenz der weitaus größeren Sammlung in Triest wußte,[36] war Weiss eher denn irgend jemand sonst dafür verantwortlich, daß es zwei der bedeutendsten Sammlungen von Joyce-Papieren ins Hinterland des Staates New York verschlug. Ob Weiss immer noch verbittert war über den Bruch mit Joyce im Jahr 1919? Unmöglich zu sagen. Das Verstreichen der Zeit wirkte sich auf Joyce' alte Freunde unterschiedlich aus. Obwohl viele von ihnen sich ihm in der Jugend wegen dieser oder jener Meinungsverschiedenheit entfremdet hatten, verziehen ihm die meisten, angesichts seiner wachsenden Berühmtheit, doch alles, um sich im Abglanz seines Ruhmes zu sonnen.

Es bleibt jedoch eine Tatsache, daß Weiss, was immer nun seine Motive waren und sowenig Kenntnis er vom Inhalt der Sammlung gehabt haben mag, dazu beigetragen hat, einen Verkauf zu arrangieren, der der Welt Joyce' intimste sexuelle Phantasien enthüllte und sie noch mit den verborgensten Körperpartien und sämtlichen Gerüchen von Joyce' Frau bekannt machte.

Am 21. Mai 1957 waren die Triestiner Papiere in Ithaca eingetroffen, und es dauerte nicht lange, da erkannte man an der Cornell University, daß man zwar kein Zyklotron, dafür aber eine Bombe gekauft hatte.

Die Universität gab in ihrer Beschreibung der Anschaffung

umgehend bekannt, daß bestimmte Teile, darunter auch ein Teil der privaten Briefe, mit Rücksicht auf noch lebende Personen nicht allgemein zugänglich gemacht werden würden. Nur der Hauptteil solle katalogisiert und Forschern zugänglich gemacht werden.[37]

Es sollte jedoch anders kommen. Die ganze Sammlung wurde katalogisiert. Der junge Student Robert Scholes, der nach dem Hauptstudium auf der Suche nach einem Dissertationsthema war, unterzog sich dieser Aufgabe. Die Briefe waren bereits annähernd chronologisch geordnet. Scholes saß im Manuskriptraum, damals zwei Stockwerke unter der Erde, bewältigte sämtliche Handschriften – Tante Josephines und Mrs. Barnacles waren nahezu unleserlich – und brachte die Briefe und sämtliches andere Material in eine wunderbar übersichtliche Ordnung, wobei er sämtliche Stücke von 1 bis 1450 numerierte. Zur Kenntlichmachung der einzelnen Briefe bediente er sich des schlichten Kunstgriffs, die Anrede und die Anfangsworte der ersten Zeile anzuführen. Der Brief vom 9. Dezember 1909 begann: »Mein süßes böses Fickvögelchen«; Scholes zitierte wortgetreu. Der Scholes-Katalog wurde 1961 veröffentlicht; in seiner Einleitung war von einem »ebenso intimen wie aufschlußreichen Briefwechsel zwischen James Joyce und seiner Frau Nora« die Rede.

In Windeseile sprach sich unter den Joyce-Forschern herum, daß Joyce seiner Frau Briefe geschrieben habe, gegen die der *Ulysses* ein Erbauungsbuch sei. Diejenigen, die die Reise zur Cornell University angetreten hatten, erzählten es denen, die das nicht getan hatten.

Dem gewöhnlichen Leser jedoch bot Ellmanns Biographie, auf die er sich ausschließlich verlassen mußte, wenig Aufschluß über den Umfang wie auch die Art des umstrittenen Briefwechsels. Ellmann, der uneingeschränkte Einsicht in alle Briefe gehabt hatte, ehe sie an die Cornell University gingen, zitierte zwar die ungeheuer lyrischen Bilder Noras – »Ihre Seele! Ihr Name! Ihre Augen! Sie erscheinen mir wie sonderbar-fremde schöne blaue wilde Blumen, die in einer verwucherten, regendurchnäßten Hecke wachsen« –, ging jedoch nur sehr wenig auf die derbe Sprache der Briefe ein, ganz zu schweigen von dem, was sie über die sexuellen Praktiken von Joyce und Nora verrieten. »Der Stil ist der Verlaines, die Stimme jedoch ist die Masochs«, erklärte er, um Joyce' sehnsüchtige Worte »zu spüren, wie Du mich schlägst und schlägst und immer heftiger schlägst auf meine nackte erbebende Haut!!« zu erläutern. Er faßte den ganzen ungeheuerlichen Briefwechsel in der ebenso kursorischen wie monumentalen Untertreibung zusammen, Joyce und Nora hätten einander »Briefe (geschrieben), die wesentlich offener waren als die von Bloom und Martha Clifford.«[38]

Dies ist, in einer Biographie von fast neunhundert Seiten, der einzige wortgetreue Auszug aus den obszönen Briefen, die doch so viel über Joyce' Beziehung zu Nora, über die üppige anale Bildlichkeit und die sexuellen Schuldgefühle im *Ulysses* wie in *Finnegans Wake* wie auch über Noras Charakter verraten. Die Leser der Ellmannschen Biographie hatten also keine Möglichkeit, sich eine Vorstellung von der Intensität und der Rohheit dessen zu machen, was Joyce von Nora verlangte, und ebensowenig von Noras Gefügigkeit. Selbst wenn man berücksichtigt, daß von intellektuellen Biographien in den fünfziger Jahren nicht erwartet wurde, daß sie sich mit dem Sexualleben ihrer Objekte befaßten, so war diese Art der Diskretion aber doch eine Verzerrung, eine Irreführung des Lesers wie etwa im Fall der autorisierten Biographie John Maynard Keynes von 1951, dessen Homosexualität ihr Autor Sir Roy Harrod mit keinem Wort erwähnte.[39]

Ellmann fand sich zu einer derartigen Selbstzensur nur äußerst widerstrebend bereit. Sie wurde ihm von der Society of Authors aufgenötigt, die die Treuhänder des Joyceschen Werkes vertrat. Er arbeitete mit dem Segen dieser Treuhänder, die bestrebt waren, den schlechten Ruf abzubauen, der den Briefen anhaftete. Die damit verbundenen Restriktionen waren für Ellmann als Gelehrten ebenso lästig wie für die Cornell Library. Sie ermöglichten es ihm zwar, eine breite Auswahl aus dem obszönen Briefwechsel als Bestandteil der neuen Ausgabe der Joyce-Briefe zu veröffentlichen, die er vorbereitete, nötigten ihn jedoch dazu, die Bedeutung der Briefe in der Biographie herunterzuspielen.

Als seine Biographie 1959 erschien, wurde sie zu Recht als eine der besten Biographien der Zeit gefeiert, als das gültige Werk über Joyce und als eigenständiges Kunstwerk. Sie war dennoch nicht makellos. Schon vor ihrer Veröffentlichung hatte J. F. Byrne Ellmann davor gewarnt, sich allzu sehr an die Version der Ereignisse zu halten, die Stanislaus ihm gegeben hatte, ein »verbitterter, frustrierter, verwirrter und ungenauer Mensch«.[40] William Empson, einer der kritischen Rezensenten des Buches, nannte Ellmanns Biographie das Porträt Kains von der Hand Abels. Daß das Buch von vornherein, so Hugh Kenner, durch seine Abhängigkeit von Stanislaus verzerrt sei, bewirke, daß es »keineswegs definitiv« sei.[41]

Es war ganz deutlich, daß Ellmann, als er seine Biographie für eine Neuauflage durchsah, die 1982 in einem gegenüber 1959 stark veränderten moralischen Klima erschien, auch diesmal wieder vor den schmutzigen Briefen zurückscheute. Einmal mehr bot er seinen Lesern einen sehr begrenzten Einblick in den schmutzigen Stapel: »Mein Schwanz ist noch heiß und steif und zittert noch vom letzten brutalen Stoß, den er Dir versetzt hat, da erhebt sich auch schon auf den dämmrigen Kreuzgängen meines Herzens kaum hörbar ein hymnischer Gesang, der Dir gilt, anbetend, zärtlich, mitleidsvoll.«[42] Die Briefe wurden dem Publikum jedoch teilweise zugänglich gemacht, als Ellmanns Bände II und III der Joyceschen Briefe veröffentlicht wurden. Diese stellten das Herzstück der Cornell-Sammlung dar, eine erhebliche Verbesserung gegenüber Stuart Gilberts Buch, das, mit Korrekturen versehen, neu aufgelegt und als Band I bekannt wurde. Ellmanns Band II enthielt, wenn auch mit vielen Aussparungen, die schmutzigen Briefe von 1909. In seiner Einleitung verteidigte er die Aufnahme dessen, was er in seiner Joyce-Biographie zögernd der Zensur geopfert hatte, mit dem Argument, literarische Rücksichten müßten Vorrang haben: die Briefe böten eine ausgezeichnete Darstellung von Joyce' sexuellem Empfinden. »Der Herausgeber ist bestrebt gewesen«, schrieb er, »sämtliche Briefe in ihrer Gesamtheit zu veröffentlichen, denn die heutige Generation hält nichts davon, die Intimität des Ehelebens eines toten Autors unangetastet zu lassen«.[43] Im Jahr 1975 dann, in den *Selected Letters of James Joyce*, veröffentlichte Ellmann den Briefwechsel von 1909 im vollen Wortlaut, ohne eine einzige Auslassung. Da fehlte kein einziges unanständiges Wort.

Die Joyce-Treuhänder (Miss Weaver gehörte nicht dazu; sie war 1961 gestorben) hatten endlich einer Veröffentlichung zugestimmt; man wollte dadurch dem ausgiebigen Raubdrucken und Zitieren (auch falschen Zitieren) der Briefe einen Riegel vorschieben. Sie waren von vielen Menschen gelesen worden. Die französische Wissenschaftlerin Hélène Berger (auch unter dem Namen Cixous bekannt) hatte sie in Kurzschrift kopiert und in Frankreich veröffentlicht.[44] Wissenschaftler hatten sie in wissenschaftlichen Publikationen erörtert (und von Mary T. Reynolds an der Yale University war 1965 eine besonders wertvolle Analyse erschienen).[45]

Doch war es richtig, sie zu veröffentlichen? Selten haben in einer Streitfrage beide Seiten derart einleuchtende Argumente vorzuweisen gehabt. B. W. Huebsch, Joyce' einstiger Verleger, der jetzt bei Viking Press war, stellte sich auf den Standpunkt, daß die Briefe – aus welchen Gründen auch immer – nun einmal überlebt hätten und es kriminell gewesen wäre, sie zu vernichten, und da sie nun einmal existierten, wäre es sinnlos gewesen, sie denjenigen vorzuenthalten, die Joyce' Werk erforschten. Und zudem könnten Joyce' private Briefe seinem Ruf ohnehin nichts anhaben, habe sein Genie doch die moderne Literatur gerade dadurch befreit, daß er das Tabuisierte und die gewöhnliche Seite der menschlichen Phantasie druckfähig gemacht habe.[46]

Andere haben darauf erwidert: Selbst wenn Joyce wirklich gewollt haben sollte, daß die Briefe überlebten, so habe er sich doch im Traum nicht vorstellen können, daß sie je gedruckt werden würden. (Ironischerweise ließen seine eigenen Worte sich nicht durch die Konventionen schützen, die er zertrümmert hatte.) Viele der engen Freunde der Joyce', Samuel Beckett beispielsweise und Kay Boyle, waren zutiefst verletzt.[47] Dasselbe gilt für Arthur Power. Die Briefe zu veröffentlichen, erklärte er kurz vor seinem Tod im Jahr 1984, »sei eine ganz üble Sache«.

Empfindlichkeiten auf Seiten der Familie wurden zunächst berücksichtigt, dann jedoch außer acht gelassen. Giorgio Joyce lebte zwar noch, als die *Selected Letters* geplant wurden, er war jedoch zu krank und zu alkoholgeschädigt, um die Entscheidung der Treuhänder anzufechten. Stephen Joyce war zwar wütend, aber machtlos. Miss Weaver hätte seiner Meinung nach die Publikation niemals gestattet.

Es stimmt, daß Miss Weaver Briefe über Joycesche Familienangelegenheiten beseitigte, die sie für heikel hielt. Als sie viele Briefe an die British Library übergab, gestand sie in aller Unschuld ein, einige andere »eigenhändig vernichtet« zu haben.

Zu diesen Briefen gehörte auch der lange Brief, den Joyce am 6. Februar 1932 schrieb (nachdem Lucia den Stuhl nach Nora geworfen hatte). In seinem Vorwort zu den *Selected Letters* erklärt Ellmann: »Man muß ihr in der Überzeugung folgen, daß drei oder vier unter Joyce' Hunderten von Briefen an sie, von denen viele in einem persönlich schmerzlichen Kontext standen, nicht tragbar waren.«

Wenn Miss Weaver die schon untragbar fand, so spekulierte Noras Enkel Stephen, um wieviel mehr hätte sie das nicht im Hinblick auf die obszönen Briefe gefunden? Auf der anderen Seite glaubt Jane Lidderdale, Miss Weavers Patentochter und Biographin, daß ihre Patin für die Veröffentlichung eingetreten wäre, weil sie gegen die Zensur und die Begünstigung des Raubdrucks durch die Unterdrückung von Schriften war. Miss Weaver war ungeachtet ihrer äußeren Erscheinung letztlich nicht zimperlich und wußte klar zu unterscheiden: die Briefe über Joyce' Beziehung zu seiner Frau waren von entscheidender Bedeutung für sein Werk; die Briefe über Lucias Verhalten waren es nicht. Es ist außerdem verbrieft, daß sie für die Veröffentlichung der Marthe-Fleischman-Briefe eingetreten war.[48]

Bleibt die Frage, weshalb Joyce Stanislaus nicht gebeten hat, ihm die pornographischen Briefe zurückzugeben? Laut Moune Gilbert, Noras enger Freundin, tat Joyce genau dies. »Er bettelte geradezu um sie!« behauptete Madame Gilbert mit Nachdruck in einem Interview.[49] Francis Evers, eine Freundin von Beckett, behauptete (auf der Grundlage von Gesprächen mit Maria Jolas) ebenfalls, daß »das Ehepaar Joyce (die Briefe) im Triest der Kriegsjahre zurückgelassen und sie später zurückzubekommen versucht (habe), wahrscheinlich in der Absicht, sie zu vernichten«, daß »diese Briefe ihm oder seiner Frau jedoch von denen, die sie in Triest gefunden hatten, niemals zurückgegeben worden« seien.[50]

Vielleicht schrieb Joyce ja tatsächlich an Stanislaus und bat um die Rückgabe des belastenden Briefwechsels. Ein auffälliger Zug an der Triestiner Sammlung der Cornell University ist, daß sich darin nichts findet, das Stanislaus in einem ungünstigen Licht zeigt. Während jener langen und bitteren Jahre in Triest, als er den Ruhm seines Bruders wachsen sah, während er sich selbst Joyce' Werke teilweise bei Sylvia Beachs Buchhandlung bestellen und sich dafür verhöhnen lassen mußte, daß er um die Rückzahlung eines Darlehens von zehn Pfund bat, wo Joyce sich doch in demselben Brief mit Miss Weavers Geschenk von achttausendfünfhundert Pfund brüstete,[51] hatte Stanislaus reichlich Zeit, um die schriftlichen Zeugnisse zu seinen Gunsten zu zensieren. Auffällige Lücken in der Sammlung legen die Vermutung nahe, daß er das wirklich tat. Es gibt keinen Hinweis auf den besorgten Brief, den Helen ohne Giorgios Wissen an Stannie geschrieben hatte. Es gibt auch keinen Brief, der Joyce' ursprünglichen Auftrag an Stanislaus enthielte, Briefe für die Gorman-Biographie bereitzustellen. Tatsächlich bedeutet die Tatsache, daß die Cornell University kein Brief erreicht hat, aus dem hervorginge, daß Joyce um die Rückgabe des Briefwechsels gebeten hatte, noch nicht, daß er keinen solchen Brief geschrieben hat.

***

Die Auseinandersetzung ist immer noch nicht beendet.

Stephen Joyce hat den Kampf gegen die Verletzung dessen, was von der Intimität seiner Großeltern (die er bei den Namen nennt, die nur er zu benutzten berechtigt ist: Nonno und Nonna) übriggeblieben ist, leidenschaftlich weitergeführt. Er ist der Überzeugung, daß es keiner weiteren Worte bedarf als des Ratschlags von Joyce an Nora, die Briefe niemandem zu zeigen.[52] Auf dem Neunten internationalen James-Joyce-Symposium im Juni 1984 in Frankfurt erklärte Stephen und hielt den Blick dabei unmittelbar auf Richard Ellmann und andere Joyce-Forscher gerichtet:

> Vertrauliche, höchst persönliche Briefe, die niemals für den Blick der Öffentlichkeit bestimmt gewesen waren, sind verkauft, raubgedruckt und veröffentlicht worden. Ich verurteile und beklage diese unerträgliche Störung des Privatlebens, wie meine Großeltern es täten, stünden sie heute hier neben mir.

In einem Brief an die *International Herald Tribune* führte Stephen näher aus:

> Meine Mißbilligung gilt all denen, die zur Veröffentlichung dieser Briefe beigetragen haben: dem Menschen, der die Briefe verkaufte, ohne für einen angemessenen Schutz zu sorgen, genau gesagt, Stanislaus Joyce' Frau Nelly; der französischen Journalistin und Autorin, die sie unrechtmäßig in der Cornell University Library kopiert und der französischen Zeitschrift, die sie als erste veröffentlicht hat; und natürlich dem Verleger der *Selected Letters* ebenso wie deren Herausgeber, Professor Ellmann.[53]

Stephen hat die Behandlung, die die Briefe seines Großvaters erfahren haben, mit der Behandlung von Stanislaus' Triestiner Tagebuch verglichen, das Ellmann zugänglich war und das ebenfalls unverhohlene Passagen über Stanislaus' Sexualleben enthielt, dessen Veröffentlichung jedoch unterblieben war. Es sei ein Jammer, so Stephen, daß man dasselbe Fingerspitzengefühl nicht auch im Umgang mit den Briefen seines Großvaters an seine Großmutter walten lassen habe.[54]

Die uneingeschränkte Veröffentlichung der Briefe bewies, daß sie keinerlei rechtlicher Beschränkung unterworfen war, was immer auch zum Zeitpunkt ihres Verkaufs an Cornell versprochen worden sein mag.

Nelly Joyce, die am Ende die Verantwortung dafür zu tragen hatte, daß sie der Welt die vertrauliche Korrespondenz überlassen hatte, hat stets bestritten, die geringste Ahnung vom Inhalt dessen gehabt zu haben, was da verkauft wurde. Ihr Gatte war viele Jahre älter als sie, verbrachte seine Abende über seinen Büchern und interessierte sich, soweit sie wußte, ausschließlich für »Politik, Politik und nochmals Politik«. Sie blieb dennoch zutiefst dankbar dafür, daß sie die Briefe hatte verkaufen können. Als ältere Frau sagte sie schlicht und einfach in einem Interview: »Sie waren mein Glück.«[55] Das Cornell-Geld erlaubte ihr, nach England zu ziehen, ihrem Sohn eine angemessene Erziehung zu geben und ein Haus zu kaufen.

Unbestreitbar bleibt, daß Joyce die Briefe, wenn er nicht gewollt hätte, daß sie überlebten, nach seiner Rückkehr nach Triest Anfang des Jahres 1910 zerstört hätte. Er machte nie einen Hehl daraus, daß der Stoff seiner Literatur sein eigenes Leben war und daß er wie Shem the Penman »wrote with the ink of himself over the skin of his body«.[56]

Nora hätte bestimmt nicht gewollt, daß ihre Briefe veröffentlicht wurden. Doch haben ihre Bewunderer, wenn wir von dem ausgehen, was wir vom Inhalt dieser Briefe wissen, besonderen Grund zu bedauern, daß ihr Beitrag zu dem berüchtigten Briefwechsel Cornell nicht erreichte. Wie Peter Costello, ein irischer Joyce-Biograph, an die *Irish Times* schrieb, hat die Vernichtung – oder die Geheimhaltung – der Briefe Noras »zufolge gehabt, daß sich ein sehr einseitiges Bild von der Joyceschen Ehe abgezeichnet hat und die Persönlichkeit von Nora Joyce im Schatten ihres Gatten verborgen geblieben ist«.[57]

Noras Initiative, all das zu schreiben, was Joyce sich nicht als erster zu schreiben getraute, zeigte großen Mut, erotische Phantasie und eine Hingabe, die ihr von fast niemandem zugestanden worden ist außer von Joyce. Als er schrieb: »Dein Brief ist schlimmer als meiner« – war das in der Tat als Lob gemeint.

***

Stanislaus' Traum, ein anerkannter *Homme de lettres* zu sein, erfüllte sich, wenn auch erst posthum. Sein Buch über seinen Bruder *My Brother's Keeper* (dt. *Meines Bruders Hüter*) wurde 1958 von Faber and Faber veröffentlicht; in seinem Vorwort schrieb T. S. Eliot:

> Besessen wie er vom Gegenstand seiner Erinnerungen war, wurde Stanislaus Joyce, geplagt von diesem Dorn in seinem Fleisch, selbst zum Schriftsteller und Autor dieses einzigen Buches, das es verdient hat, auf Dauer einen Platz auf dem Bücherbrett neben den Werken seines Bruders einzunehmen.[58]

Ebenso unbestreitbar ist Stanislaus, wenn auch jenseits des Grabes, in den Genuß von Wiedergutmachung und Vergeltung gekommen. Die annähernd fünfzigtausend Dollar, die seine Witwe von der Cornell University für die gebündelten Verkäufe erhielt, waren mehr als das, was Nora als Witwe an Tantiemen aus Joyce' Schriften erhielt. Mit dem Verkauf der Briefe an die Cornell University hatte Shaun the Postman seine Last abgeliefert.

***

Im März 1951, ganz kurz vor Noras Tod, wurde Lucia Joyce von der Delmas-Klinik in Ivry ins St. Andrew's Hospital in Northampton, England, verlegt, wo sie 1935/36 Patientin gewesen war. Die Umsiedlung nach England machte sie erreichbarer für Harriet Shaw Weaver, die ihr gesetzlicher Vormund war.

Lucia blieb bis zu ihrem eigenen Tod im Jahr 1982 im St. Andrew's. Sie erhielt dort viel Besuch, von alten Freunden wie von Joyce-Forschern gleichermaßen. Nach Miss Weavers Tod im Jahr 1961 wurde Miss Jane Lidderdale Lucias Vormund, Miss Weavers Patentochter, eine warmherzige, tatkräftige, höchst intelligente Frau, die zeitweise Mitglied des British Civil Service gewesen war. Miss Lidderdale besuchte Lucia regelmäßig und kümmerte sich bis zum Schluß um deren Interessen.

Giorgio Joyce, der sich mit seiner zweiten Frau im westlichen Teil Deutschlands ansiedelte, konnte Lucia 1967 besuchen, als er gemeinsam mit Frank Budgen Ehrengast des ersten International James Joyce Symposium in Dublin war. Danach ging es mit seiner Gesundheit bergab, und nach einem schweren Schlaganfall starb er 1976 in Konstanz im Alter von einundsiebzig Jahren. Er wurde in Fluntern neben seinen Eltern beerdigt.

Lucia wurde auf ihren eigenen Wunsch hin in Northampton beerdigt. Doch ihr Platz in Fluntern erwartet sie immer noch. Die Inschrift auf dem Familiengrabstein bricht unvermittelt ab, fast wie die letzte Seite von *Finnegans Wake*: »James Joyce, Nora Joyce, Giorgio Joyce...« – mit einer Leerstelle für einen weiteren Namen. Von der »ganze(n) Keltenbande«, als die Hemingway sie sah, fehlt noch jemand.

Giorgio hinterließ sein Vermögen seiner Frau. Der reine Wert von Lucias Vermögen, als es im Januar 1985 freigegeben wurde, wurde auf 176105 Pfund geschätzt. In ihrem Testament waren ihr

Bruder (oder, wie sich herausstellen sollte, dessen Witwe) und ihre angeheiratete Tante Nelly Joyce genannt. Beim Tod dieser Frauen sollten die Einkünfte auf ihren Neffen Stephen Joyce und Nellys Sohn Jimmy Joyce übergehen.[59] Nelly Joyce, die mit ihrem Sohn nach London übergesiedelt war, hatte in ständigem Kontakt mit Lucia im St. Andrew's gestanden.

Auf diese Weise wurde ein großer Teil der Einkünfte aus dem Werk von James Joyce auf Dauer an Stanislaus' Frau und seinen Sohn geleitet und Stanislaus damit posthum eine weitere Entschädigung für die Jahre als seines Bruders Hüter zuteil.

Somit behauptete Stephan Joyce, der sich seinem Vater entfremdet hatte, im Jahr 1982 gegenüber der *Irish Times* auch zu Recht, er habe nie »einen roten Heller Tantiemen zu sehen bekommen«.[60] Er war allerdings einer der Haupterben seiner Mutter Helen Kastor Joyce gewesen, die im Jahr 1963 gestorben war.[61]

Stephen ist der einzige unmittelbare Nachkomme von James und Nora Joyce. Er lebt mit seiner Frau solange in Paris, wo er einen Posten im Vorstand der Organisation für Wirtschaftliche Zusammenarbeit und Entwicklung innehat, und interessiert sich in wachsendem Maße für die Verwaltung des Joyce-Vermögens.

Stephen ist auch heute noch ein gutaussehender, reizbarer und dabei doch liebenswürdiger Mann, ernsthaft wie sein Vater, gattentreu wie sein Großvater, eine Quelle der Freude ebenso wie des ehrfürchtigen Staunens bei allen Versammlungen im Namen Joyce', denn er ist seinem Großvater ungeheuer ähnlich. »Es haben mich schon Menschen auf der Straße angesprochen«, sagt er, »und mir auf den Kopf zugesagt, wer ich bin.«[62]

Anmerkungen

Um Wiederholungen zu vermeiden, habe ich die Zitatangaben in den Anmerkungen kurz gehalten. Die vollständigen Quellenangaben erscheinen in der Bibliographie. Für häufig zitierte Bücher, Zeitschriftenveröffentlichungen, Bibliotheken und Personen habe ich bestimmte Abkürzungen eingeführt. Universitätsbibliotheken und Spezialsammlungen werden mit dem Namen der Universität bezeichnet, wenn sie nicht auf andere Weise in abgekürzter Form bezeichnet werden. Weitere Informationen über die Standorte von Spezialsammlungen finden sich in der Danksagung. Nicht überprüfte oder rein spekulative Angaben finden sich in Klammern; ungesicherte Daten werden durch ein Fragezeichen gekennzeichnet. Wo die Datenangabe gänzlich ungewiß ist, findet sich die Angabe o. D. (ohne Datum).

Die dreibändige Ausgabe der *Briefe* von James Joyce wird mit I, II, III bezeichnet. Die *Selected Letters of James Joyce* mit SL. Richard Ellmanns revidierte Ausgabe von *James Joyce* wird als Ellmann bezeichnet, die erste Ausgabe als Ellmann-I. Herbert Gormans *James Joyce* erscheint als Gorman; Padraic O Laois *Nora Barnacle Joyce* als O Laoi; Stanislaus Joyce' *Meines Bruders Hüter* MBH; *Liebe Miss Weaver* von Jane Lidderdale und Mary Nicholson als Lidderdale; Sylvia Beachs *Shakespeare and Company* als Beach; Noel Riley Fitchs *Sylvia Beach* als Fitch; *James Joyce Quarterly* ist JJQ.

Häufig vorkommende Briefpartner werden in den Anmerkungen mit den Initialen bezeichnet: NB für Nora Barnacle Joyce, GJ für Giorgio Joyce, LJ für Lucia Joyce, HKJ für Helen Kastor Joyce, JJ für James Joyce, SJ für Stanislaus Joyce, MH für Michael Healy, HSW für Harriet Shaw Weaver, SB für Sylvia Beach, CC für Constantine Curran, MJ für Maria Jolas, JL für Jane Lidderdale, PL für Paul Léon und BM Brenda Maddox.

Die auf Joyce' Werk bezogenen Seitenangaben beziehen sich auf die zum Zeitpunkt der Übersetzung dieses Buches gebräuchlichen Ausgaben *(s. Bibliographie)*.

Bei Zitaten aus *Dubliner, Verbannte, Kammermusik* und *Pöme Penysstück* habe ich auf Seitenangaben verzichtet.

Universitätsbibliotheken und Spezialsammlungen werden mit dem Namen der Universität bezeichnet. Ausnahmen sind: Texas für Humanities Research Center at the University of Texas; Berg für die Berg Collection at the New York Public Library. BL ist die British Library; SIU ist Southern Illinois University; TCD ist Trinity College, Dublin; UCD ist University College, Dublin; UCG ist University College, Galway; UCL ist University College, London; und UCLA ist die University of California, Los Angeles. Schriften und Dokumente aus der Cornell Joyce Collection sind mit der Nummer bezeichnet, die sie im Scholes-Katalog haben.

1. Kapitel
Weg vom Finn's

1 Die Aufmachung, in der Nora Dublin verließ und in Pula eintraf, wird von Alessandro Francini-Bruni in »Joyce Intimo Spogliato nella Piazza« beschrieben (die englische Übersetzung findet sich in Willard Potts, Hrsg., *Portraits of the Artist in Exile*, Seattle 1979).

2 JJ an NB, 19. September 1904, I, 143f.

3 O Laoi, *Nora Barnacle Joyce* und Register in Galway.

4 JJ, Das Heilige Offizium, 137–141.

5 JJ an NB, 19. September 1904, I, 143f. Patricia Hutchins schildert in *James Joyce' World* das Familientreffen am Kai.

6 JJ, »Irland – Insel der Heiligen und Weisen«, *Kleine Schriften*, 186.

7 Noras Abschied von Galway ist bei Ellmann, 169, beschrieben.

8 JJ an SJ, 19. November 1901, I, 165.

9 Arthur Power gibt in seiner unveröffentlichten Rohfassung von *Gespräche mit James Joyce* Noras Äußerungen über Joyce' Äußeres bei seinem Erscheinen in der Hotelbar wieder und ihre Zweifel angesichts der Entscheidung, ob sie ihm ihr Leben anvertrauen sollte.

10 Nora tat ihre Ansicht über Joyce' Beruf Sylvia Beach (*Shakespeare and Company*, 58f.) und ihrer Schwester Kathleen gegenüber (Ellmann) kund.

11 JJ an NB, 19. September 1904, I, 143f.

12 JJ an NB, 16. September 1904, I, 141.

13 J.F. Byrne an Ellmann, 23. Januar 1958, Texas. Außerdem schrieb Joyce viele Briefe an Nora, worin er bezweifelte, daß sie ihm die ganze Wahrheit über ihre Vergangenheit erzählt hatte.

14 JJ, »Eveline«, in: *The Irish Homestead,* 10. September 1904; dt. in *Dubliner,* 40.

2. Kapitel
Die Männermörderin

1 Interview mit Phyllis Moss Stein, 16. Juni 1985.

2 Als Quellen für die Geschichte Galways dienten *The Galway Year Book and Directory* (Galway 1902) und Eilís Dillon, »The Innocent Muse«, 33 ff. Außerdem Robert M. Adams, *Surface and Symbol,* 23, und *Ulysses,* 976 f.

3 *The Galway Year Book and Directory,* 1902.

4 O Laoi, 10, und Galwayer Register.

5 Dieses sowie die folgenden Details über Noras nächste Angehörige stammen, sofern nicht anders angegeben, von O Laoi.

6 Maurice Beebe, »Barnacle Goose and Lapwing«, 302 ff., und Robert Adams Day, »Joyce, Stoom, King Mark«, 244.

7 E. G. Quin vom Dublin Institute of Advanced Studies an BM (am 2. Juli 1986); vgl. außerdem Edward MacLysagth, *A Guide to Irish Surnames.*

8 Viele Wissenschaftler machen unterschiedslos Gebrauch von den Bezeichnungen Irisch und Gälisch. Synge und die meisten anglo-irischen Schriftsteller bezeichneten ihre Muttersprache als Gälisch, doch heute wird zumeist der Bezeichnung »Irisch« der Vorzug gegeben, um es vom Keltisch Schottlands zu unterscheiden.

9 Thomas E. Connolly, Hrsg., *James Joyce' »Scribbledehobble«,* 14.

10 Graham Smith, Bibliothekar und Archivar, HM Customs and Excise, an BM, 8. Oktober 1985; das *Galway Year Book* von 1904 und Brief an BM vom Irish Office of the Revenue Commissioners, 14. Februar 1986.

11 Ellmann, 168 f., und Trauschein von Thomas Healy und Bedelia Connor, Register der Galway Cathedral.

12 JJ, Bemerkungen zu *Verbannte*; Noras anhaltender Groll wird in Patricia Hutchins *James Joyce' World,* 65, beschrieben.

13 Dillon, »The Innocent Muse«, 38.

14 Noras Schulzeugnis, wie es im Mercy Convent Register einzusehen ist, findet sich bei O Laoi. Noras Erinnerungen an ihre Klassenkameradin Cissy Casey könnten in der Figur der Cissy Caffrey, der Freundin Gerty MacDowells, im *Ulysses* ihren Niederschlag gefunden haben.

15 JJ an SJ, 3. Dezember 1904, I, 168, und O Laoi, 5.

16 Ellmann, 534.
17 JJ an SJ, 3. Dezember 1904, I, 168.
18 *The Galway Year Book* von 1902 zeigt, daß Simmons' Geschäft in Galway um die Jahrhundertwende dermaßen florierte, daß er sein Stammgeschäft auf Nun's Island in eine Filiale verwandeln und sein Hauptatelier in die Market Street verlegen mußte. Eilís Dillon, die aus Galway stammt, behauptete in einem Brief an BM vom 22. Februar 1986: »Wenn Nora von Simmons fotografiert wurde, dann kann das nur heißen, daß sie nicht so arm waren, wie man manchmal zu glauben gehalten ist.« Sie setzte jedoch hinzu: »Simmons war so pro-britisch, daß meine Eltern nicht zu ihm gegangen wären.«
19 Das Original der Fotografie befindet sich in der Cornell-Sammlung.
20 Eilís Dillon an BM, 22. Februar 1986.
21 *Ulysses*, 45.
22 Harold Nicolson, *Tagebücher und Briefe*, I, 148.
23 Interview mit Patrick Henchy, Oktober 1984, und Patrick Henchy an BM, Januar 1986. Henchy, ein gebürtiger Galwayer und ehemaliger Custos der National Library, erfuhr von Noras Schwester Kathleen von Noras früher Romanze mit Feeney und ihrem Kummer über dessen Tod.
24 Totenschein von Michael Feeney, Register der Galway Cathedral.
25 Totenschein von Caterine Mortimer Healey, Register der Galway Cathedral.
26 Volkszählung in Irland, 1901.
27 Maria Jolas im Interview mit Eilís Dillon, »The Innocent Muse«.
28 Totenschein von Michael Bodkin, Register der Galway Cathedral.
29 Interview mit der Ehrwürdigen Mutter Mary Doyle am 6. August 1984.
30 In seinem Brief an SJ vom 3. Dezember 1904, I, 168 f., schreibt Joyce, Nora habe als junges Mädchen viele Freunde gehabt, »darunter einen, der starb«. In seinen Bemerkungen zu den *Verbannten* jedoch, die er 1913 etwa zu der Zeit schrieb, als er in Galway gewesen war, ist von mehr als einem toten Liebhaber die Rede. Joyce scheint mit dem Namen, den er für den Jungen in »Die Toten« gewählt hatte – Furey –, nicht zufrieden gewesen zu sein, denn in seinem Manuskript schrieb er ihn Fury. Siehe hierzu *The James Joyce Archive*, herausgegeben von Michael Groden, »*Dubliners* Drafts and Manuscripts«, Bd. 4, 503.
31 JJ an SJ, 3. Dezember 1904, I, 168 f.
32 Die Kommentare zu Annie Barnacles Charakter stammen aus Interviews mit Evelyne Chardonnet, John Slocum und Peter Heaney.

33 Ellmann, 169.
34 Leon O Broin, *Protestant Nationalists in Revolutionary Ireland.*
35 Ellmann, 169.
36 JJ an NB, 3. Dezember 1909, SL.
37 O Laoi, 42.
38 JJ an NB, 9. Dezember 1909, SL.
39 JJ an NB, 7. September 1909, SL.
40 Ellmann, 169.
41 Joyce' Brief an Nora vom 7. September, I, 439 ff., worin er sie bittet, sich die Asche aus dem Haar zu bürsten (vgl. o.) enthält den einzigen mißbilligenden Ton in seinen Schilderungen ihres Äußeren. Er wurde allerdings auch geschrieben, als sie zwei kleine Kinder, keine Hilfe und kein Geld hatte.
42 Die Informationen über Willie Mulvagh stammen von O Laoi und aus einem an BM gerichteten Brief seiner Tochter, Eveline Mulvagh Odierna, vom 25. Januar 1985. Eine andere Nachkommin, Jane Mulvagh, die die Mode-Recherchen für dies Buch übernommen hat, spricht den Namen »Mulvah« aus.
43 Power, *Gespräche,* 87 f.
44 *Ulysses,* 975.
45 Stanislaus Joyce, *Recollections of James Joyce.*
46 *Reports of the Commissoners for Ireland,* 1905, Bd. 17, 571.
47 *Ulysses,* 977.
48 JJ an SJ, 3. Dezember *1904*, I, 169.
49 Eveline Mulvagh Odierna an BM, 25. Januar 1985.
50 s. Anm. 10.
51 Eileen O'Connor an BM, 2. Mai 1986.
52 Christopher Murray, Anmerkungen zu *Bailengangaire* von Tom Murphy (Eine der Inszenierungen des Druid Lane Theatre aus Galway, aufgeführt in London im Februar 1986). Murphy schreibt von »der schieren Unanständigkeit« des ärmlichen Zuhauses in Mayo und dem Fortbestehen einer brutalen Umgebung, das selbst heute noch die jungen Menschen der Gegend lange schon verstümmele, ehe sie sich freikämpfen können.

3. Kapitel
Der Sommer 1904

1 Jacques Mercanton, »Heures avec James Joyce«, in Willard Potts, Hrsg., *Portraits of the Artist in Exile*, 238.

2 *Stephen der Held*, 117.

3 Bei Ellmann und in *Stephen der Held* finden sich die besten unter zahlreichen Wiedergaben von Joyce' Ansichten über Ibsen.

4 Es ist oft versucht worden, Joyce' Augenfarbe zu beschreiben. In seinem Paß vom 3. Mai 1926 werden sie als grau bezeichnet und in dem vom 19. Juni 1935 als graublau. Die Pässe, die vom britischen Generalkonsulat in Paris ausgestellt worden sind, befinden sich in Buffalo.

5 Die biographischen Details entstammen Joyce' Briefen sowie Ellmann, Gorman, MBH und Patricia Hutchins, *James Joyce' Dublin.*

6 J.F. Byrne an Richard Ellmann, 29. Januar 1957, s. auch 19. Januar 1957, Texas. Ulick O'Connor behauptet in »James Joyce at University College«, in: *Time and Tide*, 21. Januar 1956 außerdem, Cosgrave habe Joyce Nora vorgestellt.

7 Noras Erinnerungen in Ellmann, 169 u.a.; Jacques Mercanton, 238; und Arthur Power, unveröffentlichte Rohfassung von *Gespräche mit James Joyce.*

8 May Joyce an SJ, 12. Februar 1905, Cornell, Scholes 718.

9 NB an JJ, 26. September 1904, I, 147.

10 John Slocum an Herbert Cahoon, 16. Januar 1953, Yale.

11 In vielen von Joyce' Briefen an Nora im Sommer 1904 ist von ihren Wehwehchen die Rede, beispielsweise in JJ an NB, 1. (?) September, I, 136f.

12 JJ an NB, 7. August 1909, I, 415 f.

13 JJ an NB, 15. Juni 1904, I, 122.

14 Ellmann, 167. Sidney Feshbach in : »June 16, 1904: Joyce's Date with Nora?«, JJQ 21:4 (Sommer 1984) findet den Beleg dürftig.

15 Herbert Gormans Material, SIU.

16 Herbert Gorman, *James Joyce*, 134.

17 JJ an NB, 3. Dezember 1909, I, 468ff. Ellmann hält es in seinem *Consciousness of Joyce*, 23, für denkbar, daß Nora und Joyce einander an jenem ersten Abend in Ringsend »berührten«, O Laoi, 47, akzeptiert diese Deutung ebenfalls.

18 JJ, »Mr Mason's Novel«, in: *Critical Writings*, 130f.

19 JJ an NB, 3. Dezember 1909, I, 468 ff.

20 Flann O'Brien, in: *Swim-Two-Bird* (London 1967; erste Veröffent-

lichung 1939, geschrieben in den dreißiger Jahren) spricht von der Nassau Street als »einer Gegend, die vom Stand der Prostituierten frequentiert wurde« (p. 47).

21 Interview mit Joe O'Halleran, August 1984.
22 Ulysses, 70.
23 Wie aus dem korrigierten Text des *Ulysses* hervorgeht, vgl. Edwin McDowell, »New Edition Fixes 5000 Errors in *Ulysses*«, in *New York Times*, 7. Juni 1984.
24 NB an JJ, 23. Juni 1904, I, 123.
25 JJ an NB, 29. August 1904, I, 134f.
26 MBH.
27 JJ an NB, 29. August 1904, I, 133ff.
28 JJ an NB (1. September?) 1904, I, 137.
29 JJ an NB (12. Juli 1904?), I, 125.
30 Thom's Directory, 1904 (Dublin 1905).
31 JJ an NB (1. September 1904?), I, 136f.
32 JJ an NB (12. Juli 1904?), I, 125.
33 JJ an NB (später Juli 1904?), I, 126f.
34 JJ an NB, 15. August 1904, I, 130.
35 Eileen Vance, eine Freundin aus der Kindheit, die bei Ellmann zitiert ist, 48.
36 J. B. Lyons, *James Joyce and Medicine*, 60.
37 JJ an NB, 3. August 1909, I, 430, und *Stephen der Held*, 117, TB-Ausgabe.
38 *Porträt des Künstlers als junger Mann*, 519f. TB-Ausgabe.
39 MBH.
40 Annie Barnacle an NB (1916–1919), Cornell, Scholes 412.
41 MBH, 91.
42 JJ an NB, 29. August 1904, I, 135.
43 Ellmann, 147.
44 Hutchins, *Joyce's Dublin*, 72.
45 Ulick O'Connor, *Oliver St. John Gogarty*, 12.
46 Oliver St. John Gogarty, *Tumbling in the Hay*, 70.
47 Oliver St. John Gogarty, *It isn't This Time of Year at All*, 73.
48 JJ an NB, 21. August 1909, I, 421f.
49 Hutchins, *Joyce's Dublin*, 72.
50 SJ, »James Joyce: A Memoir«.
51 George Healy, Hrsg., Stanislaus Joyce, *Die Tagebücher*, 32f.
52 MBH, 108.
53 JJ an NB, 2. September 1909, I, 432.
54 Ellmann, 607.
55 JJ an SJ (9. Oktober 1904), I, ?; vgl. auch Bonnie Kime Scott, *Joyce and*

Feminism, Kap. 7, und Padraic und Mary Colum, *Our Friend James Joyce*, 12f.

56 NB an JJ, 16. August, 131.

57 J. F. Byrne an Richard Ellmann 29. Januar 1957, Texas.

58 Ellmann, 177f.

59 NB an JJ, 16. September 1904, I, 142.

60 Phillip F. Herring, »The Bedsteadfastness of Molly Bloom«, 51.

61 Gogarty, *Tumbling*, 70.

62 Gogarty, *It Is'nt This Time of Year*, 70.

63 Den verschiedenen Berichten läßt sich entnehmen, daß Joyce in jener Nacht eine ganze Reihe von Liedern sang. Constantine Curran behauptet (s. das »Portrait of James Joyce« der BBC), darunter seien auch »Whom the Lord Chasteneth« und Sullivans »Come Ye Children« gewesen.

64 JJ an NB (1. September 1904?), I, 137.

65 JJ an NB, 29. August 1904, I, 133f.

66 MBH, 75.

67 Healey, Hrsg. *The Complete Dublin Diary*, 50–68.

68 Scheper-Hughes, *Saints, Scholars und Schizophrenics*, 176.

69 Colm O Lochlainn, Hrsg., *Irish Street Ballads*, 108f., gibt die Worte an: »So it's true that the women are worse than the men/ For they went down to Hell and were threw out again.«

70 Gogarty, *It Isn't This Time of Year.* J. B. Lyons in: *Thrust Syphilis Down to Hell*, 174, bestreitet, daß Joyce' Werben um Nora den Umzug in den Turm verzögert haben könnte.

71 O Laoi, 54.

72 JJ an NB, 12. September 1904, I, 139.

73 Gorman, 133.

74 NB an JJ, 12. September 1904, I, 139f.

75 JJ an NB, 19. September 1904. Vgl. auch das Vorwort zu *Ulysses: The Corrected Text* (engl. Ausgabe), worin Ellmann erörtert, inwiefern Aquinas zwischen »amor vero aliquid alicui bonum vult« (»Liebe, die das Wohl des anderen will«) und »ea quae concupiscimus« (»sexuelles Verlangen, das nur auf die eigene Befriedigung aus ist«) unterscheidet.

76 *Kammermusik*, XXI.

77 *Gedichte*, S. 139.

78 JJ an NB, 16. September 1904, I, 141.

79 J. F. Byrne, *Silent Years*, 148.

80 Interview mit Arthur Wall, Enkel Mrs. Josephine Murrays, im August 1986.

81 JJ an NB (26. September 1904?), I, 146.

82 NB an JJ, 26. September 1904, I, 147.

83 Kathleen Behan, *Mother of All the Behans*, 50.
84 *Emigration Statistics (Ireland) for the Year 1904*, vol. 98, 81ff. BL.
85 Unter den Hinweisen auf die Schwierigkeiten mit dem Namen Joyce finden sich der von Maria Zöbeli-Gerhardt, in: »Lucia: die Tochter von Dichters'«, *Zürcher Tages-Anzeigen*, 24. Dezember 1982; von Bruno Chersicla: »E Tornato Joyce: Iconografia Triestina per Zois«, in: *Il Ritorno di Joyce*, 19, und viele Telegramme.

4. Kapitel
Signora Joyce

Sämtliche Zitate sind, wenn nicht anders angegeben, den *Briefen* von James Joyce, Bd. I, entnommen.

1 JJ an SJ, 11. Oktober 1904, I, 159.
2 JJ an NB, 7. August 1909, SL, 158. Richard Ellmann an BM, 1. Januar 1986: Ellmann vertrat die Auffassung, daß die Blutflecken, die Joyce entdeckte, der Beweis für Noras Jungfräulichkeit gewesen seien, vgl. *Finnegans Wake*.
3 *Ulysses*, 933.
4 JJ an NB, 7. September 1909, I, 443.
5 J. F. Byrne an Richard Ellmann, 29. Januar 1957, Texas.
6 JJ an SJ, 3. Dezember 1904, I, 169f.
7 Ibid., und LJ, »The Real Life of James Joyce by His Daughter«, Texas.
8 JJ an Josephine Murray, 31. Dezember 1904, I, 175.
9 Alessandro Francini-Bruni, »Joyce Stripped Naked in the Piazza«, in: Potts, 11.
10 JJ an SJ, 3. Dezember 1904, I, 168.
11 Healey, Hrsg., *The Complete Dublin Diary*, 36.
12 JJ an SJ, 19. November 1904, I, 166, und 7. Februar 1905, I, 183.
13 Robert Scholes, »Further Observations on the Text of *Dubliners*«. Außerdem Donald Torchiana, *Backgrounds to Dubliners*, 71; er neigt zu der Annahme, daß es sich bei den Worten »Derevaun Seraun« um die westirische Dialektfassung der Worte »Worms are the only end« handelt. William York Tindall zitiert in *A Reader's Guide to James Joyce* Patrick Henchy, der wiederum der Meinung ist, der Satz sei entstelltes Irisch und bedeute: »The end of pleasure is pain.«
14 JJ an NB (Dezember ? 1904), I, 172.
15 Clotilde Francini-Bruni an NB (o. D.), Cornell, Scholes 513.
16 JJ an NB 2. (September) 1909, SL, 167; bezieht sich auf Noras

Gebrauch »eines provozierenden Wortes«. Sein Brief vom 5. Dezember 1909, SL, ist deutlicher. Joyce' Gedicht »Ein Gebet« in *Pöme Penysstück* läßt überdies vermuten, daß ein weiteres provozierendes Wort Noras »Komm!« war.

17 Ulick O'Connor, *Gogarty*, 89.

18 JJ an SJ, 7. Februar 1905, I, 181.

19 Charles Joyce an SJ, 12. April 1906, Cornell, Scholes 615.

20 JJ an SJ, 15. März 1905, I, 190.

21 JJ an SJ (2. o. 3. Mai 1905), I, 197.

22 Francini-Bruni, »Joyce Stripped Naked«, 20.

23 Lina Galli, »James Joyce in Trieste«.

24 JJ an SJ, 12. Juli 1905, I, 203.

25 Ibid., 204.

26 JJ an SJ, 4. April 1905, I, 193.

27 JJ an SJ, 12. Juli 1905, I, 205.

28 Ibid., 207.

29 Vincent Cosgrave an JJ (etwa 29. Oktober 1905), I, 251 ff.

30 Noras Liste der Wäschestücke findet sich hinten auf Seite 1 des Manuskripts von »Ein betrüblicher Fall«, das in Yale ist. Zu finden außerdem in *The James Joyce Archive*, Hrsg. Michael Groden, in: »*Dubliners* Drafts and Manuscripts«, Bd. 4, 96. Vgl. auch *Finnegans Wake*, 213, 277 (engl. Ausgabe).

31 Stelio Crise an BM am 14. April 1987. Außerdem Interview mit Zora Skerk Koren, einer Freundin von Anny Schleimer, am 12. März 1987 in Triest.

32 JJ an Josephine Murray, 4. Dezember 1905, 257.

33 »Eine kleine Wolke«, die achte Erzählung in *Dubliner*, wurde im März 1906 geschrieben, als Giorgio acht Monate alt war.

34 Geburtsurkunden von Giorgio und Lucia Joyce und die damit zusammenhängende Korrespondenz, Cornell, Scholes 1377 und 1378.

35 Charles Joyce an SJ, 4. November 1905, Cornell Scholes 611.

36 Ibid.

37 Josephine Murray an SJ, 22. Januar 1906, Cornell, Scholes 913.

38 Ibid.

39 NB an (? o. D.), Cornell, Scholes 742.

40 Ellmann.

41 Josephine Murray an JJ, 24. Juli 1906, Cornell, Scholes 912.

42 Ibid.

43 Josephine Murray an NB, (8.?) Januar 1906, Cornell, Scholes 912.

44 Francini-Bruni, »Joyce Stripped Naked in the Piazza«, 11.

45 JJ an SJ. 6. Februar 1907, I, dt.?

46 Margaret Joyce an SJ, 26. September 1906, Cornell, Scholes 707.

47 May Joyce an SJ, 25. Februar 1906, Cornell, Scholes 718.
48 JJ an Grant Richards, 15. Oktober 1905, I, 262.
49 Josephine Murray an SJ, 6. Juni 1906.
50 Ellmann, 311.
51 Charles Joyce an SJ, 24. Mai 1906, Cornell, Scholes 616.
52 Ibid.
53 Ibid.

5. Kapitel
Madonna und Kind

Die biographischen Informationen stammen, soweit nicht anders angegeben, aus James Joyce' *Briefe*, I, oder den Briefen der Familie Joyce (Cornell).

1 Carla de Petris, »Exiles or Emigrants«, in: Giorgio Melchiori, *Joyce in Rome*, 75.
2 Lorenzo Quaglietti an BM, 13. Mai 1985, und Leprohon, *Italian Cinema*, 12.
3 Bemerkungen zu *Verbannte*, 403.
4 NB an SJ, 2. Oktober *1906*, Cornell, Scholes 743.
5 NB an SJ, Einschub in JJs Brief vom 9. Oktober 1909, I, 289.
6 NB an SJ (etwa 12. August 1906), I, 328.
7 JJ an SJ 9. Oktober 1906, I, 328.
8 JJ an SJ, 6. November 1906, I, 347.
9 NB an SJ, 14. November 1906.
10 Jj an SJ, 24. Dezember 1906, I, 375 f.
11 John Joyce an SJ, 5. Februar 1907, Cornell, Scholes 667.
12 JJ an SJ, 10. Januar 1907.
13 NB an SJ, 10. Januar 1907, Cornell, Scholes 744.
14 *Verbannte*, 3. Akt.
15 JJ an HSW, 17. Januar 1932, III, 1279.
16 Richard Ellmann, *The Consciousness of Joyce*, 57.
17 JJ an SJ, 10. Januar 1907, I, 377.
18 Ibid., 377 f.
19 *Verbannte*, 3. Akt.
20 *Verbannte*, 2. Akt.
21 JJ an SJ, 20. November 1906, I, 363.
22 JJ an SJ, 13. November 1906, I, 356.
23 Josephine Murray an JJ, 4. Juni 1907, Cornell, Scholes 921.

24 Josephine Murray an JJ, 29. Juli 1907, Cornell, Scholes 922.
25 Interview mit Patricia Barnacle Hutton, London, 20. Dezember 1983.
26 JJ an HSW, 18. März 1930, BL.
27 Margaret (»Poppie«) Joyce an JJ, 10. Oktober 1907, Cornell, Scholes 710.
28 Leon Edel, *Stuff of Sleep and Dreams*, 94.
29 Interview mit Edda Ritson, Juli 1987, die die Geschichte in Palo Alto, Kalifornien, von Mrs. Ada Ohrstiel, einer gebürtigen Triestinerin, hörte.
30 Vitaliano Brancati, »Ricordo di Professor Joyce«, *Nuova Stampa Sera*, 30./31. August 1948.
31 Ellmann, 271.
32 May Joyce an SJ, 24. Februar 1908 und 7. September (1907?), Cornell, Scholes 720 und 722.
33 John Joyce an JJ, 14. Dezember 1908, Cornell, Scholes 672.
34 Josephine Murray an SJ, 21. Juli 1908, Cornell, Scholes 924.
35 Charles Joyce an JJ, 24. Juli 1908, Cornell, Scholes 626.
36 John Joyce an SJ, 11. August 1908, Cornell, Scholes 671.
37 Josephine Murray an NB (etwa Anfang 1909), Cornell, Scholes 925.
38 Von der Fotografie, die sich in der Croessmann Collection an der Southern Illinois University befindet, heißt es in Chester Andersons *James Joyce and His World* fälschlich, sie sei 1912 in Galway aufgenommen worden. Im Jahr 1912 war Giorgio jedoch sieben Jahre alt, und der kleine Junge auf dem Foto ist nur etwa drei.
39 Stanislaus' Tagebuch ist niemals veröffentlicht worden, allem Anschein nach wegen seiner Äußerungen über sein Sexualleben.
40 May Joyce an JJ, 3. Juni 1909, Cornell, Scholes 724.
41 SJ an Herbert Gorman, 8. August 1931, SIU.

6. Kapitel
Allein unterwegs

1 JJ an SJ, 4. August 1909, I, 414.
2 JJ an NB, 6. August 1909, I, 415.
3 JJ an NB, 7. August 1909, SL; in *Briefe* I mit Auslassungen.
4 Ibid., Brief mit Auslassungen.
5 Byrne, J. F., *Silent Years*, 156.
6 Ellmann, vgl. 282.
7 Oliver St. John Gogarty an JJ, 4. August 1909, I, 413.

8 Oliver St. John Gogarty an JJ, 2. August 1909, und Ulick O'Connor, *Gogarty*, 91.
9 JJ, »Die Fenier-Bewegung«, *Kleine Schriften*, 208.
10 Siehe 3. Kapitel.
11 JJ an SJ, 2. September 1909, 433.
12 J. F. Byrne an Ellmann, 29. Januar 1957, Texas.
13 Leon Edel, *Sleep and Dreams*, 87ff.
14 Robert Adams Day, »Joyce, Stoom, King Mark«, 228.
15 *Ulysses*, 53.
16 JJ an NB, 9. August 1909, I, 420.
17 JJ an NB, 21. August 1909, I, 422.
18 JJ an NB, 21. August 1909, I, 422, und JJ an SJ, 21. August 1909, I, 423.
19 JJ an NB, 22. August 1909, I, 426, engl. 1905?
20 Ibid.
21 Der Inhalt von Noras Brief läßt sich anhand von Joyce' Brief vom 31. August 1909 erschließen, worin er zugibt, sie habe bewiesen, daß sie sein Verlangen nach schmutzigen Wörtern verstanden habe, auch wenn er eine Abneigung habe, sie laut zu hören; außerdem anhand des Briefes vom 2. September 1909, I, 432f., worin er sich zum erstenmal ausdrücklich sexuelle Anspielungen erlaubt, und anhand dessen vom 3. Dezember 1909, SL, 470, worin er zugibt, daß sie bei ihrem obszönen Briefwechsel den Ton angegeben habe.
22 JJ an SJ, 28. August 1909, I, 429.
23 JJ an NB, 31. August 1909, I, 431.
24 JJ an NB, 2. September 1909, I, 432.
25 Ibid.
26 JJ an NB, 5. September 1909, I, 438.
27 JJ an NB, 7. September 1909, I, 439.
28 Ibid., 444.
29 Ellmann, 299.
30 JJ an NB (25. Oktober 1909?), vgl. I, 445.
31 JJ an NB, 27. Oktober 1909, I, 447f.
32 JJ an NB (25. Oktober 1909?) I, 446.
33 NB an JJ, 2. November 1909, I, 452f.
34 JJ an NB, 19. November 1909, I, 463f.
35 JJ an NB, 27. Oktober 1909, I, 447.
36 JJ an NB, 1. November 1909, I, 452.
37 JJ an NB, 27. Oktober 1909, I, 447.
38 JJ an NB, 13. Dezember 1909, I, 474f.
39 JJ an NB, 2. Dezember 1909, ganzer Brief.
40 JJ an NB, 13. Dezember 1909, I, 474f.
41 Ibid.

42 JJ an NB, 6. Dezember 1909, SL, 470.
43 JJ an NB, 8. Dezember 1909, SL.
44 JJ an NB, 20. Dezember 1909, SL.
45 JJ an NB, 16. Dezember 1909, SL, 470.
46 JJ an NB, 16. Dezember 1909, SL, 477f.
47 *Ulysses,* 993.
48 *Ulysses,* 1011.
49 Peter Gay, *Die Erziehung der Sinne,* 136.

7. Kapitel
Ein Haus voll Joyce'

1 Ellmann, 308.
2 Arthur Power, *Gespräche mit James Joyce,* 88.
3 Interview mit Bozena Schaurek Delimata, 20. Januar 1984.
4 JJ an NB, 7. September 1909, I, 443.
5 Brenda Maddox, »Could Nora cook?«, in: *New York Times Book Review,* 16. Juni 1985.
6 Ellmann, 311.
7 Vgl. 5. Kapitel, Anm. 39.
8 Josephine Murray an SJ, 19. August 1912, Cornell, Scholes 929.
9 John Joyce an JJ, 23. August 1910, Cornell, Scholes 676.
10 Lina Galli, »Livia Veneziani Schmitz and James Joyce«; E. L. Hughes, »The Mystery Lady of ›Giacomo Joyce‹«; Interview mit Letizia Svevo, Fonda Savio, 11. März 1987.
11 JJ an SJ, 29. März 1932, III, 1288.
12 Thomas Staley, »James Joyce in Trieste«, 447.
13 Ibid., und LJ, »Autobiography«, Texas, erörtert Lucias Kinderkrankheiten.
14 Mary und Padraic Colum, *Our Friend James Joyce,* 227.
15 LJ an JL, 19. März 1974, UCL.
16 JJ an Maria Kirn, 30. August 1911, 503f.
17 NB an JJ (o. D.), Cornell, Scholes 752. Der Brief ist zwar undatiert, doch ist deutlich, daß er am Anfang ihres Elterndaseins geschrieben wurde, denn Nora bezeichnet die Kinder eher mit der englischen als mit der italienischen Version ihres Namens.
18 Staley, »James Joyce in Trieste«, 449.
19 JJ, »William Blake«, in: *Kleine Schriften,* 249.
20 JJ an NB (21. August 1912), I, 525.
21 Interview mit Stelio Crise, 10. März 1987, und Foto von Prezioso mit

der Inschrift »affettuosamente (herzlich für) per Mayer«. Ellmanns Hinweis auf homosexuelle Untertöne im Verhältnis Joyce-Prezioso findet sich in der ersten Version seiner Biographie, ist nach Beschwerden von Preziosos Familie in der revidierten Ausgabe jedoch getilgt worden.

22 Roberto Prezioso an JJ und Familie, 26. August 1913, September 1913 und o. D., Cornell, Scholes 1081, 1082 und 1084.

23 Ellmann, 314.

24 Ellmann.

25 Ellmann, 429.

26 *Giacomo Joyce*, 48.

27 Ibid., 61.

28 De Tuoni, »Ricordi«.

29 Florence Joyce zu Eileen Joyce, 20. Februar 1912, Cornell, Scholes 731.

30 Eva Joyce an SJ, 12. Mai 1912, Cornell, Scholes 653.

31 May Joyce an SJ, 25. Juli 1911, Cornell, Scholes 727.

32 Giorgio, Zeugnisblatt der Civica Schuola Popolare e Cittadini, Trieste, 15. Juli 1912, Cornell, Scholes 1379.

33 James Stephens, »The James Joyce I Knew«, *The Listener* 36 (24. Oktober 1946), 565.

34 De Tuoni, »Ricordi«.

35 NB an JJ, 11. Juli 1912, I, 507f.

36 Ibid., 508.

37 JJs Postsparbuch für Triest, 1907–12, Texas.

38 Interview mit Letizia Svevo Fonda Savio, 11. März 1987.

39 JJ an NB (12. Juli 1912?), I, 509.

40 NB an Eileen Joyce, 14. August 1912, I, 516.

41 Ibid.

42 Nathan Halper, »The Grave of Michael Bodkin«, JJQ, 12:3, 273ff.

43 JJ, »Die Stadt der Stämme«, *Kleine Schriften*, 264ff. Ellmann und O Laoi, 88, stellen klar, daß Nora die namentlich nicht genannte Begleiterin war, von der Joyce in seinem Artikel über die Fahrt auf die Aran Islands spricht.

44 Ibid.

45 Louis Berrone, *James Joyce in Padua*, XXII.

46 NB an JJ, 17. August 1912.

47 JJ an NB, 21. August, 1912, 524.

48 Ibid., 525.

49 JJ an NB 22. August 1912?, I, 528, und 21. August 1912, I, 525.

50 JJ an SJ 21. August 1912, I, 523.

51 Josephine Murray an SJ, 19. August 1919, Cornell, Scholes 929.

52 NB an Eileen Joyce, 14. August 1912, I, 517.
53 Ellmann, 331.
54 Interview mit Arthur Wall, August 1985.
55 Charles Joyce an SJ, 24. September 1912, Cornell, Scholes 634.
56 Charles Joyce an SJ, 11. September 1912, I, 540.
57 Italo Svevo, *James Joyce*.
58 De Tuoni, »Ricordi«.
59 Ellmann, 314.
60 Alessandro Francesco-Bruni, »Joyce Stripped Naked...«, 45.
61 Ezra Pound an JJ, 17.–19. Januar 1914, 555.
62 Interview mit Letizia Svevo Fonda Savio, 11. März 1987.
63 May Joyce an SJ, 19. Oktober 1912, Cornell, Scholes 734.
64 Frachtrechnung, Texas.
65 *Verbannte*, 1. Akt.
66 *Verbannte*, 2. Akt.
67 *Verbannte*, 3. Akt.
68 Robert M. Adams, »Light on Joyce' *Exiles*«, 83 ff.
69 Ellmann, 426.
70 Padraic Colum, Vorwort zu *Exiles* (Penguin-Ausgabe von *Verbannte*), 10.
71 English Stage Society, Bericht vom 11. Juli 1916, Yale.
72 May Joyce an SJ, 1. September 1911, Cornell, Scholes 729.
73 John Joyce an JJ, 5. Mai 1914, Cornell, Scholes 685.
74 Bozena Schaurek Delimata an BM, 4. April 1986.
75 Delimata, »Reminiscences of a Joyce Niece«, 45.

8. Kapitel
Zweites Exil

1 Ellmann, 384.
2 JJ anm HSW, 28. Oktober 1919, BL.
3 MH an JJ, 29. Juni 1915, Cornell, Scholes 570.
4 Züricher Melderegister, 1915.
5 Lidderdale, 237, und Klassenbuch der Mühlebach Schule 1915–16.
6 Maria Zöbeli-Gerhardt, »Lucia: Die Tochter von Dichters'«, in: *Zürcher Tages-Anzeiger*, 24. Dezember 1982, und Walter Ackermann, *Bordbuch*.
7 Frank Budgen, *James Joyce und die Entstehung des »Ulysses«* 43.
8 Dr. Senta Frauchinger an BM, 2. März 1985, und Zöbeli-Gerhardt, »Lucia...«.

9 MH an JJ, 24. Oktober 1915, Cornell, Scholes 576.
10 O Laoi, 112.
11 JJ an MH, 2. November 1915, I, 599.
12 Ibid., 600.
13 Otto Leuning, *Odyssey of an American Composer*, 187.
14 Annie Barnacle an NB (1915?), Cornell, Scholes 412. Scholes zwar der Meinung, der Brief sei etwa 1916–17 geschrieben worden, doch wird darin von der Einberufung von Noras Bruder in die britische Armee zu Beginn des Ersten Weltkriegs die Rede.
15 Annie Barnacle an NB, o. D., Cornell, Scholes 411.
16 SJ an JJ, 16. September 1915, Cornell, Scholes 777.
17 SJ an NB, 18. Februar 1915, Cornell, Scholes 772.
18 SJ an NB, 15. November 1915, Cornell, Scholes 782.
19 SJ an NB, 11. Januar 1916, Cornell, Scholes 785.
20 SJ an JJ, 16. Januar 1916, Cornell, Scholes 786.
21 Clotilde Francini-Bruni an NB, o. d., Cornell, Scholes 513.
22 Ellmann, 429.
23 Ibid.
24 Eileen Joyce Schaurek an NB, 26. September 1916, Cornell, Scholes 1219.
25 Eileen Joyce Schaurek an NB, 13. Juni 1916, Cornell, Scholes 1217.
26 Eileen Joyce Schaurek an NB und JJ, 5. August 1916, Cornell, Scholes 1218. Eileen Joyce Schaurek an NB und JJ, 26. September 1916, Cornell, Scholes 1219.
27 John Joyce an JJ, 11. September 1916, Cornell, Scholes 656.
28 J. B. Lyons, *James Joyce and Medicine*, 206.
29 Felix Beran an Herbert Gorman, 12. Februar 1931, SIU.
30 Luening, *Odyssey*, 196.
31 Ellmann, 405.
32 August Suter, »Reminiscences«, 194, und Ellmann, 376 u. ?
33 Ellmann, 429.
34 Ellmann, 387.
35 Weiss' Foto findet sich in Ellmann, Abbildung 25.
36 Lidderdale, dt.?
37 JJ an HSW, 6. Dezember 1915, I, 602.
38 Ellmann.
39 Ibid., 401.
40 Lidderdale, engl. 38, dt.?
41 Gorman, 248.
42 MH an JJ, 8. März 1916, Cornell, Scholes 579.
43 William Blackmore an JJ, 9. Februar (oder 2. September) 1916, Cornell, Scholes 428.

44 Annie Barnacle an NB, 20. Juli 1916, Cornell, Scholes 410.
45 Ruth Bauerle, »A Source for Dignam«, JJQ 15 (Herbst 1987).
46 MH an JJ, 8. März 1916, Cornell, Scholes 579.
47 NB an HSW, 28. August 1917, BL.
48 NB an John Quinn, 30. April 1917. *Bulletin of Research in the Humanities*, (New York Public Library) 81:2 (Sommer 1978).
49 John Quinn an NB, 24. Mai 1917. Ibid., 225.
50 NB an John Quinn, 30. April 1917, I, 643.
51 John Quinn an NB, 24. Mai 1917, *Bulletin of Research in the Humanities* 227 (Sommer 1978).
52 JJ an John Quinn (August 1917?), Ibid., 229.
52 Mary T. Reynolds, »Joyce and Miss Weaver«, JJQ 19:4 (Sommer 1982).
54 JJ an HSW, 18. Juli 1917, I, 653.
55 Ellmann, 428.
56 Paolo Brunetti, Amtl. Touristenbüro Locarno an BM, 14. Februar 1956.
57 NB an JJ, 15. (August?) 1917, Cornell, Scholes 761.
58 SB äußerte sich häufig über Joyce' Aussprache des »O«.
59 NB an JJ (15. August (?), 1917), Cornell, Scholes 754.
60 NB an JJ (etwa 4. August 1917), I, 655 f.
61 NB an JJ (etwa 13. August 1917), Cornell, Scholes 760.
62 NB an JJ, 11. August 1917, Cornell, Scholes 759.
63 Ellmann.
64 NB an JJ, 15. (August) 1917, I, 660.
65 NB an JJ, (11.?) August 1917, Cornell, Scholes 758.
6 NB an JJ, (10.?) August 1917, I, 658.
67 NB an JJ, (11.?) August 1917, Cornell, Scholes 75.
68 *Ulysses*, 77 f.
69 NB an JJ, 15. August 1917, Cornell, Scholes 761.
70 NB an Ezra Pound, 28. August 1917, I, 661.
71 Ellmann, 659.
72 Ellmann, dt.?
73 NB an JJ, (12.) August 1917, II, 659, und Weaver mit Maria Jolas, 26. Oktober 1983.
74 Ellmann.
75 A. Walton Litz, *The Art of James Joyce*, und Interview mit BM, 2. April 1985.
76 JJ an Claud Sykes, (23.?) September 1917, II, 672.
77 Ellmann, 412.

9. Kapitel
Künstler und Modelle

1 NB an JJ, 1. August 1917, II, 655.
2 Otto Luening, *Odyssey of an American Composer*, 187.
3 Ellmann, 423.
4 Luening, *Odyssey*, 187.
5 Vgl. beispielsweise die Kurzbiographie auf dem Schmutztitelblatt des *Ulysses: The Corrected Text*, Penguin.
6 Litz, 143; Luening, *Odyssey*, 186f.
7 Arthur Power, *Gespräche*, 120.
8 Interview mit Mrs. Henry Carr, Juni 1985.
9 *Ulysses*, 745f.
10 HKJ, »Portrait of the Artist by his Daughter-in-Law« (im folgenden zitiert als HKJ), Texas.
11 Claud Sykes an Herbert Gorman, »James Joyce an the English Players«, März 1931, SIU, LJ, »The Real Life«, Texas.
12 Luening, *Odyssey*, 186; Sykes on Gorman, »James Joyce and the English Players«, LJ, »The Real Life«, Texas.
13 JJ an Forrest Reid, 1. August 1918, II, 683.
14 Bemerkungen zu *Verbannte*, 411.
15 Frank Budgen, *Myselves When Young*, 188.
16 August Suter, »Some Reminiscences of James Joyce«, JJQ, 7:3, 191ff.
17 Frank Budgen, *James Joyce*, 25.
18 Ibid., 44.
19 Ibid.
20 Ibid., 214.
21 Budgen, *Myselves*, 191.
22 JJ an Marthe Fleischman, Dezember (1918), II, 708.
23 Budgen, *Myselves*, 190.
24 JJ an Frank Budgen, 19. Juni 1919, II, 722f.
25 Budgen, *James Joyce*, 43.
26 Sykes an Gorman, Antwort auf Fragebogen, 4. 31. Mai 1913, SIU.
27 LJ, »My Life«, Texas. Lucias Äußerung über Joyce' Eifersucht wegen Weiss' Bemühungen um Nora ist in Haymans »Shadow of His Mind« festgehalten.
28 Ellmann, 441.
29 Ellmann, 452.
30 Budgen, *Myselves*, 198.
31 *Ulysses*, 469.
32 Ibid., 511.
33 Interview mit Colin MacCabe, 21. April 1985.

34 Lidderdale, 158f., und LJ bequest, UCL.
35 NB an JJ, 8. Mai 1919, Cornell, Scholes 763.
36 Lidderdale, 159.
37 H. W. Saw an HSW, 19. November 1918, BL.
38 Fred Monro an JJ, 24. Juni 1919, II, 724.
39 HSW an JJ, 6. Juli 1919; Lidderdale, 163.
40 Walter Ackermann, *Bordbuch*, 98f.
41 Mary Colum und Padraic Colum, *Our Friend James Joyce*, 71.
42 JJ an SJ, 8. September 1919.
43 Josephine Murray an JJ, 12. August 1919, Cornell, Scholes 933.
44 SJ an JJ, 25. Mai 1919, II, 720.
45 JJ an SJ, 31. Juli 1919, II, 727f.
46 Edith McCormick an JJ, 10. Oktober 1919, II, 739.
47 Ellmann, 456. Sykes Antwort auf Gormans Fragebogen, SIU.
48 LJ, »The Real Life«, Texas.
49 Rechnung von Adalbert Panchaud, 1. Juli 1919, Texas. Er wurde unter Panchaud de Bottens im Zürcher Adreßbuch von 1919 geführt.
50 *Ulysses*, 992.

10. Kapitel
»Circe« geht nach Paris

1 Ezra Pound an John Quinn, 19. Juni 1920, *Sl*, 153 (dt. Ellmann, 470).
2 JJ an John Quinn, 17. November 1920, in: Myron Schwartzman, »Quinnigan's Quake«, *Bulletin of Research in the Humanities* (Sommer 1978), und JJ an Frank Budgen, 18. Mai 1920.
3 LJ, »The Real Life«, Texas.
4 NB an Frank Budgen, 27. Januar 1920.
5 Phillip Herring, »Joyce's Notes and Early Drafts for *Ulysses*«, 204.
6 Arthur Power, *Gespräche*, 88.
7 JJ an Frank Budgen, 18. Mai 1920, und JJ an Ezra Pound, 5. Juni 1920.
8 JJ an Ezra Pound, 5. Juni 1920, II, 769.
9 John Joyce an JJ, 17. Januar 1920.
10 Rechnung von M. Giaconi, 25 Corso, Triest, 12. Juni 1920, Texas.
11 JJ an Josephine Murray, 17. Juni 1920; JJ an Frank Budgen, 18. Mai 1920.
12 Ludmila Bloch-Savitsky an Ezra Pound, 9. Juli 1920, Buffalo.
13 JJ an SJ, 12. Juli 1920, II, 787.
14 JJ an Claud Sykes, 29. Juni 1920.

15 Ezra Pound an Jenny Serruys, 20. Juli 1920.
16 JJ an SJ, 25. Juli 1920, II, 787.
17 JJ an SJ, 29. August 1920, II, 796.
18 Frank Budgen, *Myselves When Young*, 204.
19 Ezra Pound an John Quinn, *Selected Letters of Ezra Pound*, 251.
20 Beach, 49, und unveröffentlichte Aufzeichnungen, Princeton.
21 Beach, 50.
22 Beach, 55.
23 JJ an John Quinn, 17. November 1920; »Quinnigan's Quake« (Sommer 1978); Herring, Buffalo.
24 JJ an John Quinn, 17. November 1920, op.cit.
25 Myron Nutting, *An Artist's Life and Travels*, II, 435, UCLA.
26 Wyndham Lewis, *Blasting and Bombardiering*, 272–74. (dt. in Ellmann, 483.)
27 Interviews mit Jane Mulvagh und Arthur Power.
28 JJ an John Rodker, 29. September 1920.
29 JJ an HSW, 16. November 1920.
30 Lidderdale, dt. 179.
31 JJ an Jenny Serruys, 5. November 1920.
32 NB an Lillian Wallace, 15. August 1922.
33 JJ an John Quinn, op.cit., 255.
34 Ernest Hemingway an Sherwood Anderson, 9. März 1922, und Jeffrey Meyers, *Hemingway*, 89.
35 Ernest Hemingway, *Paris – ein Fest fürs Leben*, 68.
36 August Suter, »Reminiscences«, JJQ 7:3, 191 ff.
37 JJ an Frank Budgen, 10. Dezember 1920, dt. in Ellmann, 487.
38 Arthur Power, unveröff. Rohmanuskript zu *Gespräche*.
39 Robert McAlmon, *Being Geniuses Together*, 27.
40 Fitch, 11.
41 Meyer, *Hemingway* 89.
42 Nutting, *An Artist's Life*, Bd. 2, 458.
43 Fitch, 11.
44 Vgl. Mary T. Reynolds, »The Indispensable Countersign«.
45 McAlmon, *Geniuses*, 242.
46 Fitch, 171.
47 Power, *Gespräche*, 37.
48 Interviews mit Elizabeth Curran Solterer, 29. November 1984, und Arthur Power, 19. Januar 1984.
49 Nutting, *An Artist's Life*, Bd. 2, 451.
50 Lidderdale, 182.
51 Beach, 64.
52 Fitch, 78.

53 Jacqueline Bograd Weld, *Peggy: The Wayward Guggenheim*, 54; Meyers, *Hemingway*, 64f.; Peter Ackroyd, *T. S. Eliot*, 122.
54 McAlmon, *Geniuses*, 117f.
55 Lidderdale, 192.
56 JJ an Frank Budgen (31. Mai 1921?) und Lidderdale, 192.
57 JJ an HSW, 24. Juni 1921.
58 Fitch, 138.
59 SJ an JJ, 22. Februar 1922.
60 Ellmann, engl. Ausg. 548.
61 LJ an Katherine Sargent, (o. D.; 1921?), Harvard; außerdem JJ an John McCormack, 17. Dezember 1920.
62 Power, *Gespräche*, 114f.
63 McAlmon, *Geniuses*, 32, 118.
64 JJ an HSW, 9. September 1921, und JJ an Valery Larbaud, 24. September 1921.
65 McAlmon, *Geniuses*, 276f.
66 NB an Katherine Sargent (o. D.; Sommer 1921?), Harvard.
67 George Bernard Shw an SB, 10. Oktober 1921.
68 Sylvia Beach Nachlaß, Buffalo.
69 LJ an Katherine Sargent, 22. Januar 1922, Harvard. Außerdem JJ an SJ, 20. März 1922, II, 901.
70 Ellmann, 510.
71 Beach, 113.
72 Ellmann, 511.
73 McAlmon, *Geniuses*, 168.
74 Vgl. Ellmann, 511, und Interview mit Arthur Power, 19. Januar 1984.
75 JJ an Robert McAlmon (?) März 1922, SL, 289.
76 JJ an SJ, 20. März 1922, II, 899f.
77 JJ an Robert McAlmon, 1. März 1922, SL 289.
78 Power, *Gespräche*, 88.
79 O Laoi, 100.

11. Kapitel
Frei in einem Freistaat

1 LJ an SJ, 6. April 1922, Cornell, Scholes 653.
2 SB, Aufzeichnungen, Princeton.
3 Josephine Murray an JJ, 27. März 1920, Cornell, Scholes 934.
4 *Galway Observer*, 22. April, 6. Mai 1922.
5 O Laoi, 99.

6 NB an Helen Nutting, 29. April 1922, Northwestern.
7 McAlmon, *Geniuses*, 249.
8 JJ an NB (o. D.; April 1922?), II, 901 f.
9 JJ an Josephine Murray, 23. Oktober 1922, II, 915 f.
10 Ibid.
11 Interview mi Joe O'Halleran, August 1984.
12 JJ anm Josephine Murray, 10. November 1922, II, 924.
13 Constantine Curran, *James Joyce Remembered*, 81.
14 JJ an Josephine Murray, 23. Oktober 1922, II, 918.

12. Kapitel
Molly

1 Ellmann, 508, 503 f.
2 SB, Aufzeichnungen, Princeton.
3 Robert M. Adams, *James Joyce: Common Sense*, 168.
4 Phillip Herring, Ulysses *Notesheets*.
5 *Ulysses*, 1015.
6 Ibid., 943.
7 Ibid., 996.
8 Ibid., 1005.
9 Herring, Ulysses *Notesheets*, 248, findet heraus, daß Joyce die Vokale wie folgt assoziierte: »a« mit »frankness« (dt. Offenheit, Freimütigkeit), »e« mit dem, was für ihn »enclosed« (dt. eingeschlossen) ist, »i« mit Schwäche, »o« mit »boldness« (dt. Kühnheit) und »u« mit »misanthropy« (dt. Misanthropie).
10 *Ulysses*, 87, 126, 950, 966, 967 etc.
11 Ibid., 700.
12 Ibid., 1004.
13 Hugh Kenner, *Ulysses*.
14 *Ulysses*, 995; SL 191.
15 *Ulysses*, 1005 f.
16 *Ulysses*, 926.
17 S. A. Henke, »Molly Bloom's Family Romance«.
18 *Ulysses*, 703.
19 Peter Costello, »The Trieste Letters«, *Irish Times*, 2. Juli 1976. JJ an Ettore Schmitz, 5. Januar 1921, SL, 275.
20 JJ an Frank Budgen, 21. August 1921, SL, 285; abgedruckt in II, 865.
21 Ellmann, vgl. auch *The Consciousness of James Joyce*.
22 Ira Nadel, »Joyce and the Jews«, *Modern Judaism* 6:3 (1986), 301 ff.

23 Jane Ford, »Why Is Milly in Mullingar?«, JJQ 14:4, 436ff.
24 Litz, *Art of James Joyce.*
25 *Ulysses,* 463, und *James Joyce Archive,* Michael Groden, Hrsg., Notebook VIA, 51.
26 James Van Dyck Card, *Penelope,* außerdem unveröffentlichte Dissertation, und Brief an BM, 20. Dezember 1985.
27 Die Gleichsetzung von Spanish Arch und Moorish Wall ist von Nathan Halper in »The Grave of Michael Bodkin« vorgenommen worden.
28 Philipp Herring, »Toward an Historical Molly Bloom«, ELH 45 (1978), »The Bedsteadfastness of Molly Bloom«, und Ulysses *Notesheets.*
29 Siehe Richard M. Kain, *Fabulous Voyager,* 98.
30 JJ an Frank Budgen, 16. August 1921, II, 865.
31 Arthur Power, *Gespräche mit James Joyce,* 43.
32 Hayman, in Henke und Unkeless, *Women in Joyce,* 157f.; Kenner, *Ulysses;* Colin MacCabe, *Revolution of the Word,* 131f., und Henke und Unkeless, *Women in Joyce,* 185. Vgl. auch Carol Shloss, »The End of Molly's Exile«, Beitrag zum Ninth James Joyce International Symposium, Frankfurt 1984.
33 *Porträt des Künstlers als junger Mann,* 5. Kapitel.
34 C. G. Jung an JJ, (?) August 1928, III, 1311.
35 *Ulysses,* 79.
36 Suzette Henke, »The Conventional Molly Bloom«, in: Henke und Unkeless, *Women in Joyce,* 153.
37 *Ulysses,* 967.
38 *Ulysses,* 944.
39 *Ulysses,* 1007.
40 Robert A. Adams, *Surface and Symbol,* 255f., 42.
41 *Ulysses,* 965.

13. Kapitel
Ruhm

1 Interview mit Maria Jolas, 26. Oktober 1983.
2 Arthur Power, *Gespräche mit James Joyce,* 87; Myron Nutting, *An Artist's Life and Travels,* II, 466.
3 JJ an Josephine Murray, 10. November 1927, II, 923.
4 JJ an NB, (5. Januar 1924?), II, 962.
5 SB an HSW, 18. Juni 1922, Princeton.

6 HSW an SB, 24. Juni 1922, BL.
7 Lidderdale, 212.
8 JJ an Josephine Murray, 10. November 1922, II, 924.
9 Interviews mit JL und Phyllis Herriot.
10 JJ an HSW, 8. November 1922, 922.,
11 NB an Helen Nutting, 27. November 1922, Northwestern.
12 Helen Nutting, unveröff., Tagebücher, 1923, Northwestern.
13 Fitch, 83.
14 Andrew Field, *Djuna: The Formidable Miss Barnes,* 190; Jane Marcus, »Laughing at Leviticus: *Nightwood* as Woman's Circus Epic«, 14.
15 Jacqueline Bograd Weld, *Peggy: The Wayward Guggenheim,* 52.
16 Peggy Guggenheim, *Ich habe alles gelebt.*
17 Power, *Gespräche mit James Joyce,* 88.
18 LH an SJ, 16. Dezember 1924, Scholes 694.
19 SB, »Those Unfortunate Creatures«, unveröff., Princeton, und Beach.
20 Ellmann, engl. Ausg. 535 f.
21 Thomas McGreevys schriftlicher Nachlaß am TCD; Augustus John, »Fragment of an Autobiography«, 60; Cowley, 131.
22 Ellmann, engl. Ausg. 540 f.
23 HKJ, unveröff. Lebenserinnerungen, Texas.
24 Stephen Birmingham, *Our Crowd: The Great Jewish Families of New York,* 383.
25 JJ an SB, 12. Juli 1923, II, 948.
26 Interview mit Peter Lennon, 22. Dezember 1985.
27 O Laoi, 112, und Interview mit Patricia Barnacle Hutton, 20. Dezember 1983.
28 Ellmann, 534.
29 Ibid.
30 Ibid. und O Laoi, 105.
31 HSW an SB, 28. Juli 1923, Princeton.
32 Mary Colum, Hrsg., *Life and Dream,* 1958, und Gespräch mit JL.
33 JJ an TSE, 15. August 1923, III, 510. Wo in dt. Ausgabe?
34 Middleton Murray, *Journal of Katherine Mansfield,* 397.
35 Ibid., 314, und JJ an HSW, 24. Mai 1924, I, 214.
36 Ellmann, 540.
37 Nutting, *An Artist's Life,* II, 441, und Jeffrey Meyers, *Hemingway*, 83.
38 JJ an HSW, III, 96, wo dt.?, und JJ an Valery Larbaud, 4. November 1924, III, 108.
39 NB an HSW, 29. November 1924, III, 108.
40 Beach, 97.
41 JJ an HSW, 7. März 1925, III, 115.
42 Nutting, *An Artist's Life*, III, 1110.

43 Ellmann, 534.
44 *Finnegans Wake.*
45 Thomas Connolly, »James Joyce's Manuscripts at the University of Buffalo«, Beitrag zur James Joyce Conference 1985 in Philadelphia. Das Zitat entstammt dem Joyce's Buffalo Manuscript VI, B. 5, p. 39.
46 Ellmann, 569.
47 Ellmann, 563.
48 Richard Ellmann, *The Consciousness of Joyce,* 12.
49 Ellmann zitiert Joyce' abfällige Bemerkung über die unpassende Kleidung von D. H. Lawrence. Außerdem Interviews mit Elizabeth Curran Solterer, 27. November 1984, und Jane Mulvagh.
50 Siehe Abbildung 36 in Ellmann, auf der Lucia und Nora in Galway (1922) zu sehen sind.
51 *Ulysses,* 962.
52 Peggy Guggenheim, *Ich habe alles gelebt.*
53 Interview mit Phyllis Moss Stein, 16. Juni 1985.

14. Kapitel
Square Robiac

1 Mary Colum and Padraic Colum, *Our Friend James Joyce,* 115.
2 Arthur Power widerspricht in *The Joyce We Knew,* 110, der Ansicht, daß Noras Untüchtigkeit den halbblinden Joyce genötigt habe, die Wohnungssuche ganz allein zu bewältigen, und viele der Pariser Briefe der Joyce' geben ihm Recht.
3 Einzelheiten über ihre Wohnung finden sich in JJ an Léon-Paul Fargue, III, 121 (engl. Aug.); in JJ an HSW, 26. Mai, 17. Juni 1925, BL; Klavierrechnung in Buffalo: HJK, unveröff. Lebenserinnerungen, Texas, und Myron Nuttings Lebenserinnerungen, UCLA; außerdem Augustus John, »Fragment of an Autobiography«, 56.
4 Myron Nutting, *An Artist's Life and Travels,* II, 444; HKJ, unveröff. Lebenserinnerungen, Texas; HSW an SB, 22. Juni 1915, Princeton.
5 Power, *The Joyce We Knew,* 111.
6 SB, Notizen zu *Shakespeare and Company,* Princeton.
7 *Verbannte*, Bemerkungen, 401.
8 JJ an SJ, 28. September 1925, II, 1045.
9 JJ an HSW, 12. Mai 1927, II, 1110.
10 JJ an Josephine Murray, 2. November 1924, II, 1010.
11 Interviews mit Ellen Bentley (geb. Kastor), 16. Juni 1985, und Enid

Kastor Rubin, 17. Juni 1985; außerdem, Jacqueline Bograd Weld, *Peggy: The Wayward Guggenheim*, 49, 52.

12 Interview mit Ellen Bentley, 16. Juni 1985.

13 Stephen Birmingham, *Our Crowd: The Great Jewish Families of New York*, 14.

14 »Kastor-Fleischman«, *New York Times*, 26. Oktober 1915, und Interview mit Ellen Bentley, s. außerdem Weld, *Guggenheim*, 71, zu Peggy Guggenheims Wunsch, ihre jüdische Herkunft zu verheimlichen.

15 Guggenheim, *Ich habe alles gelebt*.

16 Stuart Gilbert an CC, 10. (?) Mai 1951, UCD, und Interview mit Georges Belmont, 23. September 1984.

17 JJ an Ettore Schmitz, 21. November 1925, II, 1056f.

18 JJ an SJ, 10. November 1926, SIU.

19 JJ an SJ, 17. November 1926, SIU.

20 Eva Joyce an SJ, 9. November 1926, SIU.

21 JJ an SJ, 17. November 1926, SIU.

22 Bozena Delimata, »Reminiscences of a Joyce Niece«, und Ellmann, 564.

23 Fitch, 130, 230.

24 SB an Eleanor Beach, 19. Februar 1926, Princeton.

25 JJ an Bennett Cerf, 2. April 1932, III, 1288, und JJ an HSW, 8. Juni 1932, III, 1288ff.

26 Interviews mit Arthur Power, 19. Januar 1985, und Klara Heyland, 23. Mai 1984.

27 Elizabeth Nowell, Hrsg., *The Letters of Thomas Wolfe*, 115f.

28 Margaret Anderson, *My Thirty Years' War*, 246.

29 Thomas McGreevys schriftlicher Nachlaß, TCD, und Ellmann, engl. Ausg. 699.

30 Colum and Colum, *Our Friend*, 113f.

31 Richard M. Kain, »Interview mit Carola Giedion-Welcker and Maria Jolas«, JJQ 11:2, 94ff.

32 Helen Nutting, unveröffentl. Tagebücher, Northwestern; HKJ Lebenserinnerungen, Texas, und SB an Sylvester Beach (o. D., 1923?), Princeton.

33 HKJ Lebenserinnerungen und SB, schriftl. Nachlaß.

34 Ernest Kroll, »Mrs. James Joyce and Her Controversial Husband«, 56.

35 Interview mit Elizabeth Curran Solterer, 29. November 1984.

36 Interview mit JL.

37 Ellmann, 568.

38 SB, Aufzeichnungen, Princeton.

39 Myrsine Moschos an Noel Riley Fitch, wie Fitch in einem Interview mit BM im September 1987 erzählte.
40 *Finnegans Wake*, 414.
41 Thomas Greevy, »Paradise Lost?«, unveröff. Erinnerungen, TCD.
42 Mary Colum, *Life and the Dream*, 190.
43 Telefonisches Interview mit Berenice Abbott, Juni 1985.
44 JJ an HSW, 27. Mai 1929.
45 JJ an HSW, 20. September 1928, II, 1161.
46 Ellmann, 576.
47 J. F. Byrne an Richard Ellmann, 29. Januar 1957, Texas.
48 JJ an HSW, 9. November 1927, II, 1136.
49 J. F. Byrne an Richard Ellmann, Frühling 1958 (nicht abgeschickt), Texas.
50 Vincent Cosgraves Totenschein vom 7. September 1926, St. Catherine's House (Office of Population Censuses and Surveys), London.
51 J. F. Byrne, *Silent Years*, 149f.
52 JJ an HSW, 16. April 1928, II, 1147.
53 Deirdre Bair, *Samuel Beckett*, 86.
54 Samuel Beckett, *Molloy*, 7, 68, 69.
55 JKJ an HSW, 28. März 1928.
56 LJ, »The Real Life«, Texas.
57 Interview mit Nelly Joyce, 13. Februar 1984.
58 JJ an SJ, 26. Juni, 31. Juli 1928.
59 Standesamt des VI. Arrondissement, Paris, Nov. 1930.
60 HKJ Erinnerungen, Texas.
61 JJ an Valery Larbaud, 16. November 1928 und JJ an HSW, 2. Dezember 1928, außerdem SB Nachlaß, Princeton.
62 JJ an Valery Larbaud, 16. November 1928.
63 HSW an SB, 18. November 1928, Princeton, s. auch Lidderdale, 312.
64 HSW an SB, 25. November 1928, Princeton.
65 JJ an HSW, 10. Januar 1929.
66 JJ an SJ, 26. Januar 1929, III, 186f., dt.?, s. auch HSW an SB, 20. Dezember 1928, Princeton.
67 HSW an SB, 21. Januar 1929, Princeton.
68 Kevin Sullivan, *Joyce Among the Jesuits*, 58.
69 JJ an HSW, 2. Dezember 1928, II, 1177.
70 LJ, »My Life«, and HKJ, unveröff. Erinnerungen, Texas.
71 JJ an HSW, 26. Oktober 1931, BL; 27. Oktober 1931, III, 1264. In der Anmerkung 5 auf derselben Seite wird Joyce' Besorgnis fälschlich einem Bericht über seine eigene Gesundheit zugeschrieben.
72 Standesamt des VI. Arrondissement, Paris.
73 Robert McAlmon, *Being Geniuses Together*, 222.

74 Carlos Baker, *Ernest Hemingway: A Life Story*, 671.
75 Interview mit Iris Stephens Wise, April 1986; außerdem Eileen O'Casey, *Sean*, 93 f.
76 JJ an HSW, 19. 10. 1929 (sic!), II, 1196 f.
77 JJ an HSW, 19. 10. 1929, II, 1197.
78 Arnold Goldman, »›Send him Canorious‹«, *The Listener*, 3. August 1972, 142 f.
79 Stuart Gilbert, Vorwort zu I, 34.
80 Interview mit Arthur Power, 19. Januar 1984.
81 Ellmann, 621.
82 Louis Gillet, *Claybook for James Joyce*, 31.
83 Interview mit JL.
84 Interview mit Arthur Power, 19. Januar 1985.
85 MJ an May Joyce Monaghan, 13. September 1965, Ken Monaghan Nachlaß.
86 Samuel Beckett, Our Exaquination Round His Factification of Work in Progress, 14.
87 JJ an HSW, 7. März 1924, II, 972; Bair, *Beckett*.
88 *Finnegans Wake*.
89 Margot Norris, »Anna Livia Plurabelle: The Dream Woman«, in: Henke und Unkeless, *Women in Joyce*, 197 ff.
90 Bair, *Beckett*, 79, 83, 91 ff., schildert die Episode Lucia/Beckett.
91 Interview mit Jacques Mercanton, 24. September 1984, und Potts, 232.

15. Kapitel
Legitime Interessen

1 JJ an HSW, 30. März 1930.
2 Lidderdale, 325 f.
3 Byrne, *Silent Years*, 149 f.
4 Interview mit JL, 2. August 1985.
5 Kevin O'Sullivan, »An Irishman's Diary«, *Irish Times*, 22. Juni 1972; HKJ Nachlaß, Texas, und Weaver mit Gerard O'Flaherty, August 1984.
6 HKj unveröff. Erinnerungen, Texas; Mary Colum und Padraic Colum, *Our Friend James Joyce*, 190, und Ellmann.
7 Stuart Gilbert an CC, 1. Mai 1951; Deirdre Bair, *Samuel Beckett*, 78; Eilís Dillon, »The Innocent Muse«, Interview mit MJ und Georges Belmont, 1984.

8 Vgl. III, 204, wo Joyce von reichen Wirtsleuten spricht (engl. Ausgabe); außerdem Nancy Cunard, »On James Joyce«, in: Oliphant und Zigal, *Joyce at Texas*, 83 ff.
9 JJ an HSW, 18. März 1930, BLK; vgl. II, 1205.
10 Fitsch, 318.
11 Richard M. Kain, »Interview with Carola Giedion-Welcker und Maria Jolas« und Interview mit Verena Giedion Clay, Mai 1984.
12 JJ an HSW, 11. April 1931, III, 1246.
13 JJ an Mr Monro (o. D.; 1932?), BL. Außerdem Law Commission, *Illegitimacy*, Report No. 118, HMSO House of Commons paper 98 und High Curt of Justice Chancery Division, 8. September 1941, doc. 1942 J, no. 456, p. 6, wo es heißt, Joyce habe Monro & Saw im Juli 1930 im Hinblick auf die Legitimisierung seiner Kinder konsultiert, und zu dem Zeitpunkt sei er über die Notwendigkeit eines englischen oder walisischen Wohnsitzes aufgeklärt worden.
14 SB, Nachlaß.
15 Ibid.
16 HKJ (Helen Fleischman) an HSW, 23. Mai 1930, BL.
17 NB an HSW, 29. Mai 1930, BL; LJ an HSW, 22. Juni 1930.
18 NB an HSW, 8. Juni 1930, BL; 15. Juni II, 1209 f.
19 NB an Helen Nutting, (o. D.), Northwestern.
20 NB an HSW, 12. September 1930, BL.
21 Bennet Cerf, *At Random*, und JJ an HSW, 28. Januar 1932, III, 1281.
22 High Court of Justice, doc. 1942 J, no. 456.
23 JJ an HSW, 3. und 28. Oktober 1930, BL.
24 JJ an HSW, 22. November 1930 (dt. teilweise II, 1215).
25 NB an HSW, 25. November 1930, BL.
26 JJ an HSW, 27. November 1930.
27 SB an (Holly Beach?), November 1930, und Notizen zu *Shakespeare and Company*, Princeton.
28 Ibid.
29 Heiratsurkunde von Helen Kastor Fleischman und George Joyce, Rathaus des VI. Arrondissement, Paris, 10. Dezember 1930.
30 Ibid.
31 JJ an HSW, 21. Dezember 1930, II, 1217.
32 Ellmann, 628 n., engl. Ausgabe, Colum and Colum, *Our Friend James Joyce*, 199.
33 Ellmann, 637, engl. Ausgabe.
34 Thomas Conolly, *Personal Library of James Joyce*, 25 ff.
35 Richard Brown, *James Joyce and Sexuality*, 35 ff.
36 *Finnegans Wake*.
37 Robert McAlmon, *Being Geniuses Together*, 296.

38 JJ an HSW, 18. März 1930, SL 347; Brief dt. gekürzt.
39 JJ an HSW, 24. April 1934, BL; Brief dt. gekürzt.
40 JJ an HSW, ibidem.
41 JJ an HSW, 11. März 1931, BL (unveröffentlichter Teil des veröffentlichten Briefes; Brief dt. gekürzt.
42 Ellmann, 649 engl. Ausg.
43 Lidderdale, 449 engl. Ausg. Nora gestand Miss Weaver gegenüber ein, daß sie einen »unglücklichen Ausdruck gewählt habe«.
44 Interview mit Iris Stephens Wise, 21. April 1985.
45 Lennon, *Catholic World*, März 1931.
46 JJ an HSW, 11. März 1931, und Interview mit Phyllis Moss Stein, 1985.
47 Stuart Gilbert an HSW, 26. Januar 1931.
48 Lidderdale, 333.
49 Ibid.
50 SB an Holly Beach, 4. April 1931, Princeton; JJ an HSW, 27. Oktober 1931, III, 232, dt.?
51 Lidderdale, 331, zitiert aus *Finnegans Wake* (Manuskript), 299 f., BL.
52 JJ an Padraic Colum, 2. Juli 1931, National Library of Ireland; Lidderdale, 305 engl. Ausg.
53 Ellmann, 637 engl. Ausg.
54 JL an BM, 30. Dezember 1987.
55 Interview mit Lionel Monro, Juli 1985.
56 Den Äußerungen D.D.C. Monros gegenüber BM zufolge (22. Februar 1985) verfügen Monro Pennefather & Co., die Nachfolger von Monro Saw & Co., nicht über Dokumente, die eine Eheschließung im Ausland zwischen James und Nora Joyce belegen.
57 Lidderdale, 325 f.
58 Colum und Colum, *Our Friend James Joyce*, 206 f.
59 JJ an HSW, 5. Juli 1931, BL.
60 O Laoi, 17.
61 Interview mit Elizabeth Curran Solterer, 29. November 1986.
62 Moira Lynd Gaster an BM (1. August?) 1986, und Interview, September 17, 1986.
63 Harold Nicolson, *Tagebücher*, 85.
64 JJ an die Colums, 18. Juli 1831, III, 1251.
65 Ellmann, 612.
66 Interview mit Maria Jolas, 23. April 1985, und Kain, »Interview mit Carola Giedion-Welcker und Maria Jolas«.
67 Lidderdale, 339.
68 Ibid., 340.
69 JJ an HSW, 13. August 1931, BL.

70 HKJ unveröff. Erinnerungen, Texas, und Interview mit Ellen Bentley, 16. Juni 1985.
71 High Court doc. 1942 J, no. 456.
72 JJ an HSW, 7. Dezember 1931, III, 1270, und 21. November 1931 (sic!), III, 1270.
73 F.D.D'O. Monro an JJ, 6. Oktober 1931, III, 230 engl. Ausg.
74 Colum und Colum, *Our Friend James Joyce*, 197.
75 JJ an HSW, 8. und 17. Oktober 1931, BL.
76 JJ an HSW, 1. Oktober 1931, III, 1261 f.
77 Colum und Colum, *Our Friend James Joyce*, 115.
78 JJ an HSW, 22. Dezember 1931, BL.
79 Fitch, 323.
80 LJ Hinterlassenschaft, UCL.
81 JJ an HSW, 17. Januar 1932, III, 1280.
82 JJ an T. S. Eliot, 1. Januar 1932, 1278.
83 Lidderdale, 342.
84 Interview mit Ellen Bentley, 16. Juni 1985.
85 VBernard Crystal, Butler Library, Columbia, zu BM, 29. Juli 1986.
86 Fitch, 330.
87 Interview mit Stephen Joyce, 22. Oktober 1984.
88 Hugh Kenner an BM, 27. April 1987.
89 Zeitungsausschnitt aus dem Archiv von Mrs. Grete Hartley.
90 Colum und Colum, *Our Friend James Joyce*, 204, und Stephen Joyce.
91 HSW, Anmerkung zu BL Collection vom 5. Juli 1960 und Ellmann, 618.
92 Interview mit Dominique Gillet Maroger, 26. Januar 1984, MJ an CC, 21. Juli 1935, UCD, und Interview mit Iris Stephens Wise, 21. April 1986.
93 Interview mit Evelyne Shapero Chardonnet, 23. April 1985.
94 JJ an HSW, 17. April 1932, BL.
95 JJ an Monro & Saw (o. D., 1931?), BL.
96 Ibid.
97 JJ an HSW, 7. Mai 1932, BL.
98 JJ an HSW, 25. Juni 1932, BL.
99 Ibid.

16. Kapitel
Fortschreitender Wahnsinn I

1 Ellmann, 687 engl. Ausg.
2 Ibid., und Interview mit Moune Gilbert, 25. Januar 1984.
3 Ellmann, 687f. engl. Ausg.
4 JJ an HSW, 27. Mai 1932, BL. Ellmann behauptet in seiner Biographie, von einem Interview mit Lucie Léon ausgehend, Lucia habe sich im März 1932 mit Ponisovskij verlobt. Aus Joyce' Brief an HSW vom 27. Mai 1932 geht hingegen hervor, daß Lucia sich am »vorigen Donnerstag« verlobt habe, das heißt, am 17. Mai.
5 LJ, »My Life«, Texas.
6 Ellmann, 621.
7 JJ an HSW, 24. April 1932, BL.
8 JJ an HSW, 25. Juni 1932, BL.
9 Ibid.
10 Ibid.
11 *Finnegans Wake.*
12 Interview mit MJ, 29. April 1985.
13 JJ an HSW, 25. Juni 1932. BL.
14 Leon Edel, *Sleep and Drams, 88.*
15 Ellmann, 627.
16 JJ an Ezra Pound, 9. Februar 1930, III, 415. dt.?
17 JJ an HSW, 23. Juli 1932 und viele darauffolgende Briefe im Juli und August schildern den Verlauf jenes Sommers.
18 JJ an HSW, 6. August 1932, BL.
19 JJ an HSW, 21., 22., 23., 27., 29. Juli und 6. August 1932, BL.
20 JJ an Monro & Saw, 21. Juli 1932; JJ an LJ, 12. August 1932, III, 255, engl. Ausg., Lidderdale, 352.
21 Lidderdale, 353.
22 LJ an HSW, 8. August 1932, BL.
23 JJ an HSW, 28. Juli 1932, BL.
24 Mary Colum and Padraic Colum, *Our Friend James Joyce,* 229.
25 JJ an HSW, 21. Oktober 1932, BL.
26 LJ, »My Life«, Texas.
27 JJ an HSW, 18. Januar 1933, 1334f.
28 Ibid. und unveröffentl. Passagen aus dem Brief JJs an HSW vom 18. Januar 1933, BL.
29 PL an HSW, 4. Januar 1933, III, 1332.
30 Lidderdale, 359f.
31 PL an HSW, 23. März 1933, 1347.
32 PL an HSW, 23. September 1933, III, 1366.

33 Interview mit Richard Ellmann, 24. März 1984.
34 O Laoi, 112; Bernard Haddigan, St. Bridget's Hospital, Grafschaft Galway, an BM, 2. März 1986, und JJ and GJ, 13. August 1935, III, 372 n. engl. Ausg.
35 Nancy Scheper-Hughes, *Saints, Scholars and Schizophrenics* Henry Murphy, »Comparitive Incidences of Schizophrenia in Ireland«, in: *Comparative Psychiatry*, 65 ff.
36 JJ an HSW, 11. November 1932, BL.
37 Interview mit Elizabeth Curran Solterer, 9. November 1984.
38 *At Random*, 91 f.
39 Evelyne Shapero Chardonnet, 23. April 1985.
40 James Stern, »James Joyce: A First Impression«, *The Listener*, 28. September 1961, 461.
41 *Time*, 29. Januar 1934.
42 »La lecture a fait de la fille du poète James Joyce une danseuse«, Zeitungsausschnitt in der HSW Sammlung, UCL; Autor und Erscheinungsdatum unbekannt.
43 Ellmann, 636.
44 Interview mit Evelyne Chardonnet, 23. April 1985.
45 JJ an HSW, 24. April 1934, III, 1377 f.
46 JJ an LJ, 15. Juni 1934, III, 1389.
47 Marcella Ecclesine an John Slocum, 7. Dezember 1949, Yale.
48 Cerf, *At Random.*
49 Oliver St. John Gogarty, *As I Was Going Down Sackville Street*, 288.
50 GJ an SJ, mit Postskriptum von HKJ, 11. April 1934, Cornell Scholes 662.
51 Cerf, *At Random.*
52 PL an HSW, 11. März 1934, BL.
53 NB an GJ und HKJ, (15.?) Juni 1934, III, 1390.
54 Ibid. Diana Athill an BM, 28. Januar 1985.
55 NB an GJ und HKJ, (15.?) Juni 1934, III, 1390.
56 JJ an HKJ, 9. August 1934, III, 1408.
57 Ibid.
58 JJ an GJ, 28. August 1934, III, 321.
59 JJ an HSW, 22. September 1934, III, 1418.
60 JJ an GJ, 29. Oktober 1934, III, 1425 f.
61 JJ an HSW, 21. Dezember 1934, BL.
62 JJ an HSW, 10. Oktober 1934, BL.
63 JJ an HSW, (o. D.) 1934, BL.
64 JJ an GJ und HKJ, 20. November 1934, III, 1428 f.
65 JJ an HKJ, 18. Januar 1935, III, 1454.

66 JJ an HKJ, 9. August 1934, III, 1408.
67 JJ an GJ, 29. Oktober 1934, III, 1425 f.
68 Interview mit Ellen Bentley, 16. Juni 1985.
69 Peggy Guggenheim, *Ich habe alles gelebt* (nur i. O.).
70 JJ an Frank Budgen, 18. Dezember 1934, III, 1437f.
71 JJ an HSW, 17. Dezember 1934, III, 1437; Lidderdale, 376.
72 Lidderdale, 376.
73 JJ an CC, 10. August 1935, UCD.

Fortschreitender Wahnsinn II

1 Lidderdale, 379; viele der Einzelheiten über Lucias Aufenthalt in London und Irland entstammen dieser Biographie von HSW.
2 LJ an HSW, 13. März 1935, UCL, und Ellmann, 269 n. engl. Ausg.
3 LJ an HSW, 13. März 1935, UCL.
4 JJ an HSW, 1. Mai 1935, III, 1484.
5 Lidderdale, 343 engl. Ausg. JJ an HJK, 25. Juni 1935, *III*, 363 engl. Ausg., und JJ an Eileen Schaurek, 30. Mai 1935. Vgl. Anm. 25.
6 JJ an Eileen Schaurek, 13. März 1935, III, 1466.
7 JJ an HSW, 7. April 1935; BL.
8 Einzelheiten über die Möblierung der Wohnung in JJ an GJ und HKJ, 19. Februar 1935, III, 345; dt. III, 1460 (unvollständig); JJ an HKJ im März (?) 1936, I, 360, und JJ an GJ, 23. Juni 1935, I, 371 engl. Ausg.
9 JJ an LJ, 15. Mai 1915, 1935, III, 1488.
10 JJ an GJ, 3. Juni 1935, III, 1496ff.
11 Ibid., JJ an GJ und HKJ, 1. April 1935, III, 1472, und JJ an LJ, (9. Mai?) 1935, III, 1487.
12 JJ an GJ, 3. Juni 1935, III, 1496ff.
13 Richard M. Kain, »Interview mit Carola Giedion-Welcker und Maria Jolas«, 102.
14 Von Giorgios Krankheit ist in III, 1496 und 1499, die Rede. Außerdem PL an CC, 19. Juni 1935, UCD.
15 JJ an HKJ, 17. Juni 1935, III, 1503.
16 JJ an HSW, 9. Juni 1936, III, 1545.
17 JJ an GJ, 15. Mai 1935, I, 370, und Ellmann, 651.
18 Der Bericht über Lucias Aufenthalt in Bray stammt von Bozena Delimata, »Reminiscences of a Joyce Niece«, aus veröff. und unveröff. Briefen der Constantine Curran Sammlung um UCD und Interviews in Irland.
19 JJ an LJ, 28. März 1935, III, 1471; JJ an HSW, 7. April 1935, III,

1474; JJ an HSW, 1. Mai 1935, III, 1484; JJ an LJ, 29. Mai 1935, III, 1492.

20 JJ an HSW, 7. April 1935, III, 1475.

21 Ibid.

22 JJ an HSW, 1. Mai 1935, III, 1484.

23 Interview mit Patrick Collins, 8. Oktober 1984.

24 JJ an LJ, 27. April 1935, III, 1481.

25 JJ an Eileen Schaurek, 30. Mai 1935. Der Text dieses undatierten Briefes, der in III, 350 (engl. Ausgabe) provisorisch auf den 16. März datiert war, läßt erkennen, daß Joyce ihn am Geburtstag ihres Sohnes Patrick schrieb, der am 31. Mai stattfand.

26 Interview mit Elizabeth Curran Solterer, 29. November 1987.

27 JJ an MH (15. Juni 1935?), 1501 f.

28 Ibid.

29 JJ an MH, 28. Juni 1935, III, 1506 f.

30 MJ an CC, 21. Juli 1935, UCD.

31 Ibid., und MJ an CCD, (19.?) Juli 1935.

32 Lidderdale, 388 f.

33 HSW an CC, 26. Juli 1935, UCD.

34 JJ an LJ, Juli (?), 1935, III, 1517.

35 JJ an LJ, 15. September, III, 1531 f.

36 Lidderdale, 394 f.

37 NB an LJ, 24. Oktober 1935, Lidderdale, 393.

38 E. Nicoll an JJ, 6. August 1935, UCD.

Fortschreitender Wahnsinn III

1 Brian Coffey, »Joyce! ›What Now?‹«, 28.

2 Interview mit Nancy McCarthy, 19. Oktober 1986.

3 JJ an CC, 4. Oktober 1936, III, 1553. Im Nachlaß von Patricia Hutchins am Trinity College, Dublin, wird ein anonymer »Billy« aus Galway zitiert, der den Wert von Michael Healys Vermögen bei dessen Tod mit 8000 Pfund angab. Aus dem Entry of Grant, Michael Healy, Principal Registry, Einwohnermeldeamt von Irland, 17. April 1936, geht hervor, daß Healy, der ohne testamentarische Verfügung starb, ein Vermögen im Wert von 1662/8/1 Pfund hinterließ.

4 Interview mit Grete Hartley, 28. August 1986.

5 HKJ unveröff. Erinnerungen, Texas.

6 Interview mit Georges Belmont, 22. Oktober 1984, und Ellen Bentley, 16. Juni 1985.

7 JJ an Mrs. Sisley Huddleston, 11. Mai (1937?), Texas.
8 JJ an Mrs. John Sullivan, 24. September 1937, III, 407.
9 Interview mit Georges Belmont, 22. Oktober 1984.
10 Interview mit Elizabeth Curran Solterer, 29. November 1984.
11 Ellmann, 730 engl. Ausg.
12 Interview mit Arthur Power, 19. Januar 1984.
13 Jacques Mercanton, in Potts, Hrsg., 205 ff.
14 Interview mit Jacques Mercanton, 24. September 1984.
15 Mercanton in: Potts, 205 ff.
16 Interview mit Verena Clay, Mai 1984.
17 Ellmann, 719, dt. nicht vorh.; und Richard M. Kain, »Interview mit Carola Giedion-Welcker«.
18 Ellmann, 198, 377n. engl. Ausg.
19 JJ an HSW, 9. Juni 1936, III, 1544.
20 Lidderdale, 405.
21 JJ an George Rogers, 3. August 1939, III, 1626.
22 Lidderdale, 407, 411 ff.
23 Nancy Cunard, »On James Joyce«, in: Oliphant und Zigal, *Joyce in Texas.*
24 Mary Colum and Padraic Colum, *Our Friend James Joyce*, 149.
25 Ibid.
26 Ibid., 233.
27 Deirdre Bair, *Samuel Beckett*, 241.
28 Peggy Guggenheim, *Ich habe alles gelebt*, 143.
29 Bair, *Beckett*, 233.
30 JJ an Louis Gillet, 8. September 1938, III, 1603 ff.
31 JJ an Adolph Kastor, 30. August 1937, III, 1577.
32 JJ an HJK und GJ, 12. Januar 1938, III, 1582 ff.
33 Interview mit Elizabeth Curran Solterer, 29. November 1984.
34 Ellmann, 674 f.
35 JJ an HKJ, 20. April 1938, III, 1596.
36 JJ an Louis Gillet, 8. September 1938, III, 1604 f.
37 JJ an HJK, 4. Juli 1938, III, 425 engl. Ausg.
38 Ellmann, 679 f.
39 *Finnegans Wake.*
40 Ellmann, 710 engl. Ausg.
41 *Finnegans Wake.*
42 *Finnegans Wake.*
43 *Finnegans Wake.*
44 Ellmann, 681 f., und Vivian Mercier, »Joyce in Gotham«, in: *Irish Times*, 11. März 1953.
45 Interview mit Georges Belmont, 22. Oktober 1984.

46 Robert M. Adams, *James Joyce: Common Sense and Beyond.*
47 Ellmann, 687.
48 Interview mit MJ.
49 Ellmann, 677.
50 Carola Giedion-Welcker, »Nachtrag« zu Herbert Gorman, *James Joyce: Sein Leben und sein Werk*, 362.
51 Lidderdale, 417.
52 Guggenheim, *Ich habe alles gelebt*, 190.
53 Ellmann, 693, und JJ an Jacques Mercanton, 8. September 1939, III, 1631.
54 JJ an Jacques Mercanton, 9. Januar 1940, III, 1639, dt. unvollständig.
55 Interview mit Enid Kastor Rubin, 17. Juni 1985.
56 Interview mit Anne-Marie Pacquet, 8. August 1986.
57 Ellmann, 694.

17. Kapitel
Flucht nach Zürich

1 Jacqueline Bograd Weld, *Peggy: The Wayward Guggenheim*, 191.
2 Interview mit M. und Mme. Marcel Bouboule, Anne-Marie Pacquet und Juliette Rouchon Bernard, 6. August 1986.
3 Brenda Maddox, »Wakers of the World Unite!«, *New York Times Book Review*, August 1987; Edmund Wilson, *Axels Schloß*, 160.
4 »The Finn Again Wakes«, *Time*, 8. Mai 1939.
5 Geoffrey Grigson, *Picture Post*, 13. Mai 1939.
6 Interview mit M. und Mme. Bouboule, 6. August 1986.
7 Eilís Dillon, »The Innocent Muse«, 57, und Interview mit Maria Jolas.
8 Interview mit Enid Kastor Rubin, 17. Juni 1985, und JJ an CC, 11. Februar 1940, III, 1643.
9 David Marsh, »Wartime Ghosts Sill Haunt the Streets of Vichy«, *Financial Times*, 9. Mai 1985.
10 M. und Mme. Marcel Bouboule, 6. August 1986.
11 Ibid.
12 Interview mit Maria Jolas, 23. April 1985, und Patricia Hutchins, *James Joyce's World*, 205.
13 CC's Kopie getippter Notizen, die die Kisten begleiteten, gibt die Instruktionen PL's an Graf O'Kelly im Jahr 1940 bei der Übergabe der Kisten wider. Als JJ starb, verbesserte PL die Instruktionen in einem Brief an Graf O'Kelly (17. Januar 1941), UCD.

14 Lucie Noel *Story of a Friendship*.
15 Nachlaß Paul Ruggiero, Zentralbibliothek Zürich.
16 JJ an Carola Giedion-Welcker, 1. November 1940, III, 1688f.
17 Ibid.
18 Ibid.
19 JJ an Gustav Zumsteg, 22. November 1940, III, 1701f.
20 Ellmann, 703.
21 High Court Doc. 1942 J, no. 456; es geht darin um Noras Unbehagen in bezug auf die Schulden.
22 Interview mit Arthur Power, 19. Januar 1984.
23 Ellmann, 706.
24 Ibid.
25 Ibid.
26 Wilhelm Herz an Robert Kastor, 14. Januar 1941; teilweise veröffentlicht in III, 507 n. (dt. nicht vorhanden); vollständiger Text bei Mrs. Grete Hartley.
27 Interview mit Heinrich Straumann, September 1984.
28 Ellmann, 707.
29 Interview mit Gerard O'Flaherty, August 1984.
30 Ruggiero Nachlaß, Zentralbibliothek Zürich.
31 Stephen Spender, »James Joyce: 1882–1941, *The Listener*, 23. Januar 1941, 124f.
32 Carola Giedion-Welcker, »Les Derniers Mois de la Vie de James Joyce«.

18. Kapitel
Ausharren

1 Lidderdale, 419.
2 HSW an NB, 7. Dezember 1943, BL.
3 GJ an HSW, 8. Februar 1941, BL.
4 Ibid., und HSW an Fred Monro, 23. Juni 1946, BL.
5 HSW an GJ, 23. März 1949; NB an HSW, 23. September 1943; und MJ an HSW, 18. Oktober 1947, BL s. auch High Court doc. 1942, J. no. 456.
6 GJ an HSW, 8. Februar 1941, BL.
7 Ibid.
8 Interview mit Stephen Joyce, 13. Oktober 1983.
9 HSW an CC, 1. August 1941, UCD.

10 Interviews mit Grete Hartley, 28. August 1986, und Stephen Joyce, 13. Oktober 1983; außerdem GJ an HSW, 17. Dezember 1941, BL.
11 Evelyn Cotton an HSW, 24. März 1946, BL.
12 High Court Document J 1942, no. 456.
13 Lidderdale, 431 f.
14 Lidderdale, 422 ff.
15 Lidderdale, 423, und HSW an GJ, 23. März, 13. April 1941, BL.
16 HSW an GJ, 30. April 1941, BL.
17 Mary Colum u. a., Februar (o. D.) 1941, Berg.
18 Interview mit Arthur Power, 19. Januar 1984.
19 GJ an HSW, 27. Dezember 1941, BL.
20 Eidliche Erklärung von William Concannon an Eire High Court of Justice, Nachlaßgericht, Januar 1943, und gerichtliche Testamentsbestätigung für Mrs. Annie Barnacle, UCD; außerdem Kathleen Barnacle Griffin an John Slocum, 24. September 1950, Yale.
21 Kathleen Barnacle Griffin Nachlaß, UCG, und JJ an C, 4. Oktober 1936, III, 1552 f.
22 S. Anm. 20.
23 Interview mit Patricia Barnacle Hutton, 20. Dezember 1983.
24 HSW an Kathleen Barnacle Griffin, 13. März 1942, UCG.
25 NB an Kathleen Barnacle Griffin, 8. April 1942, UCG.
26 Testamentsbestätigung für Mrs. Annie Barnacle; eidliche Erklärung von Kathleen (Barnacle) Griffin gegenüber dem Eire High Court of Justice (Nachlaßgericht), 7. Mai 1943, UCG, Ms. 76.
27 The Manager, Munster and Leinster Bank, Galway, anon., 7. September 1943, UCG.
28 Undatierter Zeitungsausschnitt aus: *Dublin Evening Herald* in Lucia Joyce Nachlaß, UCL.
29 NB an HSW, 22. September 1943, BL.
30 HSW an Fred Monro, 23. Juni 1946.
31 HSW an NB, 7. Dezember 1943, BL.
32 NB an HSW, Dezember (?) 1943, BL.
33 GJ an HSW, 17. Dezember 1941, BL.
34 HSW an Evelyne Cotton, 19. März 1946, BL.
35 David Fleischman an HKJ, 4. September 1946; Interview mit Enid Kastor Rubin, 17. Juni 1985.
36 Evelyn Cotton an HSW, 25. März 1946, BL.
37 T. S. Eliot an HSW, 20. Mai 1946, BL.
38 Ärztliches Attest von Dr. med. Behrens, 5. Juni 1946, BL.
39 Evelyn Cotton an HSW, 22. August 1946, BL.
40 Ibid.

41 Leon Edel, *James Joyce: The Last Journey*, 85; *Stuff of Sleep and Dreams*, 87.
42 HSW an Kathleen Barnacle Griffin, 13. März 1942, UCG.
43 Interviews mit Bertha Ruggiero, 22. Mai 1984; Heinrich Straumann, 21. Mai 1984; und Klara Heyland, 23. Mai 1984.
44 Kees von Hoek, »I Met James Joyce' Wife«, *Irish Times*, 17. Februar 1948.
45 Interview mit Stephen Joyce, 13. Oktober 1983.
46 Van Hoek, »I Met James Joyce' Wife«.
47 Mary Colum and Padraic Colum, *Our Friend James Joyce*, 238f.
48 Lionel Monro an HSW, 31. Juli 1947, BL.
49 Ibid.
50 John Slocum an Dr. H. K. Croessmann, 13. September 1950, Yale.
51 Evelyn Cotton an HSW, 15. März 1946, BL.
52 High Court doc. 1942 J, nor. 456, and JJs Testament, UK Principal Probate Registry.
53 Interview mit Hulda Zumsteg, 22. Mai 1984.
54 Interview mit Klara Heyland, 23. Mai 1984.
55 Lionel Monro an HSW, 31. Juli 1946, BL; HSW an Lionel Monro, August 1947, Bl; und Sandy Campbell, »Mrs. Joyce of Zurich«.

19. Kapitel
Gebrüll der Löwen

1 Evelyn Cotton an HSW, 15. Dezember 1946, BL.
2 Ellmann, 743 (in revidierter engl. Ausgabe; John Slocum, zitiert von David Dempsey (»In and Out of Books«), *New York Times Book Review*, 21. Januar 1951, 8 und Mary Bancroft, *Autobiography of a Spy*.
3 S. Sandy Campbell, »Mrs. Joyce of Zurich«; diese und weitere Angaben entstammen ihrem ausgezeichneten Interview.
4 Ellmann, in: »Joyce als Korrespondent«, in: *Commonweal*, 14. Juni 1957, 280f., äußert sich über Joyce' eingeschränkte Lektüre in späteren Lebensjahren.
5 Allan Wade, Hrsg., *The Letters of W. B. Yeats*, 933.
6 W. B. Yeats, »Among School Children«.
7 Brian Coffey, »Joyce! ›What Now?‹«, 29, und Michael L. Sheil, S. J. an BM, 12. Januar 1988.
8 Patricia Hutchins, *James Joyce' World*, 37, und Michael L. Sheil, S. J. an BM, 12. Januar 1988.

9 HSW an CC, 31. Oktober 1947, UCD.
10 MJ an HSW, 1. Januar 1948, BL.
11 Interview mit Jacques Mercanton, 24. September 1984.
12 Dies und das folgende Material in bezug auf den Besuch der Kastors wurde von Enid Kastor Rubin aus ihrem privaten Tagebuch zur Verfügung gestellt.
13 Interviews mit MJ, 23. April 1985, Bernard Gheerbrandt, Januar 1985, und John Slocum, 8. März 1986; außerdem Fitch, 410, 436.
14 SB an HSW, 2. November 1949, BL.
15 Lidderdale, 456ff., 465.
16 »Joyce Documents for National Library«, *Irish Independent*, 21. August 1947, and Evelyn Cotton an HSW, 27. August 1947, BL.
17 Lidderdale, 457.
18 HSW an Evelyn Cotton, 29. August 1947, BL, und Interview mit Eileen Slocum, 8. März 1986.
19 MJ an HSW, 5. Januar 1949, BL.
20 Oliver St. John Gogarty in J. S. Healy, 9. September 1945, Stanford.
21 MJ an HSW, 6. Dezember 1948, BL.
22 MJ an HSW, 5. Januar 1949, BL.
23 MJ an CC (o. J., 194?), UCD. Arthur Power, »The Joyce We Knew«, 70.
24 Kathleen Griffin an John Slocum, 24. September 1950, Yale.
25 HSW an Evelyn Cotton, 29. August 1947, BL.
26 Evelyn Cotton an HSW, 1. Januar 1948.
27 Evelyn Cotton an HSW, 25. September 1947, und HSW an Evelyn Cotton, 28. September 1947, BL.
28 II, 709f., und Interview mit Heinrich Straumann, 21. Mai 1984.
29 Interviews mit Heinrich Straumann, 21. Mai 1984; Bertha Ruggiero und Hulda Zumsteg, 22. Mai 1984; und Klara Heyland, 23. Mai 1984.
30 Interview mit Stephen Joyce, 22. Oktober 1984.
31 Walter (?) an John Slocum, 7. November 1950, SIU; Lidderdale, 461.
32 Lidderdale, 461 f.
33 Lidderdale, 465.
34 GJ an HSW, Januar 1951, BL.
35 Stuart Gilbert an CC, 1. Mai 1951, BL.
36 Ibid.
37 Interviews mit Solange Joyce, 22. Oktober 1984; Hulda Zumsteg, 22. Mai 1984; außerdem Lidderdale, 466f.
38 Stuart Gilbert an CC, 1. Mai 1951, UCD.
39 Interview mit Maria Jolas, 26. Oktober 1983.
40 Richard M. Kain, »Interview mit Carola Giedion-Welcker und Maria Jolas«.

41 Johann von Rotz an BM, 16. September 1984.
42 Ellmann, 708.
43 *Faust*, I. Teil, Frankfurt a. M., Bd. 3, 43, Zeile 80.

20. Kapitel
Hier spricht Nora

1 JJ, »Alphabetical Notebook« in *JJ Archive*, Hrsg. Michael Groden, VII, 144.
2 Kenneth Reddin, Nachruf auf James Joyce, *Irish Times*, 14. Januar 1941, nachgedruckt in: John Ryan, *A Bash in the Tunnel.*
3 Interview mit MJ, April 1985.
4 Beach, 59, und Stuart Gilbert an CC, 1. Mai 1951.
5 SJ, »James Joyce: A Memoir«, 506.
6 Arthur Power, *The Joyce We Knew*, 121 f.
7 Interview mit Stephen Joyce, 13. Oktober 1983.
8 Fitch, 125; Tom Gallacher, *Mr. Joyce Is Leaving Paris*, 58; Mary T. Reynolds, »The Indispensable Countersign«; Mark Schechner, *Joyce in Nighttown.*
9 C. R. W. Nevison, *Sunday Dispatch*, undatierter Zeitungsausschnitt im HSW Nachlaß, UCL.
10 SJ, »James Joyce: A Memoir«, 509.
11 John Slocum an Oliver St. Gogarty, 10. Dezember 1948, Stanford.
12 Maureen Charlton, *Nora Barnacle*, 1977; Sean O'Faolain, »The Mole on Joyce's Breast«, *London Review of Books*, 20. November 1980, und Interview mit BM, Januar 1984.
13 Interview mit Evelyn Mulvagh Odierna, August 1984.
14 Michael Finlan, »An Irishman's Diary«, *Irish Times*, 30. November 1987.
15 Ibid.
16 Philip Roth, »A Conservation with Edna O'Brien«, *New York Times Book Revies*, 18. November 1984, 1, 39.
17 Eilís Dillon, »The Innocent Muse«. Unveröffentlichte Aufzeichnung eines Interviews, das, gekürzt, im *JJQ*, vol. 20:1 (Herbst 1982), 33 ff., erschien.
18 *Ulysses*, 1005.
19 *Verbannte.*
20 Ellmann, 534.
21 Robert Adams Day, »Joyce, Stoom, King Mark«, 211 ff.
22 *Ulysses*, 72.

23 Adaline Glasheen, »*Finnegans Wake* and the Girls from Boston, Mass.«, 96.
24 Colin MacCabe, »James Joyce: Concepts of Race and Nation«, Ansprache auf dem Tenth International James Joyce Symposium, Kopenhagen, Juni 1986.
25 *Finnegans Wake*, 123.
26 *Ulysses*, 126.

Anhang: Homme de lettres

1 John Slocum an Patricia Hutchins Greacen, 27. Oktober 1950, Yale.
2 Stuart Gilbert, Vorwort zur engl. Ausgabe der Briefe.
3 Lidderdale, 480.
4 Lidderdale, 480ff.
5 Stephen Spender, *New York Times Book Review*, 26. Mai 1957.
6 Richard Ellmann, »Joyce as Correspondent«, *Commonweal*, 14. Juni 1957.
7 John Slocum an Herbert Cahoon, 21. September 1948, Yale.
8 Interview mit John Slocum, 8. März 1986.
9 *Picture Post*, 2. Februar 1946.
10 SB an Oscar Silverman, 16. Februar 1960, Buffalo.
11 John Slocum an SJ, 25. Mai 1949, Yale.
12 John Slocum an Dr. H. K. Croessmann, 13. September 1950, Yale.
13 John Slocum an Dr. Herbert Cahoon, 22. Juli 1953, Yale.
14 Richard Ellmann an John Slocum, 7. Dezember 1953; Ellmann räumt ein, daß Stanislaus Material hortet, das bisher noch niemand zu Gesicht bekommen hat und das wesentlich für Joyce' Biographie ist. Yale.
15 Richard Ellmann an J. F. Byrne, 2. Februar 1957, Texas.
16 SJ an Eithne Monaghan, 3. Oktober 1948, Nachlaß Ken Monaghan.
17 Ibid.
18 SJ an JJ, 26. Februar 1922, II, 895.
19 *MBH*, 62.
20 *Ulysses*.
21 *Finnegans Wake*.
22 John P. Wickser an Charles Abbott, 17. Oktober 1951, Buffalo.
23 Charles Joyce an SJ, 4. November 1905, erörtert die Rettung von Briefen und das Nachsenden von schriftlichen Hinterlassenschaften nach Triest. Cornell, Scholes 611.
24 JJ an SJ, 20. März 1922, II, 901.

25 JJ an Ettore Schmitz, 5. Januar 1921, II, 830.
26 SJ an JJ, 26. Februar 1922, II, 894.
27 JJ an SJ, 22. August 1931, III, 1257.
28 SJ an Herbert Gorman, 8. August 1931, III, 1253 f.
29 Ibid.
30 Ibid.
31 Ellmanns Vorwort zu *MBH*, 22 f.
32 Stanislaus hatte während des Zweiten Weltkriegs die britische Staatsbürgerschaft aufgegeben, weil er sich davon versprach, daß er nicht als feindlicher Ausländer behandelt würde, doch die Taktik schlug fehl. Nelly Joyce blieb Britin. Nelly Joyce an May Joyce Monaghan, 6. Dezember 1955.
33 G. Marvin Tatum, »The Joyce Collection at Cornell University«, zitiert den von W. G. Mennen an Stephen McCarthy. Brief in Sammlung Cornell.
34 Ibid.
35 Ibid.
36 John P. Wickser an Charles Abbott, 17. Oktober 1951, Buffalo.
37 Robert E. Scholes, Vorwort zu *The Cornell Joyce Collection,* und Interview mit BM, 15. Juni 1986.
38 Ellmann, 305.
39 Roy Harrod, *The Life of John Maynard Keynes,* London 1951.
40 J. F. Byrne an Richard Ellmann, 26. Mai 1958, Texas.
41 William Empson, »The Joyce Saga: Before Bloomsday and After«, *New Statesman,* 31. Oktober 1959, 585 f.; Hugh Kenner, »The Impertinence of Being Definitive«.
42 Ellmann, 307, revidierte engl. Ausgabe.
43 Ellmann, Vorwort zu II, XXIX; SL, XXIV–XXV engl. Ausg.
44 Hélène Berger (auch Cixous), »Portrait de sa Femme par l'Artiste«, 44 ff.
45 Mary T. Reynolds, »The Indispensable Countersign«; Darcy O'Brien, *The Conscience of Joyce* (Princeton 1968).
46 Richard Ellmann, in: »B. W. Huebsch: A Memorial Volume«.
47 Kay Boyle an BM, 12. April 1984.
48 Interviews mit JL, 22. Juni 1987, und 1. Januar 1988.
49 Interview mit Moune Gilbert, 25. Januar 1984.
50 Francis Evers, »The Trieste Letters«, in: *Irish Times,* 30. Juni 1976, und Interview 1985.
51 JJ an SJ, 20. März 1922, II, 899 f.
52 JJ an NB (25. Oktober 1909?), I, 446.
53 Stephen Joyce, Brief an den Herausgeber, *International Herald Tribune,* 23. Juli 1984.

54 Unveröff. Teil eines Briefes an die *International Herald Tribune*, 10. Juli 1984.

55 Interview mit Nelly Joyce, 13. April 1984.

56 *Finnegans Wake.*

57 Peter Costello, »The Trieste Letters«, *Irish Times,* 2. Juli 1976.

58 T. S. Eliot, Vorwort zu *MBH,* 7.

59 Testamentsbestätigung no. 331 und letzter Wille von Lucia Anna Joyce; Family Division of High Court of Justice, Somerset House, London.

60 Fergus Linehan, »It's an Accident I'm His Grandson. I'm Proud of It but He Wrote the Books, I Didn't«, *Irish Times* Beilage, 2. Februar 1982.

61 Helen Joyce machte in ihrem Testament ein Legat an die psychiatrische Abteilung des New York University-Bellevue Medical Center. Vermögensaufstellung von Helen K. Joyce, New Milford, Conn., Probate Court, vol. 116, 562.

62 Interview mit Stephen Joyce, 13. Oktober 1983.

Verzeichnis der Abbildungen

19 Michael Healy (Mit frdl. Genehmigung der Cornell University Libraries).
20 Joyce in Triest, etwa 1919/20 (Mit frdl. Genehmigung des Joyce Museums in Sandycove, Ireland, und des Bord Fáilte).
21 Nora von Tullio Silvestro (Mit frdl. Genehmigung der Poetry/Rare Books Collection, University Libraries, State University of New York, Buffalo).
22 Nora von Frank Budgen (Mit frdl. Genehmigung Poetry/Rare Books Collection, s. o.).
23 Nora von Myron Nutting (Mit frdl. Genehmigung der Northwestern University Library).
24 Nora (Mit frdl. Genehmigung von Berenice Abbott und Commerce Graphics Ltd., Inc.).
25 Lucia (Mit frdl. Genehmigung von Berenice Abbott und der Commerce Graphics Ltd., Inc.).
26 James Joyce (Mit frdl. Genehmigung von Berenice Abbott und Commerce Graphics Ltd., Inc.).
27 Familie Joyce, 1924 (Mit frdl. Genehmigung von Wide World Photos).
28 Square Robiac, Paris VIe.
29 Nora und Giorgio, um 1926 (Mit frdl. Genehmigung der Poetry/Rare Books Collection, University Libraries, State University of New York, Buffalo).
30 Kathleen (Mrs. René) Bailly (Mit frdl. Genehmigung von Evelyne Shapero Chardonnet).
31 Adolph Kastor und Familie, 1926 (Mit frdl. Genehmigung von Enid Kastor Rubin).
32 Helen Fleischman und Giorgio Joyce (Mit frdl. Genehmigung von Enid Kastor Rubin).
33 Der Hochzeitstag der Joyce'. (Mit frdl. Genehmigung der Poetry/Rare Books Collection, University Libraries, State University of New York, Buffalo).
34 Helen Joyce mit dem neugeborenen Sohn (Mit frdl. Genehmigung von Mrs. Grete Hartley).
35 Nora, 1935 (Mit frdl. Genehmigung der British Library).
36 James Joyce mit Enkel (Mit frdl. Genehmigung von Mrs. Grete Hartley).
37 Lucia Joyce und Harriet Shaw Weaver (Mit frdl. Genehmigung von Sylvia Fox und des University College, London).
38 Nora, Joyce und Carola Giedion-Welcker (Mit frdl. Genehmigung der BBC Hulton Picture Library).
39 Nora in Zürich, 1948 (Mit frdl. Genehmigung von Enid Kastor Rubin).

40 Nora und Giorgio, Zürich, 1948 (Mit frdl. Genehmigung von Enid Kastor Rubin).
41 Stephen Joyce, 1946 (Mit frdl. Genehmigung von Stephen Joyce).
42 Lucia Joyce mit 71 Jahren (Mit frdl. Genehmigung des Colin Attwell an University College, London).

Bibliographie

Ackermann, Walter, *Bordbuch eines Verkehrsfliegers.* Zürich: Fretz & Wasmuth. o. J.

Ackroyd, Peter, *T. S. Eliot.* London: Hamish Hamilton, 1985.

Adams, Robert M. *James Joyce: Common Sense and Beyond.* New York: Random House, 1966.

–. ›Light on Joyce's‹ *Exiles'. Studies in Bibliography* 17 (1964): 83–105.

–. *Surface and Symbol: The Consistency of James Joyce's ›Ulysses‹.* New York: Oxford University Press, 1967.

Anderson, Chester, G. *James Joyce and His World.* London: Thames and Hudson, 1967.

Anderson, Margaret. *My Thirty Years' War.* New York: Govici Friede, 1930.

Antheil, George. *Bad Boy of Music.* Garden City, New York: Doubleday, Doran, 1945.

Attridge, Derek. ›Finnegans Awake, or the Dream of Interpretation‹. Vorlage zum Symposium über *Finnegans Wake,* Leeds University, Juli 1987.

Attridge, Derek, und Daniel Ferrer, (Hrsg.), *Post-structuralist Joyce.* Cambridge: Cambridge University Press, 1985.

Bair, Deirdre. *Samuel Beckett.* New York: Harcourt Brace Jovanovich, 1978. London: Picador, 1980.

Baker, Carlos. *Ernest Hemingway: A Life Story.* New York: Scribner's, 1969.

Bancroft, Mary. *Autobiography of a Spy.* London. New York: William Morrow, 1983.

Barnes, Djuna. ›James Joyce‹. *Vanity Fair* 18 (April 1922).

–. *Nachtgewächs.* Frankfurt/Main: Suhrkamp, 1971.

Bauerle, Ruth, ›Bertha's Role in *Exiles*‹. In *Women in Joyce,* hrsg. v. S.A. Henke und Elaine Unkeless. Urbana: University of Illinois Press, 1982.

–. ›Date Rape, Mate Rape, and the Death of May Joyce: A Reinterpretation of »The Dead«‹, in Bonnie Kime Scott (Hrsg.) *New Alliances in Joyce Studies.* Newark, Del: University of Delaware Press.

BBC. *Portrait of James Joyce.* Unveröffentlichte Rundfunkaufzeichnung des 3. Programms der BBC vom 17. März 1950. Hrsg. v. W. R. Rodgers für die James Joyce Society, New York, 1950.

Beach, Sylvia. *Shakespeare and Company.* Ein Buchladen in Paris. München: List, 1970.

Beckett, J. C. *The Making of Modern Ireland.* London: Faber and Faber, 1966.

Beckett, Samuel. *Molloy.* Roman. Frankfurt/Main: Suhrkamp, 1975.

–. und andere. *Our Exagmination Round His Factification for Incamination of Work in Progress.* London: Faber, 1972.

Beebe, Maurice. ›James Joyce: Barnacle Goose and Lapwing.‹ *PMLA 81* (Juni 1956): 302–20.

–. ›Joyce and Stephen Dedalus: The Problem of Autobiography‹. In *A James Joyce Miscellany, Second Series,* hrsg. v. Marvin Magalaner. Carbondale, Illinois: Southern Illinois University Press, 1959.

Behan, Kathleen. *Mother of all the Behans.* London: Hutchinson, 1984.

Beja, Morris. ›The Joyce of Sex: Sexual Relations in *Ulysses*‹. In *Light Rays: James Joyce and Modernism,* hrsg. v. Heyward Ehrlich. New York: New Horizon, 1984.

Benco, Silvio. ›James Joyce in Trieste‹. In *Portraits of the Artist in Exile,* hrsg. v. Willard Potts. Seattle: University of Washington Presse, 1979.

Benstock, Shari. ›The Genuine Christine: Psychodynamics of Issy‹. In *Women in Joyce,* hrsg. v. S. A. Henke und Elaine Unkeless. Urbana: University of Illinois Press, 1983.

–. *Women of the Left Bank.* London: Virago, 1987.

–. und Bernard Benstock. *Who's He When He's at Home – A James Joyce Directory.* Urbana: University of Illinois Press, 1980.

Berger, Hélène (oder Cixous). ›Portrait de sa Femme par l'Artiste‹. *Lettres Nouvelles* (März-April 1966): 44-67.

Berrone, Louis. *James Joyce in Padua.* New York: Random House, 1977.

Birmingham, Stephen. *Our Crowd: The Great Jewish Families of New York.* London: Longmans, Green, 1968.

Blamires, Harry. *The Bloomsday Book.* London und New York: Methuen, 1966.

Boone, Joseph Allen. ›A New Approach to Bloom as »Womanly Man«: The Mixed Middling's Progress in *Ulysses*‹. *JJQ* 20:1 (Herbst 1982).

Bowen, Zack, und James C. Carens (Hrsg.) *A Companion to Joyce Studies.* Westport, Conn.: Greenwood Press, 1984.

–. ›Annotated Bibliography‹. Colum Collection, State University von New York in Binghamton.

Boyle, Kay. ›Letter from Joyce‹. *Triquarterly* (Winter 1967), 195–97.

Brown, Richard. *James Joyce and Sexuality.* Cambridge University Press, 1985.
Bryher. *The Heart of Artemis: A Writer's Memoirs.* London: Collins, 1963.
Budgen, Frank. *James Joyce und die Entstehung des »Ulysses«.* Frankfurt/Main: Suhrkamp, 1977.
–. *Myselves When Young.* London: Oxford University Press, 1970.
Burgess, Anthony. *Here Comes Everybody.* London: Faber, 1964.
Byrne, J. F. *Silent Years.* New York: Farrar, Straus and Young, 1953.

Campbell, Joseph und Henry Morton Robinson. *A Skeleton Key to ›Finnegans Wake‹.* London: Faber and Faber, 1947.
Campbell, Sandy. ›Mrs. Joyce of Zurich‹. *Harpers's Bazaar,* Oktober 1952.
Card, James Van Dyck. *An Anatomy of ›Penelope‹.* London und Toronto: Associated University Press, 1984.
–. ›A Gibraltar Sourcebook for »Penelope«‹. *JJQ* 8:2 (Winter 1971): 163-75.
Cerf, Bennett. *At Random.* New York: Random House, 1977.
Chisholm, Anne. *Nancy Cunard.* New York: Alfred Knopf. London: Sidgwick und Jackson, 1979.
Cixous, Hélène. *The Exile of James Joyce.* Übers. v. S. A. J. Purcell. New York: David Lewis, 1972.
Clarke, Austin. *Twice Around the Black Church.* London: Routledge and Kegan Paul, 1962.
Coffey, Brian. ›Joyce! »What Now?«‹ Irish University Review, 1952.
Colum, Mary. *Life and the Dream.* Garden City, New York: Doubleday, 1947.
–. und Padraic Colum. *Our Friend James Joyce.* London, Gollancz, 1959.
Colum, Padraic. Einführung zu *Exiles,* von James Joyce. New York: Viking, 1951.
Comitato per l'Anno Joyciano. *Il Ritorno di Joyce.* Triest, 1982.
Connolly, Thomas E. ›James Joyce's Manuscripts at the University of Buffalo‹. Vorlage zur James Joyce Conference, Philadelphia, 1985.
–. *James Joyce's ›Scribbledehobble‹.* Evanston, Illinois: Northwestern University Press, 1961.
–. Hrsg. *The Personal Library of James Joyce.* University of Buffalo Monographs in English, Nr. 6. 1955.
Costello, Peter. *James Joyce.* Dublin: Gill and Macmillan, 1980.
–. *Leopold Bloom: A Biography.* Dublin: Gill and Macmillan, 1981.
Cowley, Malcolm. *Exile's Return.* London: Cape, 1935.

Crise, Stelio. – *And Trieste Ah Trieste.* Mailand: All' Insegna del Pesce d'Oro, 1971.
–. *Epiphanies e Pedographs: James Joyce à Trieste.* Mailand: All' Insegna del Pesce d'Oro, 1967.
Crosby, Caresse. *The Passionate Years.* London: Alvin Redman, 1955.
Cunard, Nancy. ›On James Joyce – For Professor Ellmann‹. In *Joyce at Texas,* hrsg. v. Dave Oliphant und Thomas Zigal. Austin: University of Texas Humanities Research Center, 1983.
Curran, Constantine. *James Joyce Remembered.* New York: Oxford University Press, 1968.
Curtayne, A. ›Portrait of the Artist as Brother: An Interview with James Joyce's Sister‹. *Critic* 21 (1963): 43-47.

Davies, Stan Gébler. *James Joyce: A Portrait of the Artist.* New York: Stein und Day, 1975.
Davis, Isabel. ›The People in Djuna Barnes's *Nightwood*‹. Diss., State University of New York, Stonybrook, 1978.
Day, Robert Adams. ›Joyce, Stoom, King Mark: »Glorious Name of Irish Goose«‹. *JJQ* 12 (Frühjahr 1975): 211-50.
Delaney, Frank. *James Joyce's Odyssey.* London: Paladin, 1983.
Delimata, Bozena. ›Reminiscences of a Joyce Niece‹. *JJQ* 19:1 (Herbst 1982): 45-62.
Deming, Robert H. *A Bibliography of James Joyce Studies.* Boston: G. K. Hall, 1977.
De Tuoni, Dario. *Ricordi di James Joyce à Trieste.* Mailand: All' Insegna del Pesce d'Oro, 1966.
Dillon, Eilís. ›The Innocent Muse: An Interview with Maria Jolas'. *JJQ* 20 : 1 (Herbst 1982): 33-66.
Dilworth, Thomas. ›Sex and Politics in »The Dead«‹. *JJQ* 23:2 (Winter 1986): 157-71.

Edel, Leon. *James Joyce: The Last Journey.* New York: Gotham Book Mart, 1947.
–. *Stuff of Sleep and Dreams.* London: Chatto und Windus, 1982.
Eglinton, John. *Irish Literary Portraits.* London: Macmillan, 1935.
Ehrlich, Heyward, Hrsg. *Light Rays: James Joyce and Modernism.* New York: New Horizon, 1984.
Ellmann, Richard. *The Consciousness of Joyce.* London: Faber, 1977.
–. *Four Dubliners.* London: Hamish Hamilton, 1987.
–. ›The Grasshopper and the Ant‹. *The Reporter,* 1. Dezember 1955.
–. *James Joyce.* Zürich: Rhein-Verlag, 1961.
–. ›Joyce as Correspondent‹. *Commonweal,* 14. Juni 1957.

–. ›Joyce's Aunt Josephine‹. In *Joyce at Texas,* hrsg. v. Dave Oliphant und Thomas Zigal. Austin: University of Texas Humanities Research Center, 1983.
–. *Ulysses on the Liffey,* London: Faber, 1972.
–. Hrsg. *The Critical Writings of James Joyce.* London: Faber, 1959.
–. Hrsg. *James Joyce – Briefe I-III.* Frankfurt/Main: Suhrkamp 1969, 1970, 1974.
–. Hrsg. *Selected Letters of James Joyce.* London: Faber, 1975.
–. Introduction to *Ulysses: The Corrected Text,* hrsg. v. Hans Walter Gabler, Wolfhard Steppe und Claus Melchior. New York: Garland, 1986.
–. Contribution to ›B. W. Huebsch: A Memorial Volume‹, 20. Dezember 1956. Berg Collection.
Empson, William. ›The Joyce Saga: Before Bloomsday and After‹. *New Statesman,* 31. Oktober 1959, 585-86.
–. ›The Theme of *Ulysses*‹. *Kenyon Review* 18 (1956): 26-52.
–. ›The Ultimate Novel‹. *London Review of Books,* 2. September 1982, 3-5, 15. September, 1982, 6-9.
Ernst, Morris L. *The Best Is Yet.* New York: Harper, 1945.
–. *The Censor Marches On.* New York: 1940.
–. Foreword to *Ulysses.* New York: Random House, 1934.

Federici, Fausto. *Quegli Anni Con Joyce.* 2 Bde. Rom: Piovan Editore, 1986.
Feshbach, Sidney, ›June 16, 1904: Joyce's Date with Nora?‹ *JJQ* 21:4 (Sommer 1984): 369-71.
Field, Andrew. *Djuna: The Formidable Miss Barnes.* Austin: University of Texas Press, 1985.
Fifield, William, ›Joyce's Brother, Lawrence's Wife, Wolfe's Mother, Twain's Daughter.› *Texas Quarterly* (Frühling 1967): 49-71.
Finneran, Richard. *Anglo-Irish Literature: A Review of Research.* New York: Modern Language Association, 1976.
Fitch, Noel Riley. *Sylvia Beach. Eine Biographie im literarischen Paris 1920–1940.* Frankfurt/Main: Insel, 1988.
Ford, Jane. ›The Father, Daughter, Suitor Traingle in Shakespeare, Dickens, James, Conrad and Joyce‹. *Dissertation Abstracts International* 36:7 (1976).
–. ›Why is Milly in Mullingar?‹ *JJQ* 14:4 (Sommer 1977): 436-49.
Francini-Bruni, Alessandro. ›Joyce Stripped Naked in the Piazza‹, in *Portraits of the Artist in Exile,* hrsg. v. Willard Potts. Seattle: University of Washington Press, 1979.

Frank, Nino. ›Souvenirs sur James Joyce‹. *La Table Ronde*, Paris, 23. November 1949: 1671-93.

French, Marilyn. *The Books as World.* Cambridge: Harvard University Press, 1976.

Freund, Gisèle. *Drei Tage mit James Joyce.* Frankfurt/Main: Suhrkamp, 1983.

Gallacher, Tom. *Mr. Joyce Is Leaving Paris.* London: Calder and Boyars, 1972.

Galli, Lina, ›Livia Veneziani Svevo and James Joyce‹. *JJQ* 9:3 (Frühjahr 1972): 334-38.

Galway Year Book and Directory. Galway: M'Dougall Brown, 1902.

Garvin, John. *James Joyce's Disunited Kingdom, and the Irish Dimension.* New York: Barnes und Noble, 1977. Dublin: Gill and Macmillan, 1976.

Gay, Peter. *Erziehung der Sinne.* Sexualität im bürgerlichen Zeitalter. München: C. H. Beck, 1986.

Gheerbrandt, Bernhard. *James Joyce, Sa Vie, Son Oeuvre, Son Rayonnement.* Paris: La Hune, 1949.

Giedion-Welcker, Carola. ›Les Derniers Mois de la Vie de James Joyce‹. *Le Figaro Littéraire*, 28. Mai 1949.

–. ›Meetings with James Joyce‹. In *Portraits of the Artist in Exile,* hrsg. v. Willard Potts. Seattle: University of Washington Press.

–. ›Nachtrag‹ (Appendix) in Herbert Gorman, *James Joyce: Sein Leben und seine Werke.* Hamburg: Claassen Verlag, o.J.

Gifford, Don. *Joyce Annotated: Notes for Dubliners and A Portrait of the Artist as a Young Man.* Überarbeitete und erweiterte Ausgabe. Berkeley: University of California Press, 1982.

–. und Robert Seidman. *Notes for Joyce.* New York: E. P. Dutton, 1974.

Gilbert, Stuart. *James Joyce's Ulysses.* Überarbeitete Ausgabe, London: Faber, 1952.

–. ›Souvenirs de Voyage‹. *Mercure de France* 309 (Mai-August 1950).

–. Hrsg. *Letters of James Joyce*, Bd. 1. London: Faber, 1957.

Gillet, Louis. *Claybook for James Joyce.* London und New York: Abelard-Schuman, 1958.

Glasheen, Adaline, ›*Finnegans Wake* and the Girls from Boston, Mass.‹. *Hudson Review* 8 (Frühjahr 1954): 89-96.

Gogarty, Oliver St. John. *As I Was Going Down Sackville Street.* London: Rich und Cowan, 1937.

–. *It Isn't This Time of Year at All.* New York: Doubleday, 1954. London: MacGibbon und Kee, 1954.

–. ›They Think They Know Joyce‹. *Saturday Review of Literature* 23 (25. Januar 1941).

–. *Tumbling in the Hay*. London: Constable. Toronto: Macmillan, 1939.

Golding, Louis. *James Joyce*. London: Thornton Butterworth, 1933.

Goldman, Arnold. ›»Send Him Canorious«‹. *The Listener*, 3. August 1972.

–. ›Stanislaus, James and the Politics of Family‹. In Akten des 3. Internationalen James Joyce Symposium, 1971, Nini Rocco-Bergera, Hrsg. Triest: Università degli Studi Facultà di Magistero, 1974, 60-75.

Goll, Claire. *La Poursuite du Vent*. Paris: Olivier Oban, 1976.

Goll, Ivan und Claire Goll. *Briefe*. Mainz« Florian Kupferberg.

Gordon, John. ›In the Arms of Murphy‹. Chap. 7 of *James Joyce' Metamorphoses*. New York: Barnes & Noble, 1981. Dublin: Gill and Macmillan, 1981.

Gorman, Herbert. *James Joyce. Sein Leben und sein Werk*. Hamburg: Claassen, 1957.

–. *James Joyce: His First Forty Years*. New York: B. W. Huebsch, 1924.

Groden, Michael, et al., Hrsg. *The James Joyce Archive*. 63 Bde. New York: Garland, 1977-79.

–. *James Joyce's Manuscripts: An Index*. New York: Garland, 1980.

Grosskurth, Phyllis. ›Search and Psyche: The Writing of Biography‹. *English Studies in Canada* 11:2 (Juni 1985).

Guggenheim, Peggy. *Ich habe alles gelebt*. Bergisch Gladbach: Bastei-Lübbe, 1984.

Halper, Nathan. ›The Grave of Michael Bodkin‹. *JJQ* 12:3 (1975): 273-80.

Hart, Clive und David Hayman, Hrsg. James Joyce's ›Ulysses‹. Berkeley: University of California Press, 1974.

Hayman, David. ›On Reading Ellmann's Edition: Notes on Joyce's Letters‹. University of California Press, 1974.

Hayman, David. ›On Reading Ellmann's Edition: Notes on Joyce's Letters'. *JJQ* 12:2 (Winter 1967): 56-61.

–. ›Shadow of His Mind: The Papers of Lucia Joyce‹. In *Joyce in Texas*. hrsg. v. Dave Oliphant und Thomas Zigal. Austin: University of Texas, Humanities Research Center, 1983.

Hedberg, Johannes, ›Jubilee Jingle and Nora Joyce‹. *Martello Magazine* (Dublin) 2 (Sommer 1983).

Hemingway, Ernest. *Paris – ein Fest fürs Leben*. Reinbek: Rowohlt, 1965.

Henke, S. A. ›Molly Bloom's Family Romance.‹ Vorlage zum 9. Internationalen James Joyce Symposium, Frankfurt, Juni 1984.

–. und Elaine Unkeless, Hrsg. *Women in Joyce*. Urbana: University of Illinois Press, 1982.

Herring, Phillip F. ›The Bedsteadfastness of Molly Bloom‹. *Modern Fiction Studies* (Frühjahr 1969): 49-61.
–. ›Toward an Historical Molly Bloom‹. *ELH* 45 (1978).
–. Hrsg. *Joyce's Notes and Early Drafts for* Ulysses. Auswahl aus der Buffalo Collection. Charlottesville: University Press of Virginia, 1977.
–. Hrsg. *Joyce's* Ulysses *Notesheets in the British Museum.* Charlottesville: University Press of Virginia, 1972.
Hogan, Patrick. ›The Joyce of Sex.‹ Vorlage zur James Joyce Conference 1985, Philadelphia.
Huddleston, Sisley. *Paris Salons, Cafés, Studios.* Philadelphia: Lippincott, 1928.
Hughes, Eileen Lanouette. ›The Mystery Lady of »Giacomo Joyce«‹, *Life*, 19. Februar 1968, 54ff.
Hutchins, Patricia. *James Joyce's Dublin.* London: Grey Walls Press, 1950.
–. *James Joyce's World.* London: Methuen, 1957.

Jolas, Maria. ›The Joyce I Knew and the Women Around Him‹. *The Crane Bag* 4:1 (1980).
–. Hrsg. *A James Joyce Yearbook.* Paris: Transition Press, 1949.
Joll, James, *Europe Since 1870.* London: Weidenfeld and Nicolson, 1973.
Joyce, Helen. ›Portrait of the Artist by His Daughter-in-Law‹. Unveröffentlicht. Texas.
Joyce, James. *Gesammelte Gedichte.* Frankfurt/Main: Suhrkamp, 1981.
–. *Kleine Schriften.* Frankfurt/Main: Suhrkamp, 1974.
–. *Finnegans Wake.* New York. Viking, 1950.
–. *Giacomo Joyce.* Frankfurt/Main: Suhrkamp, 1970.
–. *Stephen der Held. Ein Porträt des Künstlers als junger Mann.* Frankfurt/Main: Suhrkamp, 1972.
–. *Ulysses.* Frankfurt/Main: Suhrkamp, 1981.
Joyce, Lucia. ›Autobiography. My Life‹. Unveröffentlicht. Texas.
–. ›My Dreams‹. Unveröffentlicht. Texas.
–. ›The Real Life of James Joyce Told by Lucia Joyce‹. Unveröffentlicht. Texas.
Joyce, Stanislaus. *Das Dubliner Tagebuch des Stanislaus Joyce.* Hrsg. v. George Healey. Frankfurt/Main: Suhrkamp, 1967.
–. ›Early Memories of James Joyce‹. *The Listener* 41 (26. Mai 1949): 896.
–. ›James Joyce: A Memoir‹. *Hudson Review* (1949-50).
–. ›The Joyces‹, *New Yorker.* 12. Januar 1935
–. ›Meines Bruders Hüter. Frankfurt/Main: Suhrkamp, 1960.
–. *›Recollections of James Joyce by His Brother.* New York: The James Joyce Society, 1950.

Kain, Richard M. *Fabulous Voyager: James Joyce's ›Ulysses‹.* Chicago: University of Chicago Press, 1947.

–. Hrsg. ›An Interview with Carola Giedion-Welcker and Maria Jolas‹. *JJQ* 11:2 (Winter 1974): 94-122.

›Kastor, Adolph‹. *Who's Who in American Jewry 1926.* The Jewish Biographical Bureau, Inc.

Kavanagh, James. *A Modern Priest Looks at His Outdated Church.* London: Hodder und Stoughton, 1968.

Kaye, Julian B. ›A Portrait of the Artist as Blephen-Stoom‹. In *A James Joyce Miscellany,* 2. Folge, hrsg. v. Marvin Magalaner. Carbondale, Illinois: Southern Illinois University Press, 1959.

Kelly's Directory of Ireland, 1900–1905. London: Kelly's Directories, 1905.

Kenner, Hugh. *A Colder Eye.* London: Penguin, 1983.

–. *Dublin's Joyce.* Bloomington: Indiana University Press, 1956. London: Chatto und Windus, 1955.

–. ›The Impertinence of Being Definitive‹. *Times Literary Supplement,* 17. Dezember 1982.

–. *Ulysses.* Frankfurt/Main: Suhrkamp 1981.

Kiell, Norman, Hrsg. *Blood Brothers: Siblings as Writers.* New York: International University Press.

Kimball, Jean. ›James and Stanislaus Joyce: A Jungian Speculation‹. In *Blood Brothers,* hrsg. v. Norman Kiell. New York: International University Press.

Leavis, F. R. *The Great Tradition,* London: Pelican, 1972.

Lennon, Michael J. ›James Joyce‹. *Catholic World* 132:792 (März 1931): 641-52.

Leprohon, Pierre. *The Italian Cinema.* New York: Praeger.

Levin, Harry. *James Joyce: Eine kritische Einführung.* Frankfurt/Main: Suhrkamp, 1975.

Levitt, Annette. ›Mothering in Djuna Barnes, Jean Rhys and James Joyce‹. Vorlage zur James Joyce Konferenz, Philadelphia 1985.

Lewis, R. W. B. *Edith Wharton.* New York: Harper und Row, 1975.

Lewis, Wyndham. *Blasting and Bombardiering.* London: Eyre & Spottiswoode, 1937.

–. *Time and Western Man.* London: 1927.

Lidderdale, Jane und Mary Nicholson. *Liebe Miss Weaver. Ein Leben für Joyce.* Frankfurt/Main: Insel 1974.

Liddy, James. *Esau, My Kingdom For a Drink.* Dublin: Dolmen Press, 1962.

Linehan, Fergus. ›It's an Accident I'm His Grandson‹. *Irish Times,* Sonderheft, 2. Februar 1982.

Lister, Raymond. *William Blake*. London: Bell, 1968.
Litz, A. Walton. *The Art of James Joyce*. New York: Oxford University Press, 1961.
Llona, Victor. ›Mrs. James Joyce and Her Controversial Husband‹, hrsg. v. Ernest Kroll. *Cimarron Review*, Januar 1986.
Luening, Otto. *The Odyssey of an American Composer*. New York: Scribner's 1980.
Lyons, F. S. L. *Culture and Anarchy in Ireland 1890–1939*. London: Oxford University Press, 1979.
Lyons, J. B. *The Enigma of Tom Kettle*. Dublin: Glendale Press, 1983.
–. James Joyce and Medicine. Dublin: Dolmen Press, 1973.
–. *Thrust Syphilis Down to Hell and other Rejoyceana*. Dublin: Glendale Press, 1988.

McAlmon, Robert. *Being Geniuses Together*. London: Michael Joseph, 1970. Überarbeitet, mit ergänzenden Kapiteln und neuem Nachwort von Kay Boyle. London: Hogarth, 1984.
MacCabe, Colin. *James Joyce: New Perspectives*. Bloomington: Indiana University Press, 1982. Brigthon, Sussex: Harvester Press, 1982.
–. *James Joyce and the Revolution of the Word*. London: Macmillan, 1979.
–. ›Joyce: Concepts of Race and Nation‹. Vertrag anläßlich des 10. Internationalen Symposiums, Kopenhagen, Juni 1986.
McCarthy, Michael. *Priest and People in Ireland*. Dublin: Hodges, Figgis, 1902.
MacDonald's Irish Directory. 1899–1990 through 1903–1904. Dublin, Edinburgh und London: Wm. MacDonald.
M'Donough and Brown. *Galway Guide and Directory*. Galway: 1902, 1904.
McDougall, Richard. *The Very Rich Hours of Adrienne Monnier*. London: Millington, 1976.
McGreevy, Thomas. ›James Joyce‹. *The Times Literary Supplement*, 25. Januar 1941, 43, 45.
–. ›Paradise Lost‹. Unpublished memoir written after Joyce's death. Trinity College, Dublin.
McHugh, Roland. *The Sigla of* Finnegans Wake. London: Edward Arnold, 1976.
MacLysaght, Edward. *Guide to Irish Surnames*. Dublin: Helicon, 1964.
MacNicholas, John. *James Joyce's Exiles: A Textual Companion*. New York und London: Garland, 1979.

Maddox, Brenda. ‚Could Nora Cook?‘ *New York Times Book Review*, 16. Juni 1985.
–. ›Wakers of the World Unite‹. *New York Times Book Review*, 15. August 1987.
Magalaner, Marvin, Hrsg. *A James Joyce Miscellany*. Erste Folge: New York: James Joyce Society, 1957. Zweite Folge: Carbondale, Illinois: Southern Illinois University Press, 1959. Dritte Folge: Carbondale, Illinois: Southern Illinois University Press, 1962.
Mahaffey, Vicki, ›Giacomo Joyce‹. In *A Companion to Joyce Studies*, hrsg. v. Zack Bowen und James C. Carens. Westport, Conn: Greenwood Press, 1984.
Marcus, David, Hrsg. *Irish Short Stories*. Bd. 1 und 2. London: Bodley Head, 1980.
Marcus, Jane. ›Laughing at Leviticus: *Nightwood as* Woman's Circus Epic‹. Vorlage zum 10. International James Joyce Symposium, Kopenhagen, 1986.
Martin, Augustine. ›The Education of a Gentleman‹. *Irish Times* Sonderheft, 1882–1982.
Mathews, James. *Voices: A Life of Frank O'Connor*. New York: Atheneum, 1983.
Melchiori, Giorgi. *Joyce in Rome*. Rom: Bulzoni, 1984.
Mercanton, Jacques. *Les Heures de James Joyce*. Lausanne: Editions l'Age d'Homme, 1967.
Mercier, Vivian. *Beckett/Beckett*. London: Oxford University Press, 1977.
Meyers, Jeffrey. *Hemingway*. New York: Harper and Row, 1985. London: Macmillan, 1986.
Moscato, Michael und Leslie Le Blanc, Hrsg. *The United States of America v. One Book Entitled Ulysses by James Joyce: Documents and Commentary – A 50. Year Retrospective*. Frederick, Md.: University Publications of America, 1984.
Murphy, Henry. ›Comparative Incidence of Schizophrenia in Rural Ireland‹. In *Comparative Psychiatry*, hrsg. v. Henry Murphy. Springer Verlag.
Murry, John Middleton. *The Journal of Katherine Mansfield*. New York: Knopf, 1927. London: Constable, 1927.

Nadel, Ira B. *Biography: Fiction, Fact & Form*. London: Macmillan, 1984.
–. ›Joyce and the Jews‹. *Modern Judaism* 6:3 (1986): 301-10.
Nichols, Ashton, ›JOYCEZSEASIDEGIRLS: Gretta, Berta, Molly and Nora – All From Gibralway?‹ *Biography* 8:4 (Fall 1985).
Nicolson, Harold. *Tagebücher und Briefe*. Frankfurt/Main: S. Fischer, 1969.

Noël, Lucia. *James Joyce and Paul L. Léon: The Story of a Friendship.* New York: Gotham Book Mart, 1950.

Norris, Margot. ›Anna Livia Plurabelle: The Dream Woman‹. In *Women in Joyce,* hrsg. v. S. A. Henke und Elaine Unkeless. Urbana: University of Illinois Press, 1982.

–. *The Decentered Universe of Finnegans Wake.* Baltimore: Johns Hopkins University Press, 1976.

Nowell, Elizabeth (Hrsg.): *Thomas Wolfe. Briefe.* Reinbek: Rowohlt, 1961.

Nutting, Myron. ›An Artist's Life and Travels‹. Bd. 1–4. Oral History Program, University of California, Los Angeles, 1972.

O'Brien, Edna. *James and Nora: Portrait of Joyce's Marriage.* Northridge, Calif.: Lord John Press, 1981.

O Broin, Leo. *Protestant Nationalists in Revolutionary Ireland.* Dublin: Gill und Macmillan, 1985.

O'Casey, Eileen. *Sean.* London: Macmillan, 1971.

O'Connor, Ulick. *Oliver St. John Gogarty. London: Granada,* 1981.

–. Hrsg. *The Joyce We Knew.* Cork: Mercier, 1967.

O'Faolain, Sean. ›Nora Barnacle: Pictor Ignotus‹. *London Review of Books,* 20. November 1980.

O Laoi, Padraic. *Nora Barnacle Joyce: A Portrait.* Galway: Kennys Bookshops and Art Galleries, 1982.

Oliphant, Dave und Thomas Zigal, Hrsg. *Joyce at Texas.* Austin: University of Texas Humanities Research Center, 1983.

O Lochlainn, Colm. *Irish Street Ballads.* New York: Corinth, 1960.

Paige, D. D., Hrsg. *Selected Letters of Ezra Pound, 1907–1941.* London: Faber and Faber, 1950.

Parrinder, Patrick. *James Joyce.* Cambridge, England: Cambridge University Press, 1984.

Paulin, Tom. ›The British Presence in *Ulysses*‹. In *Ireland and the English Crisis,* hrsg. v. Tom Paulin. Newcastle upon Tyne: Bloodaxe Books, 1984.

Potts, Willard. ›Joyce's Notes on the Gorman Biography‹. *Icarbs,* 4:2 (Frühjahr – Sommer, 1981): 83-99.

–. Hrsg. *Portraits of the Artist in Exile.* Seattle: University of Washington Press, in Zusammenarbeit mit Wolfhound, Dublin, 1979.

Power, Arthur. *Gespräche mit James Joyce.* Frankfurt/Main: Suhrkamp, 1978.

–. Untitled essay in *The Joyce We Knew,* hrsg. v. Ulick O'Connor. Cork: Mercier, 1967.

Quick, Jonathan R. ›The Homeric *Ulysses* and A. E. W. Masons's *Miranda of the Balcony*‹. *JJQ* 23:1 (Herbst 1985): 31-43.

Quinn, John. ›Shem's Progress: James Joyce and the Making of *Finnegans Wake*‹. BBC Radio 3, 1984.

Reynolds, Mary T. ›Joyce and Miss Weaver‹, *JJQ* 19:4 (Sommer 1982): 373-403.

–. ›Joyce and Nora: The Indispensable Countersign‹. *Sewanee Review (Winter* 1964), 29-64.

Rice, Thomas Jackson. *James Joyce. A Guide to Research.* New York: Garland, 1982.

Rodgers, W. R. *Ladies Bountiful.* New York: Harcourt Brace, 1968. London: Gollancz, 1968.

Ruggiero, Paul. ›James Joyce's Last Days in Zurich‹. In *Portraits of the Artist in Exile,* hrsg. v. Willard Potts. Seattle: University of Washington Press, in Zusammenarbeit mit Wolfhound, Dublin, 1979.

Ryan, John, Hrsg. *A Bash in The Tunnel.* Brighton: Clifton Books, 1974.

Schechner, Mark. ›A Psychoanalytic Inquiry into *Ulysses*‹. In *Joyce in Nighttown.* Berkeley: University of California Press, 1974.

Scheper-Hughes, Nancy. *Saints, Scholars and Schizophrenics: Mental Illness in Rural Ireland.* Berkeley: University of California Press, 1979.

Scholes, Robert E. *The Cornell Joyce Collection.* Ithaca, New York: Cornell University Press, 1961.

–. ›Further Observations of the Text of *Dubliners*‹. *Studies in Bibliography* 17 (1964): 107-22.

–. ›Some Observations of the Text of *Dubliners:* »The Dead«‹. *Studies in Bibliography* 15 (1962): 191-205.

Schwartzman, Myron, ›Quinnigan's Quake‹. *Bulletin of Research in the Humanities* 81:1 (Sommer 1978), 83:1 (Frühjahr 1980).

Scott, Bonnie Kime. *Joyce and Feminism.* Bloomington: University of Indiana Press, 1984.

Sheehy, Eugene. *May It Please the Court.* Dublin: C. F. Fallon, 1951.

Shloss, Carol. ›The End of Molly's Exile. Vorlage zum 9. James Joyce Symposium, Frankfurt, 1984.

Slocum, John J. *New York Times Book Review.* 21. Januar 1951.

–. und Herbert Cahoon, *A Bibliography of James Joyce.* New Haven: Yale University Press, 1953.

–. ›A Note on Joyce Biography‹. *Yale University Library Gazette* 28:1 (Juli 1953): 44-50.

Soupault, Philippe. *Souvenirs de James Joyce*. Paris: Charlot, 1945.
Spender, Stephen. ›The Daytime World of James Joyce‹. *New York Times Book Review*, 26. Mai 1957.
–. ›James Joyce: 1882–1941‹, *The Listener*, 23. Januar 1941, S. 124-25.
Spielberg, Peter. *James Joyce's Manuscripts and Letters at the University of Buffalo: A Catalogue*. Buffalo: University of Buffalo, 1962.
Staley, Thomas. ›James Joyce in Triest‹. *The Georgia Review* (Oktober 1962): 446-49.
Steinberg, Erwin R. *The Stream of Consciousness and Beyond in* Ulysses. Pittsburgh: University of Pittsburgh Press, 1973.
Stern, James. ›James Joyce: A First Impression‹. In *A James Joyce Miscellany*, Zweite Folge, hrsg. v. Marvin Magalaner. Carbondale, Illinois: Southern Illinois University, 1959. Eine längere Fassung dieses Textes erschien zuerst in *The Listener*, 28. Dezember 1961.
›The Story of Adolph Kastor‹. In *Camillus Cutlery Company*, Camillus, New York, 1951.
Sullivan, Kevin. *Joyce Among the Jesuits*. New York: Columbia University Press, 1958.
Suter, August. ›Some Reminiscences of James Joyce‹. *JJQ* 7:3 (Frühjahr 1970): 191-98.
Svevo, Italo, *James Joyce*. New York: New Directions, 1950.

Tatum, G. Marvin, ›The James Joyce Collection at Cornell University‹, Gazette of the Grolier Club, N. S. Nr. 33-34 (1981–82), 78–83.
Thom's Official Dublin Directory and Calendar. Dublin: Alex Thom & Co., 1900–1905.
Time, ›*Ulysses* Lands‹, Titelgeschichte, 29. Januar 1934.
Time, ›Night Thoughts‹, Titelgeschichte, 8. Mai 1939.
Time, ›*Milestones*‹, 23. April 1951.
Tindall, William York. ›Joyce's Chambermade Music‹. *Poetry* 80 (1952): 105-16.
–. *A Reader's Guide to* Finnegans Wake. New York: Farrar, Straus & Giroux, 1969.
Torchiana, Donald. *Backgrounds to* Dubliners. Boston: Allen and Unwin, 1986.
Townsend, Kim. *Sherwood Anderson*. Boston: Houghton Miffling, 1987.

United Kingdom Official Publications. *Reports from Commissioners for Ireland. Statistics on Emigration and Immigration for the year 1904*, 1905. Bd. XCVIII, 88-92. *Statistics on Marriages, Births and Deaths*, 1905. Bd. XVII, 571.
Unkeless, Elaine. ›The Conventional Molly Bloom‹. In *Women in Joyce*,

hrsg. v. S. A. Henke und Elaine Unkeless. Urbana: University of Illinois Press, 1982.

Van Hoek, Kess. ›The Way of the World‹. (Interview mit Nora Joyce) *Irish Times*, 17. Februar 1948.

Wade, Allan, Hrsg. *The Letters of W. B. Yeats.* New York: Macmillan, 1955.

Watson, G. J. *Irish Identity and the Literary Revival.* New York: Harper und Row, 1979. London: Croom Helm, 1979.

Weaver, Harriet Shaw. Papers and correspondence, Bde. 1–8. British Library manuscripts 57345-52.

Weld, Jacqueline Bograd. *Peggy: The Wayward Guggenheim.* New York: Dutton, 1986.

Wilson, Edmund. Axels Schloß. München: Hanser, 1977.

Wilson, Mona. *The Life of William Blake.* London: Hart-Davis, 1948.

Register

(Kursive Stichworte: Titel der Werke James Joyce‘)

Die Warburgs
Odyssee einer Familie
960 Seiten
btb 72029

Aus Freude am Lesen

Ron Chernow

Die Warburgs sind wie die Rothschilds oder Mendelssohns eine der großen jüdischen Familien Europas – Bankiers, Forscher und Mäzene. Chernow beschreibt ihr bewegtes Schicksal zwischen Hamburg, London und Amerika.

»Ein glänzendes, spannendes Werk.«
DER SPIEGEL

Saint-Exupéry
Eine Biographie
670 Seiten
mit zahlreichen
Abbildungen
btb 72024

Aus Freude am Lesen

Stacy Schiff

Stacy Schiff setzt sich auf die Spuren eines schwierigen Lebens – und entdeckt einen Menschen, dessen Existenz eine komplizierte, zerbrechliche Mischung aus Heroismus, Einsamkeit und Melancholie war.

»Glänzend geschrieben, hervorragend recherchiert.«
KIELER NACHRICHTEN